CATHY KELLY

Cathy Kelly est irlandaise. Après avoir exercé la profession de journaliste pendant quelques années, elle s'est mise à écrire, et a rencontré le succès dès son premier livre.
Elle a reçu le Parker Romantic Novel of the Year Award en 2001 pour son roman *À la recherche du bonheur*, publié en France en 2003 aux Presses de la Cité. Ont suivi, chez le même éditeur, *Avec toutes nos amitiés* (2004), *Entre nous soit dit* (2005), *Le meilleur de la vie* (2006), *Pour le pire et le meilleur* (2007), *Les secrets de Summer Street* (2009), *Doux remèdes pour cœurs brisés* (2010), *Sous une bonne étoile* (2011) et son dernier roman *Retour à Dublin*, paru en 2012.

**Retrouvez l'actualité de l'auteur sur
www.cathykelly.com**

A LA RECHERCHE
DU BONHEUR

DU MÊME AUTEUR
CHEZ POCKET

À LA RECHERCHE DU BONHEUR
AVEC TOUTES NOS AMITIÉS
ENTRE NOUS SOIT DIT
LE MEILLEUR DE LA VIE
POUR LE PIRE ET LE MEILLEUR
LES SECRETS DE SUMMER STREET
DOUX REMÈDES POUR CŒURS BRISÉS

CATHY KELLY

A LA RECHERCHE DU BONHEUR

*Traduction de
Colette Vlérick*

PRESSES DE LA CITÉ

Titre original :

Someone Like You

Pocket, une marque d'Univers Poche, est un éditeur qui s'engage pour la préservation de son environnement et qui utilise du papier fabriqué à partir de bois provenant de forêts gérées de manière responsable.

Le Code de la propriété intellectuelle n'autorisant aux termes de l'article L. 122-5 (2ᵉ et 3ᵉ a), d'une part, que les « copies ou reproductions strictement réservées à l'usage privé du copiste et non destinées à une utilisation collective » et, d'autre part, que les analyses et les courtes citations dans un but d'exemple ou d'illustration, « toute représentation ou reproduction intégrale ou partielle faite sans le consentement de l'auteur ou de ses ayants droit ou ayants cause est illicite » (art. L. 122-4).
Cette représentation ou reproduction, par quelque procédé que ce soit, constituerait donc une contrefaçon sanctionnée par les articles L. 335-2 et suivants du Code de la propriété intellectuelle.

© Cathy Kelly, 2000.
© Presses de la cité, 2003, pour la traduction française
ISBN : 978-2-266-14185-7

Pour John, avec tout mon amour.

1

Hannah tendit sa jambe mince et bronzée vers les robinets de la baignoire et, d'un pied dégoulinant, ouvrit l'un d'eux. L'eau jaillit, délicieusement chaude.

— On voit que tu as de l'entraînement ! lui dit Jeff d'un ton amusé.

Elle s'allongea de nouveau dans l'eau, le dos contre la poitrine de son amant, si étroitement que seule un peu de mousse à la verveine pouvait se glisser entre eux.

— J'aime lire dans mon bain, répondit-elle d'une voix ensommeillée. Comme c'est très désagréable, en hiver, de sortir de l'eau pour ouvrir les robinets, j'ai appris à le faire avec les pieds.

Le niveau de l'eau montait lentement dans la vieille baignoire en fonte. Hannah sentait la chaleur se répandre dans tous ses membres. Elle éprouvait une profonde fatigue mais cela ne diminuait pas son bien-être, cette impression d'être comblée dans tout son corps. Elle n'avait pourtant presque pas dormi de la nuit. Cela avait été une excellente idée de prendre un bain ensemble après avoir fait l'amour pendant des heures. Jeff avait déployé une énergie qui la laissait pleine de courbatures, mais celles-ci s'atténuaient dans l'eau. Il y avait eu un moment de folie où ils étaient presque tombés du lit. Elle avait éprouvé une vive douleur dans tout le dos mais avait réussi à ne pas crier. C'est sans doute le seul inconvénient avec des hommes plus jeunes que soi, pensa-t-elle allègrement. Ils ignorent tout du mal de dos et, au contraire, rêvent de postures acrobatiques impliquant des miroirs, des fauteuils et la ceinture de votre robe de chambre ! La seule chose que le pauvre Harry avait jamais faite avec la ceinture de son peignoir avait été de la laisser traîner dans la cuisine en ramassant la poussière et les miettes de corn-flakes tombées par terre.

Mais pourquoi l'appelait-elle « pauvre Harry » ? « Pauvre », mon œil ! Harry le parasite, Harry le salaud et le menteur, cela lui convenait mieux. A propos de parasites, elle espérait que sa balade d'un an en Amérique du Sud lui permettrait tôt ou tard d'attraper cet ignoble parasite des cours d'eau tropicaux capable de remonter le jet d'urine de tout homme assez stupide pour se soulager dans une rivière. Une fois la charmante bestiole installée dans votre organisme, les gros ennuis commencent. Hannah souhaitait de toutes ses forces qu'on ne puisse s'en débarrasser sans une intervention horriblement douloureuse qui interdirait à Harry de s'asseoir pendant une semaine. Quelque chose qui ressemblerait à l'insertion d'un spéculum mais en mille fois pire !

La voix de Jeff l'arracha à ses fantasmes d'Amazonie et d'expériences médicales atroces.

— Que sais-tu faire d'autre avec tes pieds ? demanda-t-il en lui mordillant l'oreille de façon provocante.

— Rien, répondit-elle d'un ton décidé.

Elle préférait se concentrer sur la détente que lui apportait le bain. La douleur lancinante de sa hanche droite diminuait peu à peu. Hannah ferma les yeux et réfléchit à la meilleure façon de s'organiser. Elle avait une heure devant elle. Sa petite valise était rangée en haut de l'armoire dans le débarras et les vêtements qu'elle voulait emporter en Egypte soigneusement préparés à côté, sur le lit d'appoint. Il ne lui faudrait pas plus d'une demi-heure pour tout plier et cocher au fur et à mesure la liste restreinte de ce qu'elle devait prendre. Ensuite, il fallait vider le réfrigérateur. Elle n'avait pas envie de trouver une cuisine pleine de mauvaises odeurs à son retour. Comme les doubles portes entre la cuisine et le salon fermaient mal, il était très important de limiter les risques d'odeurs. L'esprit d'Hannah fonctionnait avec la précision d'une montre suisse. Elle savait qu'il ne lui restait que deux ou trois minutes avant de sortir de la baignoire.

Jeff avait d'autres projets. Il commença à lui embrasser la nuque et les épaules tout en lui caressant les cuisses. Le torse musclé de son amant se contractait de désir contre son dos.

Elle se redressa brusquement et ferma le robinet d'eau chaude. Ses cheveux noirs se collèrent à sa peau comme des algues.

— Nous n'avons pas le temps, Jeff, dit-elle. Il est déjà neuf heures et demie. Je dois être à l'aéroport dans deux heures, mais j'ai des coups de téléphone à passer et je n'ai pas encore fait ma valise.

Sans effort, Jeff l'obligea à se rasseoir dans l'eau. A la salle de gymnastique, il soulevait deux fois le poids d'Hannah.

— Si je partais avec toi, tu n'aurais pas besoin de beaucoup de vêtements, dit-il. Quelques maillots brésiliens et une robe sexy comme celle que tu avais hier soir.

Hannah ne put s'empêcher de sourire. A l'inverse du

reste de sa garde-robe, plutôt limitée et très sage, sa robe violette était incroyablement osée : deux bouts de chiffon retenus par des bretelles très fines. Elle n'avait osé la porter qu'un an après l'avoir achetée dans la boutique d'un styliste au moment des soldes. C'était la veille, pour la soirée d'inauguration de la nouvelle boîte de nuit de l'hôtel où elle travaillait, qu'elle avait décidé de la sortir de sa penderie.

« Il y aura des dizaines de célébrités. La liste des invités ressemble à un numéro de *Hello* ! Les filles, nous avons intérêt à donner le maximum pour faire honneur à l'hôtel », avait dit une de ses collègues à la réception.

Elle n'avait pas arrêté d'en parler pendant les semaines qui avaient précédé l'événement.

Hannah avait donc fait le maximum. Ses longs cheveux noirs, soigneusement mis en plis sur de gros rouleaux, ondulaient sur ses épaules comme de la soie et elle s'était glissée dans la petite robe qui lui avait coûté les yeux de la tête et qu'elle avait failli rapporter au magasin parce que c'était du gaspillage. Les autres réceptionnistes avaient eu un choc en voyant la stricte Mlle Campbell vêtue d'autre chose que de sa tenue habituelle, chemisier blanc impeccable, jean repassé, veste et mocassins. Elles l'avaient trouvée « incroyablement sexy ! » Qui aurait cru une réceptionniste à la politesse distante capable de se métamorphoser en sirène vêtue de trois fois rien ?

Jeff Williams, le nouveau responsable de la salle de gymnastique de l'hôtel, ne connaissait pas encore sa réputation de froideur. Il n'avait pu cacher son admiration devant sa silhouette musclée aux courbes soulignées par la soie.

Au contraire des autres membres du personnel, qui avaient passé la nuit à dévorer d'un regard ébloui les célébrités occupées à vider des bouteilles de champagne dans la partie réservée du club, Jeff et Hannah n'avaient cessé de danser. Buvant plus d'eau minérale que d'alcool, ils avaient tout dansé, le rock, le boogie-woogie, la salsa et même la valse quand le DJ passait un air de jazz plus lent. Hannah s'amusait tant que deux verres de vin suffirent à lui faire tourner la tête, si bien qu'au moment où Jeff l'embrassa, cela lui parut normal. Dans une telle ambiance, cela ne pouvait être une erreur.

« J'ai dix ans de plus que toi ! » lui dit-elle pourtant quand ils s'assirent dans le même fauteuil.

Il la serrait dans ses bras musclés et penchait sa tête blonde sur elle. Hannah avait l'impression d'être une adolescente avec son amoureux. Elle se sentait ridicule mais trouvait aussi cela très amusant.

« On n'est pas vieille à trente-six ans », lui murmura Jeff à l'oreille tout en embrassant les petites boucles brunes qui lui caressaient les joues.

La garçonnière de Jeff était de l'autre côté de Dublin. Hannah crut comprendre qu'il la partageait avec trois copains et que cela ressemblait plutôt à un champ de bataille. Il lui parut donc plus judicieux de prendre chez elle la tasse de café dont ils avaient envie. Non seulement son appartement était impeccable, mais il se trouvait à quelques pas de l'hôtel.

Installé sur le petit canapé-lit, Jeff avait admiré les coussins de brocart qu'Hannah avait décorés de motifs or imprimés à la main. Ensuite, il s'était lancé dans un petit travail manuel d'un autre genre, caressant le bras d'Hannah du bout des doigts. Il ne s'était pas jeté sur elle, et Hannah savait que cela ne se passerait pas ainsi. Habitué à voir les femmes fascinées par son physique de sportif, Jeff n'avait aucune difficulté à séduire de superbes créatures et mettait un point d'honneur à s'assurer de leur total consentement.

« Es-tu certaine de ce que tu veux ? » demanda-t-il avec un regard qui ne laissait rien ignorer de ses propres désirs.

Hannah, qui avait déjà décrété qu'elle méritait une nuit d'amour pour fêter son année de célibat, répondit oui.

Cela avait été aussi merveilleux que de reprendre une vieille raquette de tennis restée dans le placard depuis Ivan Lendl, seize ans plus tôt, et de s'apercevoir qu'on pouvait encore renvoyer la balle sans se ridiculiser.

Elle n'avait pas l'intention d'avouer à Jeff qu'elle ne se servait autant de son corps que pendant son cours d'aérobic, une classe de fanatiques aux tee-shirts collés à la peau par la transpiration et aux cuisses douloureuses, avec une espèce de top model en train de hurler : « Bougez-vous, les filles ! »

Elle ne lui dirait pas non plus qu'avant lui personne d'autre qu'elle n'avait dormi dans son lit surdimensionné, dont elle avait recouvert la tête de brocart jaune. Elle détestait le tissu d'origine en Dralon rose. Les hommes, lui semblait-il, et en particulier les jeunes hommes, devenaient toujours nerveux quand il était question de célibat et de femmes capables de décider sciemment d'avoir une relation sexuelle au lieu de se laisser emporter par un abus de vodka et quelques mots flatteurs. Pour eux, ce genre de choix impliquait un autre grand mot en « c » : le contrat de mariage.

Si Jeff apprenait qu'elle l'avait choisi pour mettre un terme à son année de célibat forcé, il prendrait sans doute la fuite. Il croirait être tombé sur une nymphomane névrosée. S'il avait su la vérité !

La vie avait appris à Hannah que les hommes ne

servaient qu'à une seule chose, et ce n'était pas à gagner de l'argent. La leçon avait été précoce, assénée par son incapable de père. Au fin fond du Connemara, où seules survivent les races de bétail les plus solides, les fermiers comme son père ne pouvaient suivre que deux routes. Ou bien ils devenaient vieux avant l'âge, trimant jusqu'à ce que l'arthrite leur torde les doigts, ou bien ils se tournaient vers la bouteille en laissant leur femme se débrouiller pour nourrir les gosses et payer l'électricité. Le père d'Hannah avait opté pour la seconde possibilité.

C'était sa mère, Anna Campbell, qui était devenue vieille avant l'âge. A quarante ans, son visage fortement charpenté n'était plus que rides et marques de misère. La voyant rentrer livide de fatigue après avoir nettoyé les cuisines de l'hôtel local et s'asseoir pour terminer un pull qui lui serait payé trois fois rien, Hannah s'était juré de ne jamais en arriver là. Jamais un homme ne l'enchaînerait dans un mariage maudit, jamais elle ne vivrait avec un époux qui rentrerait ivre, hurlant pour avoir son dîner alors qu'il n'avait pas rapporté un centime à la maison. Jamais !

Hannah ferait fortune et ne dépendrait de personne. Elle ne s'occuperait que de sa carrière et ne s'userait jamais les yeux à tricoter à la lumière d'une ampoule pour gagner les quelques livres supplémentaires grâce auxquelles ses enfants iraient à la messe du dimanche avec des habits corrects.

Ses beaux projets si raisonnables étaient tombés à l'eau quand elle avait raté son baccalauréat puis rencontré Harry. Mais, pensa-t-elle en grinçant des dents malgré les mises en garde de son dentiste, elle était de nouveau sur le bon chemin. Presque, en tout cas ! Un nouveau travail l'attendait et elle allait faire un voyage culturel pour acquérir un peu de cette instruction qui lui manquait. Une nouvelle vie commençait et, aussi agréable fût-il, Jeff n'en faisait pas partie. Il ne ferait que l'entraver. Hannah ne voulait pas d'attaches sentimentales. L'amour, elle en avait eu assez pour le reste de sa vie. Elle était guérie !

L'eau du bain refroidissait et l'heure avançait. Hannah devait bouger. Elle se leva d'un mouvement plein de grâce et sortit de la baignoire.

— Tu es très belle, dit Jeff en admirant ses bras fermes et sa taille étroite.

— Pour quelqu'un de mon âge, tu veux dire ! répondit-elle d'un ton taquin.

Elle s'enroula dans une grande serviette et se frotta la mâchoire. Il y avait un point précis qui lui faisait particulièrement mal à force de grincer des dents.

— Pour quelqu'un de n'importe quel âge, insista-t-il. Tu dois faire beaucoup de sport. Je vois tellement de femmes qui se laissent aller. Elles croient qu'il n'y a rien faire à partir du moment où elles n'ont pas un physique de sportives. Mais cela ne vient pas tout seul ! Il faut s'en donner la peine.

Hannah, qui se séchait les cheveux à l'aide d'une serviette, suspendit son geste, songeant aux heures sans nombre qu'elle avait passées sur le Stair Master au cours des douze mois écoulés, les mâchoires serrées. Tous ces efforts pour chasser Harry de son esprit ! Le chasser de sa vie n'avait pas été facile mais ce n'était rien à côté de la force qu'il lui fallait pour l'effacer de ses pensées.

Avant Harry, sa période av.-H. comme elle l'appelait, elle était dans une forme acceptable pour une femme de vingt-sept ans qui fumait comme un pompier. De taille moyenne, avec une tendance génétique à s'empâter, elle était encore assez jeune pour ne pas s'embêter à entretenir sa forme. Elle préférait s'en tenir au programme « Allumage de Marlboro Light » à la moindre sensation de faim.

En revanche, pendant les années où elle avait vécu avec Harry, elle avait passé beaucoup trop de temps pelotonnée contre lui sur leur vieux canapé, à partager de copieux plats tout préparés et des boîtes de chocolats tout en regardant des cassettes vidéo. La vie ressemblait à un épisode de *La Petite Maison dans la prairie*, plein de repas délicieux et de soirées paresseuses à se faire chauffer les orteils devant le feu tandis qu'Harry lui parlait de son futur roman. Quant à elle, elle ne pensait plus à quitter son boulot sans avenir de vendeuse dans une boutique de vêtements ; elle avait renoncé à ses rêves de richesse et d'indépendance. Elle avait cessé de se soucier de sa ligne et s'était même laissé persuader d'arrêter de fumer quand Harry avait jeté ses cigarettes pour écrire un article sur les comprimés à la nicotine. Pour supporter la privation de tabac, elle avait accru sa consommation de chocolat et de thé à trois sucres par tasse. Harry n'avait pas pris un gramme ; Hannah avait pris six kilos.

Toute aux délices de la vie à deux, elle avait oublié ses ambitions et son tour de taille. Cela avait duré jusqu'à ce terrible jour d'août où elle l'avait chassé de l'appartement et avait résolu de se reprendre en main, sur tous les plans.

— Je suis un cours de gymnastique, trois heures d'aérobic, un cours de musculation et je fais une quinzaine de kilomètres de marche à pied par semaine, dit-elle à Jeff.

— Cela se voit, répondit-il d'un ton admiratif. C'est du travail de modeler son corps.

Hannah hocha la tête d'un air pensif. Quel dommage de quitter cet emploi à l'hôtel ! Cela aurait été amusant de faire du sport avec Jeff, même si leur histoire ne devait pas durer très longtemps. Les hommes comme Jeff regardent toujours derrière leur dernière conquête pour savoir quelle sera la prochaine. Sans doute une jolie petite poupée de vingt ans en collant à lacet qui lui demanderait de lui expliquer le fonctionnement de l'appareil pour extension dorsale… Et ce serait fini.

En réalité, si elle avait gardé son poste à l'hôtel, elle ne serait pas sortie avec Jeff. Il y avait plus de spécialistes du commérage au Triumph Hotel que d'employés ! Il fallait plus d'une heure à un client pour obtenir une omelette dans sa chambre, mais seulement dix minutes pour qu'un ragot bien juteux fasse le tour de l'établissement, des cuisines à la réception, en passant par le centre d'affaires et le restaurant. Si on avait vu Hannah sortir avec le nouveau responsable du gymnase de l'hôtel, il y aurait eu des bavardages très drôles à écouter.

Après avoir passé une année à éviter les ragots, à ne sortir avec personne et à ne rien révéler de sa vie privée aux autres membres du personnel, Hannah n'aurait pas supporté leur curiosité. Mais elle avait son certificat de travail en poche, et un nouvel emploi l'attendait à son retour de vacances. Personne ne pourrait se mêler de ses affaires à cause d'une passade. « Faites-vous plaisir », recommandaient les magazines féminins dans leurs articles sur la meilleure façon de surmonter un chagrin d'amour. « Faites-vous masser, offrez-vous une séance d'aromathérapie. » Jeff était son premier cadeau d'après Harry, un cadeau apr.-H. ! C'était bien plus amusant que l'aromathérapie et moins ennuyeux qu'un soin du visage. Cela lui donnait l'assurance d'un rayonnement intérieur qu'aucune dose d'Oil of Olaz ne pourrait lui procurer.

Ignorant de son statut de récompense pour célibataire endurcie, Jeff ouvrit le robinet d'eau chaude et s'enfonça dans la mousse. Hannah fit un effort pour ne pas laisser percer son agacement et se concentra sur son pot de crème hydratante pour le visage.

Elle avait réussi à se sculpter un nouveau corps à force d'heures d'exercice, mais son visage restait obstinément le même : rond avec un menton pointu, un nez légèrement trop fort et des yeux en amande au regard vif, exactement de la couleur des caramels au beurre. Avec ses légères taches de rousseur sur le nez et les pommettes, ses yeux brillants et ses cheveux châtains souplement ondulés, Hannah aurait pu passer pour une jolie femme, sans plus, attirante sans être une beauté. Sans doute était-ce ainsi qu'on aurait pu la décrire à quelqu'un qui ne l'aurait pas connue.

Une simple description aurait pourtant laissé de côté ce qui faisait d'elle une femme inoubliable. Hannah possédait cette qualité indéfinissable, insaisissable, que les gens qui en sont dépourvus voudraient tant acquérir : le sex-appeal. De sa démarche ondulante à la courbe de ses hanches ou à sa façon de boire son thé, les lèvres doucement arrondies sur le bord de la tasse, tout en elle évoquait le sexe sans qu'elle le veuille. Elle n'avait aucun effort à faire pour cela : Hannah Campbell, réceptionniste d'hôtel âgée de trente-six ans et célibataire endurcie, était simplement née ainsi. Et cela la rendait folle.

Quand Hannah remontait sa chevelure indomptée en chignon et posait sur son nez ses petites lunettes en écaille, elle pouvait paraître aussi stricte que la directrice d'une école pour délinquants. C'était pour cela qu'elle n'avait pas envie de porter des lentilles de contact. Elle voulait cacher son sex-appeal, le dissimuler sous des vêtements sans charme, un regard sévère et des lunettes de mère supérieure.

Il n'y avait rien à dire contre le sex-appeal quand il se trouvait à sa place, mais cela n'avait valu à Hannah que des ennuis, et pas des moindres. Etre naturellement sexy dans le petit coin de campagne où elle était née valait à une femme soit une réputation non méritée de Marie-couche-toi-là, soit la rancune des hommes, furieux d'être systématiquement renvoyés dans leurs foyers.

Le sex-appeal, c'était bon pour les starlettes d'Hollywood, estimait Hannah, mais pour les femmes normales, cela n'attirait qu'un énorme problème de harcèlement. Quoique... Elle apporta un correctif mental à son jugement : cela lui avait valu de prendre Jeff dans ses filets ! Il avait toutefois dépassé les limites de son hospitalité ; il était urgent qu'Hannah la Sexy disparaisse au profit d'Hannah la Dame de Fer.

D'un geste machinal, elle rassembla ses cheveux encore humides dans un chouchou et fixa son visiteur du regard froid qu'elle avait mis au point avec les clients qui, au moment de payer, soutenaient n'avoir bu que deux verres au bar de l'hôtel et non pas une dizaine de doubles comme en témoignait leur addition.

— Jeff, il est temps de sortir de ton bain et de t'en aller. Je dois partir dans trois quarts d'heure et j'ai encore mille choses à faire. Allons, dépêche-toi !

Réagissant à son ton de maîtresse d'école mieux qu'à ses cajoleries, Jeff sortit de la baignoire, se planta devant elle et s'étira. Il avait un très beau corps mais il était en train de tremper le lino à carreaux noir et blanc.

Hannah ne put s'empêcher de regarder Jeff. Il était réellement magnifique, du bout des pieds, qu'il avait assez grands, jusqu'à ses cheveux blonds coupés court. Un mètre quatre-vingts de muscles sans le moindre défaut. Michel-Ange se serait damné pour avoir un modèle comme Jeff Williams !

Hannah essaya de reprendre son calme en se concentrant sur ce qu'elle avait à faire dans l'heure suivante. Ranger ses affaires dans sa valise et préparer ses guides. Elle voulait revenir de ses vacances un peu plus savante qu'elle ne l'était et espérait avoir le temps de lire *Découverte de l'Egypte*. Cela lui éviterait peut-être de se sentir embarrassée devant les autres membres du groupe, des gens sans doute très calés sur l'histoire et la mythologie antiques... Mais Jeff choisit ce moment pour lui sourire et faire glisser un doigt sur son torse puis sous le nœud de sa serviette, qu'il fit tomber. Hannah oublia ses problèmes d'horaire.

Tant pis ! se dit-elle en s'abandonnant au désir. Après toutes ces soirées à tenter d'oublier la notion même de plaisir des sens en regardant d'innombrables rediffusions de *L'Inspecteur Morse*, elle y avait droit ! Il ne lui faudrait pas longtemps pour fermer sa valise. Quant à son guide, elle pouvait le lire dans l'avion.

2

— Seigneur ! Regardez-moi cette horreur ! Moi aussi, j'aime bien les salades, mais il ne faut surtout pas les laisser dans ces affreuses barquettes en plastique. Elles coulent dans tout le réfrigérateur ! Qu'y a-t-il là-dedans ?

Anne-Marie O'Brien regarda par-dessus ses lunettes l'étiquette du supermarché collée sur la barquette de couscous. Une petite flaque huileuse marquait son emplacement dans le réfrigérateur par ailleurs impeccable.

— Ils osent appeler cela du couscous ? De la cochonnerie, oui !

Emma Sheridan regarda en silence sa mère chercher une éponge propre, la passer sous l'eau chaude puis frotter énergiquement l'étagère du milieu. Elle avait trouvé un flacon de désinfectant qu'Emma voulait jeter mais avait oublié. La forte odeur du parfum de pin envahissait la cuisine. On avait l'impression que cette variété de pin poussait dans une usine d'eau de Javel.

— Ah ! C'est bien mieux comme cela, dit Mme O'Brien en se redressant.

Elle rinça de nouveau l'éponge à grande eau avant d'inspecter le reste de la cuisine d'un œil critique et de faire gicler un jet de désinfectant sur les surfaces mélaminées. A ses gestes pleins d'assurance, on devinait la femme titulaire d'une licence en nettoyage de maison. Ensuite seulement elle prit les précieux Tupperware et les paquets enveloppés de papier alu pour les ranger avec soin dans le réfrigérateur. Tout en s'activant, elle commentait chacun de ses gestes à voix haute.

— Tu ne peux pas nourrir ce pauvre Peter avec des horreurs du supermarché, Emma ! Il a besoin d'un repas digne de ce nom. Je sais que ton père ne toucherait pour rien au monde à un plat réchauffé au micro-ondes. Bien sûr, si je m'absentais pour une semaine, ce serait différent. Ah ! Les maris ! J'ai fait des lasagnes qui tiendront au moins deux jours, un hachis Parmentier pour ce soir et deux tourtes au poulet et aux champignons. Je les mets dans le congélateur. Emma, ma chérie ! Tu ne dégivres jamais ? Cela ne se fera pas tout seul, tu sais. Mais ce n'est pas grave, je vais m'en occuper...

Emma décida de ne plus écouter. Trente et une années passées à fréquenter sa mère lui avaient appris qu'écouter son monologue sur « personne ne fait les choses comme il faut, c'est-à-dire comme moi », l'expédierait directement chez les fous si elle ne se bouchait pas les oreilles. Cela s'imposait plus encore quand il s'agissait de vous démontrer votre nullité de ménagère, étudiante ou conductrice, au choix ! Sans oublier que votre pauvre mari mourrait d'une salmonellose foudroyante si vous n'alliez pas immédiatement faire bouillir vos torchons et ses sous-vêtements.

Peu importait qu'Emma eût passé presque toute la journée précédente à briquer sa maison de fond en comble. Peu importait qu'elle eût consacré son unique jour de repos au ménage au lieu de flâner dans les boutiques et effectuer quelques achats de dernière minute avant de partir en vacances. Elle avait pensé regarder chez Debenhams si elle ne trouvait pas le bikini noir à bonnets rembourrés qu'elle avait repéré dans un magazine. Même si on était plate comme une planche, ce maillot donnait un décolleté à couper le souffle. Du moins était-ce ce que prétendait le magazine.

Le décolleté naturel d'Emma ne couperait le souffle de quelqu'un que dans le cas où l'une des armatures de son soutien-gorge à bonnets A lui sauterait au visage. Il lui fallait absolument un de ces nouveaux maillots de bain miracles.

Malheureusement, comme d'habitude, la seule partie de sa personne qui se soit vraiment développée, c'est-à-dire son sentiment de culpabilité, était entrée en action et avait mis son veto à l'expédition dans les magasins. Le sentiment de culpabilité d'Emma ressemblait à la description du mécanisme cardiaque telle qu'on peut la découvrir dans les livres de médecine : un gros muscle aux contractions involontaires. La honte de laisser Peter tout seul pendant une semaine tandis qu'elle partait en croisière sur le Nil avec ses parents avait balayé son envie d'un maillot rembourré aux bons endroits. Elle avait donc renoncé aux courses et s'était lancée dans un grand nettoyage de printemps. Peter, qui, s'ils n'avaient plus d'assiettes, mangerait à même la table sans s'en rendre compte, ne remarquerait pas non plus le nettoyage. Et pourtant, le « culpabilitomètre » d'Emma avait calculé qu'une journée de ménage forcené contribuerait (à hauteur de cinquante-cinq pour cent) à compenser le fait de partir sans son mari. Elle ne pouvait se permettre de lui acheter un gros cadeau mais elle lui préparerait ses plats favoris pendant une semaine entière après son retour. Cela suffirait presque à couvrir les quarante-cinq pour cent restants.

Elle regrettait d'avoir oublié d'acheter de nouveaux gants de ménage avant de se lancer dans son orgie de récurage. Le nettoyage des toilettes à l'eau de Javel lui laissait la peau des mains sèche comme celle d'un poulet trop cuit. Mais la maison étincelait comme un palais, avec des tapis irréprochables, des toilettes impeccables, et pas un seul vêtement qui n'ait été scrupuleusement repassé.

Après tant d'efforts, sa mère trouvait quand même le moyen de la réprimander pour une seule petite tache dans toute la maison ! Emma revoyait Peter, le matin même, ouvrir la barquette de couscous n'importe comment et manger avec les doigts, debout devant le réfrigérateur. Il l'avait distraitement remise sur l'étagère et avait pris le carton de jus d'orange sans se soucier des traces d'huile. Il adorait le couscous et détestait le hachis Parmentier. Mais à quoi bon le dire à sa mère ? Anne-Marie O'Brien n'écouterait même pas : elle n'écoutait jamais qui que ce soit. La seule exception concernait son mari, James P. O'Brien, patron de sa propre entreprise de chauffage – O'Brien's Heating Contractors –, seul maître chez lui, un homme qui voulait toujours avoir le dernier mot en tout.

Emma s'assit avec lassitude sur l'une des chaises de cuisine et contempla ses ongles fraîchement vernis. Le rose pâle qu'elle avait acheté pour ses vacances était joli mais ne camouflait ni les dégâts de l'eau de Javel ni le fait qu'elle se rongeait les ongles. Celui de son index n'avait pas résisté à une longue conversation téléphonique avec sa mère la veille au soir. Anne-Marie s'était répandue en une litanie sans fin sur la chaleur en Egypte, la nourriture, les indigènes, la nécessité de se couvrir les épaules sur les sites touristiques et par-dessous tout : « Est-ce que ton père pourra avoir du lait digne de ce nom pour son thé ? » Cette idée avait suscité dans l'esprit d'Emma une image bizarre où son père, rouge et en sueur, tenant d'une main sa tasse de thé et de l'autre le pis d'une chamelle, essayait de la traire.

Elle mordilla un minuscule morceau d'ongle de son index. De toute façon, personne ne s'intéressait à ces fichus ongles ! Elle se sentait trop fatiguée pour s'en inquiéter et n'espérait qu'une chose : pouvoir dormir dans l'avion. Si elle réussissait à faucher un des Valium de sa mère, elle passerait le voyage au pays des songes.

Profitant de ce que sa mère s'occupait du réfrigérateur, Emma tâta discrètement sa poitrine à travers sa salopette en jean souple. Elle l'avait fait mille fois depuis le matin et, chaque fois, en éprouvait un frisson de plaisir qui n'avait rien à voir avec le sexe mais avec le soulagement de se savoir normale. Elle glissa la main sous son tee-shirt et la posa avec délicatesse sur son sein nu. Il n'y avait pas d'erreur : il était plus sensible que d'habitude.

Elle les avait vérifiés un peu plus tôt dans un miroir et les avait trouvés plus gros. Elle en était certaine. N'avait-elle pas vu que même les mamelons avaient pris du volume ? Oui, oui, oui, se répéta-t-elle en souriant. Elle était enceinte ! L'idée d'avoir un bébé l'envahissait d'une joie indescriptible. Son bébé ! A la fois soulagée et délirante de bonheur, elle se sentait comme illuminée de l'intérieur, à l'image de ce petit garçon qui devenait lumineux dans une publicité pour des céréales après en avoir mangé. Après une si longue attente si souvent déçue, cela arrivait enfin ! Le bonheur lui donnait envie de danser dans la cuisine, mais sa prudence naturelle l'en dissuada. Le dire risquait de lui porter malheur. Il valait mieux attendre la confirmation de son état pour annoncer la bonne nouvelle à son Peter chéri. Dans l'immédiat, elle devait se concentrer sur la meilleure façon de supporter cette horrible semaine de vacances avec ses parents.

Emma préféra ignorer le monologue maternel, prit un bloc sur la table et commença à écrire quelques mots à Peter pour lui dire qu'elle l'aimait et qu'il allait terriblement lui manquer.

— Eh bien, madame se repose pendant que sa pauvre mère s'épuise comme d'habitude !

La voix de son père fit sursauter Emma et elle se leva immédiatement. Elle se sentait fautive, comme si elle était vraiment en train de faire quelque chose de mal. Elle éprouvait la même sensation que lorsqu'elle passait devant une voiture de police équipée d'un radar, même si elle se traînait à quarante kilomètres à l'heure. La seule présence de son père la remplissait d'angoisse. Même le merveilleux espoir de sa grossesse n'y changeait rien.

— Anne-Marie, tu n'as pas à faire le travail d'Emma à sa place, dit Jimmy O'Brien.

Il jeta un regard désapprobateur à sa fille aînée.

— Elle est assez grande pour s'occuper de son ménage elle-même. Je ne veux pas que tu lui serves de bonniche.

— Mais non, je ne lui sers pas de bonniche, répondit sa mère d'une voix lasse qui avait perdu toute vivacité.

— Maman essuyait seulement quelque chose qui s'était renversé, protesta Emma.

Elle sentait sa joie s'évanouir à toute vitesse, comme toujours quand son père se mêlait de sa vie.

— J'ai nettoyé le réfrigérateur hier... poursuivit-elle.

Son père n'écoutait déjà plus. Il se dirigea à grands pas vers la poubelle, tapota sa pipe au-dessus pour la vider et commença à énoncer le récit détaillé de ses faits et gestes de la journée.

— J'ai fait le plein, j'ai vérifié la pression des pneus et j'ai remis un demi-litre d'huile, déclara-t-il. Tout est prêt si tu es prête à partir, Anne-Marie.

On croirait qu'on va en Egypte en voiture, pensa Emma, agacée.

Pour la millième fois depuis que ce voyage avait été prévu, elle se demanda pourquoi elle partait. C'était l'idée de son père, un voyage qu'on ne fait qu'une fois dans sa vie pour fêter leur vingt-cinquième anniversaire de mariage.

Emma ne comprenait pas pourquoi il avait choisi une destination aussi exotique que l'Egypte. Au cours des quinze dernières années, son père s'était contenté d'aller au Portugal, de s'asseoir dans un bar pour regarder les émissions sportives à la télé en se livrant à des commentaires bruyants sur la dégradation du pays due à la présence de hooligans et de jeunes dépravées en train de courir derrière les hommes, la boîte de préservatifs à la main.

« Des traînées », disait-il sombrement chaque fois qu'une bande de filles décontractées et bronzées en tee-shirts et shorts moulants faisait son apparition.

Emma se sentait toujours rêveuse devant ces filles modernes. Une chose était sûre : elles ne continueraient certainement pas à aller en vacances avec leurs parents passé vingt ans. Elles n'auraient certainement pas peur d'annoncer qu'elles partaient avec leurs petits copains. Avant leur mariage, Peter et Emma n'étaient allés au soleil qu'une seule fois. Elle avait prétendu qu'elle partait avec des copines.

En dépit de ses commentaires sur la dégradation des mœurs de la jeunesse, son père paraissait apprécier le

Portugal. Il avait suffi d'une émission touristique pour tout changer. Le présentateur avait parlé avec beaucoup d'enthousiasme d'une croisière sur le Nil. Jimmy avait commandé toute une série de catalogues et avait passé de nombreuses heures à lire à voix haute pendant le déjeuner du dimanche les passages qui l'intéressaient le plus.

« Ecoutez ça, disait-il, interrompant les conversations avec toute l'indifférence d'un tyran : "Venez admirer les temples de Louxor et de Karnak. Ces monuments offrent des exemples parfaits de l'ancienne architecture égyptienne. Certaines parties des temples de Karnak datent de 1375 avant Jésus-Christ." C'est incroyable ! Il faut qu'on aille voir ça. »

Malheureusement, le « on » incluait Peter et Emma.

« Non, Emma. Pourquoi ne peuvent-ils pas y aller seuls et se contenter de se gâcher la vie réciproquement, au lieu de nous la gâcher à nous aussi ? » avait protesté Peter.

Ce n'était pourtant pas du tout dans ses habitudes de parler ainsi. D'une profonde gentillesse et plein de chaleur humaine, Peter aurait été incapable de méchanceté même s'il l'avait voulu. Mais les parents d'Emma avaient la capacité de lui faire perdre sa patience légendaire. En fait, c'était surtout son père. Jimmy O'Brien épuisait la patience de beaucoup de gens.

« Je sais, mon chéri », avait répondu Emma d'une voix découragée.

Elle se sentait terriblement partagée, déchirée entre deux possibilités : faire ce que voulait un mari qu'elle aimait ou céder à la volonté d'un père despotique.

« Le problème, avait-elle dit, c'est qu'il n'arrête pas d'en parler et, dans son esprit, nous l'accompagnons. Si nous refusons, il va hurler que nous sommes des ingrats. »

Emma n'avait pas eu besoin d'ajouter un seul mot. Depuis que son père leur avait prêté l'argent de l'apport personnel pour acheter leur maison, il s'en servait comme d'une épée de Damoclès suspendue sur leur tête.

Sortir avec leurs amis le dimanche au lieu d'aller déjeuner chez les O'Brien était considéré comme un signe d'ingratitude. Ingratitude également, le fait d'être trop occupé pour aller chercher en ville les nouveaux doubles foyers de Jimmy ou pour emmener Anne-Marie faire des courses sous prétexte que conduire l'angoissait. A la façon dont les choses se passaient, la prochaine fois qu'Emma refuserait un bonbon parce qu'elle n'en aimait pas le goût, elle serait accusée d'ingratitude.

Peter ne reparla plus du voyage. La jeune femme savait qu'il aurait aimé qu'elle résiste à son père et refuse d'aller en Egypte pour qu'ils puissent dépenser leur argent en partant ensemble un peu plus tard. Cependant Emma, n'ignorant pas qu'elle se sentirait coupable de quitter Peter mais souffrirait dix fois plus si elle mettait Jimmy O'Brien en colère, finit par imaginer une solution.

« Peter ne peut pas venir avec nous cette semaine, papa, mentit-elle. Il a une réunion à Belfast qui dure deux jours. Mais moi je peux venir. Ce serait formidable d'être juste tous les trois comme avant, n'est-ce pas ? »

La référence à « avant » fit passer la pilule. Cela ne manquait pas d'ironie, pensa Emma. L'évocation des vacances passées lui rappelait qu'elles avaient seulement offert un nouveau cadre aux remarques sarcastiques de son père. Toutefois Jimmy ne voyait pas la situation de cette façon ; la proposition d'Emma le ravit.

Peter resterait donc à la maison. Il dit gentiment à Emma que tout irait bien, qu'elle ne devait pas se faire de reproches. Il s'offrirait un week-end de football avec ses copains à un autre moment de l'année. Dans l'immédiat, il ne lui restait qu'à survivre à ce fichu voyage.

— Je crois qu'une tasse de thé me ferait du bien avant de partir, dit sa mère.

Incarnation même de la fatigue, elle posa son torchon en s'appuyant contre l'évier d'Emma. Sa petite comédie était comme un chiffon rouge agité devant un taureau, et le taureau s'appelait Jimmy. Quelqu'un devait payer pour l'épuisement de sa femme.

Emma savait ce qui allait arriver : elle devrait préparer le thé et subir mille reproches pour avoir laissé sa pauvre mère se charger de son ménage. Inutile d'essayer d'expliquer ce qui s'était réellement passé. Cette scène s'était si souvent répétée au fil des années qu'ils étaient tous les trois comme des acteurs en train de jouer une fois de plus la même pièce depuis trente ans.

Emma, tu es paresseuse et stupide.
Non, ce n'est pas vrai !
Si, c'est vrai !

Pendant quelques instants, Emma observa ses parents froidement. Elle les regarda envahir la maison, sa propre maison, comme si elle leur appartenait. Mais elle n'avait vraiment pas envie de se lancer dans un de leurs jeux de pouvoir habituels.

Depuis qu'elle avait acheté des livres de développement personnel, elle avait appris à reconnaître ces rapports de force. Son père était un malade qui voulait tout diriger et sa mère entrait dans la catégorie passive-agressive qui endossait le personnage de la victime dès que son mari entrait en scène, pour qu'il s'occupe d'elle. Du moins était-ce l'impression que cela donnait.

Chaque auteur proposait sa propre version de ce type de relations, mais Emma reconnaissait ses parents dans chacune de leurs descriptions.

Cependant, il ne suffisait pas de comprendre le comportement des gens. Savoir comment se débrouiller avec eux était une autre histoire ! Depuis longtemps, Emma avait compris qu'elle appartenait à la catégorie des gens passifs et totalement dépourvus d'assurance quand il s'agissait de sa famille. Mais cela ne lui expliquait pas comment changer leur attitude.

Son problème, c'était elle-même, ainsi qu'elle l'avait découvert en lisant le chapitre intitulé : « Acceptez la responsabilité de vos erreurs ». Il était inutile de passer des heures à se plaindre amèrement du comportement de sa famille sans essayer de se transformer soi-même. Elle ne pouvait rien attendre d'eux. Si elle voulait que leurs rapports évoluent, c'était à elle de prendre des initiatives.

« Le pouvoir est à portée de votre main », disait le gourou Cheyenne Kawada, auteur de *Vous n'avez qu'une vie, ne la gaspillez pas*.

Le problème venait de sa double personnalité. Avec ses parents, elle était Emma la maladroite, l'aînée, mais aussi la ratée – Kirsten était l'enfant prodige. Emma était celle qui avait refusé de travailler dans l'affaire de son père, la seule fois de toute sa vie où elle lui avait dit non. A son bureau, elle devenait Emma Sheridan, la coordinatrice très respectée des projets spéciaux de KrisisKids Charity, l'organisation d'aide à l'enfance en difficulté où elle dirigeait une équipe de plusieurs personnes. Elle avait organisé la ligne téléphonique d'aide aux enfants et mettait sur pied deux conférences internationales par an.

Ses parents n'imaginaient certainement pas qu'elle

pouvait aussi être cette femme active et organisée. De même, personne dans son entourage professionnel ne l'aurait reconnue dans son rôle de petite fille soumise.

— Tu t'assois, ma chérie, et je m'occupe du thé, dit Jimmy O'Brien de son ton le plus viril.

Il était déjà en train de fouiller dans les tiroirs bien rangés, en quête des sachets de thé, faisant tomber des paquets de préparations pour sauces instantanées et une bouteille de sauce au soja.

La mère d'Emma eut un geste de la main qui voulait dire : oui, j'ai besoin d'une tasse de thé mais j'y renonce – comme un passager du *Titanic* refusant la bouée qui l'aurait sauvé.

— Nous n'avons pas le temps, Jimmy, soupira-t-elle.

— Nous aurions le temps si tu ne t'étais pas crevée à nettoyer derrière cette fainéante !

Jimmy fit claquer la porte du placard et soupira avec une telle violence que tout son corps en trembla. Son énorme silhouette faisait paraître la petite pièce minuscule. Il était au moins aussi grand que le placard et, en tout cas, aussi large. Ses épaules de catcheur et sa grande barbe blanche en faisaient un candidat idéal pour jouer les Père Noël.

Heureusement pour Anne-Marie O'Brien, elle n'avait pas l'air de la femme du Père Noël ! Grande, elle aussi, mais mince comme un haricot vert, elle avait des cheveux d'un blond pâle soigneusement entretenu par son coiffeur. Elle les portait longs, retenus en arrière par une grande barrette. On aurait dit un scarabée desséché couleur écaille posé derrière sa tête. Avec sa robe d'été à fleurs ceinturée, elle avait l'air aussi pomponnée que les ménagères des publicités des années cinquante – et incroyablement jeune. Avec dix ans de moins que son mari, Anne-Marie avait la peau transparente et lisse d'une femme absolument certaine d'aller au ciel après sa mort grâce à sa bonté et à ses prières dévotes. Elle ne s'était jamais demandé si le plaisir qu'elle trouvait à répandre des ragots pouvait être un obstacle sur son chemin vers le paradis.

Emma était aussi grande et mince que sa mère mais avec des cheveux soyeux châtain clair, et un visage plein de douceur et de patience, contrairement à Anne-Marie, qui affichait une expression suffisante. La bouche crispée, Emma regardait sa mère essuyer méticuleusement le grille-pain et la bouilloire chromés, oubliant qu'il ne fallait pas les mouiller mais les faire briller avec un torchon sec pour ne pas y laisser de grandes traînées.

Les équipements chromés étaient de loin ce qu'il y avait de plus chic dans leur cuisine. C'était, parmi leurs cadeaux de mariage, trois ans plutôt, ce que préférait Peter. Son cher Peter ! Il lui disait toujours de « tendre l'autre joue » quand son père l'énervait. L'éducation religieuse de Peter l'avait pourvu d'une citation biblique pour chaque situation. Dans ce cas, il avait certainement raison. Aussi dur soit-il de tendre stoïquement l'autre joue quand Jimmy O'Brien vous prenait pour cible de son célèbre mauvais caractère, Emma savait que c'était la seule façon de s'en tirer. Discuter avec son père ne servait qu'à le mettre dans une de ces rages froides où il répétait : « C'est pour votre bien, mademoiselle. »

Elle se glissa hors de la cuisine, se répétant comme un mantra : « Tu dois tendre l'autre joue. » Elle monta à l'étage dans sa chambre. Décorée dans des nuances vert sapin et olive, c'était la pièce la plus masculine de la maison.

Emma avait choisi les couleurs elle-même, refusant que la première chambre où elle dormirait en tant que femme mariée ressemble en quoi que ce soit aux chambres à fanfreluches, toutes de chintz rose, que sa mère lui avait toujours imposées. Après une éternité passée au milieu d'un tas de volants comme même Scarlett O'Hara n'en avait pas sur sa robe de mariage, Emma avait voulu une chambre d'une sobriété confortable. Peter, d'une telle indifférence à la décoration de sa maison qu'il aurait tout aussi bien dormi dans une maison de poupée, avait déclaré que de toute façon il aimait d'avance tout ce qu'Emma choisirait.

Emma avait donc opté pour des rideaux vert olive tout simples et un lit moderne en bois clair avec des housses de couette vert foncé. Elle avait peint en coquille d'œuf très clair les placards qui entouraient le lit. On ne voyait pas l'ombre d'un volant, d'un ruban ou d'une gravure représentant de charmantes ballerines. Les dessins représentant des fées des fleurs que sa mère lui avait offerts « pour donner un peu de vie à tout cela » occupaient la place d'honneur dans les toilettes du rez-de-chaussée où Emma n'allait jamais sauf pour les nettoyer.

— Alors, tu viens, Emma ? cria son père d'en bas.

Emma sortit de sa chambre, se débattant avec son sac à main et sa valise. Elle regarda une dernière fois derrière elle avec tendresse. Sa chambre lui manquerait, comme Peter. Leurs câlins sous la couette, le corps de son mari épousant le sien lui manqueraient. De même, son sens de l'humour et la façon dont il l'entourait d'amour. Aux yeux de Peter Sheridan, Emma ne pouvait se tromper, ce qui changeait agréablement de l'attitude de ses parents.

Ils l'attendaient au pied de l'escalier, l'un grillant d'impatience et l'autre pleine d'angoisse.

— Tu ne sors pas dans cette tenue, Emma ? dit sa

mère d'une voix tendue tandis qu'Emma négociait le tournant de l'escalier avec sa valise.

Instinctivement, elle porta une main à sa poitrine pour toucher le confortable tissu en jean de sa salopette. Frais et très confortable, c'était le vêtement idéal pour voyager.

— Mais c'est ce que j'avais quand tu es arrivée, murmura Emma.

Si seulement elle n'avait pas eu l'impression d'être une adolescente se faisant réprimander parce qu'elle portait un mini-short en PVC pour dîner avec l'évêque ! Elle avait trente et un ans et elle était mariée ! Elle ne se laisserait pas persécuter.

— Je croyais que tu étais montée te changer, soupira sa mère d'une voix de martyre. Je préférerais quelque chose de plus correct pour voyager. J'ai lu que les gens qui s'habillent avec élégance pour voyager ont des chances d'être installés en première classe, ajouta-t-elle avec un petit reniflement satisfait à l'idée de passer devant la racaille pour être escortée jusqu'aux sièges les plus luxueux de l'avion, les seuls dignes des O'Brien du quartier le plus chic de Castleknock.

— Tu ferais mieux d'aller mettre quelque chose d'autre, tu ne crois pas ? Sinon nous serons en retard, dit Jimmy avec impatience.

Emma jugea préférable de ne pas leur rétorquer qu'ils n'avaient aucune chance de bénéficier d'un régime de faveur dans la mesure où il n'y a pas de première classe sur un charter. A quoi bon en effet ? Les rêveries maternelles d'une vie élégante ne reposaient jamais sur rien de réel.

Pendant quelques instants, elle fut tentée de refuser de changer de tenue, mais elle vit le visage tendu de son père et elle changea d'avis. Comme elle l'avait appris au cours des vingt-huit années passées sous le toit paternel, il avait horreur des vêtements « de lesbiennes » – il utilisait un mot beaucoup plus vulgaire, en réalité – et des femmes en pantalon.

— J'en ai pour une minute, dit-elle avec un sourire forcé.

Elle remonta à toute vitesse et, dans sa chambre, se jeta à genoux en se tapant la tête sur le lit. Quelle lâcheté ! La veille, elle avait décidé que sa salopette serait parfaite pour voyager. Elle aurait dû résister !

Sans cesser de pester contre elle-même, Emma pêcha sous le lit, de son côté, un petit livre rouge qu'elle ouvrit à la page où l'on disait : « Je suis une personne positive. Je suis quelqu'un de bien. Mes pensées et mes sentiments ont de la valeur. »

Se répétant ces trois phrases, Emma enleva à toute vitesse sa salopette et son tee-shirt pour les remplacer par un ensemble tunique et jupe longue en tricot écru qu'elle portait parfois au travail en été quand tous ses autres vêtements étaient au nettoyage.

Ce jour-là, tous ses vêtements d'été dignes de ce nom se trouvaient dans la valise qu'elle avait laissée au rez-de-chaussée. Cet ensemble en jersey, qu'elle avait acheté au cours d'une épouvantable tournée des magasins avec sa mère, lui donnait l'allure d'un café au lait anémique, longue comme un jour sans pain, plate comme un écolier au teint blême.

Le bleu pâle de ses vêtements en jean mettait en valeur ses yeux bleus où brillaient des paillettes d'or, tandis que les teintes crème ou taupe la transformaient en image vivante de la monotonie : une peau pâle, des cheveux ternes, une silhouette fade… Elle soupira ; elle se sentait ennuyeuse et totalement dénuée d'intérêt.

Emma n'avait jamais été très douée pour se maquiller

et, de toute façon, le rouge à lèvres rendait ses lèvres encore plus minces. Si seulement elle trouvait le courage de se faire refaire le nez ! Trop long et trop grand pour son visage, il lui semblait horrible. Celui de Cyrano avait l'air retroussé à côté du sien ! Elle le cachait en portant sa frange très longue. Kirsten, sa sœur, était la beauté de la famille. Elle était pleine de vie, sensuelle, et remportait beaucoup de succès auprès des hommes, qui appréciaient son sens inné de l'élégance et sa joie de vivre. Le seul trait remarquable d'Emma était sa voix, une voix grave et rauque qui contrastait curieusement avec son allure timide et conservatrice. Peter lui répétait toujours qu'elle aurait pu faire de la radio.

« Tu veux dire que je donne l'impression d'une bombe sexuelle tant qu'on ne me voit pas ! lui répondait-elle pour le taquiner.

— Pour moi, tu es une bombe sexuelle », lui affirmait-il tendrement.

— Alors, tu viens ? hurla son père. Nous allons être en retard !

Emma ferma les yeux, l'espace d'un instant. Elle avait la nausée à l'idée de passer toute une semaine avec ses parents. Elle devait être folle pour avoir accepté de les accompagner.

Elle avait toujours rêvé de visiter l'Egypte et de s'offrir une croisière sur le Nil. Cela datait de ses lectures d'enfance sur la reine Néfertiti et la beauté du temple de Karnak. Mais c'était avec Peter qu'elle aurait aimé y aller, pensa-t-elle tristement en fourrant dans son petit sac à main son livre de développement personnel.

Elle n'avait pas prévu d'emporter *S'affirmer – Comment améliorer sa confiance en soi* du Dr Barbra Rose. Elle devait vraiment être folle ! Ce n'était pas d'un livre qu'elle avait besoin pour affronter ce voyage mais du Dr Rose elle-même, en chair et en os, avec une tonne de médicaments pour plonger son père dans le coma ! Dans ces conditions-là, elle aurait passé des vacances exceptionnelles.

Satisfaite de voir sa fille enfin habillée de façon à ne pas déshonorer sa famille dans son expédition vers les plaisirs du Nil, Anne-Marie O'Brien continua béatement de monologuer jusqu'à l'aéroport.

— Vous ne devinerez jamais qui j'ai rencontré, ce matin, commença-t-elle paisiblement.

De toute évidence, elle n'avait pas la moindre intention de s'arrêter assez longtemps de parler pour qu'Emma ou son père puisse deviner.

— Mme Page ! Mon Dieu, si vous aviez pu voir ce qu'elle portait ! Un jean ! A son âge ! Je me serais bien passée de lui parler mais elle était devant le rayon des dentifrices et je voulais en acheter un tube de réserve au cas où nous n'en trouverions pas là-bas. Je crains que les Egyptiens ne soient pas très portés sur l'hygiène, expliqua-t-elle.

Coincée à l'arrière de l'Opel entre les bagages qui menaçaient de s'écrouler sur elle à chaque tournant, Emma ferma les yeux avec lassitude. A quoi bon expliquer que les Egyptiens avaient créé une société raffinée et d'une très haute civilisation, construisaient des pyramides et étudiaient l'astronomie quand les ancêtres des O'Brien cognaient encore des cailloux l'un contre l'autre en essayant de comprendre comment travailler avec des éclats de silex ?

— ... Si vous l'aviez entendue me casser les oreilles avec son Antoinette ! (La voix de Mme O'Brien traduisait la plus profonde désapprobation.) C'est scandaleux, tout simplement scandaleux ! Vivre avec un homme et deux enfants sans se marier ! Il ne lui vient même pas à l'idée que ces deux innocents ont droit à la consécration par le mariage au lieu d'être... (Sa voix se fit chuchotante pour laisser tomber) : Des bâtards !

— La bâtardise n'existe plus.

Emma n'avait pu s'empêcher d'intervenir. Antoinette faisait partie de ses amies.

— Tu peux toujours le dire, rétorqua sa mère. Cela ne change rien au fait que ce n'est ni bien ni respectable. C'est une façon de se moquer de l'Eglise et des sacrements. Cette fille se prépare de tristes jours, crois-moi ! Tôt ou tard, ce type la quittera. Elle aurait dû se marier comme font tous les gens normaux.

— Il est séparé de sa première femme, maman. Il ne peut pas se remarier tant que son divorce n'est pas prononcé.

— C'est encore pire, Emma ! Je ne comprends pas les jeunes d'aujourd'hui. Le catéchisme ne veut donc plus rien dire pour eux ? Au moins, ton père et moi n'avons jamais eu ce genre de problèmes avec toi. J'ai dit à Mme Page que, Peter et toi, vous êtes bien installés et très heureux, que Peter est directeur des ventes adjoint à la Devine's Paper Company et que tu es coordinatrice des projets spéciaux.

Anne-Marie O'Brien souriait encore de la satisfaction éprouvée à vanter ainsi la supériorité de sa famille.

— Peter est seulement un des directeurs adjoints, maman, objecta Emma d'un ton contrarié. Il y en a six, tu sais.

— Je n'ai rien dit qui ne soit vrai ! insista sa mère, vexée d'être reprise. Et toi, tu es coordinatrice des projets spéciaux. Nous sommes si fiers de notre petite fille, n'est-ce pas, Jimmy ?

Son père ne quitta pas un seul instant la route des

yeux, occupé comme il l'était à la transformer en parcours dangereux pour les cyclistes.

— Oui, oui, dit-il d'un air absent. Très fiers. De vous deux. J'ai toujours su que notre Kirsten ferait des étincelles. Elle a de qui tenir, ajouta-t-il avec satisfaction.

Emma s'arracha un sourire en prenant note d'appeler Antoinette dès son retour pour lui demander d'excuser les remarques blessantes de sa mère, remarques dont elle ne tarderait certainement pas à avoir un écho. Si Anne-Marie O'Brien continuait à parler de Peter et Emma comme s'ils faisaient une brillante carrière d'ingénieurs en astronautique pourvus d'une Porsche chacun et de millions à la banque, il ne leur resterait pas un seul ami. Peter était vendeur dans une société de matériel de bureau et elle-même abattait un énorme travail qui consistait plus à organiser des équipes et expédier du courrier qu'à se pavaner dans des réceptions de bienfaisance. C'était pourtant ainsi que sa mère présentait à tout le monde l'action de KrisisKids.

Emma s'occupait davantage de l'administration que de la recherche de fonds. Elle gérait le numéro vert que les enfants maltraités pouvaient appeler de façon anonyme et assurait également le travail quotidien du bureau. Des déjeuners prestigieux étaient en effet organisés, où des femmes riches payaient plusieurs centaines de livres pour avoir une place, mais Emma n'assistait jamais à ces manifestations, au grand dam de sa mère.

Déterminée à envisager les choses sous un aspect positif, la jeune femme éprouva du plaisir à l'idée que ses parents soient fiers d'elle, même s'ils n'en faisaient état que pour se vanter auprès de tiers sans jamais le lui dire à elle. Naturellement, ils étaient encore plus fiers de sa sœur cadette. C'était une chance qu'Emma aime Kirsten car, sans cela, entendre chanter ses louanges en permanence – Kirsten était toujours si intelligente, si jolie, si mignonne ! – aurait anéanti toute possibilité de relation entre les deux sœurs. Malgré les inconscientes stratégies de division de leur père, elles avaient toujours été proches.

— Mme Page a été ravie que je lui parle de la maison neuve de Kirsten à Castleknock, poursuivait Anne-Marie. Je lui ai dit qu'il y avait cinq chambres avec salle de bains et que Patrick a une... Quelle marque ?

— Lexus, répondit Jimmy.

— C'est cela ! « N'a-t-elle pas bien réussi ? » lui ai-je dit. Je lui ai expliqué que Kirsten n'a plus besoin de travailler mais qu'elle s'occupe de trouver des fonds pour ce projet de défense de l'environnement...

Emma aurait pu rédiger un livre entier sur les réalisations merveilleuses de sa sœur, telles que sa mère les décrivait avec orgueil. Kirsten avait décroché le triple gros lot en se faisant épouser par un courtier en Bourse qui dégoulinait d'argent, en évitant de voir ses parents sauf à Noël, et en restant quand même leur petit prodige !

Emma aimait Kirsten, avec laquelle elle avait presque été élevée comme avec une sœur jumelle puisqu'elles n'avaient qu'un an d'écart, mais elle était écœurée de ces discours sur son extraordinaire travail au service de la défense de l'environnement. Kirsten ne s'y intéressait en effet que dans la mesure où cela lui permettait de rencontrer Sting et d'avoir un sujet de conversation sur les terrains de golf avec les autres habituées des déjeuners mondains. Emma était dégoûtée aussi de la façon dont Kirsten et Patrick se débrouillaient toujours pour éviter les déjeuners du dimanche, la laissant seule avec Peter subir au moins sept heures tous les quinze jours de « *A mon avis, ce qui ne va pas dans le monde,* conférence par Jimmy O'Brien » ! En rentrant du dernier déjeuner où ils avaient eu droit à des heures de diatribe contre les étrangers qui venaient en Irlande pour chercher du travail, Peter avait demandé à Emma si le mot « panphobe » existait.

« Qu'est-ce que c'est ? avait-elle répondu en riant, heureuse d'avoir accompli son devoir pour les quinze jours suivants.

— Une personne qui cogne contre tout et tout le monde ! Tu connais la racine "pan", qui veut dire "tout".

— Le mot n'existait sans doute pas avant papa mais, suggéra Emma, nous pourrions l'enregistrer pendant qu'il s'énerve et envoyer la bande à l'Oxford English Dictionary. Je suis sûre que "panphobe" figurerait dans la prochaine édition ! »

Quand ils arrivèrent en vue de l'aéroport, Anne-Marie commença à s'angoisser de plus en plus.

— J'espère que Kirsten n'aura pas de problème. Elle m'a dit au téléphone que Patrick serait absent toute la semaine.

Emma leva les yeux au ciel. Kirsten était exactement son contraire : elle possédait un féroce instinct de survie. Qu'on l'abandonne sur la face nord de l'Eiger munie d'une simple tente et elle réapparaîtrait vingt-quatre heures plus tard avec un bronzage de skieuse, des malles de vêtements neufs et les numéros de téléphone des dizaines de personnes fascinantes rencontrées en chemin, possédant toutes un yacht, un chalet à Gstaad, un moniteur de sport personnel et une Rolex ! Une semaine sans Patrick représentait pour Kirsten la possibilité de se servir comme une folle de sa carte Gold et de passer toutes ses soirées dans une boîte chic à descendre des vodkas avec un admirateur dans son sillage. Emma ne pensait pas que sa sœur puisse tromper un mari flegmatique et fiable comme Patrick, mais il était évident qu'elle adorait le flirt.

— Elle s'en sortira très bien, maman, dit Emma d'un ton sec.

A l'aéroport, son père les laissa avec les bagages devant la porte des départs et partit en quête d'une place de stationnement. Anne-Marie se mit aussitôt à faire des histoires : toujours très calme quand son mari était à ses côtés et tyrannisait tout le monde, elle paniquait dès qu'elle le perdait de vue.

— Mes lunettes ! s'écria-t-elle brusquement.

Emma et elle venaient de rejoindre la queue qui avançait lentement vers le comptoir d'enregistrement.

— Je crois que je les ai oubliées !

Sensible à la crise d'hystérie montante que laissait deviner la voix de sa mère, Emma lui prit la main avec douceur et la serra de façon rassurante.

— Veux-tu que je regarde dans ton sac à main, maman ? proposa-t-elle.

Anne-Marie accepta d'un hochement de tête et lui tendit son petit sac à bandoulière en cuir crème. Ses lunettes se trouvaient dans leur étui en tapisserie usée, lui-même glissé dans un compartiment du sac. Si sa mère avait pris la peine d'y jeter seulement un coup d'œil, leur présence ne lui aurait pas échappé.

— Elles n'ont pas bougé de leur place habituelle, maman.

L'angoisse d'Anne-Marie se résorba légèrement.

— Je suis certaine d'avoir oublié quelque chose, insista-t-elle pourtant.

Fermant les yeux comme si elle passait mentalement sa liste en revue, elle se tut pendant une minute.

— N'as-tu pas oublié quelque chose ? demanda-t-elle abruptement.

Emma secoua la tête : non, elle n'avait rien oublié.

— Tes protections, ce genre de choses, souffla sa mère à mi-voix. Dieu sait si tu en trouverais là-bas ! Je parie que tu les as oubliées. J'aurais dû t'en acheter ce matin, quand je suis allée au supermarché, mais cette fichue Mme Page m'a distraite...

Emma aurait voulu ne pas entendre, mais les mots de sa mère recelaient trop d'ironie. Des serviettes hygiéniques ! Elle aurait sans doute mieux fait de prendre une boîte de tampons, c'était vrai, mais elle avait eu peur de tenter le sort.

En principe, elle devait avoir ses règles dans quatre jours mais, avec un peu de chance, cela n'arriverait pas. Peut-être était-elle enceinte, cette fois-ci ! Elle avait éprouvé une fatigue terrible pendant toute la semaine et ses seins étaient sensibles, exactement comme on l'expliquait dans son livre sur la grossesse. C'était très différent de ses sensations habituelles. Elle avait donc pris le risque de ne pas mettre dans sa valise même l'ombre d'une protection, de peur que cela lui porte malheur. Emma ne put retenir un petit frisson excité à l'idée de son possible état.

Quand son père réapparut, se dirigeant vers elles de son pas autoritaire, hurlant de loin qu'il avait dû se garer au diable, Emma réussit à afficher une expression compatissante.

— Tout le monde est prêt ? dit-il. Il n'y a plus qu'à faire la queue.

Il mit son bras autour des épaules de sa femme.

— Alors, on va en Egypte ? On va passer les vacances de notre vie, Anne-Marie, ma chérie. Je regrette seulement que notre petite Kirsten n'ait pas pu venir. Elle aurait adoré cela ! En plus, c'est une compagne de voyage idéale. Dommage qu'elle soit trop occupée par son travail de bénévole et par Patrick.

Il poussa un soupir de la catégorie « père affectueux » et Emma commença à ronger l'ongle de son pouce, qu'elle avait réussi à garder intact jusque-là.

Calme-toi ! se répétait-elle comme un disque rayé. Elle avait appris cette technique dans un de ses livres de développement personnel. Ne le laisse pas t'avoir ! Elle pouvait le supporter à présent que ce merveilleux espoir la réchauffait. Un bébé ! Elle était enceinte, cette fois, elle ne pouvait pas se tromper.

3

Penny était étalée de tout son long sur le lit, un ours en peluche à moitié mâchonné serré entre ses pattes au pelage doré. Elle fixait Leonie d'un œil torve. Il était difficile d'imaginer que ces grands yeux bruns puissent refléter autre chose qu'un pur amour de chien mais, à vrai dire, Penny n'était pas n'importe quel chien. Moitié labrador, moitié retriever, elle possédait une sacrée personnalité. Elle se comportait de façon très humaine, sachant calculer son attitude pour provoquer le plus grand sentiment de culpabilité possible chez sa propriétaire. Seule la folle excitation que déclenchait chez elle le bruit de son écuelle rappelait à Leonie que sa meilleure amie était un chien et pas une personne. Mais aussi, pensa Leonie avec amusement, pourquoi considérait-elle la voracité comme une conduite purement canine ? Elle-même, elle aimait manger ! Les chiens et leurs propriétaires se ressemblent toujours. On ne pouvait donc s'étonner, alors que Penny était une gloutonne un peu enrobée, esclave de sa pâtée Pedigree Chum, que sa maîtresse en soit un fidèle reflet. Grande blonde aux cheveux emmêlés et au ventre grassouillet, elle avait un faible pour les biscuits. En réalité, hormis la marque de leurs biscuits, il n'y avait aucune différence entre elles.

Leonie extirpa un vieux sarong kaki du bas de sa commode et le roula dans un coin de sa valise à côté des chemises en soie aux couleurs exotiques qu'elle affectionnait. Penny, qui la regardait en boudant, renifla avec bruit.

— Je sais, mon beau toutou, dit Leonie pour consoler son chien.

Elle interrompit ses rangements pour s'asseoir au bord du lit et caresser la chienne désolée.

— Ce ne sera pas long, reprit-elle. Il y en a seulement pour une semaine. Maman ne sera pas partie longtemps. De toute façon, tu n'aimerais pas l'Egypte, ma chérie. Il y fait beaucoup trop chaud pour toi.

Penny, complètement pourrie par sept années de gâteries scandaleuses, refusa de se laisser consoler et, d'un brusque mouvement de la tête, repoussa la main affectueuse de Leonie. D'un autre petit reniflement, elle fit savoir que de banales caresses ne suffiraient pas à la réconforter ; Leonie ne s'en tirerait pas sans avoir recours aux biscuits pour chiens.

Pas plus tard que ce matin, Leonie avait expliqué à la propriétaire d'un pékinois, au cabinet vétérinaire où elle travaillait comme assistante, que les chiens étaient de terribles maîtres chanteurs, et que, même s'il suppliait qu'on lui fasse goûter les plats du déjeuner, son Kibushi ne devait manger que de la nourriture pour animaux. Elle se dépêcha pourtant d'aller chercher à la cuisine un Mixed Oval et la moitié d'un sablé.

Avec la grâce d'un potentat persan recevant des présents, Penny accepta les deux biscuits, répandit des miettes sur toute la courtepointe fleurie, et se remit illico à bouder. Son nounours écrasé sous une patte menaçante, elle fixait Leonie d'un air toujours fâché. Sa bonne tête de labrador normalement souriante était plissée en une expression qui disait : *Je vais appeler la Société protectrice des animaux et tu vas voir où tu vas te retrouver. Au tribunal, accusée de cruauté envers les animaux ! Comment peux-tu imaginer de m'abandonner pour des saletés de vacances !*

— Je ferais peut-être mieux de rester, dit Leonie, désespérée.

C'était impossible, elle ne pouvait pas laisser Penny, Clover et Herman pour huit jours entiers ! Penny dépérirait, même si elle était confiée aux soins de Claire, la mère de Leonie. Claire adorait la chienne, la laissait dormir sur son lit nuit et jour et lui servait du foie d'agneau cuisiné avec soin.

Mais les trois enfants de Leonie étaient aux Etats-Unis, chez leur père, pour trois semaines, et Leonie s'était promis de s'offrir les vacances de sa vie pour se remonter le moral. Elle ne devait pas laisser des animaux trop gâtés exercer un pareil chantage. Non, ce n'était pas possible. Clover, son chat roux bien-aimé, ne s'entendait pas avec les chats de Claire. Il détestait également la garderie animale et, sans aucun doute, resterait tapi au fond de sa cage pendant toute la semaine, observant une stricte grève de la faim féline, bien décidé à ressembler à un anorexique au retour de sa propriétaire. Même Herman, le hamster que les enfants avaient sauvé d'un triste sort, faiblissait quand son luxueux duplex pour hamster était transporté dans la maison de Claire. A vrai dire, les trois chats siamois de Claire manifestaient un intérêt anormal pour la petite bête. Ils passaient des heures à l'observer derrière les murs transparents de sa maison avec une expression calculatrice, comme s'ils essayaient d'évaluer le degré de tendreté qu'il aurait quand ils auraient découvert comment ouvrir sa porte. Mais quand même... Ce n'était pas comme si elle l'avait abandonné !

Leonie se sentait pourtant coupable de laisser ses bébés chéris derrière elle pour partir en croisière sur le Nil dans une luxueuse cabine intérieure du *Queen Tiye* (cent vingt-deux livres de supplément pour personne seule, non compris l'excursion à Abou Simbel et le survol de la Vallée des Rois au crépuscule en montgolfière, le tout réservable à l'avance).

— Je ferais mieux de ne pas y aller, répéta-t-elle.

Penny, enregistrant les signes de faiblesse donnés par sa maîtresse, agita la queue avec un sourire engageant. Pour faire bonne mesure, elle se remit à mordiller son nounours d'une mine joueuse qui la rendait absolument irrésistible. Comment pourrais-tu quitter mon adorable petite personne ? signifiait ce comportement. Son art de la manipulation des humains atteignait des sommets.

Quel était l'intérêt de s'en aller ? se demanda Leonie, dont la résolution diminuait. Elle pouvait très bien passer ses huit jours de congé à la maison et s'attaquer à la parcelle embroussaillée du jardin, en contrebas, le long de la rivière. A quoi bon posséder une maison d'artisan dans la pittoresque cité de Greystones, du comté de Wicklow, si on laissait le jardin à l'abandon, enfoui sous une quantité de fleurs suffisante pour créer une réserve de papillons ?

Elle pouvait aussi repeindre les placards de la cuisine. Elle en avait eu l'intention depuis qu'elle était entrée dans cette maison, sept ans plus tôt. Elle détestait le bois foncé, elle avait toujours détesté cela.

Et, bien sûr, la chambre de Danny avait aussi besoin d'un bon nettoyage. Danny et les filles étaient à Boston depuis bientôt dix jours et elle ne s'était pas encore approchée de sa tanière. Elle avait toutes les chances de trouver sous son lit le fouillis habituel des adolescents : des chaussettes qui puaient et des vieux tee-shirts où la respiration avait laissé assez d'ADN humain pour fabriquer des clones. En revanche, la chambre des filles était impeccable car Abby avait été prise d'une rage de nettoyage la veille de leur départ et avait obligé Mel à l'aider.

Ensemble elles avaient rempli un sac-poubelle de vieux numéros de *Mizz*, de peluches dont même Penny ne voulait plus, de vieux stylos sans capuchon et de cahiers auxquels il manquait la moitié des pages. Leur chambre, à présent, paraissait trop propre et trop rangée pour deux gamines de quatorze ans folles de popstars, du moins si on oubliait le vieux poster de Robbie Williams dont Mel avait refusé de se séparer.

« Pas de panique, maman, avait dit Abby quand Leonie, découvrant la chambre, s'était mise à hurler qu'on avait l'impression que ses filles partaient pour toujours.

— Nous n'allons chez papa que pour trois semaines, avait ajouté Mel. Et toi, tu vas tellement t'amuser en Egypte, dehors tous les soirs à boire et flirter avec des hommes de rêve, que tu ne remarqueras même pas notre absence.

— Je sais », avait répondu Leonie.

Elle se sentait stupide, regrettant d'avoir enfreint la règle qu'elle s'était fixée de ne pas laisser ses enfants savoir à quel point elle souffrait quand ils allaient chez leur père. Elle ne reprochait pas à Ray le temps qu'il passait avec ses enfants, absolument pas. Simplement, ils lui manquaient terriblement et Boston semblait très, très loin. Au moins, quand il habitait à Belfast, ce n'était qu'à deux heures de Dublin. Leonie ne se serait jamais permis de débarquer chez son ex-mari pendant que ses enfants y étaient, mais elle trouvait très réconfortante l'idée que, s'il lui prenait une brusque envie de les voir pendant le mois d'été des vacances, elle pouvait le faire.

C'était en partie la raison pour laquelle elle s'offrait un voyage en Egypte qu'elle ne pouvait pas trop se permettre : se soustraire aux affres de la solitude. Pour cette raison et aussi parce qu'elle devait à tout prix rompre la monotonie de son existence. Un séjour à l'étranger lui paraissait un bon départ pour une nouvelle vie, plus intéressante. Du moins, elle en avait eu l'impression.

Le téléphone posé sur sa table de chevet se mit à sonner bruyamment. Leonie s'assit sur le lit et décrocha tout en redressant le cadre d'argent de la photo qui la représentait avec Danny à côté des montagnes russes d'Eurodisney. Les garçons de dix-neuf ans ne partaient plus en vacances avec leur mère ; ils ne partiraient plus jamais en vacances tous les quatre, elle le savait.

— J'espère que tu n'as pas de regrets, beugla le téléphone.

Anita ! Bruyante, adorable et plus autoritaire que l'entraîneur d'un club de football de première division. La plus vieille amie de Leonie ne savait parler que sur deux tons : des hurlements aigus ou des chuchotements de souffleur... Mais, dans les deux cas, on l'entendait à cinquante mètres à la ronde.

— Tu as besoin de marquer une pause et, comme tu ne viendras pas avec la bande dans le comté de Cork, je pense que l'Egypte sera parfaite. Mais ne cède pas au chantage de ce sacré chien.

Leonie ne put s'empêcher de sourire

— Penny est complètement déprimée, reconnut-elle,

et j'avoue que j'avais des remords à l'idée de m'en aller toute seule.

— Et tu risquerais de perdre ton argent ? hurla Anita, en mère de quatre enfants spécialiste du bon de remise à découper, qui aurait réutilisé les sachets de thé si elle avait pu.

Leonie se savait incapable de supporter un autre séjour dans le grand bungalow loué par la bande, comme Anita appelait leur petit groupe d'amis. Ils s'étaient rencontrés vingt ans plus tôt, alors qu'ils étaient encore tous de jeunes mariés. Les bandes, c'était très bien tant qu'on formait un couple heureux, mais quand on divorçait alors que tous les autres restaient ensemble, la situation devenait moins facile.

Le statut d'unique célibataire de la bande était épouvantable et ce serait encore pire à présent que Tara – après une brève période de célibat – s'était remariée. Elle ne montrait plus le moindre enthousiasme à l'idée de partager une chambre avec Leonie pour pouvoir passer des heures à se plaindre de leur solitude et se demander où étaient passés les hommes dignes de ce nom. Lors de leurs dernières vacances en groupe, l'année précédente, l'un des maris, complètement ivre, l'avait embrassée par surprise et lui avait mis la main aux fesses dans la cuisine à une heure avancée de la nuit en bredouillant : « Je savais bien que tu était chaude. » Après cela, Leonie s'était juré qu'il n'y aurait pas de prochaine fois.

Quand elle s'était séparée de Ray, une décennie plus tôt, elle envisageait son avenir avec beaucoup d'optimisme. En fait, après dix ans d'un mariage agréable mais plus fraternel qu'autre chose, ils avaient tous les deux placé beaucoup d'espoir dans l'avenir. Mais Ray était le seul à s'en être sorti haut la main, papillonnant joyeusement, tandis que Leonie soupirait toujours après le grand amour qui donnerait un sens à son existence.

Son dernier tête-à-tête amoureux datait de six ans, et il s'agissait d'un rendez-vous avec un inconnu, organisé par Anita entre Leonie et un professeur assistant à l'université qui aurait pu passer pour un sosie – à tous points de vue – d'Anthony Perkins dans *Psychose*. Faut-il le préciser, la rencontre n'avait pas été une réussite.

— Leonie, il y aura toujours un lit pour toi, poursuivit Anita. On serait tous très contents que tu reviennes et, si tu avais des regrets...

— Je plaisantais, s'empressa de dire Leonie. Pour être honnête, j'ai hâte de partir. J'ai toujours voulu aller en Egypte. Je suis très impatiente d'acheter quelques bijoux égyptiens ; ils sont merveilleux, ajouta-t-elle avec enthousiasme.

Sa collection de bijoux exotiques envahissait sa coiffeuse déjà très encombrée, les boucles d'oreilles mêlées aux colliers thaïlandais à pampilles de métal, bijoux achetés pour l'essentiel dans les boutiques d'artisanat du monde à Dublin ou à Londres et non pas dans leurs lointains pays d'origine.

— Méfie-toi quand même des souks et des marchés, lui conseilla Anita.

Anita était une voyageuse circonspecte pour qui tout ce qui se trouvait au-delà de la Manche représentait une dangereuse aventure.

— Ils adorent les femmes rondes là-bas, insista-t-elle.

— Oh, génial ! dit Leonie d'une voix rauque, revenant instinctivement au personnage qu'elle avait joué pendant des années, celui d'une déesse de la Terre, indomptable et très sensuelle.

Si Anita avait deviné que cette image était une tromperie et que la plupart des rendez-vous de Leonie avaient lieu de chez elle avec la télécommande et un pot de glace à la framboise, elle n'en avait jamais rien dit.

Elles bavardèrent encore pendant quelques minutes. Leonie promit de s'amuser puis raccrocha, se faisant la remarque que, si un spécialiste de la traite des Blanches voulait la transformer en esclave sexuelle, il devrait être très, très fort. Avec son mètre soixante-dix et ses cent kilos, Leonie n'avait pas vraiment le physique d'une danseuse de harem et se sentait capable d'aplatir comme une crêpe le plus ardent des pinceurs de fesses égyptiens.

La réflexion d'Anita était pourtant très gentille, se dit-elle plus tard tout en étudiant l'effet de sa jupe indienne safran avec sa chemise de soie noire préférée et un collier de petites perles d'ambre. Le noir n'était pas idéal pour voyager dans un pays chaud, elle le savait, mais elle se sentait vraiment bien dans cette chemise. S'il n'y avait pas moyen de cacher ses rondeurs, le noir l'aidait du moins à les atténuer. Les couleurs vives lui allaient bien aussi et elle aimait en porter : amples tuniques d'un rouge cramoisi, capes volumineuses en doux velours pourpre et jupes à la cheville brodées de petits miroirs indiens et de motifs compliqués aux teintes vibrantes. Avec son style de diseuse de bonne aventure aristocratique ou d'actrice élégante des années trente à Broadway, Leonie ne passait pas inaperçue. Le noir était pourtant resté sa teinte préférée. C'était sans risque, et rassurant. Aussi satisfaite qu'elle pouvait l'être de son image dans le miroir, Leonie commença à se maquiller, appliquant d'une main experte un épais fond de teint.

Si elle n'avait pas été assistante vétérinaire, Leonie

aurait aimé être maquilleuse. Elle n'avait pas la chance d'être née avec un joli visage, mais quand elle avait terminé son travail de magicienne avec ses crayons et ses brosses, un épais trait de khôl lui dessinant un regard hypnotique, elle se sentait mystérieuse et exotique. Comme la fille dans les vieilles publicités pour Turkish Delight qui attend le cheik, assise dans les dunes du désert. Elle n'était plus alors une femme trop grosse, trop vieille et effrayée à l'idée d'un avenir solitaire, sans hommes.

Elle avait une bouche en forme d'arc de Cupidon qui aurait été spectaculaire sur un mannequin de taille 38 mais paraissait quelque peu incongrue sur une grande femme avec sa carrure. « Un beau brin de femme », comme l'appelait avec admiration un vieil homme qui venait au cabinet vétérinaire pour son chien de berger.

Son visage rond possédait des pommettes dont elle remerciait le ciel car elles gardaient obstinément leur relief, évitant à son visage de paraître bouffi. Quant à ses cheveux, d'une couleur naturelle « fourrure de rat » comme elle disait toujours, ils étaient blonds. Elle les teignait elle-même, ses moyens ne lui permettant pas d'aller chez le coiffeur.

Mais ce que Leonie possédait de plus beau, c'étaient ses yeux. Immenses, pourvus de longs cils noirs, ils étaient de la même stupéfiante teinte aigue-marine que l'Adriatique et paraissaient trop bleus pour être vrais.

« Tes yeux te rendent très belle, lui disait toujours sa mère d'un ton encourageant quand elle était adolescente. Tu n'as pas besoin de parler, Leonie, tes yeux le font pour toi. »

Sa mère avait toujours estimé que l'on peut être ce que l'on veut. Elle-même très séduisante, Claire répétait à sa fille que la beauté vient de l'intérieur.

Malheureusement, à l'âge de dix-neuf ans, Leonie avait décrété que sa mère se trompait et que de beaux yeux ne suffisaient pas à faire d'elle la superbe créature qu'elle rêvait d'être, un sosie de Catherine Deneuve. Elle avait fait cette constatation quand elle était entrée à l'université après des années passées dans le monde fermé et féminin de l'école des sœurs. A l'université de Dublin, elle avait découvert les hommes pour la première fois. Elle avait aussi découvert que ceux qui lui plaisaient au cours de biologie étaient beaucoup plus attirés par des étudiantes moins intelligentes mais plus menues. Ses inaccessibles amours lui demandaient d'entrer dans l'équipe mixte de lutte à la corde pendant la semaine où les étudiants organisent des activités au profit d'œuvres caritatives, mais ils invitaient d'autres filles à les accompagner au bal de clôture.

Avec tristesse, elle avait conclu de tout cela qu'elle n'était rien d'autre qu'une grosse fille banale. A la suite de quoi, elle avait décidé de se créer une nouvelle allure. Leonie Murray, la timide qui se cachait toujours au dernier rang des photos de classe, avait donné naissance à Leonie la superbe excentrique, passionnée de vêtements originaux, de bijoux farfelus, qui ne sortait jamais sans une bonne couche de peintures de guerre, comme une vedette prête pour un gros plan dans un film de Cecil B. De Mille. Comme elle était physiquement hors normes, Leonie décida de s'affirmer en ce sens sur tous les plans. Très vive et très amusante, on commença à l'inviter dans toutes les soirées, mais personne ne lui demanda jamais de venir flirter sur la terrasse.

Son premier et seul véritable amour, Ray, avait deviné sous la couche de fond de teint Max Factor la femme profondément fragile. Mais ils n'étaient pas faits l'un pour l'autre. Leur mariage avait été une erreur. Elle lui avait été reconnaissante de l'arracher à sa solitude, mais la reconnaissance n'est pas une raison suffisante pour se marier, comme elle l'avait appris depuis. Ce n'était pas non plus suffisant pour faire des enfants. Parfois, elle se sentait coupable de l'avoir épousé pour de mauvaises raisons et d'avoir mis fin à l'histoire après dix ans de vie commune.

Ils avaient des caractères à l'opposé l'un de l'autre. Ray, un paisible étudiant en lettres, n'allait jamais dans des soirées déjantées et passait tout son temps libre à la bibliothèque. Leonie, quant à elle, était la *grande dame* de la première année de sciences. Pendant que Ray lisait Rousseau, Leonie disait ses quatre vérités à l'insolent étudiant en agronomie qui l'avait taquinée sur son épais maquillage. (Plus tard, elle avait beaucoup pleuré mais, sur l'instant, elle avait été magnifique.)

Ils s'étaient rencontrés lors d'une projection d'*Annie Hall* et avaient fini la soirée ensemble à rire de l'humour de Woody Allen. Dans les années qui avaient précédé son divorce, Leonie avait pris conscience que le sens de l'humour et un goût commun pour le cinéma de Woody Allen constituaient leurs seuls points communs. En dehors de cela, ils étaient totalement différents. Ray n'aimait pas la fiction ni les soirées ; en revanche, il raffolait des longues discussions politiques. Leonie adorait sortir, aller dans des boîtes disco et lire des best-sellers en buvant un verre de vin, une barre de Cadbury à la main. Cette liaison n'aurait pas duré si un petit Danny n'avait pas annoncé sa venue. Leonie et Ray s'étaient mariés très vite. Ils avaient été très heureux mais, à la fin de leur lune de miel, ils avaient découvert qu'ils n'étaient absolument pas faits l'un pour l'autre.

Pour Leonie, d'avoir vécu ensemble pendant dix ans comme des gens civilisés et attentionnés l'un envers l'autre prouvait quelque chose, même si la prise du réfrigérateur faisait plus d'étincelles que leur relation. Elle avait vécu pendant tout ce temps en supportant le désert de sa vie conjugale, pour l'amour de Danny, Melanie et Abigail. Puis, un beau jour, quelque chose avait craqué en elle et elle avait compris qu'elle devait sortir de cette situation. Elle avait l'impression d'étouffer, comme si elle était à la fois en train de mourir à petit feu et de gaspiller sa vie. L'existence ne pouvait pas se réduire à cela, elle en était sûre.

Elle ignorait où elle avait trouvé le cran de faire asseoir Ray à côté d'elle pour lui demander ce qu'il penserait d'une séparation. « Je t'aime, Ray, mais nous sommes tous les deux pris dans un piège », lui avait-elle dit. Elle s'était donné du courage avec deux verres de porto. « Nous vivons comme frère et sœur, pas comme mari et femme. Un jour, tu vas rencontrer quelqu'un ou bien ce sera moi. Et nous risquons que cela tourne à la bagarre. Nous en arriverons à nous détester et nous ferons du mal aux enfants. Est-ce cela que tu veux ? Ne vaut-il pas mieux envisager la question honnêtement au lieu de nous raconter des histoires ? »

Cela n'avait pas été facile. Ray avait soutenu qu'il était heureux et qu'il aimait la façon dont ils se débrouillaient tant bien que mal. « Je n'ai pas l'âme romantique comme toi, Leonie, je n'attends pas le grand amour, avait-il dit d'une voix pleine de tristesse. Nous sommes quand même heureux, non ? »

A partir du moment où elle avait commencé à en parler, ce fut comme si la blessure ne pouvait pas guérir. Peu à peu, Ray et Leonie s'éloignèrent l'un de l'autre jusqu'à ce que, enfin, il reconnaisse qu'elle avait raison, que ce n'était qu'un demi-mariage. Le fait que Ray reconstruisait très rapidement sa vie sans elle lui avait causé un choc, mais elle était trop occupée à expliquer le divorce à trois enfants qui n'y comprenaient rien pour penser à sa propre situation. Loin de Leonie, Ray s'était épanoui. Il avait soudain eu plein d'amis, passait des vacances passionnantes et n'hésitait pas à changer de travail. Il sortait, portait des vêtements dans le vent et présentait les enfants à ses petites copines. Pendant ce temps, Leonie travaillait dur, s'occupait des enfants et espérait que l'homme idéal avait compris qu'il pouvait se manifester en toute sécurité à présent qu'elle était redevenue célibataire. Mais, pour l'instant, rien !

Comme elle disait parfois à Penny : « J'aurais mieux fait de rester mariée et d'avoir des amants. C'était la bonne solution : le grand amour et les liaisons romantiques avec un filet de sécurité. Tu peux compter sur moi pour faire le mauvais choix sous prétexte de ne pas me tromper. »

Leonie et Ray étaient restés les meilleurs amis du monde et c'était un très bon père.

A présent, les seules personnes à voir Leonie sous son vrai jour étaient ses trois enfants.

Avec eux, elle ne mettait que deux couches de mascara et un soupçon de rouge à lèvres. Eux seuls avaient le droit de la voir en robe de chambre. Bon Dieu, comme ils lui manquaient !

Refusant de se remettre à pleurer sur l'absence des enfants, Leonie tourna ses pensées vers l'Egypte, ce pays magique qu'elle avait envie de voir depuis si longtemps. Qu'elle ait peur en avion n'était pas une raison pour y renoncer. D'abord, elle ne pouvait pas se permettre de perdre l'argent qu'elle avait payé à l'agence ; ensuite, depuis quand Leonie Delaney se dérobait-elle devant quoi que ce soit ? Elle prit son eye-liner et dessina d'un air farouche un épais trait de khôl dont même Cléopâtre aurait été fière.

Comment donner un nouveau démarrage à sa vie si l'on recule devant le premier obstacle, des vacances en célibataire ?

4

Quatre heures plus tard, Leonie prit sa place dans la queue à l'aéroport, cramponnée au guide qu'elle tenait contre sa poitrine. Elle aurait beaucoup donné pour que le voyage soit annulé. Depuis qu'elle avait vu le film catastrophe sur les gens qui avaient dû se résigner au cannibalisme dans les Andes après un accident d'avion, elle était terrifiée à l'idée de voler. L'avion lui faisait horreur.

« Je vais te donner quelques comprimés de kétamine pour le voyage, avait plaisanté Angie, la veille, faisant allusion à un puissant tranquillisant à usage vétérinaire.

— Je crois que je serais presque capable d'en prendre », avait répondu Leonie, qui ne plaisantait pas.

Elle avait acheté un flacon de sédatif aux plantes, des bracelets contre le mal des transports et des huiles essentielles pour se masser les tempes, mais elle se sentait quand même plus angoissée que le chat hyperactif de Mme Reilly quand il fallait lui couper les griffes. Ce chat tigré, âgé de cinq ans, était un animal adorable et très facile à vivre – du moins si l'on en croyait les affirmations de Mme Reilly quand le gentil Sootie avait griffé quelqu'un – mais, au cabinet vétérinaire, il était catalogué comme « dangereux ». Pour calmer Sootie, même avant la plus simple intervention, il fallait des gants épais et un calmant. Leonie espérait que l'équipage donnait des tranquillisants à ses patients.

La file d'attente avança et elle suivit le mouvement en poussant son chariot. Elle se mit à regarder les autres passagers du vol MS634 à destination de Louxor. A part elle, personne ne donnait l'impression de transpirer de peur, et surtout pas la femme très mince au début de la file qui avait l'expression tendue d'un chien de pure race saluki. L'impression était accrue par ses cheveux brun clair, longs et soyeux, qui tombaient sur ses yeux grands comme des soucoupes. Avec son ensemble en jersey crème si peu flatteur, elle paraissait franchement maigre et malheureuse. Elle devait avoir environ trente ans, supposa Leonie, mais elle se comportait comme une adolescente mal à l'aise qui s'apprêtait à passer d'horribles vacances en famille alors qu'elle n'avait qu'une envie, être chez elle.

A ses côtés, une femme plus âgée, visiblement sa mère, parlait avec animation. Elle était vêtue d'une robe à fleurs très démodée, que la mère de Leonie, une femme plutôt bohème, aurait refusé de porter déjà bien des années auparavant parce qu'elle aurait dû mettre aussi des gants et un bibi. Une espèce de géant barbu les rejoignit et s'en prit à l'hôtesse derrière le comptoir de la compagnie aérienne. Il parlait d'une voix retentissante qui permettait de l'entendre jusqu'à l'autre bout de la file.

— Je pourrais faire une réclamation, ma petite dame. Mais je n'en vois pas l'intérêt, tonnait-il. J'ai exprimé assez clairement ce que je pense aux gens de l'agence. Mais ne vous y trompez pas, je ne les laisserai pas se moquer de moi.

La femme saluki détourna les yeux, l'air très gêné, et

croisa le regard de Leonie. Confuse, Leonie baissa les yeux sur son chariot à bagages. Elle aimait observer les gens mais détestait qu'on la prenne sur le fait. Essayer d'imaginer leurs occupations et leur caractère rien qu'en détaillant le contenu de leur chariot au supermarché était son passe-temps favori. Elle ne pouvait rester assise dans le train pour Dublin plus de cinq minutes sans se lancer dans de grandes spéculations sur les relations entre les passagers assis en face d'elle. Etaient-ils mariés, sortaient-ils ensemble ou étaient-ils sur le point de rompre ? Est-ce que la femme avec un chariot plein de glaces Häagen-Dazs aux pépites de chocolat mais avec une silhouette digne de Kate Moss mangeait réellement une seule bouchée de toutes ces glaces ou bien avait-elle dans le grenier un portrait d'elle en grosse dame ?

Au comptoir, l'hôtesse annonça d'une voix soulagée : « Suivant ! » Tandis que le pénible trio s'éloignait enfin, Leonie, le regard toujours soigneusement détourné, risqua quand même un coup d'œil furtif vers la plus jeune des femmes.

Tandis qu'elle passait devant elle, rangeant avec soin son billet et sa carte d'embarquement dans un tout petit sac à main qui n'aurait pas contenu le quart des affaires de maquillage de Leonie, cette dernière remarqua que la femme saluki avait des ongles vernis roses rongés jusqu'au sang. Elle regardait résolument devant elle, comme si elle savait que toute la file d'attente avait entendu crier son père et qu'elle était terrifiée à l'idée de croiser le regard de quelqu'un. Elle n'était décidément pas heureuse de partir en vacances avec ses parents, conclut Leonie.

La file avança et, comme elle ne voyait plus personne d'intéressant à observer, Leonie joua quelques instants avec l'idée de faire demi-tour et rentrer chez elle. Personne ne le saurait. A part sa mère, bien sûr, puisque ce serait son premier arrêt, pour reprendre Penny et les autres animaux. Mais il n'était pas nécessaire de mettre qui que ce soit d'autre au courant.

En fait, elle pensait surtout à Anita. Tranquillement en route vers le comté de Cork, Anita ne rentrerait pas à Wicklow avant trois semaines et ignorerait donc que sa flamboyante amie, la divorcée de quarante-deux ans qui prétendait n'avoir peur de rien, avait renoncé à ses premières vacances de célibataire parce qu'elle avait peur de l'avion.

— Je vais aux toilettes. Je ne serai pas longue, dit une douce voix de femme derrière elle.

— Tu vas me manquer, répondit une voix d'homme.

— Oh, soupira la femme. Je t'aime.

— Moi aussi, je t'aime, répondit l'homme.

Des jeunes mariés, pensa Leonie avec un peu de tristesse.

Elle fit semblant de regarder autour d'elle comme quelqu'un qui s'ennuie, et vit du coin de l'œil un jeune couple s'embrasser tendrement. Puis la jeune femme, qui portait une robe courte en coton rose pâle qui n'était pas très indiquée pour voyager, se dirigea d'un pas pressé vers les toilettes sans cesser de regarder son mari ni de lui adresser de tendres petits signes de la main et des sourires heureux.

Il souriait en retour, tenant d'une main deux valises sur lesquelles un petit plaisantin avait utilisé du Tippex pour écrire « Monsieur et Madame Smith » en grandes lettres blanches.

Leonie, se détournant pour balayer d'un regard vide le reste des gens de la file, se demanda si elle avait jamais été aussi heureuse et amoureuse. Elle n'en avait pas l'impression. Pourtant, elle le méritait. N'y avait-il personne pour elle quelque part, quelqu'un qui ne supporterait pas de la laisser aller aux toilettes sans l'embrasser et lui dire de faire bien attention à elle ? Un tel homme devait exister, mais elle ne le trouverait pas en restant chez elle à arracher les mauvaises herbes du jardin. Elle poussa son chariot d'un geste déterminé tandis que la file diminuait lentement. Egypte ! Me voici.

On lui donna le siège 56C, côté hublot, à l'arrière de l'appareil. Leonie grimaça en s'asseyant avec un regard de regret vers les deux sièges vides à côté d'elle. Si seulement elle pouvait changer de place avec une des deux autres personnes ! Mais si elles ne voulaient pas ? Honteuse d'être aussi angoissée, elle se pencha vers l'allée centrale, cherchant du regard une hôtesse à qui elle pourrait demander à changer de place. Au lieu de cela, elle vit une gracieuse jeune femme venir vers elle à longues enjambées confiantes, mince silhouette vêtue d'un jean et d'un tee-shirt blanc avec un cardigan en coton bleu marine négligemment jeté sur les épaules.

Elle tenait son petit fourre-tout en l'air pour ne rien heurter mais, quand elle entra en collision avec un gros homme en train de mettre un sac dans le compartiment situé au-dessus des sièges, elle lui adressa un sourire étincelant, rejeta ses longs cheveux châtains en arrière, et poursuivit son chemin.

L'homme la suivit des yeux, sensible à la légère ondulation de ses hanches minces et à la longueur de ses jambes. A voir le petit sourire qui retroussait les coins de sa bouche bien pleine, Leonie compris que cette femme était consciente d'être regardée. D'une élégance sans reproche et rayonnante de confiance en elle, elle représentait le type même de la femme née pour partir en croisière sur le Nil, du bout de ses chaussures de bateau impeccables jusqu'aux lunettes de soleil griffées perchées sur le dessus de sa tête. Quand Leonie mettait ses lunettes de soleil dans ses cheveux, elles ne tenaient jamais.

La femme arriva à la rangée 56 et s'installa, souriant amicalement à Leonie, qui décida de prendre le taureau par les cornes.

— J'avais demandé à ne pas être à côté du hublot, dit-elle d'une voix hachée à la séduisante brune.

— Prenez ma place, je déteste être au milieu, dit l'autre femme d'une voix douce teintée d'une pointe d'accent d'Irlande de l'Ouest.

Elles permutèrent et Leonie perçut les effluves entêtants d'Obsession quand l'autre passagère passa devant elle. Elle mit des lunettes à monture d'écaille, prit dans son sac un guide qui avait l'air très sérieux et s'adossa en commençant à lire. Pas d'alliance, remarqua Leonie. Peut-être que cette femme voyageait seule, elle aussi, et qu'elles pourraient faire équipe. Leonie se sentait très reconnaissante d'être assise à côté d'une aussi jolie femme. Tout irait bien.

Elle essaya de se détendre et, de sa situation rassurante au milieu de la rangée, jeta un coup d'œil par le hublot. On voyait les bagagistes poser d'énormes valises sur le tapis roulant qui les emportait vers les soutes de l'avion.

Presque tout le monde était installé et il n'y avait encore personne dans les sièges de la rangée précédente. Leonie, qui avait fini par s'ennuyer du spectacle des bagagistes parce qu'elle les imaginait en train de réduire en miettes ses produits de maquillage à force de les secouer, tourna son attention vers les derniers arrivants. La famille qu'elle avait observée plus tôt remontait l'allée centrale vers elle. La jeune femme venait en premier, sa frange trop longue et ses paupières baissées lui évitant de croiser le regard des autres passagers tandis qu'elle fourrait un petit sac à dos dans le compartiment à bagages et se glissait rapidement dans le siège côté hublot. Les deux autres arrivèrent derrière elle. Leonie ne put retenir une grimace. Après la scène du comptoir d'enregistrement, elle imagina très bien le plaisir qu'il y aurait à voyager avec M. Convivialité en personne.

— Numéro 55B, marmonna la femme la plus âgée. Nous y sommes. Je pourrais peut-être prendre le siège côté hublot.

Sans un mot, la fille se leva et céda sa place à sa mère. Elle attendit visiblement de savoir si son père voulait s'asseoir à côté de sa mère.

— Vas-y, Emma ! lui jeta le gros homme avec impatience.

— Excuse-moi, murmura la fille, je pensais seulement…

— Veux-tu que je mette ton sac là-haut, Anne-Marie ? interrompit-il grossièrement.

— Non, attends, laisse-moi voir, commença la femme plus âgée. J'ai besoin de mes lunettes et de mes comprimés et …

Leonie préféra regarder de nouveau par la fenêtre. La vie de famille, quelle plaie ! Quand elle avait trente ans, pour rien au monde elle ne serait partie en vacances avec ses parents. Cette fille devait être folle ou arriérée.

Quand l'avion décolla enfin, Leonie ferma les yeux de terreur. Hannah ferma aussi les yeux mais sourit au souvenir de l'énergie amoureuse de Jeff, capable de l'envoyer au septième ciel avec autant de force que cet avion décollait. Emma suçotait un bonbon à la menthe, se sentant plus calme grâce au demi-Valium qu'elle avait avalé dans les toilettes. Elle essaya de s'installer confortablement, mais c'était difficile car son père prenait délibérément le plus de place possible. Il était d'une humeur épouvantable, décidé à le faire payer à tout le monde. Emma avait remarqué qu'on le regardait tandis qu'il discutait furieusement avec la pauvre employée de l'enregistrement parce qu'il n'avait pas le droit de fumer sa pipe pendant le vol. S'il se conduisait en permanence de cette façon, ce seraient des vacances infernales. Pourquoi, mais pourquoi avait-elle accepté de venir ?

Hannah s'écroula avec soulagement sur son siège dans le bus à air conditionné et décida que la seule façon dont elle pourrait jamais se rafraîchir à Louxor serait de se promener toute nue avec un sac de glace attaché au corps. Il était dix-huit heures trente et, seulement quinze minutes après avoir quitté l'aéroport, elle mourait de chaleur. Elle se serait réfugiée plus rapidement dans la fraîcheur du bus du voyage Merveilleuse Egypte s'il n'y avait pas eu cette interminable discussion entre les deux porteurs en djellaba qui se disputaient volubilement pour savoir lequel d'entre eux porterait sa valise jusqu'au bus.

« C'était un beau duo, les gars », leur avait-elle dit avec un sourire en leur tendant à chacun un pourboire.

Il devait faire plus de 40 °C alors que la nuit était déjà presque complètement tombée. Dieu sait quelle chaleur devait régner dans la journée ! Hannah s'éventait avec l'itinéraire que leur guide leur avait distribué quand elle avait accueilli leur petit groupe de trente-deux voyageurs.

« Je vous laisse vous installer dans le bus pendant que je finis de rassembler tout le monde », leur avait-elle dit avec un grand sourire en leur indiquant la direction des bus qui attendaient dans la chaleur écrasante.

Fraîche comme une pâquerette avec son chemisier de coton bleu vif et son short beige, la guide était une jeune femme prénommée Flora qui rayonnait d'une efficacité calme. Et du calme, elle en aurait besoin avec cet homme épouvantable qui était assis devant Hannah dans l'avion. Il n'avait pas arrêté de se plaindre pendant tout le vol, disant que le repas était froid alors qu'il aurait dû être chaud et demandant s'il serait indemnisé pour avoir décollé avec une heure de retard. Quel tyran ! pensa-t-elle avec dégoût.

Il s'était conduit avec une incroyable incorrection envers la charmante hôtesse aux yeux noirs qui lui avait dit d'une voix timide qu'on ne servait pas d'alcool sur le vol et, pendant le cafouillage des visas dans le hall des arrivées à Louxor, il aurait fallu être sourd pour ne pas entendre ses commentaires sarcastiques sur l'inefficacité des Egyptiens.

« Ils appellent cela un aéroport ? » avait-il beuglé quand les foules dégorgées par les avions avaient commencé à tourner dans le hall, cherchant leur guide, essayant de changer leur argent, et faisant la queue au guichet des visas en groupes désorganisés.

« Il ne faut pas être gêné pour demander à des Occidentaux de venir dans des installations aussi rudimentaires ! avait-il poursuivi. Pas de panneaux indicateurs, pas de responsables, pas d'air conditionné digne de ce nom, rien ! Faut pas s'étonner que ces types aient été dirigés par des étrangers pendant si longtemps, ils ne seraient même pas capables d'organiser une soûlerie dans une brasserie. Je vous garantis que, dès mon retour, je vais écrire à l'*Irish Times* et à l'ambassade d'Egypte. »

Hannah ne comprenait pas pourquoi il avait voulu venir dans un pays étranger si c'était pour se plaindre en permanence de la chaleur et faire des commentaires racistes sur les habitants.

Elle prit sa bouteille d'eau minérale sans quitter des yeux les gens qui transpiraient en escaladant les marches du bus. Ils haletaient péniblement et se disaient sans arrêt les uns aux autres : « Quelle chaleur ! »

— Quelle chaleur ! souffla la grande blonde qui était assise à côté d'elle dans l'avion tout en mettant son fourre-tout en tapisserie dans le filet à bagages.

Elle se laissa tomber lourdement sur le siège à côté d'Hannah.

— C'est notre punition pour ne pas avoir écouté l'agence de voyage quand ils nous ont dit que la chaleur était intenable au mois d'août, dit Hannah avec un sourire.

— Ils ont dit cela ?

La grande blonde se mit à farfouiller dans son énorme sac à main en daim noir et finit par en sortir triomphalement un petit carton de jus d'orange. Elle y piqua la paille en plastique, but avidement et reprit.

— Mon agence ne m'a jamais parlé de la chaleur. Je leur avais dit que je ne pouvais voyager qu'en août et ils ont fait la réservation. Mes enfants sont absents pour le mois d'août. Je m'appelle Leonie, ajouta-t-elle.

— Ravie de vous rencontrer. Je suis Hannah.

Leonie savait qu'elle avait la figure plus rouge que d'habitude et que ses cheveux blonds hirsutes se mettaient à friser dans la chaleur sèche. Dans l'avion, elle avait à peine adressé quelques mots à sa voisine car elle essayait désespérément de se concentrer sur un thriller en espérant que cela lui ferait oublier le fait qu'elle était dans un avion. Une fois saine et sauve sur la terre ferme, elle ne pouvait plus arrêter de parler et bavardait avec soulagement. Hannah n'avait pas du tout l'air d'avoir trop chaud. Elle paraissait habituée à ce genre de température où l'on aurait pu faire cuire un poulet rien qu'en le laissant dehors.

— Quelle folie, là-dedans ! dit Leonie en désignant de la tête le hall des arrivées. Ces hommes n'arrêtaient pas de prendre ma valise pour la coller dans leur chariot et moi, systématiquement, je la leur reprenais. Je me demande si je ne me suis pas déchiré ou foulé quelque chose la dernière fois que j'ai dû la leur arracher.

Elle se massa l'épaule.

— Ce sont des porteurs et ils espèrent avoir un pourboire s'ils portent vos bagages, lui expliqua Hannah.

— Oh ! Je n'y avais pas pensé. Mais de toute façon je n'ai pas encore d'argent égyptien, remarqua Leonie. Je vais en changer sur le bateau.

Elle recommença à fouiller dans son sac, cette fois pour vérifier qu'elle avait bien son porte-monnaie, ce qui donna à Hannah une occasion de l'étudier. Le petit nez retroussé de Leonie avait quelque chose de curieusement enfantin, et son maquillage était un peu lourd pour la chaleur torride de l'Afrique du Nord. Mais rien ne pouvait masquer sa vivacité. Son visage expressif reflétait mille émotions quand elle parlait. Elle n'était pas vraiment jolie, mais son expression chaleureuse la rendait très attirante. Par ailleurs, elle avait des yeux du bleu le plus étonnant, brillants comme des saphirs de Ceylan. Hannah n'avait jamais vu personne avec des yeux d'un bleu aussi lumineux à part les mannequins des magazines dans les publicités pour lentilles de contact de couleur. Bien sûr, le regard de Leonie aurait pu tout devoir à des verres de contact colorés, mais Hannah aurait parié une fortune que ce n'était pas le cas. Si seulement elle mettait moins de fond de teint et de mascara ! On aurait dit un maquillage de scène, une façade derrière laquelle elle essayait de se cacher. Hannah sourit en elle-même. Tout le monde avait quelque chose à cacher. Elle même, n'avait-elle pas réussi à masquer avec succès son manque d'instruction pendant des années... ?

— Ce serait formidable si nous dînions ensemble, du moins si c'est possible, dit Leonie.

Elle se détesta de bavarder comme une pie qui aurait pris du LSD. Terrifiée à l'idée d'être seule à l'étranger sans une amie à qui parler, elle était heureuse d'avoir repéré une autre voyageuse solitaire. Toutefois, elle ne voulait pas donner l'impression d'être trop demandeuse : Hannah, qui paraissait pleine de sang-froid et d'assurance, n'avait peut-être pas envie d'une compagne de vacances.

— Du moins si cela ne vous ennuie pas de dîner avec moi, reprit Leonie d'une voix faiblissante.

— Bien sûr que non, dit Hannah.

Elle était très bien toute seule mais se sentait aussi étrangement protectrice envers l'autre femme, qui devait chausser du 42 et s'habiller dans une taille au moins double de la sienne.

— J'aime avoir de la compagnie et nous serons mieux protégées des beaux Egyptiens si nous sommes ensemble. A moins que ce soit la population mâle qui doive se méfier de nous ? dit-elle en riant.

Leonie se mit à rire en jetant un regard piteux sur son corps plantureux.

— Je crois que je n'ai rien à craindre et que la population mâle n'a pas de souci à se faire.

Pour une fois, elle n'avait pas éprouvé le besoin de plaisanter sur les hommes et sur le fait qu'elle ne pouvait pas s'en passer. Ces remarques stupides ne servaient qu'à dissimuler son sentiment d'insécurité et elle avait honte quand elle s'entendait les proférer. Mais ce jour-là, elle n'avait pas envie de faire semblant. Hannah était une femme sympathique à la présence rassurante. Ce serait très agréable de passer des vacances avec elle.

Le barbu au sale caractère, sa femme et leur fille montèrent à leur tour dans le bus et s'installèrent bruyamment sur les sièges de devant. Hannah et Leonie examinèrent le trio avec curiosité. Le père poursuivait son monologue sarcastique et sa femme s'éventait d'un geste las avec un éventail espagnol ridiculement déplacé. Ses longs cheveux blonds tirés vers l'arrière faisaient un peu petite fille pour une femme de son âge, comme si elle jouait les ingénues alors que sa robe ceinturée à la taille lui donnait l'air de participer à un concours de déguisement. Elle semblait contrariée, comme si l'Egypte, après un bref examen, révélait de nombreuses insuffisances. Leur fille était assise en silence derrière eux, pâle et distante.

— J'espère qu'on ne va pas se retrouver avec des cabines à côté des leurs, chuchota Leonie. Ils donnent vraiment l'impression d'être le genre d'individus capables de se plaindre de n'avoir aucun motif de plainte.

— C'est certainement le cas du père, reconnut Hannah, mais leur fille me fait de la peine. Vous rendez-vous compte de ce que cela peut être d'être coincée avec un despote aussi mal embouché ?

Leonie observa quelques instants le petit visage

crispé de la jeune femme. Elle en conclut que, sous son air distant, elle cachait la gêne profonde que lui inspirait la conduite de son père.

— On dirait qu'elle est en permanence au bord des larmes. On devrait peut-être lui proposer de s'asseoir à côté de nous, suggéra Hannah, submergée par l'envie de sauver un chien abandonné.

Leonie fit une petite grimace.

— Je n'en suis pas sûre... dit-elle. Imaginez que ses parents veuillent absolument se lier avec nous et que nous nous retrouvions avec ces trois-là sur le dos pendant toute la croisière ?

— Leonie, dit Hannah d'un ton de reproche, il faut prendre le risque de vivre, de faire des expériences. De toute façon, nous allons nous retrouver tous assis à des tables de six ou huit au moment des repas sur le bateau ; par conséquent, si nous sommes à la même table qu'eux, nous devrons bien les supporter.

Il faisait nuit quand le car aborda les faubourgs de Louxor. L'embarcadère n'était plus très loin. Flora, assise à l'avant, leur désignait les sites intéressants tout en leur souhaitant la bienvenue en Egypte.

— Vous allez avoir une semaine chargée, expliquait-elle, car beaucoup de groupes démarrent très tôt le matin. Nous préférons partir tôt parce que les temples et les sites sont envahis par les cars de tourisme dans la journée, et aussi parce qu'il y fait plus frais aux petites heures. Mais demain, vous pourrez faire la grasse matinée pendant que nous naviguerons en direction d'Edfou pour la première visite après le déjeuner. Je vous invite à me retrouver pour un verre de bienvenue ce soir au bar à huit heures et demie, c'est-à-dire dans une heure. J'en profiterai pour vous rappeler notre itinéraire. On dîne à neuf heures.

Hannah et Leonie découvraient le spectacle des rues sombres et poussiéreuses avec leurs bâtiments en brique crue à un ou deux étages, tellement différents de tout ce qu'elles avaient pu voir chez elles. Beaucoup paraissaient inachevés, comme si on avait prévu de construire un autre étage et que, en cours de route, tout le monde s'en était désintéressé. De-ci de-là, parmi ces maisons rustiques, se dressaient des palmiers ; beaucoup plus loin, elles apercevaient des champs d'un vert luxuriant où poussaient des plantes d'au moins un mètre de haut.

Comme les lumières de Louxor se rapprochaient, Leonie remarqua un âne solitaire appuyé contre un abri couvert de paille. Il avait l'air vraiment très maigre. Ses côtes saillaient horriblement. Elle espérait ne pas rencontrer d'animaux traités avec cruauté. C'était déjà assez dur de voir, en Irlande, des chiens abandonnés que l'on apportait à la clinique quand ils avaient été heurtés par des voitures. Au moins, là-bas, elle pouvait faire quelque chose pour eux ; ici, elle n'était plus une assistante vétérinaire : elle n'était qu'une touriste.

L'image de Penny jaillit soudain dans son esprit, avec ses yeux bruns, couleur chocolat fondu, pleins d'une affreuse tristesse à l'idée que Leonie ne l'ait pas emmenée. Elle manquait terriblement à Leonie, tous les animaux qu'elle aimait lui manquaient. Ce pauvre Clover enfermé dans la pension pour chats, et le petit Herman, surveillé en permanence par les chats voraces de sa mère. Et surtout, ses enfants lui paraissaient tellement loin ! L'Irlande était plus proche de Boston que ne l'était l'Egypte. Appeler Boston, c'était comme de passer un coup de téléphone dans le voisinage. En revanche, être en Egypte représentait deux continents d'écart ; de plus, elle n'arrêterait pas de se déplacer. Ils ne pourraient pas la joindre à n'importe quel moment. Si quelque chose arrivait et que Ray ne parvenait pas à la trouver et...

Arrête ! s'ordonna-t-elle. Il ne va rien arriver. Avec un grand effort pour refouler ses idées noires, Leonie se concentra sur le spectacle ; la campagne laissait peu à peu la place aux rues de la ville et la circulation devenait plus importante. Le passage des autres véhicules sur la route soulevait de la poussière : Lada toutes cabossées avec le panonceau des taxis ou vieux breaks imposants aux couleurs vives mais couverts de poussière. Des enseignes au néon en caractères arabes brillaient sur la façade des petits magasins et des cafés tandis que les centaines de boutiques de souvenirs affichaient des enseignes lumineuses en anglais.

Partout, de petits groupes d'hommes étaient assis devant leur maison, occupés à boire du café ou à regarder un match de football à la télévision. La plupart portaient de longues robes toutes simples en coton et des turbans blancs soigneusement drapés. Des petits garçons assis à côté d'eux regardaient passer les touristes dans les cars, les désignaient du doigt et parfois leur faisaient signe de la main avec animation.

— Je n'ai pas encore vu de femme, murmura Leonie à l'oreille d'Hannah comme si les hommes qui les observaient depuis le trottoir pouvaient lire sur ses lèvres.

— Je sais, répondit Hannah sur le même ton. Il semblerait que nous ayons affaire à une société à dominante masculine. Il n'y avait pas non plus de femmes à l'aéroport. Mais il est vrai que c'est un pays à majorité musulmane, n'est-ce pas ? Cela implique que les femmes doivent s'habiller très discrètement.

Hannah eut une pensée de regret pour sa garde-robe

de vacances qui incluait plusieurs tenues légères pour prendre le soleil sur le pont. Toutefois, comme le guide mentionnait que les femmes ne devaient pas porter de shorts ou de tenues sans manches pour visiter les temples, elle avait aussi emporté plusieurs vêtements assez couvrants. Bien sûr, si les tenues occidentales déplaisaient aux Egyptiens, son bikini resterait dans sa valise. Elle ne voulait pas offenser les gens par sa façon de s'habiller. C'était la même chose, réalisa-t-elle avec un petit sourire, pour le vieux prêtre de sa paroisse, là-bas, dans le Connemara ; il n'apprécierait pas plus un minuscule bikini au crochet rose pâle qu'un Egyptien croyant.

— Sur votre droite, le Nil, annonça Flora.

Les passagers du car tendirent le cou. Au début, Hannah ne vit rien d'autre que la tête des gens qui se collaient aux vitres pour essayer de distinguer le fleuve.

Elle le découvrit enfin, vaste étendue d'eau scintillante où se reflétaient les lumières des grands bateaux amarrés le long de ses berges. Le Nil mystique, le don de l'Egypte, selon le mot d'Hérodote – ou bien l'inverse ? Elle n'arrivait pas à se souvenir. Les rois et les reines d'Egypte avaient remonté et descendu le fleuve dans leur barge royale, les pharaons partant dans leur bateau à voile pour visiter leurs temples et adorer leurs dieux. Toutankhamon, les Ramsès, Hatshepsout : leurs noms évoquaient un monde disparu...

— Regardez les bateaux, souffla Leonie.

Elle mourait d'impatience de savoir sur quel genre de bateau elles allaient passer les sept prochains jours ; elle ne pouvait s'intéresser aux splendeurs du Nil tant qu'elle n'avait pas vu sa cabine et ne savait pas s'il y avait assez de place pour sa grande valise.

— Celui-là est énorme ! ajouta-t-elle alors que le car

s'approchait d'un palace flottant décoré de centaines de petites lumières. J'espère que c'est le nôtre.

Mais le bus poursuivit sa route.

— Tant pis, dit Leonie en haussant les épaules.

Le car ralentit soudain et s'arrêta devant un bateau plus petit peint en bleu vif. Sur le côté, les mots *Queen Tiye* – Reine Tiyi – étaient écrits en énormes lettres dorées. Il avait trois ponts, la moitié du pont supérieur abritée par un immense dais. L'autre partie du pont, laissée à ciel ouvert, était occupée par des sièges en rotin et des chaises longues. Des quantités de petites lumières permettaient de voir quelques personnes assises à une table avec des bouteilles et des verres.

— Comme c'est joli ! s'exclama Leonie avec un soupir heureux.

Ils sortirent du bus, signalèrent leurs bagages aux porteurs comme Flora le leur avait recommandé, puis descendirent avec précaution le petit escalier de pierre du quai et s'engagèrent sur l'étroit ponton de bois et de corde qui menait au bateau.

Leonie s'accrocha aux grosses cordes de chaque côté de la passerelle pour garder son équilibre et se tourna vers Hannah qui était derrière elle, souriant.

— On se croirait dans *Indiana Jones*, dit-elle, très excitée par l'aventure. Croyez-vous que ce soit la passerelle ?

— Je ne sais pas, répondit Hannah avec lassitude.

Elle commençait à sentir le contrecoup de sa nuit blanche avec le dynamique Jeff. Elle n'avait plus envie que d'une chose, s'écrouler dans son lit et dormir jusqu'au lendemain matin. Toutefois, elle ne pouvait pas éviter le rendez-vous avec Flora, de crainte de manquer des informations importantes pour la suite du voyage. Or Hannah ne supportait pas l'idée de ne pas posséder toutes les informations nécessaires. On ne peut pas se fier aux autres pour vous transmettre les informations dont vous avez besoin, estimait-elle. Lorsque tous les membres du groupe eurent fini de remplir leur carte d'embarquement, Flora distribua les clés des cabines. Celles d'Hannah et de Leonie étaient juste en face l'une de l'autre.

— N'est-ce pas drôle ? demanda Leonie avec une joie enfantine tandis qu'elles suivaient un étroit couloir vers leur cabine.

Elle n'avait jamais été sur un bateau comme celui-ci.

Les grands ferries pour aller en France étaient différents, modernes et ennuyeux. Celui-ci ne leur ressemblait pas du tout et la transportait dans un monde très exotique. Les murs étaient lambrissés d'un bois sombre aux reflets profonds. De petites gravures de l'époque victorienne représentant des scènes de désert y étaient accrochées, mises en valeur par des cadres dorés. Même les clés des cabines étaient ornées de petites pyramides en laiton. Leonie aurait aimé que ses enfants soient avec elle pour voir tout cela. Mel aurait adoré acheter des écharpes en soie égyptienne, Abby aurait été folle de joie à l'idée de voir les temples et Danny aurait cassé les pieds à l'équipage pour qu'on le laisse piloter le bateau. Pourvu qu'ils soient en train de s'amuser !

Elle ouvrit la porte de la cabine avec une excitation qui s'évanouit rapidement quand elle vit la pièce dans laquelle elle allait passer toute la semaine. La cabine était minuscule, encore plus petite que sa salle de bains irlandaise. Finis les cadres dorés et les riches boiseries : la cabine était entièrement peinte d'un banal blanc cassé avec des rideaux jaunes et des couvertures à rayures jaunes sur les deux lits d'une personne.

Une minuscule tablette servait de coiffeuse et une

autre, entre les lits, de table de chevet. Un petit réfrigérateur était coincé à côté de la penderie, qui n'était rien d'autre qu'une niche dans le mur avec des portes. Leonie passa la tête par la porte de la salle de bains pour découvrir un espace exigu avec un lavabo, des toilettes et une douche. Sa valise serait difficile à caser dans la cabine, sans parler d'entasser ses vêtements dans la penderie. Quant à la coiffeuse, Leonie devrait de toute évidence utiliser l'autre couchette pour y disposer ses produits de maquillage et ses bijoux.

— Pas de place perdue, n'est-ce pas ? dit Hannah, qui avait passé la tête dans l'encadrement de la porte.

— Le mot est encore trop beau ! Heureusement que je n'ai pas amené mon gigolo pour une semaine d'ébats passionnés sur le Nil ! s'exclama Leonie avec un sourire. Nous nous serions assommés à chaque fois que nous aurions voulu sauter de la coiffeuse sur le lit !

— Vous avez de la chance d'avoir un gigolo, répondit Hannah sur le ton de la plaisanterie. Il va falloir que nous comparions nos expériences.

Comme le porteur apparaissait dans le couloir avec sa propre valise, elle disparut en direction de sa cabine.

Leonie songea avec regret que le récit de ses expériences ne prendrait pas longtemps. Elle écarta les rideaux pour laisser entrer dans la cabine les lumières du quai. Elle ouvrit ensuite le hublot et se pencha pour voir les paisibles eaux sombres du Nil. Elle y était vraiment, réalisa-t-elle avec un frisson de plaisir. Elle n'avait pas cédé à la peur, elle n'était pas rentrée chez elle ; elle prenait enfin ses premières vacances de femme seule.

Après avoir défait sa valise, elle prit une douche rapide, ravie que cet espace si restreint ne puisse abriter qu'un petit miroir. Cela lui éviterait le spectacle de son énorme corps blanc et rose. Elle passa comme d'habitude dix minutes à essayer différentes tenues puis à les enlever avec agacement et à les jeter sur le lit parce qu'elle se trouvait horrible dans la grande glace de la penderie.

Sa robe brodée en velours bordeaux était trop chaude même si c'était le plus joli vêtement qu'elle avait emporté. Quant à son autre robe, la noire sans manches, elle montrait trop ses bras potelés. Hannah n'aurait pas ce genre de problème, soupira Leonie en pensant à la remarquable silhouette de sa nouvelle amie. Mince, élégante, Hannah était superbe même dans ses vêtements de voyage tout simples. Leonie aurait donné n'importe quoi pour avoir l'air aussi chic dans un jean.

Elle finit par se décider pour sa robe sans manches portée avec une chemise de soie rose non boutonnée, assez longue pour cacher ses fesses, du moins l'espérait-elle. Elle quitta sa cabine très impatiente de voir comment allait se dérouler la soirée.

La petite réunion prévue au bar du pont supérieur avant le dîner n'aurait lieu qu'une heure plus tard, mais Leonie décida de ne pas attendre pour s'y rendre. Elle avait envie de rêver tranquillement en regardant passer le temps.

Dans ses fantasmes, elle s'imaginait assise sur le pont supérieur, un verre de vin à la main et une foule d'admirateurs autour d'elle comme dans un roman de Scott Fitzgerald. Au lieu de cela, elle aperçut son reflet dans les miroirs fumés placés tout le long de l'escalier et ne vit que ce qu'elle connaissait déjà : son solide corps de paysanne surmonté d'une masse de cheveux comme une meule de foin en bataille qu'aucune lotion défrisante ne pouvait dompter.

Les héros de Scott Fitzgerald lui tendraient

vraisemblablement leurs verres vides pour qu'elle leur verse un autre cocktail, la prenant pour la serveuse.

Tout en montant d'un pas lourd l'escalier qui menait au bar, elle regretta de ne pas avoir suivi un régime en prévision de ces vacances. Décoré de panneaux de bois richement sculptés, le bar datait d'une autre époque avec son mobilier Art déco et ses lithographies françaises accrochées à la paroi derrière le comptoir.

Elle demanda un verre de vin blanc au barman, un jeune homme souriant aux yeux noirs, puis, ayant signé la note de sa cabine, emporta son verre sur le pont du même niveau. Là, elle pouvait sentir l'air de la nuit sur son visage et écouter les bruits du fleuve.

Il n'y avait personne et elle respira tranquillement dans le silence que ne brisait qu'un lointain écho de musique arabe, venant de l'autre extrémité du bateau. Il faisait encore merveilleusement chaud, et Leonie, tandis qu'elle contemplait le Nil dans la nuit, se sentit enfin détendue. Elle n'allait pas se rendre malade à cause de la taille de ses vêtements et de l'absence d'un homme à ses côtés : elle était bien décidée à s'amuser.

Amarrés sur l'autre rive, les bateaux du fleuve dressaient leurs grandes voiles. D'après son guide, on les appelait des felouques. On pouvait en louer une et naviguer à la voile pendant quelques heures, voyageant comme les gens d'ici depuis des milliers d'années. Tout cela était follement romantique.

Leonie prit son verre et s'apprêtait à goûter le vin quand, par les grandes portes ouvertes, lui parvint le son d'une voix de gorge, hésitante, qui commandait une eau minérale sans glace.

Leonie sourit en elle-même et se lança dans un de ses jeux préférés : deviner à qui la voix appartenait. Elle pensa aux deux dames tranquilles à la chevelure bleutée qui étaient montées dans le bus les dernières, pépiant nerveusement tellement elles étaient soulagées que l'un de leurs bagages n'ait pas été avalé par le tapis roulant. Il avait été retrouvé dans un autre chariot à bagages par un responsable de l'aéroport qui n'arrêtait pas de s'excuser. Oui, c'était certainement l'une d'elles, pensa Leonie. Même si cette voix était très sensuelle, évoquant le whisky et les cigarettes alors qu'elle disait d'un ton anxieux : « Merci beaucoup. » Une voix trop sexy pour appartenir à une gentille dame de soixante-dix ans, à moins qu'elle n'ait été une fumeuse enragée toute sa vie. Se tournant dans son fauteuil pour voir si elle avait raison, Leonie fut très étonnée de découvrir que la propriétaire de cette voix était la jeune femme angoissée qui voyageait avec ses parents infernaux. Elle portait encore son long ensemble blanc cassé et paraissait toujours aussi nette. Elle avait pourtant quelque chose de différent.

A la place de son expression précédente plutôt distante, son visage paraissait fatigué et – non, Leonie ne rêvait pas – amical. Elle se tenait même autrement : elle ne donnait plus l'impression d'être crispée des pieds à la tête, mais regardait autour d'elle comme si un énorme poids lui avait été ôté des épaules. Avant, elle évitait de croiser le regard de qui que ce soit. A présent, elle regardait autour d'elle et, quand elle découvrit la présence de Leonie, elle lui adressa un demi-sourire qui paraissait presque s'excuser.

Leonie, de nature ouverte, lui retourna son sourire mais le regretta immédiatement. Et si cette femme et son horrible famille décidaient de s'asseoir à la même table qu'Hannah et elle pour dîner ? Ou bien, si elle les suivait pendant toute la croisière ? Quelle perspective terrifiante ! La seule idée que cela puisse arriver l'horrifiait.

Tout en regrettant de culpabiliser autant, Leonie effaça vite son sourire et s'absorba dans l'étude du Nil comme si elle s'apprêtait à passer un examen sur le thème des objets qu'on peut y voir flotter un soir d'été.

— Tu as l'air de quelqu'un qui vient de se faire pincer les fesses, remarqua Hannah quand elle s'assit dans le fauteuil en face de Leonie, posant un verre de jus d'orange sur la table. A moins que tu aies l'air tellement maussade justement parce que personne ne t'a pincé le derrière ?

Son souple pantalon blanc resserré à la taille par un simple cordon coulissant et son tee-shirt caramel à la coupe près du corps composaient une tenue pleine de classe mais aussi visiblement très confortable. Leonie se sentit tout de suite trop habillée avec sa chemise de soie rose.

— J'évite de regarder du côté de cette femme au cas où papa et maman décideraient de se joindre à nous, expliqua Leonie à voix basse. Elle m'a souri quand elle est arrivée ici et je suis terrorisée à l'idée de nouer avec elle une relation dont je ne pourrai plus me débarrasser. Je ne supporte absolument pas les gens comme son père. Je ne me mets jamais en colère sauf avec des personnes dans son genre, et alors, c'est comme une bombe, j'explose.

— J'aimerais beaucoup te voir exploser contre lui. Mais cela n'empêche pas que cette pauvre fille soit toute seule, insista Hannah.

— J'ai assez de chiens éclopés chez moi sans commencer une collection d'animaux enragés à l'étranger, grogna Leonie.

Elle savait qu'Hannah avait raison. Cette pauvre fille était seule et ce n'était pas gentil de la laisser de côté uniquement à cause de ses parents.

Elles glissèrent un regard apparemment indifférent à la jeune femme, qui s'était installée à une table juste à l'extérieur du bar et tentait de prendre quelque chose dans son sac sans attirer l'attention. Elle ne devait pas avoir plus de trente ans, pensa Hannah, et elle paraissait pitoyable, comme un chat qu'on aurait mis dehors sous la pluie. Elle avait un visage tout en longueur, mais les longs cheveux raides qui lui balayaient le visage n'arrangeaient pas les choses. Hannah soupçonna quelque personne malintentionnée de lui avoir dit un jour qu'une frange très longue détournait l'attention d'un grand nez. Sans doute l'odieux personnage qu'elle avait pour père... Hannah aurait parié que si cette fille souriait et portait quelque chose de moins hideux que cette tenue démodée, elle ne manquerait pas de beauté, à sa façon discrète.

— Invitons-la à prendre un verre avec nous, dit-elle soudain. C'est elle que nous invitons, pas ses parents, ajouta-t-elle.

Après tout, si elle se liait avec une femme seule du groupe alors qu'elle avait prévu de protéger sa solitude, elle pouvait tout aussi bien se lier avec une deuxième.

— Leonie, je te promets que si son père vient s'asseoir avec nous et qu'ils nous embêtent, je me débarrasserai d'eux !

— S'il m'ennuie, dit Leonie en riant, ne t'inquiète pas. C'est moi qui m'en charge.

Hannah se dirigea d'un pas gracieux vers la table de l'autre fille, Leonie l'observant avec envie. Hannah était si mince et tellement sexy... Leonie aurait donné cinq ans de sa vie pour lui ressembler ne fût-ce qu'une seule nuit.

— Bonsoir, je m'appelle Hannah Campbell. Puisque

vous êtes seule, voulez-vous prendre un verre avec nous ?

Le visage de la jeune femme se plissa dans un sourire de plaisir.

Hannah fut contente de voir qu'elle avait eu raison : cette fille était jolie quand elle souriait. Elle avait un sourire timide et très doux, et des yeux d'un ravissant bleu-gris avec des cils blonds. Si seulement elle se coiffait un peu mieux !

— Cela me ferait plaisir, dit Emma de sa voix de gorge hésitante. Je me sens toujours gênée d'être assise toute seule devant un verre. Je m'appelle Emma, Emma Sheridan.

Prenant son verre, elle suivit Hannah et tendit la main à Leonie.

— Emma Sheridan, dit-elle de façon cérémonieuse.

— Leonie Delaney, répondit Leonie en souriant.

— Cela ne vous dérange pas que je me joigne à vous ? demanda Emma.

— Pas du tout, j'en suis ravie, dit Leonie.

— Bien ! dit Hannah.

Elle décida de faire quelque chose pour animer l'ambiance.

— Nous avons toutes besoin de boire quelque chose. Qu'est-ce que vous voulez, les filles ?

— J'ai à peine commencé mon eau minérale, avoua Emma en levant son verre.

— Ne dites pas de sottises, rétorqua Hannah d'un ton vif. Vous avez besoin de quelque chose de plus sérieux.

L'expression d'Emma s'altéra.

— Je ne devrais pas, je vous assure. Mon père, vous savez... hésita-t-elle, s'interrompant juste à temps.

Elle avait failli dire devant ces deux femmes que son père désapprouvait les femmes qui buvaient autre chose qu'un verre de xérès et qu'elle ne pouvait pas supporter sa désapprobation. Elles la prendraient pour une parfaite idiote.

— Mon père, reprit-elle, dit qu'ici la bière est très forte.

— Un verre de vin ne va pas vous tuer.

Quelque chose tomba à ce moment-là par terre et Hannah le ramassa. C'était un petit flacon du Complexe d'Urgence du docteur Bach, une préparation de plantes contre le stress. Elle savait qu'on mettait quatre gouttes du remède sur la langue pour calmer ses angoisses. Elle en avait beaucoup consommé quand elle essayait de se guérir de la façon dont Harry avait fait exploser sa vie avec son histoire de voyage autour du monde. Emma eut un petit sourire contraint.

— Voyager me rend nerveuse, dit-elle avec franchise.

Elle avait évité de préciser « voyager avec mon père »...

— Alors, dit Hannah en lui rendant le flacon, vous avez vraiment besoin d'un verre.

Leonie déclara que son vin blanc était étonnant mais buvable. Elles choisirent donc la même chose et le barman leur apporta trois verres de vin blanc.

Emma, qui commençait à se détendre, vida la moitié de son verre d'un seul trait. Reprenant sa respiration, elle eut un petit haussement d'épaules satisfait.

— J'en avais besoin ! dit-elle. Donc, je suppose que vous vous connaissez déjà.

— Non, répondit Leonie. Nous nous sommes rencontrées dans l'avion. J'ai très peur en avion et Hannah a bien voulu changer de place avec moi. Comme nous voyageons seules, cela a créé un lien.

— Je suis avec mes parents, expliqua Emma, qui se

sentit rougir car elle savait que les deux autres l'avaient compris.

Tous les gens qui se trouvaient dans avion l'avaient compris : son père ne passait pas inaperçu. Et zut ! Elles allaient vraiment la prendre pour une espèce de piquée incapable de se décoller de ses parents.

— Mon mari devait absolument assister à un congrès et ne pouvait pas venir avec nous, ajouta-t-elle.

Et, comme le fait de se sentir mal à l'aise la rendait maladroite, elle leur demanda :

— Vos maris n'aiment pas les voyages culturels ?

La question arracha une petite grimace à Hannah.

— Je n'ai personne en ce moment et, en ce qui concerne mon dernier amant, je ne suis pas certaine qu'un voyage en Egypte l'aurait intéressé.

— Et moi j'ai divorcé, déclara Leonie. Nous voulions passer notre lune de miel en Egypte mais, à l'époque, nous étions trop fauchés. Je me suis dit que si j'attendais de me remarier pour venir ici, je risquais d'attendre longtemps.

Elle se tassa dans son fauteuil, mal à l'aise. Sans doute le décalage horaire…

— Ne sois pas défaitiste, lui dit gentiment Hannah. Si tu veux vraiment quelque chose, tu y arriveras. Si tu veux trouver un homme, sors de chez toi et tu en trouveras un.

Leonie la dévisagea avec ahurissement. La plupart de ses amies – Anita et les autres femmes de la bande, pour être précis – changeaient brusquement de sujet lorsqu'elle mentionnait son statut de célibataire. Elles marmonnaient que les hommes n'étaient pas toute la vie et, crois-moi Leonie, elles avaient envie d'assassiner Tony ou Bill ou n'importe quel autre homme parce qu'il n'avait pas rabattu le siège des toilettes ou ne daignait pas même laver une petite cuiller.

« On se débrouillerait aussi bien toutes seules, s'exclamaient-elles en chœur avec une bonne humeur forcée. Personne pour traîner inutilement du côté de la machine à laver ! Et puis, tu as les enfants… »

Hannah n'avait pas ce genre de scrupules.

— On va t'aider à trouver un gentil célibataire pendant la croisière, dit-elle. Il y a certainement quelqu'un sur ce bateau qui attend d'être aimé par une chic fille.

— Ce n'est pas si facile, protesta Leonie.

— Je ne dis pas que c'est facile, mais que tu peux y arriver si tu le veux vraiment. Tu as tellement d'atouts, Leonie, que tu trouveras certainement un compagnon si tu fais le nécessaire.

A l'appui de ses dires, elle donna une petite tape rassurante sur le bras de Leonie.

Leonie en resta bouche bée, incapable d'articuler un mot. C'était vraiment gentil de lui dire qu'elle avait beaucoup d'atouts, mais il fallait être folle pour croire qu'il suffisait de décider de trouver un homme pour que cela arrive. Peut-être cela se passait-il ainsi pour des gens comme Hannah, mais pas pour elle. En effet, si tel avait été le cas, où étaient passés tous les hommes libres ces dernières années ? Ils attendaient peut-être qu'elle émerge de sa chrysalide de mère d'enfants de moins de quatorze ans ?

— Que veux-tu dire par « faire le nécessaire » ? finit-elle par demander.

— Les agences matrimoniales, les petites annonces dans la presse et même les cours du soir de mécanique automobile, dit Hannah comme s'il s'agissait d'une évidence. Il faut tout essayer. C'est de cette façon que les gens se rencontrent aujourd'hui.

— Mon amie Gwen a rencontré son copain dans un dîner organisé par un club de rencontres, intervint Emma.

— Un club de rencontres ?

— C'est un club pour célibataires. Tout le monde dîne ensemble un soir par mois et on voit ce qui se passe. Gwen m'a dit qu'elle y a rencontré des tas d'hommes. Bien sûr, il y en avait quelques-uns qui étaient un peu bizarres. Il n'empêche que c'est ainsi qu'elle a rencontré Paul, et c'est cela qui compte pour elle.

— N'importe quel homme qui me verrait manger serait découragé, dit Leonie, qui ne plaisantait qu'à moitié. Ou bien je devrais faire comme Scarlett O'Hara et manger avant de sortir de façon à pouvoir chipoter d'un air distingué devant le prince Charmant. Les femmes qui ont bon appétit font fuir les hommes, j'en suis certaine.

— Et moi, dit en riant Emma qui se mettait au diapason après avoir bu son verre de vin avec délices, je commanderais probablement le plat le plus dangereux du menu et je me retrouverais avec de la sauce sur le menton, en train d'envoyer des morceaux de pain dans les yeux des gens à la table d'à côté. Je deviens très maladroite quand je suis nerveuse.

— Je crains que vous ne soyez pas la seule, objecta Hannah en poussant un petit gémissement.

Emma et Leonie pensèrent toutes les deux que, dans le cas d'Hannah, cela leur paraissait peu vraisemblable. Elle paraissait tellement calme, tellement maîtresse d'elle-même ! Même ses cheveux noirs lui obéissaient. Lisses et brillants, ils étaient tirés en une queue-de-cheval impeccable, sans qu'un seul cheveu dépasse.

— Mais si, je vous assure, protesta-t-elle en voyant leur air incrédule. Le mois dernier, j'avais un entretien pour un nouvel emploi et, au moment où j'aurais dû prendre, dans mon attaché-case, des documents sur le cours d'informatique que j'avais suivi, j'ai bêtement saisi mon sac à main et je me suis planté les doigts dans ma brosse à cheveux. Vous savez ce que cela fait quand on se plante une écharde sous l'ongle ?

Elles eurent toutes les trois la même petite grimace douloureuse.

— Mon doigt s'est mis à saigner comme si je m'étais ouvert les veines et j'ai dû chercher un mouchoir en papier pour l'enrouler autour de mon doigt – sans sortir la main de mon sac ! – et faire comme s'il n'était rien arrivé pendant tout le reste de l'entretien. Ils ont dû penser que j'étais horriblement angoissée pour garder la main serrée. J'essayais de cacher le mouchoir en papier, de peur de ressembler à une grande blessée qui aurait eu besoin d'une transfusion.

— Je te plains, dit Leonie avec gentillesse. As-tu obtenu le poste ?

Le visage d'Hannah s'éclaira d'un sourire de triomphe tandis que ses yeux brillaient.

— Oui ! Malgré mon doigt en sang et tout le reste.

Elle fit signe à un serveur et voulut commander un autre verre de vin.

— Je prendrai de l'eau minérale, dit Emma d'un ton vif, pensant à la fois à son bébé et à son père.

Elle se souvenait encore de cet épouvantable moment, au mariage de Kirsten, où il lui avait fait honte devant tout le monde en lui reprochant d'avoir trop rempli son verre.

— Alors, de quel travail s'agit-il ? demanda Leonie. Que fais-tu ?

— J'étais réceptionniste dans un hôtel et je trouvais que cela ne me menait nulle part. En réalité, c'était un hôtel abominable mais j'avais accepté le poste pour quitter mon précédent emploi, qui était encore pire, vendeuse dans une boutique de vêtements. Maintenant, je vais être directrice administrative d'une agence immobilière. Je sais que cela n'a rien à voir mais je voulais changer. J'ai suivi des cours du soir dans une école de gestion au cours des huit derniers mois et j'ai commencé une formation d'agent immobilier. Je ne pense pas avoir assez de chance pour pouvoir exercer ce métier car, d'après ce que j'ai pu voir, il faut être très qualifié, mais c'est mieux de savoir le maximum de choses sur le domaine d'activité dans lequel on se trouve.

Hannah réalisa soudain la bizarrerie de la situation. Elle n'avait parlé d'elle à personne depuis plus d'un an, depuis qu'elle avait quitté Harry. Et voilà qu'elle était en train de raconter ses petites histoires à deux étrangères ! Les vacances lui faisaient un effet étonnant ; peut-être y avait-il quelque chose de particulier dans l'air.

— Eh bien ! dit Emma avec admiration. Une femme qui a un but dans la vie !

— Oui, j'ai un but : faire carrière. Je suis restée sur une voie de garage pendant quelques années, ajouta-t-elle.

Elle passa toutefois sous silence qu'elle était restée presque dix ans sur cette voie de garage avec Harry, qui l'avait laissée sombrer dans une vie de couple étriquée avant de l'abandonner pour l'Amérique du Sud.

— Et toi, dit Hannah à Leonie pour changer de sujet de conversation, ton but est de trouver un homme puisque c'est cela que tu désires. Si je suis capable de devenir directrice administrative, tu peux trouver un compagnon.

— Ah, les hommes, source de tous nos maux ! soupira Leonie, qui commençait son deuxième verre de vin. Non, je ne le pense pas réellement. J'aime les hommes. D'ailleurs, c'est mon problème, ajouta-t-elle d'un air sombre. Je crois que je leur fais peur. Mais je n'avais jamais pensé à une agence de rencontres. Pour moi, seuls les excentriques essayaient ces rendez-vous à l'aveugle. Veinarde comme je suis, je vais tomber sur un tueur en série ou un tordu avec un penchant pour les culottes en caoutchouc et l'asphyxie autoérotique.

Hannah eut un petit rire sardonique.

— Je n'ai pas eu besoin d'agence de rencontres pour croiser pas mal de piqués ! Rassurez-vous, je n'ai pas eu affaire à des fétichistes du caoutchouc mais ils étaient quand même assez piqués. Ma dernière relation à long terme n'aurait pas dû avoir le droit de sortir sans un avertissement du ministère de la Santé ! Or je l'ai rencontré dans l'endroit le plus sûr au monde, un McDonald's à l'heure du déjeuner. Donc, Leonie, pourquoi ne pas essayer les agences de rencontres ? Au moins, tu peux choisir qui tu veux rencontrer et avec qui tu ne veux pas t'embêter.

— Harrison Ford, dit Leonie d'une voix rêveuse. Je veux un clone d'Harrison Ford qui aime les enfants, les animaux et les divorcées blondes bien en chair.

— Et toi ? demanda Hannah à Emma, qui sourit immédiatement à la pensée de Peter.

— J'ai un mari merveilleux, dit-elle. J'ai beaucoup de chance. Il est gentil, amusant, et je suis folle de lui.

Elle voyait Peter en imagination, son visage ouvert aux yeux bruns et au grand sourire, ses cheveux noirs coupés très court. Il lui disait toujours ne pas voir l'utilité de porter les cheveux longs quand on en a très peu. Elle aimait cette calvitie naissante, elle aimait l'embrasser sur le dessus de la tête et lui dire que les chauves étaient plus virils que les autres hommes. Elle n'avait pas envie d'Harrison Ford ni même de Tom Cruise. Elle ne pouvait pas les imaginer, ni l'un ni l'autre, lui apportant son petit déjeuner au lit quand elle était malade, lui massant les épaules quand elle avait mal au dos, et insister pour qu'elle lise tranquillement un magazine pendant qu'il préparait le dîner les soirs où elle se sentait trop fatiguée. Elle n'imaginait pas non plus l'un d'eux glissant un petit mot dans son attaché-case pour lui dire qu'il l'aimait et qu'il avait hâte de la retrouver. Peter l'aimait profondément. Il avait fallu tout le dégoût que lui inspirait le père d'Emma pour qu'il la laisse partir une semaine sans lui.

— Nous sommes mariés depuis trois ans, reprit-elle. Il est vraiment formidable avec moi.

Elle ne résista pas au plaisir de leur raconter comment elle avait trouvé, caché dans sa valise entre ses tee-shirts, le petit mot qu'il y avait glissé.

— Oh ! C'est vraiment gentil, dit Leonie.

Leonie et Hannah avaient déjà presque bu leur deuxième verre de vin et elles parlaient toutes les trois avec animation de ce qui les avait amenées en Egypte quand, depuis l'intérieur du bateau, leur parvint le son de la voix tonitruante de Jimmy O'Brien.

— Si c'est cela leur idée d'un bateau de première classe, je vous garantis que la jeune personne qui nous sert de guide va m'entendre, criait-il à un autre passager. La douche est inutilisable et les serviettes de toilette étaient trempées parce que le rideau de douche ne protège rien du tout. Ils appellent cela une première classe, ce n'est pas mon avis. Des escrocs, il faut être des escrocs pour prétendre que c'est un bateau de première classe. En tout cas, je ne m'assois pas à l'extérieur, ajouta-t-il à l'intention de sa femme. On va se faire dévorer par ces fichus moustiques !

Hannah, qui observait Emma, la vit se tasser sur son siège comme pour disparaître, les yeux brièvement traversés d'une émotion qu'Hannah reconnaissait facilement : la crainte. Elle l'avait souvent vue sur le visage de sa mère, en général quand son père rentrait après une journée passée aux courses, complètement ivre, hurlant de colère et cherchant à qui il pourrait bien s'en prendre. Il était de petite taille et adipeux, surtout à cause de la bière, contrairement au père d'Emma, un homme impressionnant par sa taille et par sa force, capable d'intimider les gens et qui aimait le faire. En revanche, il n'avait pas besoin d'alcool pour devenir insupportable et mal embouché : de toute évidence, c'était son caractère.

Emma avait l'air de quelqu'un qui aurait préféré subir la torture plutôt que de devoir passer une soirée avec ses parents. Dans un élan de compassion, Hannah lui posa la main sur le bras.

— Cela te ferait plaisir de dîner avec nous ce soir ? demanda-t-elle à mi-voix.

Emma parut soulagée à cette idée, mais elle secoua la tête.

— Je ne peux pas, ils s'attendent à ce que…

— Prends le prétexte de les laisser passer la première soirée ensemble, pour un tête-à-tête romantique où ils n'ont pas besoin de toi, la pressa Hannah.

A l'idée de ses parents passant une soirée romantique, Emma réprima une envie de ricaner. Son père estimait que le romantisme était bon pour les « lopettes », comme il disait. Il s'était ouvertement moqué de Peter parce qu'il avait offert une douzaine de roses rouges à Emma le jour de la Saint-Valentin.

— Mais oui, dit Leonie, qui avait saisi l'intention d'Hannah. Il nous faut un troisième mousquetaire.

Cette pauvre Emma était vraiment une gentille fille et avait visiblement besoin qu'on l'aide à échapper à cet homme impossible.

— Dis-leur que tu connais déjà l'une d'entre nous et que tu as voulu nous dire bonjour.

— Je n'arriverai jamais à leur faire avaler ça, répondit Emma.

M. O'Brien avait remarqué que sa fille était assise avec deux inconnues et se dirigeait vers leur table, sa femme en remorque.

— Je n'ai pas beaucoup d'amis et, si on essayait d'inventer une histoire, mon père vous ferait subir un interrogatoire du troisième degré. Il découvrirait très vite que vous avez menti.

Leonie se tapota le bout du nez d'un air énigmatique

— Il se trouve que je suis une formidable comédienne. Nous dirons que nous nous sommes rencontrées dans le cadre de ton travail. A propos, que fais-tu ?

— Je travaille pour KrisisKids Charity. Je m'occupe des projets exceptionnels, dit Emma.

— Cet organisme est dirigé par un homme politique à la retraite, Edward Richards, n'est-ce pas ? insista Leonie. Sa famille possède Darewood Castle et le haras attenant.

Que Leonie connaisse suffisamment KrisisKids Charity pour savoir qui dirigeait l'organisation enchanta Emma. Cela signifiait que le cabinet de relations publiques faisait son travail. En revanche, elle ne voyait pas comment Edward pouvait jouer un rôle dans l'équation de la soirée.

— Je suis assistante vétérinaire, expliqua Leonie. Ce sont des clients de la clinique pour laquelle je travaille. Des gens très mondains, je crois.

— Bonjour tout le monde, tonitrua M. O'Brien, qui enregistra d'un coup d'œil la disposition des chaises et nota avec déplaisir qu'il n'y avait de la place que pour trois personnes autour de la petite table.

Emma se leva immédiatement, dit au revoir aux deux autres avec un sourire nerveux et conduisit ses parents à une autre table.

— Tu ne nous présentes pas à tes amies ? demanda sa mère d'une voix maussade.

— Je croyais que tu avais envie de t'asseoir, maman, dit Emma.

Elle ne voulait pas gâcher ce début d'amitié en faisant connaître son père à Hannah et Leonie. Impossible de prévoir quand son accès de mauvaise humeur se terminerait.

— Tu feras leur connaissance plus tard. Veux-tu que je te commande une eau minérale ?

Sa mère se mit immédiatement à s'éventer de la main en prenant un air languissant.

— Oui, il fait affreusement chaud, je te remercie.

— Assieds-toi, Emma, et arrête de t'agiter, ordonna brusquement son père. Le serveur finira bien par s'occuper de nous, du moins je l'espère ! Ces Egyptiens ne me donnent pas l'impression de gens acharnés au travail. Chez nous, on a un verre à la main une minute après être arrivé au bar, mais ici... Ne m'en parlez pas !

Il jeta un regard furieux vers le bar, où le serveur s'affairait pour servir un groupe de personnes qui venaient d'arriver et réclamaient des cocktails.

— Pas la moindre idée de ce que veut dire le mot service, déclara Jimmy O'Brien à la cantonade.

Sa grossièreté fit tressaillir Hannah et Leonie, qui se trouvaient à peu de distance. Emma se crispa sur sa chaise en rotin avec l'air de quelqu'un qui aurait voulu disparaître. Cela tournait au désastre. Peu importaient la douceur de la nuit embaumée, la ville animée de Louxor à quelques mètres du bateau et les trésors du Nil qui attendaient d'être découverts. Elle était en vacances avec son père et il allait tout gâcher.

— Je vais chercher les boissons, annonça-t-elle soudain, pensant qu'il valait mieux s'éloigner avant qu'il ait dit quelque chose de trop insultant à propos du serveur.

En voyant Emma courir presque jusqu'au bar, rouge de confusion, Leonie donna un petit coup de coude à Hannah.

— La pauvre ne va pas beaucoup profiter de ses vacances s'il se conduit comme ça en permanence. Ce type est une horreur et elle a honte de lui.

Hannah acquiesça de la tête.

— Je sais, dit-elle. Mais que faire ? C'est son père et elle ne peut pas s'en débarrasser.

— C'est ce que nous allons voir, répondit Leonie avec un sourire malicieux.

Elle prit une profonde inspiration, se leva et se dirigea toutes voiles dehors vers la table des O'Brien, tendant vers eux une main couverte de bracelets tintinnabulants.

— Quelle incroyable coïncidence ! roucoula-t-elle.

Avec la grâce d'une duchesse douairière, sa chemise de soie rose ondulant follement sur ses hanches, elle serra la main d'un Jimmy O'Brien très surpris.

— C'est incroyable ! Emma travaille avec mon cher cousin Edward à KrisisKids. Le monde est vraiment petit ! Je suis Leonie Delaney, de la branche Wicklow de la famille.

Elle serra avec précaution la main molle d'Anne-Marie en essayant de dissimuler un mouvement de recul tant cela lui donnait la sensation de tenir un poisson mort.

— Nous sommes plutôt dans les activités bancaires que dans la politique. Père n'aurait pas supporté que nous fassions de la politique, ajouta Leonie sur le ton de la confidence, comme s'il s'agissait d'un grand secret de famille. C'est si peu rentable. Je suis absolument ravie de faire votre connaissance.

Hannah l'observait, sidérée par sa performance. Leonie, qui, l'instant d'avant, était assise tranquillement, s'était transformée en une boule d'énergie, sa collection de bracelets en cuivre cliquetant tandis qu'elle passait ses doigts dans ses boucles et se présentait comme une aristocrate de la banque. C'était un véritable morceau de bravoure, qui aurait valu un Oscar à n'importe quelle actrice.

— Edward Richards, répétait Leonie à Mme O'Brien, bien décidée à enfoncer le clou. Ce cher cousin Edward, Big Neddy, comme nous l'avons toujours appelé.

Hannah faillit éclater de rire en entendant sa nouvelle amie appeler « Big Neddy » l'élégant aristocrate dont elle avait vu la photo dans les journaux quand il faisait de la politique.

— Bien sûr, poursuivit Leonie en traînant la voix dans son imitation de l'accent mondain, nous ne l'avons pas vu à la maison depuis des mois. Il manque beaucoup à mes parents.

Le visage d'Anne-Marie O'Brien s'éclaira : elle avait enfin compris. Cette femme haute en couleur, trop maquillée et qui portait un étrange collier en métal, était de la famille du patron d'Emma, ce M. Richards qui avait tant d'argent et de relations.

Il descendait d'une des plus célèbres dynasties d'hommes politiques de toute l'Irlande. Cette curieuse Leonie devait être l'une de ses cousines du côté de sa mère. Anne-Marie se composa une expression aimable, se disant que les gens riches avaient le droit d'être excentriques. Certains milliardaires de l'informatique ne portaient que des jeans et de vieux tee-shirts répugnants. Les apparences ne voulaient plus rien dire.

De plus, si la cousine d'Edward Richards participait à cette croisière, ce devait être une des meilleures, quels que soient les doutes qu'Anne-Marie pût éprouver en découvrant les dimensions de sa cabine.

— Très heureuse de vous rencontrer, dit Anne-Marie de sa voix voilée. Je suis Anne-Marie et voici mon mari James O'Brien, des entreprises O'Brien.

Emma arrivait avec les boissons. La vision de Leonie assise avec ses parents lui arracha un sourire inquiet.

— Emma, reprit Anne-Marie, vilaine fille, pourquoi ne nous as-tu pas présentés à Leonie en nous disant qui elle est ?

Elle agita un doigt réprobateur en direction de sa fille puis se tourna vers Leonie.

— Joignez-vous donc à nous, vous et votre amie, dit-elle.

— Nous pensions plutôt inviter Emma à notre table, rétorqua Leonie du tac au tac, pour vous laisser, vous et votre mari, passer une soirée romantique à deux.

Emma observait la scène avec étonnement. Cette conversation était digne d'un épisode de *X-Files*. Elle s'en voulait de laisser Leonie induire ses parents en erreur mais se réjouissait à l'idée de pouvoir parler à quelqu'un d'autre pendant ses vacances. Après toute une journée passée avec son père, sans aucun moyen de lui échapper, elle aurait accepté de bavarder même avec un fou en camisole de force.

— C'est très aimable à vous, dit Jimmy O'Brien.

La mère d'Emma fixait Leonie d'un air interdit.

— De quoi parlions-nous déjà ? demanda-t-elle d'une voix plaintive.

Emma se dit que, décidément, quelque chose n'allait pas chez sa mère, ce soir. Elle était un peu imprécise et distante. Or Anne-Marie n'était jamais imprécise.

Leonie prit les choses en main. Elle débarrassa Emma des deux verres d'eau minérale, les posa sur la table devant les O'Brien et glissa son bras sous celui d'Emma.

— Nous ne vous dérangerons pas plus longtemps, dit-elle de son air le plus aimable.

— Que leur as-tu raconté ? demanda Emma dès qu'elles furent hors de portée d'oreille.

Il lui semblait qu'elle pouvait à bon droit se montrer un peu grondeuse.

— J'ai menti, j'ai dit que je connaissais ton patron, répondit Leonie d'un ton vif, peu désireuse d'entrer dans les détails de sa ruse. J'ai dit que nous avions envie de bavarder. Tu sais, j'ai l'habitude des parents. Les tiens croient sans doute que tu serais perdue sans eux ! Mais Hannah et moi, nous pensons que cela te fera du bien de passer un moment sans eux. Sans compter que cela leur donne une chance d'être seuls, comme pour une seconde lune de miel.

Emma haussa les sourcils. Une seconde lune de miel, vraiment !

5

Quand Leonie arriva devant le temple d'Hathor, elle comprit pourquoi elle était venue en Egypte. Dans la chaleur de fournaise, elle eut l'impression curieuse que le paysage tout entier brûlait d'un feu blanc qui avait incendié la poussière sèche. Le temple sculpté par l'orgueilleux Ramsès II pour sa bien-aimée reine Néfertari la stupéfiait par sa beauté.

Le temple d'Abou Simbel consacré à Ramsès lui-même était encore plus spectaculaire, avec les gigantesques sculptures du roi qui dominaient les touristes, majestueuses et de proportions parfaites. Quand on levait les yeux vers le fier visage du grand pharaon, on oubliait le long voyage en car pour venir jusque-là. Debout sous le soleil du désert, Leonie écoutait les cris des vendeurs ambulants vantant leur marchandise et le bourdonnement paresseux des insectes. Il lui semblait avoir fait un voyage dans le passé. Elle se demanda ce qu'avaient pu éprouver les archéologues qui avaient découvert ce temple extraordinaire alors qu'il était enfoui dans les sables du désert depuis trois mille ans. Encore mieux, pensa-t-elle en serrant dans sa paume le cartouche égyptien en or qui pendait sur sa poitrine, imagine que tu es la reine égyptienne Néfertari, à qui tous rendaient hommage, belle, couverte de bijoux d'or sans prix, attendant l'inauguration solennelle du temple. Perdue dans son monde magique et romantique, Leonie se sentait à la fois exaltée et un peu étourdie.

Voilà ce que les gens ressentaient devant le Taj Mahal. Ils étaient réduits au silence par la preuve concrète de ce que l'humanité peut réaliser par amour. Comme le Taj Mahal, la plus grande preuve d'amour jamais réalisée, le temple de Néfertari avait été construit par un époux qui aimait sa femme. Aucun autre pharaon n'avait jamais bâti un tel monument. Leur guide le leur avait expliqué dans le car, le matin même, alors que – en convoi avec d'autres cars de touristes – leur groupe progressait lentement sur la route qui, d'Assouan, s'enfonce dans le désert nubien. Les pharaons faisaient construire des temples à leur propre gloire ou d'immenses tombeaux richement décorés pour leur voyage dans l'au-delà. Mais jusque-là, ils n'édifiaient jamais de temple à leur bien-aimée.

Rêveuse, Leonie essayait de s'imaginer aimée d'un aussi grand roi. Un roi qui lui offrirait un symbole aussi durable de son amour...

— Leonie, la visite va commencer ! Tu viens ?

La voix claire d'Hannah interrompit ses songes. Hannah et Emma, qui paraissait très détendue, suivaient le groupe en route vers l'entrée du temple. Comme Leonie l'avait découvert au cours des deux jours précédents, il était très facile de perdre son groupe parmi les milliers de touristes qui se pressaient autour du moindre monument. Elle s'était presque égarée dans l'immense et labyrinthique temple d'Edfou, et elle n'avait pas l'intention que cela se reproduise. Ramassant son sac en tapisserie posé à ses pieds, elle courut pour les rejoindre.

— Ouf ! dit-elle d'une voix haletante en arrivant au

coin ombragé, à gauche du temple, où Flora attendait avec les autres. Il fait trop chaud pour courir.

— Trop chaud pour quoi que ce soit, acquiesça Hannah en repoussant une mèche de cheveux de son front mouillé de transpiration. Je ne sais pas si je pourrai supporter une heure d'une pareille chaleur.

— Il y a encore le voyage de retour en car jusqu'au bateau, grogna un autre membre du groupe, fatigué après les trois heures et demie de route à travers le désert.

— C'est merveilleux, dit gaiement Emma.

Son visage pâle était rouge de chaleur et elle avait tiré ses cheveux en arrière pour les empêcher de coller à ses joues. Avec son tee-shirt bleu et son bermuda en madras de coton qui lui allait très bien, elle avait l'air d'une fille de vingt ans libre de tout souci.

En effet, pour la première fois depuis le début du voyage, Emma avait l'impression de retrouver ses vingt ans. Sa mère avait des problèmes de digestion et avait préféré éviter le voyage en car jusqu'à Abou Simbel. Cela signifiait que son père y avait renoncé également, laissant Emma profiter de sa première journée en liberté depuis son arrivée en Egypte. Elle en éprouvait un soulagement extraordinaire, comme si elle avait pris des analgésiques après trois jours de rage de dents.

Aucun membre de la famille O'Brien n'appréciait ses vacances : Anne-Marie parce qu'elle était dans un état d'angoisse permanent, encore pire que d'habitude. La veille, au dîner, elle avait eu un comportement étrange, refusant de manger quoi que ce soit. Pendant tout le repas, elle était restée assise, le regard perdu dans le vide, visiblement absorbée dans un monde qui n'appartenait qu'à elle. Jimmy n'arrêtait pas de répéter que sa femme ne supportait pas la chaleur. Alors que c'était lui qui avait décidé ce voyage en Egypte, il soutenait à présent qu'il n'aurait jamais choisi pareille destination lui-même. L'air sombre, il grognait que le Portugal leur avait parfaitement réussi jusque-là.

Pour ajouter au bonheur de cette journée, Emma n'avait toujours pas ses règles. Elle était enceinte, cela ne faisait aucun doute. Chaque fois qu'elle allait aux toilettes, elle paniquait à l'idée de découvrir qu'elle se trompait. Mais rien ! Le bonheur total !

Avec un soupir satisfait, elle se glissa entre Leonie et Hannah et, les prenant chacune par le bras, elle les entraîna vers le temple derrière leur guide. Flora brandissait au-dessus de la tête un panneau bleu roi portant l'inscription « Merveilleuse Egypte » pour s'assurer que tout le groupe pouvait la voir.

Dans son état d'heureuse attente, Emma fut une des rares personnes du groupe à ne pas se plaindre quand le car tomba en panne seulement une demi-heure après avoir quitté Abou Simbel. Il s'arrêta dans un bruit de ferraille alors qu'il traversait les faubourgs d'une petite ville poussiéreuse et refusa de repartir malgré les injures et les coups de pied du conducteur sur la carrosserie. Les cars et les taxis voyageaient toujours en convoi sur la route d'Abou Simbel, leur avait expliqué Flora plus tôt dans la journée, au cas où l'un d'eux tomberait en panne en plein désert. Malheureusement, leur car était l'avant-dernier du convoi de ce jour-là vers Assouan et, derrière eux, le dernier véhicule était un minibus où les gens s'entassaient déjà. Il ne pouvait pas prendre de passagers supplémentaires.

— Ne vous inquiétez surtout pas, tout va bien se passer, dit Flora avec assurance.

Pendant ce temps, le conducteur du minibus et celui de leur car tripotaient le moteur, échangeant des propos volubiles qu'ils soulignaient de grands gestes irrités.

Leonie, fascinée par l'exotisme du monde qui l'entourait, était satisfaite de pouvoir rester assise en regardant par la fenêtre, mais il se mit à faire très chaud à l'intérieur du car, et l'air conditionné s'arrêta. Emma était heureuse, tout simplement heureuse. Rien ne pouvait atteindre sa béatitude.

Ils finiraient bien par rentrer mais, dans l'immédiat, elle se contentait aussi de rester assise, une main légèrement posée sur son ventre. Des enfants aux yeux sombres agitaient le bras en direction des touristes du car. Emma leur retourna leur salut avec un grand sourire. Bientôt, elle aussi, elle aurait un enfant à aimer. Est-ce qu'il ressemblerait à Peter ou bien à elle ? Non, en définitive, elle préférerait un bébé aux yeux foncés. Avec un sourire, elle se laissa aller à la vision d'un bébé aux yeux noirs dans une mignonne salopette en jean.

Toujours prévoyante, Hannah sortit une bouteille d'eau de son petit sac à dos et la partagea avec ses deux amies. De son côté, Emma avait des bonbons qui comblèrent pour un moment l'estomac vide de Leonie.

— Je me suis habituée aux trois repas copieux qu'on nous sert sur le bateau, dit cette dernière avec regret. Je meurs de faim.

— Moi aussi, avoua Emma. Mais ne t'inquiète pas, ils vont réparer, ajouta-t-elle avec confiance.

— Je n'en suis pas si sûre.

Hannah ne partageait pas la confiance d'Emma. Elle détestait les entorses à la routine. En principe, le car devait être de retour à Assouan à sept heures et demie, à temps pour le dîner qui avait lieu à huit heures. Elle jeta un coup d'œil à sa montre. Ils étaient arrêtés depuis au moins vingt minutes. Cela signifiait qu'ils seraient en retard. Zut ! Elle détestait être en retard, elle détestait le désordre dans sa vie si bien organisée. Elle sentit son pouls s'accélérer au fur et à mesure que l'énervement la gagnait. Des gouttes de transpiration qui ne devaient rien à la chaleur commencèrent à couler sur son front. Elle éprouvait ce frémissement nerveux qu'elle connaissait bien. Calme-toi, Hannah, se dit-elle en essayant de se maîtriser. Tu vas être en retard, et alors ? Tu n'y peux rien, et les autres seront également en retard. Cela faisait très longtemps qu'elle n'avait pas eu de crise de panique, elle ne voulait pas que ça lui arrive maintenant.

Flora remonta dans le bus.

— Je crains que nous ne devions descendre, dit-elle.

Face aux passagers qui menaçaient de se mutiner, elle gardait apparemment tout son calme.

— J'ai appelé le bureau de la compagnie de cars, reprit-elle. Il nous en envoie un autre qui sera là dans une heure et demie. Je sais que c'est long, mais il vient de Wadi al-Sabu qui est à mi-chemin entre ici et Assouan. D'après Hassan, il y a un très agréable petit restaurant en ville. Je vous invite tous à dîner puisque nous arriverons trop tard au bateau pour cela.

Des exclamations de colère accueillirent ses paroles dans les premières rangées du bus alors que les gens installés à l'arrière paraissaient résignés à s'accommoder de la situation.

— Je meurs de faim, dit Leonie. Allons vite dans ce restaurant.

Elle jeta un regard autour d'elle et se rendit compte qu'Hannah paraissait contrariée. Cela lui parut bizarre dans la mesure où Hannah était toujours très détendue et très sûre d'elle-même. Elle donnait l'impression de ne jamais s'inquiéter de ce qu'il fallait porter ou manger, ou de ce que les gens pensaient d'elle. Or elle paraissait à présent tendue comme une corde de violon à l'idée d'un retard de quelques heures.

Leonie ne savait que dire pour calmer Hannah. Emma, qui avait l'habitude des gens que les retards angoissaient, sut trouver les mots.

— Nous n'y pouvons rien, Hannah, expliqua-t-elle d'un ton ferme que les deux autres ne l'avaient jamais entendue utiliser jusque-là. Puisque nous sommes coincées ici, autant essayer d'en profiter au maximum. Nous finirons de toute façon par rentrer ; il n'y a aucune raison de paniquer ! Cela nous fera du bien de manger.

— Je sais, admit Hannah en respirant aussi profondément qu'elle le pouvait. Simplement, je déteste attendre ; je suis tellement impatiente ! Devoir attendre, que ce soit cinq minutes ou quelques heures, cela me rend folle.

Elle obéit néanmoins à Emma et descendit du bus avec elle, suivie par Leonie, sidérée une fois de plus par les gens et leur comportement de caméléons. Pour elle, que la petite Emma si discrète et angoissée puisse en un instant devenir une femme calme et pleine de sang-froid tandis qu'Hannah s'écroulait était un mystère. Quel renversement des rôles !

Ils partirent en petits groupes vers le restaurant sous les regards des passants. De beaux enfants aux yeux noirs riaient et se montraient du doigt les étrangers, gloussant au spectacle des jambes nues d'Emma et de sa peau si pâle. Des hommes au visage fier vêtus de djellabas regardaient d'un air sombre passer Leonie, resplendissante avec sa tenue de soie blanche, ses cheveux blonds dansant sur ses épaules, et son rouge à lèvres écarlate. Son cartouche d'or et plusieurs rangs de perles cliquetantes qu'elle avait achetés dans une boutique locale la faisaient paraître très exotique dans cette ville poussiéreuse du désert où la couleur dominante était celle du sable.

— Ton mari a de la chance, lui dit avec un sourire admiratif un homme qui lui proposa ensuite des cartes postales d'Abou Simbel.

Leonie essaya de ne pas sourire mais elle ne put empêcher les coins de sa bouche de se retrousser légèrement. Pour une fois, c'était elle que l'on regardait !

— Merci, mais je n'en ai pas besoin, dit-elle d'un petit air sage avant de s'accrocher au bras d'Emma.

Elle avait lu dans son guide que les femmes seules devaient adopter cette attitude pour éviter d'être harcelées.

— Je ne laisserai personne t'enlever, la taquina Emma en regardant les hommes admirer Leonie. Mais il n'y a pas d'erreur, tu as beaucoup de succès !

— Ne dis pas de bêtises ! répondit Leonie, essayant de cacher qu'elle se sentait très flattée. Tu oublies que j'ai trois enfants et que je porte des collants de contention ; je pourrais difficilement passer pour une sirène !

Pourtant, elle ne pouvait pas s'empêcher de se sentir un peu dans la peau d'une sirène. Des gens – plus exactement : des hommes – la regardaient. Ils la regardaient, elle, et non Hannah avec son élégance décontractée ou Emma à la peau laiteuse et à la grâce de poulain.

Ce fut la même chose au restaurant, une grande pièce fraîche avec des bancs rugueux et des coussins fanés. Les trois serveurs furent visiblement ravis de voir arriver cette blonde spectaculaire.

Ils ignorèrent totalement Flora, qui avait pourtant à la main ses documents et son téléphone portable, pour détailler Leonie d'un regard appréciateur, la traitant comme une star de cinéma.

— Fais-toi passer pour Madonna, suggéra Hannah, dont l'humeur s'améliorait.

Elle commençait à trouver ridicule de s'être énervée à cause d'une simple panne. Elle devait apprendre à ne plus se laisser aller à ce genre de sautes d'humeur.

Emma fredonna *Like a Virgin* alors que les serveurs les accompagnaient toutes les trois à une grande table dans un coin spacieux avec des coussins qui avaient l'air plus confortables que les autres. Il y avait aussi un chandelier très travaillé.

Leonie, qui en temps ordinaire aurait été incapable de chanter même si sa vie en dépendait, se joignit à Emma à contretemps, sa voix déraillant sur les notes longues. Elle s'arrêta de chanter le temps que le plus âgé des serveurs la conduise à la meilleure place en s'inclinant avec cérémonie. Elle lui accorda un gracieux sourire accompagné d'un regard de ses yeux bleu saphir. Il s'inclina encore plus bas et se hâta de leur apporter de fragiles verres peints.

— Encore du Ribena, dit Hannah en reconnaissant le parfum de la boisson aux fruits, sans alcool, qu'elles s'étaient habituées à boire sur le bateau.

— Je n'ai pas besoin de vous encourager à vous amuser, dit Flora en les rejoignant après avoir vérifié que tout le monde était installé. Je vous rappelle simplement que les boissons alcoolisées sont à votre charge. Le car sera là vers huit heures.

— Pour repartir ! dit Leonie en feignant l'horreur. Flora, je veux rester ici !

La plupart des restaurants égyptiens ne servaient pas d'alcool, mais quand Leonie vit un des serveurs sortir de la cuisine avec une bouteille de vin rouge, elle en commanda une.

— Et maintenant, on peut parler entre filles ! dit-elle

gaiement quand on servit les *mezze* et qu'elles eurent toutes les trois un verre de cru des Ptolémées à la main.

Quand arriva le plat principal – des keftas d'agneau pour Emma et Hannah, du houmous et des kebabs pour Leonie –, elles en avaient fini avec les hommes en général et commentaient l'histoire d'Hannah et Harry. Hannah se sentait profondément soulagée d'avoir pu parler de sa souffrance quand il lui avait annoncé son départ pour l'Amérique du Sud et la fin de leur histoire.

— Vous croyez que vous connaissez quelqu'un et, d'un seul coup, vous découvrez que c'est un inconnu capable du pire ! dit-elle.

Même un an après, le seul fait d'en parler la blessait. Elle avait éprouvé un terrible sentiment de trahison, d'abandon. Elle ne comprenait pas qu'il puisse lui jeter à la tête tout l'amour, le temps et l'espoir qu'elle avait mis dans cette relation, sous prétexte qu'il se sentait étouffé et avait besoin d'un changement. Il était comme tous les hommes : irresponsable et indifférent à autrui. Mais elle l'aimait tant ! Tous les cours d'aérobic du monde ne pourraient adoucir son chagrin. Au moins, sa décision de se tenir à l'écart des hommes – hormis quelques distractions avec des spécimens comme Jeff – lui éviterait de se faire de nouveau briser le cœur. Le jeu n'en valait pas la chandelle.

— Que fait-il en Amérique du Sud ? s'enquit Leonie.

— Je ne sais pas et cela ne m'intéresse pas, répondit Hannah d'un ton féroce. Je n'ai eu aucune nouvelle depuis son départ. Pas un mot ! Il a profité d'une de mes absences pour emporter toutes ses affaires. Il m'a juste laissé un mot en me demandant d'adresser son courrier chez sa sœur. J'ai jeté son chéquier neuf à la poubelle quand il est arrivé, ainsi que tous les papiers des impôts !

Ce souvenir lui arracha un sourire, puis elle poursuivit :

— Je n'arrêtais pas d'avoir des coups de téléphone de son patron au journal parce qu'il était censé écrire un livre sur les scandales politiques et qu'il avait quitté le pays sans rien leur dire. C'était Harry tout craché : s'enfuir au lieu d'affronter la situation, conclut-elle avec amertume.

Leonie et Emma se déclarèrent toutes les deux prêtes à castrer Harry avec joie si elles le croisaient, et Hannah se réjouit d'avoir de nouvelles amies auxquelles se confier. Harry l'avait trop profondément blessée pour qu'elle ait envie de reprendre contact avec toutes les amies qu'elle avait négligées quand elle était tombée amoureuse de lui. C'était bon d'avoir de nouveau des copines pour s'indigner et la soutenir.

— Je crois que je ne pourrai plus jamais faire confiance à un homme, avoua-t-elle d'un ton pensif. Pour commencer, je n'aurais jamais dû faire confiance à Harry. J'aurais dû savoir comment cela se passerait.

— Pourquoi ? s'étonna Emma. Tu n'es pas télépathe !

— Cela n'a rien à voir avec la télépathie mais avec les hommes. On ne peut pas leur faire confiance, point à la ligne ! insista Hannah. En tout cas, moi, je ne peux plus leur faire confiance. Ton Peter a l'air formidable mais je crois que certaines d'entre nous ne sont pas douées pour les relations avec l'autre sexe. Certaines femmes se portent mieux en restant célibataires, et j'en fais partie. Je suis assez grande pour m'occuper de moi-même. Je n'ai besoin de personne.

— Tu n'es pas sérieuse ! protesta Leonie. Une femme aussi belle que toi peut séduire n'importe quel homme. Ce n'est pas parce que tu es mal tombée que tu dois renoncer aux hommes en général. Il faut se secouer quand tout va mal et repartir du bon pied.

Lorsqu'on leur servit le dessert – des fruits –, elles en étaient à échanger leurs théories respectives sur la meilleure façon de se consoler d'un chagrin d'amour. Emma, qui n'avait pas eu beaucoup d'expériences avant de rencontrer Peter, fit remarquer que son avis ne valait pas grand-chose.

— J'ai connu Peter à vingt-six ans et je n'étais sortie qu'avec trois hommes avant lui. Papa avait mis à la porte le dernier le jour où il était arrivé en fumant une cigarette roulée à la main ! Il a dit qu'il ne voulait pas me voir me dégrader avec un drogué.

Elles éclatèrent de rire.

Leonie reconnut que Ray avait été son premier petit ami digne de ce nom et que, comme ils s'étaient séparés plus ou moins d'un commun accord, elle n'avait pas eu besoin de « se secouer pour repartir ». Elle ne comprenait pas comment Hannah pouvait décider de renoncer à tomber amoureuse en attendant de se sentir assez forte pour imposer ses propres choix dans ses relations. Elle leur avait parlé de Jeff le Magnifique, qu'elle avait choisi pour se guérir d'Harry.

— Comment peux-tu y arriver ? demanda Leonie d'un ton captivé.

— Arriver à quoi ? répondit Hannah.

Elle mordit dans un morceau de pastèque, des gouttelettes de jus coulant sur son menton.

— A décider de ne plus tomber amoureuse et de traiter les hommes comme des amis susceptibles de te servir d'amants une fois de temps en temps ! Imagine que tu rencontres un homme fabuleux et que tu ne puisses pas t'empêcher de l'aimer ?

Leonie voulait croire qu'on avait toujours une chance

de rencontrer le prince Charmant, que c'était une simple question de destinée ou d'horoscope. On le rencontrait et l'on tombait amoureuse, c'était écrit. Hannah ne se sentait guère convaincue par ce scénario.

— Les mois horribles que j'ai connus après le départ d'Harry, voilà ce qui m'évitera de tomber amoureuse, dit-elle. Je n'ai pas envie de souffrir autant encore une fois. Cela ne me dérange pas de devenir une garce qui se sert des hommes. Les histoires de petits couples heureux ne m'intéressent plus. J'ai passé des années à y croire et regardez où cela m'a menée. Nulle part ! Harry a mis les voiles quand il en a eu envie et, pour dix années d'amour et d'attentions, je n'ai récolté qu'une énorme roue de secours et une carrière en cul-de-sac ! Les hommes ne représentent qu'un gaspillage de temps, mis à part la petite gymnastique que vous savez.

Emma éclata de rire en écoutant les deux autres. Elles étaient si drôles ! Elle adorait se trouver ainsi, les pieds sur les coussins, à plaisanter et à parler d'hommes et de sexe.

Elle s'installa plus confortablement et, en se déplaçant, sentit une douleur familière, d'abord lointaine puis plus pénible, une douleur qui lui tordait le ventre. Non, cria-t-elle en elle-même. Ce n'était pas possible. Elle était enceinte, voyons !

Emma dévisagea les deux autres, espérant les voir éprouver la même douleur, quelque chose qui viendrait de l'agneau ou d'une crevette douteuse... L'élancement qu'elle connaissait bien la transperça de nouveau, cette douleur inimitable que les adolescentes qui ont leurs premières règles ne réussissent jamais à bien expliquer aux autres. Une fois qu'on l'a sentie, on ne l'oublie pas.

Emma réalisa qu'elle n'attendait pas de bébé, qu'elle

s'était trompée, et que cela ne lui arriverait sans doute jamais. Une terrible vague de chagrin la submergea.

Elle s'écarta maladroitement de la table, fit tomber sa serviette et renversa ce qui restait de son unique verre de vin.

— Je dois aller aux toilettes, dit-elle d'une voix tremblante.

Dans le cagibi poussiéreux sans verrou, les craintes d'Emma se trouvèrent confirmées. Elle en resta tout engourdie. Se fabriquant une protection de fortune avec du papier toilette, elle regagna sa table dans un état de désespoir.

Un seul regard au visage livide d'Emma suffit à Leonie et Hannah pour comprendre qu'il y avait un problème.

— Tu es malade ? demanda Hannah avec inquiétude.

— Quelque chose qui ne passe pas, peut-être ? ajouta Leonie.

Emma secoua la tête comme dans un brouillard.

— J'ai mes règles, dit-elle d'une petite voix. J'ai cru que j'étais enceinte, j'en étais certaine, et maintenant...

Sa voix se brisa tandis qu'elle se mettait à pleurer.

Elle se laissa tomber dans les coussins à côté de Leonie, qui lui passa aussitôt un bras autour des épaules.

— Ma pauvre chérie, dit-elle de la voix caressante qu'elle utilisait quand ses enfants étaient malades ou avaient de la peine.

De gros sanglots secouaient Emma, et Leonie éprouva un choc en découvrant sa maigreur. Emma n'était pas d'une élégante minceur comme Leonie rêvait de l'être mais osseuse, presque squelettique, ses côtes saillant sous son tee-shirt tandis qu'elle pleurait.

— Ma pauvre chérie, je sais que c'est affreux, mais

tu es si jeune ! Tu as tout le temps d'avoir des bébés, Emma, lui dit-elle de sa voix consolatrice.

Elle espérait ne pas se tromper sur les mots à employer.

— Pour beaucoup de couples, cela prend plusieurs mois, ajouta-t-elle.

— Mais cela fait trois ans que nous essayons ! répondit Emma entre deux violents sanglots. Trois ans, et rien ! Je sais que cela vient de moi, mais je ne sais pas ce que je vais faire si je ne peux pas avoir d'enfants. Qu'est-ce qui ne va pas chez moi ? Pourquoi suis-je différente ? Toi, tu as des enfants. Pourquoi pas moi ?

Les yeux d'Hannah et de Leonie se croisèrent par-dessus la table. Il n'y avait rien qu'elles puissent dire. Elles avaient toutes les deux lu des articles à propos de femmes qui ne pouvaient pas concevoir mais n'en avaient jamais rencontré. Du moins, si cela leur était arrivé, les femmes en question avaient gardé le secret sur leur situation. Leonie fouilla dans sa mémoire en quête d'informations sur la stérilité. N'avait-elle pas lu quelque chose à propos des couples qui finissaient par avoir des enfants quand ils arrêtaient d'y penser en permanence et se détendaient ? De plus, la maigreur d'Emma ne devait pas arranger les choses. La malheureuse était littéralement dévorée de l'intérieur par l'angoisse et les tensions ; elle ne pouvait espérer être enceinte dans cet état-là.

— Le fait de tellement vouloir un enfant te bloque peut-être, finit par dire Leonie. Tu sais, il y a des femmes qui se rendent malades à force d'en vouloir et, dès qu'elles relâchent la tension, elles se retrouvent enceintes.

L'argument paraissait bien piètre, comme s'il

s'agissait d'une histoire de Père Noël racontée à une petite fille de dix ans.

— Pourquoi ne suis-je pas tombée enceinte au début de notre mariage ? hoqueta Emma. Nous n'essayions pas vraiment. Ou bien avant de nous marier ? Peter avait toujours peur que le préservatif éclate. Il me disait que mon père le tuerait. C'est peut-être une punition pour avoir couché ensemble avant d'être mariés... Je ne sais pas.

Elle les regarda d'un air égaré, le visage humide et rougi par les larmes.

— Qu'est-ce que j'ai ? Je ne suis pas très pratiquante mais je prierais tous les jours pendant des heures si cela servait à quelque chose.

— Ecoute-moi, lui dit Hannah d'un ton pressant. Ce n'est pas une punition, Emma. Ne sois pas stupide. J'ai cinq ans de plus que toi et je n'ai jamais rencontré l'homme avec qui je voudrais avoir des enfants. Tu as donc mille fois mieux réussi que moi. Si l'on admet la théorie selon laquelle tout ce qui va mal dans la vie est une punition, j'ai dû commettre une terrible faute pour tomber sur Harry et ensuite me faire plaquer comme une malpropre. Et aujourd'hui, je n'ai même pas l'ombre d'un père potentiel à l'horizon pour mes futurs enfants !

Elle n'ajouta pas qu'avoir des enfants était le dernier de ses soucis, père potentiel ou pas.

Les pleurs d'Emma se calmèrent un peu.

— Tu devrais peut-être passer des examens pour trouver ce qui ne va pas, suggéra Leonie. Même si tu as un problème, il y a des traitements extraordinaires contre la stérilité. Pense à tous les bébés qui sont nés grâce à l'insémination artificielle !

Emma secoua la tête avec tristesse.

— Je suis incapable de faire subir tout cela à Peter.

C'est un cauchemar. J'ai vu une émission sur le sujet à la télévision. En plus…

Elle s'essuya les yeux, l'air désespéré.

— Il ne sait pas vraiment ce que j'éprouve. Il adore les enfants et il ne comprend pas que si l'on n'en a pas après trois ans de mariage, on n'en aura jamais. Je n'ai pas le courage de le lui dire.

Les deux autres la regardèrent avec inquiétude.

— Tu n'as rien dit à Peter ? lui demanda Hannah d'un ton prudent.

— Il sait que je veux un bébé mais je n'ai pas réussi à lui dire à quel point je le veux.

— Mais pourquoi ? demanda Leonie, incrédule. Tu dois partager tes angoisses avec lui. Tu oublies qu'il t'aime !

Emma eut un haussement découragé de ses maigres épaules.

— Je ne peux m'empêcher de croire que, si je ne dis rien, ce ne sera qu'un problème imaginaire. Si nous décidons de faire quelque chose, on découvrira que c'est ma faute et que je ne pourrai jamais avoir de bébé… Je le sais.

Le regard d'Emma se perdit dans le vague, son esprit visiblement à mille lieues du restaurant.

— Mesdames, nous repartons. Le car est arrivé !

La voix claire de Flora les fit sursauter. Elles virent autour d'elles les autres touristes qui rassemblaient leurs affaires et quittaient le restaurant, chargés des indispensables bouteilles d'eau.

Hannah fit signe au serveur et paya rapidement le vin, repoussant d'un mouvement de tête la proposition de Leonie de partager la note. Emma restait muette.

Ce fut un trio un peu éteint qui rejoignit le car. Emma avait les yeux rouges et Hannah regardait dans la nuit sans rien voir. Elle se demandait où était son propre problème. Pourquoi ne désirait-elle pas avoir un enfant avec la même intensité qu'Emma ? Etait-elle anormale ? Cela n'avait jamais fait partie de ses projets, qui ne visaient qu'un seul but : la sécurité. Faire son chemin dans la vie et assurer sa sécurité pour ne jamais dépendre d'un homme comme sa mère avec son bon à rien de mari. Les années passées avec Harry représentaient une erreur fatale, des années de gentil confort sans ambition où elle avait oublié que, au moment où on a vraiment besoin d'eux, les hommes vous font défaut. Plus jamais ! Elle allait se bâtir une solide carrière et faire le nécessaire pour ne plus jamais avoir besoin d'un homme.

Elle s'autoriserait des liaisons avec des hommes comme Jeff Williams : une simple relation physique avec des individus qui ne se permettraient pas de lui gâcher la vie. Quant aux enfants, ils ne figuraient pas non plus dans ses projets. Peut-être était-elle sans cœur, mais elle ne pensait pas pouvoir devenir une bonne mère. Cela ne l'empêchait pas d'avoir de la peine pour Emma. Elle savait comme on est détruit quand on ne peut avoir ce que l'on désire de toutes ses forces. Elle le savait trop bien. Grâce à Harry, encore lui ! Qu'il aille se faire voir !

Leonie, Emma et Hannah étaient installées sur le pont supérieur dans la lumière de la fin d'après-midi. Le bateau descendait le Nil en direction de Louxor. Dégustant des cocktails très légers, elles admiraient le coucher de soleil flamboyant sur la rive gauche. A leur droite, les montagnes avaient pris une profonde et mystérieuse teinte rose doré. Sur les berges, les palmiers se dressaient, plantés en petits groupes comme par un jardinier soucieux de créer un agréable effet artistique de hasard.

— Je ne serais qu'à moitié étonnée de voir surgir des éléphants en train de charger, comme en Afrique, dit Emma d'une voix rêveuse.

— Mais tu es en Afrique ! répondit Leonie avec une grimace amusée.

— Oh, non ! Le soleil a fini par me taper sur la tête ! dit Emma en faisant semblant de se plaindre.

— Le soleil ? Laisse-moi rire ! Dis plutôt tous ces Fuzzy Navel que tu ingurgites ! intervint Hannah. Je sais qu'ils ne sont pas très alcoolisés mais tu en es au deuxième.

Le moment était idéal pour paresser sur le pont en regardant défiler le paysage. L'air était un peu moins chaud qu'au début de l'après-midi et, tandis que le bateau voguait vers le nord, la brise leur rafraîchissait le visage et faisait voltiger les cheveux d'Emma.

C'était l'avant-dernier jour de leurs vacances et elles voulaient toutes retenir le moindre détail du paysage, décidées à ne rien manquer. Le lendemain, le programme était chargé. La journée serait consacrée à visiter, le matin, la Vallée des Rois et celle des Reines et, l'après-midi, Karnak. Flora les avait averties qu'elles n'auraient pas une minute à elles et qu'elles devaient profiter de leur après-midi de liberté.

Elles n'avaient été que trop heureuses de lui obéir. Les parents d'Emma s'étaient joints aux joueurs de cartes installés dans la partie intérieure du bar après le déjeuner. Jimmy O'Brien avait tout essayé pour qu'Emma fasse partie de son équipe, mais elle avait refusé.

— Je vais prendre un bain de soleil, papa, avait-elle dit d'un ton sans réplique.

Il avait eu l'air réellement surpris.

— Tu ne serais pas mieux avec ta mère et moi ?

Hannah et Leonie avaient fini leur café et s'étaient discrètement levées pour ne pas embarrasser Emma ; la dispute avec son père semblait inévitable. Mais leur présence avait donné du courage à Emma. Elle ne pouvait imaginer Leonie ou Hannah se laissant harceler par leur père.

— Papa, dit Emma d'un ton taquin où transparaissait néanmoins une note plus volontaire, bien sûr que j'aime être avec toi et maman, mais nous ne sommes pas mariés ! J'ai envie de prendre un bain de soleil et pas de jouer aux cartes. Amusez-vous bien !

Elle s'était levée et lui avait posé un rapide baiser sur la joue dans l'espoir d'atténuer ainsi la portée de son refus. Cela avait marché : son père était resté inhabituellement silencieux.

A moins que la résistance d'Emma ne l'ait mis en état de choc, avait pensé Hannah avec malice. Si elle avait été psychiatre, elle aurait pu écrire une thèse sur le cas de Jimmy O'Brien. Après cinq jours d'observation, elle l'avait classé dans la catégorie « horrible, avec un ego surdimensionné ».

Dans la soirée du mercredi, il avait insulté la ravissante danseuse du ventre qui était montée à bord avec ses musiciens. Il lui avait enjoint à haute voix « d'aller se mettre quelque chose sur le dos et de ne pas s'exhiber comme une vulgaire poule ». Il avait fallu toute la diplomatie de Flora pour éviter un incident international. Le chef des musiciens avait l'air prêt à casser son clavier électronique sur la tête de Jimmy.

« Ne nous emportons pas ! » avait dit Flora d'une voix douce qui avait calmé tout le monde.

Elle avait ensuite entraîné Anne-Marie et Jimmy O'Brien à l'autre extrémité du bar et, là, elle avait dû subir un sermon de dix minutes sur le thème : « Il est honteux que ces gens ne soient pas tous de respectables catholiques ! » Emma était écarlate et avait à peine osé lever les yeux sur la danseuse.

Tout en dégustant son cocktail, Hannah réalisa qu'une jeune femme aussi effacée qu'Emma n'avait aucune chance de résister à un homme comme Jimmy O'Brien. Quant à sa mère, elle se conduisait de façon bizarre. Elle bavardait avec vous puis, soudain, sombrait dans le silence, les yeux dans le vague, le visage vide de toute expression.

Un jour où Anne-Marie s'était brutalement interrompue au milieu d'une phrase pour se mettre à fredonner, Emma avait voulu l'excuser auprès de ses amies.

« Normalement, elle n'est pas du tout comme cela, avait-elle dit d'un ton soucieux. Papa soutient qu'elle souffre beaucoup de la chaleur. Normalement, elle est très vivante. Je ne comprends pas ce qui lui arrive. »

Les trois jeunes femmes avaient passé un après-midi délicieux à prendre le soleil sur le pont, à lire, bavarder et boire de l'eau minérale tandis que les haut-parleurs du bateau diffusaient en boucle des classiques de musique disco. Le responsable de l'animation musicale devait disposer d'une sélection très limitée : succès des années soixante-dix et vieilles comédies musicales.

— Si j'entends encore une fois *Disco Inferno*, je vais faire un malheur, déclara Leonie.

Elle but les dernières gouttes de son Fuzzy Navel et se

demanda si elle n'en prendrait pas un autre avant le dîner.

— Au moins, ils ont baissé le volume, intervint Emma.

— Seulement parce que cela effrayait les vaches ! répliqua Leonie.

Par endroits, là où le fleuve s'élargissait, émergeaient des îlots d'herbe verte où des vaches paissaient en toute sérénité, apparemment peu inquiètes de l'absence de passage jusqu'à la terre ferme.

— Il doit y avoir des hauts-fonds qui relient les prés à la berge, des passages que nous ne voyons pas, supposa Hannah.

Elle observa longuement un troupeau isolé sur un îlot marécageux, cherchant des yeux la preuve d'un quelconque passage.

— Elles ne peuvent pas traverser à la nage, quand même ? insista-t-elle. Les crocodiles les mangeraient.

— Les petits Sobeks, les descendants du dieu-crocodile Sobek, les attraperaient, dit Leonie, qui adorait la mythologie égyptienne.

Tous les soirs, elle se plongeait dans son guide pour en savoir plus sur ce qu'elle allait voir le lendemain.

— Chouchou du prof ! la taquina Hannah en la visant avec l'ombrelle qui décorait son cocktail.

— Hou ! Vilaine jalouse ! rétorqua Leonie sur le même ton joyeux en lui réexpédiant la petite ombrelle en papier.

Celle-ci rebondit sur la table et s'envola par-dessus bord.

— J'aurai vingt sur vingt pour avoir résolu le grand mystère des poissons qu'on ne peut pas sacrifier !

— Beau travail de déduction ! reconnut Hannah.

Elles avaient toutes les trois beaucoup ri la veille

quand Leonie avait exposé sa théorie sur la raison pour laquelle les bas-reliefs des temples ne montraient jamais d'offrandes de poissons. En général, à la fin d'une visite, Flora leur posait une question à laquelle elle ne répondait que le lendemain.

La veille, Flora leur avait expliqué pourquoi Hatshepsout était la seule reine ensevelie dans la Vallée des Rois avant de leur soumettre une autre énigme, celle des poissons.

Leonie, fascinée par les mythes de l'ancienne Egypte, avait décrété que la réponse se trouvait dans l'histoire d'Osiris. Elles s'étaient entassées toutes les trois dans la cabine d'Hannah avec une bouteille d'alcool de pêche en guise de somnifère. Hannah et Emma étaient presque tombées du lit tant la solennelle explication de Leonie les avait fait rire.

« Quand Seth, le mauvais frère d'Osiris, tua celui-ci, il le démembra et dispersa les morceaux dans toute l'Egypte, avait expliqué Leonie avec enthousiasme. Isis, la femme d'Osiris, retrouva tous les morceaux et les assembla, sauf le pénis, qu'elle ne put découvrir parce qu'un poisson l'avait avalé. Et voilà ! »

Hannah hoquetait de rire.

« Tu veux nous faire croire qu'on ne pouvait pas sacrifier les poissons parce que l'un d'eux avait mangé le zizi d'Osiris ?

— Oui, et cela me paraît très compréhensible. »

Emma, qui avait découvert qu'elle aimait beaucoup l'alcool de pêche, avait eu une crise de fou rire.

« Mais, avait-elle réussi à dire entre deux hoquets, on nous a servi du poisson au dîner ! J'ai envie de vomir !

— Vous êtes deux incultes ! avait déclaré Leonie avec hauteur. Je me demande ce qui a pu vous attirer en

Egypte. Vous auriez dû partir à Ibiza avec des tatoués à la radio greffée sur l'épaule ! »

Emma était finalement tombée du lit avec un bruit sourd, ce qui l'avait fait rire un peu plus, la main sur la bouche.

« Ton père va arriver pour te traîner jusqu'au lit ! avait gloussé Hannah. Je lui dirai que je vais lâcher sept Seth contre lui... Vous avez compris ? Sept Seth ! »

Emma et elle hurlaient de rire.

« Je voudrais voir sa tête quand un poisson avalera son zizi ! » avait ajouté Emma.

Leonie, qui s'était tellement passionnée pour sa théorie qu'elle avait bu quatre fois moins que les deux autres, avait renoncé. Elle avait soulevé Emma pour la remettre sur le lit et s'était servi un grand verre d'alcool. Mieux vaut s'allier à ceux qu'on ne peut vaincre !

« Je ne sais pas ce que je vais pouvoir répondre quand on me demandera qui j'ai rencontré en Egypte, avait-elle dit avant de vider son verre en trois gorgées. Tout le monde pense qu'il s'agit d'un séjour culturel où j'aurai passé mon temps à parler de civilisations disparues avec des gens distingués. En fait, je me suis trouvée coincée avec deux obsédées sexuelles folles et alcooliques ! Et qui, de plus, croient que les pyramides sont en réalité des soucoupes volantes !

— Parce que ce n'est pas vrai ? s'était enquise Hannah.

— Tais-toi et sers-nous à boire ! » avait ordonné Leonie.

Les Fuzzy Navel qu'elles étaient en train de boire sur le pont les aidaient à présent à faire passer leur migraine...

— Tu veux bien appeler le serveur et lui demander une autre tournée ? demanda Hannah à Emma, qui faisait face au petit bar, en haut des marches, où les serveurs attendaient.

— J'ai besoin d'aller aux toilettes, répondit Emma, mais j'entends mon père d'ici. Il est en bas. Je ne veux pas descendre, de peur qu'il m'oblige à rester avec lui.

— Il est un peu autoritaire, avança Leonie avec précaution.

Elle aurait aimé pouvoir dire que c'était en réalité un sale dominateur.

— Tu n'as pas idée ! répondit Emma d'une voix pleine de passion.

Les Fuzzy Navel commençaient à lui monter à la tête.

— Il veut toujours commander, poursuivit-elle, et il veut toujours avoir raison. C'est un cauchemar.

— Mais, tout à l'heure, tu lui as résisté, fit remarquer Leonie.

— Il me le fera payer plus tard. Il déteste voir son autorité bafouée en public.

— Tu vois souvent tes parents, chez toi ? demanda Hannah.

— Je les vois sans arrêt, expliqua Emma. Ils vivent au coin de la rue. Comme Peter et moi ne pouvions acheter une maison avec nos seuls salaires, papa nous a prêté l'apport personnel et il nous a obligés à acheter la maison qu'il avait choisie. C'est à cinq minutes de chez eux.

Hannah fit une grimace.

— Et, parce qu'il vous a prêté de l'argent, il estime avoir le droit de te donner des ordres et de venir chez toi quand il veut.

— Exactement !

Emma savait comment son père les manipulait pour qu'ils aillent déjeuner chez lui un dimanche sur deux. De même, la question de savoir quoi faire à Noël ne se posait jamais. Cela se passait chez ses parents, et il n'y avait pas à discuter.

— Tu es fille unique ? demanda Leonie.

— J'ai une sœur cadette qui a réussi à leur échapper. Elle s'appelle Kirsten et elle est mariée avec un homme qui réussit très bien. Papa adore ma sœur, mais elle s'est arrangée pour ne pas subir toutes ces histoires de famille. Elle n'a pas non plus besoin de travailler puisque que son mari est riche. En définitive, Kirsten ne fait que ce qu'elle veut.

— Cela me semble une bonne idée, remarqua Hannah. Mon frère Stuart fait la même chose. Quand nous étions petits, en été, je devais m'occuper des poules de ma mère et garder les enfants de la famille. Stuart ne lavait même pas une tasse. Un sale paresseux ! Mais c'était la joie et l'orgueil de maman, et maintenant c'est pareil avec sa femme. Pam le traite comme l'héritier du trône ! Je précise que nous ne sommes pas très proches.

— Je m'entends bien avec Kirsten, dit Emma. Elle est très drôle et j'aime être avec elle. C'est un miracle que je ne la déteste pas, en réalité, parce que papa en est fou. Et toi, Leonie ? As-tu des frères et sœurs ?

— Non, je n'ai que ma mère, et je dois dire que nous nous entendons très bien.

Elle se sentait presque coupable de ne pas avoir de problèmes de famille comme les deux autres.

— Mon père est mort il y a longtemps, reprit-elle, et ma mère s'est organisé une nouvelle vie. Elle travaille à temps partiel, elle va au cinéma et fait des randonnées. Oh ! J'oubliais : elle a commencé à prendre des cours de golf. En fait, elle est plus active que moi. Le soir, elle n'est jamais chez elle, alors que je regarde tous les feuilletons à l'eau de rose. C'est une femme sociable et facile à vivre.

— Comme toi, lui dit Hannah.

— Oui, je crois que je suis facile à vivre, reconnut Leonie. En tout cas, la plupart du temps. Mais j'ai aussi un côté colérique et, de temps en temps, j'explose ! Quand cela arrive… attention à vous !

Les deux autres firent semblant de se cacher sous la table.

— Tu nous préviendras quand tu risqueras d'exploser ? demanda Emma d'une voix terrifiée.

— Ne t'inquiète pas ! Tu t'en rendras compte très vite ! Je n'ai vraiment pas envie de rentrer, conclut Leonie d'un ton plein de regret en admirant le coucher de soleil.

— Cela prouve que c'étaient de bonnes vacances, observa Emma.

— Je serai contente d'être chez moi, bien sûr, mais c'était merveilleux d'être ici. De plus, vous me manquerez beaucoup, toutes les deux.

Hannah sourit mais resta silencieuse.

— Vous me manquerez à moi aussi, renchérit Emma.

C'était le moment qu'Hannah attendait pour leur parler.

— On dit toujours que les amours de vacances ne résistent pas à la fin du séjour, mais c'est sûrement différent pour les amitiés. Nous nous sommes bien amusées ensemble. Je vous propose de nous retrouver après le retour et d'essayer de rester amies. Qu'en pensez-vous ?

Emma eut un sourire ravi.

— J'en serais très heureuse. Nous nous entendons si bien !

— Oui, nous pourrions nous retrouver pour dîner ensemble une fois par mois ou plus, proposa Leonie avec enthousiasme. Il suffirait de se rencontrer à mi-distance de nos adresses respectives. Je suis à une demi-heure du centre de Dublin.

Elle y réfléchit quelques instants. Elle habitait à Greystones, au sud de Dublin. Emma vivait au nord de Dublin, à Clontarf, soit à trois quarts d'heure du centre, et Hannah en pleine ville près de Leeson Street Bridge.

— Mon appartement se trouve à mi-chemin entre vos deux maison, dit justement Hannah. Désolée, ce sera à vous de vous déplacer !

— Cela ne me dérange pas, répondit Leonie. J'ai fait ce voyage pour commencer une nouvelle vie et, à défaut d'être tombée amoureuse d'un sosie d'Omar Sharif, j'ai rencontré deux amies formidables.

— Tu veux dire que nous ne sommes pas mieux qu'Omar Sharif ? demanda Emma en lui jetant son ombrelle à cocktail.

Leonie éclata de rire et la lui renvoya.

— Je plaisante ! Allez, on organise tout de suite nos retrouvailles à Dublin. Je vous propose dans quinze jours. Nous serons encore assez bronzées pour séduire le reste du monde. Et puis nous aurons eu le temps de faire développer nos photos et nous pourrons dire du mal des autres passagers !

— D'accord ! dit Hannah.

Elles portèrent un toast avec leurs verres vides.

— A la grande réunion égyptienne ! dit Emma à haute voix. Et maintenant, je commande une nouvelle tournée ?

6

Tirant sa valise derrière elle, Emma ouvrit sa porte et fut saisie par l'odeur de la maison, qui prouvait que les fenêtres étaient restées fermées depuis son départ. Dans l'entrée, le spathiphyllum ressemblait à un saule pleureur, le feuillage ramolli par le manque d'eau. Sur la boule de la rampe au pied de l'escalier, s'entassaient les imperméables et les pulls de Peter. Ignorant le désordre, Emma abandonna sa valise au bas des marches et passa dans la cuisine.

Il y avait un petit mot sur la table, au milieu du courrier publicitaire et des journaux de toute la semaine avec leurs suppléments. Emma posa son sac à main, frissonna dans la fraîcheur de l'été irlandais qui lui paraissait hivernal après l'Egypte, et mit la bouilloire à chauffer. Alors, seulement, elle lut le petit mot.

J'ai hâte de te revoir, ma chérie. J'ai un match. Je rentre à sept heures. Je m'occupe du dîner. Ne fais rien.
Je t'aime,
Peter

Elle sourit. « Je m'occupe du dîner » signifiait probablement qu'il s'arrêterait chez Mario sur le chemin du retour et rapporterait une pizza quatre saisons géante avec une portion de pommes de terre à l'ail.

Emma emporta son thé et ses bagages à l'étage puis entreprit de défaire sa valise. Elle en sortit pêle-mêle des jupes, des tee-shirts et des sous-vêtements, des cartes postales auxquelles elle n'avait pas pu résister et les jolies figurines en faux albâtre achetées dans le souk de Louxor. Elle en prit une, ôta le mouchoir en papier qui avait servi à l'emballer et s'émerveilla de la finesse de la petite sculpture qui représentait Horus, le dieu faucon.

Flora avait averti les passagers de la croisière que ces figurines ne résisteraient pas à un choc brutal, alors que les sujets réalisés dans du véritable albâtre étaient faits à la main et très solides. Ce n'était pas le cas de leurs imitations bon marché. Emma s'en moquait. Elle voulait quelques souvenirs sympathiques pour ses collègues de bureau et, à trois livres égyptiennes la pièce, ces statuettes remplissaient parfaitement leur rôle. Contente de ses achats, elle finit de déballer les six petits dieux en réfléchissant à leurs destinataires respectifs.

Elle sortit ses sandales du sac en plastique où elle les avait rangées et mit ses vêtements dans le panier à linge sale qui débordait déjà des affaires de Peter.

En réalité, elle avait du mal à se concentrer sur le rangement : elle mourait d'impatience de revoir Peter et de tout lui raconter sur ses nouvelles amies et les endroits qu'elle avait visités... Puis sa main toucha quelque chose de frais, un mélange de douceur et de plastique. Sous les vêtements qu'elle n'avait pas portés, elle trouva son gros paquet de protections hygiéniques, une marque égyptienne avec une colombe sur le dessus de l'emballage. Elle retira le gros paquet de sa valise et toute sa souffrance revint, le chagrin de savoir qu'il n'y avait jamais eu de bébé en train de grandir dans son ventre, bien à l'abri, protégé par le corps et l'amour de sa mère. Aucun bébé ne poserait sa tête duveteuse contre sa poitrine, aucune bouche toute douce ne chercherait instinctivement son sein, aucune innocente petite créature entièrement dépendante d'elle.

Elle avait mal au plus profond d'elle-même. Sa poitrine lui faisait mal, sa tête lui faisait mal, et tous ses os. Un bruit la surprit, celui qu'elle faisait en pleurant et se lamentant comme une femme à un enterrement.

Après les avoir contenus pendant plusieurs jours, elle laissait enfin sortir son chagrin, toutes ses angoisses et ce terrible sentiment de perte, comme si un barrage s'était rompu.

A présent qu'elle était chez elle, écroulée sur le tapis de sa chambre, contre son lit, elle pouvait pleurer toutes les larmes de son corps sur ce bébé qui ne viendrait pas. Elle avait perdu un bébé, perdu une autre chance ; une vie qu'elle avait été si sûre de porter s'en était allée. Leonie et Hannah avaient été formidables avec elle, elles avaient fait de leur mieux pour la comprendre et la consoler. Mais elles ne comprenaient pas. Leonie avait des enfants, trois enfants merveilleux. Quant à Hannah, elle n'en voulait pas encore, bien qu'Emma ne pût imaginer qu'une femme ne désire pas d'enfant. Elles n'étaient donc pas dans la même situation qu'elle.

Emma voulait un bébé avec une violence qui la détruisait. Elle avait mal à en mourir. Tant de souffrance ne pouvait faire du bien. C'était une sorte de cancer qui la dévorait de l'intérieur jusqu'à ne laisser qu'une coquille vide, rien d'autre que de la haine et de la rage contre quiconque possédait cette unique chose qui lui était refusée.

Tout le monde avait des enfants, sans effort. Certains en avaient par accident, d'autres avortaient même ! Emma n'arrêtait pas de lire des articles où des femmes déclaraient : « Mon petit Jimmy a été un accident après les six premiers, nous ne l'avions pas prévu… »

Quant à son travail à KrisisKids, il la mettait sans cesse en présence de dossiers d'enfants maltraités ou abandonnés, des enfants qui n'avaient pas été protégés par les gens supposés les aimer plus que tout au monde : leurs parents. Il valait mieux que son rôle reste administratif, car elle ignorait comment elle aurait réagi si elle avait dû répondre aux enfants qui appelaient sur la ligne gratuite en pleurant. Les gens de l'équipe d'écoute trouvaient cela très dur. Il arrivait que l'un d'eux, sa permanence terminée, quitte les locaux livide et sans un mot, parce qu'il était impossible de passer de la souffrance d'un enfant à un bavardage oiseux sur le temps ou le programme de la télé. Emma n'aurait pas supporté d'entendre un enfant lui parler des brûlures de cigarette qu'on lui infligeait, ou une petite fille de la façon dont son père la rejoignait dans son lit en lui ordonnant de garder le secret. Ces gens n'étaient pas des parents, c'étaient des monstres. Elle ne pouvait comprendre que Dieu leur ait accordé la bénédiction d'un enfant.

Mais aussi, comment Dieu décidait-il qu'unetelle aurait des enfants et pas l'autre ? Qui décidait de la stérilité d'Emma tout en accordant à des irresponsables d'avoir des familles de la taille d'une équipe de football ? Elle éprouvait à l'égard de ces femmes une colère dont elle avait honte. Ces femmes qui considéraient le fait d'avoir une famille comme allant de soi lui donnaient des envies de meurtre. Des femmes incapables d'imaginer ce que voulait dire désirer un enfant de toute son âme, qui se contentaient de rire quand leur test de grossesse se révélait positif sans trouver rien d'autre à dire que : « Tiens ! Un enfant de plus pour l'équipe de foot ! » ou bien « Nous voulions fonder une famille, autant nous y mettre tout de suite ! »

Elle les haïssait, du plus profond d'elle-même.

Elle les haïssait presque autant que les femmes qui brandissent leurs enfants comme des trophées, proclamant leur fertilité à la face du monde, et tant pis pour les quelques malheureuses qui n'y arrivent pas. Emma les haïssait plus que tout à cause du mépris qu'elle sentait dans leur attitude envers elle, la stérile.

Comme cette Veronica, au bureau, qui portait sa maternité ainsi qu'une croix d'honneur, se répandait en commentaires perpétuels sur son petit Phil qui était si mignon et adorable, et n'oubliait jamais de demander sournoisement à Emma si elle n'avait pas envie d'avoir des enfants elle-même.

Veronica avait compris, Emma en était certaine. Et cela lui donnait barre sur elle, sa supérieure hiérarchique.

« Phil fonce dans toute la maison comme une petite fusée, en ce moment », avait récemment annoncé Veronica.

C'était la pause déjeuner et toute l'équipe se trouvait dans le bureau du fond. Veronica s'était ensuite tournée vers Emma, qui ne prêtait guère attention à ce qui se passait.

« Je suis très étonnée, avait-elle dit, que Peter et toi vous n'ayez pas encore fondé votre famille. Il vaut mieux ne pas trop attendre, tu sais. On risque de s'apercevoir trop tard qu'on ne peut pas avoir d'enfants », avait-elle ajouté avec satisfaction de sa voix irritante.

Emma aurait pu la tuer sur place. Au lieu de cela, elle

lui avait souri d'un air impassible et avait réussi à lui répondre :

« Nous avons tout notre temps. Nous ne sommes pas pressés. »

Assise par terre dans sa chambre silencieuse, ses larmes salées séchant sur son visage, elle pensait à Veronica. Comment parviendrait-elle à la supporter, lundi ? Phil aurait encore accompli au cours de la semaine un exploit extraordinaire pour un bambin de son âge et Veronica s'interrogerait sur l'opportunité d'appeler le *Livre Guinness des records*. Elle demanderait l'avis de tout le monde et accorderait à cette question plus d'attention qu'elle n'en portait jamais à son travail. Ce n'était pas une très bonne assistante. Peut-être était-ce la raison de son hostilité à l'égard d'Emma et de sa méchanceté délibérée. Emma réussissait très bien dans son travail et n'avait pas d'enfant. Veronica travaillait mal et s'entraînait à devenir une déesse de la fertilité. C'était son unique point fort et elle en abusait.

Emma frissonna. Il faisait froid dans la maison : Peter n'avait pas pensé à laisser le chauffage quand il était sorti. Elle avait les jambes raides et douloureuses, et son bas-ventre lui faisait toujours mal. Elle se releva enfin et se rendit dans la salle de bains.

Le miroir lui renvoya l'image d'une femme au visage congestionné. Une femme qui paraissait très jeune si l'on s'en tenait à sa peau lisse légèrement hâlée, mais qui avait cent ans à en croire ses yeux rougis.

Le flacon de lait de toilette pour bébé posé comme d'habitude sur la tablette du lavabo lui fit l'effet d'une plaisanterie cruelle. Elle s'en servait pour se démaquiller les yeux, non qu'elle manquât d'un produit approprié, mais elle aimait l'odeur de ce lait, une odeur de bébé. Parfois, elle s'en servait comme lait hydratant pour le corps et imaginait que c'était l'odeur d'un tout petit bébé, serré contre elle, et qu'elle avait doucement massé avec le lait. Mais elle ne voulait plus voir ce flacon ; elle le cacha dans l'armoire de toilette.

Elle s'éclaboussa le visage d'eau fraîche et se força à se maquiller un peu. Elle ne voulait pas avoir une tête épouvantable pour ses retrouvailles avec Peter. Ce serait injuste de lui faire subir son chagrin, injuste de l'obliger à partager tant de souffrance. Cette horrible douleur lui était infligée à cause de son ventre stérile : pourquoi Peter devrait-il souffrir aussi ? Elle se demandait parfois si elle avait raison de lui cacher ses terreurs. Ne risquait-elle pas de mettre leur couple en danger en gardant le silence ? Non, pensa-t-elle, il valait mieux ne rien dire.

A titre préventif, elle avala un des Valium de sa mère et se sentit bientôt un peu moins mal, et même assez bien pour remplir la machine à laver. Elle agissait mécaniquement mais, au moins, elle y arrivait.

Elle était blottie dans un fauteuil et regardait une pièce en costumes que Peter lui avait gentiment enregistrée pendant son absence quand elle entendit la clé dans la serrure.

— C'est moi, chérie. Où es-tu ?
— Dans le salon.

L'instant d'après, il était là, ses courts cheveux noirs encore humides de la douche. Il n'avait pas pris la peine de les sécher. Solide et résistant, il avait la stature idéale pour jouer dans la défense de son équipe de football. Il avait également l'air sérieux d'un excellent adjoint commercial.

Son visage ouvert aux yeux bruns rieurs et au sourire franc était assez séduisant pour amener maintes responsables de bureau à acheter beaucoup plus de fournitures qu'elles n'en avaient eu l'intention, simplement parce que Peter le leur avait conseillé. Il ne le faisait cependant que si cela correspondait à un besoin réel de sa cliente. Son expression honnête n'était pas une feinte commerciale : Peter Sheridan était naturellement un gentleman, courtois, sincère, gentil avec les enfants et les animaux. Il ne trichait jamais sur ses dépenses et prévenait toujours les caissières quand elles lui rendaient sur vingt livres alors qu'il avait donné un billet de dix. On décrivait parfaitement Peter en disant qu'il était d'une honnêteté scrupuleuse.

Il se jeta gaiement sur Emma, embrassant son visage et son cou jusqu'à ce qu'elle se plaigne qu'il la chatouillait.

— Tu m'as manqué, lui dit-il.

— Toi aussi, tu m'as manqué.

Elle se serrait contre lui et se rassurait en le sentant si proche. Elle l'aimait tant ! Tout ce qu'elle voulait, pensa-t-elle en enfouissant son visage dans la laine rêche de son gros pull, c'était un enfant de lui. A cette idée, ses yeux se remplirent à nouveau de larmes et elle se mordit violemment la lèvre pour les arrêter. Elle ne voulait pas s'effondrer devant Peter. Elle se l'était juré.

— Lève-toi, gros lourdaud ! lui dit-elle en riant d'une voix à la gaieté feinte. Tu m'écrases !

— Excuse-moi.

Tandis que son mari se redressait, Emma se passa rapidement la main sur les yeux afin d'effacer toute trace de larmes.

Peter se laissa tomber dans un autre fauteuil, assez près d'elle pour lui tenir la main.

— Raconte-moi tout ! Comment s'est passé le voyage ? Et ton père ? On ne l'a pas arrêté et jeté dans une geôle égyptienne ?

Malgré elle, Emma se mit à rire.

— Non, mais j'ai été étonnée que notre guide ne s'arrange pas pour y arriver. Tu aurais dû entendre comment il l'a insultée quand il a découvert qu'il fallait payer une taxe pour entrer sur certains sites avec un appareil photo.

Le souvenir la fit frissonner et rougir de honte rétrospective.

— Une femme comme guide ! gémit Peter. Cela ne pouvait pas bien se passer.

Ce n'était un secret pour personne que Jimmy O'Brien considérait les femmes comme moins évoluées que les hommes. Ce n'était surtout pas un secret pour Emma. « Laisse-moi faire ! Les femmes n'ont aucun sens pratique », entendait-elle en permanence. Cela n'avait jamais dérangé Kirsten, qui aimait se faire servir et n'avait aucune envie d'apprendre à faire quoi que ce soit qui implique d'avoir l'esprit pratique.

— Ne m'en parle pas ! soupira Emma. Dans la Vallée des Rois, il ne se contrôlait plus. Il s'est mis à hurler sur Flora, à lui dire que nous avions payé pour l'ensemble du séjour et qu'il était hors de question de nous faire acquitter le droit de photographier ! Il lui a dit que, de toute évidence, les gens du guichet d'entrée profitaient de ce qu'elle était une femme, qu'ils savaient qu'elle se ferait facilement avoir et que, dans ces conditions, il valait mieux qu'il s'en occupe lui-même.

— Il ne change pas ! remarqua Peter avec philosophie. C'est un personnage, ton père.

Emma se dit qu'elle n'aurait pas choisi le terme « personnage ».

— L'Egypte est un pays merveilleux, précisa-t-elle avec enthousiasme.

Elle tenait bien serrée la main de Peter pour lui montrer comme elle était heureuse de le retrouver.

— Mais, poursuivit-elle, sans ces deux femmes que j'ai rencontrées, Leonie et Hannah, je crois que je serais devenue enragée. Papa me rend folle et maman perd la tête.

— C'est à cause de ton père, répondit Peter. Il fait cet effet à tout le monde.

— Non, dit Emma. Pour une fois, cela n'a rien à voir avec papa. Elle oublie de plus en plus de choses. Elle n'arrêtait pas de marmonner au sujet de la monnaie du pays en essayant de convertir les livres égyptiennes en livres irlandaises. Normalement, elle laisse papa s'occuper de ce genre de détail mais, cette fois, c'est devenu une obsession. Elle était aussi dans le vague la plupart du temps, comme si elle ne savait pas où elle était. Je me demande ce qui se passe, je n'arrive pas à le définir, mais il y a un problème.

— Viens, dit Peter en sautant sur ses pieds.

Il tendit une main à Emma pour l'aider à se lever.

— On va mettre la pizza dans le four et tu vas tout me raconter sur tes deux amies. Si elles ont réussi le formidable exploit de t'empêcher de penser à tes parents, crois-tu que nous pourrions les inviter à passer Noël avec nous ?

— C'est une idée, gloussa Emma.

La gaieté forcée des festivités chez les O'Brien, une maison qui ignorait la paix et les hommes de bonne volonté, la traumatisait toujours.

— Elles te plairont, Peter. Hannah est pleine d'assurance et très drôle. Papa ne pouvait pas la supporter, évidemment ! Et Leonie est très gentille. Elle a trois enfants, elle est divorcée, et je crois qu'elle souffre de sa solitude. Hannah estime que notre devoir est de trouver un mari pour Leonie.

— Neil cherche une gentille divorcée, répondit

Peter, faisant allusion à l'un de ses anciens camarades d'école. Nous pourrions organiser une rencontre.

— Neil cherche une bombe sexuelle qui lui servirait aussi de femme de ménage gratuite, dit Emma d'un ton très sérieux. Pour rien au monde je ne voudrais de lui pour Leonie. Elle a eu assez de difficultés dans la vie pour ne pas se retrouver avec Neil, ses pellicules et son maillot de l'équipe de Newcastle !

— Je le répéterai à Neil !

Peter ouvrit maladroitement l'emballage plastique de la pizza et la jeta dans le four qui dégoulinait de morceaux de tomate noircis et de mozzarella brûlée. Emma comprit que, pendant toute la semaine, Peter s'était exclusivement nourri de pizzas surgelées.

— On le retrouve au pub, tout à l'heure, reprit-il.

— C'est indispensable ? gémit Emma. J'avais envie de passer une soirée tranquille à la maison.

Peter termina ses préparatifs de cordon-bleu, alluma le four et prit Emma dans ses bras.

— Je sais, mais je ne pouvais pas refuser. C'est l'anniversaire de Janine, et Mike veut que nous le fêtions avec eux.

Mike travaillait avec Peter, et les deux couples sortaient souvent dîner ensemble. Emma les aimait beaucoup mais ne se sentait pas d'humeur sociable. Elle voulait un câlin avec Peter et peut-être, mais seulement peut-être, lui parler de son désir d'enfant.

— Comment se fait-il que Neil soit là ? demanda-t-elle.

— Il est venu au match aujourd'hui et Mike l'a invité. Si j'ai bien compris, il y aura quelques-unes des amies célibataires de Janine ; tu connais Neil, il suffit de dire « femmes célibataires », et il est prêt à tout pour se faire inviter.

— Je crois qu'on le ferait courir même en disant « femelles chimpanzés seules » ! soupira Emma. Et tu voudrais qu'il rencontre Leonie ?

— J'ignore à quoi elle ressemble, protesta Peter. Ils iraient peut-être très bien ensemble.

Regrettant de se montrer si désagréable au sujet de la soirée, Emma caressa gentiment les fesses de son mari.

— Non, mon amour. Les gens qui vont très bien ensemble, c'est toi et moi. Et maintenant, dis-moi : as-tu goûté les délicieux petits repas que je t'avais laissés dans le congélateur ou bien as-tu gaspillé toutes nos économies au rayon des surgelés du supermarché ?

Au Coachman régnait le brouhaha du samedi soir quand Emma et Peter arrivèrent. Ils durent se frayer un chemin jusqu'au coin du bar où Mike et Janine tenaient leur cour.

— Salut, les copains ! cria Mike en se levant pour donner son tabouret à Emma. Tiens, assieds-toi à côté de Janine. Je suis en train de me faire passer un savon parce que c'est son anniversaire et que nous avons parlé de foot pendant toute la soirée.

Janine était le contraire d'Emma. Comme une nouvelle Gina Lollobrigida, elle avait des courbes partout où il fallait et affectionnait le maquillage sexy, eye-liner et rouge à lèvres vermillon. Enfin, elle portait des tenues moulantes, à croire qu'elles avaient été cousues sur elle. Janine et Emma s'entendaient comme larrons en foire. Elles avaient le même sens de l'humour et les mêmes problèmes familiaux, mais, dans le cas de Janine, c'était la mère qui jouait le rôle de parent dominateur dirigeant sa famille d'une main de fer dans un gant ignifugé à fleurs. Elles passaient des heures à comparer leurs expériences familiales tandis que leurs maris discutaient des résultats du match de la veille à Shelbourne Park.

— Contente de te revoir, dit Janine en plantant un baiser écarlate sur la joue d'Emma. Je veux que tu me racontes tout ! C'était bien ?

Le bar fermait quand leur petit groupe partit enfin, Janine prenant la direction des opérations, car sans cela, déclara-t-elle, les hommes ne rentreraient pas de la nuit. Comme Peter avait passé la soirée à sourire à Emma et à lui chuchoter à quel point elle lui avait manqué, et qu'il avait plein d'idées très érotiques pour la nuit, celle-ci ne pensait pas avoir du mal à lui faire quitter le pub.

— Je suis crevée ! s'exclama Janine.

Ils étaient restés tous les quatre dans l'entrée du pub, et les deux femmes attendaient que leurs maris leur ouvrent un chemin dans la foule qui encombrait le passage.

— Je vais m'écrouler si je ne me couche pas très rapidement, poursuivit-elle. Emma, si tu savais la journée que nous avons eue, hier ! C'était de la folie. La sœur de Mike baptisait son bébé et on a fait une fête à tout casser.

Emma, qui se tenait à ses côtés, se raidit. Encore un bébé ! Elle n'y échapperait donc jamais ?

— Crois-moi, cela vaut la peine de voir la mère de Mike quand elle a un peu trop bu. Elle délirait complètement sur le fait d'être grand-mère pour la première fois et n'arrêtait pas de glisser des allusions grosses comme des montagnes en nous regardant, Mike et moi.

Janine éclata de rire à cette idée, sans remarquer le silence d'Emma. Elle fouilla dans son sac et en extirpa le Polaroïd d'un bébé souriant avec des yeux immenses et pas l'ombre d'un cheveu.

Emma prit la photo et poussa les petits cris

d'admiration de circonstance. Quel beau bébé ! pensait-elle tandis que sa souffrance se réveillait. Pourquoi, mais pourquoi n'était-ce pas le sien ?

— Il est adorable, c'est vrai, mais quelle histoire ! Il n'a que deux mois et on ne peut pas se déplacer avec lui sans un camion de matériel. Des biberons, des couches, des poussettes ! Bas les pattes ! cria-t-elle comme Mike les rejoignait enfin et l'attrapait par-derrière. J'aurais cru que tu étais trop fatigué après ta journée pour avoir encore des idées lubriques ! ajouta-t-elle en riant.

— Comment pourrait-il être fatigué ? dit Peter d'un air malicieux. Il n'a rien fait sur le terrain, il a raté deux buts et il s'est presque endormi alors qu'il marquait l'ailier adverse ! Il lui reste des tonnes d'énergie.

Les deux couples partirent chacun de son côté en taxi après être convenus de se téléphoner au cours de la semaine. Emma se rendit compte qu'elle restait très silencieuse pendant le trajet de retour, mais c'était plus fort qu'elle. Tout le plaisir de la soirée avait été gâché par les dernières paroles de Janine. Une autre femme avait eu un bébé. La sœur de Mike avait un an de moins que lui, soit vingt-neuf ans. Elle était donc plus jeune qu'Emma. Que des femmes plus jeunes tombent enceintes la rendait folle. Etait-ce cela que ressentaient les femmes, au siècle dernier, quand leurs cadettes se mariaient avant elles ? Elles avaient honte de ne pas trouver preneur alors qu'elles étaient plus âgées. A présent, la honte consistait à ne pas avoir d'enfants quand des filles plus jeunes faisaient des petits comme des lapines !

Une fois rentrée, Emma monta l'escalier lentement, encore plongée dans son rêve de bébé. Elle fut presque surprise quand Peter, au lieu d'aller se brosser les dents dans la salle de bains, la poussa sur le lit pour l'embrasser avec passion. Ce n'était pas sa faute, pensa-t-elle passivement tandis qu'il déboutonnait sa chemise bleue. Il lui murmurait des mots d'amour mais elle ne les entendait pas, ils ne la touchaient pas.

Au début, l'amour était une merveille, se souvint-elle. Ils n'avaient pas vraiment d'expérience, ni l'un ni l'autre. Peter et elle s'étaient pourtant tout de suite sentis à l'aise ; ils aimaient les plaisirs du lit. Kirsten, pour plaisanter, leur avait offert en cadeau de fiançailles secret *Les Joies du sexe*. Ils l'avaient mis en pratique, du début jusqu'à la fin, malgré la difficulté de réussir certaines positions acrobatiques.

Même cela avait changé, pourtant. Emma n'achetait plus jamais de fraises ou de pastilles de chocolat pour leurs jeux sexuels. Elle n'avait pas non plus acheté d'huile de massage depuis des mois. Le sexe, pour elle, n'avait plus qu'un seul but : faire un enfant. Peter ne paraissait pas avoir remarqué ces changements. Il prenait toujours du plaisir et faisait de son mieux pour qu'Emma en ait aussi. Mais il ignorait que les ébats passionnés qui lui plaisaient tant autrefois ne la transportaient plus au paradis.

Au lieu de cela, elle imaginait les spermatozoïdes se battant pour remonter vers son utérus, émerger dans ses trompes comme autant de guerriers victorieux et se ruer sur ses ovules si précieux. Pendant que Peter râlait de plaisir, Emma s'offrait un voyage en Technicolor, l'esprit fixé sur l'action comme une caméra épiant le miracle de la conception. Dans la nouvelle bible d'Emma, le plaisir sexuel venait très loin derrière l'excitation de la fécondation.

Les Joies du sexe ne lui donnait plus de frissons de plaisir anticipé, contrairement au livre de cuisine pour bébés d'Annabel Karmel. Dissimulée dans le fond de sa penderie, sa pile d'ouvrages de puériculture lui procurait le réconfort qu'elle ne trouvait plus ailleurs. Il en allait de même avec les quelques articles pour bébé qu'un jour, à sa grande honte, elle avait achetés. Elle s'était sentie affreusement coupable de seulement entrer dans le magasin, comme si le mot « imposteur » était écrit sur son front. Tout le monde comprendrait en la voyant qu'elle n'était pas mère. Seules les femmes ayant l'expérience de la maternité savaient quelle sorte de biberons acheter pour un nouveau-né. Elle avait décidé de prétendre chercher un cadeau pour une amie dans le cas où une vendeuse curieuse remarquerait ses hésitations. Mais personne ne l'avait dérangée et elle était repartie la tête haute avec une petite robe de velours rose. Il était inimaginable d'acheter des vêtements d'enfant sans en avoir besoin. Dieu ne permettrait pas cela. Cela signifiait qu'elle allait en avoir besoin, bien sûr ! Peut-être pas tout de suite mais un jour, plus tard, certainement.

Le dimanche matin, Emma téléphona à Leonie pour lui dire bonjour. Elle ne savait pas pourquoi elle éprouvait ce besoin compulsif de parler à Leonie, mais elle en avait besoin. Leonie avait quelque chose de rassurant. De plus, comme Hannah, elle connaissait le profond désir d'Emma d'avoir un enfant. Il était inutile de faire des manières avec des gens qui savaient la vérité.

— Emma ! s'exclama Leonie d'un ton ravi. Comment vas-tu, ma grande ?

Emma eut un bref sanglot.

— Très mal, Leonie. C'est pour ça que je t'appelle. Je suis dans un état affreux, je suis désolée, je vais...

Leonie l'interrompit vivement.

— Emma, je t'interdis de raccrocher ! Ecoute-moi ! C'est toujours déprimant de rentrer chez soi et de s'apercevoir que rien n'a changé. On s'attend plus ou moins à ce que le monde entier ait modifié sa façon de voir pour adopter la nôtre et, bien sûr, ce n'est pas vrai. C'est à cause du bébé ? demanda-t-elle enfin d'une voix affectueuse.

— Oui.

— Que fais-tu, aujourd'hui ?

Emma secoua la tête d'un air indifférent puis réalisa que Leonie ne pouvait pas la voir.

— Je ne sais pas, dit-elle. Rien de spécial. Nous irons sans doute au cinéma ce soir et je pense que je vais profiter de la journée pour remettre la maison en état et m'occuper de la lessive.

— Vous n'avez donc rien prévu, Peter et toi ? Crois-tu qu'il refuserait que je t'enlève pour une heure ?

— Non.

— Alors, c'est dit ! conclut Leonie d'un ton sans réplique. J'appelle Hannah pour voir si elle est libre, je saute dans la voiture et je suis chez toi dans une heure. D'accord ?

— D'accord, dit Emma d'une voix tremblante.

— Je te rappelle tout de suite.

Hannah ne décrocha qu'à la cinquième sonnerie.

— J'étais en train de passer l'aspirateur, expliqua-t-elle à Leonie. Je suis debout depuis huit heures. La maison était dans un état épouvantable ! J'ai tout nettoyé, même les placards de la cuisine. J'ai aussi fait presque toute la petite lessive à la main...

Leonie eut un sourire amusé.

— Tu veux bien t'occuper de ma maison, après ? dit-elle d'un ton joyeux. Ce matin, je me suis contentée d'emmener Penny se promener et j'ai vaguement pensé à défaire ma valise ! Je te téléphone parce que Emma a l'air d'aller très mal. C'est elle qui m'a appelée. Je lui ai proposé de nous retrouver toutes les trois dans une heure pour prendre un café. Tu es d'accord ?

— Oui, vous n'avez qu'à venir chez moi, offrit Hannah. C'est propre, maintenant.

— Parce que c'était un dépotoir, avant ? demanda Leonie pour la taquiner.

— Non, c'était un peu… commença Hannah.

Puis elle comprit qu'elle se conduisait en maîtresse de maison maniaque et que Leonie la provoquait.

— Chameau ! s'exclama-t-elle. Tu apportes les petits gâteaux et je m'occupe du café. D'accord ?

Leonie nota les explications d'Hannah sur l'itinéraire à suivre pour venir chez elle puis rappela Emma, les lui transmit, et elles se donnèrent rendez-vous une heure plus tard.

— Peter, mon chéri, je m'absente pour deux ou trois heures, dit-elle à son mari qui était absorbé par la lecture des journaux du dimanche. J'ai un livre à rendre à Leonie ; je la rejoins pour prendre un café.

Elle ne voulait pas lui avouer qu'elle avait besoin du soutien moral de ses amies. Elle avait l'impression de le trahir en allant chercher de l'aide auprès d'elles mais elle ne pouvait pas lui parler de ses angoisses. Il était trop tôt pour cela.

L'appartement d'Hannah lui ressemblait : d'une élégance irréprochable. Chacun des coussins en velours caramel était à sa place. Elles s'embrassèrent joyeusement toutes les trois, puis Emma et Leonie firent le tour du petit salon, admirant la cheminée moderne avec les grosses bougies ivoire dans leurs bougeoirs en fer forgé et, sur la table basse à plateau de verre, l'arrangement de cactus dans une coupe remplie de gravier. Tout était lumineux et d'allure contemporaine, depuis les rideaux de mousseline drapés sur des tringles en fer forgé jusqu'aux plaids grège soigneusement disposés sur les deux fauteuils anciens. De superbes photos en noir et blanc des rues de la ville, dans des cadres en argent, étaient accrochées sur les murs blanc cassé. En revanche, remarqua Leonie, il n'y avait pas une seule photo de famille, pas une seule photo d'Hannah souriant aux côtés de membres de sa famille. On avait l'impression qu'elle avait divorcé d'avec son passé et se servait de photos raffinées d'autres personnes pour dissimuler ce fait.

— Je suis désolée pour le café, s'excusa Hannah au moins pour la cinquième fois.

Elle venait d'entrer dans le salon avec trois grosses tasses en céramique jaune et de grandes soucoupes assorties. Au moment de préparer le café, elle avait découvert avec horreur qu'il ne lui restait qu'un flacon d'instantané. Elle aimait cela mais la politesse lui imposait de servir du vrai café, en principe, non ? Elle détestait ne pas être sûre d'elle face à ce genre de situation. Chez elle, on n'avait jamais bu que du thé et les invités n'avaient jamais ressemblé de près ni de loin à ce que l'on appelle la bonne société. C'était lors des réceptions qu'elle souffrait de son manque d'éducation, s'inquiétant de la façon de tenir sa fourchette ou de présenter les gens les uns aux autres. Elle aurait beaucoup aimé se sentir à l'aise, savoir d'instinct comment se conduire au lieu d'observer comment procédaient les autres.

— Arrête de faire une histoire pour le café ! dit Leonie, balayant ses excuses d'un geste de la main. Nous avons toutes les trois été élevées dans des maisons où il n'y avait pas de percolateur ! Chez moi, il n'y a jamais de vrai café, sinon je serais fauchée en permanence. Danny en raffole ; il lui en faudrait une livre par semaine.

— L'instantané ira très bien, ajouta Emma. Ton appartement est ravissant. Tu es vraiment douée pour créer une atmosphère. Je serais incapable de draper des rideaux en mousseline comme tu l'as fait.

— Penny les arracherait en moins d'une semaine. Elle adore se cacher derrière les rideaux pour bouder, expliqua Leonie en riant. D'ailleurs, elle doit s'y trouver en ce moment, très fâchée contre moi. Elle était tout excitée quand je suis rentrée, hier soir, mais elle ne m'a pas quittée des yeux, ce matin, comme si elle avait peur que je l'abandonne. Elle s'est mise à hurler en me voyant prendre mon manteau des dimanches !

— Comment va ton pauvre Clover ? demanda Hannah. Traumatisée par la garderie ?

Leonie hocha la tête d'un air coupable.

— Quand je l'ai ramené à la maison, il a filé dans la chambre de Danny et il n'en est pas encore ressorti. Il doit être caché sous la couette, en train de trembler et de mettre des poils partout. Quant à Herman, il va très bien. Les chats de maman n'ont pas réussi à le terroriser, pour une fois. En fait, il a même plutôt grossi.

Emma éclata de rire.

— Peter a dû manger la même chose qu'Herman ! Il s'est nourri de frites et de pizza pendant toute la semaine et je suis certaine qu'il a pris quelques kilos. On l'a tous taquiné à ce sujet, hier soir au pub.

Son visage s'assombrit.

— C'est à cause de cette soirée que j'ai été tellement stupide, tout à l'heure au téléphone, dit-elle à Leonie en soupirant. Pas à cause de Peter mais… Nous étions avec nos amis Mike et Janine. Janine a commencé à me parler du bébé de sa belle-sœur et, je ne sais pas ce qui s'est passé, j'ai craqué. C'est ridicule, non ? Il suffit que quelqu'un dise « bébé » et je me transforme en idiote irrécupérable.

Elle prit une gorgée de café brûlant. Ici, parler de son problème lui paraissait normal. Chez elle, elle se sentait au bord de la dépression nerveuse et se demandait si, au cas où elle avouerait sa détresse, Peter ne la prendrait pas pour une folle. Mais, avec Hannah et Leonie, parler de ses sentiments devenait parfaitement naturel. Elles paraissaient comprendre qu'on puisse être bouleversé par un événement apparemment insignifiant.

— Bien sûr que non, ce n'est pas ridicule, lui dit affectueusement Hannah. Je réagis encore de la même façon à cause d'Harry. Même les jours où je suis en pleine forme, je peux me sentir déprimée parce que je viens d'apercevoir un homme qui porte la même veste que lui. Cela me met dans de tels états que je ne sais plus si je suis furieuse ou malheureuse. Je commence à fantasmer sur ce que je lui dirais si je le revoyais et sur la taille du sécateur dont je me servirais…

Cela fit rire Emma.

— Et moi, j'ai des fantasmes de bébé, reconnut-elle. Je suis dans ma voiture et je me mets à imaginer ce que ce serait d'avoir un bébé sur le siège arrière et de lui parler en lui racontant ce que nous allons faire. Vous savez, des bêtises comme : « Maman va t'emmener dans les magasins pour t'acheter de beaux vêtements neufs et, après, on fera une grande promenade dans le parc et on ira voir les canards. »

Emma n'avait jamais raconté cela à personne auparavant. C'était trop intime. Leonie lui posa une main rassurante sur le bras.

— Tu peux tout nous dire, Emma, énonça-t-elle simplement comme si elle savait ce qu'elle pensait. C'est à cela que servent les amies. Comme nous ne nous connaissons pas depuis longtemps et que nous n'avons pas tout un passé commun, nous pouvons nous accepter les unes les autres telles que nous sommes.

— Je sais, dit Emma. C'est formidable, vous ne trouvez pas ?

L'heure qu'elles avaient prévu de passer ensemble devint une heure et demie. Elles eurent besoin d'un autre café et Emma insista pour le préparer.

— Si nous voulons être vraiment amies, dit-elle à Hannah, tu ne peux pas nous traiter comme des invitées. Mon Dieu ! s'exclama-t-elle quelques instants plus tard. Ta cuisine est impeccable. Tu es certaine de ne pas être apparentée à ma mère ? Elle t'adorerait !

Hannah mit un CD d'Harry Connick Jr et elles écoutèrent sa voix veloutée en terminant les croissants que Leonie avait apportés.

— J'aime bien ce qu'il fait, dit Emma tandis qu'Harry chantait à sa façon si particulière *It Had To Be You*.

— Oui, mais son nom gâche tout ! répondit Hannah en éclatant de rire. De toute façon, j'ai arrêté les bruns ! Maintenant, je ne m'intéresserai plus qu'aux blonds.

— Tiens, tiens ! A qui penses-tu ? demanda Leonie. Dis-nous comment tu imagines ton homme idéal !

Hannah se pelotonna dans son fauteuil, les bras autour de ses genoux remontés sous le menton.

— Je l'imagine très grand, dit-elle, parce que j'aime porter des hauts talons et que j'ai horreur des hommes plus petits que moi. Très musclé, c'est indispensable, et avec des yeux bleus, bleus comme les tiens, Leonie ; un bleu perçant pour regarder jusqu'au fond de mon âme !

Bien bâti et avec de belles mains pour me caresser partout. Et une peau dorée comme du miel avec les cheveux assortis…

— Tu es en train de nous décrire Robert Redford, dit Leonie d'un ton menaçant, et je te préviens qu'il est à moi ! Si jamais tu le trouves devant ta porte, évite d'y toucher si tu tiens à notre amitié.

— Tu dois imaginer ton homme idéal toi aussi, objecta Hannah. Tu ne peux pas copier le mien.

— D'accord, d'accord !

Leonie adorait ce jeu et le pratiquait sans arrêt, imaginant inlassablement l'homme qui la sauverait de la solitude.

— Désolée, Hannah, reprit-elle, je ne copie pas ton modèle mais j'en veux un grand et fort, vraiment. Sinon, il ne pourra jamais me soulever et me faire franchir le seuil de la maison sans dégâts pour son anatomie. Or, dit-elle en riant, il aura besoin d'une anatomie en parfait état de marche ! Voyons… Il doit avoir plus de quarante ans et, en définitive, je crois que je préfère les bruns. Mais il peut avoir les tempes grisonnantes. Je trouve ça très sexy, très distingué. Je m'imagine très bien en train de passer les doigts dans ses mèches argentées…

— Tu n'as pas le droit de coucher avec lui tant que tu ne l'as pas décrit entièrement, la taquina Hannah.

— Des yeux noirs et un menton à la Kirk Douglas.

— Comment est-ce ? demanda Emma, très intriguée.

— Avec une fossette, répondit Leonie. Quand j'étais petite, je regardais tous les vieux films à la télé et j'étais folle de Kirk Douglas. Il joue dans un film de pirates et j'ai rêvé pendant des mois que j'étais sa partenaire dans le film. Oh ! J'oubliais : il doit aussi être monstrueusement riche et aimer les enfants, les animaux et les femmes qui ne suivent jamais leur régime. A toi, Emma !

Emma eut un sourire timide.

— Vous allez me trouver stupide mais Peter est mon homme idéal. Il n'est pas très grand ni très musclé, mais quand même en très bonne forme physique. Il devient chauve mais je l'aime. C'est lui.

Hannah et Leonie lui sourirent affectueusement.

— C'est merveilleux, lui dit Hannah.

— Le grand amour ! soupira Leonie. Tu as de la chance.

7

Hannah rentrait chez elle à la fin d'une excellente journée de travail quand elle croisa le facteur devant sa porte. Il ne lui dit rien d'impoli ni de vexant comme la fois où, la voyant revenir d'un entretien d'embauche en ensemble gris à veste stricte, jupe longue et chemisier blanc, il lui avait demandé en plaisantant si elle entrait au couvent. Non, rien de tout cela. Il se contenta de glisser un paquet de lettres dans la boîte de la maison et la soirée d'Hannah en fut irrémédiablement gâchée. Quand elle prit le paquet, elle vit que deux lettres lui étaient destinées. L'une portait l'écriture d'Harry.

Hannah reconnut immédiatement son gribouillage aux lignes tombantes. Il n'avait jamais réussi à lier ses lettres et cela les faisait rire. Mais Hannah ne riait plus du tout. Sale type ! Ce n'était ni attendrissant ni amusant, mais tout simplement bête. Un homme de trente-six ans, ne pas réussir à écrire correctement ! Elle jeta le reste du courrier sur la table du hall pour les autres habitants de la résidence et monta précipitamment chez elle. Elle secoua ses cheveux pour sécher le léger crachin qui commençait à tomber. Jusque-là, il avait fait très beau.

Pour sa première journée de travail à l'agence

immobilière Dwyer, Dwyer & James, elle était arrivée en avance ce matin-là. Elle avait trouvé une place de stationnement de l'autre côté du carrefour et attendu quelques minutes, s'appliquant à respirer profondément. Inspirer, retenir l'air puis expirer lentement... Elle considérait cet exercice comme la meilleure méthode pour bien commencer sa journée. On frappa à sa vitre et elle sursauta. Comme il y avait de la buée sur la vitre, elle la frotta instinctivement pour voir qui la dérangeait ainsi. Une femme un peu bizarre lui souriait. Elle n'avait rien d'inquiétant, pensa Hannah, enregistrant l'imperméable de bonne qualité, le sympathique visage d'une quarantaine d'années et le collier de perles sur un chemisier rose à col noué. Il y avait pourtant quelque chose de curieux chez cette femme. Hannah baissa la vitre.

— Oui ?

— Vous devez être Hannah. Je m'appelle Gillian et je travaille chez Dwyer, Dwyer & James. J'étais chez le marchand de journaux et je vous ai aperçue. J'ai eu l'impression que vous vous demandiez si vous aviez le droit de vous garer ici. Aucun problème !

— C'est très aimable à vous, répondit poliment Hannah.

Elle sortit de la voiture, pensant qu'il ne devait pas arriver grand-chose à Dun Laoghaire [1] pour que les gens passent leur temps à guetter les nouvelles employées depuis la vitrine du marchand de journaux.

— Vous paraissiez perdue dans vos pensées... reprit l'autre femme avec obligeance.

---

1. Dun Laoghaire : port situé au sud de Dublin, où arrivent de nombreux ferries. *(N.d.T.)*

— Je me demandais où laisser ma voiture, répondit imperturbablement Hannah.

Elle n'avait pas l'intention d'expliquer à cette femme qu'elle se moquait de la question du stationnement et avait attendu parce que son nouveau travail l'angoissait et qu'il lui fallait un peu de temps pour se composer une attitude de calme et de sang-froid. Elle avait décrété une fois pour toutes que parler de sa vie personnelle n'apportait que des ennuis. Comment pourrait-elle rester la calme Mme Campbell aux yeux des autres employés si l'on savait qu'elle pratiquait une technique de respiration inspirée du yoga pour se contrôler ? Ce serait tout simplement impossible.

Deux heures plus tard, Hannah savait déjà que Gillian était à la réception depuis des années et travaillait à temps partiel pour M. Dwyer l'aîné, un homme au visage sympathique que l'on voyait, à travers la porte vitrée de son bureau, lire les journaux du matin entassés devant lui. Quand on le demandait au téléphone, il faisait signe à Gillian de répondre qu'il n'était pas là.

— Il y a tellement de travail à la réception que je préférerais ne m'occuper que d'une seule chose, de M. Dwyer par exemple, chuchota Gillian comme si son employeur avait besoin que l'on s'occupe de lui.

Hannah avait également déjà appris qu'il y avait un problème avec la ventilation des toilettes (une autre confidence chuchotée par Gillian), que le jeune Steve Shaw essaierait de la baratiner dès qu'il la verrait, bien qu'il fût à peine rentré de son voyage de noces, et que Donna Nelson, la dernière engagée des agents immobiliers confirmés, était une mère célibataire.

— Elle a quand même l'air d'une gentille fille, ajouta Gillian avec un petit reniflement, comme si une célibataire ne pouvait être à la fois mère et gentille.

Hannah ne répondit rien.

Quant à Gillian, elle avait des problèmes de dos.

— D'après mon chiropracteur, je ne devrais pas travailler, mais que ferais-je toute seule à la maison toute la journée ? gloussa-t-elle.

Hannah se retint de lui conseiller de collaborer à un journal de ragots. Le mari de Gillian s'appelait Leonard, elle avait un fils unique, une belle-fille impossible, et une perruche prénommée Clementine mais qui était, en réalité, un mâle.

En principe, Gillian devait expliquer à Hannah les subtilités de l'accueil de l'agence. Hannah aurait préféré en apprendre un peu plus sur la façon de traiter les clients ou les agents et les territoires qui leur étaient attribués, et moins sur la personnalité de Clementine et tout ce qu'il pouvait faire avec son miroir. De plus, il fut vite évident qu'après avoir tant donné d'elle-même, Gillian attendait d'Hannah qu'elle lui rende la pareille et lui raconte sa vie.

Hannah réussit à terminer la matinée sans fournir la moindre information sur elle-même, malgré l'avalanche de confidences de Gillian. Hannah n'avait pas non plus mentionné qu'elle était embauchée comme directrice mais avait demandé à travailler d'abord à la réception pour mieux connaître la société. Une de ses premières tâches de directrice serait de former la nouvelle réceptionniste qui devait commencer la semaine suivante. A en juger par la façon dont Gillian appréciait son importante position d'assistante de M. Dwyer, elle supporterait mal de découvrir qu'Hannah était sa supérieure hiérarchique. Elle le saurait toujours assez tôt, pensa Hannah.

— Etes-vous mariée ? s'enquit Gillian en clignant de ses yeux pâles.

Elle avait un visage rose et de discrètes perles d'oreilles qui reflétaient la lumière. Pour Hannah, c'était un monstre. Un monstre qui faisait commerce du récit de la misère humaine et qui avait besoin de l'histoire d'Hannah pour l'ajouter à sa collection de scalps.

— Ou bien fiancée, peut-être ?

Hannah avait grandi dans un trou perdu où la moitié des habitants ne vivaient que pour répandre des ragots malveillants.

— Ni l'un ni l'autre, dit-elle d'un ton froid.

Elle soutint ensuite le regard de Gillian pendant au moins trente secondes, jusqu'à ce que celle-ci détourne les yeux d'un air gêné.

Hannah eut l'impression que Gillian avait enfin compris.

— Je vais préparer du thé, dit-elle avec entrain.

Il valait mieux ne pas se faire une ennemie, après tout. Il suffisait de lui montrer qu'elle ne révélerait aucun détail intime susceptible d'alimenter la gazette du bureau.

Il était presque midi quand arriva David James, qui avait reçu Hannah dans les locaux de la firme du centre-ville lors de son entretien d'embauche.

— Il est très pris par l'agence de Dawson Street mais il passe encore ici de temps en temps, expliqua Gillian, qui s'était mise à la recherche de son rouge à lèvres rose nacré en voyant la Jaguar de David James s'arrêter devant la porte.

Il ne venait pas assez souvent, estima Hannah avec un coup d'œil critique au décor fané, à l'opposé de l'élégante agence de Dawson Street, dans le centre de Dublin. Là-bas, le décorateur avait pris un parti minimaliste, avec un mobilier dessiné par un architecte, des gravures modernes et un air de prospérité discrète qui imprégnait l'ensemble.

L'agence de Dun Laoghaire était digne des années soixante-dix. Les murs étaient couleur café ; les fauteuils mis à la disposition des clients appartenaient à la catégorie des sièges bas et mous à la mode au moment des premiers épisodes de *Drôles de dames*. Enfin, de grands écrans de feutre marron séparaient les bureaux privés de la zone réservée aux clients. Pour prestigieuse que fût l'adresse, l'agence offrait un triste spectacle.

Entre deux monologues de Gillian, Hannah se demandait si elle n'avait pas commis une affreuse erreur en démissionnant pour prendre ce poste. Dwyer, Dwyer & James était une société solide et réputée, et un poste de directrice chez eux lui était apparu comme une étape importante pour sa carrière. Malheureusement, cette agence était oubliée depuis longtemps.

David James, grand et puissamment bâti, possédait une autorité naturelle qui imposa le silence au moment même où il franchit le seuil. Il serra la main d'Hannah, lui adressa quelques mots de bienvenue et lui demanda de le suivre dans le bureau du fond. Il jeta son imperméable sur le dossier d'une chaise et ôta sa veste, révélant des épaules musclées sous sa chemise bleue. Hannah réalisa qu'il avait beaucoup d'allure. Elle ne l'avait pas remarqué lors de son entretien d'embauche, trop nerveuse pour cela. Mais avec son visage large solidement charpenté et ses cheveux poivre et sel coiffés avec soin, David James possédait une réelle séduction. Il devait avoir à peine quarante ans, même si les petites rides autour de ses yeux légèrement plissés le faisaient paraître un peu plus âgé. Impeccable dans ses vêtements coûteux, il paraissait devoir être aussi à l'aise chez lui en train de couper du bois en pleine nature que signant son courrier avec son stylo Montblanc dans son élégant bureau. Il avait en effet le teint d'un homme qui aime les activités de plein air. Au total, un personnage qu'il valait mieux ne pas prendre à la légère.

— Avez-vous déjà rencontré mon associé, Andrew Dwyer ? demanda-t-il à Hannah.

Sans la regarder, il prit place dans un vaste fauteuil et appliqua toute son attention à parcourir des yeux les papiers entassés sur son bureau.

— Non, répondit Hannah. Gillian s'est chargée de me mettre au courant.

Les yeux sombres de David eurent un bref éclair et ils se comprirent sans rien dire.

— Oui, grogna-t-il à mi-voix. Gillian ! Elle ne peut pas occuper deux postes à la fois. C'est pour cela que je vous ai engagée. Je suis sûr que vous vous demandez si vous n'avez pas commis une erreur en quittant le Triumph Hotel pour venir ici.

S'il avait parfaitement deviné les pensées d'Hannah, celle-ci était trop intelligente pour le laisser paraître. Elle garda une expression neutre.

— C'est la première agence que nous ayons ouverte ; j'en suis parti depuis dix ans.

Cela étonna Hannah. A écouter Gillian, il semblait que David James était parti de Dun Laoghaire à peine six mois plus tôt.

— Mon neveu Michael a créé l'agence de Howth il y a huit ans et, en principe, il devait reprendre celle-ci, mais des événements personnels l'en ont empêché. Je n'ai pas eu le temps de remettre de l'ordre ici. Les choses se sont dégradées depuis la mort de l'autre M. Dwyer. Il y a beaucoup de changements à apporter et j'ai pensé que nous avions besoin de quelqu'un de solide pour diriger l'agence. Il me faut quelqu'un qui puisse s'entendre avec l'équipe déjà en place tout en étant capable de travailler avec de nouveaux employés. C'est pour cela que je vous ai embauchée. Je sais que vous êtes une bûcheuse, Hannah, et j'apprécie votre personnalité.

« Nous n'avons encore jamais eu de directeur d'agence. Gillian pouvait tout gérer parce que c'était une petite succursale, mais les affaires tournent au ralenti depuis trop longtemps. Il nous faut un responsable qualifié, capable de veiller à l'organisation du travail, de faire imprimer les catalogues de biens à vendre, etc. Du point de vue de la sécurité de nos agents, il faut que quelqu'un sache en permanence où ils se trouvent. Quand on a des employés seuls avec les clients pendant les visites des maisons, on ne peut négliger les questions de sécurité. Je veux que l'on appelle toutes les heures les femmes qui travaillent pour nous afin de s'assurer qu'elles n'ont pas d'ennuis. Je suis certain que vous saurez faire tout cela.

— Merci, répondit Hannah d'un ton bref.

— Et maintenant, si Donna Nelson est rentrée, vous pourriez peut-être me l'envoyer. Je dois avoir un petit entretien avec elle.

Hannah était heureuse de savoir qu'elle travaillerait sous les ordres directs de David James. Net et carré, il ne perdait pas de temps en bavardages. C'était exactement le genre de personnes avec lesquelles Hannah aimait travailler. Avec un patron comme lui, il n'y aurait pas de conversations inutiles sur le temps ou le café du bureau, trop fort ou pas assez.

Gillian mourait d'envie de savoir comment cela s'était passé.

— N'est-ce pas que M. James est un amour ? soupira-t-elle. Son mariage n'a pas tenu et il ne s'en est jamais totalement remis. Il lui est arrivé de sortir avec une femme, bien sûr, mais ça n'a jamais marché. On sent qu'il est seul, ne croyez-vous pas ?

Hannah croyait surtout que Gillian se serait débarrassée de son pauvre Leonard et du génial Clementine si elle avait eu l'occasion de consoler M. James d'une façon très peu platonique.

A la fin de la journée, Hannah avait rencontré tous les agents immobiliers. Elle avait particulièrement apprécié Donna Nelson, une femme élégante avec des cheveux noirs coupés au carré, un tailleur bleu marine et une expression énergique. Elle se méfiait visiblement beaucoup de Gillian et avait salué Hannah d'un sourire réservé qui disait : « Elle vous a parlé de moi, n'est-ce pas ? »

Hannah lui adressa son sourire le plus amical.

— Peut-être pourrions-nous trouver un moment pour nous parler dans la semaine, lui proposa-t-elle gentiment. Vous m'expliquerez comment vous voulez que l'on traite vos appels téléphoniques.

— Ce serait parfait, répondit Donna en se détendant.

Elle devait en avoir assez de l'impolitesse de Gillian avec les clients et se sentir soulagée à l'idée que quelqu'un savait répondre à un appel téléphonique sans raccrocher au nez d'un autre correspondant.

Le rythme de travail ne paraissait pas écrasant mais la voix de Gillian au téléphone, froide comme un glaçon, ne pouvait pas encourager les clients à mettre leur maison en vente chez Dwyer.

Quelqu'un qui demandait Donna eut même droit à une réponse particulièrement sèche.

— Elle vous rappellera si elle a le temps, riposta Gillian en raccrochant.

— C'était un appel personnel, ajouta-t-elle d'un ton désapprobateur.

Hannah ne dit rien mais se jura que, le jour où elle aurait l'entière responsabilité de l'agence, les choses changeraient. Aucune réceptionniste formée par elle ne se permettrait jamais d'être aussi grossière.

David James lui parla rapidement avant de quitter l'agence dans l'après-midi. Assis sur l'angle du bureau d'Hannah, il balançait maladroitement sa grande carcasse.

— Comment ça se passe ? demanda-t-il.

Tout près d'elle, Hannah sentit Gillian se redresser sur sa chaise dans l'espoir d'être remarquée.

— Très bien. Je crois que je serai au point dans quelques jours, quoiqu'il soit assez facile de perdre un correspondant avec ce standard. Celui du Triumph était plus moderne et plus efficace, conclut-elle avec franchise.

Elle sentit Gillian frémir d'indignation en entendant une nouvelle employée oser parler au patron de cette façon, mais David James se contenta d'approuver de la tête.

— Nous en reparlerons, dit-il. Au revoir.

— Eh bien, vous, pour être directe, vous êtes directe ! dit Gillian avec un petit reniflement dès que David James eut passé la porte.

— Vous avez dit la même chose au sujet du standard, tout à l'heure, lui rappela Hannah d'une voix douce. Je le lui ai seulement répété.

— M. James n'a pas besoin qu'on l'embête avec ce genre de choses, siffla Gillian.

Hannah ne répondit rien.

A la fin de la journée, en rentrant chez elle, Hannah se sentait satisfaite, convaincue d'avoir eu raison de changer de travail et confiante en sa capacité à réussir. Ce fichu Harry et sa lettre qui tombait si mal gâchaient complètement son plaisir.

Elle referma la porte de son appartement, jeta son manteau sur le portemanteau et ouvrit la lettre.

> *Ma chère Hannah,*
> *Comment vas-tu, mon chou ? J'espère que tu diriges toute l'industrie hôtelière de Dublin, maintenant. Te connaissant, je suis sûr que tu y es arrivée.*
> *Je me promène toujours en Amérique du Sud. Je suis depuis quelques semaines à BA (c'est-à-dire Buenos Aires, poupée).*

« Poupée ! » rugit-elle, grinçant des dents avec fureur. Comment osait-il l'appeler « poupée » ?

> *Je voyage avec quelques copains et nous pensons passer encore un mois ici avant de partir au Chili...*

Il y avait des pages et des pages de bavardage sur le fait qu'il travaillait de temps en temps comme guide pour touristes et avait effectué un remplacement dans un journal anglophone le mois précédent. Rien de personnel, aucune explication sur la raison pour laquelle il lui écrivait pour la première fois depuis un an. Ce n'était pas comme si elle avait espéré une lettre de lui. Cela, c'était fini. Au cours des semaines qui avaient suivi son départ, elle aurait tué père et mère pour recevoir des nouvelles d'Harry, ne serait-ce qu'une carte ou un coup de téléphone pour dire qu'elle lui manquait et qu'il regrettait de l'avoir quittée. S'il lui avait demandé de venir le voir, elle aurait tout laissé tomber et aurait sauté dans le premier vol à destination de Rio de Janeiro. Peu importait qu'elle l'ait mis à la porte le jour où il lui avait annoncé qu'il la quittait pour voyager. Peu importait qu'elle l'ait traité de lâche, incapable de s'engager, peu importait qu'elle ait hurlé ne plus jamais vouloir le revoir. Plus jamais ! En réalité, il lui manquait terriblement.

Sans prendre la peine de lire la dernière page, Hannah replia soigneusement sa lettre et la jeta dans un des tiroirs de la cuisine. Elle ne voulait pas penser à Harry. Elle ne voulait même pas se rappeler à quoi il ressemblait...

Onze ans auparavant, il était séduisant à la manière d'un étudiant, avec des cheveux bruns qui lui tombaient dans le cou et bouclaient quand il pleuvait. Ses yeux gris-bleu aux coins tombants lui donnaient un air mélancolique. Sa grande bouche mobile pouvait sourire très malicieusement. Il portait toujours des pantalons et des vestes qui avaient l'air deux fois trop grands pour lui. Mais cela faisait partie du charme d'Harry Spender ; ses allures de petit garçon donnaient envie aux femmes de le materner.

Hannah l'avait materné pendant dix longues années, depuis leur rencontre dans un McDonald's ; ce jour-là, il avait renversé son milk-shake sur l'uniforme de vendeuse d'Hannah, qui travaillait au rayon parfumerie chez Brown Thomas.

« Oh ! je suis désolé, laissez-moi vous aider à nettoyer », avait-il dit.

Son visage exprimait un remords sincère tandis qu'ils contemplaient tous les deux les restes du milk-shake à la fraise qui dégoulinait sur Hannah et sur le sol.

Elle l'avait suivi en direction des toilettes, sans aucune inquiétude à l'idée de se retrouver seule avec un inconnu, même quand il était entré avec elle dans les toilettes des femmes et avait insisté pour éponger son uniforme avec du papier.

Elle aurait dû refuser quand il l'avait invitée à prendre un verre le soir même. En digne fille de sa mère, Hannah était encore assez naïve, à vingt-cinq ans, pour se laisser impressionner par un homme qui écrivait dans l'*Evening Press*.

Chez elle, dans le Connemara, on n'avait jamais lu que deux titres : le *Western People*, le journal local, et le *Sunday Press*. Elle avait grandi avec ces journaux, avait vu sa mère mettre le numéro de la semaine précédente dans le fond de la cage à poussins sous la table de la cuisine. Elle en disposait elle-même sur le sol pour que, en rentrant de leur travail à la ferme avec leurs bottes pleines de boue, les hommes ne salissent pas partout. Sortir avec un garçon qui travaillait pour le même groupe de presse, quelle aventure !

Bien sûr, quand elle avait fait la connaissance d'Harry, chroniqueur judiciaire et envoyé spécial, la mère d'Hannah n'avait pas été très impressionnée, malgré son titre. Mais il était déjà trop tard. Hannah l'aimait et se voyait déjà sortir de l'église à son bras, rayonnante dans sa robe blanche, souriant pour la photo officielle qui paraîtrait dans les journaux du dimanche. Ensemble, pour le meilleur et pour le pire, dans la richesse comme dans la pauvreté. Hannah aimait beaucoup cette notion de stabilité et de sécurité.

Or le mariage ne figurait pas dans les projets d'Harry.

« Je suis un esprit libre, Hannah, et tu l'as toujours su : je croyais que c'était ce qui te plaisait chez moi, lui avait-il dit le jour où il lui avait annoncé son départ pour l'Amérique du Sud.

— Oui, mais jusqu'à présent cela voulait dire aller à des festivals de musique, acheter les albums de Jimi

Hendrix et ne pas payer la note de téléphone jusqu'à ce qu'ils menacent de couper la ligne ! » avait-elle crié quand elle avait retrouvé sa voix.

Harry s'était contenté de hausser les épaules en répliquant qu'il ne rajeunissait pas. Il avait le même âge qu'Hannah.

« Je ne veux pas gâcher ma vie. Ce voyage est exactement ce que j'attendais. J'ai stagné, ces derniers temps, Hannah. Nous nous sommes tous les deux encroûtés. »

C'était à ce moment-là qu'elle avait pris la veste en cuir d'Harry et l'avait jetée sur le palier.

« Va-t'en ! avait-elle hurlé. Laisse-moi, maintenant, avant de gaspiller un instant de plus de ta précieuse vie. Je suis désolée de t'avoir fait perdre ton temps et d'avoir contribué à te faire stagner ! »

Depuis, elle n'avait eu aucune nouvelle de lui. Il avait disparu sur-le-champ, profitant de son absence le lendemain pour revenir prendre ses affaires. Dans une colère épouvantable, Hannah avait aussitôt déménagé pour s'installer dans un autre appartement, plus petit mais plus joli. Elle avait utilisé leur dépôt de garantie pour acheter un nouveau lit et un nouveau canapé. Il n'était pas question de dormir dans le lit qu'elle avait partagé avec ce salaud ! S'il voulait sa part de cet argent, il pouvait toujours lui intenter un procès ! Il lui devait dix années de sa vie, sans compter tout l'argent qu'elle lui avait prêté parce qu'il dilapidait son salaire.

Depuis un an, rien. Et soudain, sans crier gare, une lettre qui arrivait le premier jour de son nouvel emploi. Hannah resta assise pendant quelques minutes à sa table de cuisine, le regard dans le vide. Puis elle ouvrit violemment le tiroir et lut le reste de la lettre.

Deux paragraphes avant la fin, Harry en venait enfin à l'essentiel.

> *Je suis sûr que tu te demandes pourquoi je t'écris, Hannah. Mais on ne peut pas gommer de sa vie quelqu'un avec qui on a passé dix ans.*

— Mais si, on peut ! dit-elle entre ses dents.

> *Je reviens à la maison dans quelques mois et j'aimerais beaucoup te voir. Je me suis tenu au courant de ce que tu deviens grâce à Mitch. Il m'a donné ta nouvelle adresse.*

Fichu Mitch ! jura Hannah. C'était un ancien collègue d'Harry. Quelques mois plus tôt, elle lui avait dit où elle vivait un jour où ils s'étaient rencontrés au supermarché.

> *J'aimerais beaucoup te voir, Hannah, même si je ne suis pas certain que tu en aies envie. Je le comprendrais mais j'espère que tu n'éprouves plus d'amertume.*

De l'amertume ! Le mot était faible. « Une rage folle » aurait mieux convenu.

> *Je pense beaucoup à toi et je suis persuadé que nous avons tellement en commun que nous avons encore des choses à nous dire. Si tu en as envie, tu peux me joindre par e-mail. Salut. Harry.*

Il donnait son adresse e-mail au bas de sa lettre mais Hannah y jeta à peine un coup d'œil. Elle avait des vertiges de colère, avec des bouffées de rage. Comment osait-il ? Au moment où elle avait remis de l'ordre dans sa vie, comment osait-il parler de la revoir ? Plutôt se faire opérer de l'appendicite sans anesthésie !

Le même lundi, à huit heures et demie du matin, les locaux de KrisisKids étaient vides et silencieux quand Emma poussa la porte de son bureau. Sa vue lui faisait toujours plaisir : bien que très petit, il était simple et discret, et elle l'aimait beaucoup. Les murs étaient de ce jaune pâle apaisant qui avait été utilisé dans toutes les pièces, et le mobilier en bois clair. Les plantes posées sur ses quatre armoires classeurs se développaient avec luxuriance dans la lumière de l'immense baie vitrée. Des posters géants étaient accrochés sur les murs, avertissant les visiteurs de ce que l'on attendait d'eux : « Faites attention aux enfants ! Vous êtes peut-être la seule personne à pouvoir les aider. » Le numéro de la ligne d'appel gratuit y figurait en bonne place. Emma avait été chargée de la gestion de la ligne un an plus tôt. Elle avait travaillé d'arrache-pied pour transformer ce service qui ne fonctionnait que pendant les heures ouvrables en service ouvert vingt-quatre heures sur vingt-quatre. Cela représentait une lourde charge financière et de nombreux problèmes à résoudre. Emma avait réussi à mettre sur pied une importante équipe de conseillères qualifiées qui travaillaient par rotations. Même s'il se produisait quelques couacs et si quatre personnes tombaient parfois malades en même temps, cette ligne remportait un grand succès. Sa mise en place avait permis à KrisisKids de se voir attribuer une importante subvention de l'Etat. De la même façon, l'énorme écho que les médias avaient donné à cette initiative avait attiré les dons privés dans les caisses de l'association.

Emma se sentait récompensée de ses efforts en constatant le succès de la ligne gratuite mais, en même temps, trouvait tragique qu'on en ait besoin. La photo noir et blanc tirée sur papier à grain et représentant un petit garçon en larmes avait été réalisée en studio. Le garçonnet était un enfant heureux qui travaillait comme modèle. L'agence de publicité l'avait choisi parce qu'il était plutôt petit pour son âge. L'image n'en était pas moins forte. Les yeux tristes semblaient suivre Emma dans tous ses mouvements, lui rappelant sans relâche que les enfants étaient parfois très mal traités.

La situation ne manquait pas d'ironie, se disait-elle souvent. Elle qui n'avait pas d'enfants travaillait dans une organisation consacrée aux enfants.

La table de travail d'Emma était aussi nette qu'à son départ, une semaine plus tôt. Il n'y avait pas une seule feuille de papier sur le plateau de bois qui brillait, la photo de Peter formait un angle droit exact avec son ordinateur, et la boîte en bois peint dans laquelle elle rangeait ses trombones était toujours à sa place habituelle, à côté du téléphone. Unique témoin de son absence, la corbeille du courrier en attente débordait. Dossiers, lettres et photocopies s'entassaient en une pile qui menaçait de s'écrouler.

— Vous avez passé de bonnes vacances ? s'enquit Colin Mulhall.

Comme sorti de nulle part, il s'était matérialisé dans le bureau d'Emma et s'était perché sur le bord de sa table, les yeux brillants de curiosité.

Une vingtaine d'années, adjoint à la communication et commère en titre de l'organisation, Colin était inlassable dans sa quête de détails intimes sur la vie des autres. Emma se disait souvent que le MI5, les services de contre-espionnage, avait eu tort de ne pas l'engager. Il pouvait bien ignorer le russe ou l'irakien, ou même l'anglais de base si l'on y réfléchissait, mais il était imbattable pour rassembler des renseignements. Incapable de taper un communiqué de presse sans faire appel tous les quatre mots au correcteur orthographique de l'ordinateur, il était le seul à pouvoir dire pourquoi la nouvelle employée de la comptabilité arrivait tous les matins avec les yeux rouges. Mais Emma n'écoutait pas les ragots. Cela ne l'intéressait pas. Le fait d'être élevée par une mère qui vivait de commérages lui avait inspiré l'horreur des racontars destinés à salir les autres. La fille de la comptabilité pouvait bien avoir huit amants, se droguer, être une fétichiste des bas résille et ne pas porter de culotte, Emma ne voulait pas le savoir.

« Je ne comprends pas pourquoi elle travaille pour une association caritative, disait Colin d'un air sombre. Elle n'est pas du tout charitable et ne s'intéresse pas un seul instant aux gens normaux. Elle se croit visiblement au-dessus de nos petites vies monotones ! »

Colin était jaloux du statut d'Emma. Elle était sa supérieure et cela lui restait sur le cœur. C'était lui, Colin, qui aurait dû occuper la troisième place dans l'organigramme après Edward Richards, et non pas cette coincée d'Emma Sheridan !

« Mlle Je-Suis-Parfaite avec son mari parfait et sa silhouette parfaite ! Je parie qu'elle cache un affreux secret. Elle doit se taper le patron. Sa porte est toujours fermée. Préparation de réunions, mon œil ! »

Tout cela ne faisait pas d'Emma et Colin les meilleurs amis du monde. Emma évitait la photocopieuse quand Colin était laborieusement occupé à photocopier ses communiqués de presse cousus de fautes. Toutefois, comme la position d'Emma la mettait en mesure de connaître nombre d'informations secrètes et passionnantes, Colin essayait toujours d'engager la conversation avec elle sur un ton amical.

A sa question sur les vacances d'Emma, celle-ci ne répondit pas tout de suite, méfiante. Colin avait sûrement une histoire à raconter.

— Vous ne devinerez jamais, lui dit-il.

Il se rengorgeait légèrement derrière son ridicule nœud papillon (sa marque de reconnaissance, comme il l'appelait) et sa chemise jaune négligée qui n'arrangeait pas son teint cireux.

— Vous avez sans doute raison, répondit Emma. Je ne devinerai jamais.

Colin plissa les yeux.

— Edward est en train d'engager un consultant extérieur en relations publiques pour améliorer le fonctionnement de la ligne gratuite. Il trouve que nous n'avons pas assez de presse.

— C'est stupide, rétorqua vivement Emma. Cela marche très bien. Je ne peux pas croire qu'il fasse cela sans m'en parler.

Elle prit subitement conscience d'en avoir trop dit et se tut.

— J'ai du travail qui m'attend, Colin, reprit-elle d'un ton sec. Je dois me débarrasser des toiles d'araignée qui se sont installées pendant mes vacances.

— Vous étiez en Egypte, hein ? insista Colin, qui avait compris qu'elle le mettait dehors mais ne voulait pas encore s'en aller. Cela a plu à Peter ?

Emma ne put résister. Elle écarquilla les yeux d'un air dramatique.

— Peter n'était pas avec moi, Colin, dit-elle. A plus tard.

Laissant un Colin interloqué essayer de décrypter cette information, Emma se mit à trier son courrier. Au moins, cette petite comédie l'empêchait de penser à la crise qu'elle traversait dans sa vie personnelle.

8

Du siège où elle s'était installée, à côté de l'escalier roulant du centre commercial, Emma vit Kirsten se frayer de son long pas un chemin dans la foule de l'après-midi. Elle la vit telle qu'elle était : riche, d'une beauté désinvolte et rayonnante de confiance en elle. Surtout, elle n'avait qu'un quart d'heure de retard, ce qui devait représenter son record, pensa Emma en la regardant avancer de son allure assurée de mannequin. Elle était sensationnelle, comme toujours. Les cheveux de Kirsten, d'un châtain profond ce jour-là, formaient un contraste parfait avec la petite veste en daim beurre frais qu'elle portait par-dessus un tee-shirt blanc à ras du nombril et un jean délavé. Emma savait qu'elle aurait été ridicule dans ce genre de tenue que Kirsten, elle, portait avec panache. Quand on connaissait Emma, on était toujours étonné de rencontrer Kirsten. Elles paraissaient aux antipodes l'une de l'autre, comme des photos « avant et après » dans un magazine de mode.

Les gens s'exclamaient qu'ils ne les auraient jamais prises pour des sœurs. Tout en parlant, ils dévisageaient Kirsten, parfaite icône de l'élégance moderne, si agréable à côté d'Emma la conservatrice presque démodée. Les jolies barrettes-bijoux et les bruyantes chaussures à la mode paraissaient faites pour Kirsten. Emma n'aurait jamais imaginé utiliser autre chose que de bonnes vieilles pinces à cheveux et elle n'aimait que les mocassins ou les confortables chaussures de tennis.

Toutefois, si l'on mettait de côté les différences de coiffure, de vêtements et de maquillage, les deux sœurs se ressemblaient beaucoup. Elles possédaient toutes les deux le même long nez, des yeux d'ambre clair avec des paillettes d'or, et des lèvres minces. Mais la ressemblance s'arrêtait là.

L'incroyable assurance de Kirsten lui conférait une beauté espiègle qu'Emma était certaine de ne jamais posséder.

Elle attendit que sa sœur arrive à mi-chemin de l'escalier pour lui faire signe et tenter d'attirer son attention.

Quand Kirsten l'aperçut, elle la rejoignit sans se presser, s'assit dans le fauteuil voisin avec un soupir et se mit à fouiller son petit sac Vuitton à la recherche de ses cigarettes. Comme l'émeraude rectangulaire qui scintillait à son annulaire, le sac était authentique.

— Désolée d'être en retard, dit-elle.

Leurs rencontres commençaient toujours par cette phrase.

— J'étais au téléphone avec une des filles du comité, poursuivit-elle, et je n'arrivais pas à me débarrasser de cette idiote. Je savais que tu t'installerais pour boire un café si j'étais en retard.

Elle alluma sa cigarette et aspira goulûment.

Emma ne put s'empêcher de prendre un air réprobateur. Elle s'inquiétait pour sa cadette et aurait préféré qu'elle ne fume pas.

— Voyons, Emma ! Ce sont des Silk Cut White ! dit Kirsten pour prévenir toute remarque. Elles contiennent si peu de nicotine qu'il faut tirer dessus pour en trouver.

Kirsten eut un sourire lubrique.

— Excellent entraînement pour Patrick, tout ce suçotage ! Quoique, ajouta-t-elle d'un air pensif, ce ne soit guère à l'ordre du jour, en ce moment. Je vais lui faire prescrire du Viagra s'il ne se reprend pas bientôt !

— Tu es terrible, Kirsten, dit Emma. Que penserait le pauvre Patrick s'il savait comment tu me parles de lui ? Il ne supporterait pas que tu divulgues votre vie sexuelle.

Elle aimait beaucoup son solennel et travailleur beau-frère. Elle se demandait souvent comment Kirsten et lui avaient pu rester mariés pendant quatre ans sans que l'un d'eux se retrouve au tribunal, accusé de meurtre.

— Je n'en parle qu'à toi, Emma ! protesta Kirsten d'un air innocent. J'ai besoin de le dire à quelqu'un pour ne pas devenir folle. En ce moment, c'est le travail, le travail et encore le travail. Rien d'autre ! Il n'arrête jamais. On ne s'amuse plus du tout.

— Peut-être que si tu reprenais un emploi, tu t'ennuierais moins, rétorqua Emma d'un ton plus sec qu'elle ne l'aurait voulu.

— Je ne veux pas retravailler, point final !

Kirsten eut un frisson d'horreur et prit le gobelet vide d'Emma pour s'en faire un cendrier. Il n'y avait pas d'autre solution puisqu'elles se trouvaient dans une zone non-fumeurs.

— Je n'ai pas besoin d'argent et je ne suis pas faite pour travailler, Emma. J'ai détesté ce sale boulot à la banque, se lever le matin, être coincée dans les embouteillages et me faire crier dessus parce que j'étais en retard ! De toute façon, Patrick apprécie de trouver son dîner préparé quand il rentre à la maison. Je ne pourrais pas m'en occuper et travailler en même temps, tu ne crois pas ?

— Kirsten, tu ne fais jamais la cuisine. Si les plats tout préparés de Marks & Spencer n'existaient pas, le pauvre Patrick mourrait de faim.

— Arrête de m'embêter, dit joyeusement Kirsten. Veux-tu que j'aille te chercher un autre café avant d'aller faire des courses ?

Emma accepta et, tout en buvant leur café, elles discutèrent de l'objet de leur mission : trouver un cadeau d'anniversaire pour leur mère qui aurait soixante ans le mercredi suivant.

— Il faut quelque chose de spécial, dit Emma, mais j'ai beau me creuser la tête, je n'ai aucune idée.

— Je ne sais jamais quoi acheter pour maman. Viens, il faut qu'on se remue.

Kirsten écrasa sa troisième cigarette, se leva et se dirigea vers l'escalier descendant.

— C'est de plus en plus difficile de lui offrir quelque chose, reprit-elle. L'autre jour, je lui ai demandé si elle avait utilisé les chèques-cadeau pour le salon de beauté que je lui ai offerts à Noël. Elle m'a répondu : « Quels chèques-cadeau ? » Je te jure qu'elle perd la tête.

L'inquiétude qui planait à l'arrière-plan des préoccupations d'Emma passa soudain au premier plan.

— Que dis-tu ?

— Qu'elle perd la boule. Je t'assure, Emma. Avant que vous partiez en Egypte, je lui ai téléphoné et elle m'a demandé comment allaient les parents de Patrick. Alors que son père est mort depuis deux ans, tu te rends compte ? Tu crois qu'elle prend un médicament qui la rend vaseuse ? C'est certainement cela. Il faut des tranquillisants pour supporter la vie avec papa, après tout. Je ne peux pas la blâmer...

Tandis que Kirsten bavardait, Emma s'obligea à

affronter l'idée qui la hantait depuis des mois : sa mère avait un problème. Un problème d'ordre mental.

Sa façon de paniquer pour tout et pour rien pendant leur voyage, de s'accrocher à son argent égyptien et de refuser de le donner alors qu'elle était en train d'acheter quelque chose, sous prétexte que les vendeurs la volaient. Elle se trompait sans arrêt de cabine, ce qui énervait Jimmy. Enfin, elle perdait sans cesse une chose ou l'autre, ses lunettes ou, dans un autre domaine, le fil de la conversation. Ce n'était pas normal et Emma le savait.

— Je crois que tu as raison, dit-elle d'une voix tremblante.

— Vraiment ? s'exclama Kirsten.

Elle avait l'air contente et se passa les doigts dans ses cheveux brillants.

— Je croyais, reprit-elle, que tu me préférais avec les cheveux blonds. Patrick adore cette couleur, il la trouve très sexy...

— Non, Kirsten, je te parle de maman. Je pense aussi qu'elle perd la tête. Quelle horrible expression ! Je la trouve très dégradante. Je veux dire que maman est souvent perdue et qu'elle se conduit bizarrement. On dirait...

Emma hésita. Comment prononcer ces mots ?

— Un début de démence sénile.

— Ne sois pas stupide ! coupa sèchement Kirsten. Elle est bien trop jeune pour cela. C'est une maladie qui concerne les gens âgés, pas maman. On parle d'autre chose, d'accord ?

Kirsten détestait les problèmes et, dès l'enfance, elle avait refusé de parler des sujets qui la dérangeaient, comme ses résultats catastrophiques aux examens ou les appréciations sévères portées par ses professeurs dans son carnet de notes à propos de son comportement dissipé en classe.

— Je regrette, Kirsten, dit Emma d'un ton ferme, nous devons en parler. Fermer les yeux ne résoudra pas la question. Ce serait comme de ne pas consulter pour une grosseur au sein en croyant que la politique de l'autruche marchera.

— J'irais chez le médecin si j'avais une grosseur au sein, Emma !

— Venant d'une femme qui a refusé d'aller chez le dentiste pendant trois ans…

— C'était différent ! Allez, viens, nous n'avons plus beaucoup de temps. Il faut trouver un cadeau pour maman et je veux d'abord passer chez Mango pour voir s'ils n'auraient pas quelque chose de sympa.

Emma renonça à discuter et suivit sa sœur en direction du magasin de vêtements. Quand Kirsten avait pris une décision, il ne servait à rien de la contredire. De plus, elle avait probablement raison. La démence sénile, comme son nom l'indiquait, ne concernait que les personnes âgées.

Pendant que Kirsten se dirigeait à grands pas vers des portants chargés de vêtements minuscules, Emma se mit à la recherche de jupes plus longues, convenables pour travailler. Après un coup d'œil rapide à quelques jupes tristes, grises ou noires, identiques à celles qui se trouvaient déjà dans sa penderie, Emma rejoignit sa sœur. Kirsten était occupée à fouiller parmi des hauts en filet qui paraissaient trop petits pour des fillettes de huit ans. Elle en sélectionna deux d'un rose acide qui serait formidable ou hideux avec sa couleur de cheveux puis s'intéressa au portant voisin.

— Regarde, ils sont géniaux ! dit-elle en montrant à

Emma des pantalons noirs collants aux ourlets brodés de perles argent.

— Essaie-les, répondit machinalement Emma comme elle le faisait depuis leurs shoppings d'adolescentes.

Son rôle consistait depuis toujours à garder le sac à main de sa sœur et à lui apporter des tailles différentes tandis qu'elle exaspérait la file d'attente des cabines d'essayage en y passant au moins une demi-heure à chaque fois, rejetant les vêtements à la manière d'une Imelda Marcos prise d'une crise d'achat de chaussures.

— Oui, je crois que je vais les essayer. Mais je vais choisir encore une ou deux choses. Ce n'est pas la peine de se déshabiller pour deux hauts et deux pantalons.

Tandis que Kirsten passait les rayons en revue, d'un regard d'expert, Emma repensait à leur mère. Elle aurait préféré être comme Kirsten, capable de refuser d'affronter les problèmes ou de simplement les gommer de son esprit. Mais elle ne pouvait pas. Quelque chose n'allait pas chez Anne-Marie. Et elle espérait que sa mère n'était pas atteinte de démence sénile.

Elle avait lu quelques articles sur le sujet, dans des magazines féminins, les parcourant des yeux sans y prêter attention, entre deux pages de mode et le courrier du cœur. Cela ne l'avait jamais réellement intéressée mais cet étrange besoin d'entendre parler du malheur des autres, à condition que cela ne vous arrive pas à vous-même, lui avait permis d'enregistrer quelques fragments d'information. C'était un mal lent et insidieux qui sapait peu à peu l'esprit des gens, ne révélant sa présence que par des moments d'oubli avant de... Avant quoi, exactement ? Emma ne savait rien de précis. Pouvait-on en mourir ?

Elle essaya de ne plus y penser. Kirsten avait raison. Leur mère était trop jeune pour cela…

— J'espère que la grand-tante Petra ne vient pas, Emma ? grogna Kirsten en examinant le plan de table préparé par Emma pour le dîner d'anniversaire de leur mère.

— Bien sûr que si ! répondit Emma, qui venait d'arroser l'oie en train de rôtir dans le four.

Elle était écarlate de chaleur et d'épuisement.

— C'est l'unique tante de papa encore en vie, et il nous ferait une scène terrible si elle n'était pas invitée.

— C'est une sale piquée et tout le monde la déteste, protesta Kirsten. Si papa veut l'inviter chez lui, c'est son problème ! Je ne comprends pas pourquoi le reste de la famille devrait la subir.

— Bien sûr, dit Emma d'un ton sec.

Elle en avait assez de voir sa sœur se pavaner sans lui offrir son aide depuis qu'elle était arrivée, une heure plus tôt, sortant de chez le coiffeur et clairement décidée à ne rien faire.

— Et qui aurait dû subir les cris et les reproches si elle n'avait pas été invitée ? Moi ! Et j'en aurais entendu parler jusqu'à ma mort !

— Emma, est-ce que tu t'entends ? Tu es une adulte, tu es dans ta maison et tu invites qui tu veux ! Laisse papa faire une scène s'il en a envie ! Ignore-le ! C'est ce que je fais, moi.

Kirsten fit courir un ongle mauve sur la liste des invités.

— Monica et Timmy Maguire ! s'exclama-t-elle. Quelle horreur ! Il va harceler mon pauvre Patrick pour savoir ce qu'il doit faire de ses actions. J'ai dit à Patrick de lui demander de payer ses honoraires de consultant, la prochaine fois.

— Tu es très douée pour dire aux gens ce qu'ils doivent faire, siffla Emma, à bout de patience.

Elle avait trop chaud, elle transpirait, elle était fatiguée et ne supportait plus sa sœur.

— Es-tu venue pour m'aider, demanda-t-elle, ou pour m'expliquer que je suis nulle ?

Kirsten refusa de s'énerver.

— Ne t'excite pas, frangine ! dit-elle. Tu m'en veux parce que tu sais que j'ai raison. Si tu ne te décides pas à résister à papa tôt ou tard, tu peux aussi bien retourner chez lui, parce que, ici, tu es à sa botte !

Emma sentit sa colère se dégonfler aussitôt et ses yeux se remplirent de larmes. L'oie n'était qu'à mi-cuisson, les invités arriveraient dans une heure et Peter, qui lui avait promis de rentrer tôt, était coincé par un client et ne serait pas là avant sept heures.

— C'est facile pour toi, dit-elle à Kirsten en pleurant de colère. Tu as toujours été leur chouchoute. Tu pourrais dire à papa d'aller se faire cuire un œuf, il aurait juste un sourire indulgent ! Moi, il me déteste. Tout ce que je fais est mal. Je veux seulement un peu de respect. A moins que ce soit trop demander ?

Elle se frotta les yeux pour arrêter ses larmes, mais sans succès.

Les pleurs, comme la colère, laissaient Kirsten de marbre. Cela expliquait qu'elle se protège si facilement des humeurs de son père.

— Il ne te déteste pas, Emma, dit-elle calmement, ignorant les larmes de sa sœur. C'est une brute et, si tu le laisses t'utiliser comme punching-ball, personne ne peut t'aider, ni moi ni Peter. Tu dois te débrouiller toute seule. Mais réfléchis, Emma ! Si tu es capable de diriger une organisation comme KrisisKids, tu peux certainement mettre les choses au point avec papa, non ? Et maintenant, que veux-tu que je fasse ? Tu devrais monter pour te rendre présentable, sinon Petra la Gorgone saura trouver quelques insultes raffinées sur ta façon de te négliger depuis que tu es mariée.

Si le dîner d'anniversaire démontra quelque chose, ce fut au moins que ses craintes au sujet de sa mère étaient infondées. Anne-Marie fit son entrée toutes voiles dehors, son mari la suivant comme un petit toutou. Elle était tout sourire et ne pensait qu'à faire admirer ses nouvelles boucles d'oreilles.

— Elles sont ravissantes, tu ne trouves pas ? demanda-t-elle avec coquetterie.

Elle repoussa de la main une longue mèche de ses cheveux blond pâle qui lui tombaient souplement sur les épaules.

— C'est le cadeau de ton père, ajouta-t-elle en embrassant gaiement Kirsten. Ma chérie, je ne sais pas où j'avais la tête l'autre jour ! J'ai retrouvé le bon-cadeau que tu m'avais si gentiment offert à Noël. Je m'en veux mais je l'avais complètement oublié et, maintenant, la date de validité est dépassée. Tant pis ! Mais c'était une très gentille pensée. Tu sais que je ne voyais plus rien avec mes vieilles lunettes, mais regarde...

Elle brandit des lunettes neuves à élégante monture en or.

— J'en ai de nouvelles et je n'ai plus de problème pour lire. Bonjour, Emma, ma chérie. Cela sent bon, dans ta cuisine. J'espère que ce n'est pas de l'oie ? Tante Petra soutient que l'oie lui donne toujours des indigestions depuis celle qu'elle a mangée au baptême de son Roland en 1957 ! Tu n'as pas oublié ?

Emma et Kirsten échangèrent un petit sourire de conspiratrices.

— Raison de plus pour choisir une oie, non ? murmura Kirsten.

Emma acquiesça avec soulagement. Leur mère allait très bien et ne présentait aucune trace de trouble mental. Quelqu'un capable de se souvenir de l'oie mangée à un baptême en 1957 ne pouvait pas avoir de trouble mental.

Une demi-heure plus tard, tous les invités étaient arrivés et se promenaient dans la maison en bavardant. Dans la cuisine, à côté de la porte de la salle à manger, Emma repassait en hâte les serviettes de table qu'elle venait de sortir du sèche-linge.

— Quelle jolie salle à manger ! disait Monica Maguire. J'aime beaucoup ces tableaux, ajouta-t-elle, admirant les reproductions de Paul Klee qu'Emma aimait tant.

— Eh bien, moi, ce n'est pas vraiment ce que j'aime, ronchonna le père d'Emma. Mais que voulez-vous dire ? Vous savez que nous leur avons donné l'argent de l'apport personnel, Anne-Marie et moi, et nous aurions bien aimé les conseiller pour la décoration, mais vous connaissez les jeunes ; ce n'est pas la gratitude qui les étouffe !

Derrière la porte de la salle à manger, Emma sentit une rage froide l'envahir. Comment osait-il raconter aux gens qu'il leur avait donné l'argent de la maison ! Comment osait-il ! Il s'agissait de leur vie privée. De plus, il ne leur avait rien donné. Peter et elle avaient insisté pour les rembourser et leur banque effectuait tous les mois un virement sur le compte de ses parents. Mais oser en parler à un voisin comme d'une chose banale, comme si Peter et elle étaient des gamins ou des parasites qui usaient et abusaient… C'était insupportable, intolérable. Une rage terrible contre son père consumait son âme si douce. Seigneur, comme elle haïssait cet homme !

9

Leonie n'était pas très satisfaite de son travail. En dépit des nombreuses heures qu'elle avait passées à repeindre sa cuisine, les bras douloureux à force de tenir le pinceau, le résultat la décevait. Son projet était pourtant simple : inspirée par d'innombrables émissions sur la décoration, elle s'était convaincue de la possibilité de transformer sa petite cuisine toute simple en décor égyptien exotique. Il suffisait d'un pot de peinture bleu nuit, d'une bombe de peinture métallisée et de quelques pochoirs. Malheureusement, ce qui paraissait très facile à réaliser en une demi-heure sur un plateau de télévision avec des dizaines d'assistants, des menuisiers, un décorateur et toute une équipe technique prête à apporter son aide en cas de besoin n'était pas aussi simple dans la réalité. Après trois soirées et tout un dimanche passés au milieu de vieux journaux posés dans la cuisine en guise de bâche pendant que les animaux boudaient dans une autre pièce, la pièce avait pris une allure épouvantable. Deux des murs étaient d'un terrifiant bleu nuit très foncé avec des étoiles censées refléter l'éclat argenté des poignées de tiroir qu'elle avait achetées pour les placards. Les placards eux-mêmes avaient eu droit à une couche de jaune jonquille pour s'assortir à la fois avec les menuiseries repeintes de frais et les deux autres murs. Cependant, au lieu de s'étaler en couche bien lisse sur les surfaces préparées avec soin, la peinture avait séché en faisant des milliers de petites cloques, si bien que les portes donnaient l'impression d'avoir la variole.

Son idée de mettre des étoiles au plafond était bonne, mais le bleu nuit rendait la petite pièce un peu sinistre. Par chance, elle était orientée au sud. Malgré sa fatigue, Leonie avait donc repeint deux des murs. Il lui avait fallu trois couches de jaune jonquille pour recouvrir le bleu.

Quant à la frise au pochoir, que le livre emprunté à la bibliothèque décrivait comme un « motif d'oiseaux et d'animaux inspiré de l'Egypte antique », elle évoquait les œuvres d'enfants de trois ans lors de leur première journée d'école.

« C'est un peu ambitieux, Leonie », avait gentiment dit sa mère au cours de l'après-midi.

Elle était venue avec des fleurs de son jardin et des biscuits faits maison pour fêter le retour des enfants.

— C'est mieux aujourd'hui, dit Claire. En bleu, c'était trop foncé.

Elle était en train de sortir un vase pour les roses blanc crème qu'elle avait apportées et, en même temps, elle mettait la bouilloire à chauffer.

— Je sais, répondit Leonie.

Couverte de peinture, épuisée après quarante-huit heures de travaux de décoration, elle n'en pouvait plus. Son caleçon noir faisait penser à un test de Rorschach en jaune et bleu, et le vieux sweat-shirt gris de Danny ne valait guère mieux. La peinture même s'était incrustée dans la paume de ses mains. Elle devrait tremper au moins une heure dans son bain pour s'en débarrasser.

— Qu'as-tu fait aujourd'hui, maman ? demanda

Leonie en tendant la main sous la table pour caresser les oreilles soyeuses de Penny.

La chienne, qui avait été quelque peu oubliée dans le feu des opérations, émit un petit grondement de bonheur.

— J'ai travaillé pendant plusieurs heures sur la robe de mariage de la fille de Mme Byrne. Ces deux-là devraient être pendues haut et court ! Chaque fois que je termine quelque chose, elles changent d'idée et je dois tout défaire. Mme Byrne insiste pour rester pendant que je suis en train de coudre et, comme les chats n'arrêtent pas de se frotter à ses mollets, elle est couverte de poils. Je vais me ruiner en papier collant à force de les enlever de sa robe.

Ancienne couturière, la mère de Leonie avait créé sa propre affaire quand elle avait pris sa retraite. Elle était très douée et son petit salon de Bray, au sud de Dublin, ne désemplissait pas. Les clientes s'y pressaient en permanence, toutes désireuses d'obtenir pour trois fois rien une robe de débutante ou une tenue pour un mariage.

Claire sortit son paquet de cigarettes et en alluma une.

— Je me suis arrêtée à cinq heures et j'ai eu envie de venir ici pour m'accorder une pause. Veux-tu que je fasse du thé ou bien n'as-tu pas le temps ?

— Tu t'es arrêtée à cinq heures ? demanda Leonie en sursautant. Mais quelle heure est-il ? J'ai enlevé ma montre pour ne pas la couvrir de peinture et je croyais qu'il était, au plus tard, trois heures.

— Il est cinq heures et demie.

— Et zut ! Les enfants arrivent dans une heure, gémit Leonie. Je n'aurai jamais le temps de me changer si je veux être à l'aéroport à temps.

— Je me disais bien que tu ne t'inquiétais pas

beaucoup ! Mais pourquoi veux-tu te changer ? Vas-y comme cela !

— Je voulais me faire belle pour les accueillir, dit Leonie en cherchant ses clés sous les journaux. Je voulais aussi que la maison soit toute propre...

— Ils seront tellement contents de te voir qu'ils ne seront pas gênés par un peu de peinture. Pendant ce temps, je m'occupe du dîner, d'accord ?

Fatigué par le vol transatlantique, le trio fit son apparition avec une demi-heure de retard, poussant un chariot surchargé de sacs en plastique, de sacs à dos et de valises à la limite de l'éclatement. Mel et Abby étaient d'une pâleur élégante, grâce aux nombreux articles des magazines pour adolescentes qui les avaient mises en garde contre le cancer de la peau. Danny, en revanche, était acajou. Ils portaient tous les trois des vêtements neufs qui firent naître un sentiment de culpabilité instantané chez Leonie. Leur père avait dû les trouver habillés comme des clochards et les avait équipés de pied en cap. Quelle mauvaise mère, capable de tout dépenser pour des vacances alors que ses enfants avaient besoin de vêtements neufs ! Le fait qu'au moins les trois quarts de ses propres habits proviennent de magasins d'occasions ne lui vint pas à l'esprit.

Les mères étaient censées se couvrir de haillons pourvu que leur descendance porte les dernières fringues branchées et le modèle de Nike dont la publicité passait sur MTV vingt-quatre heures sur vingt-quatre.

— Tu ne devineras jamais ! cria Mel avec excitation, de sa voix aiguë.

Leonie avait dûment admiré leurs nouveaux

vêtements et ils étaient sur l'autoroute, entassés dans leur vieille voiture.

— Mel a un petit copain, jeta Danny.
— C'est même pas vrai ! hurla Mel.
— Si, c'est vrai, insista Danny.

Il ressemblait moins au garçon de dix-neuf ans qu'il était qu'à ses sœurs de quatorze ans. Plus précisément à Mel, pas à Abby. Abby était si adulte qu'elle paraissait avoir quarante ans.

— C'est pas vrai ! Et puis ce n'est pas ce que j'allais dire ! hurla Mel.
— Arrêtez ! dit Leonie.

Si seulement ils avaient pu attendre d'être au moins à un kilomètre de l'aéroport avant de se lancer dans une de leurs disputes ! Danny et Mel ne pouvaient se trouver ensemble sans que cela fasse des étincelles. Toutes leurs conversations se transformaient en bagarres. Pour Leonie, c'était dû à la profonde ressemblance de leurs caractères. Abby était réfléchie et sérieuse, comme son père, et à l'opposé de son frère et de sa sœur.

A l'âge de quatre ans, Mel répétait sans cesse la même phrase : « Je veux comme Danny... » C'était le dîner de Danny, sa boisson, ses jouets. Si c'était à lui, elle le voulait. Et lui, du haut de la sagesse de ses neuf ans, se conduisait aussi mal. Un jour, il avait caché la peluche préférée de Mel, sans laquelle elle refusait d'aller au lit, avec sa collection d'Action Man. Les scènes s'étaient succédé, toutes plus horribles les unes que les autres, pendant trois soirs, avant que Leonie retrouve la peluche en passant l'aspirateur.

La dispute de ce jour-là s'arrêta uniquement parce que Danny eut envie de jouer avec son baladeur tout neuf. Il s'enfonça les écouteurs dans les oreilles avec un haussement d'épaules plein d'ennui, comme pour dire :

« Ah, les femmes ! » Leonie frissonna à l'idée du prix de l'appareil. Des centaines de dollars, sans aucun doute. Ray devait gagner des fortunes.

— Tu crois que je devrais lui dire ? chuchota Abby à l'oreille de Mel.

— Oui, répondit Mel, qui boudait.

Elle regardait par la vitre, son petit visage triangulaire crispé en une moue dépitée. Mel restait ravissante même quand elle boudait. Avec les grands yeux noirs de son père, des sourcils à l'arc délicat, une peau transparente et une bouche pulpeuse, elle avait l'air d'un jeune mannequin essayant de paraître triste pour une photo. Mel était la beauté de la famille.

— Me dire quoi ? demanda Leonie, qui mourait d'envie d'entendre toutes les nouvelles, même les plus insignifiantes.

— C'est papa... commença lentement Abby.

Cela n'allait pas assez vite pour Mel, qui interrompit sa sœur.

— Il va se marier ! cria-t-elle. Avec Fliss ! Elle est super belle, elle fait du ski et nous sommes tous invités dans le Colorado avec eux, et aussi pour le mariage. Elle va nous faire faire des robes. J'en veux une très courte avec de grandes bottes...

Elle se tut en recevant un coup de coude dans les côtes de la part de sa jumelle.

— Je sais que ça paraît un peu soudain, maman, dit Abby avec précaution.

Elle possédait une compréhension bien au-dessus de son âge et savait que sa mère trouverait sans doute les nouvelles dures à entendre.

Soudain ? pensa Leonie, qui luttait pour garder le regard fixé sur la route. « Soudain » n'était pas le mot qu'elle aurait choisi. Ray se remariait et elle ne supportait pas cette idée. Elle était là, seule et sans le moindre projet amoureux, tandis qu'il allait se remarier, lui qui était si discret et si réfléchi, lui dont elle avait cru qu'il ne se remettrait jamais de leur séparation, dix ans plus tôt.

Elle avait une boule dans la gorge et se félicita que Danny soit assis à côté d'elle, Danny qui ne remarquait rien, absorbé par une musique au rythme violent. Abby l'observatrice aurait tout de suite vu que sa mère avait les larmes aux yeux.

— Eh bien, réussit-elle à dire d'une voix étranglée, c'est formidable. Ils ont choisi une date ?

— En janvier, répondit Mel d'une voix rêveuse.

Elle se voyait déjà dans une tenue de soie vaporeuse qui lui arriverait juste sous les fesses, ses longues jambes dans des bottes au genou, et provoquant des infarctus chez tous les hommes à partir de la quarantaine.

— La famille de Fliss a un chalet dans le Colorado et ils vont se marier dans la neige, poursuivit-elle. Tu te rends compte ! On va skier. Cette pimbêche de Dervla Malone qui n'arrête pas de se vanter de ses vacances sera obligée de se taire. Cette pauvre gourde trouve que c'est très chic d'aller en France. Elle peut aller se faire voir !

— Melanie !

Leonie évita de justesse un bus dont le chauffeur conduisait comme un fou et jeta un regard sévère à sa fille, dans le rétroviseur.

— Si c'est ce genre de langage que tu apprends pendant tes vacances, tu n'iras plus jamais nulle part. On ne dit pas de gros mots, chez nous.

Mel rejeta ses cheveux noirs d'un geste insouciant tout en fronçant son petit nez parfaitement dessiné.

— Relax, Max, grogna-t-elle entre ses dents.

— J'ai entendu, jeta sèchement Leonie.

— Oh, maman, plaida Mel, décidant de se montrer conciliante pour ne pas être interdite de mariage. Désolée ! Mais ce ne sont pas des gros mots. A Boston, les gens le disent tout le temps.

— Mel ! souffla Abby.

— Nous n'employons pas ces mots chez nous, et je ne veux pas non plus que tu les utilises, répliqua Leonie d'un ton de plus en plus sec.

Elle se demandait pourquoi les retrouvailles avec sa petite famille ne se passaient pas comme elle l'avait imaginé. Qu'en était-il des grandes embrassades et des aveux comme : « Maman, tu nous as tellement manqué, nous ne te quitterons plus jamais », chuchotés avec des larmes dans la voix ?

Une de ses filles s'était transformée en Américaine durant ces quinze jours et brûlait de repartir chez la fiancée de son père ; son fils s'était isolé dans la musique et avait refusé qu'elle l'embrasse. Seule sa douce Abby paraissait vaguement contente de rentrer chez elle.

— Parle-moi plutôt de ce beau garçon avec lequel tu ne sors pas, demanda Leonie dans une tentative pour redonner à la conversation un tour plus paisible.

Les deux filles se mirent à glousser.

— Il s'appelle Brad, se hâta d'expliquer Abby. Il a seize ans, il est très grand avec des cheveux blonds et il conduit une Jeep. Il était fou de Mel. Il nous a invitées toutes les deux à la pizzeria.

— Brad... Mmm, dit Leonie avec un sourire forcé.

En esprit, elle faisait des bonds au plafond. Un garçon de seize ans qui conduisait sa propre voiture et qu'on laissait sortir avec sa petite fille ! Melanie n'avait que quatorze ans. Elle était très informée pour son âge, certes, mais n'avait quand même que quatorze ans. A quoi Ray pensait-il donc ? Elle aurait pu se faire agresser, violer...

— Ses parents sont des amis de papa et nous sommes rentrés très tôt, ajouta Abby. Papa avait juré à Brad qu'il le tuerait si nous n'étions pas de retour au bout d'une heure et demie, et la pizzeria est juste au coin de la rue.

— Mais il ne m'intéresse pas, dit Mel d'un air indifférent. Il est trop immature pour moi.

— Il n'est pas immature, protesta Abby. Il est super, ajouta-t-elle d'une voix un peu étranglée.

J'aurais bien aimé qu'il s'intéresse à moi plutôt qu'à Mel, sous-entendaient ses mots.

Leonie eut mal pour sa fille bien-aimée, celle qui lui ressemblait tant. Abby n'avait rien de la beauté de sa jumelle. Aussi grande que Mel, elle était en revanche solidement bâtie, avec des cheveux du même brun terne que Leonie avant sa décoloration, et un agréable visage rond éclairé par des yeux du même bleu étonnant que ceux de sa mère. Si Mel pouvait être comparée à une svelte et capricieuse Ferrari, Abby ne pouvait l'être qu'à un break stable et fiable. Et elle le savait.

Leonie l'adorait et trouvait beaucoup de beauté et de force de caractère dans le doux visage d'Abby. Mais une fille de quatorze ans ne rêve pas de force de caractère : elle veut ressembler à une irrésistible star de cinéma, et voir les garçons de son âge tomber à ses pieds comme des mouches. C'était ce qui arrivait à Mel, mais pas à Abby. Malheureusement, Leonie ne pouvait rien pour rendre la partie égale entre ses filles.

Quand la voiture s'arrêta, les adolescentes se ruèrent vers la maison, impatientes de retrouver leurs animaux chéris, Penny, Clover et Herman.

— Penny ! hurlèrent-elles à l'unisson quand leur grand-mère ouvrit la porte.

Penny jaillit sur le perron comme un tigre hors de sa cage, délirante de joie.

Il s'ensuivit une grande séance de caresses, chacun des trois enfants voulant prouver qu'il était le préféré de Penny et lui avait manqué plus que les autres. Clover, avec une indifférence typiquement féline, refusa de se laisser entraîner dans ces démonstrations. Il marqua sa désapprobation de quelques mouvements de queue hautains et s'enfuit dans le jardin.

— C'est l'odeur de peinture qui le dérange, murmura malicieusement la mère de Leonie.

Ils jetèrent leurs bagages en vrac dans l'entrée, laissant à Leonie le soin de les monter dans leurs chambres.

— Maman ! s'écria Mel en entrant dans la cuisine, qui était coquille d'œuf la dernière fois qu'elle l'avait vue. Qu'est-ce que tu as fait ?

— Une orgie avec Francis Bacon ! dit Danny en éclatant de rire.

Entré derrière sa sœur, il contemplait la scène de ce désastre haut en couleur que sa grand-mère avait échoué à nettoyer complètement.

— Tu l'as aidée, mamie ? demanda-t-il.

— Non, et ne taquinez pas votre pauvre mère. Elle voulait seulement que ce soit un peu plus gai, dit-elle d'un ton sérieux tout en vérifiant le ragoût de volaille qui mijotait sur la cuisinière. Elle a besoin d'aide pour faire le ménage.

— Je dois appeler des tas de gens, dit Mel en sortant de la cuisine à toute vitesse.

Elle ne voulait pas s'abîmer les ongles en nettoyant ces horribles tas de journaux et les taches de peinture. Fliss lui avait fait une séance de manucure avant de partir pour l'aéroport. Tout travail ménager serait un désastre car elle voulait garder des mains impeccables pour le lendemain, quand elle rendrait visite à sa prétendue amie Dervla Malone.

— Moi aussi.

Danny, à son tour, s'éclipsa à toute vitesse, laissant Abby, sa mère, sa grand-mère et une Penny toujours aussi joyeuse au milieu des journaux sales et des pots de peinture vides.

— Je vais t'aider, maman, proposa Abby la fidèle.

— Non, ma chérie, nous dînerons dans le salon, décida Leonie.

Elle contemplait le chaos avec découragement en songeant qu'elle n'avait pas le courage de nettoyer tout de suite. Dans l'immédiat, elle se contenterait de mettre les journaux dans des sacs-poubelle.

— Merci pour le dîner, ajouta-t-elle à l'intention de sa mère, en l'embrassant sur la joue.

Ils mangèrent sur leurs genoux devant la télévision allumée ; Danny s'était emparé de la télécommande et zappait de chaîne en chaîne entre deux énormes bouchées de poulet et de riz.

En vert, se dit Leonie en regardant autour d'elle. Le salon, petit mais confortable, avait des murs vert pomme et débordait de plantes. Elle aurait dû peindre la cuisine en vert et non pas dans cet horrible bleu nuit. Si les enfants pouvaient supporter le bleu pendant une semaine, elle referait tout le week-end prochain. Peut-être qu'un vert plus clair...

La voix de Mel l'arracha à ses réflexions.

— Fliss est vraiment chouette, chuchotait Mel à l'oreille de sa grand-mère, qui hochait la tête avec compréhension en essayant de ne pas regarder du côté de Leonie.

Leonie se sentit rougir jusqu'à la racine des cheveux, sachant que sa mère avait pitié d'elle. Cela lui faisait horreur. Claire aimait beaucoup Ray, et leur divorce l'avait profondément peinée. « Quand tu y regardes de près, il n'y a pas tant de poissons dans l'océan, Leonie, lui avait-elle dit à l'époque. Vous vous aimez ; ne peux-tu t'en contenter au lieu de rêver du grand amour ? J'ai tellement peur que tu le regrettes ! »

Dix ans plus tard, Leonie devait reconnaître, non sans amertume, que sa mère avait raison. Ray avait eu plusieurs longues liaisons tandis qu'elle, qui croyait au grand amour, avait eu si peu d'occasions de flirt que le facteur suffisait à la faire rêver ! Un homme qui avait plus de soixante ans...

Elle feignit de se concentrer sur le feuilleton que Danny regardait pour écouter discrètement Mel raconter ses vacances à sa grand-mère.

— Papa a une très jolie maison mais elle n'est pas assez grande pour nous tous, mamie. Pourtant, il n'y a que des chambres avec salle de bains ! expliquait Mel, qui avait grandi dans de toutes petites maisons avant d'habiter dans un pavillon doté d'une seule salle de bains qu'ils se disputaient en permanence. Fliss veut transformer une des salles de bains en dressing-room. Elle a une énorme garde-robe !

J'imagine très bien, grogna Leonie en elle-même. Des jupes collantes et du cuir seconde peau ! Elle la voyait en majorette, avec des cheveux blonds brillants et des dents qui n'avaient jamais connu les bonbons. A moins que ce soit une femme d'affaires dure à cuire ou une avocate en tailleur strict, comme dans *La Loi de Los Angeles*. Leonie s'interrompit brusquement, horrifiée par ses propres pensées. Que lui arrivait-il ? Elle avait décidé de quitter Ray, elle avait suivi le douloureux processus de la séparation et du divorce. Dans ces conditions, pourquoi était-elle jalouse de la belle Fliss ? Ray avait le droit de refaire sa vie. Ne l'y avait-elle pas poussé elle-même ?

Quelle sorte de femme devenait-elle pour reprocher à Ray son bonheur ? Une sale bonne femme, voilà ce qu'elle devenait !

Abby grignotait. Normalement, elle engloutissait sa nourriture et mangeait beaucoup plus vite que sa jumelle, qui avait plutôt tendance à chipoter. Or Abby était en train de repousser ses morceaux de poulet tout autour de son assiette.

— Tu te sens bien ? demanda Leonie, soudain inquiète.

Elle dévisagea sa fille, assise à côté de sa grand-mère sur le canapé, de l'autre côté de la table basse. Abby lui adressa un grand sourire.

— Très bien, maman, très bien. Je n'ai pas faim, c'est tout.

— C'est nouveau ! s'esclaffa Danny.

Les yeux d'Abby se mirent à briller mais elle ne répondit rien.

Leonie lui sourit d'un air encourageant et se promit de passer un savon à Danny dès qu'elle se trouverait seule avec lui. Inutile de lui parler de « tact », il ne savait même pas ce que cela voulait dire. Abby emporta les assiettes à la cuisine tandis que Mel fourrageait dans un sac à main en vinyle très tendance que Leonie n'avait jamais vu. Encore un souvenir de vacances passées avec un père complètement gâteux !

— Les photos de vacances ! annonça Mel d'un ton joyeux en exhibant un gros paquet d'enveloppes. Il faut que je te les montre, maman.

Leonie crispa la mâchoire pour produire un sourire ;

elle espérait réussir à feindre un minimum de plaisir en voyant la belle Fliss.

Leonie, Claire et Mel se serrèrent sur le canapé à deux places pour regarder les clichés. La première série était typique du style de Mel : sur certaines vues, les gens n'avaient pas de tête ; sur d'autres, censées montrer les élégantes boutiques de Boston, on ne voyait rien à cause des reflets dans les vitrines.

— Je ne comprends pas pourquoi elles ne sont pas mieux réussies, dit Mel avec consternation tandis qu'elles essayaient de deviner qui était qui sur une photo particulièrement floue.

La deuxième série était meilleure.

— C'est moi qui les ai prises, clama Danny du ton hautain que lui permettait sa position de maître de la télécommande.

Après quelques clichés des filles et de Ray, l'air en bonne santé et bronzé, vint un portrait de Fliss.

— C'est le jour où nous avons pris le ferry pour aller à Martha's Vineyard, expliqua Mel d'un ton plein de nostalgie en passant la photo à sa mère.

Leonie ne pouvait détacher les yeux du cliché, en état de choc. Elle s'attendait à découvrir une créature aussi jeune que séduisante. Or Fliss avait au moins le même âge qu'elle. Malheureusement, la ressemblance s'arrêtait là. Aussi grande que Ray, elle était mince avec des cheveux noirs coupés court et un visage parfaitement lisse. Leonie se demanda ce qu'attendait Revlon pour la faire poser dans une publicité pour une crème destinée aux beautés de plus de quarante ans ! Elle portait un jean délavé sur des jambes interminables et un polo bleu marine rentré dans la ceinture. Elle souriait sur chaque photo, qu'elle soit dans les bras de Ray ou en train de rire avec Mel et même avec Abby, qui, de notoriété publique, détestait être photographiée. Même Danny avait accepté de poser avec Fliss sur le ferry.

— Elle est gentille et très intelligente, tu sais. Elle est juriste dans la société de papa, bavardait Mel, sans s'apercevoir de la façon mécanique dont sa mère passait les photos à sa grand-mère. Elle a des vêtements extraordinaires. Papa la taquine parce qu'elle a été élue la juriste la mieux habillée de leur société deux années de suite !

Leonie savait que personne ne l'élirait jamais la mieux habillée de quoi que ce soit, à moins que les chemises de soie géantes et les jupes cache-tout deviennent soudain de la haute couture !

— Le plus incroyable, c'est qu'elle ne se maquille presque jamais, continuait Mel avec admiration, portant le coup de grâce à sa mère. Du mascara et un soupçon de gloss, c'est tout. Bien sûr, elle se fait manucurer les ongles, mais tout le monde le fait en Amérique.

Leonie pensa à son propre visage qui disparaissait sous le fond de teint et aux longues minutes qu'elle passait tous les matins à appliquer ses fards en tout genre. Pour rien au monde elle ne serait sortie de chez elle sans une bouche dessinée au crayon, du khôl sur les yeux et du blush sur les joues. Un soupçon de gloss et du mascara ? Pas question !

La fierté que trahissait la voix de Mel quand elle parlait de sa future belle-mère obligea Leonie à se demander ce que sa fille pensait réellement d'elle. Aurait-elle préféré avoir une mère comme Fliss au lieu d'une femme à la fausse gaieté qui flirtait sans vergogne et riait bruyamment, même aux plaisanteries les moins drôles, pour cacher ses angoisses ? Elle se vit soudain avec les yeux de Mel, et cela lui fit mal : une femme obèse qui tentait de dissimuler son corps déformé sous de ridicules habits flottants et de se rendre intéressante avec son maquillage trop lourd.

— C'est l'heure de *Coronation Street*, annonça Claire à la cantonade. Tu devras me montrer le reste de tes photos demain, Mel. Je ne veux pas manquer *Coro*. Allez, va nous préparer du thé ! Je suis vieille et j'ai besoin d'un remontant. Ce serait bien si tu nous apportais aussi des biscuits.

Mel obéit à sa grand-mère sans un mot de protestation. Claire savait s'y prendre, pensa Leonie, reconnaissante à sa mère d'avoir su interrompre l'étalage de photos. Si c'était elle qui avait demandé à Mel de faire du thé, cette dernière aurait simplement marmonné : « Abby va s'en charger ; elle est déjà dans la cuisine. »

Mais elle rassembla ses photos et sortit en fredonnant joyeusement.

— Change de chaîne, Danny, ordonna Claire d'un ton sans réplique.

Il obéit, lui aussi, et la musique du générique du feuilleton envahit le salon. Claire tapota le genou de sa fille en signe de solidarité. Leonie savait que sa mère ne parlerait jamais du nouvel amour de Ray sans qu'elle lui demande son avis. Claire connaissait très bien sa fille et savait combien la situation la faisait souffrir.

Elles regardèrent ensemble la télévision pendant deux heures puis Claire se leva pour prendre congé.

— J'ai quatre robes de demoiselles d'honneur à coudre cette semaine, dit-elle. Il va falloir que je commence tôt, demain.

Elle prit ses clés dans le plat en terre cuite qui servait de vide-poches. Les filles sortirent de leur chambre pour embrasser leur grand-mère et Danny hurla « r'voir ! » depuis la cuisine où il se préparait un sandwich au fromage.

Claire serra sa fille dans ses bras après Mel et Abby, dans une étreinte réconfortante.

— Appelle-moi demain, si tu as envie de bavarder, dit-elle simplement.

C'était entre elles un message codé qui signifiait : Si tu as besoin de pleurer au téléphone à cause du remariage de Ray.

Sa mère partie, Leonie s'occupa machinalement de ranger le salon et commença à remettre de l'ordre dans le désastre de la cuisine. Mel avait laissé les photos sur la table du salon et Leonie se sentait attirée comme par un aimant. Elle voulait de nouveau les regarder, voir combien Fliss était belle et mince.

Telle une femme au régime tentée par le dernier KitKat caché dans le fond du placard, Leonie ne put résister. Danny était absorbé dans un quelconque feuilleton policier et ne s'apercevrait de rien, du moins l'espérait-elle. Elle s'empara des photos sans rien dire et les emporta dans sa chambre. Penny la suivit fidèlement et s'allongea sur le lit à côté d'elle tandis qu'à sa grande honte elle fouillait dans les pochettes.

De crainte que Mel ne sache dans quel ordre elles se trouvaient, elle prit le soin de ne pas mélanger les photos. Il y en avait encore beaucoup de Fliss, beaucoup plus que Mel ne leur en avait montré.

L'une d'elles les montrait tous en train de dîner dans un restaurant au luxe tapageur. Assise à côté de Fliss, Mel portait un haut en tissu brillant qui paraissait davantage destiné à une femme adulte qu'à une enfant et que Leonie ne connaissait pas. Abby était égale à elle-même avec un chemisier blanc. En revanche, Ray était devenu un autre homme, aussi resplendissant que le vêtement de Mel. Sur le cliché suivant, un gros plan où on le voyait avec Fliss, il avait une expression animée que Leonie ne se souvenait pas lui avoir jamais vue. Il semblait pleinement heureux. Leonie se dit tristement qu'il n'avait jamais eu cet air-là avec elle.

Elle passa rapidement en revue le reste des photos, plus déprimée que jamais. Elle finit par les remettre dans leurs pochettes et les glissa dans le vieux panier en osier sur la table de la cuisine où elle mettait les factures et le courrier. De cette façon, si Mel les avait cherchées, elle pourrait lui répondre qu'elles étaient rangées dans le panier.

Quand Leonie se rendit dans la chambre de ses filles, Abby était couchée, lisant *Orgueil et Préjugé* de Jane Austen, tandis que Mel, assise devant la coiffeuse, se nettoyait soigneusement le visage avec du démaquillant.

C'était nouveau. En général, Mel ne s'embarrassait pas d'un quelconque rituel de toilette. Elle croyait béatement que l'acné n'arrivait qu'aux autres, aux filles moins jolies qu'elle. Elle ne prenait même pas la peine d'ôter le mascara qu'elle n'était pas censée porter. Or elle était en train de se tamponner laborieusement le visage avec des disques de coton, comme un restaurateur d'art en train de nettoyer un Monet.

Leonie s'assit au bord du lit de Mel.

— Je suis contente de vous retrouver, dit-elle.

Elle aurait aimé ne pas se sentir comme une intruse dans leur chambre après une absence de trois petites semaines.

— Oui, marmonna Mel. Si seulement il ne fallait pas retourner au collège ! Je déteste le collège. J'aimerais bien qu'on soit déjà en janvier.

Abby, contrairement à son habitude, ne se montra pas d'humeur à parler. Elle avait coutume de s'asseoir en tailleur au pied du lit de sa mère, pour caresser les oreilles de Penny et parler jusqu'au moment où elles s'apercevaient qu'il était onze heures et demie alors qu'elles devaient se lever à sept heures. Or, ce soir-là, elle adressa à Leonie un sourire curieusement timide et se replongea dans son livre, visiblement peu désireuse de faire la conversation. Peut-être qu'elle aussi regrettait la merveilleuse Fliss, pensa tristement Leonie.

Se sentant de trop, Leonie préféra battre en retraite. Elle éteignit dans le couloir, ferma le verrou de la porte de derrière une fois que Penny fut allée faire son tour, et demanda à Danny de ne pas mettre le son de la télévision trop fort. Puis elle alla se coucher.

Elle allumait rarement la radio de son réveil mais ce soir-là, elle se sentait trop seule. Il y avait une émission sur les agences de rencontres.

— Comment voulez-vous trouver un mec au fin fond de nulle part sans un peu d'aide ? demandait une femme, furieuse de l'appel d'un homme estimant que payer pour faire des rencontres n'était que le dernier recours des laissées-pour-compte.

— Je parie que vous avez l'air d'une vieille piquée, interrompit brutalement l'auditeur avant d'ajouter qu'il était marié et avait quatre enfants.

— Et moi, je parie que votre femme vous trompe pour se consoler, espèce de grossier personnage ! rétorqua la femme.

L'animateur intervint, sentant que la discussion atteignait un cap dangereux.

— Nous reprendrons le débat après les informations, dit-il d'une voix calme, avec le témoignage d'un couple qui s'est rencontré par petites annonces.

Leonie était collée à son poste. Une heure plus tard, l'émission s'acheva. Elle éteignit la radio puis sa lampe. Couchée dans le noir, elle se dit qu'elle n'était pas un cas isolé. Beaucoup de gens se sentaient seuls et ne savaient pas comment faire de nouvelles rencontres, des gens qui se trouvaient trop vieux pour les bistrots fréquentés par des jeunes de vingt ans, ou trop jeunes pour les thés dansants. La femme qui participait à l'émission avait été, comme Leonie, une femme seule qui ne croyait pas pouvoir tomber amoureuse de nouveau. Deux annonces dans son journal local de Belfast, et elle sortait avec un homme qui avait tout pour plaire. Ils allaient se marier et avaient accepté de participer à un reportage sur les gens qui se rencontrent de manière inhabituelle. Pourquoi ne pas essayer ? se demandait Leonie. S'il y avait eu un homme dans sa vie, elle ne se serait pas sentie déprimée à cause de Fliss ou des regrets de Mel d'avoir dû rentrer, ou encore de son obésité croissante et de mille autres choses.

Elle s'étira sous la couette, tout excitée par son projet : passer une petite annonce ou s'inscrire dans un club de rencontres. Son but était de trouver un homme. Oui, elle le voulait. Elle irait tellement mieux !

— Que signifie SDLH ? demanda Leonie.

Elle était en train de lire son horoscope dans la minuscule cuisine où elles passaient les dix minutes de pause qu'elles arrivaient à grappiller entre la fin des consultations et le début des interventions chirurgicales.

Angie, la seule femme vétérinaire du cabinet, leva les yeux des mots croisés qu'elle terminait sans effort chaque matin, en sept minutes montre en main.

— Sens de l'humour, répondit-elle.

Son accent saccadé trahissait ses origines australiennes. Elle scruta Leonie de son regard gris clair.

— Pourquoi ? demanda-t-elle.
— Pour rien.

Pendant quelques instants, elles n'ajoutèrent rien ni l'une ni l'autre.

— Tu penses aux petites annonces ? demanda enfin Angie.

Leonie rougit en souriant. On avait toujours tort de chercher à cacher quelque chose à Angie, une des femmes les plus intelligentes qu'elle connût.

— Oui. Cela ressemble à une solution désespérée, à ton avis ? Je n'ai aucune chance de rencontrer un homme par ici ?

— Non, à moins de te faire enlever par le facteur, qui te trouve tout à fait à son goût. Il lui faut beaucoup de temps pour donner le courrier quand c'est toi qui lui ouvres.

— Chipie ! Il est presque à la retraite et, si je ne peux pas espérer mieux, autant renoncer tout de suite. Cela me rend folle, tu sais. Les gens croient qu'un cabinet vétérinaire est un lieu de perdition à haute densité hormonale parce qu'on s'occupe d'animaux. Je ne comprends pas pourquoi. Qu'y a-t-il de si sexy à regarder Tim pendant qu'il ôte les glandes anales d'un matou ?

— C'est le vieux fantasme du docteur et de l'infirmière, dit Angie. Les romans à l'eau de rose sont pleins de médecins et d'infirmières qui s'envoient en l'air entre deux quadruples pontages ! C'est du roman mais les gens croient que c'est ce qui se passe ici. On appelle cela le syndrome de la blouse blanche. Les femmes veulent bêtement se faire séduire par un type en blouse blanche parce que c'est lui le chef. Cela leur permet de se laisser aller à leur fantasme de la pauvre femme sans défense.

— Je veux bien que ce soit un fantasme, mais cela n'a rien à voir avec la réalité, répondit Leonie.

Elle se désintéressa de son horoscope parce que les

natives de la Vierge allaient avoir une mauvaise journée et se disputer avec tout le monde.

— Tim est très heureux avec sa femme, reprit-elle, Raoul est fiancé et, à moins que nous devenions toutes les deux lesbiennes, tu n'es pas non plus pour moi ! Peut-être que si Raoul retournait en Amérique du Sud, nous pourrions engager un jeune vétérinaire bien fait, nos yeux se rencontreraient par-dessus la table d'opération pendant qu'il castrerait un chat roux…

L'image lui arracha un grand soupir.

— Mais, entre nous, reprit-elle, il devrait être fou pour s'amouracher d'une divorcée avec trois enfants ! Une mère divorcée insolvable, qui plus est. Je suis de nouveau complètement fauchée, Angie. Mon découvert atteint des sommets et Mel n'arrête pas de geindre pour acheter de nouveaux vêtements…

— C'est une excellente idée de passer une petite annonce, interrompit Angie avant que Leonie se lance dans une tirade sur ses malheurs. Beaucoup de gens y ont recours et tu sais que tu ne rencontreras pas l'homme de tes rêves dans notre petite ville. Que dis-tu dans ton annonce ?

Leonie sortit de sa poche un morceau de papier journal.

— J'ai trouvé cela dans le numéro du *Guardian* de la salle d'attente. Il y a des pages entières de petites annonces dans la rubrique « Rencontres ». Je ne les comprends pas toutes. Il y a longtemps que je n'en ai pas lu et, pour moi, c'est du chinois ! Ecoute : « F. originale blo. min., SDLH, NF, voudrait renc. H. créatif, de préf. GrbrEl. pour rel. amour. Ldres. »

Angie traduisit :

— Femme originale, blonde et mince avec sens de l'humour, non-fumeuse, voudrait rencontrer un homme créatif, de préférence grand, brun et élégant pour relation amoureuse. Basée à Londres.

— Ah, d'accord ! dit Leonie en parcourant le reste des annonces. Il y a juste un problème : toutes ces femmes sont minces et tous ces hommes veulent des femmes minces. Ecoute : « Cherche femme mince et séduisante… » Aucune importance si c'est une tueuse en série, à partir du moment où elle est mince !

— Ne dis pas de bêtises, répondit Angie, qui était grande, séduisante dans un style sportif et très, très mince.

— Mais c'est vrai ! Tu n'as qu'à lire !

Elles examinèrent les demandes ensemble. Les hommes se décrivaient de toutes les manières, depuis « câlin » (« cela veut dire trop gros », expliqua Angie), jusqu'à « difficile à décrire en quatre ou cinq lignes » (ce qui, traduit par Angie, devenait : « petit, gros et souvent confondu avec un cochon bedonnant »).

Quelques présentations les firent éclater de rire, comme celle du chirurgien amateur de randonnées qui voulait une compagne drôle et aimant l'aventure ; ou celle de sire Lancelot qui cherchait sa Guenièvre.

— Exigera-t-il la ceinture de chasteté ? gloussa Angie.

— Ecoute celle-là : « Homme timide, 35 ans, vierge, cherche femme mêmes caractéristiques pour relation. » Comment peut-on être vierge à trente-cinq ans ? C'est bizarre.

— Pas s'il est très à cheval sur la religion, rétorqua Angie.

— Oh, oui ! Je n'y avais pas pensé. Mais que signifie « cherche relation éventuelle » ? demanda Leonie, très étonnée.

— Qu'il veut te sauter comme une bête après t'avoir soûlée au dîner, et ne jamais te revoir.

Angie paraissait très informée.

— C'est arrivé à une de mes amies, à Sydney, expliqua-t-elle. C'est une vieille habituée des petites annonces mais cela ne l'a pas empêchée de se faire salement avoir. Il a prétendu être un beau docteur et c'était vrai. Elle a donc oublié sa volonté de ne pas céder tout de suite et elle est tombée dans ses bras au premier rendez-vous. Champagne, peinture corporelle au chocolat, photos au Polaroïd, la totale ! Elle ne l'a jamais revu. Un vrai salaud !

Leonie frissonna à l'idée qu'un homme pourrait posséder des photos d'elle toute nue. Elle reprit sa lecture.

— « Cherche blonde avec de la classe pour s'amuser et jouer. » C'est un malade ! Il ferait mieux de s'adresser à une professionnelle.

— Ce sont des annonces branchées. Ce qu'il te faut, c'est la gentille annonce d'un homme de la campagne dans un journal de province.

— Tu crois ?

— J'en suis sûre ! Un homme avec une maison confortable, beaucoup d'animaux, plein d'argent et qui a de l'allure en bottes de caoutchouc.

— Le comté de Wicklow est plein de types de ce genre, contra Leonie. Il doit y en avoir un arrivage qui envahit le cabinet pendant que nous bavardons, apportant tous des roses rouges parce qu'ils ont appris que je suis en manque d'amour. Oh, et n'oublions pas le mouton malade qu'il faut soigner ! Allez, viens, nous ferions mieux de nous mettre au travail.

Elles discutèrent encore un peu des petites annonces au cours de la matinée tandis qu'Angie stérilisait quatre chattes et deux chiennes, et détartrait les dents d'un très vieux beagle.

Leonie l'assistait, rasait le ventre des animaux et les passait au désinfectant avant qu'Angie commence. Contrôler la respiration et la couleur des bêtes faisait aussi partie de son travail. Les plus âgés étaient souvent mis sous oxygène pour être opérés. Les jeunes n'en avaient pas besoin la plupart du temps mais Leonie surveillait la couleur de leur langue pour s'assurer que l'oxygénation se faisait correctement. Si leur langue montrait le moindre signe de virage au gris, elle leur administrait de l'oxygène pur.

— Sois honnête dans ton annonce, lui conseilla Angie, qui recousait avec délicatesse le ventre d'une petite chatte tigrée. Présente-toi comme une femme « voluptueuse », parce que c'est vrai et qu'il vaut mieux que les hommes qui te répondront le sachent. Imagine, si tu tombais sur un piqué dont le seul but dans la vie serait de te faire perdre tes kilos !

— C'est formidable d'avoir une amie sincère, dit Leonie sans quitter des yeux la respiration de la petite chatte. Si je demande à quelqu'un d'autre, on va me mentir, me dire que je suis mince comme un fil ! Ma mère me répète sans arrêt que je suis belle telle que je suis et que je dois oublier mes idées de régime. Elle se moque de moi !

— Ta mère est une femme remarquable et, non, elle ne se moque pas de toi. La moitié des femmes dans ce pays se tuent à faire des régimes. C'est une perte de temps, et tu le sais. La plupart des gens qui perdent du poids le reprennent presque aussi vite.

— Ne m'en parle pas ! grogna Leonie, qui sentait la ceinture à élastique de son uniforme bleu la serrer à lui faire mal. D'après toi, si je voulais passer une annonce, que devrais-je y mettre ?

— Voluptueuse, sensuelle… commença Angie.

— Arrête ! cria Leonie, secrètement flattée. Sensuelle ! On ne peut pas écrire ça !

— Pourquoi ? dit Angie, qui avait terminé de recoudre la chatte.

Elle lui fit une injection d'antibiotique et la remit dans sa cage.

Elle revint avec une chienne yorkshire qu'il fallait aussi stériliser et reprit la conversation là où elle l'avait laissée.

— Tu es une femme sensuelle, dans tous les sens du terme. Tu sais, ce n'est pas seulement une question sexuelle ! Cela désigne aussi quelqu'un qui aime se servir de tous ses sens, ce qui est ton cas.

— Oui, mais dire « sensuelle » dans une annonce du *Wicklow Times* déclencherait une avalanche de coups de fil d'hommes persuadés que je cherche des amis masculins d'un autre genre, le genre qui laisse un petit cadeau sur la cheminée !

— D'accord ! Que dirais-tu, alors, de : Blonde aux yeux bleus, voluptueuse, euh…

— « Et qui aime les enfants. »

— Tu risques de les décourager, fit remarquer Angie. Ils croiront que tu cherches un donneur de sperme plutôt qu'un homme.

— Je dois quand même mentionner les enfants.

— « Aime les enfants et les animaux » ? proposa Angie.

— Oui, tu as raison.

Angie commençait à vraiment s'intéresser à la question et aurait aimé discuter plus longtemps. Mais Leonie ne tenait pas à ce que les autres employés de la clinique connaissent sa vie privée. Louise, une autre assistante, entrait sans arrêt dans la salle d'opération pour parler à Angie, et Leonie ne voulait pas qu'elle entende leur conversation.

Une fois les différentes interventions terminées, Leonie s'occupa de nettoyer les cages. En tant qu'assistante, elle travaillait surtout dans les salles arrière du cabinet. Le long de deux des murs, s'alignaient les cages des « patients ». Il pouvait y avoir jusqu'à quarante petites bêtes qui, regardant les vétérinaires et les assistantes d'un air mélancolique, attendaient d'être opérées ou d'avoir repris des forces. Ce jour-là, plusieurs stérilisations étaient prévues pour l'après-midi. Trois autres animaux attendaient qu'on leur fasse une analyse de sang.

Bubble, une jolie chatte blanche aux oreilles déchiquetées qui vomissait sans arrêt, devait passer une série d'examens, y compris du foie et des reins. C'était une habituée du vétérinaire. Les chats blancs sont enclins à avoir des cancers de la peau au bout des oreilles et Bubble avait déjà subi trois opérations. Forte de sa longue expérience, elle était très douée pour s'échapper dès que l'on ouvrait sa cage. Leonie y avait apposé une petite pancarte sur laquelle elle avait écrit : « Championne d'évasion ». C'était mieux que le « Attention ! dangereux » auquel avaient droit les chats errants qu'on leur apportait de temps en temps. Ces chats presque sauvages se révélaient souvent positifs au test du sida des chats. Leonie portait de nombreuses cicatrices dues aux coups de griffes que lui avaient donnés ces pauvres animaux que personne n'aimait.

Au-dessous de Bubble, se trouvait Lester, un furet au pelage jaune qui attendait d'être adopté. Il était lui aussi assez habile pour s'échapper. Un peu plus tôt dans la journée, il avait réussi à glisser des bras de Leonie et à se cacher dans l'armoire à pharmacie pendant dix minutes avant d'être capturé. Leonie le sortit prudemment de sa cage et la nettoya. Elle l'y remit avec une petite peluche et le regarda s'amuser, mordant avec frénésie le cou du jouet. Elle avait pensé le prendre chez elle ; elle ne supportait pas de voir des animaux dépourvus d'affection. Mais, le voyant massacrer la peluche, elle révisa sa position.

Comment Lester se décrirait-il dans une petite annonce ?

Mâle au poil soyeux passionné par la vie de Houdini cherche maison accueillante où l'on accepte de se faire grignoter. Les femelles intéressées doivent aimer s'ébattre dans le jardin et apprécier les odeurs mâles puissantes.

Leonie sourit. Présenté de cette façon, Lester paraissait irrésistible. Elle devait apprendre à lire les annonces entre les lignes. Sinon, Dieu seul savait ce qui arriverait !

10

Faire partie des trois membres du personnel capables de tenir le standard ne comportait qu'un seul inconvénient : on devait s'en occuper en cas d'absence de la standardiste. Or Carolyn, la fille qui travaillait depuis deux semaines à la réception, n'était jamais disponible. Hannah regrettait de l'avoir embauchée. Carolyn avait déjà été malade un jour la semaine précédente et, ce matin-là, elle avait appelé à neuf heures dix pour prévenir qu'elle avait la grippe.

« Gillian, pouvez-vous vous occuper de la réception, aujourd'hui ? » avait demandé Hannah.

Gillian lui en voulait toujours beaucoup d'avoir été engagée comme directrice. Elle adorait savoir où se trouvaient les agents et les appeler pour vérifier que tout allait bien. Cela lui procurait une sensation de pouvoir.

« Je peux jusqu'à l'heure du déjeuner, avait sèchement répondu Gillian. Je travaille à mi-temps, aujourd'hui. »

Cela signifiait qu'Hannah n'avait aucune chance de faire son propre travail. Elle avait dû passer l'après-midi derrière le bureau de la réception et gérer les appels tout en essayant de retrouver la trace d'une livraison de matériel de bureau qui s'était perdue.

Naturellement, il avait suffi qu'arrive une cliente pour que le standard soit pris de folie. La femme ne parut pas très impressionnée de voir Hannah jongler avec quatre appels simultanés avant de pouvoir s'occuper d'elle. Elle frémissait d'impatience mais Hannah attendit que la lumière rouge du standard s'éteigne, indiquant que Donna Nelson avait terminé sa conversation.

— Donna, un appel pour toi sur la ligne un : M. McElhinney au sujet de la propriété de York Road.

— Merci, Hannah.

Pivotant dans sa très confortable chaise neuve, Hannah regarda enfin la jeune femme à l'air angoissé qui se tenait devant son bureau bas. Quand David James avait discuté avec Hannah de la rénovation des locaux, elle lui avait en effet expliqué que les clients avaient besoin de voir la personne qui les accueillait. Sinon, ils avaient l'impression de faire la queue à la poste.

— Je suis désolée que nous ayons été interrompues, dit Hannah de son ton le plus diplomatique. Cela n'a pas arrêté de toute la journée. Que puis-je faire pour vous ?

— La maison du 73, Shandown Terrace est-elle déjà vendue ? demanda la jeune femme.

Sa voix tendue devenait un peu plus aiguë à chaque mot et son visage constellé de taches de rousseur trahissait sa consternation.

— Nous venons seulement de comprendre qu'elle est à vendre, poursuivit-elle. Nous avons toujours adoré cette rue et nous rêvons d'y habiter. Ne me dites pas qu'elle est vendue !

— Donnez-moi un instant, je vérifie, répondit Hannah.

Elle chercha dans les dossiers de l'ordinateur et trouva la maison. L'affaire était suivie par Steve Shaw, l'insupportable benjamin de l'équipe. Il l'avait déjà fait visiter à deux clients potentiels mais aucun n'avait formulé de proposition.

« Il y a deux cent mille balles de travaux avant que des rats acceptent d'y entrer ! » avait-il râlé en revenant de la première visite.

— Les nouvelles sont bonnes, dit Hannah. Elle est toujours libre. Voulez-vous voir l'agent qui s'en occupe ?

Quelques minutes plus tard, Steve s'assit avec la jeune femme sur le canapé grège de la réception, beaucoup trop près d'elle, estimait Hannah. C'était la technique de vente de Steve : envahir l'espace personnel des femmes et flirter avec elles comme s'il n'en avait jamais vu une aussi belle.

Il avait essayé avec Hannah dès leur première rencontre. A peine de retour de voyage de noces, affichant son bronzage des Bahamas, il se trouvait très beau et pensait la même chose d'Hannah. Il ne cessait de l'appeler Beauté.

« Pourquoi venir travailler ici, Beauté, si c'est seulement pour me briser le cœur ? » avait-il dit à son premier refus de déjeuner avec lui.

Cela s'était passé à peine cinq minutes après qu'on les eut présentés. Hannah lui avait retourné un regard sévère de derrière ses lunettes de mère supérieure, mais en vain.

« Tu es très sexy quand tu me regardes de cette façon », avait-il dit d'un air effronté.

Il s'était obstinément tenu à ce ton de badinage au cours des trois semaines écoulées depuis l'arrivée d'Hannah. Jusque-là, elle avait résisté à la tentation de le remettre à sa place.

De son poste d'observation derrière la réception, elle le vit poser la main sur le genou de la cliente. Un geste complètement déplacé. La cliente était visiblement si soulagée que sa chère maison soit encore à vendre qu'elle ne parut pas le remarquer et adressa un grand sourire à Steve.

C'était un après-midi très chargé. Depuis que David James avait pris la direction de l'agence, tout le monde débordait d'activité. On avait distribué dans le quartier des dépliants de l'agence, deux nouveaux agents avaient été engagés et les locaux avaient été rénovés en un week-end. Finis, les murs couleur café et les paravents marron ! Ils avaient été remplacés par une réplique de l'agence de Dawson Street, avec d'élégantes gravures, un éclairage indirect et un mobilier luxueux. Hannah avait été chargée de gérer la transformation, tâche qui l'avait enthousiasmée. Le grand bureau incurvé de la réception était en érable blond et le bouquet posé à côté de l'ordinateur dernier cri était renouvelé tous les trois jours. Même l'aération défectueuse dans les toilettes des femmes avait été réparée. David James avait exigé une rénovation soignée.

David n'aimait pas parler pour ne rien dire mais il voyait tout. Hannah et lui se comprenaient parfaitement. Ils se réunissaient deux fois par semaine pour faire le point sur la marche des affaires. Hannah s'était rendu compte qu'elle attendait avec plaisir ces séances de travail qui duraient au moins une heure. En privé, David n'était pas l'homme austère et taciturne dont il donnait l'image en public. Quand ils avaient terminé de passer en revue les différents points d'amélioration du travail de l'agence, il demandait à Gillian de leur apporter du café et les biscuits aux pépites de chocolat qu'il aimait.

« Je ne devrais pas en manger mais c'est trop bon », avait-il dit d'un air coupable après leur réunion de la matinée.

Il était en train de tremper son troisième biscuit dans sa tasse de café.

« Je croyais que seules les femmes étaient censées céder à la gourmandise », avait plaisanté Hannah.

Elle avait découvert qu'il possédait un réel sens de l'humour et aimait qu'on le taquine un peu.

« Tout le monde ne peut pas être une machine de guerre sans un gramme de graisse comme vous », avait-il rétorqué avec un regard approbateur sur la mince silhouette d'Hannah.

Ce jour-là, elle portait un élégant twin-set de soie bordeaux avec un pantalon gris.

Si un autre homme s'était permis une pareille remarque, Hannah l'aurait remis à sa place, par crainte d'un sous-entendu sexuel. Mais avec David James, elle se sentait en confiance. Malgré la proximité qu'impliquaient leurs relations de travail, elle n'avait jamais constaté la moindre incorrection dans son attitude envers elle. Ils étaient collègues de travail, cela s'arrêtait là.

« Si Gillian n'était pas folle de vous, je crois que vous n'auriez pas de biscuits au chocolat, avait rétorqué Hannah, malicieuse.

— Je ne vous crois pas ! »

Il lui avait lancé un regard horrifié et Hannah n'avait pu s'empêcher de rire.

« Désolée, David, elle vous apprécie beaucoup, avait-elle ajouté avant de se taire, peu désireuse d'en dire plus.

— Vous plaisantez ?

— Bien sûr ! avait menti Hannah. Je plaisante. Je ferais mieux d'aller travailler, David. »

Elle était sortie du bureau, amusée qu'un homme aussi observateur que lui ait pu ignorer les attentions de Gillian. D'une intelligence capable de déceler la moindre nuance dans une conversation d'affaires, il se montrait aveugle dès qu'il s'agissait de psychologie. Quand Hannah avait repris sa place derrière sa table de travail bien rangée, Gillian lui avait jeté un regard féroce. Les réunions d'Hannah et David n'inspiraient à personne plus de jalousie qu'à Gillian.

Il était presque l'heure de fermer quand David appela Hannah depuis le téléphone de sa voiture.

— J'ai rendez-vous avec un client mais j'ai vingt minutes de retard. Voulez-vous le prévenir et lui offrir un café, Hannah ? J'espère que cela ne vous ennuiera pas de rester un peu, c'est important. Il s'agit d'un vieil ami qui s'appelle Felix Andretti.

Quel parfum d'aventure ! songea Hannah en écrivant le nom. A six heures, les employés qui n'étaient pas en train de faire visiter des maisons ou en rendez-vous avec des clients prirent leurs affaires et s'en allèrent.

— Tu restes tard ? demanda Donna en passant devant le bureau de la réception avec Janice, une des deux nouvelles de l'équipe commerciale.

— Pas vraiment, répondit Hannah. J'ai quelque chose à faire pour David, c'est tout.

— Cela te dirait d'aller prendre un verre au McCormack's après ? Janice et moi, nous venons juste de décider que nous avons besoin d'un petit remontant. Normalement, je n'ai pas le temps mais ce soir je peux traîner un peu.

— J'aurais aimé vous accompagner mais je ne peux pas, répondit Hannah avec regret. J'ai déjà quelque chose de prévu.

— Pas grave ! Ce sera pour la prochaine fois.

Ce soir-là avait lieu la réunion « retour d'Egypte ».

Leonie, Emma et Hannah se retrouvaient au Sachs Hotel pour un verre et allaient ensuite dîner. Leonie avait insisté pour terminer la soirée en boîte.

« Je ne peux jamais aller danser », lui avait-elle dit d'un ton mélancolique au téléphone.

L'idée de leur trio en train de danser entre filles l'avait fait rire mais elle n'avait rien promis. Elle avait néanmoins emporté sa robe améthyste pour se changer, au cas où !

A six heures et demie, elle avait commencé à se préparer. Elle avait défait ses cheveux, les laissant librement retomber sur ses épaules ; elle avait refait son maquillage en ajoutant le rouge à lèvres rose brillant qui allait si bien avec la robe, et s'était généreusement aspergée de Coco. Il ne lui restait que quelques minutes pour partir si elle voulait être à l'heure au Sachs Hotel, et elle ne s'était pas encore changée.

Fichu David et fichu client ! Elle laissa passer encore cinq minutes puis, comme personne n'avait donné signe de vie, elle prit sa robe et se dissimula derrière le grand meuble à classeurs. Ainsi, elle pouvait surveiller la porte sans être vue. Elle se déshabilla. Heureusement, elle était en train de glisser sa robe sur ses hanches quand elle entendit la porte en verre s'ouvrir lentement.

Finissant en hâte d'enfiler sa robe, elle s'apprêtait à s'avancer quand elle réalisa qu'une tenue de soirée moulante et sexy n'était pas l'idéal pour accueillir le meilleur ami de son patron. Elle attrapa son imperméable en Nylon bleu marine et se battait avec les boutons quand elle aperçut Felix Andretti.

Heureusement que l'agence était fermée. Sans cela, elle aurait été incapable de s'occuper de quelqu'un d'autre. Felix était à couper le souffle, pas brun comme son nom italien le suggérait, mais d'un blond or pâle, comme les feuilles d'automne.

Il avait une peau de miel, une chevelure luxuriante et soyeuse dont les mèches retombaient sur des yeux marron brillants, et ce visage... « Beau » était un euphémisme. Une mâchoire virile, un long nez aristocratique et des pommettes où l'on aurait pu accrocher son chapeau ! Il aurait rendu des points à Robert Redford, pensait Hannah, en état de choc. Leonie aurait une crise cardiaque si elle le voyait ! Dans son costume en lin naturel, il était aussi grand et élancé qu'un cow-boy. Hannah ne pouvait en détacher les yeux.

— Ravissant ! dit-il d'une voix de velours, détaillant du regard son imperméable ouvert sur sa jupe si courte, et ses jambes gainées d'un dix-deniers scintillant qui, par miracle, avait survécu à la journée sans filer.

Pour une fois, Hannah sentit son sang-froid l'abandonner. Elle rit nerveusement.

— Je sors et je devais me changer. David est en retard et il m'a demandé de vous attendre.

— Je ne saurais trop l'en remercier, dit Felix.

Elle n'arrivait pas à situer son accent, ni irlandais ni britannique mais un peu snob, comme sa mère aurait dit. Après toutes les années qu'elle avait passées à faire le ménage des riches clients du Dromartin Castle Hotel, Mme Campbell n'aimait guère les snobs.

— Puis-je vous offrir un café ? proposa Hannah, qui souhaitait ramener la conversation sur un terrain moins glissant.

Cet homme était un ami de David. Il était hors de question de flirter avec lui.

— Puis-je avoir autre chose ? demanda-t-il en haussant les sourcils d'un air malicieux.

— Euh... Oui, bien sûr.

— Ce sera vous, dans ce cas.

Elle plissa les yeux.

— Je ne suis pas au menu, répondit-elle, s'amusant de sa propre repartie.

— Vous voulez dire que vous me proposiez du thé ? interrogea-t-il, les yeux brillants.

— Rien d'autre, malheureusement, répondit-elle sur le même ton. Nous n'avons plus de jus d'orange.

Il s'assit sur le rebord du bureau de la réception, les yeux levés vers elle avec un évident intérêt.

— David a-t-il dit s'il serait très en retard ? Quoique... Cela me conviendrait tout à fait s'il ne venait pas du tout.

Quand Hannah rejeta la tête en éclatant de son profond rire de gorge, elle en fut la première surprise.

Elle, Mlle Glaçon Campbell, la femme qui pouvait refroidir l'envahisseur viking d'un seul regard, elle était en train de flirter avec un homme beau comme un dieu ! C'était incroyable, mais très agréable.

Avec un frisson, Hannah se demanda si Jeff, le beau professeur de gymnastique de l'hôtel, n'avait pas levé ses résistances, lui permettant de faire de nouveau confiance aux hommes. Et pourquoi pas ? Elle était seule depuis assez longtemps. Elle méritait d'avoir un homme dans sa vie.

— Je suppose que votre carte de visite indique « charmeur professionnel » ? lui dit-elle en souriant.

Les défenses qu'elle s'était construites se dégelaient peu à peu et, ce faisant, son corps se transformait. Elle sentait son visage se détendre, ses tensions s'évanouir et son attitude devenir plus naturelle, plus souple, instinctivement plus séduisante.

— En réalité, elle indique « comédien ».

— Oh !

— Déçue ?

Elle fit non avec la tête, ses cheveux dansant sur ses épaules. Elle savait que l'effet de ce mouvement était joli et voulait qu'il le remarque.

— Je n'avais jamais rencontré d'acteur. Du moins, pas en bonne et due forme, corrigea-t-elle.

— Vous voulez dire que vous en avez rencontré en mauvaise forme ? dit-il avec un petit sourire.

Elle agita un doigt réprobateur dans sa direction.

— Faire le malin ne vous mènera nulle part, dans la vie !

— Je ne sais pas, dit-il, se penchant un peu plus vers elle. Pour l'instant, cela m'a mené assez loin. Mais je dois dire que la situation s'est radicalement améliorée depuis que je vous ai rencontrée.

— Nous ne nous sommes pas rencontrés, dit-elle. C'est ce que je voulais dire par « en bonne et due forme ». Nous n'avons pas été présentés, donc nous ne nous sommes pas rencontrés comme il faut ! Les autres acteurs que j'ai croisés ne m'ont jamais été présentés non plus.

— Ils devaient être aveugles pour ne pas le vouloir, dit-il avec chaleur avant de tendre la main d'une façon très protocolaire. Ravi de faire votre connaissance, madame. Felix Andretti, pour vous servir.

Elle lui serra la main, s'épanouissant au contact de sa peau tiède contre la sienne. Elle sentit l'excitation monter en elle.

— Hannah Campbell. Je suis ravie, moi aussi.

— A présent que les convenances ont été respectées, pouvons-nous passer à l'inconvenant ? dit-il. Que vouliez-vous dire au sujet de cette soirée avec des amis ? Ne pouvez-vous pas vous décommander et sortir avec moi ?

— Non, répondit-elle en souriant. C'est impossible. C'est une soirée spéciale ; ce sont des amies que j'aime beaucoup et je ne peux pas les abandonner.

— Hommes ou femmes ?

— Des femmes.

— Parfait ! Je vous accompagne.

— Non, c'est impossible.

Felix fit mine de réfléchir.

— Je ne comprends pas le mot « impossible ».

— Alors, je suppose que vous comprendrez « non » ! le taquina Hannah.

Il sourit en signe d'acquiescement.

Le téléphone se mit à sonner et Hannah décrocha vivement. C'était David, qui voulait savoir si Felix était arrivé. Elle passa le combiné à ce dernier et les entendit organiser un rendez-vous à un autre endroit car David était toujours retenu.

— Il faut que je me sauve, dit Hannah lorsqu'il eut raccroché.

— Puis-je vous revoir ? demanda Felix en s'appuyant au bureau, à moins d'un mètre d'elle.

Elle sentait son après-rasage dont le parfum entêtant lui donnait presque une sensation d'ivresse.

— Oui. Pour l'instant, au revoir !

— Puis-je vous déposer quelque part ? proposa-t-il.

— Je prends le bus. J'ai laissé ma voiture au garage.

Felix eut un sourire presque carnassier.

— Laissez-moi vous emmener, cela nous permettra de parler. Je veux tout savoir de vous !

Hannah pensa à la deuxième lettre d'Harry, enfouie au fond de son sac, et qui la suppliait de répondre à la première. Elle l'avait reçue le matin même et l'avait relue deux fois. *Je t'en prie*, écrivait-il, *accepte de me revoir, c'est important.*

Harry pouvait aller au diable ! Elle avait besoin de vivre un peu.

Drapée dans une ample robe rouge cerise, les ongles et les lèvres fardés du même ton éclatant, Leonie entra dans le bar du Sachs toutes voiles dehors, essayant de paraître à l'aise. Elle avait renoncé à son habituel plumage noir et à une grande partie de son maquillage des yeux. Cela lui donnait l'impression d'être sortie à demi nue ou avec sa jupe coincée dans sa culotte. Mais personne ne pouvait le savoir. Elle devait se présenter comme une femme sûre d'elle et détendue, une femme qui avait rendez-vous avec deux amies pour leur raconter les dernières nouvelles.

Elle repéra presque tout de suite Emma. Tassée dans un coin à côté d'une des fenêtres, celle-ci ressemblait à une petite souris dans sa tenue de travail beige et buvait de l'eau minérale. Il faut changer cela ! pensa-t-elle joyeusement en traversant le bar comme une reine. Elle avait laissé sa voiture chez elle pour pouvoir boire un peu. Si c'était nécessaire, elle insisterait pour qu'Emma rentre chez elle en taxi, car, elle aussi, elle allait devoir se lâcher ! Au téléphone, elle avait trouvé Emma déprimée malgré ses efforts pour le cacher. Depuis des années, Leonie était convaincue que, si l'alcool ne guérit rien, un ou deux verres de vin rendent la peine plus légère à supporter.

— Emma ! Comme je suis contente de te voir, ma grande !
— Leonie !

Elles s'embrassèrent avec enthousiasme et Leonie se sentit soulagée. Son amie paraissait un peu moins maigre qu'en Egypte. Emma ne serait jamais une candidate valable pour les programmes Weight Watchers mais, au moins, elle n'avait plus l'air d'un squelette ambulant.

— Tu es superbe ! s'exclama Emma. Cette couleur te va vraiment bien. C'est nouveau ?

— Vieux comme Hérode, presque aussi vieux que moi ! dit Leonie. Je n'avais jamais eu le cran de la porter jusqu'à ce soir, mais j'ai quelque chose à fêter…

Elle s'interrompit avec un grand sourire.

— Je ne peux pas te le dire avant qu'Hannah soit là. Toutes les sorcières doivent être réunies pour que soient faites les révélations !

— Enfin quelqu'un qui a des bonnes nouvelles ! soupira Emma en s'enfonçant dans la banquette.

Elle s'aplatit contre le dossier comme si toute son énergie l'avait quittée.

Leonie l'examina soigneusement. Le teint d'Emma était naturellement pâle, et même une semaine au soleil de l'Egypte n'avait pu faire mieux que rosir son nez et ses joues. Mais elle paraissait plus blanche que Leonie ne l'aurait cru. Elles n'étaient rentrées que depuis trois semaines. Elle avait elle-même encore bonne mine et entretenait son hâle par de généreuses applications de poudre bronzante.

— Que se passe-t-il ? demanda-t-elle en tapotant le genou maigre d'Emma.

— Par où commencer ? grogna Emma.

Elle pensait à ses inquiétudes au sujet de sa mère et aux commentaires de son père sur le prêt qui la rendaient folle de frustration rentrée.

— Pas sans moi ! Vous ne pouvez pas commencer sans moi !

Hannah les rejoignait, suivie de nombreux regards

admiratifs et du serveur qui avait, jusque-là, consciencieusement ignoré les deux autres.

Les yeux pétillants, Hannah se laissa tomber sur la banquette à côté d'Emma en essayant d'effacer de son visage son grand sourire béat, mais en vain.

— Vous ne devinerez jamais ce qui vient de m'arriver, les filles !

Sa bouche en tremblait et elle n'arrêtait pas de se passer la langue sur la lèvre inférieure, un tic nerveux qui affectait visiblement beaucoup l'équilibre du serveur.

— Puis-je vous servir quelque chose ? dit-il avec un accent vaguement allemand, tout en essayant de ne pas baver d'admiration.

— Oui, souffla Hannah d'une voix rauque et sensuelle. Je prendrai un Martini avec de la limonade, je vous prie.

A voir le serveur, on aurait cru que « un Martini avec de la limonade » voulait dire : « Pourriez-vous m'emmener derrière le bar pour me faire l'amour comme un fou ? » Il restait figé sur place, dévisageant Hannah d'un regard éperdu. Leonie, qui voulait entendre l'histoire d'Hannah, estima finalement impossible de l'écouter tant qu'il serait là, la langue pendant jusqu'à terre.

— Je prendrai un verre de vin blanc, et toi aussi Emma, dit-elle à voix haute.

Emma n'émit pas un mot de protestation. Le serveur s'éclipsa d'un bond. Leonie se tourna vers Hannah.

— Si Mel Gibson est venu dans ton bureau te demander de lui faire visiter personnellement quelques nids d'amour, je veux son numéro de téléphone et ses mensurations, ou bien je ne te parle plus de toute ma vie !

Hannah gloussa comme une pensionnaire de couvent en train de sécher le cours d'économie domestique pour fumer en cachette.

— C'est mille fois mieux que Mel Gibson.

Elle leur souriait, rayonnante, et se tapota la poitrine comme pour calmer son cœur.

— Quoi ? demanda Emma, tout émue.

— Oui, qu'est-ce qui est mieux que Mel Gibson ? insista Leonie, qui, la veille, avait passé une délicieuse soirée avec Mel et une demi-bouteille de lambrusco grâce à un vieux *Arme fatale*.

— Felix Andretti, soupira Hannah.

— Qui ? demandèrent les deux autres en chœur.

— C'est un acteur, le plus bel homme que j'aie jamais vu. Plus âgé que Brad Pitt mais avec la même aura et... je ne sais pas comment le décrire !

— Débrouille-toi ! s'écria Emma. Ce que j'ai fait de plus amusant depuis la dernière fois qu'on s'est vues a été de pousser mon chariot dans les rayons du supermarché en me demandant si j'allais acheter des biftecks ou profiter encore de l'offre spéciale sur le porc ! J'ai besoin d'un peu de glamour dans ma vie, alors dis-nous à quoi il ressemble !

— D'accord.

Elles se serrèrent toutes les trois sur la banquette mais Hannah attendit que le serveur ait fini de poser leurs boissons sur la table, ce qu'il fit avec une lenteur insupportable.

— Merci, dirent-elles toutes les trois par réflexe, ne désirant que le voir disparaître.

— Est-ce qu'il est hétérosexuel, célibataire ou marié avec une folle qu'il séquestre au grenier, comme M. Rochester dans *Jane Eyre* ? demanda Leonie quand il les laissa enfin seules.

Hannah fit mine de réfléchir avant de répondre d'un air pensif.

— Vous savez, je l'ignore, et, poursuivit-elle avec un sourire narquois, je m'en moque ! Il est superbe et j'ai terriblement envie de lui. Attention, les filles ! On parle d'un homme beau à tomber à la renverse !

Elle but machinalement une gorgée de son Martini mais sans le goûter. Elle était assez excitée par son aventure pour ne pas avoir besoin d'alcool pour s'amuser.

— Il est à moitié espagnol et il vit à Londres depuis quelques années. Il est venu à Wicklow pour le tournage d'une nouvelle série télé, qui va durer six mois, et il cherche un appartement. C'est un ami de mon patron, mais j'ignore comment ils se sont connus. On ne peut pas imaginer deux personnes plus différentes l'une de l'autre. David est introverti et sérieux ; Felix est exotique, différent. C'est un esprit libre, un homme qui ne planifie pas sa vie mais fait des choix en fonction des événements.

Elle était devenue rêveuse, songeant à la façon dont Felix avait voulu modifier son programme de la soirée pour sortir avec elle. Cela avait été instantané. Il avait été attiré par elle avec autant de force qu'elle par lui.

Emma pensait que ce Felix ne paraissait pas très différent du Harry, qui avait fait tant pleurer Hannah quand son désir d'être différent et de faire ses choix en fonction des événements l'avait amené à la laisser tomber du jour au lendemain. Elle s'abstint de prononcer la moindre remarque. Hannah se disait tellement décidée à ne plus souffrir à cause d'un homme qu'elle se méfierait. Emma lui faisait confiance pour cela.

Leonie, de son côté, était émue jusqu'aux larmes par une histoire aussi romantique. Très pragmatique en bien des domaines, elle perdait tout sens critique dès qu'il s'agissait d'amour.

— Qu'est-ce qu'il t'a dit en premier, et comment se fait-il qu'il ait pu te parler puisqu'il était venu pour M. James ? demanda-t-elle d'une voix haletante.

Hannah dut expliquer qu'elle était en train de se changer et qu'elle avait sa robe autour de la taille quand Felix était entré dans sa vie. L'image les fit éclater de rire toutes les trois.

— Je n'ose imaginer les hommes susceptibles d'entrer dans la salle d'opération si j'étais en train d'ôter mon uniforme pour mettre une robe sexy, dit Leonie. Sans doute le pasteur avec son caniche. Ils ont tous les deux le cœur fragile, ils n'y résisteraient pas !

Emma lui donna une petite tape amicale.

— Pourquoi dis-tu cela ? Tu étais la reine, en Egypte. J'espère que tu ne vas pas tout voir en noir parce que tu es rentrée chez toi.

— Je plaisante, répondit vivement Leonie. Je me sens très optimiste en ce moment. Allez, Hannah, donne-nous un peu plus de détails sur l'irrésistible M. Andretti !

Hannah n'avait pas besoin de se faire prier. Entichée de Felix comme elle l'était et encore tout excitée de sa rencontre, elle ne pouvait s'empêcher d'en parler. Avec n'importe qui d'autre, elle ne se serait pas départie de sa réserve mais avec Leonie et Emma... Elles étaient des amies, pas des collègues de travail ou des parentes, ou encore des gens qui cherchaient à se lier dans un but intéressé. Elle pouvait leur faire confiance. Elle se laissa donc aller.

— Je croyais que tu avais renoncé aux hommes, dit Leonie après un quart d'heure de louanges à la gloire de Felix, de sa beauté, de son allure, de la grâce que lui donnaient ses longues jambes et qui rappelait à Hannah celle des léopards en liberté...

Hannah se mordit la lèvre.

— J'y avais renoncé, mais il faut saisir les occasions quand elles se présentent. Et Felix est un vrai présent ! Tu en serais folle, Leonie. Vous savez, il voulait venir, ce soir.

— Tu aurais dû l'amener, soupira Leonie. Il a l'air fantastique. C'est sans doute ma seule chance d'approcher un homme : rencontrer ton M. Monde et frôler sa veste quand nous nous serrerons la main !

Hannah regretta aussitôt de les avoir abreuvées des mille qualités de Felix.

— C'était seulement un jeu, ajouta-t-elle précipitamment. Je ne le reverrai sans doute jamais. Je m'emballe pour rien. Et je me suis promis de me consacrer à mon travail et de ne plus jamais être amoureuse.

— Tu ne peux pas t'en empêcher si c'est vraiment de l'amour, déclara Leonie. Cela t'emporte sans que tu puisses résister. J'ai toujours dit que tu étais folle de renoncer aux hommes, n'est-ce pas, Emma ?

— C'est vrai. Mais tu avais aussi des nouvelles à nous raconter, Leonie. Elle a quelque chose de passionnant à nous dire, précisa Emma à l'intention d'Hannah.

— En fait, hésita Leonie, ce n'est pas très intéressant comparé à Brad Pitt II.

— Raconte ! grogna Hannah entre ses dents.

— Bon : j'ai passé une annonce dans l'*Evening Herald* !

— Fantastique ! s'exclama bruyamment Hannah.

— Bravo ! dit Emma. Qu'as-tu écrit ? Quand paraît-elle ? A moins que tu aies déjà des réponses ?

— Je l'ai apportée, dit Leonie en sortant un papier de son sac. Je peux vous dire que c'est un cauchemar à écrire ! Sincèrement, comment peut-on se décrire soi-même ?

— Vive, drôle, blonde, pleine de charme... dit aussitôt Hannah.

— ... cherche homme gentil parce qu'elle a une belle âme et mérite d'être aimée, compléta Emma.

Leonie rougit.

— Vous êtes vraiment chics, vous deux ! Si seulement vous aviez pu m'aider à l'écrire ! Si mon amie Angie ne l'avait pas fait, cette annonce n'aurait jamais existé.

— Laisse-nous voir, demanda Hannah.

Elles se penchèrent ensemble sur le texte manuscrit de l'annonce :

> *Blonde sculpturale, divorcée, petite quarantaine, aimant les enfants et les animaux, cherche homme au grand cœur avec SDLH pour amitié et plus si affinités. N° 12933.*

— Elle paraîtra à partir de demain et pendant trois jours, dit-elle.

— Tu es impatiente ? demanda Hannah en faisant signe au serveur.

— Et en même temps, terrifiée, reconnut Leonie. Une partie de moi meurt d'impatience et l'autre meurt de peur.

— Au moins, tu l'as fait, commenta Emma avec chaleur. C'est ce qui compte.

— Autant vous l'avouer, je n'ai trouvé le courage de passer cette annonce qu'à cause de Ray, mon ex-mari. Je ne pouvais pas vous en parler au téléphone parce que les filles étaient toujours là, mais, quand les enfants sont rentrés d'Amérique, ils étaient très enthousiasmés par le remariage de leur père. J'en suis heureuse pour lui, ajouta-t-elle hâtivement. C'est seulement...

Elle ne voulait pas les laisser imaginer qu'elle regrettait toujours son ex-mari.

— Cela te donne l'impression de t'être complètement trompée et de n'avoir pas bougé alors que lui, il a avancé, dit Hannah avec perspicacité.

Leonie acquiesça.

— Nous n'étions pas faits l'un pour l'autre, Ray et moi, je le sais et il a fini par l'accepter. Mais nous avons eu beaucoup de choses en commun, à commencer par nos enfants. C'est un lien très fort. Mais j'avais toujours cru que je m'en sortirais mieux que lui, pour dire la vérité.

Elle se souvenait comment, au début, elle se sentait coupable de la séparation parce que, au moins, elle avait les enfants alors qu'elle était à l'origine de la rupture.

— Je croyais qu'il resterait seul, ajouta-t-elle d'un air piteux. Mais il a refait sa vie et pas moi !

— Tu as une famille formidable et un travail que tu aimes, protesta Hannah. C'est ta façon à toi de refaire ta vie. Avoir quelqu'un avec qui la partager, c'est la cerise sur le gâteau, mais c'est tout. J'ai entendu que, en 2050, trente pour cent des gens vivront seuls.

— Ainsi parle la femme qui est allumée comme un phare depuis le début de la soirée à cause d'un bel acteur espagnol !

— Ce n'est pas sérieux, répondit Hannah, c'est seulement un jeu.

— A quoi ressemble-t-elle, la fiancée ? demanda Emma.

Elle sentait qu'il y avait anguille sous roche et savait que Leonie, avec son habitude de se dévaloriser, souffrirait si la nouvelle compagne de Ray se révélait trop belle.

— Elle est canon ! répondit sèchement Leonie, confirmant l'intuition d'Emma. Mel l'adore et a des dizaines de photos d'elle. Elle a mon âge, ce n'est pas une bimbo décolorée. Elle est avocate et tout à fait à l'opposé de moi : élégante et mince avec des cheveux noirs courts, pas de maquillage, et superbe en simples jean et polo. La grande classe, quoi !

— Tu as aussi de la classe, opina Emma avec son inébranlable loyauté.

— Ne crois pas que je me dévalorise, interrompit Leonie. Simplement, elle boxe dans une autre catégorie !

— C'est ce que tu imagines, dit Hannah, qui commanda rapidement une autre tournée.

— Je vous montrerai les photos, une autre fois. Elle a exactement l'allure d'une femme à qui on a dû proposer de poser pour des photos de mode à dix-sept ans, mais qui a refusé pour aller à Harvard parce qu'elle préférait gagner une fortune comme avocate au lieu de faire de la pub pour du rouge à lèvres !

Leonie fixa d'un œil morne son verre de vin vide.

— Alors, elle doit être nulle au lit ! insista Hannah. Le genre de femme pour qui faire l'amour en laissant la lumière doit représenter l'ultime perversion !

— Mais oui, ajouta Emma. Le genre qui croit que « pratiques buccales » veut dire parler de sexe ! Elle a certainement un défaut majeur. Personne n'est parfait.

Après des heures passées à discuter de ce qui n'allait pas chez la trop belle Fliss – depuis les maladies vénériennes jusqu'à l'opération qui lui avait permis de ne plus être un joueur de tennis prénommé Alan –, elles quittèrent enfin le bar, hélèrent un taxi et allèrent dîner de peur que le vin ne leur monte à la tête trop vite. Elles trouvèrent un petit restaurant italien dans Baggot Street, où elles burent deux bouteilles de vin pour accompagner les lasagnes, les pizzas et une délicieuse carbonara. Hannah déclara qu'elle n'avait jamais rien mangé de meilleur depuis son voyage en Italie.

— Je n'y suis jamais allée, dit rêveusement Leonie. J'en ai très envie.

— C'est un pays merveilleux, répondit Hannah, mais je ne pourrai pas y retourner avant longtemps. L'Egypte m'a ruinée !

— C'était formidable, ajouta Leonie.

— Parce que nous nous sommes rencontrées, remarqua Emma. Mais j'ai fait de beaux projets là-bas, et je n'en ai réalisé aucun.

Elle baissa tristement les yeux sur ses dernières lasagnes.

— Je m'étais promis de parler à Peter de la fécondation in vitro mais je ne l'ai pas fait. En plus, mon père nous a horriblement humiliés, Peter et moi, et je n'ai rien dit. Je me sens si lâche !

— Que s'est-il passé ?

— J'avais invité une partie de la famille pour l'anniversaire de ma mère. J'étais rentrée du travail très tôt pour tout préparer et, devant tout le monde, mon père a dit qu'il nous avait donné l'argent de l'apport personnel.

— Quoi ? s'écria Hannah.

Sa question trahissait plus sa surprise qu'un manque de compréhension de l'histoire qu'Emma venait de raconter d'une voix un peu pâteuse.

— Il nous a donné douze mille livres quand nous avons acheté, précisa Emma. Souviens-toi, je vous en avais parlé. En réalité, il ne nous les a pas données. Il nous les a prêtées et nous le remboursons. Mais il a dit à cette femme, leur voisine la plus proche, qu'il nous les avait données. De plus, à la façon dont il l'a dit, cela donnait l'impression d'une somme beaucoup plus importante, comme s'il avait dû tout payer et que nous ne lui en étions pas reconnaissants. C'était très insultant pour Peter.

— C'est insultant pour vous deux, dit Leonie, que cette histoire mettait en colère.

— Non, insista Emma, c'est pire pour Peter. Il travaille très dur pour que nous ayons une maison agréable, un réfrigérateur plein et tout ce qu'il faut, et simplement parce que nous avions besoin d'un prêt pour la maison, mon père le traite comme un fainéant. Mais ce qui me rend folle, c'est que je n'ai rien dit pour défendre Peter.

Depuis, cette idée la rongeait, à la rendre malade. Elle avait l'habitude d'être humiliée par son père, mais elle ne supportait pas que l'homme de sa vie soit traité de la même façon. Pourtant, la réalité était là : elle avait laissé faire. Elle n'avait rien dit, elle avait trahi son mari. Elle se sentait brûlante de colère.

— C'est difficile de dire ce que l'on pense à sa famille, fit diplomatiquement remarquer Leonie.

— Non, ce n'est pas vrai, intervint Hannah. Tu dois l'affronter, Emma. C'est une brute et il n'arrêtera jamais.

Emma se frotta le front pour chasser une soudaine migraine.

— Ecoutez, dit-elle d'une voix fatiguée, on pourrait parler d'autre chose ? Je n'ai pas envie d'en discuter. J'aurais mieux fait de me taire.

— Mais tu en as parlé, protesta Hannah. Tu as besoin d'en parler et de faire quelque chose…

— D'accord, mais pas maintenant ! cria Emma. Je veux l'oublier, d'accord ?

Elles furent surprises par son éclat.

Leonie lui prit gentiment la main.

— D'accord, nous n'en parlons plus. Hannah, tu veux bien faire de l'œil au serveur pour avoir la carte des desserts ? Je sens que l'heure du sabayon est arrivée !

A deux heures et demie du matin, Emma, qui se sentait délicieusement pompette, se glissa dans le lit aux côtés de Peter qui dormait. Elle se blottit contre lui. Normalement, elle ne l'aurait jamais réveillé, mais elle avait très envie d'un câlin.

— Comment vas-tu, Emma ? murmura-t-il en se tournant, tout endormi, pour la prendre dans ses bras.

— Bien, dit-elle en se serrant contre lui. Je t'ai manqué ?

— Beaucoup.

Il enfouit son visage dans la nuque d'Emma et y déposa des petits baisers.

— T'es-tu bien amusée ?

— C'était génial ! Mais on a beaucoup trop bu et j'ai laissé la voiture au Sachs Hotel. Tu voudras bien me conduire en ville, demain matin, pour que je la récupère ?

— Tu sais bien que je ferais n'importe quoi pour toi. Tu sais quoi, Emma ?

— Non ? dit-elle en embrassant le haut de sa tête qui se dégarnissait.

— Je t'aime, même quand tu sens l'ail !

Elle le chatouilla en guise de représailles.

— C'est pour dissimuler l'odeur de l'homme avec qui j'étais, en réalité ! Tu sais, le prof de karaté qui mesure presque deux mètres ? Il utilise un après-rasage très fort et je n'ai trouvé que l'ail pour t'empêcher de le remarquer.

— Je le tuerai ! dit Peter d'une voix ensommeillée. Je peux me rendormir, maintenant, femme dépravée ?

11

Attendre que Felix Andretti lui téléphone était pire que d'attendre Godot, se dit Hannah. Le lendemain de leur rencontre, quand il devint clair qu'il n'appellerait pas, elle soupira et songea que c'était normal. Il ne voulait rien précipiter, ce qui était très compréhensible. Cela ne l'empêchait pas de sursauter à chaque sonnerie de téléphone, espérant de toutes ses forces que c'était lui. Ce mardi-là, elle ne sortit pas déjeuner, préférant demander à Gillian de lui acheter un sandwich.

— Je suis débordée, dit-elle sans préciser en feuilletant des dossiers.

Elle tenta de se composer une attitude crédible de femme submergée de travail au point de ne pouvoir prendre cinq minutes pour se rendre à la sandwicherie du coin.

En réalité, elle se retrouva en train de lire le journal et de faire les mots croisés tout en mangeant son sandwich au thon arrosé de deux tasses de café. Si seulement le téléphone avait bien voulu sonner !

Le vendredi, elle enfila des talons aiguilles à se casser les chevilles, une longue jupe noire toute droite avec une fente sur le côté, et un cardigan en cachemire d'une couleur bronze qui la flattait. Elle laissa ses cheveux libres et mit ses verres de contact au lieu de ses lunettes, de peur qu'elles ne la fassent paraître trop sévère. Avec ses sous-vêtements en dentelle corail, elle se sentait éminemment désirable. Felix devait être le genre d'homme à arriver sans prévenir pour l'inviter à dîner. Cela la rendrait folle, mais elle ne pourrait faire autrement que de refuser. Tout en travaillant, elle passait en revue les différentes façons de le remettre sèchement à sa place. Comment osait-il s'attendre qu'elle laisse tout tomber pour lui ?

« Ai-je l'air d'une fille qui accepte de sortir avec un homme qu'elle ne connaît pas ? dirait-elle d'un ton offusqué qui le ferait pleurer de désir et de souffrance. Désolée, je serai peut-être disponible le mois prochain ! »

Elle aurait du mal à attendre aussi longtemps mais elle ne voulait pas donner à Felix l'impression qu'elle mourait d'envie de le voir.

— Hannah, l'interrompit brusquement Gillian, le plombier est arrivé pour les toilettes des hommes. N'oublie pas de lui parler des problèmes que nous avons dans la cuisine.

Arrachée en sursaut à sa rêverie, Hannah se concentra sur sa tâche.

— Vous allez quelque part, ma belle ? demanda le plombier pour la taquiner.

Il examinait d'un regard appréciateur la longue jambe d'Hannah qui apparaissait par la fente de sa jupe à chacun de ses pas en direction de la cuisine.

Hannah lui retourna un regard meurtrier.

— Je demandais, c'est tout, bafouilla-t-il en se mettant au travail.

Cinq heures et demie sonnèrent sans le moindre coup

de téléphone personnel pour Hannah. Elle en aurait pleuré.

Morose, elle s'occupa de ranger son bureau, se disant qu'elle n'entendrait certainement plus parler de Felix avant la semaine suivante. Du moins s'il appelait. Il n'avait que son numéro de travail.

David James sortit de son bureau en bâillant, son attaché-case à la main.

— Vous sortez, Hannah ? dit-il, son regard passant avec admiration de son cardigan à ses chaussures d'équilibriste.

— A votre place, j'éviterais de poser la question, mon vieux, marmonna le plombier qui repartait. Elle est capable de vous poursuivre pour harcèlement sexuel.

Il passa à toute vitesse devant Hannah sans lui laisser le temps de réagir.

— Il a essayé ? demanda David avec un sourire.

— Pas vraiment, reconnut-elle. Il est tombé à un mauvais moment, c'est tout.

— Cela vous ferait-il plaisir d'aller prendre un verre, histoire d'oublier ce mauvais moment ? s'enquit David en tambourinant sur le bureau avec ses longs doigts.

Hannah fit non de la tête. Elle se sentait trop malheureuse pour avoir envie de s'amuser.

— Juste un verre, et je vous écouterai vous plaindre ! insista David.

Elle se sentit tentée. Un verre ne lui ferait pas de mal et, pendant qu'elle parlerait avec David, elle ne penserait pas à ce fichu Felix.

— Pour toi, sur la ligne un, lui cria Donna. C'est personnel.

Un frisson courut le long du dos d'Hannah.

— Non, merci, dit-elle à David. J'ai un rendez-vous.

— Alors, à lundi, répondit-il.

Hannah s'empara avidement du téléphone.

— Hannah, c'est maman ! Je sais que je m'y prends à la dernière minute. Est-ce que Pam et Stuart peuvent venir chez toi pour le week-end ?

— Quoi ? répondit Hannah d'une voix fâchée.

Elle était furieuse que ce ne soit pas Felix, et tout aussi furieuse à l'idée de devoir supporter son frère et sa belle-sœur pendant tout le week-end. Son appartement était trop petit pour accueillir des invités. De plus, elle ne s'entendait pas avec Pam. Pas plus qu'avec Stuart, en réalité.

— La dernière minute, c'est le moins que tu puisses dire ! Ils ne pouvaient pas me le demander plus tôt ? Et pourquoi n'appellent-ils pas eux-mêmes, maman ? Stuart a perdu l'usage de ses doigts au point de ne pouvoir composer un numéro ? demanda-t-elle de son ton le plus sarcastique.

Son frère était le chouchou de sa mère et elle faisait tout pour lui.

— Ne t'énerve pas, Hannah, veux-tu ? rétorqua sa mère, imperturbable. Ils sont invités à un mariage et il y a eu un problème avec l'hôtel. C'est le moins que tu puisses faire, de les recevoir. Ils arriveront vers dix heures, ce soir. Pam te fait dire que ce n'est pas la peine de préparer à dîner.

Hannah grogna de colère. Elle n'avait pas l'intention de faire la cuisine pour eux !

Elle rentra chez elle dans un état de rage épouvantable. Son appartement était immaculé, comme toujours, mais après un week-end avec Stuart, ce ne serait plus qu'un taudis. Hannah posa des draps propres et une housse de couette sur le lit de la chambre d'amis mais ne changea pas les draps ; son frère pouvait s'en occuper. Son appartement n'était pas un hôtel ! En fait, c'était même certainement pour cela que Stuart venait chez elle. Parce qu'il était trop radin pour payer une chambre.

Elle se prépara une omelette et s'installa devant la télévision, pestant contre son frère si indélicat et contre Felix qui ne valait guère mieux. Pourquoi lui infliger tout ce baratin s'il n'avait pas l'intention de la revoir ? Quel était l'intérêt ? Hannah ne comprenait pas. Etait-ce un genre de sport ? Les beaux garçons tenaient-ils un registre de leurs flirts pour évaluer leur pouvoir de conquête ? C'était certainement cela. Elle imaginait très bien Felix en train de se vanter de la façon dont il avait fait « pâmer la fille de l'agence ! Je vous jure, les copains, elle me mangeait dans la main ! ».

Stuart et Pam arrivèrent à onze heures et demie, réveillant Hannah, qui s'était endormie devant la télévision après *Frasier*[1].

— Je pensais que tu serais sortie, un vendredi soir, dit Stuart en laissant tomber une immense valise sur la moquette d'Hannah.

Il regarda tout autour de lui sans chercher à dissimuler sa curiosité.

— Comment aurais-je pu sortir puisque je devais vous attendre ? rétorqua Hannah, prise de colère.

— Tu aurais pu laisser une clé aux voisins, suggéra-t-il.

— Tu aurais pu prendre une chambre d'hôtel, renvoya-t-elle.

Pam, habituée aux disputes entre son mari et sa belle-sœur, se dirigea vers la cuisine et mit de l'eau à chauffer.

— Faites comme chez vous, dit Hannah d'un ton sec.

---

1. Feuilleton américain mettant en scène un psychiatre qui donne des consultations à la radio. *(N.d.T.)*

La façon dont sa belle-sœur se comportait, comme en terrain conquis, sans demander la permission de quoi que ce soit, l'exaspérait.

— Aucun problème, dit Pam, une femme très satisfaite d'elle-même et totalement imperméable aux sous-entendus, subtils ou non.

— C'est bien, ici, approuva Stuart en se jetant sur le canapé pour en tester l'élasticité. Tu t'es déjà retrouvé un jules ?

Hannah se souvint des raisons pour lesquelles son frère et elle se battaient, tout petits, comme chien et chat. Même s'ils se ressemblaient – il était grand avec des cheveux bruns et des yeux de la même couleur que ceux de sa sœur –, ils étaient profondément différents. Stuart, paresseux et négligé, se vantait de « dire ce qu'il pensait ». Dans le vocabulaire d'Hannah, cela se traduisait par : « impolitesse allant jusqu'à la grossièreté ». Quand ils étaient ensemble, chacun faisait ressortir les plus mauvais côtés de l'autre. Hannah considérait son frère comme un profiteur et Stuart ne cachait pas qu'il la prenait pour un chameau. Quand elle travaillait au Triumph Hotel, il ne s'était pas gêné pour lui réclamer des chambres gratuites pour ses copains lors de soirées entre hommes très arrosées. En revanche, si elle lui demandait de jeter un coup d'œil à sa voiture, car il était mécanicien, il traînait jusqu'à ce qu'elle s'énerve et paie quelqu'un d'autre pour le faire.

— Oui, j'ai un homme dans ma vie, Stuart, rétorqua-t-elle. C'est un acteur, mais il n'est pas là en ce moment, mentit-elle. Il y a des draps dans la chambre d'amis, des serviettes de toilette dans le sèche-linge, et moi je vais me coucher ! Bonne nuit !

— Tu veux du thé ? proposa Pam, sur le seuil de la

cuisine, apportant un plateau chargé d'une théière et d'un grand paquet de biscuits.

— Non !

Au moins, ils partirent tôt le lendemain matin, non sans s'être longuement disputés dans la salle de bains pour savoir qui avait embué le miroir. Pam se plaignit aussi que Stuart ne lui fasse jamais de compliments…

Hannah était réveillée mais préféra rester dans son lit de peur d'être prise à témoin. Elle entendait tout à travers les cloisons.

— J'ai acheté ce chapeau exprès pour le mariage, criait Pam. Tu pourrais au moins me dire qu'il est joli !

— Il est horrible ! hurlait Stuart. On ne porte pas un chapeau rouge avec des cheveux roux ! Tu as l'air idiote.

Quand la porte d'entrée claqua violemment derrière eux, Hannah se détendit enfin. Elle se leva, se fit du café et réfléchit à l'organisation de sa journée. D'abord remplir le réfrigérateur, ensuite aller à son cours de gymnastique et, le soir, cinéma avec Leonie et les jumelles. Elle se rendit alors compte qu'elle avait oublié de donner une clé à son frère. Tant pis ! pensa-t-elle avec lassitude. Elle ne rentrerait pas avant onze heures, au plus tôt, et, s'ils arrivaient avant elle, qu'ils aillent se faire pendre ailleurs ! Cela leur apprendrait à être trop avares pour se payer une chambre d'hôtel.

Elle rentra à onze heures et demie, fatiguée mais de très bonne humeur. Mel et Abby l'avaient tellement fait rire que ses soucis s'étaient envolés. Elle s'était plus amusée à les observer en train de chercher des yeux les beaux garçons dans la salle qu'à regarder le film. Quand elle arriva sur son palier, Pam et Stuart étaient assis sur son paillasson, l'air furieux.

— Comment êtes-vous entrés ? demanda Hannah, fâchée qu'un des autres locataires leur ait ouvert.

— T'occupe ! grogna Stuart, visiblement ivre. Pourquoi tu nous as pas donné une clé pour qu'on rentre ? Pourquoi t'étais pas là pour nous ouvrir ?

— Je suis sortie avec mon ami, répondit suavement Hannah. Je ne pensais pas que vous rentreriez aussi tôt. Le bar gratuit a fermé ?

Une fois à l'intérieur, Stuart se jeta sur le canapé avec ses chaussures et s'endormit. Ses ronflements d'ivrogne résonnaient dans tout l'appartement. Hannah le regarda avec dégoût.

— Je ne comprends pas pourquoi tu restes avec lui, dit-elle à Pam. C'est un alcoolique, comme son père.

— Non, il n'est pas comme son père.

— Ah non ? C'est son portrait craché, si tu veux mon avis : bon à rien et paresseux comme une couleuvre. Je suis étonnée qu'il aille encore à son travail. J'aurais cru qu'il se serait débrouillé pour que ce soit toi qui gagnes l'argent du ménage, maintenant, et qu'il n'ait plus qu'à traîner dans les bureaux de paris.

— Stuart ne parie plus et ce n'est pas un ivrogne, dit Pam. Nous étions à un mariage, après tout. Je ne me souviens pas de la dernière fois où il s'est soûlé. Ce n'est pas parce que tu as une dent contre ton père qu'il faut accuser Stuart des mêmes tares !

— Je ne l'accuse pas. Il suffit de le regarder : il prend le même chemin. Tel père tel fils !

— Et ce n'est pas telle mère telle fille, peut-être ?

Hannah pivota vers elle.

— Je ne suis pas comme ma mère. Je refuse de me laisser enchaîner à un bon à rien.

— Et qu'était Harry ? demanda sournoisement Pam.

Hannah sentit sa bouche se mettre à trembler. C'était un coup bas.

— C'est toi qui te retrouves toujours avec des nuls ! poursuivit Pam sans pitié. Au moins, Stuart m'a épousée, conclut-elle avec un petit reniflement.

Elle obligea Stuart à se lever malgré ses protestations et le tira jusqu'à leur chambre, laissant Hannah furieuse et bouleversée.

Elle ne tombait pas amoureuse de bons à rien, ce n'était pas vrai ! Elle n'avait pas eu de chance, voilà tout. Pam ne savait pas de quoi elle parlait. Si Hannah avait épousé un homme aussi peu motivé que Stuart, elle ne s'en serait pas vantée. Il y avait des femmes pour croire que la bague au doigt était tout dans la vie. Comment pouvaient-elles être stupides à ce point ?

Fatiguée par deux nuits passées à se tourner et se retourner dans son lit et à ruminer les paroles de Pam, Hannah n'entendit pas son réveil, le lundi matin ; elle se réveilla pendant les informations de huit heures.

— Zut ! pesta-t-elle en sautant du lit.

Elle n'aurait pas le temps de se laver les cheveux. Elle prit une douche rapide, enfila la première chose qui lui tombait sous la main – une robe marron toute simple qui n'était vraiment seyante qu'avec des cheveux légers et un maquillage soigné – et fila. Le tout avait pris un quart d'heure. Elle se maquilla légèrement les yeux et la bouche aux feux rouges et jura parce qu'elle n'avait pas eu le temps de faire son shampooing. Elle détestait avoir les racines grasses.

— Tu as passé un bon week-end ? lui demanda Gillian à la cantonade.

Elle regarda ostensiblement sa montre tandis qu'Hannah refermait la porte de l'agence. Il était neuf heures dix. Hannah répondit d'une petite moue. Elle refusait de s'énerver à cause de Gillian.

Elle se servit un café et s'installa à son bureau en essayant de mettre de l'ordre dans ses idées. Elle avait été tellement distraite par Felix le jeudi et le vendredi précédents qu'elle avait beaucoup de travail en retard. A dix heures et demie, elle n'avait pris le temps de boire que la moitié de son café. Affamée, elle se rua vers la cafetière dans l'espoir d'en avoir du frais et, peut-être, un biscuit. Mais la cafetière était vide, de même que la boîte de biscuits. Lasse, découragée et l'estomac vide, elle avait envie de pleurer. Le monde entier était contre elle.

Son téléphone se mit alors à sonner et elle revint vers son bureau.

— Que faites-vous, ce soir, madame Campbell ? lança Felix.

Hannah faillit laisser tomber le combiné.

— Euh... rien, dit-elle, trop étonnée pour s'en tenir à son plan de femme inaccessible.

— Bien ! Voulez-vous m'accompagner au théâtre ? Nous pourrions souper, après.

— Avec plaisir. A quelle heure ?

Elle se sentait sur le point de défaillir sous le double choc de la frustration et de la joie.

— Je vous attendrai au pub en face du Gate Theatre, à sept heures. J'ai hâte de vous voir.

Et il raccrocha.

Elle planait sur un petit nuage rose ; Felix l'avait appelée ! Puis le petit nuage rose se transforma en boule d'angoisse quand elle réalisa qu'elle avait les cheveux sales, qu'elle portait n'importe quoi et qu'elle n'aurait pas le temps de rentrer chez elle avant d'aller au théâtre.

Elle ne lui avait même pas demandé quelle pièce on donnait, ce soir-là. Et voilà pour la féministe pure et dure qui estimait que le mariage était fait pour les mauviettes ! *Je le ferai souffrir* ! Tu parles ! Elle n'était qu'un chat affectueux qui se mettait sur le dos en attendant que quelqu'un, que *n'importe qui* lui caresse le ventre. Cela dit, pensa-t-elle avec un début de sourire, si c'était Felix qui lui caressait le ventre, cela ne la dérangerait pas.

Décidée à ne pas gâcher une autre journée de travail en se laissant obnubiler par la pensée de Felix, Hannah fit de son mieux pour régler les dossiers en attente. Elle décida d'annoncer à David qu'elle devait partir plus tôt. Cela lui permettrait de rentrer à toute vitesse pour se laver les cheveux et passer une tenue de femme fatale.

Hélas, Cupidon n'était pas de son côté. A cinq heures, David convoqua l'équipe de direction et d'encadrement dans son bureau. Tandis qu'il discutait des objectifs de vente et des résultats satisfaisants obtenus par chacun des employés, Hannah se tortillait sur sa chaise, incapable de tenir en place. Elle n'écoutait pas, occupée à trier sa garde-robe en esprit, essayant de se rappeler si elle avait repassé son nouveau chemisier en soie rouge de chez Principles, celui qui était ceinturé à la taille. Et ses sous-vêtements ? Si son soutien-gorge en dentelle champagne était au linge sale, elle se tuerait ! C'était le soutien-gorge le plus sexy qu'on puisse imaginer. Porté avec son chemisier rouge, il faisait un effet extraordinaire si elle ne fermait pas les deux boutons du haut. En principe, Hannah ne montrait pas son décolleté mais elle avait fait des essais devant son miroir. Elle s'était trouvée très séduisante. De plus, par hasard, elle avait mis ses verres de contact.

— Je sais qu'il est déjà tard, dit David avec un coup d'œil en direction d'Hannah qui s'agitait, mais une de mes anciennes consœurs des Etats-Unis est à Dublin et elle a accepté de nous parler de l'immobilier en Amérique. Cela pourrait nous être utile, compte tenu du nombre important de clients américains que nous logeons ici. Permettez-moi de vous présenter Martha Parker...

Normalement, Hannah aurait été fascinée par l'élégante Mme Parker. Elle avait une coupe au carré impeccable et un ensemble crème qui lui allait à la perfection. Toute sa personne dégageait un air de profonde confiance en soi. Mais, ce soir-là, Hannah désirait voir Martha disparaître pour pouvoir aller se faire belle. Mme Parker avait beaucoup à dire et cela lui prit une demi-heure. Quand les employés de l'agence purent enfin quitter le bureau de leur patron, il était six heures et demie. Hannah n'avait plus le temps de passer chez elle. Il lui restait à faire des miracles avec sa trousse de maquillage et son déodorant, et à prier le ciel pour que l'éclairage du théâtre ne soit pas trop dur. N'avait-elle pas lu quelque chose dans un magazine féminin à propos du shampoing sec pour cacher des cheveux gras ? On en saupoudrait un peu, on attendait qu'il absorbe le gras et ensuite on brossait le tout. Ce n'était pas plus compliqué. Elle en achèterait en cours de route.

Entre le temps qu'elle passa à s'asphyxier au déodorant et les cinq minutes qu'il lui fallut pour nettoyer sa robe de l'excès de shampoing sec, Hannah arriva avec dix minutes de retard. Elle était certaine de déjà transpirer quand elle entra dans le bar, malgré son déodorant et l'Opium de Donna dont elle s'était généreusement aspergée.

Même au milieu de la foule d'avant le spectacle qui se pressait dans le petit bar, on ne pouvait manquer Felix. Sa noble tête blonde était visible depuis l'entrée. Hannah se rendit compte qu'il était en grande conversation. De profil, il réussissait à être encore plus beau : son nez rectiligne aurait pu appartenir au portrait d'un jeune roi arrogant du Moyen Age, et sa mâchoire saillait avec une réjouissante virilité. Il rejeta en arrière sa tête de lion et éclata de rire. Elle se sentait sourire par contagion tandis qu'elle se frayait un chemin dans la foule. Il se tourna enfin, la vit, et ses yeux d'acajou velouté se plissèrent en un sourire appréciateur.

Hannah se sentit fondre. Quand elle rejoignit le petit groupe qui l'entourait, au lieu de lui serrer la main ou de l'embrasser sur la joue, Felix l'attira à lui en la prenant dans ses grands bras pleins de force. Et quand elle fut contre lui, il pencha vers elle sa tête auréolée d'or et l'embrassa sur la bouche. Totalement inattendu ! Elle ne pouvait y croire. Des parties de son corps dont elle avait oublié l'existence se collèrent à Felix dans un élan de désir. Ses lèvres d'homme étaient fermes sur sa bouche et leurs langues se mêlèrent avec passion.

— Vous ne voulez pas demander s'ils louent des chambres à l'heure ? s'enquit une voix sèche.

Ils se séparèrent, Hannah rouge de confusion et Felix riant.

— Elle est superbe ! Comment pourrait-on me le reprocher ? demanda-t-il au groupe, un bras toujours passé autour d'Hannah. Comment vas-tu, ma chérie ? lui dit-il à voix basse. Je n'ai pas arrêté de penser à toi.

Poussée par quelque démon, Hannah ne put s'empêcher de répondre d'un ton un peu moqueur.

— Vraiment ? Je me demande alors pourquoi tu as mis aussi longtemps à m'appeler.

— Aïe ! dit-il avec une petite grimace, pinçant la taille d'Hannah. Mais elle mord ! Je le mérite, c'est vrai.

Hannah restait ahurie de lui avoir répondu comme elle l'avait fait. Pour une femme qui refusait de se montrer « crampon » et angoissée par la solitude ! Pourquoi ne pas lui dire aussi qu'elle avait passé deux jours à guetter la sonnerie du téléphone !

— J'ai eu quelques jours de tournage complètement fous, expliquait Felix. Cela devrait me faire pardonner. Bon, et maintenant que veux-tu boire ?

Elle était déjà sur un petit nuage et n'avait pas besoin d'alcool. Elle demanda de l'eau minérale.

— Non, sois sérieuse ! dit Felix. Je t'avais prise pour le genre de fille dure à cuire qui fait démarrer son vibromasseur au pied comme sa moto et boit son whisky sec !

Sa cour se mit à rire bruyamment.

— Je ne suis dure qu'avec les hommes, rétorqua Hannah de sa voix la plus douce.

S'il voulait jouer à ce petit jeu, ils seraient deux.

— Le reste du temps, je suis très féminine.

— Oh, bébé ! dit Felix. D'accord, tu es mon type de femme. Tu auras de l'eau minérale.

Il ne la présenta pas aux gens qui l'accompagnaient, ce qui était aussi bien, pensa Hannah. Avec un public pour l'écouter, il n'était pas le même homme que seul avec elle, au bureau. Elle le préférait sans les autres.

A sept heures et demie, ils se mirent en mouvement pour rejoindre le théâtre. C'était la première représentation d'une nouvelle mise en scène de *L'Eventail de lady Windermere*. Hannah le comprit en regardant les affiches. Elle allait rarement au théâtre et craignait de le montrer. Apparemment, Felix y allait sans cesse. Elle redoutait de passer pour inculte, n'ayant pas encore étendu au théâtre ses efforts pour combler ses lacunes. Dans sa famille, la seule culture connue était celle des levures qui servent à faire du yaourt. C'était vrai surtout pour son père et pour Stuart, aux yeux desquels toute lecture autre que celle du résultat des courses était une perte de temps.

Ils étaient à peine entrés quand Felix lui annonça qu'il devait s'absenter un moment.

— Je vois quelqu'un que je veux saluer. Cela ne me prendra pas beaucoup de temps.

Et il l'abandonna dans la foule du foyer.

Se sentant un peu perdue, Hannah regarda autour d'elle, espérant avoir l'air d'une femme très à l'aise. A côté d'elle, deux femmes étaient engagées dans une conversation animée sur l'art, leurs bracelets tintant à leurs poignets chaque fois qu'elles prenaient une gorgée de leur verre de vin blanc.

— J'ai entendu dire que les Lubarte Players envisagent de reprendre *Vera*, disait l'une.

— Vraiment ? Quelle horreur ! répondait l'autre. C'est une pièce détestable. On a du mal à croire que c'est d'Oscar Wilde.

Cela les fit rire.

Felix revint enfin vers elle et l'entraîna vers leurs places.

— J'adore Wilde, soupira Hannah. Il me semble bien avoir entendu ou lu quelque part qu'une troupe essaie de monter *Vera* en ce moment. Je n'ai jamais aimé cette pièce. Pour moi, ce n'est pas vraiment le grand Wilde comme on l'aime.

Felix lui jeta un regard impressionné.

— J'ignorais que tu étais une passionnée de théâtre, ma chérie, dit-il.

Hannah lui adressa un sourire serein.

— Ne me sous-estimez jamais ! lui dit-elle avec une feinte sévérité.

La pièce était remarquable mais Hannah ignorait si elle l'appréciait tant à cause de sa bonne humeur ou de la main de Felix qui lui caressait le genou à travers sa robe.

A l'entracte, ils se mêlèrent aux autres spectateurs, Felix l'entraînant par la main d'un groupe à l'autre. A chaque fois, on l'accueillait et on l'embrassait avec de grandes exclamations de joie. Hannah comprit que Felix était réellement une vedette quand la cinquième personne à l'embrasser le félicita des très bonnes critiques qu'il avait eues pour son dernier rôle. En écoutant, elle déduisit qu'il avait tenu un petit rôle dans une coproduction anglo-canadienne dont l'action était située dans les années 1800. Il était venu en Irlande pour un film britannique à petit budget où, apparemment, la moitié des acteurs irlandais était concernée d'une façon ou d'une autre.

— C'est complètement idiot, mais cela paie l'emprunt de la maison ! soupira un homme élégant en costume de velours qui avait un petit rôle dans le film.

— Je refuse de jouer dans ces idioties à gros budget ! affirma une actrice d'un ton condescendant.

Felix chuchota à l'oreille d'Hannah qu'elle avait été recalée dès sa première audition.

Après beaucoup d'autres baisers, où tout le monde évitait de se toucher, et de grandes promesses : « Il faut ab-so-lu-ment qu'on dîne ensemble un de ces soirs, mon chou ! », Hannah et Felix purent regagner leurs fauteuils.

— On se sauve dès la fin, murmura Felix dont le souffle lui caressa l'oreille. Je te veux tout entière pour moi tout seul et, si on s'attarde, on va se retrouver en groupe.

Dès le troisième rappel, Felix entraîna Hannah à toute vitesse, sauta dans un taxi avec elle et l'emmena au Trocadero. Situé sur l'autre rive de la Liffey, le Trocadero était le restaurant où il fallait aller après le théâtre. Tous les acteurs s'y retrouvaient.

S'installant d'autorité à une petite table du fond, Felix commanda du saumon fumé et du champagne pour deux sans même regarder le menu.

Hannah ne savait pas très bien ce qui l'excitait le plus : que cet homme si beau la dévore des yeux ou la façon dont il se chargeait de tout. A le voir si maître de lui, si décidé, Hannah frissonnait de désir en s'imaginant au lit avec lui. Il montrerait certainement la même autorité pour serrer son corps d'homme musclé contre le sien...

On apporta les petits pains. Felix s'empressa de lui en beurrer un et le lui donna à manger par petites bouchées, lui faisant savourer la douceur du beurre fondant sur la mie toute légère.

— C'est doux, fondant et délicieux, dit-il. Ce sera exactement la même chose quand je te ferai l'amour, Hannah. Délicieux mais – il eut un sourire chargé de sous-entendus – pas doux du tout !

Hannah crut s'étouffer. Tout cela allait trop vite pour elle mais elle ne pouvait pas résister : elle en avait trop envie, elle aussi.

Le champagne arriva et Felix but sans la quitter des yeux une seule seconde. Le vin explosa dans la bouche d'Hannah, comme d'exquises et minuscules aiguilles dansant sur sa langue.

— Tu es très belle, dit-il d'une voix étouffée.

Il lui caressait le visage du bout de ses longs doigts,

suivant le tracé de ses hautes pommettes, insistant sur ses lèvres pulpeuses et frémissantes. Il glissa langoureusement un doigt dans sa bouche. Ce fut comme un réflexe : elle suça ce doigt, le retenant tandis qu'elle le caressait de la langue. Il avait la peau salée. Elle n'avait jamais rien vécu de plus érotique de toute sa vie, et ils étaient dans un restaurant ! Que serait-ce quand ils se retrouveraient seuls, sans la foule des serveurs et des clients pour leur servir de chaperons !

La grande bouche de Felix s'incurva en un sourire impudique qui résonnait au plus profond d'Hannah. Le désir l'envahit comme si un barrage venait de sauter. Il reprit son doigt pour le mettre dans sa propre bouche et savoir le goût qu'avait celle d'Hannah. Puis il inclina la tête sur l'épaule avec une expression pensive.

— Sucré, dit-il. Comme toi. Quelque chose de doux... et prêt à être cueilli, conclut-il en baissant la voix.

Hannah n'arrivait plus à respirer.

Un serveur posa sur leur table deux assiettes de saumon fumé.

Hannah aurait préféré s'emparer de Felix et le ramener chez elle à cent à l'heure pour lui montrer à quel point elle était douce.

Mais Felix attaqua son dîner avec le même enthousiasme qu'il avait mis à la caresser.

— Je meurs de faim, dit-il, pressant du citron sur le saumon d'une main tout en mangeant de l'autre.

Hannah le regarda manger. Elle-même avait l'appétit coupé par le désir. Elle aimait la façon dont ses cheveux blonds retombaient sur ses yeux qui l'hypnotisaient, et dont il ouvrait grand la bouche pour manger, dans un éclair de dents blanches. Un homme de passions, pensa-t-elle rêveusement, passionné par la nourriture, l'amour, la vie et le sexe.

— Tu n'as pas faim ? demanda-t-il.

— Pas vraiment. Tu m'as ôté l'envie de manger.

Felix prit son assiette et entreprit de la dévorer également. Hannah termina son verre de champagne et leur en resservit à tous les deux.

— Parle-moi de toi, lui demanda-t-elle.

C'était une requête à laquelle la plupart des gens ne répondaient qu'à contrecœur. Hannah découvrit que, pour un acteur, c'était une invitation à déclamer un monologue qu'il connaissait aussi bien que son propre visage. Felix aimait beaucoup parler de lui.

Mangeant avec appétit et buvant de grandes rasades de champagne, il lui parla longuement de sa carrière et de ses espoirs. Hannah, qui essayait de rester au même niveau que lui en ce qui concernait le champagne, était captivée.

Il évita d'aborder le sujet de sa jeunesse et de sa famille.

— Je n'en parle pas, dit-il en lui lançant un regard éloquent.

Mais il parla de tout le reste avec bonheur. A trente-sept ans, il était enfin en train de devenir une vraie star. La route avait été dure, avoua-t-il en lui racontant sa prestation dans un feuilleton britannique qui n'avait pas marché et son premier rôle au cinéma. Les quelques minutes où il apparaissait à l'écran avaient finalement été coupées. Mais tout était en train de changer. Un feuilleton où il tenait un petit rôle rencontrait un succès croissant et cela lui valait une brusque avalanche de propositions de responsables de casting. Son heure était arrivée, dit-il fièrement.

Il vivait à cent à l'heure, passant de réceptions en

premières, se montrant partout. Il faisait partie du gratin. Hannah sentit pourtant qu'il cherchait avant tout la sécurité. Ils étaient semblables, elle et lui. Quelque chose, dans son passé, l'avait marqué et il désirait cet abri sûr qui lui avait toujours manqué. Elle pouvait le lui donner.

La bande de Felix entra dans le restaurant, envoyant des baisers à travers la salle. Ils adressaient tous des signes enthousiastes à leurs amis et encore plus enthousiastes à leurs ennemis.

— On se demandait où vous aviez disparu, dit d'un ton accusateur l'homme en costume de velours.

La petite cour de Felix inspecta d'un air supérieur les tables proches de celle d'Hannah et du comédien.

— Allez plus loin, leur dit-il grossièrement. Nous voulons être seuls.

En temps normal, Hannah aurait été choquée par son impolitesse, mais la situation était particulière. Felix, sa beauté et son talent attiraient tellement les gens qu'il devait se montrer brusque pour se débarrasser d'eux.

Ils avaient parlé à en avoir la gorge enrouée et la seconde bouteille de champagne était presque vide quand le serveur leur apporta deux sambucas offerts par la maison.

— Je ne peux pas, dit Hannah en admirant la belle teinte de l'alcool. J'ai déjà trop bu. Je préfère ne pas penser à ce que je ferai si j'avale encore une seule goutte.

— Tu préfères ? demanda Felix, une lueur trouble dans les yeux.

Il s'était renversé sur le dossier de sa chaise et la détaillait d'un regard possessif tout en passant le doigt sur le bord de son verre. Il rapprocha soudain sa chaise de celle d'Hannah, qui sursauta. Sous la table, Felix avait posé une de ses mains sur sa cuisse et retroussait sa robe.

Malgré son ivresse, Hannah tenta de l'arrêter. Ils n'étaient pas seuls !

— On peut nous voir, dit-elle, scandalisée.

— Et alors ? répondit-il d'un ton sardonique. Qu'ils regardent !

Hannah en fut choquée et il s'en rendit compte.

— Personne ne peut rien voir, lui assura-t-il. La nappe nous cache.

Il passa la main sous sa robe, et ses doigts escaladèrent la cuisse d'Hannah, glissant sur son fin collant. Hannah tremblait d'excitation et les doigts de Felix n'étaient qu'à mi-chemin. Qu'ils montent d'un centimètre encore et elle ne pourrait plus se retenir de crier. Elle avait l'impression d'être reliée à des électrodes branchées directement sur ses zones érogènes et qui lui envoyaient des ondes de plaisir. La main de Felix poursuivait son ascension.

— La prochaine fois, je veux que tu mettes des bas, lui chuchota-t-il.

Elle poussa un petit cri et Felix retira immédiatement sa main.

— Partons, dit-il brutalement.

Dans le taxi qui les emmenait chez Hannah, il se contenta de l'embrasser, des baisers torrides qui lui donnaient l'impression de se liquéfier. Hannah sentait son cœur battre à se rompre tandis qu'elle le guidait dans l'escalier jusqu'à sa porte. Elle s'empêtra dans son trousseau de clés et rit de sa propre maladresse. Felix ne riait pas. Elle finit par trouver la bonne clé et le fit entrer.

— Ce n'est pas le palais de Buckingham, commença-t-elle en posant son sac sur la table de l'entrée.

Elle ne put aller plus loin. Felix, qui avait refermé la porte derrière lui, la tenait dans ses bras, ses mains se glissaient partout et cherchaient à lui arracher son manteau. Leurs bouches se collèrent l'une à l'autre. Felix réussit à lui enlever son manteau et il commença à remonter sa robe sur ses jambes. De son côté, Hannah lui ôta sa veste et se mit à tirer sur sa chemise, indifférente aux boutons qu'elle arrachait et qui tombaient sur le plancher avec un bruit de grêlons.

— Tu es magnifique, grogna-t-il, la tête entre les seins d'Hannah et les mains sous sa robe.

Ils s'écartèrent juste le temps nécessaire pour se débarrasser, elle de sa robe, lui de son pantalon. Se rappelant soudain qu'elle portait cette bête noire des hommes, un collant, elle l'ôta en un clin d'œil, se félicitant d'avoir mis, le matin, un joli slip noir. Cela compensait le fait de porter un ennuyeux vieux soutien-gorge en coton blanc. Quel dommage de ne s'être pas habillée avec son excitant ensemble corail en filet transparent ! Elle envoya donc son soutien-gorge au diable et, se tournant vers Felix, le trouva qui la regardait, vêtu de son seul boxer à rayures. Il était beau comme un dieu : grand, élancé, la peau lisse et dorée, et parfaitement proportionné. Par ailleurs, il ne pouvait cacher son désir. D'un seul élan, il l'empoigna, la souleva et la porta sur le canapé où il se coucha sur elle, collant son corps au sien. Il se mit à lui caresser passionnément les seins, la bouche enfouie contre son oreille.

— Tu es si belle, si excitante ! Je l'ai su à la seconde où je t'ai vue, dit-il d'une voix rauque.

Il était dans un état d'excitation indescriptible mais avait trouvé en Hannah une femme capable de lui tenir tête. Toute sa sensualité, bridée depuis trop longtemps, explosait, comme un tigre captif soudain remis en liberté dans une jungle grouillante de vie. Leur façon de faire l'amour n'avait rien à voir avec la douceur rassurante qu'elle avait connue avec Harry. Avec Felix, c'était frénétique et sauvage, comme s'ils plongeaient dans une dimension très primitive de leur être. Felix collait sa bouche contre la sienne avec violence comme s'il désespérait de la goûter tout entière. De son côté, elle lui planta les ongles dans le dos quand il la pénétra, criant de soulagement. Puis Hannah eut l'impression d'exploser de plaisir, dans un orgasme fou qui la laissa pantelante.

Comme s'il l'avait attendue, Felix à son tour s'envola, criant son nom avant de s'écrouler sur le canapé à côté d'elle, couvert de transpiration, épuisé.

Ils restèrent un long moment couchés l'un contre l'autre, reprenant lentement leur souffle. Hannah avait l'impression que tous ses muscles avaient été étirés à l'extrême limite. Elle se sentait pourtant apaisée, comme si elle était faite pour ces ébats sauvages. A moins, pensa-t-elle avec un élan d'adoration, qu'elle soit faite pour Felix.

Portant une de ses mains à ses lèvres, Felix l'embrassa doucement.

— Tu es merveilleuse, dit-il.

— Tu peux parler ! répondit Hannah. Felix, je suis épuisée. Je vais m'endormir ici.

— Au lit ! répondit-il.

Il se leva d'un bond gracieux et lui tendit la main pour l'aider.

Le lendemain matin, les oiseaux chantaient quand Hannah se réveilla, la tête douloureuse. Elle avait bu trop de champagne. Elle se retourna et son bras rencontra le corps chaud de Felix. Ce n'était pas un rêve. Elle eut un grand sourire joyeux. Qu'était-ce qu'une migraine par rapport à ce bonheur ?

Se levant avec précaution pour ne pas le réveiller, elle se rendit, toute nue, dans la cuisine pour avaler deux comprimés contre le mal de tête. Elle but un deuxième verre d'eau pour assouvir la soif due à l'abus d'alcool puis se glissa dans la salle de bains. Elle avait les cheveux en bataille et son maquillage, qu'elle n'avait pas pris le temps d'enlever, faisait des taches sous ses yeux. Sa bouche était gonflée par les baisers et la barbe naissante de Felix. Exactement tout ce qu'il fallait pour l'épouvanter, en principe ! Or, ce matin-là, malgré la fatigue, l'irritation de sa peau et ses yeux de panda, elle irradiait. Son regard brillait, et sa bouche ne pouvait s'empêcher de sourire. Elle était heureuse et amoureuse ! Elle décocha un grand sourire à son reflet dans le miroir. L'amour, l'amour, l'amour !

Après s'être rafraîchie et brossé les dents à se blesser les gencives, de peur d'avoir mauvaise haleine, Hannah retourna sous la couette et se tortilla jusqu'à se retrouver à moitié couchée sur lui. Il paraissait toujours dormir, mais une main lui emprisonna un sein avec douceur et le caressa paresseusement. Quand Hannah soupira de plaisir, Felix ouvrit un œil.

— Tu aimes faire l'amour le matin ? demanda-t-il d'une voix rauque. A en juger par tes performances d'hier soir, j'aurais cru que tu étais un oiseau de nuit.

Pour toute réponse, Hannah s'allongea sur lui, fascinée par le contraste de son corps frais contre celui de Felix, encore plein de la chaleur de la nuit.

— Je crois que je suis de tous les moments, dit-elle.

— Génial ! répondit-il en attirant sa tête jusqu'à la sienne.

Le soleil d'automne illuminait la façade de Dwyer, Dwyer & James quand Hannah arriva, balançant son sac avec gaieté. Les locaux étaient très agréables à présent qu'ils avaient été repeints aux couleurs de la firme, blanc et jaune d'or. Hannah sourit. Tout lui semblait beau. L'agent chargé de la circulation au bout de la rue et qui avait un visage si dur lui parut presque sympathique, bien qu'il lui eût mis une contravention pour stationnement interdit la semaine précédente. C'était merveilleux d'être amoureuse ! Cela valait toutes les lunettes roses du monde.

— Bonjour, Hannah, dit David James en descendant de sa Jaguar gris métallisé.

— Quelle belle journée, n'est-ce pas ? lui répondit-elle avec un grand sourire.

David la dévisagea d'un air curieux.

— Vous avez pris des petites pilules roses, ce matin ? questionna-t-il pour la taquiner.

— Non, dit-elle en le laissant lui ouvrir la porte. Je me sens bien, c'est tout. Vous ne devinerez jamais qui j'ai rencontré, hier, ajouta-t-elle.

Elle savait qu'elle aurait dû se taire mais elle ne pouvait résister au plaisir de dire son nom.

— Felix Andretti !

David fronça les sourcils.

— Où ?

— Au théâtre, répondit-elle d'un ton léger. Il a l'air gentil.

Elle espérait que David laisserait échapper quelques informations.

— Ah oui ?

Le ton était plutôt sarcastique.

— Cela ne ressemble pas à mon ami Felix tel que je le connais, poursuivit David. Je l'aurais plutôt décrit comme un play-boy professionnel. En général, on ne dit pas de lui qu'il est gentil. On l'aime ou on le déteste. Les femmes l'aiment jusqu'à ce qu'il les laisse tomber et les hommes le haïssent parfois à cause de ses succès auprès du sexe opposé.

— Vraiment ? dit Hannah d'un ton détaché, choquée mais décidée à le cacher. Moi, je l'ai trouvé gentil.

Elle brûlait d'en savoir plus mais elle n'osa pas poser de question.

— Il était accompagné ? demanda David, devant le bureau d'Hannah.

— Non, répondit-elle de son air le plus innocent.

David sourit et se dirigea vers son bureau.

— Je ne l'ai jamais vu sans une grappe de jolies femmes accrochées à lui !

Hannah eut toute la matinée pour digérer la réflexion de David. Elle se sentait trop jalouse pour éprouver la moindre fierté à l'idée qu'elle était une jolie femme, elle aussi, si le divin M. Andretti la considérait comme digne de lui. Au contraire, elle se morfondit à penser que l'homme avec lequel elle avait couché dès le premier soir était un don Juan qui ne se déplaçait pas sans quelques femmes en remorque, des femmes qu'il laissait tomber selon son caprice.

A quoi s'attendait-elle ? pensa Hannah, rongée par la jalousie. Felix avait trente-sept ans, et Hannah n'était pas sa première aventure ! Et s'il était sorti avec elle uniquement pour savoir comment elle se comportait au lit ? Comment avait-elle pu être assez stupide pour coucher avec lui dès leur premier rendez-vous ? Pour quel genre de femme allait-il la prendre ?

Elle s'acharnait à repasser en esprit le moment où ils s'étaient séparés.

Il lui avait dit « Adios, bébé », l'avait embrassée avec

ardeur et lui avait promis de l'appeler. En réalité, il ne l'avait pas exactement promis. Il avait dit : « Je t'appellerai. » Rien de plus.

Hannah se sentit dans la peau d'une femme qui avait trouvé les chiffres du gros lot mais oublié d'acheter un billet. La matinée passa tristement. Elle se traitait mentalement d'imbécile toutes les trente secondes, jusqu'au moment où un coursier vint se planter devant son bureau. Il disparaissait derrière un énorme bouquet de roses d'un blanc à peine rosé.

— Oh ! s'étrangla-t-elle. C'est pour moi ?

— Si vous êtes Hannah Campbell, c'est pour vous, répondit le coursier. Signez ici, s'il vous plaît.

Elle enfouit le visage dans les fleurs pour en respirer le parfum mais, curieusement, elles ne sentaient rien. Cela ne les empêchait pas d'être superbes.

— Qui te les envoie ? demandèrent les autres employés.

Hannah ouvrit la petite enveloppe jointe et prit la carte qu'elle contenait : « A Hannah, ma ravissante pêche prête à être croquée ! A ce soir. Je viens te chercher à huit heures. »

Elle se sentit envahie de bonheur. Il ne la prenait pas pour une idiote facile à avoir. Il voulait la revoir le soir même.

12

Leonie observa le chat roux encore endormi qu'elle avait remis dans sa cage. Il s'étalait comme un coussin tout doux, le ventre en l'air et ses grosses pattes inanimées sur la couverture postopératoire en mouton. Pauvre Freddie ! Extraire les élastiques qu'il avait avalés n'avait pas été une mince affaire. Angie s'était, à juste titre, sentie très inquiète à l'idée d'opérer un chat aussi âgé.

« Il a quatorze ans et il risque de ne pas supporter l'anesthésie », avait-elle expliqué à Leonie.

Il n'y avait pourtant rien d'autre à faire, une fois qu'elle eut expliqué à Mme Erskine les risques courus par Freddie. Mme Erskine avait éclaté en sanglots, son chat chéri serré contre elle, disant qu'elle n'avait plus que lui depuis la mort de son mari.

« Opérez-le, je vous en prie. Je sais qu'il est vieux, mais moi aussi, et je serais perdue sans lui. »

Leonie avait une boule dans la gorge en assistant à la scène. Angie tapota le bras de la vieille dame, la conduisit gentiment mais fermement dans la salle d'attente. Pendant ce temps, Leonie s'occupait du patient. Freddie avait supporté l'opération haut la main.

Angie avait trouvé dans son intestin cinq gros élastiques qui l'auraient tué si elle ne les avait pas enlevés.

Leonie passa la main dans la cage et caressa doucement Freddie.

— Tu es un brave petit soldat, n'est-ce pas, Freddie ? dit-elle doucement en regardant le petit corps se soulever et s'abaisser au rythme de sa respiration.

Louise, l'autre assistante du cabinet, devait appeler plusieurs clients inquiets pour leurs animaux et avait proposé de téléphoner à Mme Erskine pour lui apprendre la bonne nouvelle. La vieille dame serait si heureuse ! Toutefois, Freddie ne rentrerait pas chez lui avant quelques heures, le temps de se réveiller de l'anesthésie.

Leonie vérifia les cages les plus proches. Freddie avait pour voisines immédiates deux chattes qu'on avait stérilisées dans l'après-midi. En revanche, trois cages au-dessous, on était déjà réveillé. C'était un matou noir, un don Juan félin qui avait bien profité de la vie et, au fil des années, avait engendré d'innombrables chatons. Le scalpel avait fini par s'abattre sur lui. Angie l'avait castré plus tôt dans l'après-midi. Retiré dans le fond de la cage, il cracha et fixa Leonie d'un regard féroce comme s'il savait exactement ce qu'on lui avait fait et était déterminé à se venger de la perte de sa virilité.

— C'est ce soir, ton rendez-vous ? demanda Angie.

Elle sortait des toilettes, toujours encombrées de matériel, où elle s'était changée pour rentrer chez elle.

— Tais-toi ! chuchota Leonie, horrifiée. On pourrait t'entendre ! Personne n'est au courant. Oui, c'est pour ce soir.

Leonie regrettait déjà d'avoir accepté ce rendez-vous avec un inconnu. Elle regrettait d'avoir passé son annonce et d'en avoir parlé. Les seules personnes au courant étaient Hannah, Emma et Angie mais, pour Leonie, c'était déjà trop. Les deux premières avaient accueilli son projet avec beaucoup de gentillesse mais Angie n'arrêtait pas d'y faire allusion avec une excitation croissante, comme si Leonie s'apprêtait à annoncer ses fiançailles. Sans les encouragements calmes et raisonnés d'Hannah, Leonie aurait jeté toutes les réponses à la poubelle.

Sa « blonde sculpturale, divorcée » lui avait valu dix réponses, dont deux émanant d'hommes clairement convaincus d'avoir affaire à du racolage déguisé. Un autre lui avait envoyé un mot écrit avec un stylo qui bavait, pour lui dire qu'« une mère de famille devrait avoir honte de se jeter à la tête des hommes comme une traînée sans pudeur » ! Elle eut envie de faire encadrer sa lettre pour la postérité mais renonça par bienséance. Les sept autres paraissaient normales. Enfin... à peu près normales. Leonie avait passé un mois à réfléchir à la question de la « normalité », sans parvenir à une réponse définitive.

L'homme qui se présentait comme un joueur de golf serait-il le genre d'individu incapable de parler d'autre chose que de handicaps, et qui refuserait de passer une heure avec elle en été pour profiter de la lumière et faire un parcours ? Ou bien le « monsieur profession libérale, bon caractère, aimant le théâtre et la littérature » se révélerait-il n'être qu'un snob qui cracherait de mépris en voyant *Hello !* sur la table de cuisine et lui imposerait de lire Kafka au lit ?

Hannah avait été très heureuse du nombre de lettres reçues par Leonie.

« Je te l'avais dit ! Il y a beaucoup d'hommes seuls qui ont envie de rencontrer une femme, avait-elle proclamé fièrement quand Leonie l'avait appelée pour lui apprendre la nouvelle. Auxquels vas-tu répondre ?

— Au meilleur, c'est tout », dit Leonie, toujours convaincue que le premier homme qu'elle rencontrerait serait le bon.

Hannah s'abstint de tout commentaire et demanda à Leonie de lui lire deux ou trois de ses lettres. Elles furent toutes les deux d'accord pour penser que le meilleur était Bob : « grand, la quarantaine, perdant ses cheveux mais pas son sens de l'humour ».

« Garde quand même les autres, lui conseilla prudemment Hannah. Au cas où Bob serait sans intérêt... »

Leonie acquiesça mais Bob lui paraissait susceptible de se révéler l'homme de ses rêves. Sa réponse correspondait à tout ce qu'elle avait imaginé : « C'est la première fois que je réponds à une annonce. Au secours ! J'ai un peu plus de quarante ans et ma dernière histoire s'est terminée il y a un an. Je n'ai aucune idée de la façon dont il faut s'y prendre pour le rendez-vous. Tout a changé depuis mes vingt ans ! J'aime les enfants, les animaux, la randonnée et le cinéma. C'est la première fois que nous avons recours aux annonces tous les deux et j'espère que c'est le destin qui nous réunit. Voulez-vous que nous nous rencontrions ? »

L'avant-dernière phrase avait décidé Leonie. Elle croyait de toutes ses forces au destin. Elle aimait l'idée des amants vivant loin l'un de l'autre mais se rencontrant par hasard, parce qu'ils étaient destinés l'un à l'autre dans le grand ordre cosmique de l'amour...

— Alors, où avez-vous rendez-vous, Superman et toi ? demanda Angie tout en mettant du rouge à lèvres.

— Au restaurant China Lamp.

Il lui avait dit qu'il se trouverait à gauche en entrant et qu'il porterait un jean avec une veste en tweed. Leonie avait beaucoup aimé sa voix au téléphone : douce et cultivée. Elle avait pensé que le restaurant chinois de Shankhill serait assez loin de Greystones pour qu'elle ne risque pas de croiser une de ses connaissances. Mais c'était toujours possible et elle en serait très gênée.

— Oh, là, là ! dit-elle. Je dois être malade. J'ai quarante-deux ans et je sors avec un inconnu. Qu'en dis-tu ? C'est de la folie !

— Non, pas du tout ! C'est parfaitement normal, c'est moderne, répondit Angie, imperturbable.

— Imagine que ce soit un cinglé. Je ferais mieux d'annuler ou, encore mieux, de ne pas y aller.

Leonie commençait à paniquer. Le moment décisif approchait, bien plus important que de passer une petite annonce et de répondre à des lettres adressées à une boîte postale anonyme. Tout cela n'avait été qu'un jeu d'enfant. Personne ne vous connaissait, personne ne pouvait vous contacter à moins que vous le désiriez. Une rencontre représentait une étape beaucoup plus sérieuse.

— Du calme, Leonie ! Il doit être en train de raconter à ses copains qu'il est mort de peur au cas où son rendez-vous serait une folle de sexe qui attire des hommes innocents par le biais des petites annonces.

Leonie, qui était en train d'enlever sa blouse bleue, en frémit.

— C'est exactement ce que je commence à éprouver. Les gens normaux n'ont pas besoin de ce genre de choses pour se rencontrer, n'est-ce pas ?

— Bien sûr que si, quand tous leurs amis sont mariés ou vivent en couple, rétorqua Angie, et quand les seules propositions qu'on leur fasse viennent de maris lassés de leur femme et qui pensent pouvoir se les envoyer vite fait, sans complications ! Je suppose que tu n'en as parlé à personne ?

Leonie eut un petit sourire piteux. Elle n'avait pas soufflé mot de ses projets à sa mère. Non que Claire l'eût désapprouvée. Au contraire, elle aurait été ravie de voir sa fille agir pour échapper à sa solitude de mère divorcée. Mais Leonie trouvait terriblement gênant d'avouer à une personne aussi proche et aussi chère qu'elle avait eu recours aux petites annonces afin de... d'avoir une vie personnelle, pour dire les choses élégamment. Pour la même raison, elle n'avait rien dit à ses enfants. Ils croyaient qu'elle allait à Dublin dîner avec Hannah et Emma. Ce serait trop humiliant pour eux de savoir – et de dire au bienheureux Ray – comment leur mère essayait de trouver un homme alors que son ex-mari allait se remarier avec la plus élégante, la plus intelligente et la plus belle avocate de tout Boston. Seigneur ! Comme elle détestait cette garce !

— Donne-moi son numéro de téléphone ! dit Angie.

— Son téléphone ?

— Oui, au cas où ce serait réellement un cinglé, voyons ! Si tu ne viens pas travailler demain matin, je préviendrai la police et ta sordide vie privée s'étalera dans les journaux à scandale !

La plaisanterie d'Angie eut l'effet désiré : Leonie éclata de rire.

— J'ignore ce qu'il y a de si drôle, dit Tim, un des vétérinaires qui arrivait avec un danois de la taille d'un poney. Je dois encore opérer ce petit Tiny d'une écharde dans la patte. Peux-tu rester, Leonie ?

— Non, elle ne peut pas, répondit Angie d'un ton péremptoire. Elle est déjà restée après la fermeture deux fois cette semaine. Demande à Louise !

Leonie fit un petit signe de la main reconnaissant en direction d'Angie, prit son manteau et son sac, et se dépêcha de partir.

Chez elle, la Troisième Guerre mondiale avait éclaté et elle fut assaillie sans même avoir le temps d'enlever son manteau. La veille, profitant du fait que Leonie, pour une fois, sortait, Mel et Abby avaient demandé la permission de recevoir quelques copines à dîner. Aucun problème, avait dit Leonie. Elle avait consciencieusement fait le tour du supermarché pour acheter les saucisses et les grillades végétariennes qui avaient la faveur des adolescentes de Greystones soucieuses de leur ligne. Or Danny était arrivé à la maison avec des invités inattendus – deux lycéens immenses et dégingandés qui n'avaient rien mangé depuis leur dernier repas à la cantine du lycée. Ils avaient effectué une descente dans le réfrigérateur et dévoré les provisions du dîner de Mel et Abby, ainsi que la salade de pommes de terre prévue par Leonie pour son déjeuner du lendemain.

— Il n'aime même pas la cuisine végétarienne ! hurla Mel, au bord des larmes mais aussi dans une colère terrible.

— Je suis chez moi et, si tu voulais garder ta nourriture de filles pour tes copines, tu n'avais qu'à le dire, rétorqua Danny d'un ton supérieur.

Il se montrait très décontracté ; pas question de se laisser impressionner devant ses copains ! Ayant dit cela, il retourna dans sa chambre en tapant des pieds et claqua la porte si violemment que toute la maison trembla. Il mit de la musique aussi fort que possible et Mel éclata en sanglots.

— Je le déteste ! hoqueta-t-elle.

Leonie la prit dans ses bras en se demandant comment elle trouverait jamais le temps de se préparer pour son rendez-vous. Penny, qui avait horreur des disputes, était roulée en boule dans son panier à côté du buffet. Ses grands yeux noirs reflétaient sa détresse. Elle gémit doucement quand Leonie la regarda. Celle-ci lui envoya un baiser par-dessus la tête de Mel. Penny avait l'air misérable du chien qui n'a pas fait sa promenade quotidienne.

— Allons, on va arranger cela, dit Leonie à Mel. On va vite faire des courses et acheter autre chose pour tes copines, d'accord ?

Mel renifla et s'essuya le nez sur sa manche. Elle portait une de ses tenues américaines d'adulte – un minuscule pull rose à manches longues et un « baggy » en jean délavé – mais, comme toujours quand elle avait du chagrin, elle paraissait plus jeune que ses quatorze ans.

— D'accord, dit-elle de mauvaise grâce.

A ce moment précis, on sonna à la porte.

— Elles sont là ! se lamenta Mel, qui se remit à pleurer.

On entendait des voix de filles excitées. Et soudain, Abby, habituel artisan de la paix, passa la tête par la porte de la cuisine.

— Mel ! Liz et Susie disent qu'elles veulent des frites, ce soir, annonça-t-elle gaiement. Tu veux bien qu'on aille chez le marchand de frites, maman ? Cela nous prendra quinze minutes, vingt au maximum.

— D'accord, mais ne traînez pas. Je veux que vous soyez toutes rentrées avant mon départ, les avertit Leonie, soulagée de voir que la crise qu'elle redoutait avait été évitée.

— Merci, maman, dit Mel avec un sourire éblouissant, sa bonne humeur retrouvée. Tu peux me prêter un peu d'argent ? ajouta-t-elle d'un ton câlin.

— Prends quelques pièces dans mon porte-monnaie, répondit Leonie, mais ne touche pas au billet de vingt livres.

— Promis !

Mel sortit en dansant et on entendit un chœur de voix féminines s'exclamant : « Il est trop beau ! »

— C'est un ami de Danny ? demanda une voix haletante que Leonie identifia comme celle de Liz.

Un des copains de Danny, sans doute celui qui ressemblait à Ricky Martin, avait dû sortir quelques instants de la chambre pour voir ce qui se passait.

— Oui, je te le présenterai quand on sera rentrées, dit Mel comme si elle n'avait pas menacé son frère et ses amis des pires vengeances quelques instants plus tôt.

La porte d'entrée claqua et la musique déjà assourdissante dans la chambre de Danny fut poussée encore un peu plus fort.

La paix plus ou moins restaurée dans sa maison, Leonie soupira et se demanda si elle pouvait prendre le risque d'un bain rapide. A son retour, Mel était capable de se demander pourquoi sa mère se mettait sur son trente et un pour dîner avec deux amies. Mel ne se souciait vraiment de son apparence que pour la partie mâle de l'espèce humaine et s'étonnerait si sa mère passait plus de temps à se préparer qu'il n'était normal pour se retrouver entre filles. Leonie pensa avec envie qu'un quart d'heure suffisait pour prendre un bain, mais Penny avait d'autres projets. A présent que plus personne ne criait, elle émergea de son panier, s'étira langoureusement devant Leonie, arqua son dos au pelage doré et se secoua, projetant des poils tout autour d'elle.

Elle attendait visiblement qu'on la sorte. Il était tout aussi clair qu'aucun des enfants – qui tous l'adoraient et se chamaillaient pour savoir lequel d'entre eux elle préférait – n'avait la moindre intention de s'en occuper.

Leonie se laissa fléchir et prononça le mot magique :

« Promenade ? » Penny faisait semblant de ne pas comprendre des phrases comme « Descends du canapé ! » ou « Vilain chien qui a mangé les restes du poulet ! ». Mais elle comprenait instantanément le mot « promenade ».

Danny pensait que Penny pouvait même l'épeler, car il suffisait de dire une phrase comme « est-ce que quelqu'un a emmené le chien se p.r.o.m.e.n.e.r. ? » pour qu'elle se mette à aboyer avec ravissement.

— Viens, Penny, lui dit Leonie en se baissant pour lui donner une caresse affectueuse.

Elle prit sa vieille parka accrochée au portemanteau de la porte de derrière, sortit la laisse de Penny de sa poche et partit dans la fraîcheur de cette soirée d'octobre. A presque six heures et quart, on voyait encore clair, mais un petit vent déjà hivernal remontait la vallée, faisant bruire les feuilles des hêtres au bord de la route. Heureuse d'être dehors, Penny tirait sur sa laisse en bondissant et traînait Leonie derrière elle dans les flaques et les feuilles mortes où elle s'ébattait joyeusement. Elles passèrent à toute vitesse devant les cottages alignés de chaque côté de la route, le vent sifflant à travers la parka de Leonie. Ensuite, après avoir traversé la grand-route, elles tournèrent dans un chemin de terre qui serpentait en s'éloignant des rues banlieusardes de Greystones. Ce chemin était parfait pour promener Penny quand il faisait trop sombre pour partir à travers champs. En été, cela ne dérangeait pas Leonie de crapahuter à la lisière des prairies. Elle libérait Penny de sa laisse et la chienne s'amusait à sauter au bord des fossés et à courir sous les arbres plantés tout autour. Mais il commençait à faire sombre, elle préférait prendre le chemin où, au moins, on pouvait courir en cas de mauvaise rencontre. Elle n'autorisait pas Mel et

Abby à emmener Penny à travers champs : c'était trop isolé et on ne savait jamais qui pouvait s'y trouver.

Ce soir-là, elle suivait le sentier d'un pas vif, Penny reniflant les tas de feuilles mortes où les chiens du quartier avaient laissé leurs traces. A chaque odeur intéressante, elle ne pouvait s'empêcher de lever la patte d'un air heureux mais avec un regard d'excuse pour Leonie, comme pour dire : « Désolée, mais c'est indispensable. » En général, Leonie ne se souciait pas de ce que faisait Penny ni du temps que cela lui prenait. Ce soir, exceptionnellement, elle était pressée.

— Allons, dépêche-toi, mon toutou chéri, dit-elle d'une voix chargée de reproches. Tu ne peux pas t'arrêter partout. Maman n'a pas le temps. On fera une grande promenade demain, c'est promis !

— Bonsoir !

Leonie crut avoir une crise cardiaque. Elle n'avait pas vu l'homme qui venait de franchir les grandes grilles noires avec deux colleys qui tiraient sur leur laisse. Honteuse d'avoir été surprise parlant de la sorte à sa chienne, elle marmonna un rapide bonsoir et s'éloigna aussi vite que possible.

Quelle honte ! Cet homme n'avait pas l'air du genre à appeler ses chiens « toutous chéris » ni à les accepter sur son lit pour le câlin du soir. Très grand, avec une allure d'ours, il avait acheté la vieille maison dans les bois qui appartenait autrefois au médecin. Il devait laisser ses chiens dehors, dans des niches glaciales. Leonie pressa le pas. Elle ne pouvait pas encore faire demi-tour, de crainte de le rattraper. Il concevrait une piètre opinion d'elle en tant que propriétaire de chien à l'idée que Penny doive se contenter d'une aussi courte promenade. Il était déjà six heures et demie mais elle poursuivit son chemin, Penny tirant toujours avec délices sur sa laisse. Dix minutes plus tard, Leonie se rendit compte qu'à ce rythme, elle n'aurait jamais le temps de s'accorder une douche, sans parler d'un bain. Elle reprit donc le chemin de sa maison, marchant aussi vite que possible.

Quand elle ouvrit la porte de la cuisine, une bouffée d'air chaud l'accueillit, et l'odeur lourde des frites grasses achetées chez Luigi lui révéla qu'elle mourait de faim. Les filles, assises autour de la table de la cuisine, mangeaient avec des mines élégantes. Depuis peu, Mel avait l'habitude de manger du bout des dents, avec une délicatesse exagérée de mannequin décidé à faire durer sa feuille de salade au moins dix minutes. Mais au moins, pensa Leonie, elle mangeait. Abby, en effet, semblait ne rien avaler. Elle servait du jus d'orange aux autres, écoutant Liz raconter une histoire alambiquée au sujet de devoirs de français impossibles à faire, et de la façon dont son professeur devait être abattu.

— Bonjour, madame Delaney, dirent en chœur Liz et Susie.

L'histoire du professeur de français s'était immédiatement interrompue.

— Bonjour, les filles, dit Leonie en refrénant son envie de prendre une frite. Tu ne manges pas, Abby ?

— J'ai déjà fini, répondit Abby. Je mourais de faim.

— D'accord, les filles. Je vous laisse vous débrouiller.

Un quart d'heure plus tard, Leonie était en route, espérant ne pas avoir l'air d'une folle. Bob s'attendait certainement à une blonde sensuelle aux bijoux cliquetants et peine d'assurance. Or c'était une mère de famille qui roulait vers lui, mal coiffée, parfumée aux frites, à la transpiration et au désinfectant vétérinaire. Leonie avait à peine eu le temps de se passer de l'eau sur le visage. La dernière goutte de son flacon d'Opium avait été insuffisante pour camoufler tout cela.

Le China Lamp, dans la petite commune de Shankhill, au sud de Dublin, avait ouvert quelques mois plus tôt mais, quand elle vit le bâtiment en brique rouge, Leonie le trouva étrangement familier. Elle se souvint que, une éternité auparavant, le restaurant s'appelait Punjab Kingdom. Elle était venue avec Ray, quand ils étaient encore mariés. Une éternité, en effet... Elle se gara devant l'établissement et s'interdit de se refaire une beauté dans le rétroviseur. Les restes de son maquillage du matin feraient l'affaire. Elle était une femme normale, moderne, qui avait rendez-vous avec un inconnu. Beaucoup de gens le faisaient. Elle n'avait aucune raison de s'inquiéter.

A l'intérieur, son courage disparut et elle se retint de rebrousser chemin. Comment demandait-on la table d'un homme qu'on n'avait jamais vu ? Fallait-il prendre une voix roucoulante pour s'informer auprès d'un serveur et lui dire : « Pourriez m'indiquer la table du célibataire en jean et veste de tweed ? Je suis Désirée, son rendez-vous de ce soir. » A cette seule pensée, elle se sentait mal. Quelle histoire ridicule ! Elle aurait dû être chez elle, devant la télévision, en train de bavarder avec les amies de ses filles, de manger des frites et de faire la vaisselle après le dernier raid de Danny sur le réfrigérateur. Au lieu de cela, elle cherchait un type bizarre...

— Leonie ?

Elle cligna des yeux et regarda l'homme qui se tenait devant elle. Il portait une veste en tweed et un jean, ainsi qu'une chemise bleue parfaitement repassée. Elle leva les yeux. Il était grand, très grand. Il avait également dit la vérité au sujet de sa calvitie. Les quelques cheveux qui lui restaient dessinaient une tonsure visiblement vouée à la disparition. Mais il avait un visage aimable, mince et fatigué peut-être, mais quand même aimable. Ouf ! On n'était pas dans *Psychose* !

— Bob ? dit-elle avec un sourire crispé.

— C'est moi !

Il l'embrassa maladroitement sur la joue.

— Ainsi, personne ne saura que nous nous voyons pour la première fois, dit-il discrètement. J'ai pensé que ce serait évident si nous nous serrions la main comme les gens qui ne se connaissent pas. Allons nous asseoir.

Il l'entraîna rapidement vers une table dans un coin et lui tira sa chaise comme s'il avait hâte de la voir assise. Leonie n'avait pas l'impression que leur situation était évidente pour tout le monde. Ils n'étaient pas venus avec une rose rouge entre les dents ou un exemplaire du programme des sorties à Dublin sous le bras.

Elle s'assit donc et un serveur s'approcha avec les menus. Elle le reconnut avec surprise : il était déjà là à l'époque du Punjab Kingdom. Dès qu'il eut tourné les talons, elle regarda Bob en essayant de se souvenir de ce que l'on dit, en principe, lors d'un premier rendez-vous.

— Eh bien, voilà ! lança-t-elle d'un ton dégagé. Ravie de vous rencontrer. On y est arrivés.

Elle souriait de nouveau malgré elle, d'un grand sourire forcé.

— Enchanté, moi aussi, dit Bob, qui souriait de la même façon embarrassée. Euh... Si nous commencions par choisir ?

— D'accord !

Tout plutôt que de devoir entamer la conversation ! Elle feignit de s'absorber dans la lecture du menu tout en étudiant Bob sans en avoir l'air. Il avait l'air d'avoir dépassé la cinquantaine plutôt que la quarantaine. Peut-être était-ce une conséquence du métier d'enseignant ? Ses cheveux grisonnaient et il était assez ridé. Mais elle n'avait rien à lui envier ! Chaque matin, quand elle observait son visage dans le miroir, il ressemblait un peu plus à une carte des rues de Paris avec le périphérique en rouge.

Bob avait de beaux yeux bleu foncé, chaleureux mais un peu angoissés. Elle l'imaginait très bien devant une classe, essayant avec gravité d'initier de jeunes esprits aux arcanes de… De quoi, à propos ?

— Quelle matière enseignez-vous ? demanda-t-elle, soulagée d'avoir trouvé un sujet de conversation.

Le regard de Bob s'éclaira.

— Les maths et la physique.

Le sourire de Leonie s'effaça instantanément. S'il avait été question de biologie ou d'histoire, elle aurait eu une chance de soutenir une conversation sensée. Mais la physique et les maths… Un souvenir surgit dans sa mémoire, l'image de sœur Thomas d'Aquin devant le tableau noir et attendant qu'une Leonie de quinze ans lui récite un théorème dont elle n'avait pas la moindre idée… Si la mémoire de Leonie ne la trompait pas, sœur Thomas d'Aquin avait attendu longtemps, très longtemps.

— Oh, là, là ! dit-elle avec désespoir. Je ne suis pas vraiment douée en maths…

— Pas de problème ! l'interrompit-il. La plupart des gens ne le sont pas, et plus particulièrement mes élèves de cette année, précisa-t-il avec une petite grimace. De toute façon, ne parlons pas de mon travail. J'ai un métier si ennuyeux ! Mon ex disait toujours que je pourrais participer aux jeux Olympiques des gens les plus barbants quand on me lance sur mon travail. Parlez-moi plutôt du vôtre.

Leonie classa dans un coin de sa mémoire la mention d'une « ex » (petite amie ou épouse ?) et se lança dans une description vivante de son emploi : vous aviez une douce petite bête dans les bras et, une minute plus tard, vous hurliez de douleur parce que l'adorable successeur des requins des *Dents de la mer* vous avait mordu. Ils rirent ensemble et la glace fut brisée. Bob lui parla bientôt de Brandy, son terrier adoré, un charmeur qui aimait les roulés à la figue et léchait les restes de Bailey's dans le fond des verres.

— Il a l'air mignon, dit Leonie.

— Mais, hélas, il ne vit plus avec moi, ajouta Bob avec un soupir. Il est chez ma femme et son mari. Elle a plus de place que moi et c'est mieux ainsi. Je suis absent toute la journée alors qu'elle reste à la maison avec le bébé.

— Oh !

Le serveur ne sut jamais à quel point il faillit être embrassé pour être arrivé à ce moment précis.

— Nous avons choisi, dit Leonie avec entrain.

— Personnellement, je ne sais pas encore ce que je veux, dit Bob d'une voix hésitante.

Le serveur fit un pas en arrière.

— Non ! s'exclama Leonie. Ne partez pas, nous n'en avons que pour quelques instants.

Au moins, pendant qu'il prenait leur commande, on éviterait le sujet des ex.

Malheureusement, la trêve fut de courte durée. Bob ne se laissa pas détourner de son sujet. Visiblement convaincu qu'une nouvelle relation devait tout savoir sur les précédentes, il considéra de son devoir de raconter à Leonie tout ce qu'il pouvait sur Colette.

Quand arriva le canard laqué, Leonie en savait plus sur elle que sur Bob. Elle était aussi enseignante mais avait pris une année sabbatique pour avoir son premier bébé. Elle vivait à Meath, suivait des cours d'aromathérapie pendant son temps libre et elle était très douée pour le violon, si seulement elle avait continué !

— Vous devez pourtant refaire votre vie, n'est-ce pas ? dit Leonie d'un ton ferme quand elle en eut assez de Colette et du canard. C'est pour cette raison que nous sommes ici, Bob. Parce que la vie continue !

Elle le regarda d'un air grave, celui dont elle se servait au cabinet pour expliquer aux enfants que les animaux représentent une responsabilité et qu'il faut s'en occuper, qu'il ne suffisait pas de leur faire un câlin et de les remettre dans une cage sale.

— Oui, dit Bob avec ardeur, comme s'il avait passé des heures à réfléchir au concept de la poursuite de la vie. Continuer à vivre, rencontrer des gens qui comprennent ce que c'est d'être seul : le chagrin, les nuits sans sommeil. Je sais que vous comprenez, Leonie, ajouta-t-il avec chaleur, le regard glissant sur la tunique de velours pourpre qui soulignait ses seins. Vous me paraissez être le genre de personne qui comprend les autres.

Leonie hocha la tête, se demandant si cette compréhension incluait de le laisser mettre la tête sur sa poitrine pour le consoler. C'était vraisemblable ! Colette avait reçu le rôle de la partenaire idéale, celle qui s'en va, tandis que Leonie était le refuge maternel auquel puiser un peu d'affection pour adoucir une solitude mal vécue.

— Peu de personnes comprennent ce que cela fait quand on vous laisse tomber uniquement parce que vous avez changé, dit Bob en contemplant les reliefs de son dîner. Les gens changent, à présent je le sais. Mais on peut changer ensemble. C'est un défi, mais c'est possible. Il faut seulement qu'on vous en laisse la chance.

— Vous voulez dire que Colette ne vous a laissé aucune chance ? demanda Leonie, renonçant à avoir une conversation sans Colette.

Bob secoua la tête tristement.

Leonie soupira. De toute évidence, Bob ne cherchait pas une compagne mais un groupe de soutien : le groupe « Abandonnés ? Parlez-en ! ». Il avait pensé, sans se poser de questions, qu'une blonde sculpturale et divorcée appartiendrait à la même catégorie affective. Il avait donc répondu à l'annonce de Leonie. Bob ne cherchait pas l'amour. Il était déjà amoureux : de Colette.

Le récit de sa descente aux enfers avait un aspect positif. Il avait arrêté de trembler pour un rien. Leonie réalisa que, si elle redoutait d'être vue dans une pareille situation, Bob éprouvait une vraie phobie. Chaque fois qu'un serveur entrait dans son champ visuel, il sursautait comme s'il s'attendait à voir les parents d'élèves l'attaquer en vouant aux enfers les professeurs qui répondent aux annonces, modèle peu recommandable pour de jeunes esprits.

Pourquoi était-il venu ? se demandait Leonie tout en grignotant distraitement des chips à la crevette. Ils finirent par parler des deux autres violons d'Ingres de Bob : le cinéma et la randonnée.

— Je ne suis pas très portée sur la marche, même si je promène Penny tous les jours. En revanche, j'aime beaucoup le cinéma mais je n'ai personne pour m'accompagner. Ma mère préfère le théâtre et les enfants veulent voir des James Bond ou des films avec des acteurs qui ont leur âge et que je ne connais pas.

— Nous pouvons y aller ensemble, dit Bob d'un ton

réjoui. Dans huit jours ? Cela vous conviendrait ? C'est vous qui choisissez le film.

Au moins, se dit Leonie en rentrant chez elle, elle avait un rendez-vous pour la semaine suivante. Si elle s'était gavée de nourriture chinoise, ses espoirs s'étaient dégonflés. Bob n'avait rien d'un possible compagnon mais c'était un nouvel ami. N'était-ce pas ce que le courrier du cœur conseillait toujours : rencontrez des gens, faites de nouvelles connaissances et, au moment où vous vous y attendrez le moins, vous trouverez quelqu'un ? En tout cas, cela paraissait très sensé quand on le voyait noir sur blanc.

Quelle soirée bizarre ! Leonie se rendit compte qu'elle avait même parlé de Ray. Quand on dîne avec une personne passionnée par l'étude des ex-relations, on ne peut pas éviter de lui apporter son obole. Bob avait été intéressé par l'histoire de Leonie, quoiqu'un peu étonné que ce soit elle qui ait pris l'initiative de la rupture.

« Vous avez simplement décidé que c'était fini ? » avait-il demandé, choqué.

Leonie avait haussé les épaules.

« Quel est l'intérêt de rester mariés si nous n'étions plus vraiment ensemble ? Trop de gens le font, par souci des convenances, ou de peur de rester seuls. Je ne comprends pas ça. Cela revient à ne pas faire quelque chose dont on a envie mais qui nous effraie parce que c'est différent. Ce n'est pas de l'amour, mais la crainte de l'inconnu. Je ne pouvais pas supporter de vivre ainsi. Je crois que chacun de nous a quelqu'un qui l'attend quelque part. »

Bob l'avait regardée avec une expression vide ; manifestement, il ne comprenait pas ce qu'elle lui disait. Tout en se garant devant son cottage, Leonie pensa que sa mère non plus n'avait pas compris. De temps en temps, Claire oubliait son jus d'orange habituel, buvait un ou deux verres de vin et reprochait gentiment à Leonie d'avoir divorcé.

« Tu ne retrouveras jamais un homme comme Ray », murmurait-elle avec tristesse.

Leonie se félicita de n'avoir rien dit à sa mère de son rendez-vous avec Bob. Car Bob n'était pas du tout un homme comme Ray, un homme qu'on épouse, en d'autres termes.

Quand Leonie rentra chez elle, la bonne humeur de Mel avait disparu.

— Danny est un sale crétin, dit-elle d'une voix coléreuse, jaillissant du salon sans même laisser à sa mère le temps d'ôter son manteau.

— Emploie un autre vocabulaire, Melanie ! dit Leonie, fâchée. Qu'a-t-il encore fait ?

— Il a regardé des vidéos toute la soirée et on n'a pas pu voir *Urgences* avec Liz et Susie, dit Mel en reniflant. Et il a laissé ses copains fumer dans la maison, ajouta-t-elle triomphalement.

— Tu ne peux pas la boucler, hein ? hurla Danny, qui entendait tout depuis le salon.

— C'est vrai, tu les as laissés fumer ! hurla Mel à son tour.

— C'est ça ! Et toi, la sainte-nitouche, tu fais la dégoûtée quand tu vois une cigarette, pas vrai ?

Mel se tut immédiatement. Leonie comprit qu'elle avait sans doute fumé, elle aussi. Il fallait mettre un terme à tout cela. Mel pouvait oublier son argent de poche si elle s'adonnait à la cigarette. Mais Leonie préféra garder cela pour le lendemain. Elle avait eu assez d'émotions ce soir.

— Arrêtez tout de suite de vous disputer, tous les deux, dit-elle d'un ton ferme. Je ne suis pas d'humeur à le supporter. Essayez de ne pas vous conduire comme des bébés, pour une fois !

Abby était dans la cuisine avec Penny et son visage banal s'éclaira d'un grand sourire en voyant Leonie.

— Bravo, maman ! Ils n'ont pas arrêté depuis ton départ. J'ai failli appeler mamie pour aller chez elle. A propos, Hannah a téléphoné et elle a demandé que tu la rappelles quand tu rentrerais.

Abby cligna des yeux d'un air rusé.

— Je ne lui ai pas fait remarquer que tu étais censée dîner avec elle et Emma.

— Je te dirai mon secret si tu me promets de te taire, répondit Leonie en lui souriant.

— Maman ! s'écria Abby d'un air blessé. Tu sais que je ne dirai rien.

— Bien sûr, je le sais.

Abby garderait un secret jusqu'à la tombe, au contraire de sa sœur, qui promettait tout ce qu'on voulait mais ne pouvait se taire plus d'une journée. Leonie n'aimait pas demander à Abby de cacher quelque chose à sa jumelle mais elle savait que Mel, contrairement à Abby, n'accepterait pas que sa mère sorte avec un homme. Capricieuse et exigeante, Mel aimait être le centre du monde pour sa mère et ne supporterait pas l'existence d'un rival, même si c'était Bob.

— J'ai dîné avec un homme. Hannah m'avait préparé un rendez-vous surprise avec un de ses amis, improvisa Leonie. Il est très gentil et elle pensait que nous nous entendrions bien. C'est vrai, mais comme amis, rien de plus. Nous allons ensemble au cinéma la semaine prochaine. En amis, c'est tout.

— Es-tu toujours amoureuse de papa ? C'est pour cela que tu n'as pas de petit ami ? demanda soudain Abby.

Leonie eut l'impression de prendre un coup de poing dans le ventre.

— C'est ce que tu penses ? Que j'aime encore papa et que je me sens mal à cause de Fliss ?

Lèvres serrées, comme si elle avait peur d'avoir dit ce qu'il ne fallait pas, Abby acquiesça en silence.

— Tu te trompes, ma chérie. Je suis heureuse pour papa, et je ne suis plus amoureuse de lui. Je l'aime, mais comme un ami et parce qu'il est votre père, rien d'autre.

Seigneur ! Comment convaincre Abby qu'elle n'était pas dans tous ses états à cause du mariage de Ray et de Fliss ?

— Je ne suis pas triste de savoir qu'ils se marient…

— Mais tu en avais l'air ! lâcha Abby.

— Vraiment ?

Abby fit signe que oui.

— Cela m'a fait un choc, c'est tout, expliqua Leonie avec une feinte assurance.

Elle avait dû exhiber une tête épouvantable le jour où les enfants étaient rentrés d'Amérique. Elle croyait pourtant avoir réussi à dissimuler son émotion.

— Je ne voulais pas sortir avec un autre homme tant que vous étiez petits, débita-t-elle d'un trait. Je n'avais pas le temps de penser aux hommes. Je voulais m'occuper de vous trois.

Elle caressa affectueusement la joue d'Abby.

— Je veux seulement que tu sois heureuse, dit Abby, dont le visage se décomposait. Si papa est heureux, je veux que tu le sois aussi. Comment est l'homme que tu as rencontré ce soir ? Sympathique ?

Pour la première fois depuis le début de cette difficile conversation, Leonie eut un vrai sourire.

— Il n'est pas mal, mais ce n'est pas Brad Pitt !

— Mel te tuerait si c'était le cas ! répondit Abby en riant.

— Il est professeur et vraiment gentil mais, à mon avis, nous ne dépasserons pas le stade d'une sortie au cinéma. Il n'empêche que j'apprécie de connaître une nouvelle tête. Ne sortir qu'avec les gens que nous connaissions déjà il y a vingt ans, ton père et moi, cela devient un peu barbant.

— Papa m'a dit qu'il serait content si tu venais à son mariage.

Leonie ouvrit de grands yeux.

— C'est très gentil de sa part mais je ne crois pas que ce soit une bonne idée.

Abby n'en avait pas fini. A présent qu'elle avait abordé le sujet, elle voulait aller jusqu'au bout.

— Un jour où Fliss avait emmené Mel faire des courses, nous avons parlé, papa et moi. Il voulait savoir comment tu vas et si tu es heureuse. Il dit qu'il est plus heureux qu'il ne l'a jamais été.

— Formidable ! dit Leonie d'une voix faiblissante. Bien sûr que je suis heureuse, Abby. Je vous ai tous les trois, ainsi que Penny et Clover. Je n'ai pas besoin d'un homme pour être bien, tu le sais. Mamie vit toute seule et elle est heureuse, n'est-ce pas ?

— Ce n'est pas la même chose. Mamie n'a besoin de personne.

Leonie reconnut qu'Abby avait raison. Sa mère était une solitaire, satisfaite de la compagnie de ses chats, de pouvoir passer chez sa fille tous les deux ou trois jours, de boire un thé avec elle pour retrouver ensuite le calme de sa maison. Sa mère appréciait la solitude. Leonie espérait ne pas avoir hérité de ce trait de caractère.

— L'autre soir, reprit Abby, je réfléchissais à ce qui arrivera quand nous serons parties, Mel et moi, et que tu te retrouveras seule avec Penny. Tu te sentiras seule. En tout cas, moi, je me sentirais seule si j'étais à ta place.

— Abby…

Leonie embrassa sa fille sur le front.

— Cela n'arrivera pas avant très longtemps ! Ne pense pas au moment où tu ne vivras plus ici, d'accord ? Et maintenant, tu ferais mieux de sauter dans ton lit, ma chérie. Il y a école, demain, même si ta sœur semble l'avoir oublié.

Profitant de ce qu'Abby allait dire à Mel qu'elles devaient se coucher, Leonie s'assit à la table de la cuisine pour téléphoner à Hannah. Celle-ci ne savait comment s'excuser d'avoir appelé pendant son absence.

— J'ai attendu onze heures, dit-elle, et, comme je pensais que tu avais rendez-vous à sept heures et demie, j'étais sûre que tu serais rentrée. Cela veut dire que tout s'est bien passé, ajouta-t-elle du ton d'une femme qui sait de quoi elle parle.

— Euh… dit Leonie. Cela dépend de la façon dont tu entends l'expression « bien se passer ».

— Ah !

— Ah, comme tu dis ! A ta place, je n'espérerais pas recevoir un faire-part de mariage dans les jours qui viennent.

— De toute façon, je n'avais pas imaginé que tu étais à la chasse à la robe blanche ! Si je comprends bien, Bob ne représente pas le prince Charmant dont rêvent toutes les jeunes filles ?

— Uniquement si les jeunes filles en question sont

psychiatres et se spécialisent dans l'étude du trauma post-rupture. Dans ce cas, elles ont trouvé le sujet idéal pour leur thèse de doctorat !

— Tu plaisantes !

— J'aimerais ! C'est un homme très gentil, très courtois, mais obsédé par son ex-petite amie. Pour notre prochain rendez-vous, je m'attends à ce qu'il m'apporte des photos d'elle !

— Tu veux dire que vous allez vous revoir ?

— Oh ! Juste pour une séance de cinéma. Sans doute un truc suédois en noir et blanc, précisa-t-elle en haussant les épaules. Mais ça me fera sortir de chez moi.

— Appelle le suivant sur ta liste, la pressa Hannah.

Leonie fit non avec la tête puis réalisa qu'Hannah ne pouvait pas la voir.

— Je crois que j'ai eu assez d'émotions pour ne pas réitérer tout de suite l'expérience. J'ai mis le pied dans l'eau et, pour l'instant, je teste la température.

— Leonie, tu ne peux pas reculer maintenant. Pense à tous les autres hommes qui t'ont répondu. Ils sont peut-être extraordinaires. Il y a peut-être l'homme idéal parmi eux, et qui n'attend que toi.

— L'homme idéal peut attendre, répondit Leonie d'un ton décidé. Je dois d'abord me remettre du mon premier grand rendez-vous avec Bob. Et qui sait, ajouta-t-elle tout en sachant que c'était faux, qui sait s'il n'est pas l'homme idéal pour moi ? Il faut peut-être simplement lui laisser un peu de temps.

— Du temps pour faire une thérapie, à mon avis. Mais, d'accord, tu as gagné. Je ne dirai plus rien sur ce sujet, mais n'oublie pas qu'il y a une limite à ma retenue. Je veux assister très vite à l'histoire d'amour du siècle et je t'embêterai jusqu'à ce que tu y arrives !

Hannah retourna se coucher et commença à feuilleter *Tout ce qu'il faut savoir sur le droit de la propriété : le guide de l'immobilier* que David James lui avait donné. Elle en avait déjà avidement lu la moitié pour connaître le mieux possible son nouvel univers professionnel. Mais, après sa conversation avec Leonie, elle n'arrivait plus à se concentrer.

Leonie savait merveilleusement raconter. Avec elle, les histoires les plus stupides devenaient hilarantes, surtout quand elle se livrait à son habituelle autodérision. Le récit de sa rencontre avec Bob était un classique du genre mais Hannah regrettait que cela n'ait pas marché. Leonie méritait un compagnon qui sache l'aimer. Quelqu'un comme Felix. Elle laissa tomber son livre et ramena ses genoux contre sa poitrine. Felix, Felix, Felix... Même son nom lui plaisait. Quel homme extraordinaire, débordant de charisme et de talent ! Elle n'avait pas de mots assez forts pour décrire toutes les qualités de Felix.

De plus, comme elle, il était très ambitieux. Cela faisait partie de tout ce qu'ils avaient en commun.

« Tu es comme l'autre partie de moi-même », lui avait-il murmuré la nuit précédente.

Ils étaient dans son lit, Felix du côté où Hannah avait l'habitude de dormir, étalé avec abandon sur les draps tout propres, son corps nu appelant les caresses.

« Quelque chose nous réunit, Hannah : tu veux tout, et moi aussi. Mais c'est une obsession dangereuse. »

Il jouait avec les cheveux d'Hannah, les faisant boucler sur ses longs doigts sensibles.

« Il n'y a pas que ma carrière qui m'obsède, pourtant. Je suis fou de toi, tu le sais ? » avait-il soudain déclaré.

Elle n'osait parler, de peur de briser l'enchantement. Ce serait une erreur de dire à Felix qu'elle était folle de lui, même si c'était la vérité. Elle ne pouvait penser à rien d'autre. Les derniers jours, il avait fallu un miracle pour qu'elle réussisse à travailler au milieu de son rêve éveillé. Mais elle ne comprenait pas vraiment comment c'était arrivé. Elle avait changé du jour au lendemain, avait oublié sa méfiance parce que Felix était là. Si Emma ou Leonie avaient pu la voir à cet instant, elles n'auraient pas reconnu leur amie si maîtresse d'elle-même dans cette femme en adoration devant son homme, et qui frémissait au moindre de ses regards. La Dame de Fer s'était transformée en femme amoureuse et elle en était très heureuse.

Felix s'était assis puis, penché sur elle, avait détaillé son corps nu d'un regard lascif.

« Tu es très excitante », avait-t-il dit de sa voix chaude et profonde.

Comme d'habitude, Hannah avait senti fondre tout son corps. Elle n'avait jamais connu un homme avec une pareille voix. Comment résonnait-elle sur une scène, cette belle voix au timbre si riche, capable de capter l'attention du public jusqu'au dernier rang ?

« J'aimerais te voir jouer sur une scène, avait-elle dit.

— Je n'ai pas fait beaucoup de théâtre, avait-il répondu en caressant distraitement l'épaule nue d'Hannah. Je préfère le cinéma. Si cette série télé marche bien, cela pourrait me lancer vraiment, chérie. Si je réussis, viendras-tu avec moi ? A Londres ? »

Hannah s'était figée. Elle ne pouvait croire ce qu'elle venait d'entendre. Le mode de vie de Felix impliquait une totale liberté. Compte tenu de cela, elle s'était efforcée de considérer leur relation avec légèreté. Elle ne savait jamais quand elle allait le voir et considérait leurs conversations téléphoniques et leurs rencontres comme un cadeau, consciente que Felix ne tolérerait pas qu'une femme s'accroche à lui. Or c'était lui qui faisait des projets d'avenir ! Elle savait qu'il lui faudrait se montrer prudente. L'amour peut blesser plus profondément que la haine. Elle redoutait de se laisser aller totalement avec Felix, de peur qu'il ne l'abandonne au moment où elle se donnerait à lui corps et âme.

« Ta proposition me flatte, mais je n'avais pas imaginé que notre relation puisse devenir permanente, avait-elle dit en choisissant ses mots. Rien ne me rendrait plus heureuse que de vivre avec toi, Felix, mais nous avons tous les deux des rêves et des espoirs. Je ne crois pas qu'il soit juste de priver quelqu'un de sa liberté. »

Felix avait appuyé son visage contre l'épaule d'Hannah et l'avait léchée avant de remonter vers sa bouche pour l'embrasser.

« C'est ce que j'aime chez toi, Hannah. Tu es si indépendante ! C'est rafraîchissant. Nous sommes faits l'un pour l'autre, mon amour. J'ai besoin d'une femme comme toi. Un comédien a besoin d'une compagne solide et pas d'une petite poupée qui fait une dépression chaque fois que son mari joue une scène d'amour ! Tu es la meilleure, Hannah ! »

Il lui sourit triomphalement et elle lui rendit son sourire, rendant grâce au ciel de n'avoir pas tout gâché en hurlant de bonheur à l'idée de vivre avec lui. Felix aimait les femmes indépendantes et responsables : Hannah Campbell en serait une. Le rôle de la femme-ventouse qui meurt d'inquiétude à cause de son bel amant n'était pas pour elle. Force et Indépendance devaient être ses surnoms. Elle glissa la main sous la couette et caressa le ventre musclé de Felix.

« Cent abdos par jour », lui avait-il annoncé avec

orgueil la première fois qu'elle avait fait une remarque sur son physique.

Il avait des abdominaux d'acier mais, en cet instant, ce n'était pas cela qui l'intéressait.

« Tu as un pistolet dans ta poche ou bien tu es content de me voir ? murmura-t-elle.

— Je n'ai pas de poches, répondit Felix, et je suis très heureux de te voir. »

— Tu as passé une bonne soirée ? demanda Gillian le lendemain matin.

Hannah venait d'arriver, rayonnante. Elle avait bien dormi. Felix insistait sur l'importance d'un bon sommeil.

« Sinon, je me réveille avec un teint affreux », s'était-il excusé en lui demandant d'éteindre.

Le fait d'avoir éteint à minuit avait été compensé par un réveil très matinal qui avait abouti à un épisode torride. Les choses qu'un homme pouvait faire avec sa bouche ! Avec cette bouche parfaite pour la télévision... Hannah soupira de contentement.

— Oui, excellente, répondit-elle machinalement à Gillian, ignorant le sarcasme sous-jacent. Et toi ? Leonard est-il guéri de son rhume ?

Elle avait compris que Gillian aimait qu'on bavarde avec elle, le matin, et qu'on s'inquiète de sa santé. Sans ce petit rituel, elle se montrait de mauvaise humeur toute la journée, opposant un refus glacial à toutes les remarques amicales. Au bout de quelques jours, Hannah avait réalisé que deux ou trois minutes de conversation banale pour commencer la journée de travail rendaient l'atmosphère beaucoup plus agréable.

— Je voulais regarder l'émission de la BBC sur Jane

Austen, dit-elle, mais je suis sortie et j'ai oublié de l'enregistrer. C'était bien ?

— En fait, je préfère les documentaires sur l'actualité, répondit Gillian. Je l'avais mis mais je n'ai pas vraiment regardé.

A la suite de quoi elle entreprit de raconter à Hannah le premier épisode d'un film historique, plan par plan.

Tout en l'écoutant d'une oreille, Hannah organisait sa journée de travail sur son bureau. Il y avait eu beaucoup à faire au cours des jours précédents, le « dernier coup de feu avant la fin de la saison », comme l'avait dit David James. Dernier coup de feu ou pas, Hannah voulait engager un nouveau photographe. Celui qui travaillait avec l'agence était très doué pour transformer une propriété de milliardaire avec un parc paysager en un minable petit pavillon à rénover. Il n'y avait rien à en tirer et elle avait décidé de s'en séparer avant que leurs nouveaux clients changent d'agence. Bien sûr, une mauvaise photo devenait un avantage quand des gens qui s'attendaient à une ruine découvraient un petit bijou avec un grand potentiel. Mais quand cela les décourageait d'aller voir sur place, cette mauvaise photo n'était plus qu'une catastrophe. Il devait partir. Elle voulait téléphoner le jour même à d'éventuels remplaçants.

— Où étais-tu hier soir, puisque tu ne regardais pas la télé comme tout le monde ? demanda Gillian d'un ton condescendant tout en ôtant de son bureau une poussière imaginaire.

— Je suis sortie.

Hannah n'avait pas l'intention de tout lui raconter mais, à l'idée de voir Gillian bouder, elle décida de donner une explication.

— Avec des copines. Nous avons dîné dans un restaurant indien.

Après tout, ils avaient effectivement mangé de la cuisine indienne, mais chez elle. Et Hannah ne pouvait pas vraiment avouer à Gillian qu'ils avaient dîné en tenue d'Adam et que son amant avait dégusté son raïta au concombre sur sa poitrine.

— Je déteste la cuisine indienne, dit Gillian.

Tu l'aimerais si on te la servait sur le corps d'un dieu du sexe, blond et d'un mètre quatre-vingts, pensa Hannah en dissimulant son sourire.

Quand midi sonna, elle avait contacté quatre photographes qui devaient venir présenter leur travail. Elle avait aussi trouvé un intérimaire pour remplacer l'ancien.

— Vous ne pouvez pas me virer ! hurla le photographe quand Hannah lui téléphona poliment en précisant qu'elle lui donnait un mois de préavis. Je travaille pour votre patron depuis des années ! Je vais vous faire saquer, espèce de garce. Vous ne pouvez pas me virer !

— Mais si, dit calmement Hannah. Vous travaillez avec nous en indépendant, ce qui signifie que je n'ai même pas à vous laisser un mois de préavis. Je le fais par respect pour vos années de collaboration avec nous mais cela n'a rien d'obligatoire. Par ailleurs, n'hésitez pas à appeler mon patron si vous le désirez. Il vous expliquera que c'est une décision sans appel.

— Ce sont des méthodes de sauvages ! cria-t-il. Vous ne m'avez pas prévenu. Quand je pense au mal que je me suis donné pour vous, dehors par n'importe quel temps, à essayer de donner une image propre de vos taudis ! Et voilà tous les remerciements que je recueille ! Je me fais jeter au profit d'un quelconque freluquet qui a certainement couché pour avoir le boulot ! A moins que vous n'ayez votre petit copain à placer ? C'est ça, hein ? Le piston ?

— Si vous n'avez rien vu venir, c'est que vous êtes aveugle ! Depuis que l'agence a été rénovée, je vous ai appelé presque tous les jours pour des photos ratées. Vous avez oublié la propriété de Watson Drive ? Vous avez dû y retourner deux fois tellement vos photos étaient mauvaises. La première fois, la maison était complètement floue. On ne voyait même pas où finissait la maison et où commençait le garage ! Les propriétaires voulaient changer d'agence et nous ne les avons gardés qu'en leur offrant une réduction sur nos honoraires et en leur promettant de refaire les photos jusqu'à ce qu'ils soient satisfaits. Vous auriez dû vous rendre compte que votre travail ne nous convenait pas. Par ailleurs, je ne vous renvoie pas pour donner la place à un ami. Quatre photographes que je n'ai jamais vus viennent demain me montrer leur travail. En tant que responsable de l'agence, mon travail consiste à m'assurer que tout marche bien. Si vous faisiez votre travail correctement, nous vous aurions gardé. Je vous souhaite une bonne journée.

Cela suffisait, pensa Hannah.

Elle raccrocha et s'aperçut que David James et la moitié du personnel la regardaient. Gillian avait l'air outrée et David amusé. Son regard sombre pétillait et un sourire retroussait ses lèvres.

— Bravo ! dit-il. Je me demandais combien de temps il vous faudrait pour en arriver là. Ses clichés sont assez sombres pour passer pour de l'art moderne !

Hannah se permit un petit sourire.

— Renvoyer quelqu'un n'est jamais agréable, mais il fallait le faire si nous voulons nous développer.

Personne n'avait besoin de savoir qu'elle n'avait jamais licencié qui que ce soit auparavant !

Elle venait d'un milieu où on recevait les ordres plutôt

qu'on ne les donnait, mais elle était décidée à le cacher à tout prix. Hannah savait qu'elle pouvait jouer les aristocrates aussi bien que n'importe qui !

Son téléphone sonna, la faisant sursauter. Elle espérait entendre la voix de Felix, mais c'était David.

— Vous pouvez venir dans mon bureau ?

Hannah le trouva devant un dossier qu'il faisait mine d'étudier. Elle eut en effet l'impression bizarre qu'il ne le voyait même pas. Il lui parut distrait et fatigué, ce qui n'était pas dans ses habitudes. Il possédait une énorme énergie. Hannah s'était même dit que, en cas de panne d'électricité, il n'y aurait pas de problème au bureau ! Or, ce jour-là, il avait des cernes sous les yeux et de nouvelles rides étaient apparues sur son visage déjà marqué. Il avait l'air épuisé d'un homme qui a passé la nuit au chevet d'un enfant malade. Elle savait pourtant qu'il n'avait pas d'enfant.

Gillian mentionnait souvent l'ex-femme de David, précisant qu'ils avaient des relations tendues. D'après l'usine à renseignements de Gillian, ils étaient séparés depuis des années mais n'avaient pas divorcé. David était toujours amoureux d'elle, assurait Gillian, mais c'était un amour à sens unique. Contrairement à certains des commérages les plus débridés de Gillian, celui-ci paraissait crédible. Cela expliquait pourquoi un homme intelligent et séduisant comme David James restait seul.

Hannah se demanda un bref instant si la triste vie privée de David était à l'origine de sa lassitude ou si cela venait du travail. Mais elle n'aurait jamais osé lui poser la question. Tout autre sujet que les affaires était tabou entre eux malgré leurs relations si faciles.

Ils parlèrent d'abord rapidement du genre de photographe dont ils avaient besoin puis Hannah se tut, attendant.

— Y a-t-il autre chose, David ?

Elle était certaine qu'il voulait aborder un autre sujet.

— Non.

Elle se leva d'un geste gracieux.

— En fait, si.

Il paraissait mal à l'aise et tripotait son stylo.

— Je sais que cela ne me regarde pas vraiment, dit-il, mais je crois que vous fréquentez Felix Andretti.

Hannah le regardait, déconcertée par cette remarque si personnelle.

— Cela ne vous regarde pas, en effet, David, répondit-elle très poliment. Mais c'est exact, nous nous voyons. Cela pose-t-il un problème pour mon travail ?

— Inutile de monter sur vos grands chevaux, Hannah ! fit David avec un soupir exaspéré. Je ne joue pas les patrons abusifs et aucune loi ne vous interdit de sortir avec un de mes amis. Je vous pose la question, c'est tout. J'ai vu Felix à plusieurs reprises ces derniers temps, et il ne m'a rien dit.

Les yeux fixés sur David, Hannah s'étonna. Pourquoi Felix lui avait-il caché ses rencontres avec David ? Encore plus étrange, pourquoi Felix n'avait-il pas parlé d'elle à David ? A moins qu'il n'ait préféré rester discret pour la protéger.

— Un autre de mes amis, qui est producteur, a expliqué devant moi que vous sortez avec Felix. Cela m'a étonné, c'est tout. Je n'aurais pas cru que Felix soit votre type d'homme.

David leva les yeux de son bureau. Son expression était, comme d'habitude, indéchiffrable. Donna prétendait qu'il devait être redoutable au poker. On ne savait jamais ce qu'il pensait derrière sa façade froide et détachée.

— Qui sait qui est le genre d'homme ou de femme de quelqu'un ? dit Hannah en esquivant la question.

Elle essayait de garder son calme malgré la tempête d'émotions que soulevait le silence de son amant. Comment Felix pouvait-il rencontrer son patron sans lui en parler ? Que lui cachait-il d'autre ? Il était si mystérieux, il insistait tellement pour laisser certains aspects de sa vie dans l'ombre…

— Bien sûr, j'en suis conscient, répondit David lentement et péniblement. Je m'inquiétais pour vous, c'est tout. Vous êtes ma meilleure employée et je ne veux pas vous voir malheureuse à cause de quelqu'un que je vous ai malencontreusement présenté…

Hannah comprit enfin.

— Parce que vous m'avez malencontreusement présenté quelqu'un qui est quoi ? demanda-t-elle, irritée par la critique sous-jacente.

L'expression de David resta impénétrable tandis qu'il appuyait la pointe de son stylo sur son bureau si fort qu'il y fit une marque.

Il devait détester ce qu'il était en train de faire, pensa soudain Hannah en prenant conscience de la tension de son patron. Son visage était crispé. Il avait visiblement horreur d'aborder les questions personnelles mais semblait mû par le sentiment démodé de sa responsabilité envers ses employés. Une attitude digne de l'époque victorienne !

— Quelqu'un qui a la réputation d'un play-boy, dit-il après un long silence, comme s'il avait été d'une importance vitale de bien choisir ses mots.

— Je suis une grande fille, David, capable de m'occuper de moi, répliqua Hannah d'un ton qui mettait un terme à la conversation. Y a-t-il autre chose ?

David secoua la tête et la regarda un moment avant de retourner à ses papiers.

Le reste de la matinée passa à toute vitesse. Hannah essaya de ne pas penser à la curieuse conduite de Felix. C'était certainement sans importance.

Repoussant l'idée qu'il pût se cacher d'elle, elle préféra réfléchir à leur dîner. C'était la première journée de tournage de Felix à Wicklow et, ensuite, il la retrouverait chez elle. Elle lui avait dit qu'elle cuisinerait pour lui afin de changer de la pizza livrée à domicile. Elle paniquait à l'idée de préparer autre chose que du blanc de poulet avec une sauce en boîte.

D'habitude, elle ne prenait pas son heure de déjeuner, s'accordant juste le temps d'avaler un sandwich et de marcher dix minutes d'un pas vif pour s'éclaircir les idées. Mais cette fois, à peine l'horloge avait-elle sonné treize heures qu'elle fonça dans la rue principale de Dun Laoghaire pour faire des courses. Il lui fallait une très bonne bouteille, se dit-elle en déambulant entre les rayons du marchand de vin. Le plus cher était-il le meilleur ? David aurait su cela, pensa-t-elle, perdue face au choix proposé. Elle avait pensé lui demander son avis mais, après leur étrange discussion du matin, ce n'était plus possible. Compte tenu de ses remarques sur son incapacité à s'occuper d'elle-même, elle refusait de lui montrer son ignorance en matière de vin. Il valait mieux demander au commerçant…

— Je ne m'y connais pas beaucoup, dit-elle, mais je voudrais un vin rouge espagnol…

Elle essaya de se souvenir de celui que Felix avait choisi la première fois qu'ils avaient dîné ensemble. Un vin d'Espagne, oui, elle en était certaine. Mais son accent était abominable.

— Marques de… lança-t-elle d'une voix hésitante, persuadée de l'avoir très mal prononcé.

— … de Cáceres, termina le marchand de vin avec assurance.

Admettre son ignorance était une nouveauté pour elle mais cela lui avait réussi, réfléchit Hannah en retournant à l'agence. Elle avait deux bouteilles de vin, du jambon de Parme qui l'avait ruinée et une tarte provençale. Felix serait certainement très impressionné. La cuisine n'était pas le point fort d'Hannah. Quand elle vivait avec Harry, ils se nourrissaient de plats à emporter ou de poulet avec une sauce de supermarché.

« Il suffit d'appuyer sur la touche *bis* du téléphone pour avoir le Kung Po Palace » était une des plaisanteries favorites d'Harry. Il trouvait cela très drôle. Il n'était lui-même guère plus doué pour la cuisine. Sa conception de la cuisine maison signifiait mettre dans le four les barquettes en alu qu'il rapportait après son travail.

Felix, lui, disait qu'il aimait faire la cuisine.

« Je te ferai bientôt goûter mon veau à la parmesane », avait-il promis à Hannah.

Elle brûlait d'impatience de tester le résultat. En attendant, elle allait lui prouver qu'elle aussi pouvait préparer un repas, même si ce n'était pas la stricte vérité. La tarte venait du traiteur, mais Felix l'ignorerait.

Surchargée de travail pendant tout l'après-midi, elle n'eut presque pas le temps de penser à sa soirée. Elle réussit toutefois à tout terminer à temps et, à six heures et demie, arriva chez elle. Elle chantait toute seule en disposant son bouquet d'arums dans son vase en verre. Elle glissa le disque de *Carmen* dans son lecteur de CD, se servit un verre de vin et commença à préparer le dîner. Felix serait là au plus tard à sept heures et demie, avait-il dit.

A huit heures, les fines tranches de jambon de Parme commençaient à se dessécher sur la table joliment dressée. Hannah remit les assiettes dans le réfrigérateur, se servit un autre verre de vin et attendit.

A dix heures, elle mangea sans appétit en regardant la deuxième partie de *A la poursuite du diamant vert*. Elle l'avait vu si souvent qu'elle n'avait pas besoin de revoir les trois premiers quarts d'heure pour suivre l'intrigue. Tout en regardant, elle guettait inconsciemment les bruits de pas à l'extérieur. Une des dalles de l'allée rendait un son très particulier quand on marchait dessus. Même depuis son appartement du premier étage, Hannah entendait les gens qui se dirigeaient vers l'entrée de la villa en brique rouge d'époque victorienne. Elle se redressa, l'oreille tendue, quand quelqu'un marcha sur la dalle à dix heures et demie mais se laissa retomber dans son canapé, découragée. Ce n'était que le couple du rez-de-chaussée qui rentrait sans se préoccuper du bruit. Quand elle termina la bouteille de vin, Michael Douglas et Kathleen Turner étaient en train de s'embrasser sur le pont du nouveau yacht que l'on remorquait dans les rues de New York. Hannah éteignit la télévision, jeta le dîner de Felix à la poubelle et se mit au lit. Elle se demanda bientôt pourquoi elle s'était couchée puisqu'elle n'arrivait pas à fermer les yeux. Elle ne pouvait pas dormir mais se coucher était un acte machinal. C'est machinalement aussi qu'elle se leva et alla travailler le lendemain matin.

Chez Dwyer, Dwyer & James, personne ne remarqua la tristesse du regard normalement si vif d'Hannah. Elle était prête à tout pour qu'on ne s'aperçoive de rien. Elle bavarda distraitement avec Gillian de choses sans importance, reçut les quatre photographes avec sa politesse et son habileté habituelles, et elle alla même manger en vitesse un sandwich au thon avec Donna Nelson au petit café du coin. Elle parlait, souriait et travaillait comme les autres jours, mais en pilotage automatique. Au fond d'elle-même, elle était en train de hurler. Elle s'insultait d'avoir été assez folle pour faire confiance à un homme, et insultait Felix de la traiter aussi mal. Si jamais elle le revoyait, elle le tuerait !

Elle n'était pas la seule à être de très mauvaise humeur, au bureau. David James n'arrêtait pas de pester contre tout et rien.

De façon très surprenante chez lui, il avait passé un terrible savon à Steve Shaw à cause d'une vente ratée et, un peu plus tard, les parois vitrées de son bureau tremblèrent tant il criait contre un interlocuteur téléphonique. Hannah savait ce qu'il ressentait. Elle se serait volontiers jointe à sa colère.

Quand il ouvrit sa porte à toute volée et hurla pour avoir un café – tout de suite ! –, les employées s'enfoncèrent dans leur siège, espérant ne pas être obligées de le lui servir.

— Vas-y, demanda Gillian à Hannah d'un ton suppliant. Cela m'a fait un coup. Je suis incapable de l'affronter quand il est dans cet état.

Hannah était prête à tout pour sauvegarder la paix de l'agence. Elle fit du café, ajouta quatre biscuits au chocolat sur le plateau et emporta le tout dans le bureau de son patron. Il lui jeta un regard noir, enregistrant son maquillage appuyé, destiné à camoufler ses cernes, ainsi que la robe rouge droite qu'elle avait mise pour se remonter le moral. Aussi stricte qu'elle fût coupée, elle ne réussissait pas à dissimuler les courbes élégantes de son corps ; de plus, comme la jupe lui arrivait juste au-dessus du genou, elle révélait ses longues jambes chaussées de fins escarpins à hauts talons. Elle avait laissé ses cheveux tomber librement sur ses épaules, dans une tentative pour se rassurer sur sa séduction et ne pas se sentir dans la peau d'une minable, incapable de garder un homme plus de quelques semaines. Ses longues boucles brillantes ondulaient gracieusement autour de son visage, laissant entrevoir des perles d'oreilles raffinées.

David ne se laissa pas impressionner.

— Je préférerais que votre vie privée n'interfère pas avec vos obligations professionnelles, aboya-t-il. Cette tenue ne me paraît pas adaptée aux exigences de Dwyer, Dwyer & James !

Le volcan qui couvait à l'intérieur d'Hannah entra en éruption.

— Que voulez-vous dire ? demanda-t-elle. J'ai souvent porté cette robe pour venir travailler et je ne la porte pas parce que j'ai un rendez-vous ! En fait, je la porte exactement pour la raison inverse. Mais vous, les hommes, vous êtes tous les mêmes !

Le regard glacial de David se réchauffa un tout petit peu.

— Qu'entendez-vous par la « raison inverse » ? dit-il d'un ton plus doux.

Hannah en avait assez. Toujours calme et maîtresse d'elle-même, elle aurait préféré qu'on la traîne nue sur des charbons ardents plutôt que de renoncer à son attitude professionnelle dans une situation professionnelle. Mais ce jour-là, épuisée et blessée dans ses sentiments, elle oublia toute retenue.

— Je la porte pour me rappeler que je suis une femme intelligente et forte qui n'a pas besoin d'un homme pour l'encombrer, en particulier quand il s'agit d'un patron introverti incapable de supporter la vue d'une femme habillée en femme, au cas où elle voudrait l'émasculer !

Elle marqua une pause avant de poursuivre d'une voix qui tremblait de colère.

— Je la porte aussi parce que j'en ai assez des hommes, point à la ligne ! Vous êtes tous infantiles, tricheurs et menteurs !

Elle posa brutalement le plateau sur le bureau de David James. Le café déborda. Hannah prit deux des biscuits et les jeta violemment dans la tasse.

— Le café de Sa Majesté est servi ! Puissiez-vous vous étouffer avec !

Elle claqua la porte derrière elle et se rendit dans les toilettes, où elle s'appuya quelques instants contre le mur, espérant que la fraîcheur du carrelage la calmerait. Il n'était pas question qu'elle présente des excuses. Les commentaires de David passaient les bornes. Il n'avait pas le droit de faire des remarques personnelles de ce genre et, s'il croyait en avoir le droit, il avait intérêt à chercher une autre responsable d'agence, parce qu'elle ne resterait pas. Elle ne regrettait qu'une chose : avoir révélé tant de choses sur elle-même. A moins d'être complètement idiot, David aurait compris que tout n'allait pas pour le mieux entre Felix et elle. Qu'il soit maudit, de toute façon !

— J'ignore ce que tu lui as dit, mais il est de nouveau en pleine forme, lui chuchota Gillian quand elle revint s'asseoir à son bureau.

Hannah portait la tête haute, défiant qui que ce soit de lui adresser le moindre mot de reproche.

— Il rit si fort qu'on doit l'entendre jusqu'au bout de la rue, ajouta Gillian.

Hannah jeta un regard discret vers la paroi vitrée. Le

téléphone collé contre l'oreille et la tête renversée, David était en effet en train de rire à gorge déployée.

— Comme tous les hommes, il a besoin qu'on le reprenne en main de temps en temps, indiqua Hannah, qui ne plaisantait pas. Ils ne comprennent rien d'autre.

Une heure plus tard, son attaché-case et son manteau à la main, David sortit de son bureau et s'arrêta devant Hannah. Normalement, elle lui aurait rendu son sourire et aurait admiré son costume gris italien qui tombait si bien malgré sa carrure. La coupe mettait en valeur ses épaules imposantes et cachait un léger embonpoint au niveau de la taille, dû à de trop nombreux déjeuners d'affaires. Elle se contenta de le fixer en silence.

— Je vous ai dit que je vais à Paris pour un week-end prolongé ? lui lança-t-il.

Le regard toujours aussi froid, Hannah pensa qu'il pouvait aussi bien aller à Katmandou sur un chameau boiteux. Cela ne l'intéressait pas.

— Je suis désolé de devoir partir, car nous avons à parler, poursuivit-il avec un regard où perçait presque du regret.

Hannah se moquait de savoir s'il se sentait coupable et désirait lui présenter des excuses. Qu'il culpabilise ! Que tous les hommes de la planète culpabilisent ! Ils le méritaient.

— Je rentre mardi. Nous pourrions peut-être déjeuner ensemble ?

Il avait perdu son expression indéchiffrable et paraissait plein d'espoir... Oui, c'était cela. Il espérait qu'elle ne démissionnerait pas, pensa Hannah.

— Très bien, dit-elle, distante comme une duchesse.

David sortit en souriant et, comme il refermait la porte, il se tourna vers Hannah et lui adressa un clin d'œil coquin que tout le monde pouvait voir. Décidément, il était incorrigible, pensa-t-elle avec colère.

Le vendredi se termina dans une sorte de brouillard et, à l'idée d'affronter tout un week-end sans Felix, Hannah décida de venir travailler le samedi matin. C'était cela ou passer la journée à se morfondre. Sans lui, elle avait l'impression d'être comme un ballon dégonflé et se sentait vide. Pendant un an et demi, elle avait vécu seule et beaucoup aimé sa vie. Et voilà que, un mois à peine après avoir rencontré Felix, elle découvrait qu'il occupait une place très importante dans sa vie. Comment était-ce possible ? Pourquoi toutes les choses qu'elle aimait faire, aller à ses cours de gymnastique ou s'installer dans son confortable salon pour lire, lui semblaient-elles sans intérêt et inutiles ?

— Je pensais que tu aurais renoncé à travailler le samedi maintenant que l'agence est remise sur pied, opina Donna en voyant Hannah arriver à huit heures et demie.

— J'ai différentes choses à organiser et je n'ai jamais le temps pendant la semaine, répondit Hannah.

Elle se pencha sur la machine à café qui glougloutait. Elle ne voulait pas que Donna puisse voir ses yeux fatigués et cernés. Pensant arriver la première, elle avait prévu de camoufler le désastre en se maquillant dans les toilettes du bureau. Malheureusement, Donna était déjà là et elle ne pouvait éviter de lui parler. De plus, Donna faisait partie des gens qui remarquent tout. Hannah ne voulait pas lui laisser voir la tristesse qui émanait d'elle, elle le savait, comme la radioactivité du plutonium !

Avec un bâillement délibéré, destiné à faire croire

qu'elle s'était couchée très tard, Hannah prit son café et son sac, et se rendit aux toilettes.

— Je dois mettre un peu de peinture, dit-elle d'un ton décontracté. Sinon, je risque de faire peur aux clients ! Rappelle-moi de ne plus jamais abuser du vin d'Espagne !

— Tu as voulu noyer ton chagrin ? demanda amicalement Donna.

Hannah s'arrêta net et se tourna vers elle. Donna n'était pas portée sur les commérages, ni indiscrète. Elle avait seulement beaucoup d'intuition.

— Cela se voit tellement ? finit par dire Hannah.

— Tu avais l'air plutôt effondrée, hier, c'est tout. Mais, ajouta hâtivement Donna, personne ne s'en est rendu compte. Tu le caches très bien, mais je connais cet air-là. Je l'ai eu assez souvent moi-même ! Si tu as envie de parler, ne te gêne pas. Je n'en ferai pas une info spéciale sur Radio Gillian ! Et si tu n'as pas envie de parler, ce n'est pas un problème. J'ai pensé que tu avais peut-être besoin d'une épaule accueillante pour pleurer, quand nous sommes allées déjeuner, hier, mais je comprends que tu préfères garder ta vie privée pour toi.

Hannah reposa son sac et son café avant de se laisser tomber sur la chaise la plus proche.

— Pour garder ma vie privée pour moi, il faudrait que j'en aie une ! dit-elle en essayant de plaisanter.

— C'est David ? demanda Donna.

De surprise, Hannah oublia sa tristesse pendant un moment.

— David ? répéta-t-elle, sidérée. Qu'est-ce qui a pu te donner cette idée ? Il s'est conduit comme un idiot, hier, mais c'est tout ! Cela ne me dérange pas plus que cela. C'est un patron, tu sais !

— Oh ! J'avais l'impression qu'il se passait quelque chose entre vous deux…

Elle laissa sa phrase en suspens. Hannah la regardait, bouche bée.

— Comment as-tu pu penser une chose pareille ? demanda-t-elle. J'aime bien travailler avec lui, mais il n'y a rien entre nous.

Elle cherchait les mots pour décrire leur relation, les mots pour expliquer qu'elle était restée toute platonique.

— C'est quelqu'un de bien mais, vraiment… De toute façon, il est encore entiché de son ex, non ?

Donna eut l'air étonnée.

— Je ne sais pas où tu as pêché cette idée. Je n'ai jamais vu deux personnes plus heureuses de se séparer ! Quelqu'un qui les connaît tous les deux m'a dit que c'était l'enfer chez eux.

— Gillian affirme qu'il est toujours amoureux d'elle.

— Gillian l'espère de toutes ses forces parce que cela veut dire qu'il ne tombera pas amoureux d'une autre… De toi, par exemple, ajouta Donna.

Hannah éclata de rire.

— Tu es folle ! C'est ridicule.

— Non, pas du tout. Je ne suis pas la seule à penser que tu plais à David. Gillian ne le supporterait pas. Elle te déteste, tu le sais, et si son bien-aimé David James tombait amoureux de toi, elle en mourrait !

— Eh bien, elle ne risque rien pour l'instant car il n'est pas amoureux de moi !

— Moi, je pense que si, répondit tranquillement Donna.

Hannah sursauta sous le choc.

— Je… je… bafouilla-t-elle. Je suis amoureuse d'un autre homme, dit-elle enfin. David n'est qu'un collègue de travail, mon patron. Il connaît mon ami, il sait que je sors avec quelqu'un.

— Et c'est cet homme qui t'empêche de dormir ?

Soulagée du changement de sujet, Hannah répondit avec un sourire ironique :

— J'aime souffrir. J'ai un violon d'Ingres : me faire briser le cœur et pleurer la nuit. En tout cas, au moins, je ne suis pas amoureuse de David. Quelle horreur ! Imagine cela : être amoureuse de son patron. Là, il y aurait de quoi pleurer la nuit !

L'après-midi, Hannah se rendit à son cours de gymnastique et, en prenant place sur le stepper, elle se rendit compte que sa conversation avec Donna lui avait fait du bien. Elle tapa son poids sur le clavier du compteur et régla l'intensité de la machine. L'exercice l'aiderait encore plus que de parler. Rien ne lui éclaircissait mieux l'esprit que de monter et descendre sur le stepper jusqu'à ce que ses muscles lui fassent mal. Cela avait marché pour Harry, cela marcherait pour cette ordure de Felix ! Un, deux ; un, deux ; elle soulevait un pied après l'autre avec une régularité de machine. L'exercice physique intense et répétitif allait éliminer la colère qui l'empoisonnait. Ce qu'elle ferait à ce sale type si elle le revoyait jamais ! Un, deux ; un, deux ! Il aurait de la chance s'il pouvait encore marcher quand elle en aurait fini avec lui. Mais une image vint la déranger dans ses fantasmes, celle de David James. Quelques jours plus tôt, il lui avait confié que la surcharge de travail l'avait empêché d'aller à son club de gym depuis deux semaines.

« A mon âge, il faut faire encore plus attention,

avait-il dit en tapotant son ventre. Croiriez-vous qu'à une époque j'ai disputé trois marathons ?

— Vous avez l'air en pleine forme, avait-elle protesté.

— J'ai pris cinq ou six kilos depuis l'époque où je courais le marathon. Je devrais aller au gymnase trois fois par semaine. Mais, à la façon dont vont les affaires, ma seule chance de prendre de l'exercice sera d'installer un tapis de course dans mon bureau. »

Hannah augmenta le rythme de sa machine. Donna se trompait, David ne s'intéressait pas à elle. Pourtant, elle ne cessait de revoir l'expression de son visage quand il avait quitté l'agence, la veille. Il voulait lui parler de quelque chose, mardi, mais de quoi ? Par ailleurs, il avait retrouvé sa bonne humeur quand elle avait crié contre lui en disant que l'on ne pouvait pas faire confiance aux hommes. Il avait certainement compris qu'elle parlait de Felix et avait dû imaginer que leur histoire était terminée. En définitive, peut-être voulait-il quand même lui dire qu'il s'intéressait à elle. Elle sentit dans ses veines se ruer un flot d'adrénaline qui n'avait rien à voir avec l'effort physique. Quel gâchis ! Il n'y avait pas de place dans son cœur pour un autre que ce fichu Felix.

Après deux heures d'exercice intensif, elle dut déployer des efforts pour sortir son sac de sport de la voiture. Tous ses muscles lui faisaient mal, mais c'était une douleur agréable. Elle se sentait affamée et se demanda si elle aurait l'énergie de préparer quelque chose ou si elle se contenterait de mettre un curry tout prêt dans le micro-ondes.

Elle essayait de se souvenir du contenu de son freezer quand elle aperçut ses cheveux blonds. Nonchalamment appuyé au mur, à côté de la porte, tout en noir et arborant l'expression d'un enfant qui vient de voir son chat se faire écraser et se demande s'il va pleurer ou pas, c'était Felix.

Il avait la tête tournée vers l'autre bout de la rue, comme s'il s'attendait à voir Hannah arriver de ce côté-là. Sa pose permettait à Hannah d'admirer son profil parfait et elle se surprit à penser que c'était certainement l'effet recherché. Le nez dessiné comme celui d'une statue grecque, des mèches blondes lui tombant sur les yeux, il fixait le vide d'un air morose. Sa pose aurait été parfaite pour la caméra, se dit encore Hannah avec rancœur. Eh bien, si ce cher Felix était venu avec l'intention de tout arranger, il allait avoir une grosse surprise !

Elle claqua méchamment la grille d'entrée, et des écailles de peinture bleue voletèrent sur les mauvaises herbes qui poussaient entre les dalles de l'allée.

— Que veux-tu ? demanda-t-elle d'un ton glacial en s'arrêtant à un mètre de lui.

Felix tourna vers elle des yeux tristes. Sans un mot, il la fixait avec tant d'émotion dans son regard malheureux qu'Hannah se sentit faiblir. Comme il lui avait manqué ! Cela lui avait fait si mal, comme si on l'avait rouée de coups. Et il était là... Il l'attendait, l'air d'avoir souffert, lui aussi.

Sensible à son changement d'attitude, Felix fit un pas vers elle et la serra de toutes ses forces dans ses bras. A l'instant où il la touchait, elle laissa tomber son sac de sport et se colla contre lui, le laissant enfouir son visage dans ses cheveux et lui murmurer des mots d'amour. Le parfum de son après-rasage l'envahit, cette odeur épicée qu'elle aimait tant, qui lui réchauffait le cœur et faisait courir des frissons tout le long de sa colonne vertébrale. Après leur troisième nuit ensemble, elle avait voulu en acheter un flacon pour respirer son odeur en son absence. Aujourd'hui, elle l'avait reconnu sur un client du gymnase, et ce rappel déchirant de Felix l'avait emplie de tristesse et de désir.

Et il se tenait à présent devant elle, la désirant aussi. Elle s'écarta un peu de lui avec un regard interrogateur.

— Je n'ai pas pu me libérer, mon amour. Le metteur en scène...

Il laissa sa phrase en suspens, étudiant son visage comme il l'aurait fait devant un tableau pour en retenir tous les détails.

— Je me suis dit que tu ne me pardonnerais jamais mais il était si tard quand j'ai pu quitter sa caravane ! J'ai cru que j'allais devenir fou. J'avais tellement peur que tu refuses de me pardonner. Tu es si volontaire, si courageuse. Mais tu me manquais trop, je n'ai pas pu m'empêcher de venir, même si tu décides de me renvoyer.

Il baissa la tête et Hannah ne put le supporter.

— Bien sûr que je te pardonne, idiot ! dit-elle, entre les larmes et le rire. Tu m'as tellement manqué, toi aussi ! Je me suis inquiétée de ne pas avoir de tes nouvelles. Je ne savais pas où te joindre.

— Désolé, mais le metteur en scène m'a retenu pour me faire répéter. C'est un esclavagiste, tu sais.

Il lui sourit, toute sa beauté retrouvée à présent qu'il était pardonné.

— Rentrons vite, dit-il. Je vais te montrer à quel point tu m'as manqué !

Ils étaient étendus côté à côte dans le lit et Felix s'adonnait à son vice secret : la cigarette. Même cela, il le faisait de façon superbe, pensa Hannah. Adossée à ses oreillers, elle admirait la façon dont il tenait langoureusement sa cigarette du bout de ses longs doigts, des volutes de fumée s'échappant de ses lèvres.

— Tout le monde devient antitabac, grogna-t-il en aspirant la fumée de toutes ses forces. Je n'ose plus dire que je fume, de peur qu'un enquiquineur de directeur de casting aille raconter que cela abîme la peau et donne des rides autour de la bouche !

— Tu n'as aucune ride, protesta Hannah en dégustant des yeux la bouche en question.

— Heureusement ! Je me ferai faire une dermabrasion au premier signe de flétrissement, dit-il, se tâtant le visage en quête d'une quelconque marque.

— Grosse bête ! Les hommes sont plus beaux avec des rides. Ce sont les actrices qui doivent rester éternellement jeunes. Les acteurs deviennent comme Clint Eastwood. Sauf que tu es mille fois plus beau que lui !

Il l'embrassa.

— Tu fais beaucoup de bien à mon ego, ma chérie, dit-il d'une voix câline.

— Raconte-moi ce qui est arrivé sur le tournage, demanda Hannah, espérant que sa question n'aurait pas l'air d'un interrogatoire accusateur.

Elle voulait des explications. S'absenter un jour sans rien dire était une chose. Ne pas venir alors qu'ils avaient décidé de dîner ensemble en était une autre. Il aurait pu lui téléphoner. Wicklow ne se trouvait pas en Mongolie-Extérieure.

Il soupira.

— Le metteur en scène et moi n'envisageons pas mon personnage de la même façon. Nous avons même des points de vue radicalement opposés. Il pense que je devrais jouer Sebastian comme un homme sans rien de spécial, un innocent sans expérience, si tu veux. Et moi, je soutiens que c'est un personnage complexe qui fait semblant d'être simple. Tu vois ?

Tel que Felix lui avait expliqué son rôle dans ce film sur la Première Guerre mondiale – celui d'un jeune officier au patriotisme aveugle que l'on envoie se battre comme de la simple chair à canon –, Hannah ne comprenait pas comment il pouvait aboutir à un personnage complexe. C'était la pureté, la simplicité de ce personnage, Sebastian, qui avait d'abord séduit Felix. C'était tout à fait différent des rôles d'hommes avertis et expérimentés qu'il avait joués pour la télévision. Du moins était-ce, d'après Felix, ce que son agent lui avait expliqué.

— Sebastian comprend ce qui se passe en réalité, mais il sait que son devoir consiste à se battre, même en sachant qu'il va se faire tuer, dit Felix avec véhémence. C'est cela qui le motive : le sens du devoir.

— Avez-vous réussi à vous mettre d'accord, le metteur en scène et toi ? demanda Hannah d'un ton prudent.

— Je ne sais pas. Pas encore.

Il rejeta la couverture et se leva. Il écrasa sa cigarette dans le cendrier et en alluma tout de suite une autre.

— Je ne peux pas jouer Sebastian comme un personnage idiot, ce serait très nuisible à ma carrière. Felix Andretti jouant un pauvre abruti ! On ne me donnerait plus que des rôles de simples d'esprit jusqu'à la fin des temps.

Son visage était dans l'ombre. Le soir était tombé et le pâle soleil d'octobre avait depuis longtemps disparu, plongeant la chambre dans une semi-obscurité.

Depuis le lit, Hannah observait Felix. Elle ne savait trop que dire. Lui faire remarquer qu'il s'était battu pour avoir ce rôle serait une erreur. Elle découvrait chaque jour un peu plus la fragilité de l'ego des acteurs. Cependant, si Felix se disputait avec le metteur en scène, il pouvait être renvoyé de la série. Cela arrivait parfois. Il n'était pas irremplaçable.

Une idée lui vint.

— Et ton agent ? Ne pourrais-tu pas lui demander son avis ?

— Il faudrait que je me serve de ton téléphone, dit-il d'une voix pensive. Mon portable est en panne.

— Je ne savais pas que tu en avais un.

Il haussa les épaules, son esprit déjà très loin d'Hannah.

— C'est parce qu'il est en panne depuis très longtemps.

Elle le laissa appeler Billie, son agent à Londres, et se rendit dans la cuisine afin de voir ce qu'elle pouvait improviser pour le dîner. Une demi-heure plus tard, quand il la rejoignit en dansant, une omelette à l'espagnole était en train de cuire. Felix avait perdu son air déprimé et parlait avec animation. Il mit ses bras autour d'Hannah, qui surveillait le gril.

— Tu es une faiseuse de miracles, tu sais cela ?

Contente de le savoir heureux, elle sourit.

— Non, pourquoi ?

— J'ai appelé Billie et elle est d'accord avec moi. Elle dit que Sebastian est un personnage plus intelligent et lucide qu'ils ne l'acceptent. Mais elle pense qu'il faut laisser le metteur en scène faire comme il veut. Il s'apercevra qu'il a tort mais il faut respecter le scénario. Il l'a déjà appelée pour lui dire que mes scènes allaient faire du bruit. Je lui donne donc sa chance. Je viens de l'appeler et il était ravi.

— Tu l'as appelé sur le tournage ? demanda innocemment Hannah en sortant deux assiettes du placard.

Il y avait donc des téléphones sur le plateau. Hannah se sentit l'estomac noué, mal à l'aise. Felix aurait pu l'appeler s'il l'avait voulu. De la même façon, il aurait pu lui dire qu'il avait rencontré David James. Elle baissa les yeux. Ses mains tremblaient. Arrête ! s'ordonna-t-elle. N'oublie pas ton surnom : Hannah, la Forte, l'Indépendante.

— Oui, il était content, poursuivait Felix, apparemment sourd au sous-entendu de sa remarque. Ton omelette sent bon ! On mange et on va au Lillie's, après. Il y a une équipe du tournage qui vient en ville, ce soir. On va s'amuser, tu es d'accord ?

— Plutôt ! répondit machinalement Hannah.

Hannah n'était jamais allée dans la boîte de nuit de Grafton Street. Harry était plutôt du genre pilier de bar et leurs soirées les plus folles s'étaient passées à boire au Ryan's, un pub proche de leur appartement. Elle adorait danser et mit avec plaisir sa robe à bretelles fines, se réjouissant de s'être lavé les cheveux avant de quitter le gymnase. Felix aima beaucoup sa tenue et, après avoir vu sa garde-robe plutôt sage, décréta qu'elle avait besoin d'autres vêtements du même style que la robe. Dans le taxi qui les emmenait au centre-ville, il se montra si émoustillé qu'il faillit demander au chauffeur de faire demi-tour.

— Je croyais que tu voulais absolument aller en boîte, dit Hannah, un peu gênée par ses caresses.

Le chauffeur de taxi faisait semblant de ne pas quitter la route des yeux.

— Tu veux dire que tu aimes sortir, toi aussi ? murmura Felix, dont les doigts remontaient sous l'ourlet de sa robe.

— J'ai hâte d'arriver, répondit-elle d'un petit air sage en repoussant sa main d'une tape sur le poignet.

Pourtant, quand ils quittèrent le Shelbourne pour aller au Lillie's après quelques verres, Hannah, qui s'était levée à sept heures pour aller travailler, commença à ressentir les effets de son lever matinal et de sa séance au gymnase. Il n'était que onze heures moins le quart et elle se sentait déjà fatiguée. Felix, de son côté, réagissait comme les étoiles dans le ciel : la nuit le voyait briller de tous ses feux.

— Tu me rends fou, fillette ! lui dit-il comme ils descendaient Grafton Street.

Il claquait des doigts sur une musique qu'il était seul à entendre. Il était très excité, comme s'il avait pris quelque chose, se dit Hannah avec inquiétude. Mais comment aurait-il fait ? Elle ne l'avait pas quitté un seul instant.

Les gens patientaient devant la petite entrée de la boîte de nuit, tous désireux d'être vus dans le club où les stars du rock et les mannequins venaient se défouler. L'espace d'un instant, Hannah se demanda comment ils allaient entrer mais c'était compter sans son prince Charmant. Il n'habitait Dublin que depuis six semaines mais les videurs le connaissaient déjà et ils l'accueillirent à bras ouverts. Quelques minutes plus tard, une serveuse blonde les guidait vers le coin qu'elle avait appelé la « bibliothèque ». Toute une bande s'y était installée dans des fauteuils profonds devant des seaux à glace et des verres disposés sur les tables. Malgré la musique et l'alcool, tous arboraient un air d'ennui très étudié.

— Felix chéri ! glapit une silhouette rousse à la tête de rapace.

Elle portait une robe de cuir et quitta en ondulant le

bras du canapé où elle était assise pour se coller à Felix sans cesser d'onduler.

— Carol ! dit-il en l'embrassant longuement sur la joue, une main posée sur sa hanche sinueuse. J'avais dit que je viendrais, n'est-ce pas ?

— Mais pas que tu amènerais de la compagnie, répondit Mlle Robe de Cuir, jaugeant Hannah d'un coup d'œil.

Hannah savait reconnaître la jalousie. Elle savait aussi comment se battre.

Elle incurva ses lèvres pulpeuses en un sourire félin et, de façon aussi spectaculaire que possible, fit glisser son manteau de ses épaules sur le siège derrière elle. Avec sa robe améthyste moulée sur des seins mis en valeur par un Wonderbra, elle se sentait capable de tenir tête à n'importe quelle rousse maigrichonne.

— Nous sortons toujours ensemble, Felix et moi, dit-elle.

Felix s'arracha à l'étreinte de Carol et revint vers Hannah.

— Tu t'es trouvé une super nana, Felix, mon pote ! dit un des hommes avec un regard admiratif pour Hannah.

— Je sais, dit Felix d'une voix traînante, passant un bras protecteur autour de sa propriété.

Hannah adressa à Carol un sourire lourd de sous-entendus. Ne me cherche pas, voulait-il dire.

On commanda de nouveau du champagne, les paquets de cigarettes circulèrent et personne ne fit mine de vouloir danser. La seule chose qui les intéressait était de se montrer dans la partie réservée du club. Si quelqu'un y était admis sans faire partie de leur bande, ils lui décochaient un regard froid et distant. Hannah crut reconnaître deux chanteurs d'un group de rap américain dans un coin mais, comme personne ne faisait attention à eux, elle songea qu'elle s'était trompée. Quand un de leurs fans réussit à convaincre le cerbère qui gardait l'entrée de la « bibliothèque » et leur demanda un autographe, elle comprit qu'elle avait eu raison. La réalité était autre : les acteurs avec lesquels elle se trouvait refusaient de reconnaître qui que ce soit. Espérant être reconnus eux-mêmes, ils feignaient d'ignorer toute personne plus ou moins célèbre. Sa première incursion dans le monde du spectacle permit à Hannah de comprendre un point essentiel : pour ces gens, il n'existait qu'une chose plus importante que la gloire, c'était de paraître toujours décontracté et indifférent. Ils pratiquaient tous cette forme d'art avec frénésie. Hannah était elle-même assez douée pour cela.

Elle buvait du champagne, assise en silence à côté de Felix, plus survolté qu'un lapin à piles. Elle aurait aimé lui demander le nom des autres, qui jouait quel rôle, ou encore s'ils étaient tous comédiens. Apparemment, ils travaillaient pour les mêmes feuilletons que Felix mais restaient très vagues sur leurs attributions, à part Carol, qui informait toute personne présente dans un rayon de cinquante mètres qu'elle jouait le rôle d'une infirmière et qu'elle avait suivi les cours de l'Académie royale d'art dramatique à Londres.

— Et vous ? demanda-t-elle avec des yeux de fouine.

Felix venait de s'absenter pour aller aux toilettes et elle en avait profité pour s'installer à sa place.

— Je dirige une affaire d'immobilier, mentit Hannah sans broncher.

Sa réponse déconcerta Carol. Hannah cacha son sourire. Carol avait dû la prendre pour une poupée sans cervelle !

— Comment vous êtes-vous connus ? demanda encore Carol, qui ne désarmait pas.

Surveillant sa proie, les yeux à demi fermés, elle ressemblait à une pie prête à fondre sur un ver de terre inconscient de son sort. Mais Hannah n'était pas un ver de terre. Elle pouvait donner la réplique aux meilleurs de ces acteurs.

Un peu plus tard, elle raconta comment Carol l'avait « cuisinée ».

— Que voulait-elle savoir ?

— Comment je gagnais ma vie et si j'avais un numéro de Sécurité sociale ! Tu vois, ce genre de questions sans importance.

— Que lui as-tu dit ?

Le ton désinvolte de Felix était démenti par son expression soudain fermée.

Hannah lui mordilla l'oreille.

— Que je dirige une affaire immobilière et que nous nous sommes rencontrés le jour où je t'ai fait visiter mon plus bel appartement, un duplex avec vue sur le port de Dun Laoghaire.

Il sourit avec satisfaction.

— Tu es parfaite ! Dans ce milieu, tout le monde ment. Tout est dans les apparences. Plus ils te croient riche, plus ils te veulent. Tu les as beaucoup impressionnés. Nous formons une bonne équipe, conclut-il en posant ses lèvres sur les siennes.

13

Felix disposait de son lundi et il avait persuadé Hannah de faire une chose qu'elle s'était pourtant juré de ne jamais faire : téléphoner en disant qu'elle était malade.

— Nous pourrions passer toute la journée au lit, dit-il en lui suçotant l'oreille comme s'il s'agissait d'un bonbon. Ce n'est que pour un jour, après tout, et je travaille tout le week-end prochain.

Hannah appela donc Gillian malgré un profond sentiment de culpabilité, et mentit. Elle affirma qu'elle avait pris froid pendant le week-end et s'en remettait à peine. Puis elle replongea sous la couette avec un Felix aux anges.

Epuisée mais comblée par deux jours passés à faire l'amour, Hannah arriva au bureau, le mardi, d'un pas décontracté. Elle avait pour la première fois une demi-heure de retard et s'en moquait : elle se sentait protégée de tout par l'amour et pleine d'une bienheureuse lassitude. Même les grands cernes sous ses yeux ne pouvaient ternir sa sensualité rayonnante.

Malgré le manque de sommeil, Hannah était radieuse. Son relevé de carte Visa ne réussit pas à effacer le sourire un peu endormi qui la rendait encore plus attirante.

— Est-ce que ton homme a réintégré la maison ? demanda Donna comme Hannah posait son sac à côté de sa chaise et s'asseyait, croisant ses longues jambes et lissant la jupe noire aguichante qu'elle mettait pour la première fois au bureau.

Hannah eut un petit rire de gorge.

— Ça se voit tellement ?

— Ce ne serait pas plus clair, dit Donna avec un sourire narquois, si tu te promenais en brandissant un panneau qui dirait : « Cette femme a un bon amant ! » Cet homme te fait beaucoup de bien au teint, en tout cas. Pourrais-tu mettre dans un flacon un peu de ce qu'il t'apporte, parce que ma peau aurait bien besoin d'un remontant ?

A cette idée, elles éclatèrent de rire.

— Hannah, dit à ce moment David James, auriez-vous un moment ?

Elle se rendit dans son bureau d'un pas nonchalant, incapable de dissimuler sa joie d'être amoureuse. Elle se sentait si vivante et pleine d'énergie ! Felix agissait sur elle comme une drogue qui rendait sa vie plus belle, comme un aphrodisiaque.

— Vous avez l'air... différente, commenta David en la regardant s'asseoir et passer une main langoureuse dans ses boucles, geste qu'elle ne faisait jamais.

Hannah lui sourit largement.

— J'ai passé un bon week-end, répondit-elle gaiement. Et vous ?

— Euh... Oui, très bien.

Il n'en avait pourtant pas l'air, songea-t-elle. Il paraissait un peu tendu, presque mal à l'aise.

— Ce que je voulais dire... commença-t-il.

Hannah se devait de l'interrompre. Elle savait qu'il allait s'excuser pour avoir mal parlé de Felix et elle se sentait trop heureuse pour le laisser faire quelque chose d'aussi embarrassant pour lui. Elle préférait oublier.

— David, je sais ce que vous allez dire. Moi aussi, je suis désolée de ce qui s'est passé vendredi. J'étais énervée à cause d'une dispute avec Felix et je n'aurais pas dû vous parler comme cela. C'était impardonnable. Je suis touchée que vous preniez soin de moi, poursuivit-elle avec sincérité, mais je n'en ai pas besoin. Felix et moi, nous sommes tous les deux des adultes capables de nous occuper de nous-mêmes. Je sais qu'il fait partie de vos amis mais je préférerais ne pas mêler ma vie privée et mon travail, vous voulez bien ?

David évitait son regard.

— Il est revenu, alors ? demanda-t-il d'un ton bourru avant de s'intéresser brusquement à son courrier électronique.

— Oui, dit-elle avec un grand sourire.

Il souffla lentement, presque douloureusement.

— Si jamais vous avez besoin de vous appuyer sur une épaule, un jour, la mienne sera toujours là !

— David, vous êtes vraiment chic.

— Oui, fit-il d'un air sombre, je suis vraiment chic.

Elle sortit de son bureau d'un pas dansant. Que la vie était belle !

Quand novembre laissa la place à décembre, leurs relations s'étaient établies suivant un rythme régulier. Felix venait en général le vendredi soir, très tard, parfois directement en taxi du plateau de tournage, d'autres fois en limousine avec une bande d'acteurs à moitié ivres qui pressaient Hannah de les accompagner à une soirée ou en boîte. Hannah préférait les soirs « taxi » car Felix lui appartenait tout entier. Ils buvaient ce qu'il avait apporté, en général du champagne dont la qualité variait avec ses ressources, puis ils se mettaient au lit. Le bruit qu'ils faisaient alors la vengeait de ses voisins du dessous, dont la télévision braillait en permanence. Le samedi, ils passaient la matinée au lit, prenant un petit déjeuner de pain grillé complet et de miel avec le café de Colombie à l'arôme puissant que Felix aimait. L'après-midi, ils se rendaient ensemble au gymnase. Personne ne pouvait accuser Felix d'être beau sans efforts, pensait Hannah en admirant son endurance au lever de poids. Il travaillait chacun de ses muscles avec un souci de précision presque obsessionnel. Elle n'avait jamais connu d'homme capable de travailler sa musculation aussi longtemps que lui, aussi acharné à se perfectionner et à se soigner. Felix avait plus de produits de soins qu'elle et il utilisait beaucoup plus régulièrement son gommage pour le corps. Mais elle avait fini par s'habituer à ses petites vanités.

Elle s'était aussi habituée à voir les autres clientes du gymnase le draguer ouvertement pendant qu'elle s'essoufflait sur le stepper. Plus précisément : elle s'y était presque habituée. Il n'y avait pas que ses fessiers à se contracter quand une nymphette venait rôder du côté de l'extenseur latéral pour bavarder d'un air très sérieux avec Felix, dont les muscles jouaient sous le tee-shirt moulant qu'il portait délibérément.

« Rien d'étonnant, lui avait-elle dit un jour d'un ton cinglant, à ce que tout le monde te lorgne, compte tenu de tes tee-shirts ; seuls les strip-teaseurs en mettent, pour aguicher leurs clientes ! »

Felix avait éclaté de rire.

« Mais tu es jalouse, fillette ! avait-il rétorqué avec

insouciance. Il faudra t'y habituer. Les femmes draguent toujours les acteurs : la célébrité est un aphrodisiaque très puissant, tu sais. »

En revanche, il préférait qu'Hannah porte des tenues de sport plus classiques. Il appréciait l'admiration des femmes mais n'aimait pas qu'Hannah attire les mêmes regards flatteurs de la part des hommes. Le jour où, vêtue de sa tenue en Lycra brillant avec ses jambières violettes, elle s'était fait aborder par un culturiste qui dépassait Felix d'au moins cinq centimètres, celui-ci ne s'était pas laissé impressionner.

« Je n'aime pas que des types bizarres te tournent autour. »

Il avait parlé d'un ton très possessif avant d'ajouter de façon plus détendue qu'il préférait qu'elle porte un tee-shirt et un short au lieu de son collant seconde peau.

Quand Hannah avait raconté l'incident au téléphone à Emma, celle-ci s'était sentie perplexe.

« Ce qui est bon pour l'un doit l'être pour l'autre, avait-elle observé. Si Felix a le droit de s'habiller pour séduire, pourquoi pas toi ? »

Hannah avait immédiatement regretté d'avoir parlé. Elle avait voulu expliquer à Emma, qui ne connaissait pas encore Felix, qu'il l'aimait, qu'il était fou d'elle et ne supportait pas que d'autres hommes la regardent. Mais Emma avait tout compris de travers et plus ou moins conclu que Felix était possessif.

Emma ne comprenait pas, pensa Hannah en s'énervant. Elle ne comprenait pas la différence entre la possessivité et la passion. De toute façon, il ne fallait pas oublier de qui cela venait : Emma était incapable de résister à son père même si sa vie en dépendait !

Dans ces jours de bonheur sans nuage, la seule petite ombre venait de David James. Pour une raison qui échappait à Hannah, leur amitié avait disparu, remplacée par des relations assez guindées. Elle se demandait la raison exacte de ce changement d'attitude.

David ne se montrait pourtant ni impoli ni hostile envers elle, au contraire. Mais ils ne s'accordaient plus de petits intermèdes pour sacrifier à leur passion commune, les biscuits au chocolat. Les réunions qui se tenaient dans son bureau étaient rapides et totalement professionnelles. Ils ne prenaient plus le temps de déguster un café ensemble.

Hannah essaya de se convaincre qu'il était préoccupé par autre chose, une chose qui ne la concernait pas. Elle ne pouvait toutefois se débarrasser de l'idée que Donna avait peut-être raison et que David l'appréciait pour des motifs non professionnels.

Un jour, Felix vint la chercher dans une Porsche qu'on lui avait prêtée, mais la situation n'en fut pas plus claire pour autant. Abandonnant la voiture avec son sans-gêne habituel juste devant la porte de l'agence, Felix entra de sa démarche nonchalante et faillit percuter David qui raccompagnait un client.

— Felix, bonjour, dit rapidement David une fois son client parti.

La courtoisie de ses manières envers son client avait disparu. Depuis son bureau, Hannah observait la scène non sans nervosité.

— Salut, mon vieux ! répondit Felix en donnant une tape sur l'épaule de David.

Il ne semblait pas conscient de la froideur avec laquelle David le recevait.

— Je suis venu chercher Hannah, ajouta-t-il.

— Désolée, je pars un peu plus tôt, aujourd'hui, dit Hannah à David, au moment où elle rejoignait Felix.

Si seulement Felix n'était pas arrivé en avance ! pensa-t-elle.

Le visage glacial de David se détendit un instant et il s'arracha un sourire.

— Aucun problème ! dit-il presque gaiement. Fais attention, précisa-t-il à l'intention de Felix. C'est ma meilleure employée.

— Que se passe-t-il ? demanda Felix comme il lui ouvrait la porte de la voiture.

— Rien, il a juste mal à la tête, mentit Hannah.

Jaloux comme il l'était, Felix n'avait pas besoin de savoir qu'Hannah soupçonnait son patron d'avoir des sentiments pour elle. Mais était-ce vraiment le cas ? Face à Felix, David n'avait pas eu l'air d'un homme qui se languit d'amour. Hannah secoua ses boucles comme pour se débarrasser de cette pensée inopportune. Elle s'imaginait des choses qui n'existaient pas.

— Enfin, tu es là !

Pour une fois, Gillian paraissait ravie de voir arriver Hannah.

— Pourquoi ? Quel est le problème ?

Hannah savait qu'elle était en retard, mais il n'était que neuf heures dix. Quelle catastrophe avait pu s'abattre sur l'agence au cours de ces vingt-cinq minutes ?

— Donna a dû emmener sa fille à l'hôpital pour une crise d'asthme, dit Gillian.

— Pauvre Donna ! s'exclama Hannah. Pauvre Tania !

Donna lui avait souvent parlé de Tania, sa fille de sept ans qui souffrait de graves crises d'asthme. Mais c'était la première fois qu'elle devait être hospitalisée depuis sa toute petite enfance. Donna pensait que sa fille avait surmonté les plus gros risques avec le temps. Elle avait eu tort.

— Elle a trois rendez-vous ce matin et il n'y a personne pour la remplacer, poursuivait Gillian, qui contemplait le carnet de rendez-vous avec l'horreur des gens facilement débordés.

— Il faudra bien s'en charger, pourtant, répondit Hannah, impatientée. Ce n'est pas la fin du monde, Gillian. Laisse-moi voir.

Hannah examina la page des rendez-vous du jour, vérifiant où se trouvaient les autres agents pour savoir lequel d'entre eux pourrait s'occuper des clients de Donna. En trois coups de téléphone, elle résolut deux des problèmes. En revanche, elle ne trouva personne pour le rendez-vous de neuf heures quarante-cinq à Killiney, un peu plus au sud sur la côte. Hannah connaissait la maison : un pavillon mitoyen dont les propriétaires, un couple, voulaient acheter une autre maison à Dublin, dans le quartier de Drumcondra. Ils avaient absolument besoin de vendre leur maison pour acheter et une première transaction avait déjà échoué. S'ils ne signaient pas un compromis de vente au plus tard sous quarante-huit heures, ils perdraient leur option sur la maison de Drumcondra. Donna avait trouvé ce couple sympathique et espérait que ses clients feraient une offre après avoir revu la maison. Pour n'importe quelle autre affaire, Hannah aurait annulé le rendez-vous mais, dans ce cas, c'était trop important. Comme David n'était pas là, elle ne pouvait lui demander son avis.

Soudain, elle ferma le carnet de rendez-vous.

— J'assurerai moi-même le rendez-vous de dix heures moins le quart, dit-elle à une Gillian sidérée.

Pendant le trajet, elle appela Donna et laissa un message sur son portable.

— J'ai été désolée d'apprendre les mauvaises nouvelles, Donna. Appelle-moi si tu as besoin de quoi que ce soit et ne t'inquiète pas pour tes clients. Ne t'occupe que de soigner Tania. Nous pensons tous à toi.

Une rutilante BMW de quatre ans l'attendait devant la maison quand elle tourna dans la rue. Consciente que son vieux tacot n'était pas l'idéal pour un agent immobilier, Hannah se gara quelques portes plus loin. Si sa voiture jurait dans le tableau, ce n'était pas le cas de sa tenue, pensa-t-elle avec plaisir. Son ensemble pantalon bordeaux de chez Wallis et ses boots à hauts talons convenaient très bien pour ses nouvelles fonctions.

Les clients s'impatientaient devant la porte d'entrée, et la femme eut un regard éloquent vers sa montre quand Hannah s'engagea avec assurance dans l'allée.

Blonde, maquillée d'une main experte et vêtue d'une luxueuse tenue décontractée, Denise Parker se jugeait visiblement du dernier chic tel que le concevaient les yuppies. Elle aimait donner l'impression que son temps était précieux. Colin, son mari, un homme moins spectaculaire, aux cheveux blond cendré, et qui portait un costume, manifestait autant d'impatience.

— Nous sommes pressés, vous savez, dit Denise sans laisser le temps à Hannah de leur dire bonjour.

— Je comprends, dit Hannah d'un ton conciliant. Mme Nelson m'a longuement parlé de vous. Je sais que vous êtes très occupés.

Elle ne voyait pas vraiment pourquoi une coiffeuse et un vendeur d'ordinateurs étaient plus occupés que le reste de l'humanité mais se rendit compte qu'elle gagnerait à flatter ce couple.

— Ravie de vous rencontrer, leur déclara-t-elle en leur serrant la main. Je suis Hannah Campbell. Normalement, je ne fais pas visiter, ajouta-t-elle gravement, mais Mme Nelson ne pouvait pas venir. Comme il n'était pas question d'annuler votre visite, j'ai dit que je m'occuperais moi-même de vous.

Ce n'était pas vraiment un mensonge. Hannah avait seulement laissé croire qu'elle occupait un poste très important dans l'espoir d'impressionner les Parker. Elle avait eu raison.

— Merci, dit aimablement Denise, qui la gratifia en même temps d'une petite moue de supériorité.

Hannah les fit entrer et ils commencèrent à inspecter les pièces d'un air dubitatif. Denise passait un doigt méfiant sur les murs pour voir si leur couleur s'était assombrie à cause de l'humidité ou de la poussière. Colin parut contrarié devant la cheminée en marbre où l'on voyait des fêlures sous les cascades de lierre en pot. Les rideaux couleur porridge qui étaient inclus dans le prix de vente lui arrachèrent une autre grimace.

Prête à les attendre pendant qu'ils revisitaient la maison de fond en comble avec une lenteur d'escargot, Hannah s'installa sur le canapé et sortit calmement la liste des biens à vendre qu'elle avait apportée avec elle, comme si elle n'avait pas une tonne de travail en souffrance sur son bureau. Il était important de donner l'impression que l'on avait tout son temps pour se consacrer à ses clients, expliquait le chapitre sur la psychologie de la vente dans son manuel de l'immobilier.

« Faites-les se sentir importants, comme si votre mission consistait à trouver la maison idéale pour eux », conseillait le manuel. Hannah essaya de ne pas lever les yeux au ciel comme elle en mourait d'envie. S'occuper de ces clients acariâtres était une mission, d'accord ! Mais une mission impossible !

Elle se souvint d'une conversation avec Donna sur les subtilités psychologiques de la visite d'un bien immobilier.

« Certains agents affirment que tout est merveilleux dans la maison et qu'elle est faite pour leurs clients, avait expliqué Donna. Je procède autrement. Je reste très réaliste et je leur fais remarquer qu'ils doivent prévoir de dépenser un peu d'argent en plus de l'achat. Ils veulent savoir à quoi s'attendre, et surtout sur les trois postes les plus coûteux : l'électricité, les fenêtres et le chauffage. L'honnêteté paie. »

L'honnêteté, pensa Hannah non sans angoisse. Il fallait essayer.

Quand les Parker la rejoignirent enfin dans le salon, elle fit de son mieux pour paraître étonnée de leur rapidité.

— Il y a un énorme potentiel, n'est-ce pas ? leur dit-elle d'une voix neutre. Il faut enlever la cheminée, évidemment, et imaginer ce que cela donnerait avec un modèle moderne en ardoise. Cela aurait beaucoup d'allure !

Les Parker se tournèrent vers la cheminée d'un air perplexe, comme étonnés que l'agent immobilier souligne un point négatif.

— En fait, poursuivit Hannah avec un petit haussement d'épaules, certaines personnes la trouveraient certainement à leur goût et la garderaient. Mais quand on a le sens de la décoration, on voit tout de suite qu'il faut la remplacer. J'ai bien vu qu'elle ne vous plaisait pas du tout.

Elle leur sourit discrètement.

— Mais tout le monde n'a pas votre goût, ajouta-t-elle.

Denise eut l'air flattée.

— Non, vous avez raison. Je disais justement à Colin que ce serait la première chose que j'enlèverais.

— Il faut aussi refaire la salle de bains, dit Hannah. Le bleu marine fait très « années quatre-vingt » !

— Tout à fait ! s'exclama Denise. C'est ce que nous disions.

Hannah commença à rassembler ses papiers.

— J'aimerais beaucoup voir ce que vous réussiriez à faire de cette maison, dit-elle sur le ton de la conversation. Je trouve que vous avez d'excellentes idées. De plus, c'est un quartier agréable.

— Je trouve aussi, acquiesça Colin, qui perdait peu à peu son air pincé.

— Excusez-moi un instant, je vérifie que les fenêtres à l'étage sont fermées, dit Hannah.

Elle voulait les laisser seuls quelques minutes. Quand elle revint, ils l'attendaient dans l'entrée en souriant.

— Nous la prenons, annonça Denise d'un air triomphant. Nous ne pouvons pas laisser passer l'affaire. Je vois déjà le salon dans un dégradé de gris et de vert et avec une cheminée en ardoise.

— Ce sera formidable ! mentit Hannah avant de les féliciter et de leur demander un chèque d'option.

Dix minutes plus tard, la BMW bondissait dans la petite rue tranquille et Hannah se permit un cri de joie.

Elle était douée ! Et même très douée ! Les Parker étaient le genre de personnes qui s'attendent qu'on veuille leur forcer la main. Ils étaient toujours sur leurs gardes, prêts à se défendre, comme le prouvait leur agressivité systématique. Elle les avait pris par surprise en insistant sur les points faibles de la maison et en les traitant comme des gens d'une intelligence supérieure à la normale. Elle leur avait ainsi ôté toute possibilité de l'agresser.

La seule ombre au tableau venait de la raison pour laquelle elle s'était occupée de cette affaire. C'étaient les ennuis de Donna qui lui avaient donné sa chance. Elle alluma son portable et appela Gillian. Elle avait hâte de savoir si Donna avait donné des nouvelles de la petite Tania.

— Non, répondit Gillian. M. James a appelé et il m'a demandé de vous dire que c'était une très bonne idée de vous occuper des clients de Donna.

La rancune qui perçait dans la voix de Gillian fit sourire Hannah. Elle s'était sans doute réjouie d'annoncer au patron qu'Hannah avait franchi la ligne jaune, espérant qu'elle se ferait taper sur les doigts. Elle devait trouver très irritant de voir son plan tomber à l'eau.

— Merci de l'avoir informé, Gillian, dit-elle calmement. Tu as été très efficace. Je serai de retour dans un petit moment.

Il lui fallait à peine un quart d'heure pour rentrer à l'agence mais elle se sentait si heureuse de sa réussite qu'elle voulait prendre le temps de la savourer.

Elle effectua un léger détour pour s'arrêter dans une petite boutique où on vendait du café, acheta un cappuccino à emporter et alla s'asseoir sur un bollard du port de Dun Laoghaire. Elle aimait regarder le spectacle du port qui grouillait d'activité. Chez elle, dans le Connemara, la mer n'était pas très loin de la maison de ses parents mais la grève rocailleuse qui menait aux flots tumultueux de l'Atlantique n'avait rien de comparable à la splendeur victorienne du port de Dun Laoghaire.

Derrière elle, les hôtels élégants donnaient l'impression que l'on pouvait voir apparaître à tout instant des dames en tenue d'après-midi portant une ombrelle. De même, si l'on plissait les yeux et ignorait les ajouts modernes comme les antennes, les magnifiques yachts amarrés bord à bord dans la marina paraissaient surgir d'un autre temps.

Les quais qui s'étendaient de part et d'autre du port semblaient l'enserrer dans deux bras géants, vision qui faisait paraître la mer sûre et apprivoisée. Dans le Connemara, c'était toujours le sentiment des dangers de la nature qui l'emportait. Hannah pensa aux petites embarcations solidement amarrées à de vieilles jetées en pierre ; quand les vagues passaient avec violence par-dessus la digue, elles raclaient contre les pierres. Elle s'était juré de ne jamais mettre les pieds sur le pont d'un bateau. Mais ici, la mer était moins inquiétante, se dit-elle en dégustant son cappuccino.

Ce soir-là, quand Felix l'appela, elle lui parla de son excellente journée. Comme il n'avait toujours pas fait réparer son portable, il s'offrait rarement le luxe de lui téléphoner.

— Donna n'arrivait pas à croire que j'avais réussi à vendre la maison à ces clients-là ! Elle avait appelé pour dire que Tania pourrait quitter l'hôpital demain et elle a été très contente…

— C'est formidable, ma chérie, l'interrompit Felix. Je n'ai qu'une minute pour te parler. Je suis sur le portable de Leon. Je voulais juste te prévenir que je ne pourrai pas venir ce week-end. Le tournage se transporte à Waterford pour les deux semaines avant les vacances de Noël et on travaille comme des fous.

— Oh !

Elle ne put cacher sa déception : elle avait prévu de

déjeuner avec Leonie, Emma et Peter. Les filles grillaient d'impatience de connaître enfin le beau Felix dont elles avaient tant entendu parler. De plus, cela faisait des mois qu'Emma promettait de venir avec Peter.

— Ce sera pour une autre fois, dit-il avec impatience.

Il raccrocha et Hannah regarda son téléphone d'un air abattu. Aimer un acteur ou aimer un homme marié, c'est la même chose, pensa-t-elle tristement. On ne peut jamais rien prévoir.

14

Anne-Marie passa la main sur un coupon d'étoffe à motif fleuri. Bleu clair avec des fleurs jaune et bleu, elle était typique du style Laura Ashley et réellement très jolie. Exactement le genre de tissu que sa mère aimait, pensa Emma. Elle imaginait déjà ses recommandations au fabricant de rideaux : « Des volants, des volants, et encore des volants ! »

Anne-Marie O'Brien passa à un autre coupon, également bleu mais avec un simple petit dessin beige.

— Ravissant, énonça-t-elle d'un air absent.

Elles étaient au rayon des tissus du magasin Laura Ashley depuis dix minutes et la mère d'Emma n'avait rien dit d'autre pendant ce temps. Normalement, elle aurait été très excitée de partir à la recherche d'un tissu pour les rideaux de la chambre d'amis, transportée de joie à l'idée de redécorer une pièce de sa maison. Peter soutenait que les O'Brien refaisaient la décoration de leur maison de la cave au grenier tous les deux ans. « Ta mère est une piquée de la décoration », disait-il chaque fois que celle-ci lançait : « De quelle couleur allons-nous peindre les boiseries ? »

Emma ne comprenait pas pourquoi ses parents n'achetaient pas leur propre machine à décoller les papiers peints. Ils payaient si cher à chaque fois qu'ils auraient eu de quoi en acheter déjà au moins deux ! Cette fois, il fallait refaire la chambre d'amis parce que le cousin au second degré de sa mère qui vivait à Chicago leur rendait visite et, bien sûr, la chambre d'amis était dans un tel état qu'on ne pouvait pas demander à quelqu'un d'y dormir. Et certainement pas quelqu'un de Chicago, aurait dit Anne-Marie d'un ton scandalisé.

Mais elle ne l'avait pas dit et n'avait pas non plus proposé d'idées de décoration : c'était son mari qui s'en était chargé. Le temps de comprendre son projet, elle l'avait adopté avec enthousiasme.

« Tu m'accompagneras pour acheter le tissu des rideaux, Emma ? » avait-elle demandé à sa fille.

Emma n'avait même pas imaginé de refuser, mais c'était encore un samedi matin de gaspillé, avait-elle pensé avec irritation. Peter et elle avaient prévu d'aller faire leurs courses de Noël ce jour-là. Il restait à peine trois semaines et demie jusqu'à Noël et ils ne voulaient pas passer des heures à essayer de se garer à la dernière minute dans les parkings bondés du centre-ville quand le pays tout entier achetait sans réfléchir des coffrets-cadeau, des cravates à la dernière mode et autres présents inutiles.

Peut-être que si sa mère ne traînait pas trop longtemps pour choisir un papier peint et un tissu, elle pourrait faire un saut chez Alias Tom et chercher quelque chose pour Peter. Peut-être un très beau pull-over ou une chemise de styliste, se dit-elle. Elle casserait sa tirelire, mais Peter méritait vraiment un beau cadeau. Il avait beaucoup travaillé depuis quelque temps, acceptant de nombreux déplacements avec une nuit à l'hôtel parce qu'il était payé en heures supplémentaires.

Emma n'avait jamais parlé des méchantes remarques de son père sur la façon dont ils lui avaient emprunté de l'argent mais Peter se conduisait comme s'il en avait eu l'intuition et faisait tout pour rembourser très vite. Elle soupira. Comme elle l'aimait ! Il était si gentil avec elle, alors qu'elle s'était conduite comme un ours au cours des dernières semaines.

— Où est ton père ? demanda soudain sa mère, l'interrompant dans ses pensées.

— Pardon ?

— Ton père, où est-il ? Je ne le vois nulle part.

Il fallut quelques instants avant qu'Emma comprenne. De quoi parlait-elle ?

Anne-Marie avait presque les mêmes yeux qu'Emma, très clairs avec des paillettes d'ambre, toujours vifs et observateurs, en quête de tout ce qu'elle pouvait désapprouver. En cet instant précis, ils reflétaient de la peur. Anne-Marie regardait tout autour d'elle avec une angoisse croissante, ses yeux courant d'un point à un autre tandis qu'elle clignait rapidement des paupières.

— Papa n'est pas là, dit lentement Emma.

Elle vit avec horreur la bouche de sa mère trembler tandis qu'elle se mettait à pleurer.

— Il devrait être ici, où est-il ? Il était ici. Tu mens ! dit Anne-Marie de plus en plus fort.

Emma se rendit compte que sa mère paniquait.

Elle la prit rapidement par le bras dans l'espoir de la rassurer et lui expliqua que Jimmy travaillait. Mais Anne-Marie se dégagea de l'étreinte d'Emma avec une force surprenante et se mit à courir en criant d'une voix hystérique :

— Jimmy ! Où es-tu ?

Malgré le choc, Emma courut derrière elle et rattrapa sa mère par le bras. Elles étaient à côté d'un étalage de coussins. Anne-Marie en prit un et se mit à frapper Emma.

— Laissez-moi ! Laissez-moi ! Où est mon mari ?

Tout en évitant les coups, Emma réfléchissait à toute vitesse. Sa mère devait avoir une attaque ou une rupture d'anévrisme, en tout cas un problème grave qui affectait son cerveau. Elle ne semblait même pas reconnaître sa fille. Son visage était déformé et son expression frénétique absolument terrifiante.

— Maman, maman, tout va bien. C'est moi, Emma. Arrête de me taper ! On va trouver papa, je te le promets. D'accord, maman ? suppliait Emma, incapable de contrôler sa terreur.

Que se passait-il ? Pourquoi sa mère se conduisait-elle ainsi ? Anne-Marie hurlait si fort que sa voix couvrait la musique douce diffusée dans le magasin.

— Où est mon mari ? Je dois le trouver !

Emma s'accrochait à elle, de peur qu'elle ne s'enfuie de nouveau si elle la lâchait. Anne-Marie continuait à crier et à frapper Emma. Emma tenta en vain de lui arracher le coussin. Anne-Marie était plus forte qu'elle. Des gens de plus en plus nombreux s'arrêtaient pour les regarder. Une des vendeuses s'approcha.

— Est-ce que tout va bien ? demanda-t-elle.

Aussi brusquement qu'elle avait commencé, Anne-Marie cessa de frapper Emma. Elle regarda avec étonnement le coussin qu'elle tenait à la main, comme si elle ne comprenait pas pourquoi il se trouvait là.

— Emma ?

— Je suis là, maman, je suis là.

Emma serra doucement contre elle le corps tétanisé de sa mère. Elle craignait qu'elle ne se remette à crier si elle la tenait trop fort.

— Tout va bien. Nous allons trouver papa.

D'une main, elle lui reprit le coussin et le reposa sur l'étalage.

— Je suis désolée, dit-elle à la vendeuse. Je ne sais pas ce qui s'est passé… Elle a dû avoir une absence.

La vendeuse regarda Anne-Marie, dont le visage était redevenu normal, puis Emma. Elle ne croyait pas à ses explications. Mais, pensa Emma, qui pouvait y croire ? Cette femme qui avait l'air parfaitement normale s'était certainement disputée avec sa fille. Que pourrait-on penser d'autre ?

Anne-Marie tapota brièvement la joue d'Emma, eut un grand sourire et se détourna pour admirer les coussins qui lui servaient d'arme quelques instants plus tôt. Les badauds s'éloignèrent, laissant Emma les jambes molles, le cœur battant à se rompre.

— C'est joli, dit gaiement sa mère, qui tenait un coussin en tapisserie.

— Partons, maman, dit Emma.

Paniquée à l'idée que la scène puisse se reproduire, elle entraîna sa mère dans un café. Sans lâcher son bras, elle acheta deux cafés au comptoir et un chausson aux pommes pour Anne-Marie.

Emma guida sa mère vers une table libre sans cesser de lui tenir des propos insignifiants sur Noël et le tissu des rideaux, comme un parent essayant de distraire un enfant révolté. Elle mit une cuillerée de sucre dans le café de sa mère et poussa le chausson aux pommes devant elle.

Sans proférer la moindre remarque sur le fait qu'elle pouvait sucrer son café elle-même, Anne-Marie prit la tasse et but avidement avant de s'attaquer au chausson. Emma l'observait, à peine capable d'avaler une gorgée de café.

— On va voir les papiers peints maintenant ? demanda Anne-Marie d'un air satisfait.

— Je ne sais pas, maman, répondit Emma d'une voix faible. J'ai la migraine.

Elle mentait dans l'espoir de ne pas avoir à retourner dans les magasins.

— On rentre à la maison ? demanda sa mère avec l'enthousiasme d'un enfant.

Emma répondit d'un hochement de tête. Elle ne pouvait plus parler. Voir sa mère se transformer en une femme qu'elle ne connaissait pas avait été la pire expérience de sa vie. Comme Anne-Marie buvait son café, Emma passa en revue les éventuelles explications à cet étrange comportement. Chaque fois, elle revenait avec tristesse à une seule possibilité : la maladie d'Alzheimer. Il n'y avait pas d'autre explication. Il faisait très chaud dans le café. Malgré la température presque tropicale, Emma se sentit parcourue d'un frisson glacé. Elle avait froid jusque dans les os, et cela n'avait rien à voir avec le climat de la saison. Sa mère était malade, très malade.

— Kirsten, dit Emma avec soulagement quand sa sœur décrocha le téléphone.

Elle se sentait réconfortée d'entendre la voix de Kirsten, la voix d'une personne normale.

— Kirsten, je ne sais pas quoi faire. Tu ne croiras jamais ce qui s'est passé.

— Tu peux être brève ? fut la réponse de Kirsten. Je sortais pour me faire réparer un ongle chez la manucure. Nous allons à un bal ce soir, et je me suis abîmé l'ongle du pouce sur une canette de Coca Light.

Emma leva les yeux au ciel. Peu importaient les

drames familiaux, Kirsten aurait toujours quelque chose de plus important. Même si la planète explosait, elle s'occuperait d'abord de refaire sa couleur chez son coiffeur.

— Tu auras moins envie d'aller à un bal quand tu sauras ce qui est arrivé à maman, répondit Emma d'un ton neutre.

— Ne sois pas ridicule ! s'exclama sèchement Kirsten quand Emma eut fini son récit. Maman va très bien. C'est toi qui te fais des idées. Tu sais qu'elle s'inquiète toujours quand papa n'est pas là. Le moindre incident devient une catastrophe. C'est ça, le problème, et rien d'autre.

— Non, protesta Emma. Il y a autre chose. Tu ne l'as pas vue, Kirsten. Elle était… elle était devenue folle ; elle me frappait avec un coussin et elle hurlait de toutes ses forces. C'était épouvantable ! J'ai cru qu'elle avait perdu la tête mais je crois que je sais ce qu'elle a. C'est la maladie d'Alzheimer. Le seul mot me fait mal !

Un silence accueillit sa déclaration.

— Tu n'es pas sérieuse, dit enfin Kirsten.

— Je n'ai pas envie de rire. Comment pourrait-on plaisanter avec une pareille horreur ?

— De toute façon, elle va bien, maintenant. C'est fini et il n'y a aucune raison de s'inquiéter. Tu paniques pour rien.

— Kirsten ! explosa Emma. Veux-tu m'écouter ? Maman ne savait plus qui j'étais ! Tu sais bien qu'elle s'est comportée de façon bizarre, ces derniers temps. Elle oublie le nom des choses. La semaine dernière, elle a essayé de me dire que la machine à laver était en panne et elle ne trouvait pas ses mots.

Emma se souvenait très bien de leur conversation téléphonique.

« La chose est cassée, avait gémi sa mère. Il y a de l'eau mais cela ne marche pas. Je ne sais pas comment l'arranger.

— Quelle chose ? avait demandé Emma.

— La chose... Le gros machin ! avait crié sa mère, exaspérée. Le truc dans la cuisine, pour les vêtements. Je ne sais pas comment on dit, arrête de m'embêter. Ça ne marche plus ! »

Toutefois, ce soir-là, quand Emma avait rappelé, sa mère lui avait semblé en pleine forme et la machine à laver tournait bruyamment dans la cuisine.

— J'essaie sans arrêt de me convaincre qu'elle n'a rien, expliqua Emma à sa sœur. Mais après ce que j'ai vu, je ne peux plus me faire d'illusions : elle ne va pas bien. Elle est atteinte d'une forme de démence précoce, qui ressemble à la maladie d'Alzheimer.

Emma s'interrompit un instant, fatiguée que Kirsten ne veuille pas comprendre.

— Il faut réfléchir à ce que nous devons faire. Je n'ai rien dit à papa. J'ai déposé maman à la maison et je suis rentrée. Je ne savais pas quoi lui dire. C'est pour ça que je t'appelle. Nous devons prendre une décision.

A l'autre bout du fil, un petit grognement lui apprit que Kirsten n'avait pas l'intention de tenter quoi que ce soit.

— Il n'y a rien à décider, dit Kirsten. Nous oublions tous différentes choses en permanence. Moi, par exemple, la moitié du temps je ne me souviens pas du nom des gens. Maman va très bien. Tu crois que je ne le saurais pas, si ma propre mère était malade ?

— Il ne s'agit pas d'une compétition, Kirsten, remarqua Emma. Nous ne jouons pas à savoir qui diagnostiquera la première un éventuel problème, pour savoir qui est la meilleure fille de nous deux ! Nous devons agir. Papa ne s'est peut-être rendu compte de rien. J'ignore si maman a déjà eu ce genre de crise, mais nous devons agir.

— Tu peux, mais ne compte pas sur moi ! Je crois que tu exagères. De toute façon, je t'ai prévenue : je n'ai pas le temps maintenant.

Sur quoi, Kirsten raccrocha.

Emma resta devant son téléphone, sidérée. Elle connaissait la tendance de Kirsten à fuir les ennuis. Des années plus tôt, alors qu'elle était en quatrième, il lui avait fallu deux jours pour avouer à ses parents qu'elle avait été exclue temporairement de l'école parce qu'elle avait fumé. Seule l'arrivée du courrier du principal l'avait décidée à parler. Mais nier que leur mère avait un problème alors que c'était évident… C'était incompréhensible.

15

Une épidémie de toux du chenil affectait apparemment la moitié des chiens de la région. Leonie allait se mettre à hurler si elle entendait encore une fois un des chiens tousser aussi douloureusement. Elle ne supportait pas l'air perdu qu'ils prenaient à chaque quinte. La plupart des propriétaires de chiens étaient assez responsables pour amener leur animal chez le vétérinaire, mais il y avait les autres, ce petit pourcentage méprisable pour lequel cela équivalait à jeter l'argent par les fenêtres. Ils avaient payé le vaccin contre la parvovirose quand leur animal était encore un chiot et on ne les avait jamais revus. Depuis le début de la matinée, Leonie avait vu arriver quatre cas de toux du chenil. Comme il n'y avait rien de plus contagieux, Angie avait examiné les chiens dans l'entrée de la clinique. On ne laissait jamais entrer un animal atteint de cette maladie.

Le dernier des chiens était très mal en point. Leonie ne comprenait pas comment son propriétaire avait pu le laisser dans cet état aussi longtemps. On ne pouvait pas se tromper quand on entendait un chien tousser de cette façon. C'était à briser le cœur.

— Elle n'est jamais malade, avait expliqué le client avec désinvolture.

La chienne épagneul qu'il leur amenait souffrait visiblement le martyre. Ses yeux coulaient, montrant des symptômes proches de ceux de la grippe, et, chaque fois qu'elle toussait, elle était secouée de spasmes douloureux.

— Mon dernier chien n'a jamais rien eu, se plaignit le propriétaire tandis qu'Angie examinait la bête avec l'aide de Leonie.

Un vrai miracle, pensa haineusement Leonie, s'il s'en était aussi bien occupé ! Cette pauvre petite chienne devait être malade depuis plusieurs jours et ces ordures n'avaient pas pris la peine de s'en inquiéter. Et ce n'était certainement pas un problème d'argent ! Le type faisait tinter des clés de Saab dans sa main et le manteau de mouton retourné qu'il portait par-dessus sa chemise Lacoste ne venait pas d'un dépôt-vente. Leonie avait très envie de lui expliquer ce qu'elle pensait... *Elle n'est jamais malade.* Quel salaud...

— Leonie, dit Angie qui avait vu la colère de son amie, pourrais-tu tenir Flossie pendant que j'ausculte son cœur et ses poumons ?

Flossie, en gentille petite bête qu'elle était, agita la queue amicalement pendant que Leonie la tenait.

— Tu es une belle fille, lui disait Leonie. Tu dois juste attendre ici pendant un petit moment. On va bientôt te guérir, mon gentil toutou.

Le propriétaire se recula et s'adossa au mur. Il avait l'air exaspéré, comme si toute cette histoire n'était qu'une perte de temps.

Il eut même l'audace, à un moment, de soupirer en regardant sa montre. Angie croisa le regard de Leonie, aussi scandalisée qu'elle.

Quand elle eut fini d'ausculter la chienne, Angie se tourna vers le propriétaire.

— Je ne vous cacherai pas que c'est grave. Elle a la toux du chenil, dit-elle d'un ton glacial.

Comme il ne réagissait pas, elle poursuivit du même ton.

— En fait, je m'étonne que vous ne l'ayez pas amenée plus tôt. La plupart des gens viennent au premier signe de maladie, et votre chienne est malade depuis au moins deux semaines.

Il décolla son dos du mur et se redressa.

— Eh bien, commença-t-il en bafouillant avec gêne, vous savez, avec Noël et les fêtes…

— Oui, c'est facile de négliger les animaux à cause de Noël, souligna Angie. Mais si vous aviez traîné quelques jours de plus, je n'aurais juré de rien ! Je la trouve aussi très maigre. L'avez-vous vermifugée récemment ?

Le propriétaire eut la grâce d'avoir l'air honteux.

— Je crains que nous ne pensions jamais à ce genre de choses, dit-il.

Leonie ne put se retenir.

— Dans ce cas, pourquoi avez-vous un chien ? demanda-t-elle sèchement.

Angie lui lança un regard d'avertissement. Elles ne devaient pas parler de cette façon. Si elles réprimandaient les clients, ils risquaient de ne plus jamais leur amener leurs animaux.

Le maître de Flossie avait l'air choqué.

— Que vous vermifugiez régulièrement votre chien ou pas, cela vous regarde, lui dit Angie d'un ton très professionnel, ignorant Leonie. Pour que les choses soient claires, je vous informe que nous avons l'obligation d'informer les autorités compétentes uniquement quand nous pensons qu'un animal est maltraité.

Au mot « maltraité », le client pâlit.

— C'est une gentille bête et les enfants l'adorent, balbutia-t-il. Elle n'est pas maltraitée.

— J'en suis certaine, répondit Angie, mais elle doit prendre des antibiotiques. J'aimerais la revoir dans une semaine pour vérifier l'évolution de la maladie et la vermifuger. Cela vous serait-il possible ?

— Bien sûr, bien sûr !

Il s'empressa de donner une caresse à Flossie, et Leonie constata avec plaisir que la chienne paraissait l'aimer. Au moins, il ne la battait pas !

C'était le dernier client et, après son départ, Leonie entreprit de nettoyer tandis qu'Angie remplissait le dossier de la chienne, indiquant le type d'antibiotiques qu'elle avait prescrit. Comme elles s'en doutaient toutes les deux, Flossie était venue quatre ans plus tôt pour ses vaccins de chiot et on ne l'avait jamais revue.

— Trop cher, je suppose, dit Leonie d'un ton dégoûté. Comme le propriétaire des pubs.

Angie acquiesça avec lassitude. Tout le personnel du cabinet, vétérinaires et infirmières, avait été scandalisé par le propriétaire de deux pubs du centre-ville, qui n'hésitait pas à afficher ostensiblement sa richesse mais avait refusé de faire opérer son chien de la cataracte parce que c'était « vachement trop cher » !

Tout le monde savait qu'il pouvait amplement se le permettre, même si cela représentait une certaine somme d'argent. Mais il avait préféré que sa gentille chienne berger allemand continue à se cogner partout et se fasse finalement écraser sur la grand-route où elle s'était perdue. Souvent cité dans les potins de la presse locale, il avait eu le culot de déclarer qu'il en était très triste parce qu'il « adorait les animaux et faisait tout pour eux ».

« Sale hypocrite ! avait rugi Leonie. Il a dû payer bien

plus cher pour faire réparer les phares de sa fichue Rolls ! »

Aucun membre du personnel ne lui avait jamais plus adressé la parole, alors qu'il passait tous les jours devant la clinique vétérinaire pour aller travailler dans sa voyante Rolls Royce bleu glacier.

Angie jurait de jeter des morceaux de verre sur sa route pour crever ses pneus. Dans ses accès de colère, Leonie préconisait de lui bander les yeux pour lui apprendre ce que c'est que de vivre dans le noir.

— Et merde ! Mais pourquoi ce genre d'individu ne se contente-t-il pas d'un poisson rouge ? dit Leonie, qui ne jurait que si elle était bouleversée ou très en colère.

Tout en passant la table d'examen au désinfectant, elle poursuivit :

— Ils n'auraient qu'à jeter quelques miettes dans l'eau une fois par semaine et ne plus s'en occuper !

— Les poissons demandent beaucoup de soins, lui rappela Angie.

— Ah oui ? Ces bestioles ne m'intéressent pas beaucoup, sauf dans mon assiette avec une sauce au vin blanc, répliqua Leonie.

Elle était furieuse contre ces sales porcs qui prétendent aimer les animaux et ne prennent pas la peine de s'en occuper correctement. Non, ce n'étaient pas des porcs. Les cochons sont des animaux et jamais un animal ne traiterait une autre créature de cette façon. Quand elle pensait aux braves bêtes qu'on amenait au cabinet, sautillant sur une patte cassée, rendues folles par les morsures de puce ou à moitié mortes de faim simplement parce qu'on les négligeait, tout ce qu'elle pouvait faire, c'était de ne pas frapper leurs maîtres, ces irresponsables qui traitaient leur animal comme une voiture qui n'aurait pas eu besoin d'essence, d'eau ni d'huile.

— Calme-toi, Leonie, lui dit affectueusement Angie. Tu as eu une dure journée. Rentre chez toi, prends un grand verre de vin et oublie tout ça. Quand la révolution éclatera, on fusillera les mauvais maîtres !

Sa plaisanterie arracha un début de sourire à Leonie.

— D'accord, mais c'est moi qui appuierai sur la détente ! dit-elle.

Après avoir fermé le cabinet avec Angie, elle rentra chez elle mais sans enthousiasme. Sa maison n'était plus un refuge, en grande partie à cause des bagarres d'Abby et Mel. A peine un mois plus tôt, elle n'aurait jamais imaginé Abby en train de se quereller avec qui que ce soit. Les protagonistes habituels des règlements de compte familiaux étaient Mel et Danny, qui se battaient comme des chiffonniers pour tout et rien, le dernier toast ou la commande à distance de la télévision. Abby jouait plutôt un rôle pacificateur dans les conflits sans fin qui opposaient son frère et sa sœur. Or, pour une raison que Leonie ignorait, Abby ne s'entendait plus avec sa sœur. Les jumelles se disputaient de façon effrayante.

La veille, elles s'étaient livrées à un concert de hurlements dans la salle de bains parce que Mel avait osé porter le tee-shirt brillant d'Abby, acheté spécialement pour la soirée disco de Noël.

Leonie avait l'habitude d'entendre Mel crier comme une gamine de quatre ans mais elle avait été choquée quand Abby avait commencé à hurler, elle aussi : « Tu es méchante, je te déteste, je te déteste ! » Ensuite, il y avait eu des bruits de portes claquées violemment, de musique mise à fond et encore de portes claquées à toute volée.

Ce soir-là, se sentant incapable de supporter une

nouvelle scène de ce genre, Leonie gara sa voiture devant son cottage et remonta lentement l'allée. La peinture de la porte d'entrée s'écaillait de nouveau. Elle avait fait repeindre l'extérieur de la maison deux ans plus tôt, mais le beau vert profond de la porte se ternissait. En été, cela ne se voyait pas beaucoup, grâce au rosier grimpant dont les branches recouvraient tout, cachant la peinture écaillée et les pierres ébréchées sous une avalanche de fleurs rose pâle et parfumées. Malheureusement, en hiver, la maison commençait à manquer d'allure. Il n'y avait pas que la pauvre Flossie à être négligée, pensa Leonie avec remords.

A l'intérieur, il régnait une chaleur bienfaisante et un silence tout aussi merveilleux. Personne ne traitait personne de crétin et Penny n'arrivait pas à toute vitesse pour accueillir Leonie, ce qui signifiait qu'on l'avait emmenée en promenade. C'était toujours ça qu'elle n'aurait pas à faire, se dit Leonie en souriant.

— Mel, Abby, Danny ? Je suis là !

Seul le silence lui répondit. Les filles avaient laissé un petit mot dans la cuisine pour la prévenir qu'elles étaient sorties avec Penny. Mel avait ajouté, de sa belle petite écriture ronde : « Danny a téléphoné pour dire qu'il rentrerait tard. Il faut lui garder son dîner. »

Comme si elle allait préparer le dîner sans garder la part de Danny ! songea Leonie, agacée. Elle n'avait pas un fils mais un aspirateur à nourriture qui ne savait faire qu'une chose, manger ! Goûtant le silence et le calme de sa maison, elle décida de faire exactement ce qu'Angie lui avait conseillé. Elle ouvrit une bouteille de vin (offre spéciale à £ 5.99 au Superquinn) et s'en servit un verre.

Au menu, il y aurait le chili qu'elle avait sorti du congélateur le matin avant de partir, servi avec des pommes de terre au four et de la salade. Elle alluma le four et la radio, et entreprit de frotter les pommes de terre sous l'eau froide tout en dégustant son vin. Elle n'écoutait que d'une oreille les bulletins d'information et les points sur la circulation routière, jouissant de cet inhabituel moment de solitude. Vingt minutes plus tard, quand Penny fit irruption dans la cuisine par la porte de derrière et aboya de joie en retrouvant sa maîtresse, une salade verte était dans le réfrigérateur, les pommes de terre commençaient à grésiller et Leonie avait mis la table dans la cuisine pour elles trois.

— Bonsoir maman, dirent les jumelles en chœur.

Mel entra en courant sans enlever sa parka ni ses chaussures de course et se jeta sur la chaise à côté du radiateur. Son visage en forme de cœur était rosi par l'exercice et le grand air. Ses grands yeux noirs brillaient et le vent mordant lui avait fait des lèvres rouge vif. Même décoiffée par le vent, elle restait ravissante.

Abby accrocha sa parka et la laisse de Penny avant de se pelotonner avec sa sœur près du radiateur. On ne les aurait jamais prises pour des jumelles, pensa Leonie en regardant le visage rond et ouvert d'Abby avec son menton affirmé, si différent du petit menton pointu de Mel. Toutefois, réalisa-t-elle soudain, Abby paraissait un peu plus mince. Ce n'était rien de spectaculaire, juste un peu moins de joues. Cela lui allait bien, constata Leonie avec plaisir. Peut-être Abby ne lui ressemblerait-elle pas, après tout. Peut-être n'aurait-elle pas ce visage de paysanne qu'aucun maquillage ne pouvait cacher. Rien ne ferait plus plaisir à Leonie que de voir Abby se transformer en cygne. C'était très lourd d'être un vilain petit canard. Non, peut-être pas un vilain petit canard, se dit-elle, mais quelqu'un de grand, fort et à l'air raisonnable plutôt qu'un être petit et délicat avec des yeux de Bambi.

— Vous avez l'air toutes les deux en grande forme, ce soir, leur dit-elle en souriant.

— Oui, désolée pour hier soir, répondit Abby. Je ne sais pas ce qui s'est passé.

— C'est Steven Connelly ! lança Mel avec un sourire narquois. Ou plutôt, c'est toi qui avais envie qu'il passe !

Abby se vengea en tirant les cheveux de sa sœur.

— Chameau !

— Aïe ! cria Mel.

Mais c'était un cri plein de bonne humeur. Heureusement, elles s'étaient réconciliées.

Leonie s'assit et prit une gorgée de vin. Dieu seul savait de quelle année il était, mais il était bon !

— Qui est Steven Connelly ? demanda-t-elle.

Elle savait qu'elle n'aurait pas dû poser cette question mais elle était incapable de résister.

— C'est sans intérêt, répondit Abby d'un ton indifférent. Mel s'imagine qu'il me plaît. Il y a des nouvelles plus importantes.

— C'est la vérité, il te plaît, dit Mel.

— Non, et maintenant tais-toi ! Papa a téléphoné.

— Au sujet de son mariage, termina Mel à sa place, le regard brillant d'excitation. Il veut que tu viennes, maman.

— Fliss et lui veulent que tu viennes, dit Abby en insistant sur « Fliss ».

Ce fut au tour de Leonie de se dire « aïe ».

— C'est très gentil, commenta-t-elle d'un air aussi décontracté que possible. Mais je ne pense pas y aller, les filles.

— Qu'est-ce que je t'avais dit ? s'exclama Mel en se tournant vers sa sœur. Je savais que tu répondrais ça, maman.

— Vraiment ?

Leonie se leva et s'agita au-dessus de ses casseroles pour cacher sa détresse.

— Tu es très douée pour savoir ce que je vais dire, n'est-ce pas ? Et si je te disais que tu dois passer l'aspirateur dans le salon avant le dîner ? Tu t'y attendais ?

Elle parlait d'un ton léger dans l'espoir de détourner la conversation.

— Je déteste passer l'aspirateur, maman, gémit Mel. De toute façon, c'est le tour d'Abby.

— Il veut que tu viennes et nous aussi, dit Abby.

Leonie sortit du congélateur une boîte de haricots verts qu'elle n'avait pas eu l'intention de préparer et les mit lentement dans un plat à micro-ondes.

— *On est pare-chocs contre pare-chocs sur la route de Stillorgan*, disait le journaliste à la radio d'une voix excitée. *A Cork, la zone de Douglas est à éviter absolument. Un semi-remorque s'est mis en travers de la route...*

— Maman ? Ça te plaira, j'en suis certaine ! Papa demande que tu lui téléphones. Tu le feras ? demanda Abby.

— Mais oui ! Je vais l'appeler, mais je ne pense vraiment pas que ce soit une bonne idée. Cela coûterait trop cher et je serais étonnée que votre père ait réellement envie que je vienne.

— Il dit que si ! intervint Mel. On va s'amuser, maman ! Papa a dit qu'il paierait ton billet d'avion. Il paie aussi les nôtres.

Il doit gagner une fortune, pensa Leonie.

— J'appellerai votre père, mais c'est tout. Je ne vous promets rien.

— Je t'en prie, insista Ray. J'en serais si heureux ! Tu as toujours dit que nous devions nous serrer les coudes pour le bien des enfants et leur montrer que l'on peut divorcer en restant civilisés.

A cinq mille kilomètres de distance, Leonie fit la grimace. Sa bombe lui revenait. Elle l'avait dit, en effet. Elle n'avait pas voulu que les enfants servent d'enjeu comme cela arrivait trop souvent, qu'on les utilise pour exercer un chantage dans une guerre où la responsabilité parentale comptait pour rien.

Leonie avait vu trop de couples se désintégrer dans une litanie de reproches, chacun rejetant la faute sur l'autre et décrétant que les enfants ne pouvaient pas vivre avec « cette garce » ou « ce salaud ». Elle trouvait cela inutile et infantile.

Son objectif avait toujours été de pouvoir parler calmement avec Ray du bien-être de leurs enfants et d'agir au mieux de leurs intérêts, même s'ils se séparaient. Et cela s'était toujours passé de cette façon. Cette situation adulte et responsable convenait d'autant mieux à Leonie qu'elle était à l'origine de la rupture et n'aurait pu supporter la perspective d'années de bagarre avec Ray, des années où il se serait servi des enfants pour l'atteindre. Cela aurait été désastreux pour les enfants et douloureux pour elle. Mais Ray ne lui avait pas tenu rigueur de vouloir le quitter. Il avait été fidèle à sa promesse et leur divorce s'était déroulé de façon civilisée, comme elle l'avait souhaité.

Dix ans plus tard, ses propres paroles lui revenaient en boomerang et la hantaient.

— Si c'était toi qui te remariais, poursuivit Ray, je serais là, Leonie.

Elle savait qu'il disait la vérité mais se demanda si elle aurait désiré sa présence. Oui, conclut-elle après quelques instants de réflexion. Elle aurait aimé le voir à ses côtés, lui souriant, l'encourageant et lui donnant sa bénédiction. Cela prouverait qu'elle n'avait pas détruit sa vie en le quittant. Une idée qui ne manquait pas d'ironie, songea-t-elle. La seule vie qu'elle avait gâchée en cherchant le grand amour, c'était la sienne ! Ray était heureux, les enfants étaient heureux. Elle, elle attendait toujours la rencontre magique dont elle rêvait depuis qu'elle était assez grande pour regarder les vieux films en noir et blanc, le dimanche, à la télévision. Malheureusement, sa vie ressemblait moins à un épisode de *Dallas* qu'à *Stella Dallas*, le film tourné par King Vidor en 1937, où l'héroïne se sacrifie pour sa fille.

— Qu'en pense Fliss ? demanda-t-elle.

— Elle en a autant envie que moi, répondit gaiement Ray. Ses parents sont divorcés et se voient sans arrêt. Ils possèdent toujours un chalet dans une station de ski du Colorado et y séjournent avec leurs nouveaux conjoints. Cela se passe de façon très civilisée. Fliss aimerait que tu viennes pour pouvoir te rencontrer parce qu'elle va être la belle-mère des enfants. Ce serait formidable, Leonie. Cela te fera des vacances. Nous avons loué deux chalets supplémentaires. Il y en a un pour toi et les enfants. Je t'offre ton billet d'avion.

— Pas question, rétorqua automatiquement Leonie. Je paierai pour moi.

Elle avait parlé sans se rendre compte de ce que cela signifiait : sa capitulation.

— Donc, tu viens ! Je serai très heureux de te voir, Leonie. Je te remercie, cela me fait vraiment plaisir.

Ils évoquèrent rapidement les détails matériels du voyage mais, comme Ray se trouvait à son bureau, il ne pouvait pas parler très longtemps.

— Je t'appellerai pendant le week-end, dit-il, pour tout organiser. J'ai hâte de voir les enfants, et toi aussi.

Quelle différence entre l'Amérique et l'Irlande ! se dit-elle après avoir raccroché. Les Américains avaient des idées claires. Oui, c'était le mot : ils avaient clarifié la situation. Les gens se séparaient et refaisaient leur vie, les ex-femmes rencontraient les nouvelles et personne ne menaçait de faire rendre gorge à qui que ce soit pour se venger. Leonie essaya de penser à un seul mariage irlandais auquel l'ex-femme aurait assisté, du moins autrement qu'en invitée surprise décidée à gâcher la fête. Aucun ! Elle n'en trouvait aucun. Il fallait être très civilisé pour cela. Elle avait plutôt entendu parler de gens qui refusaient d'aller au mariage de leurs propres enfants parce que leur ex-conjoint y assisterait aussi. C'était minable !

Elle serait du côté des gens civilisés en se rendant dans le Colorado en janvier pour le mariage de son ex-mari. Très moderne ! Mais quel dommage d'y aller seule... Elle aurait tant aimé avoir un ami pour l'accompagner, comme un porte-bonheur qui lui rappellerait qu'elle était digne d'être aimée. Un porte-bonheur qui prouverait aussi au reste du monde qu'elle n'était pas une laissée-pour-compte réduite à passer une annonce sans résultat.

Mel se montra d'excellente humeur pendant le dîner, discutant avec passion des vêtements qu'elle voulait emporter pour le mariage.

— Liz pense que je devrais être en noir. Ce serait très théâtral, dit-elle en chipotant sa salade et son chili. Je ne sais pas. Le noir me donne mauvaise mine. Le blanc serait parfait parce que cela rappellerait la neige, mais c'est impoli de porter du blanc à un mariage. Je vais appeler Fliss pour lui demander ce qu'elle va mettre. Sinon, une robe moulante toute droite serait bien. La sœur aînée de Susie a une minirobe en mousseline de soie. Ça doit être à mourir !

— Il n'est pas question que tu portes quoi que ce soit de moulant, ni de blanc, ni en mousseline ! intervint Leonie avec autorité. Tu as quatorze ans, Melanie, pas seize ! Si je voulais te transformer en lolita, je t'aurais appelée Lolita.

Mel grogna en signe de protestation mais poursuivit de plus belle :

— Je veux être renversante, maman, c'est tout ! On ne sait pas qui sera là. Toutes les stars du cinéma ont une maison à Vail.

— Ce n'est pas à Vail ? demanda Leonie, horrifiée.

— Si, répondit Mel avec un sourire rayonnant.

— Et zut ! Il va nous falloir toute une garde-robe, n'est-ce pas, Abby ? Impossible de déshonorer l'Irlande en ayant l'air d'une bande de clochards !

Abby était restée silencieuse pendant toute cette conversation. La pauvre, pensa Leonie, doit se sentir mal à l'idée que Mel ressemblera à une superstar tandis qu'elle disparaîtra une fois de plus dans le décor, reléguée dans l'ombre par la beauté de sa sœur. Leonie remarqua qu'elle grignotait du bout des dents.

— Tu n'as pas faim ? lui demanda-t-elle. Tu ne manges pas beaucoup, ces derniers temps.

Abby secoua vivement la tête.

— Je vais bien, dit-elle en prenant une grande bouchée de chili comme pour prouver son appétit. Je vais bien, vraiment.

Abby referma en silence la porte de la salle de bains. Cela ne lui prenait plus aussi longtemps depuis quelques jours mais il valait toujours mieux rester discrète, de peur que l'on se rende compte qu'elle y était depuis longtemps. Elle avait passé un moment pénible un peu plus tôt, quand sa mère lui avait demandé si elle se sentait bien. Abby était pourtant certaine d'avoir réussi à cacher qu'elle suivait un régime. Au cours des dernières semaines, elle glissait subrepticement sa nourriture à Penny sous la table, ou bien en cachait une partie dans sa serviette. Tout était bon pour ne pas trop manger. Mais c'était très difficile et cela ne servait à rien. Elle avait toujours faim et ne maigrissait pas. Toutefois, comme la vieille balance de la salle de bains n'était pas très juste, elle n'avait aucune certitude. Personne ne s'en servait plus dans la famille. Sa mère mangeait ce qui lui faisait plaisir et ne semblait pas se soucier de son poids. Mel restait mince comme un haricot, quoi qu'elle mange, et Danny ne s'intéressait qu'à ses muscles. Il passait son temps à admirer ses biceps dans le miroir de l'entrée quand il se croyait seul.

Abby n'avait qu'une possibilité de se peser : la balance parlante du pharmacien dans le centre commercial. Mais c'était si gênant de monter dessus pendant que les autres filles de l'école entraient et sortaient, achetant du vernis à ongles ou une crème contre l'acné, qu'elle n'osait jamais le faire.

De toute façon, elle n'avait pas maigri malgré ses efforts pour éviter les frites et les lasagnes, ses plats préférés. Elle avait désespéré de son régime jusqu'au moment où elle avait trouvé le système idéal pour perdre du poids. Elle l'avait lu dans un des magazines de sa mère, quinze jours plus tôt. On pouvait manger tout ce qu'on voulait et être mince. Il n'y avait qu'un seul inconvénient : cela lui faisait mal à l'arrière-gorge. Mais ce n'était pas grave si elle devenait aussi mince que Mel. Elle ne demandait que cela : être aussi belle que Mel, juste une fois, pour le mariage de son père. Ensuite, elle arrêterait. Abby attacha ses cheveux avec un chouchou pour qu'ils ne lui tombent pas dans la figure puis elle se pencha au-dessus des toilettes.

Il ne fallut pas moins que le regard suppliant de Penny pour décider Leonie à affronter l'affreux temps de décembre. Il pleuvait sans discontinuer depuis trois jours, en grands rideaux de pluie qui transperçaient imperméables, écharpes et chapeaux. Aussi chaudement habillé que l'on fût, la pluie s'insinuait toujours sous un ourlet ou un autre, transperçant les vêtements jusqu'à ce que l'on soit trempé et gelé.

Les filles étaient calfeutrées dans le salon avec la musique à fond, en principe pour réviser leurs examens de Noël mais, en réalité, pour regarder un épisode crucial d'un feuilleton australien, *Home and Away*. Dans le four cuisait un poulet au citron et aux herbes. Leonie avait projeté de lire tranquillement son journal et de se reposer en attendant le dîner. Elle avait eu une journée éreintante. Mais Penny, qui n'avait pas eu droit à une seule vraie promenade depuis trois jours, avait l'air si morose que Leonie céda.

— S'il y avait une remise d'oscars pour les animaux, tu en gagnerais sûrement un, murmura-t-elle alors que Penny s'étalait sur le plancher, pitoyable, la truffe posée d'un air malheureux sur ses grosses pattes dorées. Aucun animal ne pourrait jouer mieux que toi le rôle de l'abandonnée en plein désespoir. Flipper et Lassie n'auraient pas la moindre chance de l'emporter !

Leonie enfila ses bottes en caoutchouc, sa grande parka imperméable et mit un bonnet en tricot rose sur ses cheveux avant de rabattre sa capuche. Ainsi vêtue, elle espérait ne pas trop se faire mouiller.

Penny dansait autour des jambes de sa maîtresse, poussant des petits cris comme si elle chantait de joie à sa manière de chien. Leonie partit en direction de la route, frissonnant, se disant qu'elle devait être folle de sortir par ce temps.

Il restait dix jours avant Noël et, le long de la route, toutes les maisons étaient décorées de bougies ou de petites lumières posées sur le rebord des fenêtres. Les couleurs brillantes des guirlandes des sapins illuminaient les maisons et les vérandas. L'atmosphère chaude et confortable qui régnait à l'intérieur rendait, par contraste, l'extérieur encore plus froid et humide. Leonie serra sa parka sur elle.

Penny sautait joyeusement dans les innombrables flaques d'eau, et même ce spectacle qui amusait toujours Leonie ne la fit pas beaucoup rire. Dix minutes, elle ne resterait dehors que dix minutes. Cela lui suffirait pour être trempée. Dès qu'elles eurent quitté la grand-route, elle ôta sa laisse à Penny et ralentit le pas. Elle détestait cette pluie qui lui piquetait férocement le visage comme avec des milliers d'aiguilles. Elle avait trop froid !

Penny plongea le museau dans une flaque puis releva la tête et la secoua gaiement, projetant de l'eau dans tous les sens. Avec son manteau de fourrure imperméable, inventé par la nature pour affronter tous les types de temps, Penny ne craignait pas la pluie. En revanche, quand il fallait la passer au jet d'eau après une marche dans la boue, elle tremblait comme si l'eau lui faisait mal dès qu'elle venait d'un tuyau au lieu d'une grosse flaque.

— Tu as de la chance que je t'aime, Penny, marmonna Leonie à l'intention de la chienne qui gambadait. Sinon, je ne t'aurais jamais sortie par une soirée aussi affreuse.

Elle traversa la route étroite ; l'autre côté paraissait un peu moins exposé.

Leonie était si occupée à se protéger le visage de la pluie glaciale qu'elle ne vit pas l'énorme nid-de-poule au coin des grandes grilles noires rébarbatives. Comme Penny gambadait le long des grilles, reniflant d'un air excité et urinant à chaque fois que les odeurs le requéraient, Leonie posa le pied à un endroit où l'asphalte était fissuré, sa botte en caoutchouc glissa et elle tomba lourdement, se protégeant le visage avec les mains dans un réflexe tardif. Elle se retrouva jusqu'aux genoux dans l'eau du nid-de-poule. Ses coudes, qui avaient violemment cogné sur la route, lui faisaient très mal.

Elle poussa un cri de douleur, les yeux pleins de larmes. Penny revint vers elle en courant et se mit à aboyer. Pendant quelques instants, commotionnée par sa chute, Leonie ne réagit pas. L'eau s'insinuait dans ses vêtements, elle avait des élancements dans les genoux et les coudes mais ne bougeait pas, trop choquée pour seulement y penser.

— Vous n'avez rien ? demanda une voix d'homme.

Leonie releva la tête, découvrant les phares d'une voiture arrêtée derrière elle. Un instant plus tard, il la prenait dans ses bras et l'aidait doucement à se relever. Elle vacilla contre lui, instable et tremblante. Penny sautillait avec nervosité d'une patte sur l'autre. Elle comprenait qu'il y avait un problème et qu'elle n'y pouvait rien.

— Vous n'êtes pas en état de continuer, dit l'homme avec autorité. Je vous emmène pour vous sécher. Nous verrons alors si vous avez besoin d'un médecin.

Il la porta à moitié jusqu'à la grande Jeep dont les phares illuminaient la route.

Normalement, Leonie aurait résisté en disant qu'elle n'avait rien et que Penny allait salir la Jeep, mais elle était en état de choc et ne pouvait prononcer un mot. L'homme l'aida à s'installer comme si elle ne pesait pas plus qu'une plume, puis il ouvrit la porte arrière pour Penny.

Leonie ferma les yeux avec lassitude. Elle avait de plus en plus mal aux coudes. Elle les toucha avec précaution, certaine d'avoir déchiré sa parka.

— Non, ne faites pas cela, dit-il. Vous ne réussiriez qu'à aggraver les choses. Attendez que nous soyons chez moi et nous nous en occuperons. Mais je devrais peut-être vous conduire tout de suite chez le médecin.

— Non, bafouilla Leonie d'une voix pleine de larmes. Ce n'est pas la peine. Ça va aller.

Elle réalisa soudain où il l'emmenait : ils franchissaient les grilles devant lesquelles elle était tombée. C'était sa maison, la maison de ce grand ours mal léché qu'elle avait aperçu en train de promener deux colleys exubérants.

— C'est ma faute, dit-il. Ce trou n'a cessé de s'agrandir et j'aurais dû faire quelque chose.

— C'est plutôt la faute de la commune, répondit Leonie en essayant de vérifier l'état de ses bottes.

La Jeep cahotait sur un chemin qui décrivait plusieurs tournants avant d'arriver devant une maison que Leonie n'avait jamais vue car un petit bois la dissimulait aux regards curieux des passants. Cela valait aussi bien, pensa-t-elle, parce que, si les gens pouvaient la voir, ils entreraient. C'était superbe. Devant Leonie se dressait une élégante villa, de proportions parfaites, avec de hautes fenêtres et de gracieuses colonnes de chaque côté d'une large porte d'entrée. Peinte dans une teinte miel très douce, la maison était entourée de hêtres qui semblaient la protéger.

— C'est magnifique, dit Leonie. Je n'aurais jamais imaginé cela.

Les douloureux élancements de ses genoux s'atténuèrent tandis qu'elle contemplait la plus jolie maison qu'elle eût jamais vue.

— Sa discrétion est une des raisons pour lesquelles je l'ai achetée, répondit l'homme en l'aidant à sortir de la voiture.

— Nous ne devrions pas passer par-devant, dit-elle soudain. Penny est affreusement sale.

— Pas de problème ! Comme il y a du parquet dans toutes les pièces, elle ne risque pas de mettre de la boue sur des tapis.

Une cacophonie d'aboiements les accueillit et deux colleys au poil noir brillant sautèrent sur l'homme avec enthousiasme quand il ouvrit la porte. Ils remarquèrent soudain Penny, et les trois chiens se mirent à remuer la queue avec frénésie, les panaches noirs en grande conversation avec celui de Penny, blond et trempé.

— Ce sont des mâles et ils sont très gentils, expliqua-t-il. Ils ne se bagarrent jamais.

— Parfait, dit Leonie, qui se sentait soudain nauséeuse. Où sont les toilettes ? demanda-t-elle d'une voix faible.

Il la guida rapidement jusqu'à une petite salle de bains qu'on aurait dite neuve. A peine Leonie avait-elle tiré le verrou qu'elle se mit à vomir. Le choc et la montée d'adrénaline, diagnostiqua-t-elle, assise toute tremblante par terre à côté des toilettes. Elle attendit que sa nausée passe en essayant de respirer à fond. Au bout de quelques minutes, elle se sentit assez bien pour admirer la pièce, entièrement décorée en marbre de Carrare brun clair, dans un style très « vieille Europe ». Tout était d'une propreté impeccable. Même la serviette blanche à bandeau brun clair était d'une blancheur de neige. Si quelqu'un tombait dans un trou de la chaussée devant sa maison à elle, elle devrait d'abord passer une demi-heure à nettoyer sa salle de bains avant de laisser un étranger y pénétrer.

— Vous allez bien ? demanda l'homme à travers la porte.

— Ça va mieux.

Elle se remit sur ses pieds et tira le verrou. Aucun signe de l'homme dans le couloir, mais les trois chiens se ruèrent dans la salle de bains, remuant la queue et tirant la langue avec bonheur.

— Je vous ai mis des vêtements secs devant la porte, cria-t-il.

Elle n'arrivait pas à faire sortir les chiens. Les colleys voulaient la renifler, fourrant partout leurs truffes humides et curieuses. Quant à Penny, elle réclamait des caresses. Elle avait besoin d'être rassurée sur son statut de favorite. Ils levaient la tête vers elle et se cognaient partout, dans ses jambes, dans le lavabo et les toilettes, se bousculant avec entrain.

Leonie les caressa pendant une minute puis ramassa le paquet de vêtements secs et tenta de se débarrasser de ses admirateurs.

— Dehors ! dit-elle en les poussant vers la sortie.

Il lui avait apporté un tee-shirt blanc, un immense pull-over en laine grise, un jean d'homme et des chaussettes noires. Leonie entreprit de se déshabiller avec précaution mais grimaça de douleur en ôtant sa parka, dont l'un des coudes avait une grande déchirure. Très étonnée, elle constata qu'elle n'avait aucune blessure apparente, hormis de grandes ecchymoses qui bleuissaient ses deux coudes. Elle avait aussi une vilaine marque noire sur la jambe, à l'endroit où elle avait heurté l'asphalte.

Tout son corps lui faisait mal, mais elle se sentait si soulagée de n'avoir rien de grave qu'elle s'en moquait. Elle n'avait rien de cassé. Elle resterait seulement raide et endolorie pendant quelques jours.

Je ferais mieux de ne pas envisager une petite robe sexy pour le mariage de Ray, se dit-elle en contemplant la désastreuse teinte violacée de son coude. Elle se sécha les cheveux avec la serviette puis essuya la boue qui avait giclé sur son visage et son cou. Quand elle eut fini, elle fit un petit tas bien net de ses vêtements et posa la serviette par-dessus. Elle la rapporterait chez elle pour la laver.

Les chiens lui firent fête quand elle sortit enfin. Elle traversa à leur suite le grand hall d'entrée parqueté et descendit une demi-volée de marches qui menaient à la cuisine. Avec son parquet et ses vieux placards en bois, c'était une pièce chaleureuse. Deux confortables paniers pour chiens étaient installés à côté d'un canapé usé, couleur feuille morte. L'homme était devant l'évier et il ne se retourna pas quand elle entra.

— Merci pour les vêtements, dit Leonie.

— Comment vous sentez-vous ? Voulez-vous que je vous conduise chez un médecin ? demanda-t-il, toujours sans se retourner.

— Non, je vais bien. J'ai mal, bien sûr, et ma carrière de mannequin est terminée, répondit-elle en riant. On dirait que j'ai disputé quelques rounds contre Mike Tyson.

Il se tourna vers elle, un demi-sourire sur le visage. Leonie se rendit compte qu'elle ne l'avait pas encore vraiment vu. Il devait avoir une dizaine d'années de plus qu'elle, avec une masse de boucles auburn foncé striées de gris et une barbe drue assortie. Il mesurait plus d'un mètre quatre-vingts. Malgré son imposante carrure, ses vêtements semblaient flotter sur lui, comme s'il avait perdu beaucoup de poids. Son visage était curieusement creusé et ses sourcils broussailleux abritaient un regard opaque sous des paupières tombantes. Mais son sourire remontait miraculeusement ses traits, le rendant presque beau : sans ce sourire, il aurait eu une expression froide et maussade.

— J'ai des antalgiques, si vous voulez, proposa-t-il avant d'ajouter abruptement : C'est pour mon visage.

Leonie le regarda mieux et découvrit les cicatrices qui en marquaient tout un côté. De grandes lignes violet foncé montaient de la mâchoire jusqu'en haut des joues, à demi cachées sous sa barbe épaisse. Cela lui rappela les cicatrices des brûlés. Il ne l'avait pas quittée des yeux, comme s'il la défiait de détourner le regard. Mais Leonie ne se laissait pas facilement impressionner. Elle avait vu des animaux gravement brûlés, la peau cuite par le feu, et leurs yeux pleins d'une souffrance atroce qui suppliaient qu'on fasse disparaître la douleur.

Elle ne connaissait pas de pire torture que de voir un animal dans un pareil état. Par comparaison, il était facile de s'occuper des blessures d'un être humain.

— Vous cicatrisez bien, dit-elle sur le ton du constat. Ce sont des brûlures ?

— Oui, dit-il, comme étonné qu'elle ait réussi à prononcer le mot. Il y a deux ans.

Elle lui tendit la main.

— Je me présente : Leonie Delaney, et voici Penny.

Penny, étendue de tout son long dans le panier d'un des colleys, remua la queue en entendant son nom.

— Et maintenant, je ferais mieux de m'en aller, poursuivit-elle. Mes deux filles m'attendent pour dîner. Je ne leur manquerais sans doute pas beaucoup si je disparaissais mais je dois aller m'en occuper.

— Je vous ai préparé un whiskey chaud, dit-il. J'ai pensé que cela vous ferait du bien. A moi, cela m'en fait, en tout cas ! Quant aux antalgiques, j'ignore si c'est une bonne idée d'en prendre, mais je ne pense pas que cela vous nuise.

— Je ne résiste jamais à l'alcool ni aux médicaments, répondit Leonie avec une petite grimace moqueuse. J'accepte un whiskey.

Elle s'assit sur le canapé et les chiens vinrent immédiatement s'installer à côté d'elle. Elle ignorait pourquoi elle s'attardait chez cet homme visiblement timide et asocial. Il avait des manières très directes et même un peu rudes, comme s'il n'avait pas l'habitude de la compagnie humaine et se sentait mal à l'aise de recevoir quelqu'un. De plus, il paraissait complexé par ses blessures. Il ne lui avait même pas dit son nom...

— Je m'appelle Doug Mansell, annonça-t-il en lui tendant un verre enveloppé d'essuie-tout. Faites attention, c'est très chaud et assez fort !

— Autrement dit, je serai tellement soûle après l'avoir bu que je retomberai dans le même trou quand je voudrai partir ! lança-t-elle en prenant le verre.

Il éclata de rire, un rire rauque, comme si sa gorge avait depuis des mois oublié comment on rit.

— Je vous promets de vous ramener chez vous, dit-il.

Je vous promets aussi de reboucher ce trou. Je n'ai pas envie de voir mes voisins se tuer devant ma maison !

Il s'assit sur une des chaises de cuisine, à un ou deux mètres de Leonie, lui cachant ainsi le côté droit de son visage, le côté brûlé. Les colleys s'assirent à leur tour de chaque côté de sa chaise, renversant la tête pour qu'il puisse les caresser. Tandis qu'il les câlinait, Leonie remarqua ses mains puissantes. Les chiens tremblaient de plaisir. On voyait qu'ils adoraient leur maître.

Leonie se souvint d'un jour où elle l'avait vu les promener. Elle lui avait trouvé l'allure d'un homme capable de les laisser enfermer toute la journée dans un chenil sans jamais les autoriser à entrer dans la maison ni leur parler avec affection. Elle était heureuse de constater à quel point elle avait eu tort. La maison était à eux et leurs paniers étaient pleins de jouets. Elle avait cependant toujours du mal à imaginer Doug en train de bêtifier pour leur parler.

— Comment s'appellent-ils ? demanda-t-elle.

— Jasper, dit-il en désignant de la tête celui qui avait un pelage noir et brillant. Et Alfie, compléta-t-il en caressant celui qui avait des chaussettes blanches et une mèche blanche sur la poitrine. Alfie est le fils de Jasper. Il a deux ans et Jasper huit.

Ils continuèrent leur conversation sur les chiens pendant que Leonie se détendait et buvait son whiskey chaud.

— Le seul ennui avec les chiens, dit-elle en caressant les oreilles de Penny, est qu'il faille les sortir même par mauvais temps !

Sur ce, elle termina son verre.

— Je vous en sers un autre, déclara Doug.

— Non, tout va bien. Vous avez accompli votre

devoir de bon Samaritain et je ne veux pas vous déranger plus longtemps.

— Vous ne me dérangez pas, répondit-il avec brusquerie. Je n'ai pas l'habitude d'avoir de la visite. Je vis un peu comme un ermite, en fait, mais j'ai apprécié de pouvoir parler avec vous.

— Ah !

Elle se rassit et lui tendit son verre.

— Je crois que je vais me joindre à vous, dit-il.

— Il faut que vous veniez dîner à la maison, un de ces soirs, lâcha Leonie à sa propre surprise. J'habite de l'autre côté de la route, ce n'est pas loin, et vous vous entendrez bien avec mes enfants. Ce n'est pas bon de vivre tout seul.

— C'est à votre tour de jouer le bon Samaritain ? demanda-t-il d'un ton sarcastique.

— Je vous offre seulement de venir dîner. Je ne suis pas un service de sauvetage d'urgence ! répondit-elle sans se formaliser. Mais mon humble demeure ne peut se comparer à votre palais. Je comprendrais donc que vous refusiez.

Elle se leva pour s'en aller.

— Excusez-moi, reprit-il humblement. Ce n'est pas ce que je voulais dire. C'est seulement... Je ne sais plus me conduire en société. Pardonnez-moi, je vous en prie, et ne partez pas tout de suite. Je vais vous faire visiter la maison. Je suis sûr que vous en avez envie, même s'il ne s'agit pas d'un palais !

Leonie adressa à Doug son regard le plus sévère. Danny, Mel et Abby le connaissaient bien et auraient immédiatement compris qu'elle plaisantait.

— Vous essayez de m'amadouer en partant du principe que les femmes sont incurablement curieuses et ne résistent pas à la possibilité de fureter dans la maison des autres ?

Il fit oui avec la tête.

— D'accord !

Son deuxième whiskey à la main, Leonie suivit Doug et les chiens. La maison était vraiment superbe mais il lui manquait quelque chose, comme si la personne qui y vivait ne l'aimait pas. De vastes pièces pleines de grâce se succédaient, avec d'immenses fenêtres, de ravissantes cheminées en marbre et des corniches subtilement rehaussées à la feuille d'or. Mais l'ensemble paraissait solitaire et froid sans la touche de désordre qui révèle une maison vivante.

— Je vis surtout dans la cuisine, avoua Doug comme ils traversaient l'une après l'autre les grandes pièces froides. Et dans mon atelier. Je suis peintre.

— C'est surperbe.

Elle était sincère mais elle aurait encore plus apprécié la demeure avec des plantes partout ou des journaux jetés n'importe comment sur les tables basses. On se serait cru dans un musée, devant la fidèle reconstitution d'une villa Régence où ne viendraient que des visiteurs, admirant les énormes canapés blancs et les fauteuils recouverts de tissu à rayures, mais sans jamais s'y asseoir. Il n'y avait pas le moindre tableau accroché aux murs. Elle supposa que Doug était trop asocial pour supporter que l'on voie son travail.

— Vous vivez dans un des cottages de la grand-route, c'est cela ? demanda Doug quand ils revinrent dans la cuisine.

— Oui, cela représente à peine un dixième de cette maison et il n'y a pas un centimètre carré qui ne soit envahi par le désordre de mes adolescents, des paquets de chips vides et des cassettes qui attendent d'être rendues au vidéoclub. Je vois que vous aimez un style très dépouillé. Vous détesteriez ma maison !

— Non, je n'aime pas spécialement le dépouillement, corrigea Doug. A l'époque où j'ai acheté cette maison, c'était un investissement. Je n'avais pas l'intention d'y vivre. Le... l'accident m'a fait changer d'avis. C'est assez isolé pour me convenir. Je n'ai pas pris la peine de m'occuper de toutes les pièces quand je me suis installé ici. Je n'étais pas d'humeur à cela.

— C'est parfois très ennuyeux de devoir équiper une maison, dit Leonie, se méprenant sur le sens des paroles de Doug.

S'il se trouvait trop laid pour se montrer et refusait donc d'aller faire des courses, cela ne concernait que lui. Elle n'avait pas l'intention de s'en mêler.

Il lui jeta un regard amusé.

— Pour quel jour serait ce dîner de bon Samaritain que vous me proposez ? Comme je n'ai encore rencontré aucun de mes voisins, autant commencer par votre famille !

— Je vais vérifier leurs emplois du temps. Leur casse-pieds de vieille mère est toujours là mais eux sont toujours dehors ! Je vous tiendrai au courant. Maintenant, je dois rentrer. Les filles ne s'inquiètent certainement pas pour moi mais, au cas où elles se demanderaient où je suis, il vaut mieux que je file.

— Je vais vous ramener en voiture. Il pleut toujours et vous seriez trempée.

Le trajet se fit en silence, jusqu'au moment où Leonie indiqua à Doug devant quelle maison s'arrêter.

— A bientôt, dit-elle en ouvrant sa portière. J'étais sérieuse à propos du dîner. Ce sera un repas tout simple entre voisins.

— Ça me va ! Je déteste qu'on me pose des

questions, ajouta-t-il maladroitement, et vous ne l'avez pas fait.

Leonie haussa les épaules.

— Moi non plus, je n'aime pas ça. Les gens veulent vous situer, dit-elle avec rancœur. Vous voyez ce que je veux dire : est-ce que vous êtes marié, célibataire, divorcé, intéressé par le golf, n'importe quoi ! En tant que mère divorcée, je ne supporte plus les gens qui essaient de savoir où je me situe dans leur grand plan de la société. On me demande si j'ai un mari, pourquoi j'ai divorcé... Vous, un homme séduisant et apparemment célibataire vivant dans un splendide isolement, vous seriez un plat de choix pour les commères de la région ! Je n'en fais pas partie. Si vous avez envie de vous asseoir à notre table en toute simplicité, vous êtes le bienvenu. Ce sera à la fortune du pot et, en plus, je ne vous draguerai pas !

Il se mit de nouveau à rire.

— Vous êtes d'une franchise rafraîchissante et, en même temps, vous mentez effrontément, Leonie. Je n'imagine pas une seule femme qui ait encore envie de me draguer.

— Vous dites des bêtises ! rétorqua-t-elle sèchement. Vous n'êtes pas Quasimodo, que je sache. Il n'y a pas de place pour l'apitoiement, chez moi. Je vous propose un repas, pas un soutien psychologique ! Mais vous pourriez peut-être débarquer avec des roses rouges, histoire de faire marcher les langues du quartier ?

Il riait encore quand il démarra.

Un homme sympathique, se dit Leonie tout en courant avec Penny vers sa porte d'entrée. Mais il avait aussi peur de lui-même que des autres. Elle se demandait ce qui l'avait rendu si méfiant et hostile. Il devait y avoir autre chose que l'accident, certainement une histoire de femme. Une femme qui n'aurait pas supporté de vivre avec un grand brûlé devenu ombrageux.

Se reprochant de toujours vouloir analyser les gens, elle inséra sa clé dans la serrure. Ses vêtements étaient secs et elle n'avait pas envie de faire le tour pour passer par la porte de derrière et se faire mouiller par les buissons dégoulinants.

La télévision hurlait et une odeur de poulet brûlé remplissait toute la maison.

— Les filles ? appela doucement Leonie. Vous ne sentez rien ?

Anesthésiée par ses deux whiskeys et un comprimé d'analgésique, elle n'avait plus la force de se mettre en colère.

— Oh... On a oublié, dit Mel, toute honteuse, en reniflant l'odeur. Désolée ! Maman ? Mais comment es-tu habillée ?

Elle venait enfin de remarquer que sa mère portait des vêtements d'homme trop grands pour elle.

— J'ai été enlevée par des extraterrestres qui passaient par là. Ils m'ont emmenée sur leur planète, ils se sont servis de moi pour faire des expériences et ils m'ont renvoyée chez moi dans cette tenue.

— Maman ! Tu n'es jamais sérieuse ! dit Mel en levant les yeux au ciel.

— Que s'est-il passé ? demanda Abby.

— Il y avait un trou dans la route et je suis tombée.

Leonie leur expliqua son accident et la rencontre avec Doug.

— J'ai eu de la chance de ne pas m'être vraiment fait enlever par les extraterrestres, poursuivit-elle, parce que vous ne vous en seriez même pas rendu compte. Je vous avais dit que je sortais pour dix minutes et je suis restée absente une heure et quart ! J'aurais pu me faire violer et assassiner, vous ne vous seriez souciées que de changer de chaîne pour regarder *Coronation Street*, sans prêter attention aux sirènes des voitures de police sur la route.

— On regardait une émission intéressante, protesta Abby.

— Et qu'allons-nous préparer pour le dîner ? demanda Leonie à la cantonade.

Elle ouvrit le réfrigérateur. Le poulet, qui n'était plus qu'un morceau de charbon, trônait sur le plan de travail. Même Penny, qui se serait damnée pour manger les restes, détourna la tête avec dégoût.

— Je n'ai pas faim, dit hâtivement Abby.

— Moi non plus, renchérit Mel.

— Dans ce cas, sandwichs au fromage pour tout le monde, décida Leonie. Et c'est vous qui les faites !

Deux jours plus tard, en fin d'après-midi, elle rencontra Doug en passant devant sa maison. Elle promenait Penny sous un nouveau déluge. Même les branches des houx pendaient lamentablement sous l'excès d'eau. Il n'y en avait plus une seule avec des baies : elles avaient toutes été coupées pour les décorations de Noël des maisons alentour.

— Joli temps pour les canards, lui dit Doug en arrêtant la Jeep à sa hauteur. Avez-vous prévu une date pour votre grand dîner ?

— Ce soir, si cela vous convient, proposa Leonie, le regardant de sous sa casquette de base-ball dégoulinante. J'ai fait mes courses pour Noël et le congélateur est plein ! Vous avez le choix entre des lasagnes, des pâtes au poulet et champignons, et du chili.

— Des lasagnes, sans hésitation !
— Je vous attends à sept heures, dit-elle.

Elle reprit sa promenade, se réjouissant en secret. Elle était heureuse d'avoir un nouvel ami et un léger frisson la parcourait à l'idée d'avoir apprivoisé Doug alors qu'il avait ignoré ses autres voisins. Leonie avait discrètement interrogé sa voisine la plus proche. Elle avait appris que Doug, en dix-huit mois de présence dans la commune, avait grossièrement claqué sa porte au nez des envoyés de l'association des Villages fleuris et avait conseillé au curé d'aller « se faire voir » quand il s'était présenté avec l'enveloppe du denier du culte.

« Vraiment ? avait dit Leonie, captivée par ce qu'elle apprenait.

— Mais pourquoi vous intéressez-vous à lui ? avait demandé sa voisine.

— Sans raison particulière ! Je me demandais seulement qui habite cette maison, avait-elle répondu sans rougir. A propos, que fait-il ?

— Oh, une espèce de truc artistique ! Il est peintre, je crois. Mais s'il est si doué avec un pinceau, ça ne lui ferait pas de mal de repeindre ses grilles ! On voit la rouille et ça donne mauvais genre au quartier. »

Tout en préparant le dîner, Leonie s'interrogeait sur la carrière de Doug. Elle n'avait jamais entendu parler de lui mais, à vrai dire, elle n'aimait que les aquarelles de roses et de paniers de fruits. Abby, qui avait des dons artistiques, les considérait avec dédain.

Elle fit décongeler un gros paquet de lasagnes, lava une salade verte bien croquante, mit des pommes de terre dans la cocotte à petit feu et entreprit de faire un peu de ménage. Au bout d'une demi-heure, elle se rendit compte qu'elle perdait son temps. La maison était trop petite pour abriter quatre personnes, un chien, un chat et un hamster, et rester en même temps minimaliste. Qu'elle soit rangée serait un miracle. Au moins, c'était propre.

Elle ôta ses vieilles bottes en caoutchouc et son sweat-shirt pour passer une tenue un peu plus élégante puis suspendit son geste.

Si le pauvre Doug avait été traumatisé par une femme, il prendrait la fuite en la découvrant pomponnée et embaumant Samsara à cent lieues à la ronde. Elle lui avait promis de ne pas le draguer et, même si elle n'en avait pas l'intention parce qu'il n'était pas son type d'homme et qu'elle n'était sûrement pas son type de femme, il risquerait de se méprendre si elle se faisait belle pour lui.

Elle se contenta donc de se brosser les cheveux, de mettre un peu de rouge à lèvres et d'enfiler une chemise ample en jean et une jupe en coton au lieu du pantalon de velours et du chemisier violet en tissu soyeux qu'elle avait prévus. Voilà ! se dit-elle en s'examinant dans le miroir. Personne ne pourrait l'accuser de se jeter à la tête de Doug ! Le visage presque nu – juste un peu d'eye-liner et de mascara –, elle était très naturelle. Cela n'avait rien à voir avec son style habituel de femme fatale, de Mata-Hari du rayon maquillage ! Elle s'autorisa un petit nuage de parfum à la vanille Body Shop au lieu des puissants effluves de Samsara, puis redescendit à la cuisine pour surveiller son dîner.

Il était presque sept heures et demie quand Doug arriva. Danny avait renoncé à regarder la télévision avec les jumelles pour se plaindre à intervalles réguliers qu'il mourait de faim et qu'il était désastreux pour la santé de ne pas se nourrir quand c'était nécessaire !

— Tu as mangé une pizza il y a trois heures, espèce

de glouton ! lui dit Leonie. Tu attendras que Doug soit là.

— Tu as acheté des chips ? demanda Danny en ouvrant et fermant bruyamment les placards dans l'espoir de trouver quelque chose de consommable.

— Doug est là, annonça Mel, le faisant entrer dans la cuisine.

Il apportait deux bouteilles de vin.

— Maman, est-ce que je peux boire du vin ? demanda Mel. On est presque à Noël.

— Tu as acheté de la bière ? demanda encore Danny.

Il avait salué Doug de la main avant de fouiller les placards du bas, en quête de Budweiser.

— J'ai tout caché, dit Leonie, sinon tu vas tout dévorer en une seule fois ! Je n'ai pas l'intention de retourner au supermarché avant Noël. Cela dit, oui, il y a de la bière.

Toutes les bonnes choses étaient cachées dans le fond du placard où elle rangeait les boîtes pour chiens. Les enfants ne penseraient jamais à regarder de ce côté-là. Cela lui permettait de sortir des victuailles de nulle part, comme par magie, quand ils croyaient avoir mangé toutes les bonnes choses.

— Vous devez déjà regretter d'être venu, dit-elle à Doug.

— Pas du tout, répondit-il avec un sourire.

Il prit une chaise, s'assit et caressa Penny.

— Si vous me donnez un tire-bouchon, j'ouvrirai le vin.

Leonie réalisa qu'aucun des enfants n'avait regardé son visage. Ils ne s'étaient pas non plus spécialement intéressés à lui. Il ne demandait sans doute rien de mieux.

Ils s'amusèrent beaucoup. Mises de bonne humeur

par un verre de vin, Mel et Abby n'arrêtaient pas de bavarder et de rire. Danny appréciait manifestement la présence d'un autre homme. Il se plaignit à Doug de se sentir en minorité.

— Même le chien est une fille ! s'exclama-t-il.

Ils dévorèrent les lasagnes, et Doug en demanda même une seconde portion.

Il y eut juste un moment délicat quand Mel se tourna vers Doug d'un air curieux.

— Et votre visage, cela vous fait mal ? demanda-t-elle.

Leonie crut que son cœur s'arrêtait mais Doug ne parut pas gêné par une question aussi directe.

— Non, plus maintenant, répondit-il. Je pourrais passer par la chirurgie esthétique, à présent, mais je ne suis pas sûr d'en avoir envie.

— Moi si ! C'est génial, dit Mel avec passion. Je me ferai refaire les seins.

— Quels seins ? se moqua Danny. Pour les refaire, il faudrait déjà en avoir !

— Tais-toi, pauvre crétin ! rétorqua Mel. Je vais te dire pourquoi tu n'auras jamais besoin de chirurgie du cerveau. Tu n'as pas de cerveau !

Leonie fut soulagée de voir Doug sourire.

Quand ils eurent fini de manger, Abby annonça qu'elle n'avait pas de révisions à faire ce soir-là parce qu'il ne restait qu'un seul examen avant Noël et que c'était celui d'arts plastiques.

— Si on louait une cassette ? suggéra-t-elle avec enthousiasme.

Leonie ne pensait pas que cette idée séduirait Doug et s'attendait à l'entendre déclarer qu'il rentrait chez lui. Il la surprit donc en proposant d'emmener les filles au vidéoclub.

— Il vaut mieux que je vienne aussi, intervint Danny, au cas où ces deux-là choisiraient une connerie romantique.

— Danny ! dit Leonie. Surveille ton langage !

— D'accord : une bêtise romantique, corrigea-t-il.

Ils revinrent tous les quatre avec une comédie, preuve qu'une trêve avait été signée entre Danny et ses sœurs car ils n'étaient jamais d'accord sur le choix des cassettes. Mel prépara du café pendant qu'Abby ouvrait un pot de glace, et ils mangèrent tous leur dessert en regardant le film.

Abby et Doug parlèrent tranquillement d'histoire de l'art et Leonie feignit de ne rien entendre. S'il avait envie de discuter de son métier, il le ferait. Il n'était pas question de l'y obliger.

Ce fut une soirée agréable et détendue. A la fin du film, Leonie vit avec étonnement qu'il était déjà onze heures.

— Il faudra revenir, dit Danny quand Doug remit son manteau.

— Oh oui ! renchérirent les jumelles.

— J'ai passé un bon moment, dit Doug à Leonie en prenant congé sur le seuil.

— Cela prouve, dit Leonie en riant, que tous les voisins ne sont pas des indiscrets qui passent leur vie à épier les autres derrière leurs rideaux ! Il faudra recommencer. A bientôt !

— Il est peintre, annonça Abby. Il va me faire visiter son atelier.

— Vraiment ? demanda Leonie, sidérée.

Son expression d'étonnement lui aurait valu un oscar au cinéma.

— Il est cool, dit Danny en passant devant sa mère pour aller dans la cuisine. Il te plaît ?

Pour toute réponse, Leonie lui donna une tape sur les fesses.

— Non, espèce de gros empoté ! Il ne me plaît pas. J'ai cru comprendre qu'il est un peu seul et que ce serait une bonne idée de l'inviter, c'est tout. On peut être ami avec quelqu'un sans tomber amoureux, imagine-toi !

— Je demande, c'est tout !

Tout deviendrait si simple si elle s'intéressait à un homme comme Doug, réfléchit Leonie en faisant la vaisselle. Ce serait pratique de sortir avec un homme qui vivait au coin de la rue. Mais Doug, tout en étant fréquentable, ne correspondait vraiment pas à son type d'homme. Il ne devait pas être aisé de vivre avec quelqu'un à l'humeur aussi susceptible. De plus, elle avait horreur des hommes aux cheveux roux ! En réalité, ceux de Doug tiraient plutôt sur le jaune chaud, comme les feuilles de hêtre à l'automne. Ce soir, il avait été très agréable parce qu'il avait apprécié l'atmosphère familiale décontractée qui régnait chez eux. En revanche, avoir une relation avec lui devait relever du cauchemar et réclamer une attention de chaque instant. Pas du tout pour elle ! Leonie voulait un homme qui aime la vie avec passion et énergie, un homme qui l'étreindrait chaque matin avec toute la tendresse du monde. Elle ne voulait pas d'un grognon qui s'était retiré de la vie pour ne pas affronter le monde.

16

— Nous méritons une récompense, dit Hannah.

Elle venait de convaincre Leonie et Emma de l'accompagner chez le coiffeur.

— Nous avons beaucoup travaillé, poursuivit-elle, et il faut être belles pour Noël. Emma, n'oublie pas que tu as une grande soirée !

Hannah faisait allusion au réveillon de nouvel an de Kirsten, une fête brillante qui représentait un cauchemar pour Emma.

— Et toi, tu as un mariage, termina Hannah en se tournant vers Leonie, qui n'oubliait pas plus qu'Emma ce qui l'attendait.

Et moi, pensa Hannah, je vais passer un merveilleux Noël avec le beau Felix Andretti, la future star de la BBC. Bien sûr, Felix n'avait pas encore décidé du programme, mais il était si distrait !

— Une remise en forme, voilà ce dont nous avons besoin, dit-elle.

Leonie se faisait toujours couper les cheveux dans le même petit salon.

— Pas cher et très convivial, reconnut-elle en touchant les pointes de ses cheveux dorés.

Ils étaient secs comme du bois d'allumage après vingt

ans d'une teinture maison grâce à laquelle elle espérait ressembler à la blonde Scandinave de l'emballage.

— J'aimerais avoir l'air un peu différente pour le mariage, ajouta-t-elle.

Elle se coiffait de la même façon depuis une éternité, avec des boucles un peu folles qui lui venaient à l'épaule.

— Les coiffeurs n'ont jamais réussi à les domestiquer, conclut-elle.

Emma n'avait guère envie de modifier sa coiffure. Ses longues mèches fines pendaient toutes raides autour de son visage depuis des années. Elles lui cachaient les oreilles et lui tombaient sur les yeux.

— J'aime bien me coiffer de cette façon, dit-elle, sur la défensive. Comme ça, on ne voit pas mon nez.

Son père le lui avait dit quand elle était encore toute petite. Kirsten, la prunelle de ses yeux, n'avait jamais eu besoin, elle, de laisser sa frange pousser pour cacher un nez long comme le Concorde.

— On croirait que tu as une trompe d'éléphant ! s'exclama Hannah. Sincèrement, ton nez est très bien, fort, avec de la personnalité. Pourquoi le cacher ? Tu as envie d'un petit nez retroussé de fille insipide ?

— Oui, répondit Emma en riant. Oui ! On voit bien que tu n'es pas née avec un pif comme le mien !

— Je ne me débrouille pas mal, pourtant, répliqua Hannah en frottant son nez légèrement busqué. Je me sers du mien pour renifler les scandales au bureau ! C'est très utile quand Gillian me raconte des salades sur le travail qu'elle prétend avoir fait.

— Tu veux les faire couper ? demanda Leonie.

— Oui, je veux un carré, répondit Hannah. Je les porte longs depuis des années parce que c'est pratique. Il suffit de les attacher. Mais j'ai envie de changer. Je veux les avoir juste aux épaules avec des reflets acajou.

— J'ai compris ! dit Leonie. Tu te prépares pour la remise des trophées de théâtre !

— Non, pour les oscars ! répondit Hannah avec un rire contagieux.

Leonie pensait que la coloriste d'un coiffeur à la mode serait elle aussi à la mode. Elle avait imaginé des piercings du nez, une tenue branchée et des mèches courtes, hérissées et passées au gel pour obtenir un apparent désordre très recherché. En réalité, la coloriste, une femme d'une trentaine d'années, était enceinte et portait une salopette noire avec un tee-shirt rose vif. Ses cheveux noirs et brillants étaient simplement coupés au carré. Ses seuls piercings consistaient en petites perles d'oreilles. Elle aurait pu passer pour un professeur de mathématiques. Elle s'appelait Nicky.

— Vous allez me dire ce que vous voulez et je vous dirai ce que j'en pense, déclara-t-elle en passant les doigts dans la tignasse de Leonie.

Leonie jeta un regard critique à son reflet dans le miroir. Elle s'était lourdement maquillée en vue des lumières agressives du salon et des grands miroirs si cruels. En partant de chez elle, elle s'était trouvée très bien. A présent, elle avait seulement l'air trop maquillée, presque tartinée ! Elle réalisa avec désespoir que ses cheveux étaient horribles. Elle avait l'air d'une blonde décolorée issue d'un croisement entre le quartier chaud d'Amsterdam et les sex-shops de Soho.

— Je ne sais pas, Nicky, dit-elle tristement. C'est affreux. Cela fait des années que je les teins moi-même et les pointes sont desséchées, décolorées et... C'est une catastrophe, ajouta-t-elle dans un soupir. Je suis peut-être trop vieille pour me teindre en blonde.

— Mais non ! dit Nicky. La couleur ne vous convient pas, c'est tout. Il faut un blond plus léger pour aller avec votre peau. La peau perd de sa luminosité avec l'âge. Vous avez besoin d'une teinte plus douce, avec du brun clair pour couvrir le blond doré, et quelques mèches d'un blond très clair. Vous devriez aussi revoir votre maquillage. Votre trait d'eye-liner actuel sera trop important pour votre nouveau look.

— Vous croyez ? demanda Leonie, dubitative. Je me suis toujours maquillé les yeux de cette façon. On ne les voit pas si je ne mets pas du khôl et des tonnes de mascara.

— Mais non ! Vous avez de très beaux yeux. Je n'en ai jamais vu d'aussi bleus. Pendant que vous serez sous le séchoir en attendant que la couleur prenne, je vais demander à une des esthéticiennes du salon de beauté de descendre pour vous faire les yeux. Vous ne vous reconnaîtrez pas quand j'en aurai fini avec vous ! Et maintenant, voulez-vous un thé ou un café ?

Emma, qui se faisait seulement couper les cheveux, eut fini la première.

— Qu'en penses-tu ? demanda-t-elle à Leonie.

Inquiète du résultat, elle tournait la tête dans tous les sens devant le miroir pour vérifier le résultat sous tous les angles. La longue frange qui lui cachait les yeux avait été raccourcie et, bien qu'elle n'eût accepté de raccourcir le reste que de quelques centimètres, cela donnait une impression très différente. On découvrait le doux visage d'Emma, son expression patiente. Elle n'avait plus besoin de repousser les mèches qui lui tombaient dans les yeux. On n'aurait jamais deviné ses trente et un ans, mais elle paraissait plus mûre sans sa coiffure d'écolière.

— C'est fantastique ! répondit Leonie.

Ensuite, ce fut le tour d'Hannah. Ses cheveux avaient été coupés à hauteur d'épaule et la coloriste lui avait fait des mèches plus claires qui éclaircissaient son brun foncé naturel. Souples et brillants, ils ondulaient quand elle marchait et encadraient son visage avec élégance. Avec une touche de brillant couleur bronze sur les lèvres, elle ressemblait à un mannequin vedette.

— Ça te va très bien, dit Leonie, qui se sentait très laide par comparaison.

Elle avait la tête hérissée de papillotes en papier alu qui formaient une sorte de coiffe médiévale.

Les yeux en amande d'Hannah étaient mis en valeur par ses mèches plus claires qui faisaient écho aux légères taches de rousseur sur ses joues.

— Tu trouves que c'est bien ? demanda-t-elle avec appréhension, en passant les doigts dans ses mèches brillantes.

— Parfait ! s'écria Leonie. Si tu t'inquiètes de savoir si cela plaira à Felix, je te garantis qu'il faudrait être fou pour ne pas aimer.

Emma et Hannah promirent de revenir la chercher une heure plus tard.

Après leur départ, Leonie retourna à ses magazines. Comme elle en avait assez de voir des gens insupportablement beaux dans les pages du carnet mondain de *Tatler*, elle prit un vieux numéro de *Hello !* Là aussi, tout le monde était beau. Il devrait y avoir des pages consacrées à « la semaine des gens normaux », pensa Leonie. Un magazine avec des gens ordinaires, des gens avec des bourrelets sur les hanches, des pores encrassés et des vêtements visiblement achetés au rayon des bonnes affaires et enfilés à la hâte dans le noir !

Elle fut un peu réconfortée par l'arrivée de

l'esthéticienne. C'était une jolie fille mais très ronde, à l'étroit dans sa tenue de travail.

— Oh, quelle belle peau ! dit-elle avec l'accent chantant de Cork. Et vous avez des yeux étonnants. J'ai la couleur idéale pour vous.

Ce fut un choc pour Leonie de voir la jeune femme lui enlever son épaisse couche de khôl et de fond de teint. Elle ferma les yeux, se répétant qu'elle pourrait toujours se précipiter dans les toilettes du pub le plus proche pour tout recommencer !

Mais cela ne fut pas nécessaire. Quand elle rouvrit les yeux, elle découvrit dans le miroir une personne qu'elle ne connaissait pas, débarrassée du khôl ainsi que du trait de crayon qui dessinait sa bouche depuis l'âge de vingt ans. Tout cela avait été remplacé par un subtil mélange de teintes or et marron glacé. Ses yeux étaient mis en valeur par des ombres habilement posées et par un trait fin qui les faisait paraître plus grands. Au lieu de son mascara noir et pâteux, l'esthéticienne avait utilisé un brun profond et, à l'aide d'un simple gloss caramel, elle lui avait fait une bouche sensuelle et naturelle.

— Eh bien ! fut tout ce qu'elle put dire.

— Ce sera encore mieux dès qu'on vous aura enlevé le papier alu, dit l'esthéticienne.

Leonie trouva sa nouvelle couleur de cheveux très foncée.

— C'est parce qu'ils sont mouillés, la rassura Nicky. Attendez qu'ils soient secs ! Vous ne vous reconnaîtrez pas. Ce sera superbe.

En effet, c'était superbe. Après une demi-heure d'un savant séchage, la chevelure couleur laiton de Leonie n'était plus qu'un souvenir, remplacée par d'épaisses ondulations en dégradé de miel, blond pâle et brun noisette. Leonie les toucha avec émerveillement. Elle voyait une autre version d'elle-même, comme une jumelle plus riche, plus élégante. Il ne lui manquait qu'une garde-robe en cachemire aux teintes raffinées, quelques bijoux très chers mais discrets, et une BMW. Elle sourit à son image.

— Ce n'est pas grave si mes amies ne me reconnaissent pas. Mais les enfants, c'est une autre histoire ! dit-elle en riant.

17

A la soirée de Noël du personnel de Dwyer, Dwyer & James, celle qui riait le plus fort et souriait le plus était Hannah. Elle hurla de rire quand le strip-teaseur habillé en clergyman se révéla être une surprise pour Gillian, dont l'anniversaire tombait le lendemain de Noël. Et quand le faux pasteur, qui n'avait plus que son boxer, chercha quelqu'un à embrasser, elle lui adressa un sourire effronté qui lui valut de se retrouver dans ses bras. Personne, en observant son visage plein de gaieté, n'aurait pu imaginer qu'elle avait autant envie de s'amuser qu'une dinde dans un élevage en batterie.

— Bon Dieu ! Qu'est-ce qu'on fabrique ici ? gémit Donna à dix heures et demie en se laissant tomber sur une banquette à côté d'Hannah.

Elles venaient de passer une demi-heure à faire la queue devant la porte des toilettes parce que le pub était bondé de fêtards assoiffés.

— Oui, on doit être folles ! répondit Hannah, s'efforçant d'avoir l'air heureux.

Ce serait trop humiliant d'avouer à Donna que Felix, une fois de plus, l'avait laissée tomber.

— Je n'ai pas encore fini mes courses de Noël, reprit-elle. Cela ne m'enchante guère de devoir me lever demain pour affronter les magasins du centre-ville. Je sais que je devrais être dans mon lit mais j'ai envie de m'amuser.

— C'est tuant de devoir acheter des cadeaux la veille de Noël, commenta Donna, surtout quand on a mal aux cheveux ! Heureusement, je n'ai plus besoin de rien. Crois-moi, c'est encore plus difficile quand tu as des enfants. Tu ne prends pas le risque d'attendre la dernière minute pour acheter leurs cadeaux, de peur de ne plus trouver ce qu'ils veulent ! Tania deviendrait hystérique si elle n'avait pas exactement ce qu'elle a demandé.

Hannah compatit d'un hochement de tête. Elle avait menti au sujet de ses courses car elle avait déjà acheté tous ses cadeaux. Elle avait attendu pour celui de Felix parce qu'elle voulait trouver le cadeau parfait. A présent, elle n'avait plus besoin de s'en soucier, mais elle n'avait pas envie d'en parler. Cela représentait trop de tristesse et de solitude.

— Qu'est-ce que tu as prévu ? demanda Donna en versant du tonic dans sa vodka. Je suis tellement contente de rester à la maison, cette année ! Normalement, nous allons chez ma mère, à Letterkenny, à l'autre bout du pays. Je les ai tous invités chez moi. La maison sera pleine à craquer mais on va s'amuser. J'ai quand même des cauchemars à l'idée de faire la cuisine pour dix personnes !

— Je ne t'imagine pas avoir des cauchemars pour quoi que ce soit, répondit Hannah avec un sourire amusé.

Donna était une des personnes les mieux organisées qu'elle connût. Elle avait sans doute préparé son réveillon depuis longtemps. Il devait être dans le congélateur, d'où elle le sortirait une demi-heure avant le début des agapes.

— Ma cuisine est trop petite pour que je me transforme en traiteur à grande échelle ! protesta Donna. Et toi ? Tu restes ici avec le célèbre Felix ou bien tu vas dans ta famille ?

En une fraction de seconde, Hannah envisagea les différentes possibilités. Elle pouvait en effet rester chez elle et réveillonner toute seule à se demander ce qu'il y avait à la télévision et se fortifier l'esprit avec une provision de bon vin. Mais, sans Felix pour tout partager avec elle, elle n'avait pas le cœur à faire cuire le faisan qu'elle avait acheté. Quel intérêt y aurait-il à dresser une table de fête avec de grosses bougies, des feuilles de houx brillant et des nœuds de rubans rouge et or s'il n'y avait personne pour admirer son œuvre ? Elle pouvait encore faire ce qui lui avait semblé impensable, partir pour le Connemara, la tête basse ! Sa mère n'avait pas renoncé à lui demander de venir passer Noël avec sa famille, malgré deux refus successifs. L'année précédente, Hannah avait prétendu qu'elle était de service à l'hôtel. C'était l'année où Harry l'avait quittée et elle se sentait trop gênée par sa récente solitude. Toute sa famille connaissait Harry et, même s'il ne leur avait pas laissé une très forte impression, c'était toujours mieux d'y aller avec lui que sans lui. Tous ceux qui avaient grandi avec elle étaient mariés et avaient des enfants. Noël se transformait en rassemblement de trentenaires qui avaient réussi et revenaient fièrement parader au pays. Le 25 décembre, le parvis de l'église prenait l'allure d'un défilé de beauté où les paroissiens se pavanaient avec femme et enfants. Hannah avait rêvé des futurs Noëls où elle arriverait avec le célèbre Felix Andretti et ferait vraiment parler les gens. Mieux valait ne plus y penser...

A la fin du mois de novembre, elle avait expliqué à sa

mère qu'elle avait des projets pour les vacances. A l'époque, c'était vrai. Elle avait prévu des journées romantiques avec Felix, de longues promenades dans le froid glacial l'après-midi, après des matinées sensuelles au lit. Ils ne verraient personne et n'iraient à aucune soirée ; il n'y aurait qu'eux deux. Le bonheur ! Felix avait brisé ce beau rêve en déclarant sans crier gare qu'il allait chez sa mère, à Birmingham. Il n'avait pas invité Hannah à l'accompagner ni supposé qu'elle puisse se sentir blessée d'être exclue de ses projets pour les fêtes.

« Des problèmes de famille, lui avait-il dit tranquillement au téléphone, comme si cela l'autorisait à ne pas penser aux autres. Je t'appellerai en arrivant. »

Mais il n'avait pas téléphoné. Au lieu de s'abandonner à sa tristesse, Hannah décida de ne pas rejoindre la troupe des ex-petites amies de Felix ; elle refusait de devenir un simple numéro de plus sur la liste des femmes qui le détestaient. Trois jours s'étaient écoulés depuis son dernier appel et elle sombrait dans la dépression. Elle ne supportait pas de penser à lui ou d'évoquer les merveilleux moments qu'ils avaient partagés. C'était trop douloureux. Felix avait été l'homme de sa vie mais elle n'était pas la femme de sa vie.

Plus abattue qu'elle ne l'avait jamais été après le départ d'Harry, elle accomplissait ses tâches machinalement. Elle essayait de ne plus se torturer pour comprendre ce qui la poussait à choisir des hommes qui se faisaient porter par elle avant de la laisser tomber. C'était une zone interdite, une question qu'elle aborderait plus tard, pas avant un siècle, peut-être. Hannah ne désirait pas se pencher sur son inconscient ni s'interroger sur ses difficultés. Au lieu de cela, elle avait envie de se soûler horriblement, et la soirée du personnel lui fournissait une excellente occasion.

La question de Donna lui fit lever les yeux au ciel. Elle n'avait aucun projet pour Noël. A moins…

— Je vais dans ma famille, hélas. Felix est furieux contre moi parce qu'il voulait que je l'accompagne chez sa mère mais, l'année dernière, j'avais promis à ma mère de venir cette année…

Hannah s'interrompit et soupira de toutes ses forces. Elle voulait faire comprendre à Donna qu'être une fille aimante comportait des inconvénients mais qu'il n'y avait pas d'autre choix.

— Il me manque, poursuivit-elle, mais je ne pouvais pas décevoir ma mère. Mon frère, sa femme et leur petit garçon partent ensemble pendant toutes les vacances de Noël, et mes parents se retrouvent seuls. De toute façon, Felix et moi, nous nous retrouverons pour le nouvel an.

C'était un mensonge car qui savait où Felix passerait le réveillon du nouvel an ? Sans doute sur un pont australien pour s'entraîner au saut à l'élastique ou autre chose d'aussi dément ! Peut-être en train de s'amuser avec des mannequins à la peau de miel reconverties en actrices et qui rêvaient de s'exhiber avec de vrais acteurs.

— Tu mérites une médaille ! s'exclama Donna. Si c'était moi, je crois que les charmes de Felix l'emporteraient. J'aurais dit à ma pauvre mère de se passer de moi encore une fois ! Tu es une sacrée bonne femme, Hannah Campbell, ajouta-t-elle en riant. Tu peux dire que tu tiens parole !

— Je sais, je serai canonisée, répondit Hannah.

Elle vida son verre d'un trait, se haïssant de mentir à quelqu'un d'aussi gentil et respectable que Donna.

— Je vais me risquer encore une fois jusqu'au bar. Tu veux un autre verre ?

— D'accord ! Mais un seul et ensuite tu m'obliges à rentrer chez moi, s'il te plaît !

— Promis ! répondit gaiement Hannah.

De façon assez curieuse, elle était presque heureuse à présent qu'elle avait décidé d'aller chez elle pour Noël. Traînant sa peine depuis trois jours, elle n'avait pas réussi à s'enthousiasmer pour quoi que ce soit. Elle s'était sentie partir à la dérive, comme si elle avait perdu toutes ses attaches. A l'idée de rentrer chez elle, dans le Connemara, elle n'était plus une célibataire destinée à une existence solitaire à base de plats surgelés diététiques, de pots de riz au lait pour une personne et de programmes de télévision. Elle était Hannah Campbell, une femme qui avait des racines et une famille, même si elle ne la voyait pas souvent. On aurait dit qu'une lourde punition venait d'être levée. Elle se fraya hardiment un chemin jusqu'au bar, se glissant entre les clients qui réclamaient leurs boissons, avides de commander avant l'heure de la fermeture.

Deux hommes de belle stature en maillot de rugby sourirent à cette jolie femme aux yeux brillants et au sourire provocant. Hannah avait mis un chemisier gris foncé et l'avait déboutonné de façon à laisser deviner le haut de son soutien-gorge en dentelle noire. C'était subtil mais terriblement excitant. S'habiller lui avait redonné un peu d'entrain.

— Passez, ma belle ! lui dit l'un d'eux.

Il se poussa pour qu'Hannah puisse se faufiler et s'approcher du bar.

— Merci, fit-elle avec un sourire sans retenue.

Si Felix ne voulait pas d'elle, elle n'avait aucune raison de ne pas flirter avec d'autres. Elle avait besoin de reprendre confiance en elle.

— Puis-je vous offrir un verre ? demanda-t-il.

Hannah lui jeta un regard malicieux.

— Pourquoi pas ?

— Je vois que vous vous amusez bien, jeta une voix sèche.

Elle regarda autour d'elle pour découvrir la haute silhouette de David James. Toujours vêtu de son costume de travail, il paraissait déplacé au milieu de la bande décontractée et joyeuse qui avait envahi le pub. Ses yeux gris trahissaient une grande fatigue et ses rides s'étaient creusées, lui donnant l'air chiffonné d'un bouledogue.

— D'où sortez-vous ? demanda-t-elle, un peu vexée d'être surprise en train de flirter avec des inconnus alors qu'elle était supposée aimer Felix par-dessus tout.

— J'ai travaillé tard et je me suis arrêté pour passer une demi-heure avec tout le monde, répondit-il.

D'un seul regard, il avait noté sa rougeur, le rouge à lèvres corail qui avait coulé et la blouse en soie avec trois boutons défaits.

— Alors, qu'est-ce que vous buvez, belle enfant ? demanda l'homme en maillot de rugby.

Elle devint rouge comme une pivoine, très gênée.

— J'ai cru que vous aviez besoin qu'on vienne à votre secours, fit remarquer David.

— Non, pas du tout ! siffla-t-elle en se dégageant de la foule qui se ruait vers le bar.

Il la suivit et l'attrapa par l'épaule, lui faisant faire un demi-tour pour la voir de face.

— Excusez-moi, Hannah. J'ai vu ce type vous baratiner et j'ai pensé que cela ne vous plairait pas…

— David, j'en ai assez de tous ces gens qui savent mieux que moi ce qui me plaît ou me déplaît. Je rentre chez moi. Passez un bon Noël !

Elle le quitta d'un pas sec et prit le chemin de la sortie.

Elle ne s'arrêta qu'un bref instant pour prendre son manteau et dire au revoir de la main à une Donna qui ne comprenait plus rien. Se frayant un passage vers la sortie du pub, elle sentit sur elle le regard de David. Elle savait que sa brusquerie l'avait blessé, mais cela avait été plus fort qu'elle. Passer toute une soirée à faire semblant d'être heureuse et sourire jusqu'à en avoir les mâchoires bloquées, c'était trop ! Elle présenterait ses excuses à David après Noël. Il avait été très gentil avec elle depuis qu'elle avait remplacé Donna et vendu la maison. Il lui avait même promis de la former à la vente à partir de janvier, ce qui représentait une extraordinaire opportunité de carrière. Elle aurait dû s'en réjouir mais, au contraire, elle se sentait déprimée, découragée. Tout ça à cause de Felix !

Tôt le lendemain matin, elle s'arrêta dans le quartier de Rathmines pour faire des courses gourmandes, y compris quelques bonnes bouteilles, et acheter divers cadeaux dans un magasin Dunnes. Puis, après avoir choisi un parfum scandaleusement cher pour sa mère, elle prit la route de l'ouest. A dix heures du matin en cette veille de Noël, il y avait de la circulation mais on n'avait pas encore atteint les grands embouteillages qui bloqueraient bientôt les sorties de Dublin.

Soutenant ses forces avec des caramels mous et les chants de Noël diffusés par la radio, Hannah roula vers le Connemara sans se soucier de la pluie incessante qui rendait la conduite si pénible. Elle se divertit d'abord en écoutant une pièce radiophonique puis une émission d'actualités où les invités analysaient les événements politiques de l'année écoulée. Elle s'aperçut qu'elle préférait les émissions de ce genre à celles qui diffusaient de la musique. Entendre les airs qu'elle avait écoutés avec Felix lui faisait trop mal. Elle avait eu la même réaction après sa rupture avec Harry. Fou d'opéra, Harry passait souvent ses précieux enregistrements de Maria Callas pendant qu'ils faisaient l'amour. Plus d'un an après, Hannah ne pouvait toujours pas entendre une seule mesure d'opéra sans se sentir la gorge serrée. Elle changeait aussitôt de fréquence. Ces voix profondes et dramatiques la renvoyaient trop à sa solitude et à sa souffrance. Elle avait perdu Harry, elle perdait Felix. Y aurait-il, un jour, autre chose dans sa vie que des abandons ?

Quatre heures plus tard, il pleuvait toujours. Le paysage avait changé. Après Oughterard, un joli village de carte postale avec ses maisons pastel, sur la route sinueuse de Clifden, les maisons se faisaient rares. Au charme succédait la beauté désolée et torturée de montagnes grises inhospitalières qui émergeaient de la brume à droite de la route. Les collines qui s'étendaient à perte de vue étaient quadrillées de murets de pierres sèches avec de petites maisons de-ci de-là, un filet de fumée s'échappant de leur cheminée. L'air était imprégné de l'odeur de la tourbe, une odeur qui symboliserait toujours ses racines. De robustes moutons des montagnes broutaient méthodiquement sur les bas-côtés, indifférents au passage des voitures. A gauche, elle découvrait l'Atlantique entre les innombrables petites péninsules couvertes d'ajoncs. C'était magnifique, mais si loin de tout !

Elle arriva enfin à Maam's Cross et attendit pour tourner à droite qu'un très moderne tracteur ait fini de traverser. Le conducteur lui fit un grand signe du bras mais Hannah ne répondit pas. Elle ne le reconnaissait pas. Elle était partie depuis douze ans et avait du mal à reconnaître les gens avec lesquels elle était allée à l'école. Devenus adultes, ils avaient beaucoup changé. Elle-même avait certainement beaucoup changé.

Quand elle vivait ici, elle se coiffait toujours avec les cheveux attachés dans le dos et sa tenue de tous les jours consistait en un cardigan trop grand sur un jean. A présent, elle avait les cheveux aux épaules. Elle avait oublié les vêtements informes qu'elle avait pris l'habitude de porter pour cacher ses formes, au profit de tenues classiques et bien ajustées.

Sa garde-robe « spéciale Felix » – des tenues habillées qu'il l'avait aidée à acheter – n'appartenait pas au même monde. Elle n'aurait même jamais imaginé la porter ici. Sa mère aurait eu une attaque, sans parler de la réaction de l'entourage. Quinze ans plus tôt, une fille assez stupide pour porter une minijupe à proximité du Macky's Pub se faisait siffler et traiter de « catin sans vergogne » ! La malheureuse qui s'y était risquée une fois n'osait jamais recommencer. Hannah doutait que les jeunes gens de la région aient beaucoup évolué. Les gens âgés, certainement pas !

Après vingt minutes de plus sur des routes secondaires, elle atteignit enfin les poteaux d'angle de portail qu'elle connaissait bien. Aussi loin qu'elle s'en souvienne, elle n'avait jamais vu de portail. Seuls se dressaient les deux poteaux en béton où subsistaient les gonds, noirs de rouille. Pendant des années, son père avait promis d'installer un portail mais, comme pour la plupart de ses promesses, celle-ci n'avait pas été tenue. La voiture se mit à tressauter sur le chemin défoncé et Hannah trembla pour sa suspension.

La maison des Campbell, comme nombre des maisons de ce bout du monde si beau, avait été construite à cinq cents mètres de la route. La petite

Fiesta d'Hannah bondissait et retombait au gré des creux et des bosses du chemin d'accès. Elle dépassa la haie coupe-vent en pins, plantée trente ans plus tôt par son grand-père, et enfin, après un dernier tournant, arriva en vue de la maison. On ne pouvait pas dire qu'elle en imposait. A l'origine, simple maison de plain-pied avec deux fenêtres de chaque côté de la porte, elle avait été agrandie au fur et à mesure des besoins. La symétrie de la façade blanchie au lait de chaux était à présent rompue par une aile ajoutée sur le pignon de droite, construction au toit plat qui abritait la salle de bains et le cellier. Un étranger aurait pu se demander comment les Campbell avaient obtenu un permis de construire pour une salle de bains donnant dans la cuisine, mais, quand le grand-père d'Hannah l'avait fait construire, l'idée de demander un quelconque permis ne lui avait même pas effleuré l'esprit.

Derrière la maison se dressaient les bâtiments de l'exploitation, une ancienne porcherie transformée en hangar et un ensemble de toutes petites constructions autrefois destinées aux poules et aux oies. La mère d'Hannah avait depuis longtemps cessé d'élever des volailles. Le nettoyage était un vrai cauchemar et, de plus, elles finissaient régulièrement dans l'estomac des renards. Hannah avait beaucoup joué avec les poules dans son enfance, comme d'autres avec un chat. Caquetant d'un air intrigué et penchant leur tête aux plumes rouges sur le côté quand Hannah répondait à leurs gloussements, la vingtaine de Rhode Island Red se révélaient de meilleure compagnie que le reste de sa famille.

Elle n'était pas venue depuis six mois mais rien ne paraissait avoir changé. A l'angle de la maison, la peinture blanche de la gouttière s'écaillait toujours, s'envolant en grands lambeaux. Le jardin était aussi nu que d'habitude, mais la vieille Ford familiale n'était pas garée à l'endroit où son père l'abandonnait toujours, à la hauteur d'une grande flaque côté passager. On était ainsi certain de se tremper en sortant de la voiture. Parfait ! Elle n'avait pas envie de le rencontrer d'entrée de jeu. Si la voiture n'était pas là, cela signifiait qu'il était en train de se soûler quelque part au lieu de cuver les excès de la veille dans son lit.

Tout en se garant, Hannah vit que l'on écartait les rideaux de la cuisine. Elle n'eut pas le temps d'ouvrir sa portière que sa mère apparaissait sur le pas de la porte.

— Quelle surprise ! dit Anna Campbell avec un petit sourire sur son visage usé. J'espère que tu as apporté ton sac de couchage. Mary et les enfants sont là.

Hannah lui donna un léger baiser sur la joue. Mary était la cousine d'Hannah et elle se demanda pourquoi elle était venue passer Noël ici. Sa mère avait l'air très fatiguée, comme toujours. La mère et la fille se ressemblaient beaucoup. Elles avaient le même visage ovale, les mêmes yeux brun clair, et les mêmes cheveux noirs qui bouclaient dans tous les sens et refusaient de se laisser domestiquer.

En revanche, si le visage sensuel d'Hannah rayonnait d'une lumière intérieure et si ses lèvres se retroussaient souvent pour rire, celui de sa mère était las et usé. L'ossature se dessinait nettement sous la peau translucide.

Anna Campbell ne se maquillait pas, hormis un soupçon de rouge à lèvres quand elle sortait. Ses yeux bruns étaient durs sous les épais sourcils qui n'avaient jamais connu la pince à épiler. Elle était aussi plus maigre qu'Hannah, une maigreur due autant à une vie de travail épuisant pour arriver à nourrir sa famille qu'aux cigarettes dont elle ne pouvait se passer. La silhouette d'Anna ne devait rien aux conseils de Jane Fonda. Sa vie quotidienne était un hymne aux efforts combinés du labeur et de la nicotine. Hannah savait que, la plupart du temps, sa mère devait se rendre à pied jusqu'au supermarché, à l'autre bout de la vallée, parce que son père avait pris la voiture et s'était endormi sur la banquette arrière pour cuver dans un coin quelconque. Sa famille devait se débrouiller sans moyen de locomotion, ignorant où il se trouvait. Mais ils en avaient l'habitude. Dans ces conditions, il aurait fallu être plusieurs pour garder la vieille maison propre, rangée et à l'abri de l'humidité. Anna s'y était épuisée.

Ce jour-là, dans son vieux pantalon en velours côtelé bleu marine, sa chemise bleue décolorée et son cardigan vert bouteille tricoté à la main, elle paraissait beaucoup plus que ses soixante-deux ans.

— Donne-moi tes affaires, dit-elle.

Elle se pencha et, sans effort apparent, sortit de la voiture la lourde valise d'Hannah.

— Mary avait besoin d'un endroit où aller avec les enfants pendant quelques jours, poursuivit-elle. Elle ne m'a pas dit pourquoi mais Jackie a perdu son travail à l'usine et je parie qu'il le lui fait payer. Il doit passer son temps à lui crier dessus. Elle m'a seulement dit qu'elle devait partir de chez elle et je n'ai pas voulu être indiscrète.

Et elle est venue ici ? pensa Hannah, incrédule, sans oser formuler son étonnement à haute voix. Passer Noël dans une vieille maison humide au milieu de nulle part avec un alcoolique n'était pas vraiment l'idéal pour une femme et deux jeunes enfants. A la réflexion, cela valait peut-être encore mieux que de le passer avec Jackie. Pour Hannah, l'époux de Mary n'était rien d'autre que le chaînon manquant entre l'homme et le singe. Mary

Wynne, la nièce de sa mère, n'avait pas d'autre endroit où se réfugier. Ses parents étaient morts et son frère vivait en Angleterre.

— Comment sont-ils venus ? demanda Hannah en prenant le reste de ses affaires.

— Quelqu'un les a amenés jusqu'ici. Elle dit qu'elle va le quitter. Il est temps ! Ce type est incapable de garder un travail plus de six mois sans se faire renvoyer. Il venait juste de recevoir une promotion mais il a tout gâché. C'est un *amadanán*, conclut-elle en employant le mot gaélique pour « idiot ».

Hannah ne répondit rien. Elle trouvait parfois surréaliste que sa mère soit le soutien moral de ses amies et de ses proches, qui lui demandaient conseil quand elles avaient des problèmes avec leurs horribles maris, alors qu'elle-même était affligée d'un alcoolique notoire qui n'avait pas gagné un sou depuis des années. Au grand soulagement d'Hannah, Willie Campbell n'avait frappé sa femme qu'une seule fois, un épisode impossible à oublier. C'était « la faute à la mauvaise gnôle », avait-il piteusement déclaré pour se défendre alors qu'Anna était à l'hôpital, un bras dans le plâtre. Hannah savait que, s'il avait été violent, sa mère l'aurait immédiatement mis à la porte. Malheureusement, il n'avait pas l'alcool méchant.

Jackie Wynne, lui, n'était pas violent mais Hannah le trouvait très irritant. Sa passion pour le football aurait rendu fou n'importe qui. Si son équipe perdait un match, il faisait une dépression. Hannah avait toujours pensé que, si elle l'avait épousé, elle l'aurait très vite quitté. Elle ne supportait pas le manque de sérieux et de fiabilité.

— Mary va se remettre à travailler. Je ne sais pas comment elle se débrouillera avec les enfants, soupira

Anna. Ne lui en parle pas. Elle est très gênée et, tu le sais, elle t'a toujours admirée, Hannah. Elle pense que tu as réussi. Elle serait humiliée de te savoir au courant de sa situation. Devoir quitter son mari à Noël ! Si on lisait une histoire pareille dans le journal, on n'y croirait pas.

— Bien sûr, maman. Je n'en parlerai pas.

Si Mary savait la vérité sur sa réussite, pensa Hannah, elle n'éprouverait plus aucune gêne pour discuter de ses propres ennuis. Bien que du même âge, elles n'avaient jamais été très proches. Mais, au moins, il restait à Mary deux enfants qu'elle adorait. Hannah, au bout de trente-sept années sur cette terre, ne pouvait se vanter que de ses échecs amoureux et d'une tendance croissante au cynisme. Sans oublier un patron qu'elle avait froissé la veille par son impolitesse. Elle se sentait encore coupable envers le malheureux David.

La présence de Mary offrait un avantage : personne ne s'inquiéterait des raisons de son changement de programme pour Noël. Ils préféreraient traiter Jackie de tous les noms et discuter de l'avocat idéal pour lui extorquer tout l'argent qu'il n'avait pas.

L'immense cuisine d'Anna Campbell était le cœur de la maison. Anna aimait les imprimés à fleurs, et les murs comme les grands fauteuils étaient garnis de roses, bleu et jaune pour les murs, rose et or pour les fauteuils chargés de coussins. Toutes les surfaces disponibles étaient couvertes de plantes exubérantes, preuve éclatante qu'Anna avec les doigts verts.

L'ensemble était très réussi pour une maison qui avait l'air froide et inconfortable vue de l'extérieur. Hannah avait compris depuis longtemps que sa mère avait besoin de son refuge fleuri pour supporter le reste.

Après le vent glacé de l'Atlantique, la maison lui parut très chaude. Pelotonnée dans un fauteuil à côté du grand poêle crème qui chauffait toute la maison, Mary feignait de lire un magazine.

— Hannah, est-ce que ta mère t'a mise au courant ? demanda-t-elle d'une voix tremblante, ses grands yeux bleus pleins de larmes.

— Un peu, mentit Hannah.

Elle était contente de constater que ses malheurs n'avaient pas affecté la beauté de Mary, qui restait très séduisante avec ses courtes boucles noires, ses joues roses parsemées de taches de rousseur et ses yeux immenses frangés de longs cils alourdis par un abus de mascara.

Deux petites filles qui étaient le portrait vivant de leur mère jaillirent de la chambre d'amis, vêtues de vêtements d'adulte qui traînaient par terre. La plus jeune, qui devait avoir environ quatre ans d'après les souvenirs d'Hannah, avait mis une ombre à paupières mauve et s'était barbouillée de rouge à lèvres.

— Regarde, maman ! cria-t-elle gaiement. Je vais au bal !

Elle tourna sur elle-même et, se prenant les pieds dans ses vêtements trop grands, faillit tomber.

— Moi aussi, dit l'aînée.

Elle avait six ans, se rappela Hannah. Elle portait le vieux chapeau noir qu'Anna réservait aux mariages et aux enterrements. Il était orné de plumes grises qui, à l'époque de son achat vingt ans plus tôt, se dressaient d'un air crâne et, à présent, pendaient lamentablement.

— Courtney et Krystle, vous vous souvenez de votre cousine Hannah ? dit Mary.

Quoi qu'il se soit passé, les deux petites filles n'en avaient pas été traumatisées, pensa Hannah à la fin de l'après-midi. Elle venait de passer des heures à jouer avec elles à se déguiser. Ensuite, pendant une demi-heure, elle leur lut des histoires dans un grand livre bleu de contes de fées. Conquises par Hannah, elles se disputaient pour s'asseoir sur ses genoux, devant le feu, tandis qu'elle lisait les aventures de Cendrillon, leur expliquant qu'elle avait fini par épouser un prince mais avait aussi un très bon travail pour rester indépendante. Hannah estimait nécessaire de donner un tour réaliste et moderne aux contes de fées !

— Tu es formidable avec les enfants, lui dit Mary avec reconnaissance.

Une tasse de thé et une tranche du cake d'Anna semblaient lui avoir rendu sa bonne humeur.

— Personne ne me l'avait jamais dit, répondit Hannah en souriant.

A sept heures, les petites filles s'endormirent enfin dans le lit d'Anna. Hannah se sentait épuisée par le trajet depuis Dublin et l'énergie de ses nièces. Mary, en revanche, n'avait pas du tout l'air fatiguée ni même perturbée.

— Si nous allions au pub prendre un verre ? proposa-t-elle à Hannah.

— Et les filles ? demanda Hannah, très étonnée.

— Je m'en occuperai, dit Anna. Je n'ai jamais mis les pieds dans ce pub de toute ma vie et je ne vais pas commencer maintenant. Je vais installer le lit de camp dans la chambre d'amis pour les filles et nous les y coucherons plus tard. Je dois aussi aérer le lit dans ton ancienne chambre, Hannah. Je n'avais pas eu le temps de le faire. Allez donc prendre un peu de bon temps !

Hannah capitula. Mary voulait apparemment lui raconter sa rupture. Mais elle se sentait trop fatiguée d'avoir traversé le pays pour prendre encore sa voiture. De plus, compte tenu des lois très strictes sur l'alcool au volant, elle ne pourrait rien boire si elle devait conduire.

— Allons-y à pied, dit-elle. C'est à peine à un kilomètre et il ne pleut plus.

Elle enfila une vieille paire de bottes plates appartenant à sa mère et, avec un imperméable sur le bras « au cas où », elles se mirent en route.

— Je pense qu'il y aura foule au pub, observa Mary.

Hannah la trouva remarquablement enthousiaste pour une femme qui était censée fuir une situation malheureuse. Elle avait remis une couche de mascara et de brillant à lèvres rose.

— C'est toujours plein pour la veille de Noël, répondit Hannah en souriant. Tu jurerais qu'ils risquent tous d'être privés de boisson pour ce jour-là à la façon dont ils boivent en attendant le réveillon.

Hannah reçut un accueil chaleureux quand elle entra dans le pub. Ce fut une chance car, sans cela, elles n'auraient jamais obtenu une place assise. Elles refusèrent toutes les tournées qu'on voulait leur offrir pour commander leurs boissons elles-mêmes, mais avant que leurs pintes de Guinness soient servies, Mary voulut aller aux toilettes. Hannah ne buvait plus souvent de la sombre bière crémeuse mais l'ambiance lui donnait envie de goûter à nouveau sa douce amertume.

— J'en ai pour une minute, lui dit gaiement Mary en se faufilant dans la foule.

Des gens commençaient à chanter, à côté du feu. On poussa un vieil homme sur le devant en lui criant de prendre le violon accroché au mur et de jouer.

— Je n'y connais rien, dit-il doucement en décrochant le violon.

Il se lança dans un air de danse impeccablement exécuté. Il y eut une explosion de rires dans le bar et quelques-uns des clients les plus audacieux se mirent à danser au milieu de la pièce. De façon étonnante, bien que soûls, ils ne se cognaient jamais les uns dans les autres.

Hannah se détendit sur son siège et se mit à taper des pieds en rythme, cherchant Mary du coin de l'œil. Elle s'étonna de voir sa cousine sortir non pas des toilettes mais du coin gauche du bar, où se trouvait le téléphone. Le visage rose de Mary rayonnait tandis qu'elle se frayait un chemin pour rejoindre Hannah.

— Tu aurais pu téléphoner de la maison, fit Hannah, perplexe.

Mary rougit violemment.

— J'ai pensé que je ne devais pas utiliser le téléphone de tante Anna, répondit-elle d'un air gêné.

— Pourquoi ?

— Promets-moi de ne rien dire, demanda-t-elle.

— Promis.

— Je ne suis pas partie à cause de Jackie. J'aime un autre homme et Jackie l'a découvert.

— Quoi ?

— Tu m'as promis de ne rien dire.

— Oui, mais raconte-moi tout.

Les yeux de sa cousine brillaient comme des étoiles tandis qu'elle racontait sa rencontre avec un beau professeur de gymnastique lors d'une rencontre parents-enseignants à l'école.

— Jackie m'a toujours laissée y aller seule, se plaignit Mary. Il n'est pas venu une seule fois. Si Krystle avait été un garçon, il aurait participé aux réunions pour essayer de le faire entrer dans l'équipe de football de l'école avant ses sept ans ! Mais Jackie ne s'intéresse pas aux filles. Tu sais, Louis est différent.

Elle avait prononcé son nom avec admiration.

— Sa femme est un peu bizarre, poursuivit Mary. C'est pour cela qu'il était venu sans elle. Elle travaille vingt-quatre heures sur vingt-quatre et il doit s'occuper de leurs petites filles quand elle s'absente. L'aînée est dans la classe au-dessus de celle de Krystle. Tout a commencé de cette façon.

— Depuis combien de temps vous voyez-vous ?

— Six mois. Il va la quitter pour moi mais, hier, Jackie a tout découvert et m'a fait une scène horrible.

— Je le comprends. Mais pourquoi n'as-tu pas dit la vérité à maman ? Ce n'est pas honnête de la laisser dans l'ignorance de la situation. Imagine que Jackie vienne à la maison. Maman serait folle de rage d'apprendre que tu lui as menti.

— Je ne lui ai pas menti.

— Si, dit Hannah. Par omission.

Mary se renfrogna.

— Je ne pouvais pas le lui dire parce que, pour elle, tu as toutes les qualités. Elle n'arrête pas de parler de toi et de ta réussite. En plus, tu as un petit ami célèbre ! Comment aurais-je pu lui raconter que j'ai un amant et que mon mari le sait ?

— Si elle le découvre, tu regretteras de ne pas l'avoir fait.

Hannah n'en croyait pas ses oreilles. Sa mère chantait ses louanges à tout le monde, alors qu'elle la croyait peu intéressée par ses activités, comme quand elle était plus jeune. Stuart, le frère aîné d'Hannah, était le préféré de sa mère. Il lui suffisait d'avoir une note même moyenne à un examen pour qu'elle le récompense en préparant un gâteau. Quand il lui avait annoncé qu'il allait se marier parce que son amie, Pam, était tombée enceinte, on aurait cru qu'il venait de recevoir le prix Nobel de la biologie au lieu d'avoir ignoré les bases les plus élémentaires de biologie humaine ! Anna avait à moitié perdu la tête pour trouver la tenue idéale pour son mariage et avait tricoté assez de layette pour des quadruplés. Et Mary lui révélait que sa mère parlait d'elle avec admiration ! Hannah n'arrivait pas à le croire.

— Je suppose que tu vas me conseiller de le quitter et de retourner chez Jackie, en bonne petite épouse, ajouta Mary d'un ton acide.

Hannah éclata de rire.

— Tu es folle ? Je ne me permettrais pas de te donner des conseils, Mary. Par ailleurs, je ne fais pas partie des femmes pour lesquelles la seule réponse à toutes les questions de l'existence est un mari ! Tu es une adulte. Fais attention à toi et aux filles, c'est tout ce que je peux te dire. Et ne te fie pas trop aux hommes.

— Je croyais que tu étais amoureuse. Tu n'en as pas l'air.

Hannah but une gorgée de Guinness, prenant le temps de réfléchir à sa réponse. Elle n'avait pas envie de parler d'elle. Si elle se contentait de dire que tous les hommes étaient des menteurs et des tricheurs, Mary pourrait en déduire que tout n'était pas parfait dans sa vie.

— Les hommes peuvent être formidables, admit-elle. J'apprécie beaucoup leur compagnie mais, en ce moment, je ne suis pas amoureuse.

Son nez risquait de devenir aussi long que celui de Pinocchio !

— Je suis sortie avec quelqu'un ces derniers temps, c'est tout.

— Le véritable amour est merveilleux, dit Mary, dont les yeux brillaient de nouveau. Tu étais amoureuse d'Harry, n'est-ce pas ? Quel était le problème ?

— Je lui faisais confiance. Ne commets pas la même erreur, Mary. Pour ton bien et celui des enfants.

Quand l'aube se leva sur Noël, il faisait froid mais sec et un soleil pâle éclairait la façade de la maison. Le père d'Hannah n'avait toujours donné aucun signe de vie. Elle n'avait pas demandé où il se trouvait. Elle s'en doutait. Il devait être en train de dormir à l'arrière de sa voiture après avoir ingurgité ses cinq litres de bière. A dix heures et demie, les enfants commencèrent à se lasser de leurs cadeaux et elles partirent toutes ensemble à la messe du matin dans la voiture d'Hannah. Celle-ci, qui n'était pas entrée dans une église depuis des années, n'arrêtait pas de se lever à contretemps et de s'asseoir quand il fallait s'agenouiller. Krystle, du haut de ses six ans, lui jetait des regards désapprobateurs.

— Tu t'es trompée, lui soufflait-elle avec la piété d'une enfant qui préparait sa première communion.

— Excuse-moi, répondait docilement Hannah, qui essayait de ne pas rire devant l'air sérieux de Krystle.

Hannah tenait Courtney par la main. La cadette de ses cousines s'était prise d'affection pour elle et avait insisté pour s'asseoir à côté d'elle, glissant sa petite main dans la sienne. De l'autre, elle tenait serrée contre elle sa nouvelle poupée, un bébé qui pleurait et mouillait ses couches. De temps en temps, elle donnait sa poupée à Hannah pour se blottir contre elle et sucer son pouce, béate. Hannah se sentait bien, heureuse de sentir la présence de Courtney contre elle et de pouvoir regarder autour d'elle.

Elle se sentait vaguement fautive à l'idée de ne pas être allée à la messe pendant si longtemps. Elle n'avait jamais attaché beaucoup d'importance à la religion et pourtant, en cet instant précis, avec sa mère, Mary et les enfants près d'elle, au milieu de ces gens rudes au travail avec lesquels elle avait grandi et que la prière unissait, elle avait le sentiment que quelque chose lui avait manqué. Elle faisait partie de ce que Leonie appelait les catholiques sous-marins, ceux qui ne faisaient surface qu'en cas de problème. Cela lui ferait peut-être du bien d'entrer un peu plus souvent dans une église, conclut-elle.

Au retour, elle découvrit la vieille Ford garée devant la maison. Il était rentré.

— Ne te fâche pas contre ton père, Hannah, l'avertit sa mère à voix basse pour que Mary ne puisse l'entendre. Je ne veux pas de bagarre. C'est le jour du Seigneur. Faisons semblant d'être une famille normale.

Des années auparavant, Hannah se serait disputée avec sa mère en entendant ces mots. *Il se conduit aussi mal parce que personne ne lui dit jamais rien*, aurait-elle hurlé. *Si on ne le laissait pas dépenser tout son argent pour boire, nous nous porterions tous beaucoup mieux !*

Mais Hannah avait changé. Elle n'avait pas envie de se battre aujourd'hui, elle souhaitait la paix et le bonheur de tous les hommes. Et si cela impliquait un sourire distant à l'intention de son père, elle sourirait.

Les enfants entrèrent dans la maison en courant et se figèrent, terrifiées, à la vue de Willie Campbell vautré dans le fauteuil près du feu. Aussi gros que sa femme était maigre, il composait presque un tableau comique avec sa veste de tweed élimée et une chemise qui devait être blanche quand il l'avait mise mais était à présent constellée de taches de bière. Il avait toujours son épaisse chevelure noire, mais elle grisonnait, devenant de la couleur des yeux dont il dévisageait les arrivants. Son visage exprimait le remords et la culpabilité.

— Mary, dit-il en bafouillant un peu. Bonjour ! Et la petite Hannah. Tu n'embrasses pas ton vieux père ?

Hannah regardait l'être misérable effondré devant elle et se demandait comment elle avait pu le prendre pour un ogre. Elle se rendait compte qu'il n'était pas méchant, mais faible. Faible et alcoolique. Ce n'était pas sa faute si elle s'était toujours méfiée des hommes. Non, ce n'était pas sa faute si elle se débrouillait assez mal avec les hommes pour toujours choisir ceux qui la laisseraient tomber comme il l'avait toujours fait.

— Bonjour, papa, dit-elle sans esquisser le moindre geste pour l'embrasser. Cela fait longtemps qu'on ne s'est pas vus. Joyeux Noël.

— Joyeux Noël, oncle Willie, ajouta Mary, traînant ses filles jusqu'au fauteuil de leur oncle.

Elle l'embrassa mais les deux enfants ne montrèrent aucun enthousiasme pour l'imiter.

— Venez, les filles, leur ordonna Anna en les prenant fermement par la main. Montons dans votre chambre pour que je vous enlève vos manteaux. Willie, poursuivit-elle en se tournant vers son mari, va te laver et change de vêtements. C'est Noël et une chemise propre ne déparerait pas ! Si tu veux te reposer un peu, nous te réveillerons pour le dîner.

Rien n'avait changé. Comme toujours, la mère d'Hannah se débrouillait pour fournir une voie de sortie à son père selon leur code habituel, lui indiquant qu'il pouvait aller dormir pour dessoûler et qu'il serait le bienvenu à la table familiale une fois propre et dégrisé. C'était typique de sa mère : ne pas voir le mal, ne pas l'entendre. Quand elle vivait avec eux, Hannah entrait dans des rages terribles contre ce qu'elle appelait l'aveuglement de sa mère face à l'alcoolisme de son père. *Arrête de lui trouver des excuses ! Laisse-le ! Va-t'en ! Ou bien mets-le dehors !* aurait-elle aimé crier. Mais sa mère ne l'aurait jamais fait. Elle n'avait que son couple et avait été élevée dans l'idée qu'il faut accepter ce que la vie vous donne.

Etait-ce à cause de sa longue absence ou parce qu'elle avait changé elle aussi, toujours est-il qu'Hannah n'éprouvait plus le besoin de se disputer avec ses parents.

— Je vais t'apporter une tasse de thé au lit, papa, dit-elle.

Son père lui jeta un regard reconnaissant.

— Merci, ma chérie.

Il disparut en traînant les pieds en direction de la chambre qu'il partageait avec sa femme, et Hannah soupira en silence. Elle avait la sensation d'avoir passé une sorte de test, qu'elle s'était imposé à elle-même. Son père n'avait rien à y voir. S'accepter implique d'accepter ses parents tels qu'ils sont. Elle y arriverait.

Ils se mirent à table à cinq heures et s'amusèrent beaucoup grâce aux deux fillettes. Il fallait beaucoup d'astuce pour faire manger le moindre légume à Courtney, et Hannah fut chargée de cette mission délicate.

— Veux pas ! disait énergiquement Courtney en jetant sa fourchette Winnie l'Ourson de toute sa force à travers la table quand on voulut lui faire goûter les brocolis.

— Moi non plus, décida Krystle.

— Vous m'étonnez, les enfants, leur dit Willie. Vous ne voulez pas manger alors que le Père Noël vous regarde !

Il n'avait presque rien dit pendant le repas. Il avait simplement déclaré que tout était parfait et avait mangé pour quatre.

— On a déjà eu nos cadeaux, rétorqua Krystle d'un ton satisfait.

Willie haussa les sourcils.

— Mais il peut les reprendre, n'est-ce pas, Mary ?

Après cela, les brocolis disparurent à toute vitesse. Hannah fut ahurie de voir son père s'occuper des enfants. Il n'avait jamais été très doué pour cela, lui semblait-il. Elle fit un effort de mémoire et retrouva un vague souvenir de sa petite enfance. Elle adorait s'asseoir sur ses genoux pour qu'il lui raconte des histoires. Il avait un grand fauteuil couleur rouille où elle se blottissait quand il s'absentait, parce qu'il lui manquait. Elle fit semblant d'éternuer pour cacher qu'elle avait les yeux pleins de larmes.

— Tu ne t'enrhumes pas, Hannah ? lui demanda sa mère.

— Non, maman, ce n'est rien.

Il n'y avait jamais d'alcool dans la maison mais son père parut quand même un peu ivre ce soir-là. Hannah ne l'avait pourtant vu à aucun moment avec un verre à la main. Il devait avoir une cachette. Le lendemain, il partit à l'heure du déjeuner et ne revint pas. Les trois femmes passèrent une journée très agréable, à jouer avec les enfants et à bavarder. Elles firent une longue promenade dans la montagne et rentrèrent au crépuscule pour boire un thé très chaud en étirant leurs jambes fatiguées devant le feu.

Au cours de la nuit, Hannah fut réveillée à deux heures et demie. Il y avait quelqu'un à la porte. Elle frissonna en entendant la clé de son père dans la serrure, comme si elle était redevenue une petite fille. On ne savait jamais dans quel état d'esprit il se trouverait : joyeux avec une envie de rire, ou bien dans une humeur sombre où il reprochait à tout le monde sauf à lui-même de n'avoir ni travail ni avenir.

Et nous ? avait toujours envie de lui crier Hannah.

Nous sommes ton avenir et tu ne t'occupes ni de nous ni de maman. Arrête de te lamenter sur ton sort et fais quelque chose !

Elle détestait sa façon de gâcher sa vie dans les vapeurs d'alcool.

De crainte qu'il ne fasse du bruit et ne réveille les enfants, elle se leva en silence et se rendit dans la cuisine. Elle le trouva assis par terre, essayant d'ôter ses chaussures et ses chaussettes sans faire de bruit.

— Hannah, souffla-t-il, tu veux bien me faire une tasse de thé ? J'en meurs d'envie. Ça me fera passer ma gueule de bois pour demain matin.

Il avait l'air ridicule, là, par terre, et inoffensif avec son large visage souriant, les jambes étalées de part et d'autre comme un enfant en train de jouer. Il se bagarrait avec ses lacets. Difficile de le prendre comme modèle, pensa Hannah avec lassitude. Elle remit quelques morceaux de tourbe dans le feu et alluma la bouilloire électrique. C'était son père, et non le démon incarné.

— Assieds-toi sur une chaise, je vais défaire tes lacets, lui dit-elle avec autorité. Et ne fais pas de bruit !

— Oui, Hannah, répondit-il docilement. Tu as toujours été comme ta mère, une femme à qui on peut faire confiance.

Le lendemain matin, quand elle mit sa valise dans le coffre de sa Fiesta, elle se sentait différente de la femme crispée qui était arrivée trois jours plus tôt. La vie simple et authentique que l'on menait dans l'ouest de l'Irlande lui faisait toujours cet effet. On aurait dit que le monde basculait sur son axe ; le changement de contexte permettait de voir ses problèmes sous un autre angle.

Sa mère la rejoignit dans la brume du petit matin, les

bras pleins de paquets aux formes étranges et de pots emballés dans du papier journal.

— C'est de la confiture de rhubarbe, il y en a quatre pots, et des œufs de la ferme des Doyle, plus haut sur la route. Je t'ai mis aussi une miche de pain complet et du lard d'hier. Personne ne le finira et il sera perdu. Mary s'en va demain.

— Où va-t-elle ? demanda Hannah en rangeant soigneusement les paquets de sa mère dans le coffre.

— Elle va retrouver l'homme de ses rêves, tu peux en être sûre.

Hannah se redressa, stupéfaite.

— Alors elle te l'a dit. Je croyais que tu serais très fâchée contre elle.

— Pour quoi faire ? Ce qu'on ne peut guérir, il faut le subir. N'as-tu jamais entendu cela ?

— Tu m'étonneras toujours, maman. Quand je crois enfin savoir comment tu vas réagir, tu fais autre chose.

— Par exemple ?

— Raconter à Mary que j'ai très bien réussi et que tu es fière de moi...

Hannah se tut, regrettant d'avoir commencé à parler. Depuis le début de son séjour, elle avait eu envie de discuter avec sa mère des confidences de Mary et, à présent, elle regrettait de l'avoir fait.

— Tu ne pensais pas que j'étais fière de toi ? demanda sa mère avec véhémence. Alors que tu es partie et que tu as construit ta vie ? Crois-tu que je n'aurais pas aimé le faire si j'avais pu ? Bien sûr que je suis fière de toi, mais tu ne t'en es jamais rendu compte !

— Tu as toujours été si dure avec moi, protesta Hannah. Stuart était ton chouchou !

Sa mère eut un petit reniflement.

— Les garçons seront toujours les chouchous parce

qu'ils ont le beurre et l'argent du beurre. Ce sont des hommes et ils obtiennent ce qu'ils veulent dans la vie. Si une femme fait ce qu'elle veut, elle passe pour une vieille fille incapable de se trouver un homme. Stuart n'avait pas besoin d'aide, toi si. Je ne voulais pas que tu te ramollisses. Je t'ai traitée avec dureté pour que tu sois dure et que tu ne subisses pas ce que j'ai subi.

— Ah…

Elles restèrent silencieuses pendant quelques instants. Anna n'avait jamais été une femme très tendre. Il n'était pas dans sa nature d'embrasser les gens juste pour le plaisir. Hannah décida de passer outre. Elle prit sa mère, toute frêle, dans ses bras et la serra étroitement contre elle. Anna se détendit et se laissa étreindre pendant au moins une minute avant de se dégager.

— Tu ferais mieux de partir, dit-elle en bougonnant. Tout le monde sera sur la route, aujourd'hui, pour le retour. Il vaut mieux que tu ne traînes pas.

— Je m'en vais, dit Hannah en lui souriant. Appelle-moi, d'accord ?

— Tu n'es jamais là ! s'exclama sa mère. Toujours partie en vadrouille ! Tu as bien raison.

Le trajet n'était pas plus court au retour qu'à l'aller mais Hannah eut l'impression que cela passait très vite. Elle se sentait le cœur beaucoup plus léger. Les chagrins des semaines précédentes étaient oubliés et elle avait l'impression de renaître. Quelle importance si Felix avait un problème pour s'engager ? C'était le problème de Felix, pas le sien. Elle n'avait pas besoin de lui. Elle était une femme forte et intelligente, issue d'une longue lignée de femmes fortes et intelligentes. Que représentait un comédien, aussi beau fût-il, pour une telle femme ? Poussée par le désir d'aller de l'avant, elle commença à organiser en esprit sa nouvelle vie et sa carrière.

Il était temps de s'enraciner ; il était temps d'acheter sa propre maison. Si elle n'avait pas gaspillé tout son argent en achetant de stupides tenues de soirée pour plaire à Felix, elle aurait pratiquement disposé de la somme nécessaire à un apport personnel. Tant pis ! Il ne lui faudrait pas longtemps pour reconstituer sa réserve. Il suffisait de travailler dur, et elle y arriverait. Elle allait avoir une belle carrière, son indépendance et un toit qui lui appartiendrait. Felix pouvait aller se faire pendre !

18

Comment Kirsten réussit-elle à échapper au réveillon de Noël, Emma ne le comprit jamais. Toujours est-il qu'elle convainquit Jimmy O'Brien que sa chère et douce enfant était malade et ne pouvait pas quitter son lit de douleur pour un peu de dinde farcie et un peu de chaleur familiale.

— La pauvre chérie, elle est épuisée, dit-il en raccrochant.

Il revint dans la cuisine où Emma, les cheveux collés au front par la transpiration, arrosait la dinde de son jus de cuisson pour la dixième fois depuis le matin.

— Je crois qu'elle est...

Jimmy adressa un clin d'œil complice à sa femme.

— Tu sais ce que je veux dire. Enceinte ! Elle ne veut pas encore en parler mais j'en suis certain. Elle m'a dit qu'elle avait des nausées.

Il se rengorgeait, plein de fierté.

Emma claqua hargneusement la porte du four. Kirsten n'avait aucun instinct maternel et n'était sûrement pas enceinte ! Elle avait dû boire trop, cela paraissait plus vraisemblable. Chaque année, pour le réveillon de Noël, elle allait au Horseshoe Bar avec une bande d'amis et passait une folle soirée à boire des cocktails au champagne. Ensuite, ils se retrouvaient chez l'un d'eux pour faire la fête jusqu'au petit matin ou, du moins, jusqu'à ce que le Père Noël soit passé. Le sort désignait le pauvre idiot qui devrait s'abstenir de boire pour les ramener chez eux. En général, c'était Patrick, le mari de Kirsten, qui tirait la courte paille.

Emma aurait parié le ravissant pull en mohair lilas que Peter lui avait offert le matin même que sa sœur était couchée et avalait de l'Alka Seltzer en gémissant qu'elle ne boirait plus jamais de cocktails. Quelle peste ! Kirsten savait très bien qu'Emma redoutait le Noël rituel chez leurs parents.

Chaque année, ils allaient tous dîner chez Anne-Marie et Jimmy. Ils y retrouvaient la grand-tante Petra et le frère célibataire de Jimmy, Eugene. C'était une torture dans le meilleur des cas mais, Emma en était convaincue, ce serait encore pis cette année. Sa mère s'était conduite comme d'habitude au cours des dernières semaines. Heureusement, il n'y avait pas eu d'autre incident comme celui qui s'était produit chez Laura Ashley. Mais cela recommencerait, pensait Emma. Il suffisait d'attendre. Elle en éprouvait beaucoup de peine mais ce genre de choses n'arrivaient pas une fois par hasard sans se reproduire. L'agitation et l'excitation de Noël étaient idéales pour déclencher une autre crise.

Faisant l'autruche comme d'habitude, Kirsten avait refusé d'en parler avec elle, mais elle savait qu'Emma craignait cette réunion familiale. C'était très mesquin de sa part de la laisser tomber au dernier moment. Ce n'était pas non plus comme s'il n'y avait rien eu à faire. Emma avait accompagné sa mère au supermarché trois jours plus tôt et acheté avec elle toutes les provisions nécessaires. Jamais auparavant sa mère n'avait omis de commander sa dinde avec un mois d'avance, sans oublier le jambon épicé et une tonne de saucisses. Pour la première fois, elle n'avait rien prévu, et Emma avait dû s'occuper de tout. Son père ne remarquerait pas que le pudding n'était pas fait à la maison, se dit-elle, si elle l'arrosait d'une dose suffisante de cognac. Si Kirsten était venue, elle aurait pu l'aider un peu, même si ce n'avait été que pour mettre son père de bonne humeur.

— Je vais appeler Patrick, dit-elle soudain. Je veux lui demander comment elle va. Tu connais Kirsten, c'est une hypocondriaque. Elle doit avoir un rhume.

— Il n'en est pas question ! gronda son père. Ta pauvre sœur est malade et tu prétends qu'elle n'a qu'un rhume ! Tout cela parce que tu ne veux pas aider ta mère à préparer le dîner ! De la paresse, voilà ce que c'est ! A mon époque, nous avions déjà beaucoup de chance d'avoir un réveillon. On ne se serait certainement pas plaints d'avoir à faire la cuisine !

Emma ouvrit la bouche, prête à se défendre, à dire qu'en réalité c'était elle qui travaillait pendant que sa mère essayait d'ouvrir une boîte de conserve depuis une heure. Mais, en se détournant de son père, elle aperçut le visage de sa mère. Elle avait l'air complètement perdue. Elle tenait d'une main une boîte de la purée de pois que l'oncle Eugene mangeait toujours en quantité impressionnante. Dans l'autre main, elle avait le fouet à œufs. L'ouvre-boîte gisait sur le plan de travail, oublié. Anne-Marie essayait d'ouvrir la boîte avec le fouet.

— D'accord, papa, murmura Emma. Je ne téléphonerai pas à Patrick. Tu as raison.

Il était plus simple de lui céder. Elle appellerait plus tard, discrètement.

Il sortit en coup de vent. Emma prit gentiment la boîte et le fouet des mains de sa mère.

— Maman, tu n'as pas arrêté de t'occuper de tout, tu devrais aller t'asseoir et faire la conversation à tante Petra. Je vais t'apporter un xérès et tu pourras écouter les chants de Noël à la télévision.

Emma ignorait si le xérès était recommandé dans le cas de sa mère mais, si cela la calmait et lui faisait perdre son expression triste et égarée, c'était parfait. Un petit remontant atténuerait aussi les effets de la causticité de Petra.

Elle laissa les deux femmes en train d'écouter avec plaisir un enfant chanter un cantique sur la première chaîne, chacune avec un grand verre de xérès à la main. De retour dans la cuisine, elle vérifia les cuissons en cours puis téléphona chez les parents de Peter. Son mari festoyait avec sa propre famille. En théorie, ils passaient les fêtes une année sur deux dans une famille puis dans l'autre mais Emma était lasse des Noëls en zone de guerre chez les O'Brien.

L'année précédente, ils s'étaient promis de rompre le cycle infernal en restant chez eux, pour passer la journée ensemble. Cela aurait pu marcher car les parents de Peter comprenaient très bien le désir de leur fils de briser la tradition. En revanche, Jimmy O'Brien s'était montré très mécontent.

« Peter n'a qu'à venir, avait-il ordonné à sa fille. De cette façon, vous serez ensemble !

— Ce n'est pas la question », avait tenté d'expliquer Emma, mais en vain.

Parce que c'était plus facile pour elle, ils avaient encore cédé. Peter n'avait rien dit à Emma, ne lui avait pas demandé de résister à son père. Il ne s'était pas énervé et le matin même, alors qu'elle partait pour aller chez ses parents, il l'avait serrée de toutes ses forces contre lui. Elle s'était juré que le prochain Noël se passerait différemment.

— Peter ? dit-elle en regrettant qu'il ne soit pas à côté d'elle pour l'embrasser.

— Oui, ma chérie, répondit-il. Tu me manques.

— Ne m'en parle pas ! Je voudrais que ce soit déjà fini. Es-tu certain que ta mère ne m'en voudra pas de ne venir que très tard ?

— Non, elle a hâte de te voir. Elle m'a dit ce qu'elle t'offre pour Noël. Cela te plaira beaucoup.

Emma ne put retenir les larmes qui lui montaient aux yeux. Si seulement elle avait été avec Peter en cet instant ! Toute la famille Sheridan devait être réunie dans la cuisine, occupée à rire et à bavarder, gênant la mère de Peter dans ses préparatifs. En général, ils se mettaient à table vers cinq heures et demie après un après-midi passé à jouer au Scrabble ou aux charades. Il y avait rarement de l'alcool chez les Sheridan mais l'ambiance de Noël n'en souffrait pas. Ce n'était pas une grande famille mais ses membres s'entendaient si bien qu'ils n'avaient pas besoin d'anesthésique pour se supporter. Ils n'avaient pas non plus besoin de regarder la télévision pour s'amuser. Le moment préféré d'Emma, quand elle passait Noël chez ses parents, était celui où, à la fin du dîner, ils s'asseyaient pour regarder le grand film inscrit au programme. Ainsi, tout risque de dispute écarté, la paix régnait un moment, favorisée par les quelques verres de vin du repas. Jimmy était fou de télévision et de films, et, pendant qu'il en regardait un, il oubliait de s'énerver.

Ce n'était pas par hasard qu'Emma lui avait offert quatre cassettes vidéo pour Noël. S'il n'y avait rien d'intéressant à la télévision, elle mettrait le *Docteur Jivago*. Son père l'aimait beaucoup et le film durait au moins trois heures. Emma attendait avec impatience ces trois heures de paix mais, avant, elle devait d'abord survivre au repas.

Elle prit congé de Peter avec des larmes dans la voix puis appela chez sa sœur. Patrick lui répondit.

— Tu n'as pas l'air très heureux, lui dit Emma.

— Non ! Madame est au lit avec une terrible gueule de bois et il n'y a rien pour le repas de Noël ! expliqua son beau-frère d'un ton maussade. J'ai le choix entre quatre roulés à la saucisse, une pizza et des frites surgelées. Ta sœur ne mange pas parce que, chaque fois qu'elle ouvre les yeux, elle a la tête qui tourne.

— Je me chargerais de lui faire tourner la tête si j'étais là ! lança Emma avec colère. Je l'étranglerais pour ne pas être venue. Ici, c'est le Château Suicide. La dinde se tuerait si ce n'était déjà fait.

— La vie en rose, comme d'habitude ?

— Tu l'as dit ! J'ai peur que maman ait une autre crise et je ne suis pas sûre de pouvoir me débrouiller toute seule si ça arrive. C'est pour ça que je voulais que Kirsten vienne.

— Quelle sorte de crise ? demanda Patrick, intrigué.

— Tu sais, comme chez Laura Ashley.

— Je ne voudrais pas paraître lourd, Emma, mais j'ignore de quoi tu parles.

— Tu veux dire que Kirsten ne t'a rien expliqué ?

Emma était très choquée. Elle ne pouvait croire que sa sœur n'ait pas mentionné le problème de leur mère. Kirsten était impossible !

— Je ne peux pas parler maintenant, reprit Emma à mi-voix. Demande à Kirsten de te raconter ce qui est arrivé au début du mois quand j'ai emmené maman faire des courses. Je m'inquiète beaucoup pour elle...

Le dîner fut infernal. La grand-tante Petra jugea que la dinde était affreusement coriace, les choux de Bruxelles immangeables et la sauce grumeleuse. Jimmy renchérit, décrétant comme par hasard que tout était la faute d'Emma. Anne-Marie avait picoré avec apathie, s'occupant de repousser les choux de Bruxelles tout autour de son assiette avec son couteau plutôt que de les manger. Seul l'oncle Eugene avait mangé de tout sans se plaindre, avec l'entrain d'un célibataire frustré de repas faits maison.

— Tu es une sacrée cuisinière, Emma, lui dit-il avec gratitude tout en prenant une autre bouchée de purée de pois.

Au moins, je réussis la purée de pois ! pensa Emma, la mâchoire crispée. Quand elle débarrassa la table, elle remarqua que, en dépit de ses reproches, sa grand-tante avait mangé une belle part de dinde.

Elle remplit le lave-vaisselle sans aucune aide, prépara le thé, la crème anglaise pour le pudding, et apporta la suite du dîner à temps pour entendre son père parler de Kirsten comme s'il annonçait le retour du Messie.

— Elle est merveilleuse, disait-il tendrement. Elle a suivi le cours de cuisine de Darina Allen et, croyez-moi, elle cuisine comme un chef ! Quelle est la recette qu'elle nous a faite, la dernière fois que nous sommes allés chez elle ? Ce plat qu'elle avait appris à préparer ? demanda-t-il à sa femme.

Anne-Marie haussa les épaules en le regardant sans comprendre.

Emma posa les tasses à thé brusquement. Comment pouvait-il se souvenir d'un événement aussi ancien ? se demandait-elle. Kirsten ne s'était jamais fait remarquer par la fréquence de ses repas de famille. Pas plus que de n'importe quel repas, en fait ! Le pauvre Patrick ne risquait pas de prendre du poids avec les petits plats de sa femme.

Kirsten avait suivi un cours de cuisine de deux jours mais uniquement parce qu'une des habituées des déjeuners de charité l'organisait avec le chef du célèbre Ballymaloe House, château transformé en hôtel-restaurant de luxe. Grâce à ce stage, elle pouvait réussir une salade au poivre grillé, un bœuf en croûte bio et un dessert glacé au yaourt fouetté. A part cela, inutile de lui demander de rôtir un poulet, de battre une omelette ou de cuire des légumes s'ils ne sortaient pas prêts à l'emploi d'un emballage de supermarché, avec les instructions sur la façon de les faire réchauffer au micro-ondes.

— Une chose au poisson, je crois ? disait Anne-Marie, l'air soucieux. Non, pas du poisson mais cette chose, tu sais ce que je veux dire !

Elle se tourna vers Emma, s'énervant de ne pas trouver le mot.

— Tu sais de quoi je parle, Emma. Je n'arrive pas à me souvenir...

— Du bœuf ! C'était du bœuf, s'exclama Jimmy. Vous auriez dû le goûter ! Quel dommage qu'elle ne soit pas là aujourd'hui !

Emma n'écoutait plus. Elle regardait tristement sa mère, dont le visage s'était défait. Elle savait qu'Anne-Marie se souvenait du plat de Kirsten comme elle se souvenait de tout ce que faisait sa fille chérie. Mais elle paraissait incapable de trouver les mots correspondants. Elle voulut sourire à sa mère pour l'encourager et la rassurer mais Anne-Marie fixait son assiette, muette et perdue.

— Emma, ton dîner était excellent, dit généreusement l'oncle Eugene.

— Oui, dit Jimmy machinalement.

Puis, jetant un coup d'œil à sa fille, il enregistra l'image de son visage fatigué et du tablier qu'elle portait par-dessus son pull neuf. Il parut en éprouver quelques remords.

— C'est une brave fille... Bon, j'espère qu'il n'y a pas trop de grumeaux dans ta crème anglaise et qu'elle ne sort pas d'une boîte. Tu sais que je ne l'aime que faite maison !

— Bien sûr, papa, répondit Emma sans faire attention.

De retour dans la cuisine, elle réfléchit au problème de sa mère. Elle savait ce qui se passait. Il n'y avait qu'une seule possibilité mais elle redoutait de l'affronter. Comment Anne-Marie pourrait-elle vivre en perdant la mémoire ? Comment était-ce possible pour qui que ce soit ?

— Alors, est-ce que ce pudding est prêt ? hurla son père. Nos estomacs se demandent si on ne nous a pas tranché le gosier !

Il rit bruyamment de sa propre plaisanterie.

Emma remua la crème anglaise d'un air malicieux. Elle savourait sa petite victoire. Non seulement ce n'était pas de la vraie crème faite maison, mais ce n'était même pas la préparation dans laquelle on ajoute du lait bouillant. C'était de l'instantané, une mixture du type « un peu d'eau et c'est prêt ».

Va te faire cuire un œuf, papa ! Elle avait versé une bonne rasade de cognac sur sa portion quand elle avait réparti le pudding dans les coupelles, un peu plus tôt, dans la cuisine. Elle ne voulait pas le faire flamber à table, de crainte que l'un des convives en conclue qu'il venait de chez Marks & Spencer au lieu d'avoir été préparé par Anne-Marie selon sa recette secrète. Elle donna sa part à chacun et ils attaquèrent leur dessert.

— Délicieux ! dit Jimmy. Rien ne vaut ton pudding, Anne-Marie, ajouta-t-il fièrement. Je le reconnaîtrais entre mille.

Le cognac eut l'effet désiré. Emma put enfin les diriger vers le salon pour regarder *Docteur Jivago*. « Je n'en ai pas pour longtemps », dit-elle gaiement, sans avoir la moindre intention de les rejoindre. Elle voulait d'abord laver les casseroles avant de se réfugier dans la véranda pour quelques instants de détente. Ils n'avaient pas besoin d'elle pour s'endormir devant la télévision.

Malheureusement, même les plans les plus subtils... Jimmy la découvrit, assise tranquillement dans la véranda, et l'obligea à revenir dans l'enclos comme un taureau ramenant une vache égarée dans son troupeau. Emma aimait beaucoup *Docteur Jivago* mais pas quand elle se sentait déjà déprimée et les nerfs à fleur de peau. Seul le fait de savoir qu'elle devait prendre le volant l'empêcha de s'assommer au xérès. Elle ne supportait plus le film quand le salut se manifesta sous la forme inattendue d'un coup de sonnette.

— J'y vais !

Elle sauta sur ses pieds et courut vers la porte d'entrée. A sa grande surprise, Patrick était là, avec une Kirsten au visage verdâtre.

— Nous ne pouvions pas t'abandonner complètement, lui dit Patrick.

— Oh si ! marmonna Kirsten, qui bouscula sa sœur et se précipita dans la cuisine pour boire un grand verre d'eau.

Ses abus d'alcool de la veille lui valaient une soif impossible à étancher.

— Je l'ai obligée à me raconter ce qui est arrivé à votre mère, chuchota Patrick à Emma. C'est terrible.

— Il n'y a que toi et Peter à prendre la situation au sérieux, répondit Emma, soulagée de le voir.

Patrick était un homme responsable. Jimmy ne le houspillait jamais, au contraire de Kirsten. Avoir Patrick de son côté représentait un grand atout.

— Où est Peter ?

— En principe, je devais aller chez ses parents, ce Noël, expliqua Emma. Mais papa a insisté pour que nous venions. Compte tenu des circonstances, nous avons décidé de couper la poire en deux. J'irai plus tard chez ses parents.

— Pourquoi ne partirais-tu pas maintenant ? lui proposa gentiment Patrick. Nous resterons ici pour la soirée. Et si ton père veut tuer le veau gras pour Kirsten, elle n'aura qu'à le cuire elle-même !

— Tu ne peux pas partir, protesta Kirsten, qui avait entendu la fin de la conversation en revenant de la cuisine. Il n'est pas question que je reste ici toute la soirée avec cette horreur de tante Petra... Bonjour, tante Petra ! Comment vas-tu ? J'aime beaucoup ton ensemble, roucoula-t-elle sans rire en voyant son père et Petra apparaître à la porte du salon.

— Kirsten, ma chérie ! Joyeux Noël ! s'exclama Jimmy O'Brien.

Il s'ensuivit toute une série d'embrassades. Même Anne-Marie parut sortir de sa léthargie pour accueillir les nouveaux arrivants.

— J'ai mis tes cadeaux sous le sapin, dit-elle joyeusement à Kirsten. Et je ne t'ai pas oublié, Patrick.

Assistant à la scène, Emma se demanda si les difficultés de sa mère n'existaient pas seulement dans son imagination. Quelques moments plus tôt, Anne-Marie était assise tranquillement, sans vraiment participer à la conversation sauf pour approuver d'un hochement de tête ou dire « oui » quand son mari lui adressait la parole. Or, soudain, on n'entendait plus qu'elle, heureuse et riant de tout. Appréciait-elle tant la compagnie de Kirsten qu'elle ne s'animait qu'en sa présence ? Emma n'imaginait-elle pas une terrible maladie à cause de son incapacité à accepter le fait que ses parents préfèrent sa sœur ?

Perplexe et fatiguée, elle prit son manteau et son sac.

— Je vais rejoindre Peter, dit-elle simplement à Patrick.

Il l'embrassa avec affection puis la laissa se glisser dans la rue sans que personne y fasse vraiment attention. Ses parents seraient certainement très fâchés qu'elle soit partie sans se livrer au long rituel des baisers d'adieu, mais elle se sentait incapable d'affronter une épreuve de plus. Elle avait joué son rôle de fille modèle pendant presque toute la journée. A présent, elle voulait être avec son mari.

— Cela vient-il de moi ? lui demanda-t-elle une heure plus tard.

La famille de Peter l'avait accueillie à bras ouverts. On avait ouvert les cadeaux et bu du thé.

— Aurais-je imaginé les problèmes de maman ? poursuivit-elle. Elle avait l'air bien, aujourd'hui, et quand Kirsten est arrivée, elle s'est conduite de façon parfaitement normale. C'est peut-être moi qui deviens folle.

Peter se serra encore plus contre elle sur la banquette de la cuisine.

— Ne dis pas de bêtises, ma chérie. Tu es la personne la plus saine de toute ta famille. Tu m'as dit qu'elle avait essayé d'ouvrir une boîte de conserve avec un fouet. Ce n'est pas précisément ce que l'on appelle une conduite normale. Mais ta mère adore Kirsten et irait en enfer pour ne pas la perturber. Je crois qu'elle fait beaucoup d'efforts pour s'accrocher à la réalité en présence de Kirsten. C'est seulement avec toi qu'elle ose montrer ses difficultés.

Emma doutait de l'explication de Peter.

— On ne choisit pas les moments où on perd la mémoire et ceux où on la retrouve, n'est-ce pas ? dit-elle en se frottant les yeux avec lassitude. Je voudrais en savoir plus sur la maladie d'Alzheimer. On devrait peut-être acheter un livre ? Il y en a certainement un avec des indications sur les mesures à prendre. A moins d'aller voir un médecin pour lui en parler ?

— Parler de quoi à un médecin ? demanda Mme Sheridan, qui venait leur proposer une partie de Scrabble.

— Rien, répondit Emma avec un beau sourire.

Les difficultés de sa mère avaient suffisamment gâché les festivités chez les O'Brien. Elle ne voulait pas détruire l'ambiance aussi chez les Sheridan.

Le lendemain, Patrick et Kirsten rendirent visite à Emma et Peter. Ils apportaient une bouteille de champagne et une boîte de chocolats de grande marque.

— Cadeau de réconciliation, dit Kirsten avec un grand sourire quand elle entra dans la cuisine, laissant les hommes ensemble. On les ouvre tout de suite.

Elle n'avait plus son teint verdâtre de la veille mais il restait une touche de vert sur elle : les boucles d'oreilles en émeraude que Patrick lui avait offertes.

— Elles sont assorties à ma bague de fiançailles,

précisa-t-elle en inclinant la tête pour qu'Emma puisse admirer les pierres.

— C'est ravissant, dit Emma avec sincérité.

Elle sortit des verres à vin blanc pour boire le champagne. Peter et elle n'avaient jamais vu l'utilité d'acheter des flûtes.

— C'est aussi un nouveau manteau ? poursuivit-elle.

— Oh non ! C'est un vieux, dit Kirsten en donnant une pichenette dédaigneuse au long manteau de cuir noir qu'Emma n'avait encore jamais vu. Il m'a aussi offert une semaine de remise en forme. Mais ce n'est pas un vrai cadeau, en réalité.

— Tu es trop gâtée, tu le sais ? lui dit Emma d'un ton de reproche. Patrick est trop gentil avec toi.

— Mais non. Simplement, c'est un cadeau dont je n'ai pas besoin. Je n'ai pas de kilos à perdre et je ne suis pas fatiguée.

— Alors, donne-le-moi ! Je suis à bout de forces.

— Je sais, excuse-moi. Patrick a failli m'étrangler quand il a appris les problèmes de maman. Mais tu devrais te rendre compte que nous ne sommes sûrs de rien. Je pense que tu exagères un incident…

Emma arracha la bouteille des mains de sa sœur.

— Ne me dis pas que j'exagère ! Et maintenant, si tu veux boire quelque chose, tu peux emporter les verres au salon.

Peter, Patrick et Emma pensaient tous les trois qu'Anne-Marie avait réellement un problème de santé.

— C'est arrivé à ma grand-mère peu de temps avant sa mort, leur apprit Patrick. A l'époque, on parlait de sénilité. Aujourd'hui, on utilise d'autres noms : démence, maladie d'Alzheimer. J'ai vu une émission à la télévision sur ce sujet. J'avoue que c'était très dur.

Ils ne dirent rien pendant quelques instants. Même

Kirsten se tut. Elle avait dégusté son champagne comme si de rien n'était.

— Qu'allons-nous faire ? demanda enfin Emma. Si nous nous trompons, papa et maman ne nous le pardonneront jamais. Mais si nous avons raison et que nous ne faisons rien... Maman pourrait se faire mal ou avoir un accident de voiture. Qui sait ce qui peut se produire ! Je m'en voudrais toute ma vie s'il lui arrivait quelque chose parce que j'aurais eu peur d'en parler à papa.

Ils pensaient tous la même chose : Kirsten était la seule à pouvoir s'ouvrir de leurs craintes à son père.

— Dis-lui simplement que tu t'inquiètes pour maman et que tu voudrais l'emmener chez le docteur pour un contrôle, suggéra Emma. Elle a peut-être quelque chose qu'on peut guérir. Il est possible que nous nous trompions de diagnostic.

Il n'y avait qu'un seul défaut à ce plan : Kirsten refusa de l'appliquer.

— Pas question ! dit-elle. Je pense que vous perdez la tête. Maman va très bien !

— Kirsten ! s'écria Patrick avec colère.

— As-tu remarqué quelque chose qui n'allait pas, hier, Patrick ? insista Kirsten. Tu l'as dit toi-même : elle a été tout à fait normale jusqu'à la fin de la soirée.

— Oui, mais j'ai dit aussi que je n'étais pas le mieux placé pour en juger et que si Emma pensait qu'il y avait un problème, il y en avait un ! Si tu veux me citer, ne le fais pas à moitié !

Il paraissait furieux et Emma se demanda ce qui se passait entre Kirsten et Patrick. D'habitude, il ne se fâchait jamais contre elle, la laissant dire et faire ce qui lui plaisait sans la moindre remarque. Mais ce temps-là semblait révolu.

— Je me moque de ce que vous pouvez tous penser,

déclara Kirsten, s'entêtant. Je ne dirai rien à papa. Maman s'est parfaitement comportée pendant que j'étais là et cela me suffit. Emma, si tu estimes qu'elle perd la boule, tu n'as qu'à le dire toi-même à papa. Viens, Patrick, on nous attend.

Plus tard, blottie avec Peter devant le feu, Emma revint sur le sujet.

— Tu ne crois pas que je devrais en parler à papa ?
— Je ne sais pas, ma chérie. Ton père est du genre à tuer le porteur de mauvaises nouvelles. Ce sera ta faute si elle est malade, tu le sais. Il ne te le pardonnera jamais.

Emma hocha la tête, sachant qu'il avait raison.

— C'est vrai. J'aimerais bien que quelqu'un d'autre que moi ait constaté le comportement de maman. Si Kirsten l'avait vue...

— Oublie Kirsten. C'est ta sœur, oui, mais elle est en dehors de la réalité. Elle veut que tout soit rose dans son petit monde et le problème de ta mère ne cadre pas avec ses projets. Si Patrick ne s'occupait pas d'elle, Dieu sait ce qu'elle deviendrait !

En pensant à la colère de Patrick contre Kirsten quelques heures plus tôt et à celle qu'il avait dû éprouver pour la tirer de son lit et la traîner chez ses parents, la veille, Emma eut le sentiment que le vent avait tourné pour sa sœur.

Si Patrick décidait qu'il en avait assez des manières de Kirsten, l'ambiance chez eux risquait de devenir houleuse.

Arrête ! se dit Emma, fâchée contre elle-même. Arrête de t'inquiéter pour Kirsten alors qu'elle ne perdrait pas dix secondes à se soucier de quelqu'un d'autre.

Emma aurait aimé posséder la même capacité. Elle en avait assez de s'inquiéter pour sa famille. Qu'ils s'occupent d'eux-mêmes ! Elle voulait profiter de ses congés avec Peter. Elle tendit ses pieds nus vers le feu de charbon et bâilla langoureusement en se serrant contre Peter.

— Que dirais-tu de se coucher tôt ? murmura-t-elle.

En guise de réponse, il lui embrassa l'oreille et entreprit de déboutonner son chemisier.

— A moins qu'on reste devant le feu ? suggéra-t-il.
— Excellente idée.

Il y avait quelque chose de très sensuel à faire l'amour devant le feu. Cela lui rappelait l'époque de leurs fiançailles, quand ils n'arrivaient jamais à être seuls. L'époque où ils attendaient que toute la famille Sheridan soit au lit pour s'embrasser avec passion devant l'énorme cheminée, sans jamais oser faire l'amour. Ils redoutaient trop d'être surpris si quelqu'un descendait pour aller chercher un verre d'eau et les trouve dans une situation compromettante. Ils n'avaient jamais pris ce risque dans la maison des O'Brien. Emma aurait tremblé de voir son père surgir dans le salon, un fusil et une bible dans les mains.

Il était temps de renouer avec leur ancienne façon de faire l'amour, se dit Emma tandis que Peter achevait de déboutonner ses vêtements. Il y avait eu une époque où le fait d'être enceinte lui posait un seul problème : que cela se produise avant le mariage. Elle était déterminée à se libérer de son obsession ; ce serait sa résolution pour le nouvel an. Elle n'aurait jamais de bébé si cela continuait à la hanter jour et nuit. A partir de cet instant, cela appartenait au passé. Peter et elle allaient simplement profiter de ce que leur mariage leur apporterait. Et s'ils ne devaient pas avoir d'enfants, qu'il en soit ainsi.

19

Dix jours s'étaient écoulés depuis Noël et Leonie s'était habituée à sa nouvelle coupe de cheveux. Malheureusement, se dit-elle en passant les doigts dans ses mèches plus courtes, aux teintes seyantes, elle ne pourrait jamais recommencer. Cela coûtait une fortune ! Dommage, car elle aimait cette nuance miel avec des mèches brun clair. Cela paraissait presque naturel. Les filles avaient été très impressionnées.

— Maman, c'est superbe ! avait dit Mel.

Pour aller avec sa nouvelle coiffure, elle avait aussi acheté quelques vêtements. Hannah l'avait très bien conseillée, surtout sur la tenue idéale pour voyager.

— Ne gaspille pas d'argent pour être bien habillée dans l'avion, lui avait-elle dit. C'est Fliss et Ray que tu veux impressionner, pas les autres voyageurs. Change-toi en arrivant à Denver, si tu en as envie, mais choisis une tenue ample et confortable pour le vol.

Leonie apprécia la finesse d'Hannah. Elle comprenait d'instinct l'importance pour Leonie de faire bonne impression à Ray et à sa fiancée. L'orgueil était une chose terrible, pensa Leonie, tandis que l'hôtesse débitait les consignes de sécurité. Les jumelles se cramponnaient l'une à l'autre avec ravissement.

Leur excitation était contagieuse. Leonie se tassa avec plaisir dans son fauteuil, contente à l'idée d'avoir dans son sac un gros roman policier et d'avoir convaincu le médecin de lui donner quatre comprimés de tranquillisants pour lutter contre sa peur de l'avion. Pour l'instant, ils faisaient de l'effet.

Danny s'était débrouillé pour avoir un siège à l'écart du reste de sa famille, une rangée en avant, à côté d'une jolie fille en jean délavé. Pour lui éviter d'avoir des idées, Mel et Abby s'étaient évertuées à lui rappeler aussi fort que possible qu'il allait beaucoup manquer à sa petite amie et qu'il lui avait promis de lui rester fidèle.

Il n'arrêtait pas de se retourner pour leur jeter des regards meurtriers et les deux chipies se tordaient de rire à chaque fois. Elles se taisaient ensuite pendant une minute puis reprenaient leur conversation sur son adorable petite amie imaginaire. Leonie sourit, amusée, mais leur ordonna de parler moins fort. Quelle équipe !

Elle espérait qu'elles se calmeraient un peu une fois arrivées dans le Colorado. Elle n'avait pas envie de devoir les surveiller en permanence. Si les jumelles manifestaient autant d'hyperactivité que si elles avaient avalé quinze canettes de Coca, elles ne lui laisseraient pas beaucoup de temps pour se détendre. Eh bien, leur père et leur belle-mère pourraient prendre le relais pendant un moment, se dit Leonie. Elle ouvrit son sac et en sortit un roman de P. D. James.

Elle décida de se divertir. De toute façon, si son angoisse revenait, elle pourrait recourir au petit flacon du Complexe d'Urgence du Dr Bach que lui avait donné Emma. Leonie se souvenait de l'avoir vue y recourir pendant leur voyage en Egypte. Elle ne jurait que par ce remède. Histoire de mettre tous les atouts de son côté, Leonie en déposa quelques gouttes sur sa langue. Le goût légèrement alcoolisé de la préparation lui arracha une petite grimace.

Plus tard, dans les toilettes de l'aéroport de Denver, Leonie préféra ne plus toucher au Complexe d'Urgence. Elle en avait pris de nombreuses doses et, si elle continuait, Ray et Fliss croiraient qu'elle avait bu. Le vol jusqu'à Atlanta avait été cauchemardesque. Danny lui avait calmement expliqué que les turbulences ne présentaient aucun danger, que l'avion traversait des courants d'air d'un type particulier mais rien de plus, mais cela ne l'avait pas empêchée d'avoir envie de hurler de terreur à chaque secousse de l'appareil. Cela n'aurait pas été pire si elle s'était trouvée dans le ventre d'une de ces baleines qui bondissent à travers des cerceaux pour le public des grands aquariums. A moins que ce ne soient seulement les requins ou les dauphins qui se livrent à ce genre de démonstrations ? Leonie l'ignorait. Elle ne savait qu'une chose : si elle devait subir de nouvelles turbulences, elle en mourrait. Elle détestait l'avion. Mais pourquoi s'était-elle laissé convaincre d'accompagner ses enfants ? Elle ne comprenait pas comment les jumelles et la plupart des passagers avaient pu dormir pendant la tempête. Après le dîner et un film de Bruce Willis, ils s'étaient tous assoupis paisiblement, profitant de la durée du vol pour se reposer. Leonie était restée assise, raide dans son fauteuil, incapable de lire, de dormir ou même d'écouter l'émission comique complètement stupide diffusée par les écouteurs de l'avion. Les trois petites bouteilles de vin qu'elle avait bues ne l'avaient pas du tout aidée, au contraire. Elles l'avaient rendue encore plus paranoïaque, convaincue que l'avion allait tomber comme une pierre jusqu'au sol.

Une demi-heure avant l'atterrissage à Atlanta, les turbulences s'apaisèrent et les passagers s'éveillèrent.

— On arrive bientôt ? demanda Mel, qui s'étirait, encore à moitié endormie.

Ils durent patienter presque deux heures à Atlanta avant de monter à bord de l'avion pour Denver. Leonie passa son temps à essayer de se persuader que l'avion était le moyen de transport le plus sûr et qu'il fallait être complètement folle pour penser un seul instant à louer une voiture et se rendre dans le Colorado par la route.

— Maman, détends-toi ! lui dit Danny, que la panique de sa mère laissait froid.

Grâce à l'envie de Mel d'acheter encore de nouveaux vêtements, ils faillirent manquer le vol. Cinq minutes avant l'embarquement, elle avait disparu. Leonie dut revenir sur ses pas et la chercher dans toutes les boutiques de l'aéroport. Elle la trouva enfin dans un magasin très chic, essayant des lunettes de soleil griffées plus coûteuses que tout ce que Leonie avait sur elle.

— Maman ! Regarde, elles sont géniales ! Et c'est beaucoup moins cher qu'en Irlande. Tu veux bien me prêter l'argent, s'il te plaît ? S'il te plaît, maman ! Papa te remboursera.

— Non, grinça Leonie Tout le monde est déjà dans l'avion. On nous appelle. Alors dépêche-toi !

Ce fut une femme épuisée, à bout de nerfs, qui arriva à Denver. Les enfants étaient fous de joie et très excités. Leonie avait l'impression de ressembler à une clocharde. Quand elle aperçut son image, cruellement reflétée dans l'immense miroir de la salle des bagages, elle découvrit qu'elle avait effectivement l'allure d'une clocharde.

Que lui avait conseillé Hannah ? *Avec du rouge à lèvres et ton pull rouge, tu auras l'air si dynamique qu'on ne remarquera même pas ta fatigue.* Cela lui avait paru très astucieux à ce moment-là mais, compte tenu des circonstances, elle pensa que cela ne ferait que souligner ses yeux cernés, rouges d'épuisement.

Fliss et Ray devaient venir les chercher. Au début, Leonie avait refusé, déclarant qu'elle se débrouillerait pour rejoindre Vail avec les enfants par ses propres moyens.

« Ça ne doit pas être très compliqué, avait-elle dit à Ray. Je crois qu'il y a des bus qui font la navette. Nous nous débrouillerons tous seuls. »

A présent, elle se sentait soulagée à l'idée d'être attendue. Elle n'aurait pas pu affronter un voyage de plus, en quête du bon numéro de car, traînant une montagne de bagages.

En revanche, que les futurs heureux mariés viennent les chercher présentait d'autres inconvénients. Ils la verraient dans un triste état. Elle prit son bâton de rouge à lèvres puis enfila son pull rouge. Oui, c'était un peu mieux, constata-t-elle avec lassitude.

Pendant ce temps, Danny s'était virilement occupé de rassembler leurs bagages.

— Qu'est-ce que tu transportes là-dedans, Mel ? Un cadavre ? grogna-t-il en hissant la dernière valise au sommet du chariot surchargé.

— Tout le monde n'a pas envie d'avoir l'air minable, répliqua Mel d'un air pincé. J'ai emporté quelques affaires.

— Sans oublier les truelles pour te tartiner la figure ! lui retourna-t-il.

Ils émergèrent donc des douanes en se chamaillant comme d'habitude et passèrent dans le hall des arrivées brillamment éclairé.

— Papa ! Je vois papa ! cria Mel.

Elle courut à travers la foule avec Abby tandis que Danny les suivait avec le chariot des bagages aussi rapidement que possible. Leonie leur emboîta le pas avec moins d'enthousiasme.

Elle ralentit pour leur laisser le temps de se retrouver sans elle. Il lui fallait quelques instants de préparation. Un groupe de voyageurs lui coupa la route, la séparant des autres. Elle attendit patiemment que le groupe passe. Elle n'avait pas vu Ray depuis deux ans et se sentait un peu mal à l'aise à l'idée de le retrouver. Un gros homme qui lui masquait la vue se déplaça enfin et elle aperçut ses enfants qui avaient rejoint leur père et sa fiancée. La joie de leurs embrassades la suffoqua. Ray paraissait plus heureux qu'il ne l'avait jamais été, et un peu moins maigre. Ses cheveux noirs grisonnaient mais il était bronzé et très beau, exactement comme la femme mince et rayonnante qui se tenait à ses côtés. Fliss était encore mieux en réalité qu'en photo. Habillée d'un jean et d'une veste en daim beurre frais, elle avait un léger hâle et, quand elle souriait, ses dents brillaient. Elle avait laissé un peu pousser ses cheveux noirs, qui, sur les photos, lui donnaient l'air d'un petit garçon à cause de leur coupe très courte. Cela aboutissait à un résultat décontracté mais très élégant. D'ailleurs, pensa Leonie, s'il fallait un mot pour définir Fliss, c'était celui-là : elle était élégante. Les observant à distance, cachée par la foule, elle eut l'impression d'être une intruse, le vilain petit canard qui allait gâcher la fête.

Fliss aurait pu être la mère des enfants. Ils riaient tous ensemble et ne cessaient de s'embrasser.

— Tu as encore grandi, Danny ! disait Ray.

Mel réussissait même à ressembler à Fliss : mêmes jambes interminables, même beauté sans artifice. Fliss tenait Abby par la taille et Leonie fut horrifiée de voir Abby lui sourire, radieuse. La jalousie lui serra le cœur.

Ses propres enfants souriaient affectueusement à cette femme et elle lisait de l'admiration dans leurs yeux.

— Leonie, tu es là !

Ray contourna le groupe qui lui barrait le passage et l'embrassa avec chaleur.

— Tu es superbe, poursuivit-il. Je suis tellement heureux de te voir ! Viens, je vais te présenter Fliss.

Il a besoin de lunettes, pensa lugubrement Leonie. *Tu es superbe*. Tu parles !

Fliss ne serra pas Leonie dans ses bras. Elle se contenta d'un grand sourire apparemment sincère, lui tendit la main et dit :

— Je suis heureuse de vous rencontrer enfin, Leonie. Quelle chance que vous ayez pu venir !

Leonie lui rendit son sourire et dit que oui, quel plaisir de la rencontrer, et Denver était un bel endroit, mais, Seigneur, elle donnerait tout pour une tasse de thé et la possibilité de s'allonger. Elle était épuisée.

S'écoutant parler, Leonie réalisa avec horreur qu'elle se conduisait comme un stéréotype de la vieille Irlandaise solide dans ses bottes, avec une écharpe vert émeraude et un gros pull, et qui n'arrêterait pas de dire : « Ma foi, l'Amérique est un bel endroit, pour sûr, mettez donc l'eau à bouillir et faites-nous cuire quelques patates. » Que lui arrivait-il ? Où était la femme raffinée qu'elle voulait être ? Pourquoi avait-elle été remplacée par ce cliché d'Irlandaise ?

— Désolée, excusez-moi. Vous devez être fatiguée, Leonie, lui dit Fliss. Venez, les enfants, nous allons emmener votre maman se reposer. Danny, il y a un distributeur de boissons, là-bas. Tiens, voici un dollar. Va chercher une boisson chaude pour ta maman.

Elle lui tendit quelques pièces de monnaie et il obéit sans discuter.

Incrédule, Leonie le regarda s'éloigner. Il était impossible d'obtenir le moindre service de Danny sans dix minutes de récriminations. Comment Fliss avait-elle réussi le tour de force de le faire obéir alors que sa propre mère n'y arrivait pas ?

— Ray, disait Fliss, nous sommes garés très loin. Si tu voulais bien aller chercher la Jeep, Leonie et moi nous t'attendrions ici avec les bagages. Cela nous évitera de traverser tout le parking.

Il lui obéit avec la même rapidité que Danny, et Leonie se retrouva avec Fliss à l'entrée du parking, un gobelet en plastique plein de thé chaud à la main ; d'après le goût, on pouvait craindre qu'il ait été préparé sans une seule feuille de thé. Les filles bavardaient avec Fliss comme des pies et Danny se tenait nonchalamment à côté d'elle. Il n'ouvrait la bouche que pour commenter de temps en temps le passage d'une voiture particulièrement belle.

— Oh, une Pontiac Firebird ! s'exclama-t-il à l'apparition d'une silhouette rouge sportive.

Ray les rejoignit enfin au volant d'un énorme tout-terrain. Ils entassèrent les bagages dans le coffre et montèrent dans le véhicule.

— Vous êtes bien installée, Leonie ? demanda Fliss en se retournant sur son siège à côté de Ray.

— Oui, c'est parfait, répondit Leonie.

Arrête ton numéro de vieille Irlandaise, se dit-elle, très énervée contre elle-même.

— Je suis très bien, reprit-elle d'une voix plus naturelle.

Pendant ce temps, Ray s'occupait de régler le chauffage.

— Il fait froid, dirait-on ! poursuivit-elle. Le vent doit beaucoup faire baisser la température. Je crois qu'aucun de nous n'avait imaginé un froid pareil. En général, je choisis un endroit chaud pour mes vacances.

Zut ! Elle allait passer pour une idiote qui aimait se cuire la peau sur une côte quelconque et ne supportait rien d'autre.

— C'est incroyable d'être dans le Colorado, reprit-elle avec entrain.

— Nous sommes contents que tu aies pu venir, lui dit Ray. Attends de voir Vail ! C'est à couper le souffle. Vous verrez, les enfants, les pistes de ski sont extraordinaires.

Ils s'engagèrent dans une grande conversation sur le ski et, comme Leonie n'avait aucune intention de s'y essayer, elle se détendit sur son siège pour regarder défiler le paysage. Ils quittaient Denver. Même Danny, toujours blasé, était très excité à l'idée de skier pour la première fois de sa vie. Tandis qu'ils parlaient tous les cinq avec animation, Leonie continuait de fixer la nuit d'encre. D'après un guide qu'elle avait emprunté à la bibliothèque, Denver possédait un remarquable musée d'histoire naturelle doté d'un planétarium, de nombreuses librairies et des sites historiques comme la maison de Molly Brown l'Insubmersible, ainsi surnommée pour avoir fait partie des survivants du *Titanic*.

Si l'agitation des préparatifs du mariage devenait trop lourde pour elle, elle pourrait prendre un bus et redescendre en ville pour se promener. Vail n'était qu'à cent cinquante kilomètres de Denver et il y avait des navettes quotidiennes.

Après le traumatisme du vol transatlantique, Leonie s'endormit sans s'en rendre compte.

— Maman, on est arrivés ! lui dit Mel.

« Déjà américanisée », pensa Leonie, encore à demi

endormie, en l'entendant prononcer « maman » avec un accent américain.

Elle descendit de la Jeep et se trouva devant des chalets en bois et un petit hôtel. L'ensemble formait un tableau qu'on aurait cru sorti tout droit des pages de *Heidi*. Des fenêtres avec de ravissants volets sculptés, des porches également sculptés et, sur les fenêtres, des jardinières plantées de petits conifères donnaient aux chalets un authentique air tyrolien. Leonie n'était jamais allée au Tyrol mais elle avait regardé assez d'émissions de voyages pour reconnaître qu'un morceau d'Autriche avait été transplanté à Vail. Tout, jusqu'aux panonceaux en bois où était gravé le nom des chalets, composait une parfaite carte postale. Seule l'armada de coûteux 4 × 4 aux peintures brillantes garés n'importe comment sur le côté de l'hôtel prouvait que l'on se trouvait dans la riche station de Vail et non pas dans l'Autriche d'Heidi, au dix-neuvième siècle.

— C'est charmant, n'est-ce pas ? dit Fliss. L'hôtel a un restaurant, un bar, un sauna – tout ce qu'on veut –, mais chaque chalet est indépendant. Une des grandes qualités de la résidence est d'être à trois kilomètres seulement du village même. Il y a en permanence des chauffeurs à disposition pour vous y emmener si vous en avez envie. Sinon, par le sentier piéton, c'est à un peu plus d'un kilomètre. Ray s'est occupé de confirmer votre arrivée. Vous n'aurez donc pas besoin de remplir le registre avant demain. Je suis sûre que vous pensez surtout à vous coucher.

— Oui, répondit Leonie. Je crois que je pourrais dormir pendant une semaine entière.

— Dormir ! s'exclama Mel. Comment peux-tu penser à dormir, maman ? J'ai envie de visiter dès maintenant.

— J'aurais cru que tu serais allée dormir pour être en beauté, jeune fille ! lui dit affectueusement Fliss en lui passant la main dans les cheveux.

Leonie éprouva un nouvel élan de jalousie. Elle s'étonnait d'être aussi blessée de les voir ensemble. C'était ridicule. Comment pouvait-elle souffrir de voir ses enfants heureux avec quelqu'un d'autre qu'elle ?

— Merci beaucoup, Fliss, dit-elle avec plus d'amitié qu'elle n'en éprouvait, sans doute pour compenser ses vilaines pensées. C'est ravissant, un endroit de rêve pour se marier. Quel est notre chalet ?

Quand Ray le leur montra et ouvrit la porte, elle se rendit compte que le mot « chalet » l'avait induite en erreur. Elle s'attendait à un petit logement pratique et spartiate, sans recherche particulière. En général, c'était à cela que ressemblaient les chalets des catalogues de vacances à la neige : la place nécessaire pour caser les équipements de ski et un coin cuisine réduit à sa plus simple expression, prévu pour préparer d'énormes repas d'après-ski. Ici, elle avait affaire à la version de luxe.

Décoré dans des teintes chaudes, l'immense salon était un hymne à l'art amérindien avec des tentures, un bison sculpté dans du bois flotté et deux grandes aquarelles représentant des parois de pierre claire gravée de différents motifs.

— Ce sont des peintures des Anasazi de Mesa Verde, expliqua Ray. Les Anasazi occupaient déjà la région il y a plus de deux mille ans. La mère de Fliss a envie d'aller visiter Mesa Verde un de ces jours. Ce n'est pas très facile d'accès en hiver, mais elle dit que cela en vaut la peine.

— Formidable ! dit Abby, qui aimait beaucoup l'histoire.

— Je savais que cela te plairait, ma puce, lui répondit

son père. Maintenant, je ferais mieux de vous laisser. Je vous appellerai demain matin pour connaître vos projets, les enfants.

Danny se laissa tomber sur un énorme canapé devant le grand feu qui flambait dans la cheminée et prit le temps d'admirer la pièce. Les filles, de leur côté, se dépêchèrent d'explorer les chambres à coucher.

— Celle-ci est immense, maman. C'est pour toi, dit Abby.

— Mais nous sommes deux et nous avons besoin de beaucoup de place. En plus, il y a une salle de bains avec cette chambre, gémit Mel.

Elle était moins généreuse que sa jumelle et se voyait très bien dans la chambre principale.

Leonie entra à son tour dans la pièce pour arbitrer l'attribution des chambres.

— Celle-ci est plus jolie, dit Abby en ouvrant la porte de la deuxième chambre. Il y a des lits jumeaux, une cheminée et des portes-fenêtres.

— Oh, laisse-moi voir ! cria Mel.

Leonie poursuivit sa visite. Elle découvrit une cuisine où rien ne manquait et qui s'ouvrait sur la salle à manger. Il y avait aussi une immense salle de bains avec une baignoire assez grande pour trois personnes, et une troisième chambre. Ce serait celle de Danny.

Leonie alla chercher sa valise et la traîna jusque dans sa chambre, qui était réellement très jolie, avec un immense lit et un décor dans une étonnante nuance de vert foncé. Le monde pouvait s'écrouler !

Après neuf heures de sommeil, Leonie se sentit assez reposée pour se lever et penser au petit déjeuner. Les filles étaient sorties mais Danny dormait toujours. Il y a des choses qui ne changeront jamais, se dit-elle avec tendresse, contemplant depuis la porte de la chambre la grosse bosse que faisait son corps sous la couette à rayures.

Une main attentionnée avait laissé quelques provisions dans la cuisine, du café, du lait, du sucre, du pain et quelques autres produits de première nécessité. Leonie se prépara un café, très fière d'avoir réussi à comprendre le fonctionnement de la machine, un modèle sophistiqué. Elle se fit du pain grillé tartiné de margarine basses calories et d'une sorte de confiture de pamplemousse présentée sur l'étiquette comme de la gelée. Ensuite, elle passa dans le salon et s'installa devant la fenêtre pour découvrir le paysage.

C'était superbe. Elle cessa de manger son toast pour mieux voir les imposantes montagnes couvertes de neige qui s'élevaient tout autour de la station. Elles étaient énormes et, par comparaison, les montagnes d'Irlande ressemblaient à de minuscules collines. Le soleil se réverbérait sur la neige, illuminant toute la vallée. Le Colorado était célèbre pour la qualité de la lumière, d'après le guide de Leonie. C'était vrai. Elle se trouvait dans un endroit magnifique. Un frisson d'excitation la parcourut. Dans un aussi beau paysage, ils ne pouvaient que passer d'excellentes vacances.

Ray l'appela pour la prévenir que les filles étaient avec lui. Il espérait pouvoir les emmener tous déjeuner à Vail à une heure afin de leur montrer les lieux.

— C'est vraiment joli, Leonie. Ça va te plaire. Il y a beaucoup de distractions possibles si tu ne veux pas skier. Tu peux regarder les boutiques, te promener en traîneau, aller au restaurant. Mille choses ! Demain, j'emmène les enfants patiner à Beaver Creek. Aimerais-tu venir ? A propos, Fliss a organisé un dîner avec ses parents, ce soir. J'espère que tu seras des nôtres. En dehors de cela, et du mariage bien sûr, tu es libre de faire ce qui te plaît.

— Dans quel chalet es-tu logé ? demanda Leonie.

— Nous sommes chez les parents de Fliss, à huit cents mètres. Le mariage a lieu chez eux.

Dans ce cas, pensa Leonie, ce sera un petit mariage. Curieux ! Elle s'attendait à une cérémonie très mondaine, avec beaucoup d'invités.

— Combien serons-nous ? demanda-t-elle.

— Environ deux cents.

— Seigneur ! Tu parles d'un chalet !

Il y eut un silence embarrassé à l'autre bout du fil.

— J'ai réagi comme toi la première fois, dit enfin Ray. Ils insistent tous pour l'appeler un chalet. En réalité, c'est une énorme maison à deux niveaux avec de nombreuses chambres. C'est la même chose que pour ces maisons des Hamptons qu'on appelle des cottages alors que ce sont des châteaux !

— Dans ce cas, il vaut mieux que je ne parle pas de mon cottage, répliqua Leonie en riant. On me croirait riche !

Elle reconnut que Vail était une très belle petite ville. Elle avait passé l'après-midi avec ses filles à se promener de boutique en boutique, admirant les vêtements griffés et les tenues indispensables pour skier avec style.

Les jumelles étaient enthousiasmées par les bâtiments de type bavarois, et les vitrines transportaient Mel au septième ciel.

Malheureusement, tout était très cher. Les parents de

Fliss devaient posséder une fortune pour avoir une propriété ici.

— Avez-vous rencontré les parents de Fliss, l'été dernier ? demanda-t-elle aux jumelles.

Abby secoua la tête. Mel était trop occupée à rêver devant une minirobe brodée de perles dans l'une des rares vitrines sans vêtements de ski.

— J'ai froid, avance Leonie, qui grelottait.

Il commençait à tomber de légers flocons, parfaits pour skier, comme l'expliqua Abby.

— Allons nous asseoir quelque part, proposa Leonie. Mes boots me font affreusement mal.

Quand elles furent installées devant de grandes tasses de chocolat à la cannelle, Mel s'abîma dans le spectacle de la rue tandis qu'Abby lisait le guide de Vail que son père lui avait donné. Elle était fascinée par le chapitre sur le ski : Ray avait promis de les emmener en faire le lendemain et elle mourait d'impatience. Leonie buvait à petites gorgées en espérant que le dîner en principe tout simple qui l'attendait ne se transformerait pas en réception habillée. A Vail, tout le monde portait de beaux vêtements très chers. Elle avait vu plus de fourrures en quelques heures que dans toute sa vie. Le mouvement antifourrure n'avait pas encore atteint cette partie du monde.

Elles avaient en particulier regardé deux femmes se promener nonchalamment dans des manteaux de vison qui leur arrivaient à la cheville. Elles portaient des snow-boots, des lunettes de soleil panoramiques, et elles étaient savamment maquillées. Mel était certaine qu'il s'agissait de deux actrices célèbres et s'était dévissé la tête pour mieux les voir. Leonie avait même remarqué des combinaisons de ski bordées de fourrure. Elle ne se sentait pas à sa place. Avait-elle commis une erreur en venant ?

Ce soir-là, ce ne fut pas Ray qui vint les chercher avec sa Jeep pour les emmener chez les parents de Fliss. Il envoya à sa place un petit homme qui l'appelait respectueusement Mme Delaney.

— Je suis le chauffeur de la famille Berkeley, expliqua-t-il quand Mel lui demanda sans prendre de gants qui il était.

— Comme c'est gentil ! lui dit Leonie en souriant.

En elle-même, elle faisait la grimace. Elle savait à présent que la soirée serait encore plus élégante qu'elle ne l'avait craint. Une famille qui se permettait d'avoir son propre chauffeur ne jouait décidément pas dans la même cour que les Delaney de Greystones ! Il y aurait autre chose pour le dîner que des lasagnes et des pommes de terre au four mangées à la table de la cuisine. Son vieil ensemble pantalon en velours cuivre déparerait quelque peu chez les richissimes Berkeley, même si elle portait ses plus beaux bijoux égyptiens et n'abusait pas du khôl. Chez eux, même la femme de chambre devait s'habiller en Gucci. Leonie enfila son gros manteau de laine avec un soupir intérieur et monta à l'arrière de la Jeep.

Comme le chauffeur s'engageait dans l'allée où étaient déjà garées deux Mercedes, Leonie pensa que le chalet des Berkeley aurait fait un superbe bed and breakfast. Mel fut très impressionnée par les dimensions de la maison.

— Je n'arrive pas à y croire ! dit-elle.
— Ils doivent être pleins aux as, acquiesça son frère.
— Danny ! souffla Leonie entre ses dents. Ne parle

pas si fort ! Nous ne sommes pas ici pour évaluer leurs biens. Je te prie de ne pas retourner les assiettes pour savoir d'où elles viennent.

Sa remarque les fit tous rire.

Ray et Fliss les accueillirent sur le seuil et Leonie fut de nouveau frappée de voir qu'ils formaient un vrai couple. Fliss ne pouvait faire un geste ou un sourire sans que Ray la suive des yeux, comme s'il ne supportait pas de perdre de vue un seul instant cette magnifique créature. Et Fliss était réellement très belle.

Elle n'était pas habillée de façon ostentatoire. Au contraire, son pantalon gris et son pull argenté à encolure en V étaient d'une extrême simplicité, mais d'une coupe parfaite. Le pull devait être en cachemire, et d'un prix épouvantable. Ce qui attirait tant le regard, chez Fliss, relevait de la qualité de ses vêtements et de sa beauté discrète, sans recherche. Comme Mel l'avait expliqué à Leonie, elle ne se maquillait presque pas, hormis du brillant à lèvres et du mascara. Et pourtant, elle avait beaucoup d'allure. Par comparaison, Leonie avait l'impression de faire partie des clowns d'un cirque.

Cette fois, Fliss l'embrassa.

— Je suis heureuse que vous ayez pu venir. C'était très important pour Ray, lui confia-t-elle pendant que celui-ci guidait ses enfants vers une vaste pièce de réception. Je ne sais pas si je serais capable d'assister au mariage de mon ex-mari. Je suis trop possessive. Quelle chance que vous vous entendiez si bien, Ray et vous ! C'est mieux pour les enfants. Je voulais que vous me connaissiez pour vous prouver qu'ils sont en sécurité avec moi.

C'était la première fois qu'elle parlait aussi longuement à Leonie, qui se demandait comment répondre.

Elle se rendait compte qu'elle aurait eu tort de parler de son déplaisir à la voir avec ses enfants. Elle se contenta donc d'un sourire et de quelques mots qui ne l'engageaient à rien.

— Je suis contente d'être ici, Fliss, et de voir que Ray est heureux.

Ce qui était plus ou moins vrai. Elle ne lui souhaitait pas d'être malheureux, mais elle trouvait très dur de le voir se remarier alors qu'elle restait seule. Elle aurait mieux supporté toute cette histoire s'il s'était montré un tout petit peu moins heureux. Assister de si près à cette joie sans mélange la blessait.

Leonie pouvait difficilement répondre cela à Fliss. Elle lui tapota donc le bras en précisant que les Irlandais s'étaient beaucoup civilisés et que les remariages n'étonnaient plus personne.

Tout le monde se montra très civilisé, d'ailleurs. Les parents de Fliss étaient accompagnés de leurs nouveaux conjoints et, quand on les présenta à Leonie, elle ne put comprendre ce qui avait pu les pousser au mariage, sinon l'attirance des contraires.

La mère de Fliss, Lydia, brune élégante au visage tendu, parlait d'une voix douce et donnait l'impression de ne jamais lever le petit doigt pour faire quoi que ce soit si un domestique pouvait s'en charger à sa place.

Le père de Fliss, Charlie, était blond, grand et musclé avec un visage tanné par le grand air, des mains comme des battoirs et un extraordinaire sens de l'humour. Il passait presque tout son temps dans son ranch du Texas, un endroit où Leonie n'imaginait pas que l'impeccable petite Lydia puisse mettre les pieds. La nouvelle épouse de Charlie, Andrea, était une femme qui aimait la vie à la campagne. Elle possédait un visage à la Bo Derek avec une masse de cheveux blonds lumineux. Leonie sympathisa tout de suite avec elle. Quant au beau-père de Fliss, Wilson, il était avocat et s'entendait très bien avec Ray.

Andrea, Charlie et Wilson se montrèrent très chaleureux envers Leonie et firent de leur mieux pour qu'elle et les enfants se sentent à l'aise. Avec ces gens intelligents et amicaux, Leonie se sentait en bonne compagnie et se décontracta. Seule Lydia, la mère de Fliss, restait distante. Leonie trouvait cela déconcertant ; chaque fois qu'elle levait les yeux, elle découvrait Lydia en train de l'observer. « Elle se demande sans doute comment son futur gendre a pu m'épouser », songea amèrement Leonie. Elle n'arrivait pas à éprouver la moindre sympathie à l'égard de l'ex-Mme Berkeley, même si Lydia insista pour qu'elle s'asseye à côté d'elle lors du dîner.

Leonie la soupçonnait de ne s'intéresser qu'au montant de la pension que Ray lui versait. Fliss ne semblait pourtant pas manquer d'argent ! Entre ses parents et son travail, elle ne risquait pas de se retrouver sur la paille.

Pendant qu'on leur servait l'entrée, Lydia questionna Leonie avec toute la subtilité d'une sonde de la NASA mais, avec le joyeux Charlie à sa droite, Leonie réussit à apprécier la nourriture.

Charlie n'arrêtait pas de parler de son ranch et de la vie dans la « queue de la casserole », selon le surnom qu'il utilisait pour désigner le nord du Texas.

— Il faut que vous nous rendiez visite, lui disait-il. Cela vous plairait d'autant plus que vous n'aimez pas skier. Il fait chaud au Texas, vous pouvez me croire.

Quand il sut qu'elle travaillait comme assistante vétérinaire, ils devinrent amis. Charlie avait tâté de toutes les formes d'exploitation agricole, depuis la laiterie jusqu'à l'élevage de chevaux. Il lui restait ce qu'il décrivit à

Leonie comme un petit troupeau de vaches et quelques chevaux. Andrea éclata de rire et expliqua à Leonie que ce « petit troupeau » correspondait en réalité à six mille têtes de bétail.

— Le cabinet dans lequel je travaille est surtout spécialisé dans les petits animaux, précisa Leonie quand Charlie se lança sur les complexités de l'élevage moderne et des techniques de transplantation d'embryons.

— Je n'ai pas vu de vache depuis longtemps, poursuivit-elle. En revanche, nous soignons des quantités de chiens, de chats et de hamsters. De temps en temps, pour faire bonne mesure, on nous apporte un lézard exotique. J'oubliais notre client qui élève des gris du Gabon. Ce sont des perroquets. Nous les soignons aussi. Ils sont très attachants, très affectueux. Il n'y a rien de plus attendrissant qu'un perroquet en train de vous nettoyer la tête d'un bec délicat !

Même Lydia se détendit suffisamment après quelques verres de vin pour parler du mariage avec Leonie sans prendre de grands airs.

Leonie l'écouta avec politesse pendant un quart d'heure exposer dans le détail ses problèmes pour parvenir au plan de table idéal, pour trouver un traiteur capable de réussir un homard Thermidor digne de ce nom. Elle apprit même que Fliss avait toujours eu envie de se marier dans une robe Calvin Klein.

Leonie sentit que si elle disait encore une seule fois « Oh, vraiment ? », elle allait s'étrangler. Pour varier ses réponses, elle tenta une question sur la robe de Fliss.

— Elle vient de chez Calvin Klein ? Comment est-elle ?

Lydia eut l'air aussi choquée que si Leonie avait

proposé une partie de jambes en l'air avec le personnel, dans la neige sur la terrasse.

— Je ne peux pas en parler tant que Ray est dans la pièce, murmura Lydia. Cela porte malheur. Voulez-vous que je vous la montre ?

Sans laisser à Leonie le temps de répondre qu'elle pouvait très bien vivre sans voir la robe de mariage de la fiancée de son ex-mari, Lydia annonça que le café était servi dans la bibliothèque.

Parce qu'il y avait aussi une bibliothèque ? soupira silencieusement Leonie. Et il ne s'agissait que d'une résidence secondaire ! Dans quel palais Fliss avait-elle grandi ? Leonie comprenait pourquoi elle était si mince. Courir d'une pièce à l'autre l'aidait à garder la ligne !

— Fliss, murmura Lydia, je vais montrer ta robe à Leonie.

— Quelle bonne idée ! s'exclama Fliss.

Les femmes s'éloignèrent ensemble pour aller voir la robe, laissant les hommes avec leur café. Mel et Abby, qui avaient eu le droit de boire un verre de vin pendant le dîner, gloussaient et elles tinrent les mains de Fliss avec un air de conspiratrices pendant qu'elles suivaient un long couloir jusqu'à la chambre où la robe était exposée sur un mannequin. Tout le monde observa le silence qui s'imposait en la découvrant.

C'était un modèle typique de Calvin Klein : un fourreau de soie nacrée coupé dans le biais avec une encolure au drapé très doux. Leonie imaginait très bien Fliss dans cette robe, d'une élégance raffinée, capable d'en remontrer aux plus beaux des mannequins professionnels.

— Oh ! soupira Mel, transportée. Comme c'est beau !

— Superbe, dit Abby.

— Cela vous plaît, les filles ? demanda Fliss avec inquiétude, comme si leur opinion lui importait plus que tout.

— Bien sûr ! répondirent-elles en chœur avant de la serrer dans leurs bras.

Leonie se sentit la gorge serrée en les voyant ainsi. Fliss s'essuyait les yeux, très émue, et les filles l'embrassaient en lui disant qu'elle serait magnifique dans cette robe.

Andrea sourit amicalement à Leonie.

— Cela doit être difficile d'assister au remariage de son ex-mari, chuchota-t-elle en lui prenant le bras.

— Non, pas du tout, protesta Leonie avec sincérité.

Ce qui lui faisait mal, c'était de voir ses filles montrer autant d'affection à l'égard de leur future belle-mère. Elle souffrait profondément de cela, et non pas de voir Ray et Fliss descendre l'allée centrale de l'église comme dans une publicité pour l'amour à quarante ans !

— Superbe ! dit fièrement Lydia en regardant la robe et sa fille.

— Oui, magnifique, renchérit Leonie en souriant de toutes ses forces, à en faire craquer son maquillage.

Tout le monde se montrait très gentil avec elle, très accueillant, et pourtant elle avait toujours l'impression de n'être qu'un trouble-fête. Comment ses enfants n'auraient-ils pas préféré cette vie de privilégiés à leur existence banale et ennuyeuse de Wicklow ?

— Regardez comme c'est beau ! dit la jeune fille assise à côté de Leonie sur une petite chaise dorée.

Elles se trouvaient dans le grand salon des Berkeley, transformé en chapelle. De pâles orchidées enrubannées de safran s'alanguissaient dans la chaleur presque tropicale de la pièce, créant un décor élégant.

— Oui, c'est très beau, répondit Leonie avec politesse.

Elle avait mal aux fesses. Cela faisait une demi-heure qu'elle était assise sur une chaise conçue par quelqu'un qui n'avait jamais entendu parler d'arthrite. Depuis son arrivée, les gens n'arrêtaient pas de chuchoter : « Comme c'est beau ! » Oui, c'était terriblement beau, depuis les hommes en jaquette jusqu'aux petits bouquets d'orchidées accrochés partout. Le quatuor à cordes était très beau ; la coupe de champagne rosé offerte pour attendre la cérémonie était excellente ; Mona, la sœur de Fliss, une superbe créature vêtue de quelques centimètres de cuir crème qui n'envisageait certainement pas de jouer les demoiselles d'honneur en dentelles, était aussi très belle malgré sa tenue un peu déplacée. Leonie en avait plus qu'assez de toute cette beauté !

— Maman, souffla Mel en se glissant sur son siège à côté de Leonie, elle arrive ! Elle est...

— Je sais, grinça Leonie entre ses dents. Elle est très belle !

Mel était très impressionnée. Sa mère ne pouvait s'y tromper. Pendant les trois jours précédents, Mel n'avait pas arrêté de parler de la maison des Berkeley, de toutes les belles choses qu'ils avaient et du plaisir de vivre dans cet endroit. Ray les avait emmenées skier, se promener en traîneau, faire du patin à glace et dîner dans un restaurant original où l'on ne servait que de la viande. Leonie se demandait si Mel se réadapterait jamais à la vie dans un petit cottage de Greystones. Leur maison avait besoin d'être repeinte, le carrelage de la salle de bains avait tendance à se décoller du mur, la bibliothèque se composait d'étagères dans le salon, et l'on se servait de serviettes de table uniquement avec Claire qui détestait l'essuie-tout.

— N'oublie pas, Mel. Tout cela est très joli mais ce n'est pas notre monde, ne put s'empêcher de dire Leonie. Ce sont les parents de Fliss qui ont de l'argent, ce n'est ni papa ni moi. Notre vie ne peut pas ressembler à ce que tu vois ici.

— Tu me prends pour une idiote, maman ? répondit Mel d'un ton caustique. Tu ne peux pas me laisser en profiter sans essayer de me gâcher mon plaisir ?

Cela avait fait venir les larmes aux yeux de Leonie au moment même où Fliss avançait lentement et avec grâce vers Ray dans l'allée entre les chaises. Leonie put constater à travers ses larmes que Fliss était réellement éblouissante, silhouette ivoire, longue et mince, tenant un petit bouquet d'orchidées assorties à sa robe.

Andrea, qui se trouvait de l'autre côté de la travée, jeta à Leonie un regard plein de compassion. Leonie aurait voulu crier qu'elle se moquait de savoir qui Ray épousait mais qu'elle ne supportait plus la façon dont les Berkeley étalaient leur richesse, qu'elle en était gavée jusqu'à la nausée !

A la fin de la cérémonie, Mel disparut, laissant sa mère, sa sœur et son frère assis à leur place, incertains de la suite. Leur hésitation ne dura pas longtemps. Les deux cents invités furent priés de passer dans la salle à manger. On avait ôté les doubles portes qui menaient à l'immense véranda pour n'avoir plus qu'une seule pièce, de la dimension d'une salle de bal. La véranda offrait une vue magnifique sur les sommets enneigés. Un buffet d'un luxe extraordinaire était présenté sur une table immense, faisant écho à la magnificence du paysage. Au milieu du buffet trônait une sculpture de glace représentant deux cygnes à côté d'un énorme plat d'huîtres.

Il y avait du homard, du saumon, quelque chose qui ressemblait à un demi-bœuf, et plus de jambon de Parme que dans toute l'Italie, sans parler de toutes les sortes de salades imaginables. Des serveurs en smoking évoluaient sans bruit, apportant du champagne, de l'eau minérale et des assiettes à bord doré. La fête commença très vite, avec beaucoup de rires, d'histoires drôles et même un moment de folie quand un fringant octogénaire entraîna une jeune femme dans une danse. Tout le monde s'écarta pour leur faire de la place et les applaudir.

Lydia ne résista pas à l'envie de se faufiler jusqu'à Leonie pour se vanter.

— On a dû faire venir la sculpture sur glace de Los Angeles par avion, lui dit-elle en se rengorgeant. Cela garde les huîtres au frais.

Leonie fit un grand effort pour ne pas répondre que la glace était inutile, qu'il suffisait de mettre les huîtres à côté de Lydia pour qu'elles restent au froid. Elle préféra hocher gravement la tête en expliquant qu'elle avait toujours peur de servir des coquillages dans ses réceptions à cause du risque de salmonelle. Elle eut la satisfaction de voir Lydia écarquiller les yeux d'horreur et se ruer dans la cuisine, sans doute pour enjoindre au malheureux traiteur de faire le nécessaire afin que ses convives ne meurent pas d'une intoxication alimentaire.

— C'est formidable, maman, n'est-ce pas ? dit Danny, qui arrivait avec une assiette pleine et un verre de bière. Papa y a pensé. Il sait que je n'aime pas le vin. Tu vas bien ? Tu restes très silencieuse. C'est Mel qui te rend folle, je suppose ?

Leonie se sentit de nouveau au bord des larmes.

C'était ridicule ! Elle finirait par avoir un problème d'incontinence oculaire. Son émotion provenait cette fois de l'inhabituelle intuition de Danny. En principe, c'était Abby qui la comprenait. Or, ces derniers jours, Abby était restée collée à Fliss, bavardant avec elle en lui souriant, apparemment plus heureuse avec sa belle-mère qu'avec sa mère.

— Tout va bien, répondit vivement Leonie. Je n'arrête pas de penser à notre maison et de la comparer à celle-ci. Je ne pourrai plus jamais manger dans nos assiettes à cinquante pence en solde !

Danny eut une petite grimace de dédain.

— C'est de la frime, maman, à cause de la mère de Fliss. Elle est très prétentieuse et complètement idiote. Tous les autres sont sympathiques. C'est elle qui voulait un grand cinéma ! Papa m'a dit que Fliss et lui voulaient un mariage intime mais qu'elle les a suppliés de la laisser organiser une grande réception.

Leonie éprouva un instant de pitié pour Lydia. Ce mariage ostentatoire était manifestement son seul moyen de compenser une vie d'ennui.

A la fin de la journée, Leonie aussi s'ennuyait. Elle avait parlé à des dizaines de couples tous plus aimables les uns que les autres et avait beaucoup trop mangé. Malheureusement, même le délicieux buffet et le champagne millésimé ne pouvaient adoucir la souffrance de voir Mel et Abby si heureuses avec leur belle-mère. Ou celle de se sentir laissée pour compte en tant que seule femme non accompagnée.

Chaque fois que Leonie regardait dans leur direction, Fliss était en train de rire avec les jumelles. Les nouveaux mariés circulaient parmi leurs invités avec leur famille toute faite derrière eux. Et c'était Abby, autrefois le fidèle soutien de sa mère, qui paraissait la plus heureuse. Son visage rayonnait quand elle riait avec Fliss, qui la prenait par le bras ou la recoiffait avec les gestes affectueux de quelqu'un qui l'a déjà fait souvent. Mel était suspendue au bras de son père, visiblement ravie de faire partie de ce groupe de gens tous plus beaux les uns que les autres et qui s'amusaient. Elle était charmante avec ses joues à peine rosies d'excitation et ses cheveux noirs en boucles soyeuses autour de son visage en forme de cœur. Fliss avait prêté aux jumelles de coûteux produits de maquillage et elles avaient passé des heures à se préparer dans la salle de bains. A les voir tous les quatre réunis, Leonie frissonna.

Fliss aimait les jumelles. Que se passerait-il si elle devenait assez proche de Mel et Abby pour les considérer comme ses enfants ? Et si les filles préféraient un jour ce merveilleux style de vie à leur existence toute simple en Irlande ? Que ferait Leonie dans ce cas ?

Le réveillon de nouvel an de Kirsten et Patrick battait son plein. Même la grand-tante Petra au si mauvais caractère, en supposant qu'elle ait été invitée, aurait dû reconnaître qu'ils savaient faire la fête. Mais, comme Kirsten détestait Petra, elle ne lui avait pas envoyé d'invitation.

« Il n'est pas question d'inviter cette vieille rosse à notre fête, avait-elle violemment protesté quand Emma en avait parlé. Qu'elle reste chez elle à mélanger des yeux de crapaud et des ailes de chauve-souris dans son chaudron, la vieille sorcière ! »

Emma aurait aimé être aussi énergique et avoir la force de ne pas inviter Petra quand l'occasion se présentait.

Il y avait au moins cent cinquante personnes entassées

dans la grande maison moderne de Castleknock, s'empiffrant au buffet oriental exigé par Kirsten. Le vin coulait à flots et, si quelques-uns des courtiers en Bourse amis de Patrick menaçaient de se taper dessus dans un coin, cela n'ajoutait qu'à l'impression générale d'amusement. Pour assurer l'ambiance, Kirsten avait choisi un CD d'airs de Noël très kitsch qu'elle passait au niveau sonore maximum.

Kirsten circulait parmi ses invités dans une robe dorée au crochet de Karen Millen, allant de la véranda à la salle à manger puis à la cuisine, bavardant et buvant vodka sur vodka. Elle avait laissé Emma dans un coin de la pièce avec Anne-Marie et Jimmy, aussi peu enthousiasmés l'un que l'autre par l'assiette de *dim sum* qu'elle leur avait servie. Peter était parti chercher un autre verre de vin pour lui et pour Jimmy. En son absence, le petit groupe restait silencieux, en contraste avec le bavardage bruyant et excité des invités de Kirsten et Patrick. Tout le monde échangeait des histoires de Noël horribles et se plaignait de reprendre le travail après plusieurs jours de congé.

Emma, qui ne buvait pas parce qu'elle conduisait, mordit dans un rouleau de printemps et jeta un coup d'œil discret à sa montre. Presque six heures. Peter et elle avaient décidé d'inventer une autre invitation le même soir pour pouvoir partir tôt.

« Tu sais que Kirsten va se débarrasser de tes parents sur nous, l'avait prévenue Peter. Nous avons intérêt à imaginer un plan d'urgence si nous voulons avoir la moindre chance de nous échapper. »

En réalité, ils n'avaient prévu qu'une soirée tranquille chez eux. Un bruit de liquide en train de couler attira l'attention d'Emma. Elle tourna la tête vers sa mère, assise entre son père et elle. Anne-Marie avait cessé de pousser sa nourriture sur le bord de l'assiette avec sa fourchette. Son verre s'était renversé dans sa main et elle laissait lentement le vin couler par terre. En même temps, ses yeux ruisselaient de larmes sans qu'elle y prête attention. Emma ne pouvait détacher son regard du vin qui coulait, trop choquée pour réagir.

— Maman ! souffla-t-elle enfin.

Comme sa mère tournait ses yeux rougis vers elle, Emma se sentit terrifiée par ce qu'elle y voyait. Ils exprimaient une peur épouvantable.

— J'ai peur, Emma, sanglota Anne-Marie. Peur ! Je ne sais pas ce qui m'arrive. Je ne sais plus rien.

La main d'Anne-Marie eut un mouvement incontrôlable et le vin éclaboussa sa jupe. Une tache rouge s'étendit sur l'étoffe à motif fleuri. On aurait dit du sang, pensa Emma en tremblant.

— Maman, dit-elle en essayant de lui prendre le verre.

Mais Anne-Marie le tenait fermement et Emma fut à son tour éclaboussée, puis le tapis, avant qu'elle puisse le prendre. Elle se baissa vers sa mère et la serra dans ses bras.

— Maman, dit-elle d'une voix douce, tout va bien. Je suis là et papa aussi.

— Mais tu n'es pas toujours là et j'entends des voix et je ne me souviens pas des choses, gémit sa mère.

Emma la serrait toujours dans ses bras mais elle continuait à pleurer. Et pourquoi Jimmy ne faisait-il rien ?

— Papa, chuchota Emma. Regarde maman ! Peux-tu l'aider ?

Elle se sentait impuissante mais Jimmy ne valait guère mieux. Son visage se figeait devant les larmes de sa femme.

— Au secours ! Au secours ! Au secours ! cria soudain Anne-Marie d'une voix forte.

Emma vit Peter qui revenait de la cuisine avec deux verres de vin et ouvrait la bouche d'étonnement. Elle avait l'impression de le voir avancer très lentement vers eux, comme au ralenti.

Toute la scène lui paraissait se dérouler au ralenti. Elle voyait son père hausser lentement les sourcils, hébété, et tous les invités tourner la tête vers eux en un mouvement décomposé, leurs bouches s'ouvrant peu à peu.

— Maman, dit-elle d'un ton apaisant, ne t'énerve pas, je t'en prie. Nous allons t'aider, je te le promets.

— Ce n'est pas vrai, ce n'est pas vrai ! Vous êtes tous contre moi, hurla Anne-Marie, se mettant brusquement debout.

Personne ne pouvait ignorer ses cris malgré l'assourdissante musique de Noël.

— Non, non, non !

Elle hurlait de toutes ses forces, donnant des coups dans le vide et balayant la table de la main. La vaisselle s'écrasa au sol.

— Comment peux-tu dire ça ? rugit-elle. Que voulez-vous me faire ? Tu ne comprends pas, tu m'entends ? Tu ne comprends pas. Je n'irai pas là-bas, je n'irai pas !

Peter posa les verres. Emma et lui essayèrent de prendre Anne-Marie dans leurs bras pour la calmer.

— Maman, tout va bien. Nous sommes avec toi, personne ne veut t'envoyer nulle part.

— Si, gémit sa mère en essayant de faire tomber d'autres assiettes. Vous en faites tous partie !

— Tout va bien, Anne-Marie, dit Peter d'un ton apaisant. Nous allons nous occuper de vous.

Sa voix calme sembla agir. Anne-Marie cessa de se débattre et se laissa lourdement tomber sur sa chaise. Peter et Emma prirent place de chaque côté d'elle.

— Maman, c'est moi, Emma. Papa, peux-tu nous aider ? dit-elle.

Elle essayait de parler normalement mais cela lui était très difficile. Elle tremblait trop fort, à en claquer des dents. Quand elle s'adressa à son père, celui-ci parut sortir de son état de stupeur.

— Oui, répondit-il d'une voix étranglée.

Il poussa Peter et prit sa femme dans ses bras.

— Anne-Marie, je suis là, ma chérie. Ne t'inquiète pas. Tout ira bien.

Elle s'effondra contre lui et ses longs cheveux blonds s'échappèrent de sa barrette en forme de papillon pour tomber en désordre sur ses épaules.

— Nous rentrons, dit Jimmy d'une voix raffermie, tenant avec tendresse le corps frêle de sa femme contre lui.

Kirsten insista pour rester avec ses invités mais Patrick raccompagna lui-même Jimmy et Anne-Marie dans sa BMW. Peter et Emma le suivaient, Emma toujours aussi terrifiée.

— Il faut appeler un médecin, dit-elle en tremblant.

— Tu as raison, répondit Peter.

Mais Jimmy O'Brien ne voulut rien entendre.

— Nous n'avons pas besoin de docteur ! rugit-il. Elle va très bien. Un peu fatiguée, c'est tout.

A l'étage où elle aidait sa mère à changer de robe, Emma se crispa en entendant sa voix pleine de fureur.

Peter et Patrick échangèrent un regard.

— Je regrette, Jimmy, dit Peter avec autorité. Vous

devrez nous écouter, cette fois. Anne-Marie est plus que fatiguée. Elle ne va pas bien du tout et c'est peut-être grave. J'appelle le médecin. Je ne pourrai plus me regarder en face si elle est réellement malade et que nous ne faisons rien.

Emma tendit l'oreille, espérant entendre la suite. Son père parlait, mais d'un ton qui ne lui ressemblait pas. C'était la voix d'un homme fatigué et vaincu, pas du tout sa voix habituelle de tyran.

— Et s'il veut la faire hospitaliser, que vais-je devenir ? dit-il.

— Désolée, ma chérie, dit Anne-Marie à Emma en lui souriant.

Elle essayait maladroitement de boutonner la robe propre qu'Emma venait de l'aider à passer mais elle n'y arrivait pas.

— Je me suis mise en colère, n'est-ce pas ? Je suis désolée, je ne pensais pas ce que j'ai dit. Je ne sais pas ce qui m'est arrivé.

— Il n'y a pas de problème, maman.

Elle entreprit de boutonner la robe de sa mère à sa place, geste qui aurait normalement rendu Anne-Marie furieuse. Elle n'aurait jamais supporté qu'on l'aide à s'habiller. Cette fois, elle soupira de soulagement.

— Dis-moi, maman, risqua Emma, tu m'as expliqué que tu oublies des choses. Quel genre de choses ?

Sa mère la regarda en clignant des paupières.

— Où je mets les choses : je ne les retrouve pas. Et je n'arrive plus à lire. Je dois changer de lunettes, mes verres ne sont plus assez forts. Tu vois, ce sont les mots, expliqua-t-elle avec le plus grand sérieux. Les mots sont trop petits et tout mélangés. J'ai essayé avec la loupe de ton père mais ça n'a rien changé. Peux-tu m'emmener acheter de nouvelles lunettes, Emma ?

Emma se mordit la lèvre pour ne pas éclater en sanglots.

— Bien sûr, maman, mais on va d'abord demander au docteur de t'examiner.

Le médecin de famille, un monsieur âgé avec des mains très douces et des manières exquises, ausculta Anne-Marie des pieds à la tête sans trouver le moindre problème. Elle bavarda avec lui comme toujours, en s'excusant de l'avoir dérangé un jour de nouvel an. Elle ajouta que ses gendres faisaient toute une histoire pour rien.

— Vous vous portez comme un charme, ma chère, lui dit-il avant de sortir de sa chambre.

Il descendit et retrouva Peter, Emma, Patrick et Jimmy au rez-de-chaussée.

— Ce que vous m'avez décrit ressemble à une forte dépression, dit-il pensivement. Cela pourrait déclencher une crise de colère avec des hurlements. Il pourrait aussi s'agir d'une sorte d'attaque cérébrale. Il faudrait pratiquer des examens pour savoir exactement ce qui ne va pas…

— Pas d'examens ! l'interrompit violemment Jimmy. Elle a subi trop de tension, voilà tout.

— C'est plus grave que cela, dit Emma.

Elle feignit de ne pas remarquer le regard furieux que lui lançait son père.

— Elle dit des choses bizarres et elle perd sans arrêt un objet ou un autre. L'autre jour, elle a essayé d'ouvrir une boîte de conserve avec un fouet de cuisine. Ce sont des détails mais je sais qu'elle est malade, docteur. Elle vient de me dire qu'elle ne peut plus lire à cause de ses lunettes. Mais ce n'est pas vrai, il y a autre chose.

— Est-ce la première fois qu'elle se conduit bizarrement ? demanda le médecin. Elle a toujours été parfaitement normale.

— Non, elle a fait une scène terrible, il y a quelques mois, expliqua Emma. Cela s'est passé dans un magasin de tissus. Elle a commencé à hurler contre moi. Elle ne savait plus qui j'étais. Je n'ai pas réussi à la calmer et elle réclamait papa alors qu'il n'était pas avec nous.

— Tu ne m'en as jamais parlé, lui reprocha son père.

— Eh bien, je te le dis maintenant, rétorqua Emma d'une voix sèche.

— Ma femme est fatiguée et un peu déprimée, répéta Jimmy d'un ton sans appel. Quelques petites pilules, et tout s'arrangera ! Comme la fois où elle a dû prendre ces pilules, quand Kirsten avait attrapé la mononucléose infectieuse. Elles l'ont tirée d'affaire. C'est tout ce qu'il lui faut !

— Amenez-la à mon cabinet la semaine prochaine et nous aurons une conversation, dit le médecin. Si c'est une dépression, nous pouvons l'aider, mais sans faire d'examens, nous ne saurons pas ce qui lui est arrivé aujourd'hui.

— Docteur ! Elle était à bout de fatigue, aujourd'hui, et c'est tout ! insista Jimmy. Maintenant, elle va bien, n'est-ce pas ? Si c'était grave, croyez-vous qu'elle aurait pu vous parler comme si rien n'était arrivé ?

— C'est vrai. Elle est encore jeune, aussi. Vous m'avez bien dit qu'elle a tout juste soixante ans ? Eh bien, Jimmy, je ne vois pas ce qui pourrait aller de travers à cet âge, mais je vais la surveiller, croyez-moi !

— Quel vieil idiot ! dit Peter entre ses dents pendant que Jimmy raccompagnait le médecin. Ta mère pourrait avoir une tumeur au cerveau qu'il ne s'en rendrait pas compte. Elle doit voir un spécialiste.

— Tout va s'arranger, déclara Jimmy en claquant la porte d'entrée.

Emma renvoya Peter et Patrick chez eux. Elle n'avait guère envie de rester plus longtemps avec son père mais elle ne voulait pas laisser sa mère. Jimmy n'avait pas l'air de savoir comment se débrouiller avec elle.

Ils s'installèrent pendant un moment tous les trois devant la télévision puis Anne-Marie annonça qu'elle était fatiguée et qu'elle voulait se coucher. Il n'était que huit heures et demie.

Anne-Marie ne protesta pas quand Emma monta avec elle et l'aida à se préparer pour la nuit. Au contraire, elle parut très contente d'avoir de la compagnie. Après l'avoir bordée dans son lit, Emma s'assit à côté d'elle et lui lissa doucement les cheveux.

— Je suis désolée que tu aies été si contrariée tout à l'heure, lui dit-elle de sa voix rassurante.

— Tu me disais que je devais encore aller dans cet affreux endroit, répondit Anne-Marie d'une voix ensommeillée, une de ses mains aggripée à celles d'Emma.

— Je ne le pensais pas, dit Emma.

Elle trouvait plus judicieux de faire comme si elle savait à quoi sa mère faisait allusion.

— Parle-moi, Emma, murmura Anne-Marie. J'aime entendre ta voix.

Emma se lança dans un lent et doux monologue sur ce qu'elle allait faire le lendemain. Elle ajouta qu'elle viendrait voir sa mère dans la soirée. Sa voix devait avoir un effet calmant sur Anne-Marie, qui glissa dans le sommeil sans lâcher la main de sa fille.

Des images de son enfance revinrent à la mémoire d'Emma. A présent, les rôles étaient inversés. Quand elle faisait un cauchemar, sa mère se précipitait dès ses premiers cris, vêtue d'une de ses douces chemises de nuit en coton et les mains fleurant bon la crème au muguet. Elle s'asseyait sur le petit lit à côté d'elle pour la consoler en caressant son front fiévreux et lui jurait que les loups étaient tous partis.

En cet instant, c'était elle qui jouait le rôle de la mère rassurant son enfant. Elle trouvait très étrange d'avoir quelqu'un à materner alors qu'elle désirait depuis si longtemps un bébé. Mais son bébé était une femme de soixante ans qui retombait en enfance. Pourquoi ? Et surtout, son état risquait-il de s'aggraver ?

Elle regretta de ne pas avoir de veilleuse à laisser allumée sur la table de chevet, au cas où Anne-Marie se réveillerait dans la nuit en ne sachant plus où elle était.

Emma se souvenait très bien de la chenille qui se trouvait à l'intérieur d'une petite lampe que sa mère avait achetée quand Kirsten était toute petite : la lueur verte de la chenille suffisait à chasser les mauvais rêves. Peut-être était-ce la raison pour laquelle Kirsten n'avait jamais fait de cauchemars. Elle avait été veillée par Mme Chenille.

La respiration de sa mère devint régulière. Emma se leva et entreprit de ranger la chambre sans bruit. Elle plia les vêtements et mit de l'ordre sur la coiffeuse autrefois impeccable. Ce seul détail prouvait qu'Anne-Marie allait mal : elle avait toujours éprouvé une fierté sans limites à propos de sa maison. Elle n'avait jamais attendu que le moindre grain de poussière ternisse un seul de ses meubles. Or Emma contemplait un gâchis où les cotons à démaquiller traînaient au milieu du talc renversé. Elle se promit de nettoyer tout cela très rapidement.

Sa mère avait jeté son sac n'importe comment sous le tabouret de sa coiffeuse. Le fermoir doré s'était ouvert, laissant voir le contenu. Emma s'assit sur le tabouret et fit l'inventaire du sac. Au lieu des objets bien rangés qui s'y trouvaient d'habitude, lunettes, rouge à lèvres, poudrier, porte-monnaie et mouchoir en lin, elle découvrit un horrible désordre d'objets en vrac et de petits bouts de papier roulés en boule. Elle en prit une poignée et les ouvrit lentement. « Sachets de thé dans la boîte bleue », était-il écrit sur le premier. « Lunettes sur la coiffeuse. Ne pas oublier ! » disait un autre. L'un d'eux portait le numéro de téléphone d'Emma mais les chiffres avaient d'abord été écrits deux fois avec une légère erreur et barrés. On aurait dit que sa mère n'était arrivée à l'écrire qu'au bout du troisième essai.

L'un après l'autre, Emma déplia les pathétiques morceaux de papier et lut les tristes messages qu'Anne-Marie s'adressait à elle-même : où était rangé le lait et quel jour venait le laveur de carreaux. Le plus poignant de tous était celui où sa mère avait soigneusement noté son propre nom et son adresse, comme si elle s'attendait à se perdre en oubliant qui elle était et où elle vivait.

Emma prit un mouchoir en papier sur la coiffeuse pour essuyer ses larmes.

Au fond du sac, il y avait des boutons. Elle en compta quinze qu'elle rangea suivant leur taille et leur couleur, depuis les tout petits en nacre jusqu'aux grands boutons bleu marine qui lui semblaient avoir été coupés sur le pardessus de son père. Pauvre maman, pensa Emma. Elle collectionne les boutons. Elle a peut-être cru qu'il s'agissait de pièces de monnaie.

Son père apparut sur le seuil de la chambre.

— Elle dort ? demanda-t-il.

Emma répondit d'un signe de la tête. Elle était trop en colère contre lui pour lui parler. Il s'était conduit ce jour-là comme toujours, cherchant à écraser quiconque ne partageait pas son avis et voulant à tout prix prouver qu'il avait raison. Anne-Marie était très malade mais, comme d'habitude, Jimmy refusait d'envisager une autre façon de voir que la sienne.

Il n'avait donc qu'à se débrouiller tout seul avec la réalité, ce soir. Emma n'avait pas l'intention de rester et de l'aider à nier la maladie de sa femme. Elle prit ses affaires sans un mot et s'en alla. Sa maison n'était pas très loin ; elle rentrerait à pied.

Le téléphone les réveilla le lendemain matin, à six heures et demie, Peter et elle. Emma tendit une main hésitante vers la petite table où se trouvait l'appareil.

— Allô ? marmonna-t-elle.

Elle sentit à côté d'elle Peter tirer les couvertures sur sa tête pour étouffer le bruit.

— Emma, c'est ton père ! Peux-tu venir ? Je ne m'en sors pas.

20

Rien ne valait la satisfaction d'un travail bien fait, pensa fièrement Hannah en appelant le bureau pour annoncer que la maison de Weldon Drive était enfin vendue. Rien ne valait cela, ni le premier verre de vin à la fin d'une semaine chargée ni même une nuit d'amour torride, absolument rien ! Même si, se dit-elle avec un pauvre sourire, les nuits d'amour torrides lui manquaient un peu depuis quelque temps. Depuis un mois et deux jours, pour être précise.

Le célibat avait des aspects positifs, reconnut-elle. On n'avait pas à se martyriser avec des strings inconfortables qui se coinçaient dans les parties les plus fragiles de l'anatomie simplement pour avoir l'air toujours prête à faire l'amour, par exemple. L'épilation ne posait plus de problème non plus. Personne ne voyait plus votre corps quand vous étiez célibataire, sauf les autres femmes dans les douches de la salle de gymnastique. Pourquoi donc s'en soucier ?

Hannah reconnaissait les femmes amoureuses quand elle les voyait dans les douches : elles utilisaient avec frénésie des gommages exfoliants, traquaient le moindre poil et se faisaient les ongles comme si leur vie en dépendait. Leur bien-aimé les prendrait ainsi pour de parfaites représentantes de la féminité. En revanche, les femmes poilues ne pouvaient être que seules ou parvenues à un tel degré d'intimité – capables d'utiliser les toilettes pendant que l'homme de leur vie prenait son bain – qu'elles ne se souciaient plus de s'épiler ou de débarrasser leur peau de ses cellules mortes !

Hannah se reprocha pourtant de ne pas s'occuper d'elle-même pour rester impeccable. Il n'y avait aucune excuse pour se laisser aller. Elle prendrait rendez-vous dans la journée avec une esthéticienne. Que Felix ne tourne plus autour d'elle comme un lapin en rut ne justifiait pas de renoncer à ses exigences personnelles.

Elle ferma à clé la porte de la maison et prit le temps d'admirer le jardin couvert de crocus de toutes les couleurs. Les rouges voisinaient avec les jaune vif tandis que quelques fleurs d'un jaune très pâle inclinaient la tête au pied de la haie de troènes, comme accablées par l'éclat tapageur des autres. L'ancienne propriétaire aimait son jardin et cela se voyait. Si elle s'était aussi bien occupée de l'intérieur, il n'aurait pas fallu quatre mois pour décider un acheteur !

On était presque en février et le bien avait été proposé sur le marché en novembre. L'agence désespérait de s'en débarrasser. On pouvait mettre autant de grains de café ou de miches de pain dans le four que l'on voulait, ou disposer un gros bouquet de lis parfumés sur la table de l'entrée quand des clients venaient visiter les lieux, l'odeur dominante restait celle des matous non castrés et des vêtements sales.

Hannah s'était vue chargée de cette maison avec les quatre autres qui composaient son portefeuille de biens à vendre. David confiait au moins quinze affaires aux agents confirmés, mais, comme Hannah débutait, elle n'en avait que cinq.

Elle aimait beaucoup son nouveau travail et appréciait particulièrement sa liberté d'organisation et de déplacement, en fonction des clients et des visites. Normalement, David aurait dû la mettre au service clientèle pendant au moins un an avant de la laisser gérer un portefeuille. Mais il lui faisait confiance.

A présent, elle étudiait à temps partiel le système des enchères, un soir par semaine et certains week-ends, et elle avait juré de passer ses examens en un temps record. Donna lui avait apporté une aide considérable en lui donnant tous les tuyaux sur les astuces du métier, lui expliquant comment procéder avec un client qui ne lui inspirait pas confiance (« Reste près de la porte, dans ce cas-là. Je sais que tu dois garder un œil sur la maison pour qu'on ne vole rien, mais ta vie vaut plus que n'importe quelle babiole ! »).

Elle avait beaucoup à apprendre, sur la négociation, les aspects juridiques de son travail et l'attitude à adopter avec les clients difficiles.

« La plupart des gens sont très reconnaissants quand tu as vendu leur maison, lui avait expliqué Donna. C'est un des grands plaisirs du métier, c'est très satisfaisant. Mais il y a aussi les gens pénibles et il faut savoir comment s'en sortir avec eux. »

Donna avait fait une petite grimace. Elle avait de nombreuses anecdotes très drôles à raconter : celle de l'homme complètement ivre qui lui avait mis la main aux fesses pendant qu'elle montait l'escalier devant lui pour lui faire visiter un appartement ; une autre au sujet d'un chien mouillé qu'elle avait par inadvertance laissé entrer dans une propriété en l'absence des propriétaires.

« Je lui ai donné tout un paquet de biscuits pour l'attirer dans le jardin ! La visite devait commencer à deux heures et demie, et cet énorme animal était en train de courir dans toute la maison comme un fou ; il sautait sur les lits et cassait tout ! »

Un autre jour, en entrant dans une maison, elle avait trouvé un couple en train de faire l'amour sur la table de la salle à manger.

« C'était bien la propriétaire mais l'homme n'était pas son mari ! J'ai dû me mordre les lèvres pour ne pas rire. Ils étaient affreusement gênés. »

Hannah avait à présent ses propres anecdotes à raconter, par exemple la fois où elle avait perdu tout le trousseau de clés d'une maison. Elle avait eu beau les chercher, elle ne les avait pas retrouvées.

Elle était allée l'avouer à David, très inquiète de sa réaction, mais il lui avait souri.

« Vous ne pouvez prétendre être agent immobilier tant que vous n'avez pas perdu au moins un trousseau de clés, lui avait-il répondu gentiment. Prévenez le client que nous changerons les serrures à nos frais. »

Son téléphone portable sonna, brisant la tranquillité matinale de la petite rue de banlieue.

— Hannah ? Message urgent pour toi, annonça Sasha, la jeune femme qui avait été engagée pour la remplacer. Mme Taylor, de Blackfriars Lodge, à Glenageary, vient d'appeler. Elle est complètement affolée. Sa fille a attrapé la rougeole et elle ne peut pas la faire sortir de la maison le temps de la visite. Elle veut savoir s'il y a moyen de montrer sa maison aux clients sans les faire entrer dans la chambre de sa fille. Je sais que c'est de la folie mais elle m'a demandé de te poser la question.

— Ne comprend-elle pas que les clients risquent d'être contaminés, sans parler du fait qu'ils voudront tout voir, y compris le placard sous l'escalier ? rétorqua Hannah en riant. Je la rappelle tout de suite, ne t'inquiète pas.

Après avoir convaincu Mme Taylor de ne pas paniquer et promis d'organiser une autre visite la semaine suivante, elle appela Leonie. Elle voulait s'assurer que son amie était toujours libre pour déjeuner. Hannah devait se rendre à Enniskerry, dans le comté de Wicklow, pour une visite dans l'après-midi. Elle s'était donc organisée pour rencontrer Leonie à mi-chemin et prendre le temps d'avaler un sandwich avec elle.

— C'est toujours possible ? demanda Hannah

Avant de pouvoir parler à Leonie, elle avait dû patienter cinq minutes avec un chœur d'aboiements en bruit de fond au lieu des sempiternelles musiques d'attente.

— Oui, sanglota Leonie.

— Qu'y a-t-il ? demanda Hannah, inquiète. C'est encore Abby ?

— Non, c'est un cochon d'Inde. Il vient juste de me mordre, et si tu savais comme ça fait mal !

Hannah éclata de rire.

— C'est tout ?

— Tu n'as qu'à te faire mordre de temps en temps par un cochon d'Inde, ma chérie, répliqua Leonie. Ils ont des dents qui coupent comme des rasoirs. Et maintenant, il est en train de hurler comme un ténor italien, à croire que c'est lui qui s'est fait mordre ! Adorable petite bête, tu parles ! Tu ne devineras jamais son nom : Peaches, comme les pêches ! Franchement, les gens donnent des noms incroyables à leurs animaux. Ils auraient dû l'appeler Pavarotti, à l'entendre chanter !

— Seras-tu suffisamment remise de ton combat avec Peaches pour me retrouver dans une demi-heure et manger un sandwich avec moi ?

— Seulement si je peux aussi avoir une part de cheese-cake, négocia Leonie. J'ai quelque chose à fêter.

— Que fêtes-tu ?
— Il faudra d'abord m'offrir mon cheese-cake !

— Allez, madame Delaney, videz votre sac ! ordonna Hannah.

Elle posa le plateau de leur déjeuner sur la table qu'elles avaient choisie dans un coin du pub.

— Qu'as-tu à fêter ? reprit-elle. Si c'est un homme, je ne veux pas le savoir. Les pauvres célibataires comme moi ne supportent pas la vie sexuelle des autres.

Leonie se mit à rire.

— Tu vas un peu vite, même pour moi ! D'autant plus que je ne l'ai pas encore rencontré.

— Donc, il s'agit bien d'un homme, dit Hannah d'un ton triomphant. Je le savais ! Tu es incorrigible. Tu sais, Leonie, ton visage ne s'illumine vraiment que s'il y a un homme en vue.

— Je risque de me retrouver éteinte après l'avoir rencontré si cela ne marche pas, remarqua Leonie. C'est un des hommes qui ont répondu à ma petite annonce. L'autre jour, j'ai eu le courage de l'appeler. Il a l'air formidable, très amical, intelligent et sensible... J'ai la trouille quand je pense à Bob et à la façon dont ça a tourné court. Lui aussi, il avait l'air très bien au téléphone. Le nouveau est peut-être horrible.

— Tu dis n'importe quoi ! Il est probablement très bien, dit Hannah avant de goûter son sandwich au thon.

— J'espère tomber sur un Adonis blond d'un mètre quatre-vingts avec un corps à mourir et des mains de guérisseur ! lança Leonie d'une voix rêveuse.

Elle se tut brutalement. Quelle gaffeuse ! Elle venait de décrire presque exactement le Felix de la pauvre Hannah. Leonie l'avait enfin aperçu dans un feuilleton et l'avait trouvé d'une beauté remarquable. Une grande beauté mais aussi un grand vide…

— Désolée, bafouilla-t-elle.

— Désolée de quoi ? demanda Hannah.

Elle n'avait pas l'air perturbé et continua de manger son sandwich.

— Excuse-moi, dit-elle, je dois être à mon prochain rendez-vous dans une demi-heure. J'ai donc intérêt à me dépêcher. Parle-moi plutôt de ton nouveau soupirant.

— Il s'appelle Hugh. Il travaille dans une banque. Il est conseiller en investissement et il a divorcé, lui aussi.

— C'est bien.

— Il est plus âgé que moi et il adore les chiens. Il en a trois : un épagneul, un terrier et un authentique corniaud. Il les a appelés Ludlum, Harris et Wilbur à cause de ses romanciers préférés. Il est passionné par les romans à suspense.

— Et tu as appris tout cela au téléphone ? Il aime parler !

— Oui, répondit Leonie, qui rayonnait. Imagine, si nous nous mariions et que nous devions parler de la façon dont nous nous sommes rencontrés. Je devrais avouer que j'ai eu le coup de foudre en l'entendant me raconter comment il a sauvé Wilbur d'une mort certaine. Il venait de naître et on a voulu le noyer. On l'avait enfermé dans un sac et jeté dans le Grand Canal. Sans Hugh, le pauvre Wilbur serait mort.

Leonie avait l'expression rêveuse d'une femme dont l'imagination galope. Elle était partie dans un pays imaginaire. Elle voyait déjà son mariage avec quatre chiens en tenue du dimanche, Penny en chienne d'honneur et les trois autres en chiens d'honneur. Sur la table, à la place des dragées, il y avait des sachets enrubannés de biscuits pour chiens.

Ce fut au tour d'Hannah de la regarder sévèrement.

— Leonie ! Arrête de confondre les gens qui aiment les animaux avec ceux dont tu peux tomber amoureuse. Ce n'est pas la même chose. A ta place, j'éviterais aussi de mentionner le mariage au premier rendez-vous. Je crains que l'idée n'enthousiasme moins les hommes que les femmes.

Leonie termina son sandwich et attaqua son cheese-cake généreusement garni de crème.

— Tu as raison. Je suis un peu obsédée par le mariage depuis celui de Ray et Fliss. C'est plus fort que moi. Cette robe Calvin Klein me hante. Chaque fois que je passe devant la boutique de robes de mariée en ville, je regarde dans la vitrine au cas où je verrais quelque chose d'élégant que je pourrais réserver. Cela me rend folle, tu sais. Mel m'a surprise, l'autre jour, et j'ai fait semblant d'être en train de redresser mon chapeau de pluie en me regardant dans la vitrine.

— Quand avez-vous rendez-vous ?

— Samedi soir.

— C'est bien. Cela te permettra d'être certaine qu'il est divorcé. Ce pourrait être un homme marié se faisant passer pour un divorcé afin de trouver des femmes.

Leonie eut l'air choqué.

— Il y a des gens qui se servent des annonces pour mettre un peu de piment dans leur vie alors qu'ils sont déjà pris, expliqua Hannah, navrée d'avoir été aussi maladroite. Mais donner rendez-vous un vendredi ou un samedi est bon signe.

— Je me le demande.

— Désolée, sincèrement, Leonie. Je suis tellement contre les hommes en ce moment que je tourne à la vieille fille agressive. Je ferais mieux de rester chez moi pour écrire un pamphlet féministe et régler ça une fois pour toutes. Hugh a l'air très sympathique. Bravo d'avoir osé lui téléphoner. Demande-lui s'il a des frères, ajouta-t-elle en riant. Non, je plaisante ! Je ne suis pas en état de voir un homme. D'ailleurs, je ne veux pas d'homme. On n'a que des ennuis avec eux.

— Aucune nouvelle de Felix, si je comprends bien ?

Hannah secoua la tête.

— Pas un mot. Il m'a laissé un très joli tee-shirt de chez Paul Smith dans le panier à linge sale et je ne l'ai trouvé que récemment, tout au fond. Je l'ai découpé en morceaux et je m'en sers pour nettoyer la salle de bains. De toute façon, c'est du passé. Felix m'a prouvé que je fais partie du genre de femmes qui ont intérêt à éviter les hommes. C'est trop compliqué. Je devrais peut-être devenir une femme moderne et jouer les maîtresses. J'ai lu dans le *Daily Mail* un article au sujet d'une femme ; elle disait qu'elle s'occupe de sa carrière et qu'elle voit un homme une fois par semaine. Cela lui convient très bien. C'est l'épouse légitime qui s'occupe des chaussettes sales !

— Tu n'aimerais pas cela. Tu as un caractère trop entier ; avec toi, c'est tout ou rien.

— Tu as raison. Donc, je ne m'accroche à rien, dit Hannah d'un ton décidé. Plus jamais d'hommes, plus jamais.

Quelques heures plus tard, Hannah était tranquillement assise à son bureau quand le téléphone sonna. Elle décrocha distraitement, absorbée par les documents qu'elle était en train d'étudier, et se figea. Elle aurait reconnu cette voix entre mille. Grave, douce et joyeuse, comme si quelque chose l'avait amusé et qu'il souriait encore en parlant.

— Hannah, c'est formidable de t'entendre.

Elle raccrocha avec une telle violence que Sasha, Steve et Donna levèrent tous la tête avec étonnement.

— La ligne a été coupée et il y a eu cet affreux bruit aigu, expliqua-t-elle, n'hésitant pas à mentir.

Elle n'était pas prête à leur avouer que ce salaud d'Harry Spender venait de l'appeler sans prévenir, un an et demi après son départ pour l'Amérique du Sud, un an et demi passé à se promener le long de l'Amazone et à s'amuser comme un fou pendant qu'elle essayait de reconstruire sa vie. Comment osait-il ? Le document informatique sur lequel elle travaillait disparut de l'écran, qui s'assombrit, et l'image de son économiseur d'écran apparut. Au bureau, ils avaient tous choisi une image différente. Pour Hannah, c'était un chaton en train de jouer avec une pelote de laine. Normalement, elle trouvait très drôle de regarder le chaton bondir vers la pelote qui lui échappait toujours. Elle tapa sèchement la touche « retour » et le chaton disparut. Son téléphone sonna de nouveau. Sans montrer qu'elle avait l'estomac noué à l'idée de répondre, elle souleva le combiné et le coinça comme d'habitude entre son épaule et son menton.

— Bonjour, Hannah Campbell, je vous écoute, dit-elle pour la deuxième fois en moins d'une minute de son ton le plus professionnel.

C'était lui.

— Ne raccroche pas, Hannah, fit-il très vite d'une voix pressante.

Cette fois, il n'avait plus l'air de s'amuser autant.

Pas de chance ! pensa-t-elle avec un sentiment de victoire en raccrochant de nouveau sans un mot.

— Il doit y avoir un problème sur la ligne, dit-elle à la cantonade de son air le plus innocent.

Le téléphone sonna une troisième fois, un peu plus tard. C'était l'un des clients auxquels elle avait montré la maison d'Enniskerry dans l'après-midi.

Soulagée, Hannah poussa un petit soupir de détente. Harry avait enfin compris le message et ne rappellerait pas. Elle se demanda brièvement comment il avait obtenu son numéro professionnel mais se rendit compte que les gens bavardent beaucoup et qu'un de leurs anciens amis pouvait savoir où elle travaillait et avoir transmis l'information à Harry. Dublin était une toute petite ville : on ne pouvait avoir le hoquet sans que quelqu'un vous en fasse la remarque un mois plus tard.

Elle resta à son bureau jusqu'à six heures pour tenter de rattraper son travail en retard. L'agence se développait à toute allure. David James leur avait annoncé fièrement que le chiffre d'affaires avait augmenté de trois cents pour cent. C'était une excellente nouvelle mais cela signifiait aussi que les journées étaient trop courtes. Buvant à petites gorgées le café que Sasha lui avait apporté, Hannah n'avait pas levé la tête de sa paperasserie mais elle ne pouvait s'empêcher de penser en même temps à Harry. Elle avait tellement souffert de son départ ! Après dix ans de vie commune, elle n'aurait jamais imaginé qu'il la quitte. Mais il l'avait fait, pour « se trouver » puisque, apparemment, « leur relation l'étouffait ». A l'époque, elle avait cru ne jamais s'en remettre mais, avec le temps, sa douleur s'était atténuée. Ses rencontres avec Jeff et Felix l'avaient aidée à avancer, même si elle n'avait pas prévu de tomber amoureuse de Felix. Elle ne pensait pas pouvoir de nouveau aimer un homme. Harry aurait déjà dû l'en guérir. Felix avait réussi.

Elle pensait à Harry tout en travaillant, aux heures qu'il passait à traîner en robe de chambre, manie qui l'exaspérait au plus haut point. Quel minable ! S'il n'avait pas dû se lever pour se mettre au travail, Harry aurait passé ses journées à moitié habillé, vautré sur le canapé, n'appelant Hannah que pour lui demander de s'arrêter en rentrant de son travail pour acheter du pain, ou du lait, ou encore des cigarettes. Et elle obtempérait ! Ces souvenirs ne lui inspiraient plus que de la honte. A le servir comme cela, elle avait été encore plus minable que lui. Il ne lavait même pas sa tasse ou son cendrier s'il pouvait éviter de le faire et elle ne le lui avait presque jamais reproché. Comment ai-je pu être aussi stupide ? se dit-elle.

Oh ! Elle oubliait le roman, la grande œuvre d'Harry. Il en avait parlé pendant des années. Quand il aurait fini de l'écrire, il pourrait laisser tomber son travail, et il remporterait des prix littéraires à la pelle ! C'était encore pire quand il avait bu. Il lui expliquait qu'un jour il serait célèbre et riche, horriblement riche ! *N'oublie pas ce que je te dis : célèbre et riche à en crever !* Trente secondes plus tard, il lui empruntait dix livres pour acheter des cigarettes et des biscuits salés.

Donna travaillait encore quand Hannah éteignit son ordinateur et rangea les classeurs ouverts sur son bureau.

— Tu n'as pas envie d'un verre ? demanda Hannah.

Elle éprouvait soudain le besoin forcené de parler du coup de téléphone d'Harry à quelqu'un. Elle aimait se confier à Donna, qui ne jugeait jamais, ne risquait pas de conclusions hasardeuses et ne rapportait jamais leurs conversations à qui que ce soit.

— J'aimerais bien, reconnut Donna, mais il faut que j'aille chercher Tania chez une amie dans une heure et je dois d'abord terminer ces papiers. Désolée !

— Pas de problème ! répondit Hannah en riant. On se

voit demain. De toute façon, je commence tôt et je ne devrais même pas penser à aller au pub. A demain, Donna.

Il faisait encore très frais dehors et Hannah ne remarqua pas la voiture garée de l'autre côté de la rue. Elle n'aurait jamais imaginé que ce puisse être la voiture d'Harry. Elle l'avait connu avec une vieille Fiat toute cabossée, une antiquité. Là, il s'agissait d'une respectable berline sans la moindre éraflure. Hannah ne releva sa présence que du coin de l'œil. Elle fut donc très étonnée quand la portière s'ouvrit et qu'Harry en sortit, l'appelant à haute voix.

Elle se figea, le regard fixé sur lui. Elle se demanda s'il s'agissait d'un mirage, tout en sachant que sa présence était réelle. Pendant une minute qui lui parut durer des heures, elle fut incapable de bouger ou de prononcer la moindre phrase un peu sensée. Puis son cerveau se remit en route.

— Que fais-tu ici ? demanda-t-elle avec fureur.

— Je voulais te voir, Hannah. Il faut que nous parlions, dit Harry comme s'il n'y avait rien de plus naturel que de se manifester après un silence d'un an et demi.

— Tu m'as vue, parfait ! Maintenant, disparais ! jeta-t-elle en se dirigeant vers sa voiture.

— Hannah, ne sois pas comme ça ! Tu ne peux pas tirer un trait sur dix années de vie commune !

Elle le dévisagea avec férocité.

— En principe, c'est moi qui devrais prononcer cette phrase, Harry ! C'est toi, si ma mémoire ne m'abuse, qui as tiré un trait sur dix années de vie commune. Sors de ma vie, et ne t'approche plus jamais de moi ou bien je porte plainte pour harcèlement ! Tu as compris ?

Dans une colère épouvantable, elle déverrouilla la

portière de sa Fiesta et jeta ses papiers sur la banquette. Harry la suivit. Elle le sentait derrière elle, les bras ballants, comme toujours quand il ne savait pas quoi faire. Elle l'ignora, étonnée de la rage qui l'habitait. Elle avait l'impression qu'Harry et Felix se confondaient en un seul homme sur lequel elle aurait voulu déverser la fureur qu'ils lui inspiraient tous les deux.

— Hannah, dit-il d'une voix hésitante, arrête, s'il te plaît, et parle-moi. Je ne te demande rien d'autre. S'il te plaît ! Je suis désolé.

Il avait dit les mots qu'il ne fallait pas dire. « Je suis désolé. » Pas une seule fois depuis qu'il l'avait abandonnée Harry ne lui avait présenté ses excuses. Il n'avait pas eu l'air gêné un seul instant quand il lui avait annoncé son départ en lui reprochant de l'étouffer. Il ne lui avait jamais demandé pardon, même quand elle s'était laissée tomber au bord du lit, les jambes coupées par le choc. Même la lettre bizarre et pleine de détails sans intérêt qu'il lui avait envoyée un an plus tôt depuis l'Amérique latine ne comportait pas la moindre allusion à leur vie commune ni le moindre regret d'avoir tout détruit.

Hannah posa son sac sur le siège passager avant de se retourner vers lui.

— Tu es désolé ? répéta-t-elle froidement. Maintenant ? N'est-ce pas un peu tard pour avoir des regrets ? Il me semblait que tu aurais dû en éprouver quand tu m'as quittée comme un malpropre ! Et tu reviens, deux ans plus tard, pour...

Elle inclina la tête sur une épaule pour le dévisager, les yeux plissés de méfiance.

— Pour quelle raison ? Je me le demande. Tu cherches un pied-à-terre, peut-être ? A moins que tu aies besoin d'argent ? Tu as quelque chose à me demander, Harry, si tu es revenu.

Il parut chagriné.

— Je crains que tu aies une très mauvaise opinion de moi, Hannah, si tu penses que je ne suis revenu que pour t'emprunter de l'argent.

— Alors que tu ne m'as jamais donné une seule raison d'avoir une mauvaise opinion de toi, n'est-ce pas ?

Il baissa les yeux le premier.

— Je suis désolé, Hannah, même si tu ne me crois pas. Je sais que je ne peux pas réparer ce que j'ai fait, mais je voudrais au moins pouvoir te parler, t'expliquer.

Une immense lassitude envahit Hannah. Elle n'avait plus l'énergie de se battre avec lui. Qu'il essaie de lui expliquer l'inexplicable !

Hannah savait qu'il n'y avait pas d'explication valable à la conduite d'Harry, mais elle s'en était remise. Elle avait eu très mal mais elle avait traversé l'épreuve pour en sortir plus forte, du moins l'espérait-elle. Elle voulait bien le laisser s'expliquer, puisqu'il y tenait.

— Rendez-vous chez McCormack dans une demi-heure, dit-elle sèchement. Je peux t'accorder un quart d'heure. Après, je dois m'en aller.

Sans attendre de savoir si cela lui convenait ou pas, elle sauta dans sa voiture, claqua la portière et démarra comme si elle conduisait une Formule 1 dans un grand prix.

Elle n'avait rien de particulier à faire dans la demi-heure suivante. Il lui fallait seulement un peu de temps pour reprendre ses esprits. Elle arriva très vite au pub, se gara et resta assise dans sa voiture, le journal ouvert sur le volant devant elle. Elle se sentait trop fatiguée pour lire et, de toute façon, le visage d'Harry s'interposait sans cesse entre elle et les lignes imprimées. Quand il avait surgi devant elle, elle avait su quoi lui dire. Portée par une colère rentrée depuis deux ans, elle était prête à lui arracher la tête. Mais à présent, après y avoir pensé, elle ne trouvait plus un seul mot. Tout ce qu'elle aurait voulu lui lancer pour le démolir à son tour était oublié. Si seulement elle avait enregistré les diatribes qu'elle lui avait adressées les soirs où elle avait un peu trop bu ! Il aurait su exactement ce qu'elle lui souhaitait. Echauffée par le frascati, elle devenait très éloquente même si elle pleurait, et cela lui aurait été bien utile en cet instant. Elle n'aurait eu qu'à appuyer sur le bouton de mise en marche et Harry aurait pu entendre mot pour mot ce qu'elle avait éprouvé et ce qu'elle pensait de son ignoble comportement. La pensée d'Harry obligé d'écouter une de ses tirades d'ivrogne la fit sourire pour la première fois depuis des heures. Il était en pleine forme, elle devait au moins lui accorder ça. Il gardait un air un peu immature mais il était moins maigre, et les quelques rides qui marquaient ses yeux lui allaient bien, de même que son hâle. Il bronzait toujours bien, prenant une teinte café tandis que les taches de rousseur d'Hannah se contentaient d'envahir tout son visage.

Il était également très présentable et semblait avoir renoncé à son ancienne allure négligée en pantalon trop grand et vieux sweat-shirt dont le dernier des organismes caritatifs n'aurait pas voulu. A la place, il portait un pantalon à la mode et un pull en coton blanc cassé qui paraissait neuf. Presque élégant et, en tout cas, très différent du Harry qu'elle avait connu.

Parfait ! pensa Hannah avec un sourire amer. S'il avait changé, elle aussi. Elle portait un tailleur strict avec une jupe au genou pour montrer ses jambes musclées, gainées d'un collant gris fumée. Rien sous la veste, juste son soutien-gorge. Aux pieds, de vertigineux talons aiguilles. Quant à sa coiffure, elle avait renoncé au chignon sévère de ses années avec Harry au profit d'une coupe mi-longue qui laissait ses cheveux onduler librement. Enfin, elle avait troqué ses lunettes de grand-mère pour des verres de contact et utilisait un gloss couleur fraise qui lui donnait une bouche très désirable.

Cette allure séduisante mais de façon retenue, dissimulée sous une attitude très professionnelle, produisait beaucoup d'effet sur les hommes. Hannah décida de donner du fil à retordre à Harry et sortit son gloss pour se refaire une bouche à damner un saint.

Quand elle vit Harry arriver dans sa voiture neuve, elle sortit de la sienne à toute vitesse et se rua dans le pub. Elle s'installa à une table du fond, se plongea dans son journal et feignit de ne pas remarquer Harry avant qu'il dise son nom.

— Oh ! lâcha-t-elle d'un air surpris, comme si elle avait complètement oublié leur rendez-vous. Harry ! Je prendrai un jus de citron vert avec de la glace.

Il partit chercher leurs verres et, quand il revint, il s'assit lourdement, comme s'il portait le monde sur ses épaules.

— Merci, dit gaiement Hannah.

Elle n'avait pas envie d'une grande crise émotionnelle assortie de hurlements de reproche qu'on entendrait jusqu'à l'autre bout du bar. Il valait mieux se conduire comme une amie bienveillante essayant de conseiller un cadet qui se mettait toujours dans de mauvaises situations. Elle envisageait de prendre le même ton que pour dire : « Espèce de galopin ! Qu'as-tu encore fait comme bêtise ? », avec une dose d'indifférence pour faire bonne mesure.

— Tu es très belle, Hannah, dit-il.

Son assurance fondit de moitié. C'était un coup direct et elle dut serrer les dents pour ne pas hurler que les ruptures étaient le meilleur des régimes à cause des heures que l'on passait sur les machines de musculation pour oublier.

— Merci, répondit-elle sans sourciller. Harry, je n'ai pas toute la soirée devant moi. Peux-tu en venir au fait ?

— J'en conclus que tu as un ami ? demanda-t-il avec décontraction.

Elle le fixa quelques instants, les yeux à demi fermés, avant de répondre.

— Cela ne te regarde pas.

— D'accord, d'accord ! Je demandais, c'est tout…

— Arrête de poser des questions. Pourquoi es-tu venu ? Je croyais que nous n'avions plus rien à nous dire.

— Moi, si. Je tiens à te présenter mes excuses, Hannah. J'ai beaucoup pensé à toi, à tout le plaisir que nous avions ensemble. J'ai la sensation, poursuivit-il d'une voix hésitante, que notre histoire est restée inachevée, que nous n'aurions pas dû faire cela, tu comprends ?

— Non.

— Mais tu devrais, tu l'as dit toi-même, Hannah : nous étions si bien ensemble.

— Harry, à moins d'avoir des problèmes de mémoire, tu te rappelleras que j'ai dit cela alors que tu rassemblais les CD que tu craignais de laisser dans l'appartement. Je te disais que nous étions bien ensemble et, toi, tu t'assurais de n'abandonner aucun objet personnel que je pourrais avoir envie de casser après ton départ, parce que tu me laissais tomber. Les choses ont changé, depuis cette époque.

Il parut sur le point de l'interrompre mais elle l'en empêcha.

— Tu as passé un an et demi à vivre l'aventure que tu voulais, en t'attendrissant de temps en temps sur la fille que tu avais laissée derrière toi.

Elle avait mis tout le sarcasme dont elle était capable dans ces derniers mots.

— Parce que, reprit-elle, parce que c'est toi qui es parti ! Tu as choisi de partir sans me demander mon avis, et tu l'as fait. Moi, je n'ai eu qu'à subir. Je n'ai pas eu le choix. Et ce fut un choc terrible. Je m'en suis remise, je vis très bien sans toi et, en ce qui me concerne, j'ai réussi à clore le dossier ! Alors dis-moi comment tu as pu imaginer que j'allais t'accueillir à bras ouverts ! Etais-je aussi bête que cela ?

Harry s'empara de la main d'Hannah.

— Non, tu es la personne la moins bête que je connaisse.

Hannah reprit sa main avec colère.

— Ne me touche pas ! dit-elle.

Le couple assis à la table voisine jeta un coup d'œil curieux vers eux. Harry leur adressa un faible sourire d'excuse. Hannah résista à l'envie de le gifler pour effacer ce sourire de son visage d'idiot.

— Chercherais-tu à me convaincre de revenir ? demanda-t-elle à brûle-pourpoint.

— Non. Si. Enfin, d'une certaine façon. Je voudrais que nous soyons amis, dit-il lamentablement.

— J'ai assez d'amis, déclara Hannah. Je n'en veux pas d'autres.

Elle s'apprêtait à lui jeter à la figure d'un geste offensé le verre qu'elle n'avait pas touché quand une sorte de force intérieure lui fit lever les yeux. Felix venait vers elle.

Son premier réflexe fut de se dire qu'il y avait des hallucinogènes dans l'air conditionné. Son cerveau fonctionnait au ralenti tandis qu'elle le regardait approcher. Il n'y avait pas d'autre explication à ce qui se passait. Rencontrer un ex, c'était déjà de la malchance, mais deux...

— Bonjour, Hannah, dit Felix de sa belle voix en jetant un coup d'œil dédaigneux à Harry. J'espérais que tu serais venue ici en sortant du bureau et que je t'y trouverais car tu n'étais pas chez toi quand j'ai appelé.

— Bonjour, Felix, dit-elle d'une voix normale, comme si elle ne venait pas de passer un mois à pleurer à cause de lui, à se demander où il était et si elle ne devait pas acheter un livre sur les femmes qui aiment des salauds.

Elle regarda autour d'elle, s'attendant presque à voir surgir l'animateur de « Surprise sur prise » et à apprendre qu'elle était la vedette de la prochaine émission. Les coïncidences se produisaient à un rythme anormal et il devait y avoir une raison à cela.

— J'espère que je ne vous dérange pas, dit Felix en s'asseyant de l'autre côté d'Hannah.

Il se moquait visiblement de savoir s'il les dérangeait. En réalité, cela lui faisait même plaisir, déduisit Hannah en voyant qu'il conservait le petit sourire de dédain qu'il avait eu pour Harry.

— Qu'est-ce qui t'amène ici ? demanda Hannah. Je ne savais pas que tu étais de retour en Irlande.

— Tu ne me présentes pas à ton ami ? dit-il, ignorant la question d'Hannah.

Il avait lourdement insisté sur « ami ». Hannah serra un peu plus les dents.

— Harry Spender, Felix Andretti, dit-elle.

— Comment vous êtes-vous connus ? demanda Harry d'un ton sec.

— Nous sommes sortis ensemble, Harry, expliqua obligeamment Hannah. Mais cela n'a pas duré.

— Oh, dit Harry avec satisfaction avant de tendre de nouveau la main vers Hannah.

Elle recula hors de portée et, dans le mouvement, se heurta à la longue cuisse musclée de Felix. Il la dévisagea de son air le plus aguicheur. Si un regard provocant avait été une marchandise, Felix aurait été milliardaire.

— Depuis quand avez-vous rompu ? demanda Harry, vexé.

— Nous n'avons pas rompu, dit Felix d'une voix douce.

Hannah haussa les sourcils. Quelle abondance de biens ! Une minute plus tôt, elle n'avait pas d'homme à l'horizon. Soudain, elle en avait deux, prêts à se battre pour elle comme des chevaliers du Moyen Age s'affrontant en tournoi pour leur dame. Tant mieux ! Elle avait des nouvelles pour eux : la dame devait être d'accord pour qu'ils aient une raison de se battre, or cette dame n'en avait pas du tout envie. Elle en avait fini avec les deux chevaliers et ils pouvaient aller au diable !

— Bon, assez bavardé, les garçons ! J'ai un rendez-vous et je dois y aller. Ravie de t'avoir vu, Harry ; et toi aussi, Felix.

Elle leur adressa son plus beau sourire et se leva.

Ils prirent tous les deux une mine déconfite mais, sur le beau visage de Felix, se lisait aussi un certain déplaisir.

— Tu ne peux pas partir maintenant, dit-il en rejetant ses cheveux en arrière de ce geste qui était comme sa signature.

Toute la rage contenue d'Hannah explosa d'un seul coup, comme un incendie la consumant de l'intérieur.

Si elle s'était sentie fâchée de revoir Harry, ce n'était rien en comparaison de ce qu'elle éprouvait à voir réapparaître Felix. Au moins Harry avait-il pris la peine de réellement la laisser tomber. Felix s'était contenté de disparaître et, quand elle avait appelé son portable en pleurant, elle était tombée sur un message indiquant que le numéro n'était plus valable. Et il était là, se comportant comme si rien ne s'était passé !

— Tu as un petit ami ? dit-il d'un ton outragé.

Le volcan entra en éruption. Hannah se tourna vers lui, les yeux jetant des flammes.

— Ma vie ne te regarde pas, Felix. Ne l'oublie pas ! Je m'en vais, au revoir !

Elle partit comme une furie, les défiant de la suivre. S'ils osaient, elle les tuerait de ses propres mains !

Le temps qu'elle rentre chez elle, sa colère était retombée. Quand elle mit sa clé dans la serrure, elle souriait de la folie de toute cette histoire. C'était clair et net : ses petits amis étaient des yoyos ! Ils n'arrêtaient pas de revenir malgré leurs efforts pour s'en aller.

Moins d'une heure plus tard, Felix revint comme le yoyo qu'il était. Il garda le doigt sur la sonnette d'Hannah pendant dix minutes et, quand elle passa la tête par la fenêtre en lui conseillant d'aller se faire voir, il se mit à sonner chez les autres locataires. Elle finit par descendre à grand bruit et lui permit d'entrer.

— Que fais-tu ici, Felix ? demanda-t-elle tandis qu'il montait derrière elle.

Elle se sentait bêtement contente de ne pas avoir enlevé son tailleur de travail. Cela signifiait que Felix pouvait admirer l'ondulation de ses hanches et la finesse de ses jambes.

— Je veux te voir, Hannah. Nous devons nous parler.

C'étaient exactement les mots qu'Harry avait prononcés quelques heures plus tôt.

— Est-ce la Journée mondiale des ex-petits amis ? demanda-t-elle. On en a parlé dans la presse ? Non, laisse-moi deviner. Tu es resté coincé dans une machine à voyager dans le temps pendant quatre semaines et tu viens juste d'atterrir dans notre siècle. Je me trompe ?

— Je me suis conduit comme un idiot, Hannah, dit-il d'une voix basse.

Harry avait tenté de justifier sa disparition par le raisonnement et les belles phrases. Felix eut recours à des arguments plus charnels. Il la prit dans ses bras et l'embrassa. Hannah sentit son ventre se crisper dans un élan de pur désir animal. Felix embrassait comme un dieu. S'il décidait un jour de changer de carrière, il ferait fortune comme gigolo.

Elle s'abandonna momentanément à son étreinte, se collant à lui. Il remua des hanches dans un mouvement très excitant. Après un mois sans lui, Hannah se sentait dans l'état d'un voyageur qui arrive devant un fleuve d'eau fraîche après la traversée du Sahara. Ses mains remontèrent dans le dos de Felix, l'attirant encore plus étroitement contre elle. Mais que faisait-elle ? Si elle avait envie de sexe, il lui suffisait d'aller dans une boîte de nuit et de choisir un type qui cacherait son alliance dans sa poche. Pourquoi succomber avec Felix alors qu'il ne savait que l'endormir avec une fausse impression de sécurité ? Il réussirait de nouveau à la plier à tous ses caprices et, quand il en aurait envie, il repartirait. Il la laisserait tomber. Comme Harry.

Elle les vit en imagination se partageant la note au

pub après son départ… Quelle gourde, cette Hannah ! On lui ferait gober n'importe quoi !

Il suffit que je la regarde avec des yeux de petit chien et j'en fais ce que je veux ! dirait Harry.

Non, non, protesterait Felix. *Elle est sexy, elle aime faire l'amour. Je n'ai qu'à l'exciter en l'embrassant et en la faisant jouir, et elle me tombe dans les bras.*

Elle le repoussa de toutes ses forces.

— Hannah ? s'étrangla-t-il.

— Felix, tu as disparu sans un mot. Je ne peux pas te le pardonner. C'est fini, lâcha-t-elle, haletant de désir et de colère.

— Je sais, mais je suis faible, Hannah. J'ai eu peur. J'avais trop honte pour te téléphoner après Noël. Je savais que tu m'en voudrais beaucoup et je ne pouvais pas… Tu es si forte ! Tu es mon seul point de repère. J'ai besoin de toi.

— Quel ramassis de sottises !

Elle ne savait pas ce qui l'exaspérait le plus : que Felix réapparaisse sans prévenir ou qu'elle puisse tomber dans le panneau et l'embrasser.

— Tu savais que je serais en colère, j'avais de bonnes raisons pour cela, reprit-elle. Mais je t'aurais pardonné. Je t'aimais. Une semaine, deux semaines ! Je t'aurais encore pardonné. Mais quatre ! C'est trop, Felix. Et à Noël, pour couronner le tout. La période des fêtes, tu parles d'une fête ! Je suis désolée, va-t-en. Tu voulais parler, c'est fait. Tu as eu ce que tu es venu chercher.

— Je suis venu pour toi ! Tu es mon seul point de repère, répéta-t-il.

On se serait cru dans un roman à l'eau de rose, pensa Hannah, ou dans un film de seconde zone pour la télévision.

— Ce n'est pas Tom Stoppard qui a écrit ton texte, dirait-on, lança-t-elle. Il va falloir trouver quelque chose de plus percutant, Felix.

— Je ne connais personne d'aussi drôle que toi, Hannah, fit-il tendrement.

— Même pas toutes les bimbos que tu as sautées depuis que tu m'as quittée ? J'ai vu ta photo dans *Hello !* pour la première d'un film d'horreur où tu étais « en charmante compagnie ». Elle paraissait prête à passer au statut de petite amie à voir la façon dont elle se collait à toi. Ou bien c'était une future actrice qui s'entraînait pour jouer le rôle de ta petite amie. A moins encore qu'il s'agisse de la fille d'une personnalité à laquelle tu faisais la faveur de la sortir, quoique cela ne doive pas être un calvaire de sortir avec une gamine en robe Gucci lacérée à la taille. Etait-ce quelqu'un d'utile à ta carrière, Felix ?

La photo lui avait fait affreusement mal. On voyait Felix souriant, un bras passé autour d'une blonde vêtue de quelques centimètres de soie, belle comme on peut l'être à vingt ans. L'article présentait Felix comme l'acteur qui avait remporté les suffrages dans le feuilleton *Bystanders*. Hannah s'était sentie comme le vilain petit canard à côté d'elle.

Peu portée à la critique quand il s'agissait de sa silhouette, elle s'était sentie laide en voyant ce numéro de *Hello !* Elle ne s'était plus étonnée du départ de quelqu'un qui pouvait avoir d'aussi belles femmes.

— J'ai du mal à croire que je te manquais beaucoup ce soir-là. Qu'en dis-tu, Felix ?

Il pencha la tête avec une expression peinée.

— Je sais, je ne te mérite pas, Hannah. Mais, s'il te plaît...

Il se laissa tomber sur le canapé et se prit la tête dans les mains.

— Je t'en prie, ne me chasse pas. J'ai tellement besoin de toi ! Tu ne peux pas me dire que je ne t'ai pas manqué aussi !

Il leva vers elle des yeux suppliants.

Seigneur, pensa-t-elle, comme il est beau ! Il était presque impossible de lui résister, mais elle le devait.

— Tu m'as manqué, dit-elle lentement. Tu n'imagines pas à quel point. C'est pour cette raison que je ne veux plus rien avoir à faire avec toi, Felix. Je ne suis pas masochiste. Je te demande de partir.

Il se leva d'un mouvement toujours aussi gracieux et la regarda de nouveau avec des yeux pleins d'émotion. Il se décidait à partir.

— Je tiens à t'expliquer quelque chose avant de m'en aller, dit-il. Tu ne comprends pas. Je n'avais pas l'intention de tomber amoureux de toi. L'amour ne faisait pas partie de mon plan de carrière. Je ne voulais pas être amoureux. Je voulais m'amuser, mais je t'ai rencontrée et tout a changé. Je suis tombé amoureux de toi, Hannah.

Elle s'étonna de le voir si pâle, les fines rides de ses yeux plus apparentes que d'habitude. Il semblait réellement las et triste. Il ne jouait plus un rôle.

— Je sais, poursuivit-il, que cela ne me fera pas paraître sous un jour très flatteur si je reconnais que j'ai essayé de refouler mes sentiments pour toi, Hannah. Je voulais que ce soit avec toi comme avec les autres, que tu sois avec moi pendant quelques semaines, après quoi nous nous serions lassés l'un de l'autre. Mais cela ne s'est pas passé ainsi. Je t'aime, malgré moi. Je ne suis pas fier de ma conduite mais c'est la vérité. Je voulais que tu le saches. Je suis désolé de t'avoir fait du mal.

Hannah garda le silence, de peur de ce qui se passerait si elle parlait. Elle voulait rester impassible aussi longtemps qu'il le faudrait pour qu'il s'en aille.

Lui-même n'ajouta pas un mot quand il passa le seuil et ferma la porte derrière lui. Le regarder partir sans lui demander de revenir fut une des épreuves les plus difficiles qu'Hannah eût jamais vécues. Elle attendit, immobile, d'entendre claquer la porte d'entrée de la maison et, alors seulement, elle s'effondra.

Elle sanglotait, le visage ruisselant de larmes. Elle s'était raconté des histoires ! Non, elle n'avait pas oublié Felix, loin de là. Elle l'aimait toujours à en perdre la tête. Elle avait envie de lui, elle désirait le serrer contre elle, l'embrasser et se laisser aller à son désir. Ce qu'elle avait ressenti quand ils s'étaient embrassés, quelques minutes auparavant, lui avait procuré un tel bonheur... Comment supporter l'idée qu'il était sorti de sa vie pour toujours, qu'elle ne le toucherait plus jamais, qu'elle ne sentirait plus jamais sa peau contre la sienne ? Il était comme mort pour elle. Comment imaginer de vivre alors que Felix continuerait d'exister ailleurs, sans qu'elle puisse le voir, lui parler, le caresser ? Seule dans son appartement, sans personne pour l'aimer, elle pleurait, secouée par de grandes vagues de désespoir. Sa crise de chagrin dura, lui sembla-t-il, pendant des heures. Ses larmes coulaient sans qu'elle puisse les arrêter, ce qui ne lui était jamais arrivé. Elle pleurait en pensant aux merveilleux moments qu'ils avaient partagés ; elle pleurait parce qu'elle savait que, l'eût-elle accepté, Felix serait resté avec elle. Peu importait ce qu'il faisait, il pouvait avoir dix femmes en plus d'elle-même ! Elle accepterait tout si elle pouvait être avec lui de temps en temps. Mais, dans sa rage, elle l'avait chassé et, à présent, elle payait sa décision. Seule, elle était seule pour toujours.

Elle réussit enfin à maîtriser ses sanglots. Elle se rendit machinalement dans la salle de bains pour essuyer son visage et ne reconnut pas l'étrangère qui la fixait dans le miroir : une femme aux yeux creux, avec de grandes traînées de mascara sur le visage. Elle n'avait plus trente-sept mais cent ans. Rien d'étonnant que Felix ait préféré une gamine blonde toute fraîche. Il voulait une femme jeune et jolie, pas une vieille sorcière névrosée. Elle se démaquilla avec des gestes épuisés puis se lava le visage, se frottant la peau comme pour se punir. Elle ôta ensuite sa tenue de travail et enfila ce qu'elle put trouver de plus réconfortant : un vieux jean très doux qui était devenu d'un bleu presque blanc à force de lavages, et un immense pull gris informe qu'elle avait depuis des années. Pieds nus, elle passa dans la cuisine. Elle était en train de préparer son dîner quand il avait sonné : des pâtes avec du thon, de l'ail et des oignons. Le parfum de l'ail qu'elle avait haché menu embaumait de façon appétissante mais elle n'avait plus du tout faim. Elle ne voulait plus jamais entendre parler de manger.

Elle jeta l'ail dans la poubelle et posa brutalement la planche à découper dans l'évier. Des plats pour une seule personne, voilà ce qui l'attendait dorénavant. Elle ne préparerait plus jamais de festin pour deux. Elle n'était pas très douée mais Felix avait toujours beaucoup apprécié ce qu'elle cuisinait.

« J'admire ce que tu réussis à faire avec des pâtes et une boîte de sauce du supermarché », la taquinait-il quand elle composait un dîner à l'aide de son ouvre-boîte.

Tout la ramenait à Felix. Pourquoi était-elle tombée amoureuse de lui ? Pourquoi n'avait-elle pas résisté ? Elle avait déjà fait l'expérience des problèmes qu'on a avec les hommes mais elle n'avait pas voulu écouter sa voix intérieure. Elle était tombée dans le panneau sans réfléchir un seul instant. Il lui restait juste le sentiment qu'une partie importante de sa vie était révolue. Tout ce à quoi elle avait attaché tant de valeur, son travail, son appartement, son indépendance, tout cela lui semblait à présent curieusement vide, dépourvu de sens. A côté de l'amour, c'était insignifiant. Plus exactement : à côté du manque d'amour. Sa devise avait été que l'amour ne devrait pas être important. Le grand amour ? Un simple ramassis de sornettes ! La seule personne capable de vous aimer sincèrement dans la vie, c'était vous-même. Il ne fallait se fier à personne d'autre. Les gens comme Leonie, capables de consacrer une incroyable énergie à la recherche de l'amour, étaient fous.

Leonie... L'image de son amie en train de rire surgit dans son esprit. Oui, elle devait aller voir Leonie. Hannah ne supportait pas l'idée de passer la soirée seule chez elle. Elle avait très mal et personne ne saurait la consoler mieux que Leonie. Leonie comprenait le chagrin, la souffrance et l'amour. Hannah consulta sa montre : il n'était que neuf moins dix. Cela paraissait irréel : deux heures à peine s'étaient écoulées depuis ce coup terrible qui détruisait sa vie.

La compassion de Leonie au téléphone agit comme un baume sur le cœur blessé d'Hannah.

— Viens ! Tu peux passer la nuit ici, la pressa Leonie. Tu repartiras demain matin pour aller travailler et cela nous permettra de boire un ou deux verres ensemble. As-tu dîné ? demanda-t-elle encore, toujours pratique.

— Je ne peux pas manger, répondit Hannah d'un ton morne.

— Mais si ! J'ai exactement ce qu'il te faut : une

soupe aux fruits de mer. Je l'ai faite tout à l'heure et il en reste des tonnes.

Hannah se sentait incapable d'avaler la moindre miette. Boire, c'était une autre histoire ! Elle s'arrêta donc en chemin dans un magasin et acheta trois bouteilles de vin. Toutefois, en arrivant chez Leonie, l'odeur de la soupe chaude la fit saliver.

— Je croyais ne rien pouvoir manger, dit-elle, mais ça sent trop bon !

Elle souleva le couvercle de la casserole où la soupe bouillonnait. Penny vint se frotter contre ses jambes, quémandant une caresse.

— Oui, tu es une bonne fille, lui dit Hannah, qui s'était accroupie pour lui faire un câlin digne de ce nom.

Penny s'abandonna avec délices à sa nouvelle adoratrice. Mel, Abby et Danny déboulèrent tous les trois dans la cuisine pour saluer Hannah mais Leonie les renvoya au bout de quelques minutes.

— Vous vous plaigniez tous que je veuille regarder *The Bodyguard*, leur rappela-t-elle. Maintenant que vous avez la télévision pour vous, vous voulez rester dans la cuisine. Hop ! Du balai !

— Vous n'allez pas boire tout ce vin ? se récria Danny, scandalisé à l'idée que sa mère et Hannah vident les trois bouteilles à elles deux.

Ses copains et lui n'hésiteraient pas à boire autant, mais sa mère ! Il était certain d'avoir entendu dire que les femmes ne devaient pas boire autant que les hommes.

— Si ! répondit Leonie avec une grimace moqueuse.

Puis elle le poussa hors de la cuisine et ferma énergiquement la porte derrière lui.

Enfin seules, elle serra Hannah très fort dans ses bras.

— Ne pleure pas ! l'avertit-elle. Attends d'avoir

goûté ma soupe ! Ensuite, on ouvrira une bouteille et tu pourras pleurer tant que tu voudras. Mais pas avec l'estomac vide !

Hanna hocha la tête, les yeux pleins de larmes. Que c'était bon de se faire materner ainsi ! Elle s'assit tandis que Leonie remplissait un énorme bol de soupe fumante. Hannah se beurra un petit bain et mordit dedans. Penny, assise à ses pieds, lui jeta un regard mélancolique, comme pour dire qu'on ne lui donnait jamais rien alors qu'elle aimerait tellement goûter pour une fois même un tout petit morceau.

— C'était délicieux, dit Hannah quand elle reposa enfin sa cuillère, ayant tout mangé. J'aimerais savoir cuisiner comme toi. Felix se moquait toujours de moi en disant que je devrais ouvrir ma propre école de cuisine : l'Ecole de l'ouvre-boîte.

Sa bouche se mit à trembler. De nouveau Felix ! Il la hantait. Elle commença à pleurer tout doucement et Leonie débarrassa la table, apporta une boîte de mouchoirs en papier et ouvrit la première bouteille.

— Raconte-moi tout, dit-elle en remplissant leurs verres.

Quand elles arrivèrent à la moitié de la deuxième bouteille, Leonie marmonnait qu'elle le regretterait le lendemain matin et Hannah se sentait nettement mieux ! La bonne nourriture, le bon vin et la compagnie d'une amie lui avaient fait beaucoup de bien. Penny avait aussi apporté sa contribution. Elle donnait l'impression de comprendre qu'Hannah avait beaucoup de peine. Elle était restée assise fidèlement à côté de la table pendant toute la soirée, distribuant de grands coups de langue à l'une et à l'autre alternativement.

Quand Hannah se sentit fatiguée de parler de Felix, Leonie lui raconta le mariage de Ray et l'angoisse qu'elle avait éprouvée en apercevant ses jumelles avec leur belle-mère.

— Si tu avais pu la voir ! soupira Leonie. Fliss est incroyable, un vrai cauchemar. Intelligente, très belle, mince et sympathique. C'est le plus dur, tu sais. Elle est si gentille qu'on a réellement envie de l'aimer. Je préférerais que ce soit une horrible mégère. Ce serait plus facile de la détester ! Mais elle est affectueuse, chaleureuse et fantastique à tous points de vue. Les filles l'adorent et Danny ferait n'importe quoi pour elle.

Hannah remplit le verre de Leonie.

— Je ne devrais pas ! soupira Leonie en buvant un grand coup. Avec Ray, ils nous ont appelés trois fois pendant leur voyage de noces. Bon, je sais que Ray aime les enfants. Mais moi, je n'aurais pas téléphoné trois fois ! C'était l'idée de Fliss. Elle m'a dit au téléphone qu'il est essentiel de ne pas laisser les enfants penser qu'elle leur prend leur père. Elle veut qu'ils aient une plus grande place qu'avant dans la vie de Ray.

Elle but à nouveau, l'air malheureux.

— Comment peut-on détester une femme comme elle ? reprit-elle. En plus, elle n'arrête pas de leur envoyer les cadeaux les plus fous. Des vestes en jean de chez Donna Karan pour les filles parce qu'elles ont aimé la sienne, et un nouveau jeu vidéo pour Danny. Sans parler de tonnes de parfum et de bricoles de nunuches comme du vernis à ongles à paillettes. Moi, je dois leur faire à manger, je n'ai pas le temps de m'occuper de vernis à paillettes ! conclut-elle tristement.

— C'est très joli, dit Hannah, un peu ivre. Mais c'est toi leur mère, Leonie. Tu ne devrais pas te sentir aussi menacée par elle. Elles ne vont pas t'oublier pour une veste griffée en jean, voyons !

Leonie eut un petit reniflement résigné.

— Ce sont des adolescentes. Elles sortiraient avec Jack l'Eventreur s'il arrivait avec une tenue de la marque qu'il faut !

— D'accord, dit Hannah d'un ton qui se voulait réconfortant, mais ils ne la voient pas beaucoup.

— C'est là le problème.

Leonie vida son verre d'un trait et le tendit à Hannah pour qu'elle le remplisse.

— Elle veut qu'ils aillent à Boston aussi souvent que possible, expliqua-t-elle. Crois-tu que je me conduis en égoïste si je ne veux pas les laisser partir ?

— Ne sois pas trop dure avec toi-même ! C'est une situation délicate. Tu n'aurais pas des chips ?

— Je me sens si fatiguée, dit Hannah après avoir bu un seul verre de la troisième bouteille.

Elle avait insisté pour l'ouvrir. Il était minuit et demi et elle se sentait épuisée, toute molle comme après une séance intensive au gymnase.

— Je crois que je vais aller me coucher. Montre-moi où tu ranges les couvertures, Leonie. Je vais m'installer sur le canapé.

— Non. J'ai un grand lit et tu peux dormir avec moi. D'après les copains de Danny, le canapé ne vaut pas mieux qu'une planche à clous ! Je ne veux pas t'infliger cela. Mon lit est très confortable, du moins si ça ne te dérange pas…

— Ne dis pas de bêtises !

Emue par la gentillesse de son amie, Hannah sentit ses yeux se remplir à nouveau de larmes.

— Tu me nourris, tu t'occupes de moi, et maintenant tu partages ton lit avec moi !

— Seulement si tu n'as pas peur d'une grosse bête

qui a l'habitude de sauter sur le lit au milieu de la nuit ! dit Leonie pour la faire rire. Penny dort sur son tapis pendant la moitié de la nuit et puis, vers quatre heures du matin, elle se sent seule et elle se précipite sur moi. Si tu es très gentille, elle te démaquillera à coups de langue demain matin !

Elles éclatèrent de rire à cette idée et Penny se joignit à elles, aboyant avec délices.

— Viens, dit Leonie.

Elles sortirent de la cuisine et Leonie montra à Hannah le chemin de sa chambre.

— Pendant que tu t'installes, je vais sortir Penny.

Danny passa la tête par la porte de sa chambre.

— La cuisine est enfin libre ? demanda-t-il. Je meurs de faim et je ne voulais pas vous interrompre dans votre beuverie.

— Je crois qu'il a un ver solitaire, dit Leonie à Hannah. Sinon, je ne comprends pas comment il peut manger autant en restant aussi mince !

Quelques minutes plus tard, quand Leonie fit rentrer Penny, elle trouva Danny dans la cuisine en train de se préparer un sandwich au jambon.

— En tout cas, maman, dit-il en riant, si toi tu as le ver solitaire, il doit être complètement ivre avec tout le vin que vous avez bu ! Trois bouteilles, affreuse ivrogne !

— Très drôle, fit-elle en lui donnant une tape sur les fesses. N'oublie pas que je reste le patron, ici, mon chou ! Si tu enguirlandes ta vieille mère, je supprimerai ton accès privilégié au réfrigérateur. D'accord ?

— Oui, ô merveilleuse mère qui ne bois jamais d'alcool ! dit-il, la bouche pleine. Tes désirs sont des ordres.

Hannah avait mal à la tête quand elle se réveilla, avec la sensation instinctive de se trouver dans un lieu étranger. Le lit était différent et elle ne reconnaissait pas les draps roses. Une autre chose rose surgit alors dans son champ de vision : une grande langue qui lui lécha affectueusement le visage.

— Penny !

Hannah se souvenait enfin de l'endroit où elle se trouvait et de la raison de sa migraine.

— Penny, tu es un amour. Comme c'est agréable d'être réveillé par quelqu'un qui vous embrasse !

Penny se laissa tomber à côté d'Hannah sur le lit, attendant sa dose de caresses. Hannah s'exécuta machinalement. Ses yeux douloureux lui rappelaient que toute l'affection qu'on lui manifesterait désormais au réveil se limiterait aux caresses d'un chien, dans le meilleur des cas. Elle avala énergiquement sa salive, refusant de pleurer. Penny se tortilla à côté d'elle avec des petits gémissements qu'Hannah interpréta sans erreur comme une demande de caresses. Elle devrait peut-être prendre un chien. Elle en avait très envie mais ce ne serait pas gentil pour la pauvre bête, compte tenu des longues heures qu'elle passait à l'agence. On ne peut pas laisser un chien seul pendant toute la journée. A moins qu'elle en adopte deux : ils se tiendraient compagnie.

— Penny, dit-elle en s'asseyant dans le lit, je me demande si je ne vais pas te voler et te ramener chez moi.

La chienne répondit par de nouveaux gémissements de bien-être, roulant sur le dos pour se faire admirer.

— C'est une gourgandine sans vergogne, dit Leonie, qui arrivait avec le plateau du petit déjeuner. Il suffit de lui caresser le ventre, elle te suit ! Je t'ai apporté des toasts, du jus de fruit et du café. Danny est en train de faire des sandwichs au lard mais j'ai pensé que ce serait un peu tôt pour toi.

— Tu as eu raison !

Hannah eut presque une nausée à l'idée de la graisse de lard figée. En revanche, les toasts et le café lui convenaient très bien.

— Tu me gâtes, Leonie. Je ne sais pas comment te remercier.

— Silence ! Attends que je te présente l'addition ! Descends du lit, Penny ! Elle renversera ton café si elle veut bouger.

Penny descendit du lit en maugréant dans son langage de chien et Leonie posa le plateau sur les genoux d'Hannah.

— Il est sept heures et demie, reprit Leonie. Cela ne te laisse pas beaucoup de temps si tu veux être à ton bureau à neuf heures moins le quart. Je vais prendre une douche rapide pour me rendre présentable. C'est ta faute si j'ai la migraine, Campbell ! Je vais devoir sortir mon maquillage-emplâtre, ce matin, pour camoufler les dégâts.

Hannah sourit et attaqua son jus d'orange avec reconnaissance.

A neuf heures moins le quart, elle se garait près de l'agence. Elle se sentait bien mieux qu'elle ne l'aurait cru possible. La gentillesse de Leonie lui avait beaucoup remonté le moral, sans parler de la folie qui s'était emparée de la maison Delaney quand les trois adolescents avaient commencé à se battre pour avoir la salle de bains. On ne pouvait s'empêcher de rire en écoutant Mel et Danny s'invectiver comme des comédiens devant leur public. Tout cela faisait partie des richesses d'après-Felix, preuve que la vie continuait.

Elle prit quelques grandes inspirations en essayant

d'atteindre un état de calme, comme le conseillait le professeur de yoga du gymnase. Puis elle se dirigea vers l'agence, décidée à passer une aussi bonne journée que possible.

Mais ce ne fut pas facile. Gillian se plaignait de Carrie, la réceptionniste. Hannah savait qu'il s'agissait d'un problème de hiérarchie.

— Sincèrement, je n'y attacherais pas d'importance en principe, mais cela fait la deuxième fois cette semaine qu'elle répond que je ne suis pas à mon bureau alors que je me suis seulement absentée pour aller aux toilettes, débita Gillian de sa voix monocorde.

Elle avait sauté sur Hannah dès son arrivée, résolue à fournir sa version de l'incident à un maximum de gens au cas où cela aurait des répercussions.

— Qu'as-tu dit à Carrie ? demanda Hannah avec lassitude.

En réalité, elle aurait dû répondre à Gillian que ce n'était plus à elle de régler les problèmes de fonctionnement. C'était à présent le domaine de Sasha, grâce au ciel. La directrice administrative s'appelait Sasha et non plus Hannah ! Mais elle n'avait pas le courage de se lancer dans une polémique avec Gillian.

— Je lui ai dit qu'elle devrait faire attention à son travail parce qu'elle ne restera pas longtemps chez nous si elle ne peut pas faire la différence entre aller aux toilettes et ne pas être à son bureau ! répliqua Gillian.

Hannah tenta de comprendre quelque chose à cette déclaration hallucinante.

— Donc, tu n'étais pas à ton bureau ? dit-elle.

Elle renonçait à rester neutre. Gillian était trop exaspérante !

— Carrie avait donc raison, reprit-elle, de dire que tu

n'étais pas là. C'est mieux que de dire que tu es aux toilettes, me semble-t-il ?

Gillian se gonfla d'indignation.

— J'aurais dû savoir que tu prendrais son parti ! siffla-t-elle. C'est insultant ! Tu as été contre moi dès que tu as mis les pieds ici. Je sais quel genre de femme tu es, Hannah Campbell. Tu n'es rien qu'une petite parvenue, une péquenaude au cul terreux sortie de nulle part, et je vois bien ton jeu, même si je suis la seule !

Grosse erreur, pensa Hannah. Gillian avait choisi le jour par excellence où elle n'aurait pas dû l'attaquer. Lentement et calmement, comme une lionne sélectionnant la gazelle qu'elle va tuer, Hannah s'approcha de Gillian et ne s'arrêta qu'à quelques centimètres d'elle. Dans l'agence, tout le monde avait entendu la dernière tirade de Gillian et retenait son souffle. Hannah revint instinctivement au vouvoiement.

— C'est à cause de votre manque de professionnalisme que vous avez été exclue de toutes les promotions, Gillian, dit-elle en s'assurant que toutes les personnes présentes l'entendaient bien. Vous êtes incapable de comprendre que c'est votre faute si vous n'êtes pas devenue directrice de l'agence. La réalité est la suivante : vous êtes paresseuse, négligente et décidée à travailler aussi peu que possible en faisant le plus d'histoires possible ! Si vous consacriez au travail seulement la moitié du temps que vous passez à imaginer des griefs personnels contre les autres employés, vous seriez de quelque utilité à la société. Mais vous êtes incapable de le comprendre, Gillian. Vous ne voyez que les fautes des autres, jamais les vôtres. Si vous n'êtes pas à votre bureau quand le téléphone sonne, Carrie a raison de dire que vous n'y êtes pas. Elle ne vous agresse pas, elle fait son travail ! Et parce que je vous l'ai fait remarquer, vous m'avez bassement attaquée devant tout le monde. Ce n'est pas très astucieux si vous avez envie de garder votre poste !

Gillian pâlit.

— Je vais rédiger une note sur cet incident à l'intention de M. James, même s'il a dû entendre l'essentiel.

Hannah désigna de la main le bureau de la réception où se trouvait David, écoutant de toutes ses oreilles, son attaché-case et son journal à la main. Il avait une expression impitoyable.

Gillian devint livide sous son fond de teint orange. Elle ne l'avait pas entendu entrer.

— Pour finir, Gillian, reprit Hannah, je suis fière de venir de la campagne, et si cela fait de moi une « péquenaude », tant mieux ! Au moins, je n'essaie pas de cacher mes origines en prenant un faux accent.

Comme en contrecoup de la fatigue, de la colère et du chagrin, Hannah, qui était restée sur le terrain professionnel jusque-là, n'avait pas résisté à porter ce coup bas. Gillian s'appliquait en effet à cacher son accent de Dublin quand elle essayait d'impressionner les gens.

— Hannah, auriez-vous l'obligeance de me rejoindre dans mon bureau ? dit enfin David James. Nous devons parler du personnel.

Gillian s'accrocha à la chaise derrière elle, de peur de tomber. Hannah suivit David dans son bureau et le niveau des conversations dans l'agence reprit son cours normal.

— Que s'est-il passé, Hannah ? questionna David en s'installant dans son fauteuil.

Il décrocha son téléphone et pria Sasha de lui apporter un café.

— Non, rectifia-t-il, deux cafés ! J'ai l'impression que vous en avez besoin, Hannah.

Elle prit place de l'autre côté du bureau, heureuse d'avoir avec son patron des relations telles qu'elle pouvait se permettre d'être totalement sincère avec lui.

— Gillian m'en veut, expliqua-t-elle. Elle était furieuse contre Carrie, ce matin, et elle voulait qu'on prenne son parti. Elle a donc commencé à tout me raconter dès que je suis arrivée. Quand je lui ai objecté que Carrie n'avait rien fait de mal, elle a perdu la tête et la conversation est devenue très personnelle.

— J'ai entendu cela, dit-il sèchement. Je comprends le problème, Hannah. J'en ai un autre quand j'imagine la scène se déroulant devant un client. Gillian est une idiote et une paresseuse. Elle a eu tort de parler ainsi mais vous n'auriez pas dû laisser les choses dégénérer en pugilat devant tout le monde. Ce n'est pas très professionnel et de plus cela ne vous ressemble pas.

Sasha arriva avec les deux cafés, trahissant une certaine nervosité. Hannah attendit son départ pour boire le sien, espérant que la caféine ferait bientôt son effet.

— Ce n'est pas une excuse, David, mais j'ai eu un ennui personnel hier. J'ai honte de reconnaître que cela a affecté ma conduite de tout à l'heure. Je sais que ce n'est pas une excuse, répéta-t-elle. Ce n'est pas de la gestion intelligente que de rabrouer quelqu'un comme Gillian en public.

— Dois-je la renvoyer ? demanda-t-il. Elle le mérite amplement. Son travail ne pourrait pas être plus médiocre et elle se conduit comme si l'agence lui appartenait.

— Non. Je ne veux pas avoir cela sur la conscience. Il n'y aurait pas de problème si elle arrêtait de croire qu'on lui en veut et qu'elle se mettait au travail. Malheureusement, Gillian est convaincue que tout le monde complote contre elle en permanence pour la déstabiliser. Si elle reconnaissait que c'est faux, tout irait bien. Elle ne voit pas ses erreurs. A mon avis, elle pense qu'elle serait aujourd'hui à la tête de Microsoft si les autres ne s'employaient pas à détruire ses chances.

— Je lui laisse donc une seconde chance, grâce à vous. Elle ne le croirait sans doute pas si je le lui disais. Je compte sur vous pour éviter d'autres scènes à l'avenir. Si cela recommence, je veux le savoir. Nous ne sommes pas là pour lui faire la charité. Maintenant que Dwyer a pris sa retraite, elle travaille pour moi. Si elle ne peut pas assurer sa part de travail ou refuse de coopérer avec le reste de l'équipe, elle s'en va. D'accord ?

— D'accord.

— Je vais demander à Sasha de me l'envoyer et, si vous avez des ennuis que je peux vous aider à résoudre, Hannah, ma porte vous sera toujours ouverte.

— Merci, dit-elle en se levant.

— Je sais que mon vieux copain M. Andretti est de retour à Dublin, ajouta-t-il d'un ton prudent, guettant sa réaction. Nous nous connaissons depuis longtemps et je l'aime bien mais, comme je vous l'ai déjà dit, c'est plutôt un bourreau des cœurs.

Hannah ébaucha une grimace, refusant de se laisser aller malgré les larmes qui lui montaient aux yeux.

— Je crois que je m'en étais déjà aperçue, répondit-elle d'une voix enrouée.

— Faites attention à vous, c'est tout. Je ne veux pas qu'il perturbe l'agent immobilier débutant le plus doué sur le marché ! lança David d'un ton léger.

— Cela n'a plus d'importance, David, dit-elle avec tristesse. C'est fini entre nous.

Elle avait tant de chagrin qu'elle se moquait de tout lui avouer.

— Oh ! fit-il simplement.

Avait-elle rêvé ou bien avait-elle vu les yeux de David s'illuminer l'espace d'un instant ?

— Dites-moi, cela vous tenterait-il que je vous invite à déjeuner pour oublier vos chagrins ? proposa-t-il.

Hannah faillit refuser puis changea d'avis. Après tout, qui sait quand elle serait de nouveau invitée à déjeuner par un homme séduisant, même s'il s'agissait de son patron et qu'il agissait par pitié pour elle ?

— Pourquoi pas ? dit-elle en réussissant à sourire.

Quelques minutes plus tard, en passant devant Hannah pour se rendre dans le bureau de David, Gillian lui décocha un regard meurtrier. Mais ce fut une Gillian matée, écarlate et muette qui revint. Hannah lui jeta un rapide coup d'œil et réalisa qu'elle se moquait complètement de Gillian et de ses délires. Elle n'avait pas besoin de problèmes supplémentaires.

Gillian s'approcha pourtant d'elle.

— M. James m'a demandé de m'excuser pour ce que je vous ai dit, commença-t-elle d'un air guindé. Ce n'était pas bien et cela n'arrivera plus, je vous le promets.

On aurait dit une gamine de dix ans récitant une poésie apprise par cœur.

— Excuses acceptées, Gillian ! J'ai bien enregistré que cela n'arriverait plus. Cette agence est trop petite pour les vendettas !

Son devoir accompli, Gillian retourna à son bureau d'un pas lourd. Hannah soupira. Elle venait de se faire une ennemie mortelle.

Hannah avait presque oublié son invitation à déjeuner quand David surgit devant elle à une heure moins le quart, tambourinant sur son bureau de ses longs doigts. Elle remarqua avec amusement qu'il s'était aspergé d'eau de toilette. Un léger parfum de musc et d'épices flottait autour de lui.

— Avez-vous reçu une meilleure proposition pour le déjeuner ? demanda-t-il, les yeux brillants.

— Non, répondit Hannah en riant. Donnez-moi juste une minute et j'arrive.

Ils se rendirent à pied dans un petit pub au coin de la rue et commandèrent de la soupe, des sandwichs et deux verres de vin. David entama son sandwich au poulet avec appétit. Il en dévora la moitié avant qu'Hannah ait seulement commencé le sien.

— Je meurs de faim, avoua-t-il d'un ton confus. Je me suis levé tôt pour aller courir et je n'ai pas eu le temps de prendre mon petit déjeuner.

Hannah coupa son sandwich en deux et poussa une moitié vers lui.

— Tenez, je n'ai pas faim.

— J'espère que ce n'est pas Felix qui vous coupe l'appétit, dit-il en la regardant droit dans les yeux.

Hannah fut la première à détourner le regard.

— Désolé, je ne voulais pas être indiscret.

Sa grande main vint se poser sur celle d'Hannah à travers la table et la serra dans un geste de consolation. Le contact fit du bien à Hannah. Elle avait besoin qu'on la touche. Cela lui manquait, même si Felix se montrait peu affectueux pour un homme aussi sensuel. Très caressant dès qu'il s'agissait de faire l'amour, il n'était pas enclin aux petits baisers ou aux gestes d'affection. Elle appréciait beaucoup de sentir la grande main chaude de David sur la sienne. Malheureusement, il ne la laissa pas longtemps. Il s'éclaircit la gorge, retira sa main et but une gorgée de vin.

— Il m'arrive de mettre mes grands pieds dans le plat, dit-il. Je ne voulais pas vous blesser, Hannah. C'est même la dernière chose que je voudrais faire.

Hannah se força à sourire.

— Avec d'aussi grands pieds, on se demande comment vous trouvez à vous chausser !

David éclata de rire, d'un profond rire de gorge qui fit se retourner plusieurs personnes. A une table proche de la leur, une cliente poussa un petit cri ravi et se précipita vers eux.

— David James, roucoula-t-elle, son joli visage rayonnant de plaisir.

Elle devait avoir à peu près l'âge d'Hannah mais avec des cheveux noirs coupés très court et des vêtements beaucoup plus modernes que ce que portait Hannah. Un jean taille basse en Lycra, un tee-shirt brillant d'allure enfantine et une veste en jean French Connection qui flottait autour de son corps très mince.

— Roberta, dit David en se levant galamment pour lui serrer la main.

Mais Roberta n'était pas une adepte des salutations cérémonieuses : elle lui sauta au cou. Hannah observait la scène avec intérêt.

— J'étais sûre que c'était vous, David ! Vous êtes un homme incroyable. Je vous avais invité à notre réveillon de Noël et on ne vous a pas vu. Toutes mes amies célibataires se sont plaintes parce que je leur avais dit que je leur avais trouvé un beau prétendant, et vous ne vous êtes pas montré, vilain garçon !

Devant Hannah interloquée, cette femme flirtait ouvertement avec lui. Hannah trouvait David séduisant mais n'avait jamais pensé à lui sous cet aspect. Certaines femmes aimaient ce style d'homme solidement bâti avec un visage buriné et des rides autour des yeux. De plus, il s'imposait par son autorité naturelle.

David était le genre d'homme auprès de qui tout le monde se tient le petit doigt sur la couture du pantalon, depuis le garçon de café jusqu'au directeur. Toujours calme et détendu, il traitait toutes les personnes qu'il rencontrait de la même façon. Méthodique, intelligent et maître de lui-même, il voyait tout et n'oubliait rien.

Mais, d'un point de vue sentimental, c'était impensable. Roberta n'était visiblement pas du même avis et tortillait quelques-uns de ses cheveux ras autour de ses doigts. Hannah commença à s'énerver.

— Nous pensons la remettre en vente, disait Roberta d'un air pénétré. Vous pourriez peut-être la voir pour l'évaluer...

Si ta maison te ressemble, ma vieille, elle doit être très bon marché ! pensa Hannah. Comment pouvait-on se jeter aussi ouvertement à la tête d'un homme ? Et si elle, Hannah, avait eu une liaison avec David et que cette traînée se conduise ainsi, l'ignorant pour flirter comme une nymphomane en manque ? Hannah reprit son sandwich d'un air sec en feignant de ne pas voir l'autre femme.

Quand David réussit enfin à dégager son bras des griffes manucurées de Roberta, il se rassit avec un léger soupir de soulagement et leva les yeux au ciel.

— Elle est un peu exaltée, murmura-t-il.

— Pas votre genre ? s'enquit Hannah d'un ton indifférent.

Elle s'étonnait de découvrir en elle une pointe de jalousie.

— C'est le moins qu'on puisse dire, répondit-il. J'ai vendu sa maison l'année dernière et, depuis, elle me poursuit. Je croyais qu'elle comprendrait si je n'allais pas à sa réception.

— Et vous n'avez pas envie de rencontrer toutes ses charmantes amies célibataires ? laissa-t-elle tomber.

La tête baissée sur son sandwich, David leva vers elle des yeux où brillait une pointe de malice.

— Ses amies ne m'intéressent pas, répondit-il.

Leurs regards se croisèrent. Ses yeux gris pétillants étaient devenus soudain plus chaleureux qu'elle ne les avait jamais vus.

Elle eut un éclair de lucidité. David avait envie d'elle. Comment avait-elle pu s'aveugler à ce point ? Elle comprenait à présent pourquoi les amies de cette Roberta ne l'intéressaient pas. Pour dissimuler sa surprise et sa gêne, elle plongea sa cuiller dans son bol de soupe mais, à sa grande confusion, elle avala de travers et s'étrangla.

David entreprit immédiatement de lui tapoter le dos.

— Ça va mieux ? demanda-t-il avec sollicitude.

— Oui, bafouilla Hannah.

Elle toussa encore un peu dans sa serviette. Ses yeux s'étaient remplis de larmes. Elle les essuya en cherchant désespérément quelque chose à dire qui désamorcerait la situation mais ce fut inutile. Comme s'il était conscient de lui avoir causé un choc par sa déclaration, David reprit sa place et termina son sandwich.

— Roberta avait une très belle maison en pleine ville. Ils y avaient investi beaucoup d'argent, dit-il aussi tranquillement que s'ils avaient parlé travail et non pas sentiments.

Hannah était devenue très habile à éviter les sujets embarrassants. Elle avait eu un excellent entraînement d'abord avec les questions sur Harry, ensuite avec celles sur Felix.

— Vraiment ? Elle est partie à quel prix ? interrogea-t-elle d'un air intéressé, comme si elle attachait la moindre importance au genre de maison où la répugnante Roberta avait vécu.

Ils parlèrent des affaires en cours pendant une quinzaine de minutes puis Hannah déclara qu'elle devait retourner au travail.

— Moi aussi, dit David.

Comme ils arrivaient en vue de l'agence, il lui effleura le bras.

— Hannah, il faut que nous prenions le temps de déjeuner sérieusement, un de ces jours. Je veux dire : un vrai déjeuner, pas un sandwich en vitesse.

— D'accord.

Elle se sentirait sans doute dans un état plus normal dans une semaine et capable de déjeuner avec un homme qui avait envie d'elle. Dans l'immédiat, elle voulait seulement pleurer l'homme qui n'avait pas envie d'elle.

Quand elle regagna son appartement, ce soir-là, Hannah était épuisée par sa migraine persistante due aux abus de la veille, par une charge de travail plus lourde que jamais, et par le fait d'avoir dû supporter la mauvaise humeur de Gillian. Elle avait tenté de chasser Felix de son esprit, mais sans grand succès. Dans l'après-midi, elle s'était assise dans la cuisine en pin d'un cottage de Dalkey tandis que ses clients poussaient des cris d'admiration devant la rocaille du jardin et la terrasse en teck. Elle n'avait pu s'empêcher de penser à lui. Tout en inspectant du regard la ravissante cuisine où elle se trouvait, elle réalisa avec tristesse qu'elle se voyait très bien vivre avec lui dans cette maison. Deux chambres avec un grand salon sur deux niveaux, une mezzanine abritant une minuscule salle à manger : ç'aurait été parfait pour eux deux.

Dans cette maison spacieuse et élégante, elle aurait pu recevoir les amis de Felix et organiser de mémorables dîners où des invités de leurs deux univers professionnels se seraient mêlés sans heurts. Elle aimait beaucoup la cheminée de la chambre. Comme il devait être bon de se blottir sous la couette les nuits d'hiver pour regarder les flammes danser pendant qu'un autre feu brûlait...

Elle trouva une place pour se garer devant chez elle, heureuse de n'avoir pas à chercher dans tout le quartier, pour une fois. Il faisait froid, même pour un mois de janvier ; elle serra contre elle les pans de son manteau de lainage rouge en se dirigeant vers le portillon. Là, elle se figea. On aurait dit que quelqu'un avait transporté toute une boutique de fleurs dans le jardin. Il y avait au moins quinze bouquets : d'immenses lis blancs, des brassées de roses rouges et des dizaines de fleurs jaunes, violettes et roses. Au milieu était assis Felix, pelotonné sur le seuil, l'air frigorifié dans sa veste en daim et son jean.

— Comme je ne voulais pas aller à ton bureau, je t'ai attendue ici, déclara-t-il en claquant des dents.

— Mon pauvre chéri ! s'écria spontanément Hannah en courant vers lui. Tu dois être gelé. C'est toi qui as apporté toutes ces fleurs ?

— Je voulais te montrer à quel point je t'aime, et je sais que tu aimes les fleurs. Comme je ne savais pas lesquelles choisir, je les ai toutes prises.

— Tu attends depuis longtemps ?

— Seulement une demi-heure. Je savais que tu rentrerais tôt. Je peux entrer ?

Tandis qu'il dégustait un café chaud arrosé de whiskey, Hannah alla chercher les fleurs et les monta chez elle, rougissant quand les occupants du rez-de-chaussée rentrèrent à leur tour et découvrirent avec ahurissement l'amoncellement de bouquets dans le jardin normalement désert.

— La tradition ne veut-elle pas que l'on plante des fleurs plutôt que de déposer simplement une tonne de bouquets ? s'étonna son voisin en retenant une envie de rire.

Il y avait vingt bouquets au total. Hannah les disposa dans tout son appartement, pour une bonne part dans la baignoire compte tenu du manque de vases, puis s'assit à côté de Felix sur le canapé.

— Je ne m'attendais pas à te revoir, dit-elle doucement.

Il était difficile de rester fâchée contre un homme qui venait de lui apporter vingt bouquets, surtout après avoir passé la journée à penser à lui, à le regretter désespérément.

— Je voulais trouver un moyen de te montrer que je suis sérieux, Hannah.

Il prit ses mains dans les siennes en lui lançant son regard poignant numéro un.

— Tu m'as tellement manqué, poursuivit-il. J'ai besoin de toi, il faut que tu le comprennes.

Hannah eut du mal à avaler sa salive. Elle savait qu'elle aurait dû lui faire remarquer que des fleurs ne remplacent pas la confiance mais les mots se figèrent sur ses lèvres. C'était plus fort qu'elle : il la mettait dans un tel état qu'elle ne pouvait rien lui refuser.

— Je sais, dit-elle. Toi aussi, tu m'as beaucoup manqué, Felix. Je ne peux pas te laisser me faire de nouveau autant de mal.

Il acquiesça et l'embrassa. On aurait cru qu'il rentrait chez lui après des années d'exil, plein d'amour, de tendresse et de douceur. Il lui donna un baiser tendre très différent de ses anciens baisers passionnés. Quand il s'écarta enfin d'elle, Hannah resta sans mouvement, les yeux fermés, se laissant envahir par un profond sentiment de paix.

Puis elle sentit quelque chose de froid sur ses doigts. Elle rouvrit les yeux. Felix était en train de glisser une bague à l'annulaire de sa main gauche, un anneau moderne avec un diamant en cabochon serti au milieu. Elle poussa un petit « oh ! » d'étonnement.

— Tu veux bien m'épouser, Hannah ? dit-il, achevant de mettre la bague à sa place. Dis-moi oui !

Hannah avait imaginé beaucoup de possibilités, mais certainement pas un mariage. Médusée, elle ne pouvait détacher ses yeux de la bague. Elle n'avait jamais rien possédé de comparable.

— Elle est magnifique, dit-elle enfin.

Non seulement la bague était magnifique mais elle était mise en valeur par sa main fine.

— Alors ? insista Felix.

Le visage d'Hannah s'illumina, ses yeux se mirent à briller.

— Oui ! dit-elle.

Le baiser qui suivit appartenait à la variété passionnée... Hannah ne l'interrompit que pour avertir Felix de ce qu'elle ferait s'il l'abandonnait de nouveau.

— Je ne revivrai jamais cela, jamais. Tu m'entends ? s'exclama-t-elle avec violence.

— Non, ma chérie, non, dit-il, très occupé à déboutonner son chemisier, sa bouche glissant de sa nuque à ses seins.

— Je suis sérieuse, Felix ! Si jamais tu me quittes encore, ce sera fini. Fini ! Je t'aime de toutes mes forces mais je ne te laisserai pas me détruire.

— Jamais, ma chérie, dit-il gravement. Jamais ! Je te promets, je te promets du fond du cœur que je ne te ferai plus jamais de mal. Je t'aime trop pour cela. Laisse-moi te montrer comme je t'aime !

Quelques heures plus tard, repue d'amour et restaurée grâce à de la cuisine indienne à emporter, Hannah se reposait, allongée contre Felix. La veille encore, son appartement lui paraissait désert. Il était redevenu un foyer : vivant, chaud et rassurant. Elle se pelotonna contre Felix, écoutant sa respiration lente et régulière. Elle n'arrivait pas à y croire : elle était fiancée !

Elle avait hâte de tout raconter à ses amies. Leonie et Emma seraient très heureuses pour elle. Bien sûr, il y avait quelques détails à régler, le lieu où ils vivraient, par exemple. Felix travaillait beaucoup en Angleterre mais on tournait de plus en plus de films et de feuilletons en Irlande. Ce serait sûrement un argument pour rester à Dublin. Il pourrait effectuer l'aller-retour quand il aurait un contrat ailleurs. De toute façon, l'Irlande était devenue le rendez-vous international des acteurs et des musiciens. Felix se sentirait chez lui. Il serait très heureux, ici.

Elle éprouva un bref instant de regret en pensant à David James. C'était finalement un homme très agréable et très séduisant. Il aurait été facile de tomber amoureuse de lui et de sa personnalité, un mélange de sérieux et de dynamisme. Un homme qui avait construit sa carrière et sa vie à la force du poignet. Mais on ne pouvait le comparer à une vedette de cinéma comme le beau et passionné Felix. Personne ne pouvait être comparé à Felix, pensa Hannah, rayonnante. Et il était tout à elle.

Quelle idée charmante, toutes ces fleurs ! songea-t-elle rêveusement, oubliant que, une semaine plus tôt, elle aurait aimé recevoir ne serait-ce qu'un seul bouquet pour ses trente-sept ans. Mais Felix ne connaissait pas sa date de naissance, il fallait l'excuser. L'année prochaine, ce serait différent.

Leonie reposa le combiné du téléphone. Hannah ne répondait toujours pas. C'était la cinquième fois qu'elle essayait de la joindre depuis sept heures du soir. Elle espérait que son amie allait bien. Elle lui avait paru vraiment désespérée, la veille. Normalement, Hannah était l'élément optimiste de leur trio ; elle taquinait Emma quand elle larmoyait à cause de son père et réconfortait Leonie en lui jurant que l'homme de sa vie existait, que c'était juste une question de temps et de ténacité. Leonie avait éprouvé un choc en voyant son amie dans un état aussi lamentable, transformée en esclave de l'amour. Elle se demanda si les hommes souffraient autant que les femmes. Sans doute pas... Ils ne gaspilleraient pas un temps précieux à se reprocher d'être minables parce qu'ils n'avaient pas trouvé la partenaire idéale ou à s'angoisser parce que la taille de leurs pieds risquait de faire fuir d'éventuelles compagnes. Ce détail, en particulier, gâchait la vie de Leonie depuis qu'elle avait voulu acheter une nouvelle paire de chaussures « pour sortir ». Elle avait découvert que les délicates mules qu'elle désirait n'existaient pas en quarante-deux.

Elle ne s'était jamais beaucoup souciée de ses pieds, jusque-là : elle était sculpturale, voilà tout ! Une femme grande et forte, pour dire les choses clairement. Cela impliquait de grands pieds. Elle n'avait jamais eu de problèmes pour se chausser parce qu'elle achetait toujours des chaussures plates et raisonnables.

Sa rencontre avec la foule élégante de Vail avait

changé son point de vue sur la question. Que les gens soient grands, petits, construits comme des supertankers ou des victimes de la faim, ils apparaissaient tirés à quatre épingles dans toutes les situations. Leonie avait donc décrété qu'elle n'avait pas besoin de cacher sa taille sous des vêtements amples en velours. Elle serait désormais d'une élégance recherchée, y compris pour sa coiffure. Adieu aux gants en plastique pour faire sa couleur elle-même ! Elle se ferait teindre chez un coiffeur, selon les règles de l'art. Et elle porterait des chaussures produites par la baguette magique de la marraine de Cendrillon ! Mais les chaussures de Cendrillon n'existent pas en quarante-deux. Leonie rêvait de ces petits modèles fins avec lesquels on est sûre de se tordre les chevilles, les talons aiguilles « suivez-moi-monsieur » comme elle les appelait. Mais, au-delà du quarante, les modèles légers et délicats n'existaient plus. Il restait les chaussures de grand-mère.

« Madame désirerait-elle voir ceci dans sa taille ? » avait demandé le vendeur dans la dernière boutique où elle était entrée.

Il brandissait une paire de sandales dotées d'une semelle à coussin d'air qui aurait certainement convenu pour escalader l'Himalaya.

Non, aurait aimé lui répondre Leonie, à moins que madame achète aussi des caleçons en Thermolactyl, un tablier à fleurs et un déambulateur. Elle avait quarante-trois ans, pas quatre-vingt-trois !

Elle était sortie du magasin avec une paire d'escarpins qui ressemblait à tous les autres escarpins entassés dans son armoire : simples, noirs et peu susceptibles d'enflammer les sens d'un homme. Ils étaient aussi un peu trop étroits mais elle les élargirait avec ses bons vieux embauchoirs.

Soupirant, Leonie composa encore une fois le numéro d'Hannah, mais sans plus de succès.

— Maman ? Tu as fini avec le téléphone ? cria Mel. Je dois appeler Susie.

— Oui, répondit Leonie, qui se sentait triste pour Hannah.

Elle se résigna à s'occuper du dîner. Elle était en train de couper du poulet quand Danny rentra de l'université, visiblement de très mauvaise humeur. En principe, Mel et lui respectaient au moins dix minutes de trêve avant de se disputer quand ils rentraient. Or, ce soir-là, des hurlements jaillirent du salon au bout de quelques secondes. Cela suffit à Leonie pour connaître son état d'esprit même sans l'avoir vu.

— Tu ne peux pas être au téléphone et regarder la télévision en même temps ! criait Danny. Je veux voir *Star Trek* et pas ton feuilleton débile !

— Va te faire voir, gros porc ! rétorqua Mel.

— Va te faire voir toi-même !

Voilà à quoi sert de se ruiner pour offrir à ses enfants des écoles privées ! se dit Leonie tandis que les noms d'oiseaux volaient. Elle cria à son tour que, s'ils n'arrêtaient pas, ils se débrouilleraient eux-mêmes pour le dîner.

Quelques instants plus tard, Danny entra dans la cuisine, ayant apparemment perdu la bataille de la commande à distance. Mel pouvait se révéler très coriace.

— Qu'y a-t-il ? demanda Leonie.

— Rien !

Il ouvrit le placard et commença à fouiller dedans avec des gestes rageurs. Il dénicha un paquet de chips, claqua la porte du placard, s'avachit sur une des chaises de la cuisine et entreprit de dévorer hargneusement.

Leonie savait qu'il valait mieux se taire dans ces cas-là. Même à un an, quand il se traînait dans toute la maison à quatre pattes, jouant avec ses petites voitures, il appréciait d'être seul, satisfait de sa propre compagnie et de la présence du chien. A l'époque, c'était un vieux bouledogue français qui répondait au nom d'Otto et souffrait malheureusement d'incontinence. Avec les années, le côté solitaire de Danny avait évolué en un farouche besoin d'intimité. A dix ans, il n'avait pas adressé un mot à sa mère pendant plusieurs jours parce qu'elle avait nettoyé sa penderie. L'expérience avait enseigné à Leonie que la meilleure solution consistait à laisser Danny tranquille. S'il voulait discuter avec elle de son problème, il le ferait tôt ou tard.

Leonie fit revenir les morceaux de poulet dans sa cocotte, émincâ des champignons et coupa de la ciboulette dans la jardinière de la fenêtre de cuisine. L'odeur de la viande en train de cuire remplit la pièce et Penny renonça à mendier des chips pour venir s'asseoir aux pieds de Leonie avec une expression suppliante. Elle mettait tous ses espoirs dans l'accident grâce auquel un morceau de poulet tomberait directement de la casserole dans sa gueule ouverte. Leonie glissa la cocotte dans le four et versait du riz dans le panier de cuisson à la vapeur quand Danny se décida.

— Tu te souviens de l'examen que j'ai passé le mois dernier ?

— Oui, répondit Leonie d'un ton absent.

Il se livrait plus facilement si l'on feignait de ne l'écouter que d'une oreille. Au contraire, si l'on montrait trop d'intérêt ou d'empressement, il se refermait comme une huître.

— Je l'ai raté et le prof a dit que, si je ne réussis pas les autres, je ne serai pas admis l'année prochaine !

Leonie eut l'impression de prendre un coup dans le ventre. Rater son année ! Mon Dieu, pensa-t-elle, faites que cela n'arrive pas. Elle connaissait beaucoup de familles qui ne savaient plus à quel saint se vouer quand un étudiant renonçait à continuer au moment où cela devenait difficile. Pourvu que cela n'arrive pas à Danny !

— Cela me paraît très sévère, dit-elle aussi calmement qu'elle le put. A-t-il parlé sérieusement ou bien était-ce juste pour te faire peur ?

Danny prit le temps de réfléchir avant de répondre.

— Je crois qu'il est sérieux. Je suis le seul à avoir raté cet examen.

Leonie se sentit encore plus mal.

— Que s'est-il passé ? demanda-t-elle en essayant de garder le ton du questionnement banal et de ne pas laisser transparaître son angoisse.

— C'était sur le processus de fermentation, une partie du cours que je déteste. De toute façon, je crois que je déteste toute cette foutue matière.

Pour une fois, elle ne lui reprocha pas son langage. Il y avait un temps pour tout.

— Les problèmes de fermentation, ce ne sont que des maths et j'ai horreur des maths ! Je suis bon pour tout ce qui est sans rapport avec les maths. Mais là, il n'est question que de fonctionnement des cuves, des mélanges et de l'action de l'air, marmonna-t-il plus pour lui-même que pour sa mère.

Leonie s'abstint de toute réflexion sur l'intérêt que Danny manifestait en d'autres circonstances pour les produits de la fermentation. Il faisait partie du club de microbiologie de l'université et elle ne voyait pas d'autre raison à cela que la possibilité d'accéder à des quantités de vin artisanal. Un soir, il avait rapporté à la maison une bouteille de la production du club. En fait de vin, c'était plus fort que du décapant et peu différent quant au goût, mais Danny l'aimait beaucoup !

— Je crois que je ferais mieux de prendre la microbiologie médicale en matière principale... commença-t-il.

— Ecoute, Danny, l'interrompit sa mère. Si tu détestes ce cours, cela vient sans doute de ce que tu as échoué. Pourquoi ne t'y mettrais-tu pas à fond tout le mois prochain ? Demande quelques cours particuliers, par exemple ! Et si tu rates ton examen de fin d'année, il sera toujours temps de réfléchir à la suite. Tu pourras redoubler en choisissant une autre option. Je crois que la virologie t'intéressait.

Elle paraissait beaucoup plus calme qu'elle ne l'était mais il était vital de donner à son fils l'impression que le problème pouvait se régler sans drame.

Elle lui donna une tape d'encouragement sur l'épaule.

— Ne te laisse pas abattre, mon chéri. Il n'y a rien que nous ne puissions affronter sans paniquer, en gardant les pieds sur terre. Tu es un adulte et tu sais que tu dois faire face, quoi que la vie te réserve. Je sais que si cela t'impose de travailler un peu plus, tu y arriveras. Tu es trop intelligent pour accepter qu'une seule matière gâche toutes tes chances.

Elle lui sourit et lui ébouriffa les cheveux comme à un petit garçon.

— Je parie que ce professeur n'a pas la moindre idée de ce qui l'attend avec les Delaney ! Il s'évanouira quand tu auras les meilleures notes aux examens.

Danny lui rendit son sourire sans râler parce qu'elle l'ébouriffait.

— Tout à fait d'accord, maman, j'aimerais bien voir sa tête ! Tim a des notes de cours très bien faites. Je vais l'appeler et lui demander si je peux les photocopier pendant le week-end. Je pensais aller à Galway avec les copains demain matin, mais tant pis !

Laissant son paquet de chips vide sur la table au milieu des miettes, Danny sortit de son long pas souple. Leonie espérait que Mel avait fini de téléphoner car leur fragile cessez-le-feu ne résisterait pas à une nouvelle dispute. Epuisée, Leonie se laissa tomber sur la chaise libérée par Danny et posa la tête dans ses mains. Elle aurait particulièrement apprécié la présence de Ray ou d'un autre homme dans ces moments de crise où elle se sentait si seule pour faire front.

Là résidait la véritable difficulté d'élever ses enfants seule : pas dans les problèmes pour les faire garder, ni dans la fatigue des courses, ni dans les ennuis d'argent, mais dans ces crises qui lui nouaient l'estomac et où elle n'avait personne vers qui se tourner.

Avec ses enfants, Leonie se fiait toujours à son instinct. Dans le cas présent, elle savait que s'emporter contre Danny aboutirait à l'inverse du résultat recherché. Il désirait profondément se confier à elle mais il craignait sa colère. Elle avait donc choisi de rester calme, de le traiter en adulte qui devait prendre ses responsabilités. Et elle espérait de toutes ses forces qu'il y parviendrait.

Cependant, elle aurait peut-être dû lui passer un savon, lui demander en hurlant comment il avait pu rater la partie essentielle de son année, et le priver d'argent de poche tant qu'il ne réussirait pas ses examens.

Elle se massa les tempes pour chasser un début de migraine. Mais elle entendit du bruit dans le couloir et se leva en un éclair. Elle ne voulait pas prendre le risque de détruire le résultat de leur conversation en laissant voir son découragement à Danny. Elle faisait donc mine de surveiller le four quand Abby entra lentement dans la cuisine, sa grammaire française à la main.

— Qu'est-ce qu'on mange ? demanda-t-elle en se perchant sur une chaise, les jambes repliées sous elle.

— Coq au vin à ma façon, ma façon étant que je le prépare sans vin et avec du poulet.

Leonie utilisait rarement de l'alcool pour cuisiner. Quand elle achetait une bouteille de vin, elle préférait la garder pour les soirs où elle avait besoin d'un remontant.

— Beurk ! Je suis obligée d'en manger ? Je préférerais une pomme de terre au four.

— Oui, tu en mangeras et, comme j'ai prévu du riz, il n'y aura pas de pomme de terre au four !

— Maman ! On ne devrait jamais obliger les gens à manger ce qu'ils n'aiment pas. La viande, c'est du cadavre !

Elle avait ajouté sa dernière remarque après un instant d'hésitation, comme si elle y avait pensé après coup.

— C'est récent chez toi, cette idée que les bouchers sont des assassins, remarqua Leonie. Tu as mangé des saucisses, mardi.

Tout en parlant, elle se disait que cette soirée allait finir par justifier un petit remontant.

Abby souffla avec dédain.

— Je ne peux pas avoir un hamburger végétarien ?

— Ma chérie, le dîner est prêt. Si tu voulais un hamburger végétarien, il fallait le dire avant que je commence. De toute façon, je ne vais pas passer ma soirée à préparer un repas différent par personne ! On n'est pas chez McDonald's.

Abby ne répondit rien et sortit en traînant les pieds. Leonie ferma les yeux et compta jusqu'à dix. Depuis quelque temps, Abby devenait très difficile sur l'alimentation. Elle buvait beaucoup d'eau, apparemment pour améliorer son teint, et elle faisait tant d'histoires pour manger que Leonie avait l'impression de diriger un centre diététique. Abby réclamait à présent des fruits et des céréales au petit déjeuner, dénigrant les sandwichs au lard de Danny, qu'elle avait toujours aimés. Leonie dépensait une fortune au supermarché parce que Abby voulait une salade de mangue le matin. A la suite de quoi, elle décrétait qu'elle n'aimait pas la mangue, et le malheureux fruit dépérissait dans le réfrigérateur jusqu'à ce que Leonie doive le jeter.

Elle se souvenait des jours heureux où ils mangeaient tout ce qu'elle leur donnait. Abby, en particulier, avait toujours montré un bel appétit, sans doute un peu trop même, car elle adorait les desserts et tout ce qui se servait avec de la sauce au chocolat. Leonie l'avait vue prendre du poids, frémissant à l'idée qu'un enfant puisse lui dire des méchancetés, lui donnant pour toujours l'impression qu'elle était trop grosse.

Si c'était elle qui avait suggéré à Abby de se montrer plus raisonnable pour les desserts, la pauvre enfant aurait eu l'impression que même sa mère la trouvait trop grosse. Leonie avait donc tenu sa langue et cherché à préparer des repas sains en espérant qu'Abby perdrait ses rondeurs d'enfant. Or Abby semblait avoir fait le lien entre les desserts et les kilos. Au moins, son régime avait un effet positif sur sa silhouette. Cela faisait des années qu'elle pesait beaucoup plus que Mel mais la différence diminuait. Abby n'avait pas encore les membres fins et la taille étroite de sa sœur mais elle était plus mince que jamais.

Leonie espérait que sa fille ne faisait pas trop attention à son alimentation. Les jumelles n'avaient pas encore fini leur croissance et avaient besoin de leur dose de protéines, de vitamines et de sels minéraux. On en parlerait pendant le dîner, décida-t-elle.

Quand vint le moment de passer à table, Leonie avait succombé à son envie d'un verre de vin et Mel téléphonait de nouveau, poussant des petits cris d'excitation en racontant à Susie « cette chose incroyable qui est arrivée... ».

— Aussi incroyable que ce soit, pourrais-tu en discuter plus tard ? dit Leonie en passant la tête dans le salon où Mel regardait *Home and Away* tout en parlant, perchée sur le bras d'un fauteuil. Et peut-être que Susie pourrait t'appeler, la prochaine fois, ajouta Leonie. La dernière facture de téléphone ressemblait à la dette nationale !

Mel leva les yeux au ciel.

La situation ne s'améliora guère quand Abby entra dans la cuisine, traînant toujours les pieds, et regarda les plats posés sur la table.

— Je t'ai dit que je n'en mangerai pas, reprocha-t-elle à sa mère d'une voix crispée.

— Alors, tu me donnes ta part, répondit Danny en remplissant son assiette.

— Non, rétorqua patiemment Leonie. Abigail, tu dois manger quelque chose. Et tu ne quitteras pas la table avant de t'être alimentée. Demain, je te ferai des hamburgers végétariens mais aujourd'hui, tu mangeras ce qu'il y a.

Elle ne vit pas l'air paniqué qu'eut Abby avant de s'asseoir et de se servir une minuscule part de poulet et une cuillerée de riz un peu plus grosse.

— Ce n'est pas assez, insista Leonie en posant un plat fumant de haricots verts et de brocolis.

— C'est énorme, répliqua Abby en prenant cette fois une bonne quantité de légumes.

Ensuite, elle but son verre d'eau à grands traits avant de le remplir à nouveau.

Ils mangèrent en silence. Danny s'empiffra pendant dix minutes tandis que Mel picorait avec de petites mines tout en lisant le magazine qu'elle avait caché sur ses genoux. Leonie détestait que l'un d'eux lise à table quand ils étaient ensemble.

Abby mangea lentement, chipotant dans son assiette jusqu'à ce que Leonie lui dise de tout manger.

— Je sais que tu essaies de faire attention, commença Leonie, mais tu n'as pas fini de grandir et ton organisme a besoin d'être alimenté correctement. Je ne veux pas que tu te mettes au régime. Tu es trop jeune pour cela. Se nourrir intelligemment est une chose, sauter des repas en est une autre. Si je vous achète des comprimés multivitamines pour toutes les deux, les prendrez-vous ?

— Mmm, fit Mel, absorbée dans sa lecture.

— Je crois, répondit Abby d'une toute petite voix.

Elle n'en poursuivit pas moins son petit jeu. Leonie savait qu'elle ne devait rien dire mais elle ne put se retenir.

— Abigail, arrête de jouer avec ton repas et mange ! dit-elle d'un ton beaucoup plus sec qu'elle ne l'avait voulu.

— Arrête de me donner des ordres ! cria Abby. Je ne suis plus un bébé ! Arrête de me traiter comme un bébé ! Fliss et papa ne le font jamais.

Ils la regardèrent tous avec étonnement. Abby ne s'énervait jamais et, pour une fois, elle se mettait en colère.

— Je déteste cette nourriture dégoûtante, et je te déteste de m'obliger à en manger ! hurla-t-elle. Quand comprendras-tu que je ne suis pas comme toi ? Je ne suis pas toi, je suis une personne. Pas une gamine !

Leonie dévisageait sa fille sans rien dire, en état de choc.

— Abby, arrête, supplia Leonie d'une petite voix.

Mais rien ne pouvait arrêter Abby à présent qu'elle était lancée.

— C'est mon corps et j'en fais ce que je veux ! s'exclama-t-elle farouchement. Tu ne comprends rien, maman, personne ne me comprend.

Elle repoussa violemment sa chaise et sortit en courant.

— Ses hormones la travaillent ! commenta Danny d'un air blasé.

— Je dois appeler Louise pour les devoirs de demain, dit Mel avant de s'éclipser.

C'était le tour des jumelles de laver la vaisselle mais Leonie était trop abasourdie pour prononcer un mot.

Que leur arrivait-il à tous ?

Le ragoût de poulet était une chose horrible, pensait Abby, surtout préparé à la façon de sa mère, avec de l'huile d'olive. C'était idéal pour devenir énorme. Quant au riz, cela ne pouvait pas faire de bien. Il faudrait qu'elle vérifie dans son livre sur les calories. Appuyée contre la porte de la salle de bains, elle essayait de respirer à fond pour se calmer avant de commencer. Elle n'avait pas eu l'intention de crier mais elle se sentait si tendue que c'était arrivé malgré elle. Il était très important que sa mère ne se doute de rien.

Elle ne voulait plus que des hamburgers végétariens, maintenant. Il n'y avait que deux cents calories par burger et cela lui donnait l'impression de manger un gros repas, surtout si elle prenait aussi une pomme de terre au four. Bien sûr, pas de beurre sur la pomme de terre. Il n'y avait rien de pire que le beurre. Et beaucoup d'eau en mangeant. Abby avait raconté à tout le monde qu'elle buvait beaucoup d'eau parce que c'était bon pour le teint. Mel avait même commencé à l'imiter, essayant de faire mieux que ses huit verres quotidiens. Seulement, Mel n'avait aucune idée de la véritable raison pour laquelle sa jumelle buvait autant d'eau en mangeant : cela l'aidait à vomir.

C'était pratique au collège parce qu'elle avait peu de temps pour aller aux toilettes après la pause déjeuner. Boire beaucoup d'eau lui facilitait la tâche : elle se précipitait dans les toilettes, attendait que quelqu'un d'autre tire la chasse d'eau et profitait du bruit pour vomir vite et bien. Elle gardait toujours sa pomme pour la manger après. Sans cela, son estomac grognait pendant tout l'après-midi. Cela lui était arrivé de façon très gênante, un jour, pendant le cours d'histoire. Par chance, le professeur, Mlle Parker, avait une voix si puissante que son discours monotone sur Lénine avait couvert les gargouillis d'Abby. Mel l'avait quand même regardée d'un air perplexe.

Elle devait faire très attention à ne pas se laisser surprendre par Mel. C'était le problème avec une sœur jumelle : elle remarquait des détails auxquels personne d'autre ne prêtait attention. Par exemple, sa mère n'avait jamais vu qu'elle donnait ses céréales à Penny, le matin, ni qu'elle ne mangeait jamais les biscuits au chocolat qu'elle apportait le soir quand ils regardaient la télévision. En réalité, Abby les dissimulait dans sa manche et les remettait plus tard dans la boîte. Une seule fois, pourtant, elle en avait mis sous son lit et en avait mangé huit d'un coup. Elle avait ensuite passé un moment horrible à les vomir. Elle avait eu très mal à la gorge et, de plus, elle était certaine de ne pas les avoir tous recrachés.

Mel, en revanche, était assez futée. Même si elle semblait toujours plus intéressée par elle-même que par les autres, elle pourrait comprendre ce que faisait Abby. De toute façon, cela ne la regardait pas. Mel avait beaucoup de chance de ne pas avoir de problème de ligne, comme Fliss. Elle n'avait pas besoin de vomir quatre fois par jour pour perdre ses kilos en trop. Mel aurait donc intérêt à se taire si elle découvrait la vérité. C'était le secret d'Abby.

En ce qui concernait sa mère, elle lui présenterait ses excuses un peu plus tard. Abby détestait faire de la peine à sa mère mais elle devait s'en tenir à sa résolution.

Quand elle eut fini, elle s'assit par terre, épuisée par ses nausées. Elle avait mal à l'estomac et sa gorge la brûlait. Elle se sentait très mal. Elle pleurait à chaudes larmes et, tandis qu'elle s'essuyait le visage, son bracelet en jade cliqueta. Fliss le lui avait envoyé pendant sa lune de miel en Chine. Abby adorait ce bijou. C'était si joli ! Fliss était vraiment gentille et savait exactement ce qui lui ferait plaisir, sans avoir besoin de le lui demander. Même si sa mère ne la comprenait pas, pensa sombrement Abby, Fliss la comprendrait.

21

Le samedi suivant, à six heures du soir, Leonie se demandait pourquoi elle ne s'était pas fait ligaturer les trompes vingt ans plus tôt. Avoir des enfants, les siens en particulier, représentait un cauchemar, rien d'autre. Elle se souvenait très bien des jours heureux où ils se contentaient de gribouiller sur les murs, de manger de la terre dans le jardin ou de jeter leur alphabet en bois à la tête des autres enfants. A l'époque, elle avait cru passer une période difficile. Comme on peut se tromper ! Les bébés étaient un plaisir par rapport à ses trois adolescents. Au moins, du temps où Abby se montrait douce et gentille, il y avait des trêves dans la guerre permanente chez les Delaney ; or, depuis la transformation d'Abby en obsédée de la diététique, la situation avait pris un tour infernal. Après l'explosion d'Abby, la mère et la fille s'étaient réconciliées mais Leonie sentait que la situation restait délicate.

Ce samedi avait assez bien commencé : Leonie, en prévision de son premier rendez-vous avec Hugh le banquier, avait joyeusement sauté du lit au petit matin. Elle avait tranquillement savouré son petit déjeuner avec Penny puis l'avait emmenée faire une longue promenade de cinq kilomètres. Leonie avait passé un excellent moment, revigorée par les bourrasques de janvier. Les premières gouttes de pluie tombaient au moment où elle rentrait chez elle et elle s'était réjouie d'avoir échappé à l'averse. A midi et demi, elle était allée faire ses courses et en avait profité pour s'offrir une jolie paire de boucles d'oreilles roses en verre, pour son rendez-vous. Avec un magazine de savoureux cancans dans son chariot de supermarché, à côté de sa boisson chocolatée basses calories préférée, Leonie songea que tout cela lui promettait un agréable après-midi de détente. Le samedi, les enfants effectuaient leur part des travaux ménagers, ce qui signifiait dix minutes de dispute pour savoir qui s'occuperait de la cuisine ou de la salle de bains, et qui passerait l'aspirateur et le chiffon à poussière. Leonie ne prêtait plus attention à leur dispute. Elle avait depuis longtemps cessé de s'en mêler en hurlant qu'elle aurait tout nettoyé en moins de temps qu'il ne leur en fallait pour décider qui faisait quoi. Avec ce genre d'intervention, on se retrouve vite sur la pente glissante où on finit par faire les choses soi-même. A présent, Leonie les laissait régler la question entre eux.

Cependant, en rentrant du supermarché, elle s'aperçut que l'aspirateur n'avait pas bougé de sa place. Les poils de Penny jonchaient toujours le tapis du couloir et la cuisine n'avait pas été nettoyée. Encore pire, les restes de leurs petits déjeuners traînaient partout et un carton de lait vide trônait sur le plan de travail à côté de la poubelle. Celui d'entre eux qui l'avait vidé n'avait même pas pris la peine de le déplacer de quelques centimètres jusqu'à la poubelle. Furieuse, elle laissa tomber ses sacs et partit à la recherche des responsables. Malheureusement, pour cela, elle devait passer devant la salle de bains. La porte était ouverte et les serviettes mouillées avaient été jetées en tas par terre. Le tube de dentifrice, plié en son milieu, gisait oublié dans le lavabo et il y avait tellement d'eau dans la coupelle que le savon avait entièrement fondu.

Les sales petits paresseux, pensa Leonie, très en colère. Ils s'attendaient qu'elle fasse tout ! Bien ! Cette fois, ils ne s'en tireraient pas si facilement.

— Melanie, Abigail et Daniel ! hurla Leonie. Pourquoi cette maison ressemble-t-elle à un taudis ? C'est votre tour de faire le ménage. Vingt minutes chacun, je ne vous en demande pas plus !

Elle entra dans la chambre des jumelles mais il n'y avait personne. Elle passa à la chambre de Danny, frappa brusquement à la porte et pénétra dans sa tanière sans attendre de réponse. L'air scandalisé qu'on ose l'interrompre, il était en train de mettre du gel sur ses cheveux humides.

— As-tu de quoi payer l'esclave ? dit-elle.

Il la regarda sans comprendre, ce qui était plutôt normal.

— Parce que toi et tes sœurs vous continuez à me traiter en esclave.

Leonie le dévisagea d'un air toujours aussi furieux et il parut soudain un peu gêné.

Leonie décida d'enfoncer le clou.

— Je travaille dur toute la semaine, en plus je fais la cuisine, la lessive et le ménage derrière vous. Le samedi est le seul jour où je vous demande de l'aide pour que cette maison reste à peu près propre, et qu'est-ce que j'obtiens ? Rien !

— Calme-toi, maman, je m'y mets tout de suite.

— Où sont tes sœurs ?

— Je suis là, maman, dit Mel d'une voix qui se voulait discrète.

Elle se tenait sur le seuil de la chambre de son frère, en robe de chambre, le visage enduit de ce que Leonie reconnut comme son masque à l'avocat. Mel avait utilisé ce qui restait.

— C'est mon masque ? demanda Leonie.

— Euh, oui... Je sors dans une demi-heure et ma peau était dans un état...

— Tu sors dans une demi-heure ? Alors quand prendras-tu le temps de faire ta part de travail dans la maison ? demanda Leonie d'un ton glacial.

— En fait... Je ne pensais pas que c'était important...

— « Je ne pensais pas que c'était important », répéta Leonie avec colère. Non, il vaut mieux que cette idiote de vieille mère fasse tout, elle n'est bonne qu'à ça, n'est-ce pas ce que vous avez pensé ?

— Non ! protestèrent Mel et Danny en chœur.

— Où est Abby ? s'enquit soudain Leonie.

— Elle est allée courir.

— Courir ? Il pleut des cordes ! Pourquoi est-elle allée courir par ce temps ?

— Je ne sais pas, maman, désolée. Je vais faire ma part maintenant, dit Mel, exceptionnellement docile. Danny, je m'occupe de l'aspirateur et de la poussière. Tu n'as qu'à faire la salle de bains. Tu l'as laissée... commença-t-elle avant de s'interrompre net en voyant le regard de sa mère.

— Je ne veux plus jamais avoir à vous le redire, reprit Leonie, toujours fâchée. Vous demandez à être traités en adultes et vous ne vous conduisez pas en adultes. Je ne suis pas votre bonniche, vous avez intérêt à ne plus l'oublier ! Danny, tu peux ranger les courses.

Elle prit avec elle Penny, qui avait horreur de l'aspirateur, se rendit dans sa chambre et claqua sa porte.

Quand elle en ressortit, Abby était rentrée et avait nettoyé la cuisine n'importe comment. Bien que la rage de Leonie se fût calmée, elle adressa quelques mots très secs à Abby sur ses devoirs et sur la bonne volonté nécessaire pour faire marcher la maison en douceur.

— En douceur ? hurla Abby. Si c'est ce que tu appelles de la douceur, je préfère m'en aller. Je suis sûre que papa et Fliss seraient contents que je vive avec eux. Je te déteste !

Là-dessus, elle courut se réfugier dans sa chambre et claqua la porte. Pétrifiée, Leonie ne la suivit pas. Au bout de quelques minutes où elle était restée à la même place, incapable de faire un geste, elle choisit la seule solution qui lui vint à l'esprit : elle alla chez sa mère.

Claire était dans son garage, travaillant son swing. Elle jouait au golf depuis un mois seulement et s'entraînait sérieusement avec son amie Millie au moins deux fois par semaine.

— Tu devrais te mettre au golf, conseilla Claire à sa fille.

Elle rangea son fer numéro huit dans son sac et remonta vers sa maison avec Leonie.

— J'ai assez de problèmes avec tout ce que j'ai déjà à faire sans entreprendre quelque chose où je serais nulle, objecta Leonie avec des larmes dans la voix.

— Tu dis des bêtises.

Claire avait répondu d'un ton brusque. Elle dévisagea Leonie, enregistra sa rougeur et les signes d'une crise de larmes imminente.

— Qu'est-ce que Mel t'a encore dit ?

— Ce n'est pas Mel mais Abby. C'est tout le problème.

Quand elle eut fini de tout raconter à sa mère, Leonie se sentit un peu mieux. Tash, un des magnifiques chats siamois de Claire, avait daigné s'installer sur ses genoux. Elle se sentait toujours mieux quand elle pouvait caresser un animal. Son propre chat, Clover, n'appartenait pas à la race de ceux qui s'installent sur vos genoux. En général, c'était la câline Penny qui remplissait le rôle de consolatrice. Tash remercia Leonie de ses caresses par quelques ronronnements et renversa gracieusement la tête.

— Abby ressemble un peu à ce que tu étais à son âge, dit pensivement Claire.

— Je n'ai jamais été comme elle !

— Mais si ! Tu te trouvais laide et grosse. C'était horrible mais je n'y pouvais rien. Tu m'en voulais parce qu'il n'y avait personne d'autre à qui en vouloir.

— Mais Abby est infiniment plus jolie que je ne l'étais. De plus, elle a toujours été tellement gentille !

Elle se sentait désemparée. La situation n'avait rien de commun avec celle qu'elle avait vécu. Elle faisait tout pour que sa fille ait confiance en elle-même. Claire avait agi de la même façon avec elle, mais c'était différent.

Claire sortit une boîte de nourriture pour chats du réfrigérateur et Tash sauta des genoux de Leonie, accrochant ses griffes dans sa jupe au passage. Les deux autres chats réapparurent mystérieusement. Ils affectaient tous de se désintéresser de leur pâtée mais s'observaient avec méfiance du coin de l'œil, comme si chacun d'eux était déterminé à empêcher les autres d'avoir plus à manger que lui.

— Elle est jolie et elle le devient de plus en plus, remarqua Claire. Mais n'oublie pas que tu n'étais pas en compétition avec une sœur jumelle aussi belle que Mel.

— Non, mais je t'avais ! rétorqua Leonie.

Elle eut un regard blessé vers la silhouette menue de

sa mère, toute mince dans son pantalon bleu marine et son pull marin rayé, une écharpe rouge vif autour du cou. Claire avait un chic très français, un don pour donner de l'élégance aux vêtements les plus simples.

— Tu étais mille fois mieux que moi, reprit Leonie. Souviens-toi de cette catastrophe de bikini en crochet que j'avais absolument voulu acheter pour nos vacances en Espagne !

Sa mère éclata de rire.

— Tu me l'as donné, dit-elle.

— Et tu étais superbe, dit Leonie. On aurait dit Ursula Andress à côté de Miss Babar !

Elle observa les chats qui tournaient autour de leurs gamelles, la queue dressée tout en reniflant leur repas avec la mine dégoûtée de critiques gastronomiques essayant de savoir à la seule odeur si le pistou était réellement fait maison.

— La vie était moins compliquée, à l'époque ! soupira Leonie.

— La vie paraît toujours plus facile rétrospectivement. Y a-t-il un autre problème ? Ne me dis pas que tu es venue jusqu'ici un samedi après-midi uniquement pour me parler d'Abby ?

— Non, rien d'autre si l'on oublie que Danny risque de rater son année, que Mel ne s'intéresse pas du tout à l'école, sauf quand il s'agit de prendre le bus parce que ça lui permet de faire du charme aux garçons, et qu'Abby est passée d'une jeune fille parfaitement équilibrée à une prima donna que je ne connaissais pas et qui n'arrête pas de parler de sa belle-mère ! Je suis fatiguée de devoir tout gérer toute seule.

Leonie avait ajouté la dernière phrase à un moment où elle n'était plus sur ses gardes.

Claire eut une petite mimique exaspérée qui fit

soupirer Leonie en elle-même. Elle savait ce que signifiait l'expression de sa mère.

— Si tu n'avais pas rompu avec Ray, tu ne serais pas seule et les enfants n'auraient pas une belle-mère tout droit sortie d'un conte de fées.

— Maman, pas de sermon, s'il te plaît !

— Je n'ai pas l'intention de te faire un sermon, mais si tu viens me demander mon opinion, tu dois t'attendre à certaines choses. C'est dur de les élever seule mais c'est ton choix, Leonie. Tu voulais le grand amour et tu estimais que Ray n'était pas à la hauteur. Tu dois assumer ton choix, maintenant. Je n'ai rien d'autre à te dire. Fin du sermon ! Alors, que fais-tu ce soir ? Je vais au cinéma avec Millie. Nous n'arrivons pas à choisir entre un film policier, un film sur un procès ou un autre avec Sean Connery. Veux-tu nous accompagner ? Cela ne ferait pas de mal à ta terrible progéniture de se débrouiller seule pour une fois. Tu les as tellement habitués à se mettre les pieds sous la table et à vivre dans une maison qui se nettoie par magie qu'ils vont s'évanouir si tu n'es pas là pour les servir !

— Euh… en fait, je sors, ce soir, bafouilla Leonie.

— Avec les filles ? demanda sa mère machinalement.

Puis elle vit que Leonie se mordait la lèvre et comprit en un éclair.

— Avec un homme ? J'ai raison, n'est-ce pas ? Bravo, Leonie ! Il est temps que tu retrouves quelqu'un. Qui est-ce ? Comment vous êtes-vous rencontrés ?

Leonie réalisa qu'elle avait le choix entre l'Inquisition et un discours sur la meilleure façon de vivre sa vie.

— C'est un ami d'Hannah, mentit-elle.

— Ah oui ? Je veux tout savoir, à moins que cela risque de te porter la guigne ?

— Non ! Il s'appelle Hugh Goddard, il est conseiller en investissement dans une banque. Il est aussi divorcé et il aime les chiens.

— C'est un beau curriculum vitæ mais, en tant que personne, comment est-il ? demanda Claire.

Leonie réfléchit. Elle pouvait difficilement admettre qu'en dehors de sa sensibilité – il fallait en avoir pour sauver un chien de la noyade – elle ignorait tout de la personnalité et de l'aspect physique de ce monsieur ! *Solide, ancien fanatique de rugby, travaille dans la finance, plus de la première jeunesse mais sens de l'humour. Ne répondre que si vous aimez les bêtes.* Elle aurait pu le décrire ainsi dans le cadre d'une petite annonce mais cela ne fournissait pas les détails privés. Elle choisit de se montrer impatientée.

— Voyons, maman, c'est quelqu'un d'ordinaire, comme tout le monde ! Nous nous sommes rencontrés chez Hannah et je l'ai trouvé sympathique. Il m'a invitée à prendre un verre avec lui et j'ai accepté, point final.

— D'accord ! Ce n'est pas la peine de t'énerver. Je te posais la question, c'est tout. Ai-je une chance de le rencontrer, moi aussi ?

— Si c'est l'homme de ma vie et que nous décidons d'émigrer aux Bahamas en te laissant les enfants, oui, tu le rencontreras ! C'est le moins que je puisse faire. Et maintenant, je dois filer, maman.

Hugh lui avait proposé de se retrouver dans un pub de Dublin. Leonie préféra donc prendre le DART, le train électrique qui l'amènerait dans le centre-ville, plutôt que sa voiture. Clopinant un peu dans ses escarpins neufs trop étroits, elle partit de chez elle en courant après avoir donné à ses enfants un cours sur le réchauffage des lasagnes, sans oublier l'interdiction formelle pour Danny de sortir en laissant ses sœurs seules à la maison.

— Et où vas-tu dans tes beaux atours ? s'enquit Danny.

Il détaillait la tenue de sa mère, qui portait sa plus jolie jupe en velours et sa chemise rouge en soie avec les trois boutons du haut ouverts sur son collier égyptien à scarabée.

— Je sors avec les copines, dit Leonie sans remords, en enfilant la veste de daim noir qu'elle gardait pour les grandes occasions.

Comme Abby avait boudé toute la journée, Leonie n'avait pas envie de déclencher une autre crise en expliquant qu'elle rencontrait un homme. Abby était une écorchée vive en ce moment et réagirait peut-être en se précipitant à l'aéroport pour prendre le premier vol à destination de Boston. Sans compter qu'elle s'arrêterait en route pour appeler les services sociaux et accuser sa mère de mauvais traitements sur mineure !

Leonie avait vérifié les horaires de bus avant de partir et n'eut donc pas à attendre. Quelques minutes plus tard, elle roulait en direction de la gare. Malheureusement, entre l'arrêt du bus et la gare de Greystones où elle devait prendre le DART, elle n'avait cessé de boitiller. Ses escarpins neufs la faisaient affreusement souffrir. Elle eut un instant la tentation de les jeter dans une poubelle et de continuer pieds nus. On la remarquerait, on la montrerait même du doigt, mais pas plus qu'au spectacle d'une grande et forte femme boitant avec des petits cris de douleur à chaque pas. Elle s'assit du côté droit du wagon pour voir la mer et ôta ses chaussures avec un soupir de soulagement. Le mot de « péniches » convenait bien, pensa-t-elle en regardant ses grands pieds. Elle posa donc ses « péniches » sur le siège inoccupé en face d'elle, espérant ne pas voir passer un employé des chemins de fer qui lui rappellerait qu'« on ne met pas les pieds sur les sièges ». S'il s'y risquait, il prendrait un coup d'escarpin dans la figure !

Ses pieds mis à part, Leonie apprécia beaucoup le trajet en train, qui lui offrait un poste d'observation privilégié. Les jardins et les maisons éclairées défilaient sous ses yeux. A Sandymount, des gens se promenaient sur la plage avec des chiens qui jouaient et couraient. C'était ce qu'elle préférait dans les voyages en train : la possibilité d'entrevoir la vie des gens. Elle s'amusait à regarder, dans les cuisines aux fenêtres sans rideaux, les gens occupés devant leur évier avec des casseroles ou traînant chez eux, une tasse de thé à la main, oublieux du fait qu'on pouvait les voir depuis les wagons du DART.

Elle n'avait qu'un seul regret : que le train roule trop vite pour pouvoir bien observer.

A la station de Tara Street, elle comprit qu'elle avait commis une grosse erreur en enlevant ses chaussures. Elle les remit avec l'impression de devoir faire entrer un animal anesthésié dans une cage trop petite pour lui. Boitillant encore plus car elle avait à présent les pieds gonflés, elle marcha lentement vers l'hôtel de Temple Bar où elle avait rendez-vous.

Elle avait dix minutes de retard, les pieds dans un état qui aurait justifié une amputation, et elle sentait que son fond de teint « correcteur de défauts » coulait parce qu'elle avait trop chaud avec sa veste en daim. Son romantisme naturel semblait oublié. Elle pensa un instant à faire demi-tour et rentrer chez elle. Il y avait un film avec Richard Gere à la télévision et, si les enfants étaient toujours en train de bouder, ils resteraient sans doute dans leurs chambres respectives, la laissant maîtresse de la teléecommande.

Elle avait à peine franchi le seuil de l'hôtel qu'elle repéra Hugh. Il aurait été difficile de ne pas le remarquer. C'était le seul client de plus de vingt-cinq ans. Debout près d'un pilier, une bière à la main, il donnait l'impression de ne pas se sentir très à l'aise. De taille moyenne, avec de larges épaules et le cou très fort des sportifs, il avait une épaisse chevelure brune coupée court et grisonnante sur les tempes. Un assez bel homme, se dit Leonie, agréablement surprise, tout en l'étudiant : le teint sainement coloré d'un homme qui apprécie le grand air, des traits énergiques qui inspiraient confiance. En revanche, avec sa chemise de sport ouverte et sa veste en tweed, il paraissait aussi déplacé dans ce temple de la jeunesse qu'une duchesse douairière dans une rave-party ! Le Busker était visiblement le rendez-vous branché des jeunes Dublinois le samedi soir car il était bondé de filles et de garçons sur leur trente et un.

Des odeurs puissantes de laque luttaient avec des après-rasage et des parfums trop lourds, véritable enfer pour asthmatiques. Des filles malicieuses habillées de quelques morceaux de Lycra riaient dans leur bouteille de bière et détaillaient du regard des garçons qui ne se rasaient plus depuis longtemps et essayaient de se donner une contenance en fumant trop.

Leonie ne put s'empêcher de faire la grimace. Quelle idée stupide de donner rendez-vous dans un pareil endroit ! Quand son regard croisa celui d'Hugh au milieu de la foule de ravissantes créatures de vingt ans, il répondit de la même façon. Puis il entreprit de se frayer un chemin vers la porte, tout son visage exprimant ses regrets. Il avait de beaux yeux avec de belles rides, des rides de rire comme elle le découvrit dès qu'il fut à plus faible distance, et une cicatrice en travers du menton.

— Leonie ? dit-il d'une voix forte pour dominer la musique. Voilà ma punition pour avoir voulu vous paraître branché !

— Si cela peut vous consoler, répondit-elle, les yeux brillants, je suis aussi peu branchée que vous. Sinon, j'aurais su que ce n'était pas pour nous. Si nous cherchions un endroit pour troisième âge où nous pourrons nous parler autrement que par signes ? La pile de mon appareil auditif est presque morte !

Avec un geste d'acquiescement, il posa son verre de bière encore à moitié plein et ils sortirent.

Leonie s'attendait que leur complicité instantanée disparaisse avec le grondement des basses du disco, mais rien de la sorte ne se produisit. Cet homme lui plaisait, même si elle ne le connaissait que depuis une ou deux minutes.

Ils marchèrent lentement dans les rues de Temple Bar en riant de la façon dont des gens normalement adultes et intelligents devenaient stupides quand ils se rencontraient par petites annonces.

— La première fois que j'ai essayé, lui raconta Hugh, j'ai proposé de l'inviter à dîner dans un restaurant ultra-chic pour l'impressionner. Elle m'a dit qu'elle détestait les raseurs qui fréquentent des restaurants prétentieux et elle est partie après l'entrée. Cette fois, j'ai pensé que je devais jouer la carte des endroits en vogue !

Leonie ne se vexa pas à la mention d'autres rencontres qui auraient pu faire de lui un dragueur en série. Ce n'était certainement pas le cas d'Hugh. Elle se sentait à l'aise avec lui, comme si elle l'avait connu depuis des années.

— Moi aussi, j'ai fait une bêtise de premier

rendez-vous, avoua-t-elle. J'ai mis des chaussures neuves pour vous impressionner et j'ai affreusement mal aux pieds. Ces pavés me tuent !

Elle se tordait les chevilles sur les petits pavés ronds qui sont supposés faire partie du charme de Temple Bar.

— Vous auriez dû me le dire, déclara Hugh en lui prenant le bras. Je vais vous porter jusqu'au trottoir, milady ! Et nous allons dénicher une auberge où vous pourrez enlever vos chaussures sans que personne y fasse attention.

— Il faudrait un endroit où je puisse m'allonger ! plaisanta-t-elle.

Elle rougit brusquement en prenant conscience du double sens de sa phrase, mais Hugh parut ne pas le remarquer.

— C'est un peu trop osé pour moi dans ce genre de circonstances, dit-il allègrement. Aller au lit au bout de dix minutes est trop embarrassant, vous ne trouvez pas ?

— Tout à fait, répondit Leonie en riant. J'apprécierais de prendre un verre, en revanche.

— Et si nous allions plutôt dîner ? Je meurs de faim et je n'ai pas voulu vous proposer de dîner ensemble tout de suite. Je me suis dit que, si nous nous détestions au premier coup d'œil, il valait mieux pouvoir s'échapper très vite.

— C'est exactement ce que j'ai pensé. J'avais même préparé l'excuse d'une soirée où je devais être à dix heures au cas où vous seriez insupportable ! Mais je meurs de faim, moi aussi.

Trouver une table pour deux le samedi soir quand on n'a pas réservé est la quête du Graal des rendez-vous modernes. Ils y parvinrent pourtant sans que Leonie ait à claudiquer trop longtemps. Installée dans une minuscule alcôve d'un restaurant chinois – le seul endroit où on les avait acceptés –, Leonie enleva ses chaussures avec un soupir de soulagement.

— Vous ne pouvez pas rejouer la scène du faux orgasme de *Quand Harry rencontre Sally* sans avoir mangé, la prévint Hugh. Sinon, on nous jettera dehors pour nous être caressés sous la nappe en papier ! Ils risqueraient même d'appeler la police et je n'apprécierais pas beaucoup. Je suis un homme respectable !

Leonie eut un petit rire. Il était très drôle et cela la changeait agréablement. Bob, qu'elle avait revu deux fois de façon très platonique, était à peu près aussi amusant qu'une bétonnière, et encore dans les bons jours.

— Essayer les cuisines exotiques est un bon moyen de savoir si l'on peut se supporter, dit Hugh.

Il sortit de sa poche une paire de lunettes demi-lune pour étudier le menu.

— Si quelqu'un se met à rire en commandant du « liz flit », poursuivit-il, vous savez si vous avez trouvé l'âme sœur ou non.

— Si vous êtes un marchand de « liz flit », répondit Leonie, je m'en vais ! A propos, vos lunettes sont formidables. Je vous imagine très bien en train de foudroyer quelqu'un du regard par-dessus un grand bureau en lui reprochant de s'être très mal conduit !

Hugh leva les sourcils d'un air perplexe.

— Je crains que vous n'ayez mélangé vos annonces. Je suis le conseiller en investissements. Vous, vous pensez à M. Fouettard. Il a passé une petite annonce à la page suivante où il dit qu'il est très doué pour punir les vilaines filles.

— Si je comprends bien, sourit Leonie, vous n'êtes pas M. Fouettard ?

Il prit le temps d'y réfléchir.

— Si cela reste entre nous, je suis prêt à essayer. Et comme c'est vous, je ne vous ferai pas payer.

Elle sourit de plaisir. Elle était en train de flirter ! C'était une soirée à marquer d'une pierre blanche, une soirée passée à sourire et plaisanter en faisant des sous-entendus fripons.

Le serveur vint prendre leur commande. Quand Hugh précisa qu'il voulait du riz frit avec son bœuf, Leonie sentit le fou rire la gagner, mais elle se retint. Le serveur pourrait croire qu'ils se moquaient de son accent et se sentir insulté, alors qu'il ne s'agissait pas de cela.

— Un peu de tenue ! lui dit Hugh à voix basse avec un regard très sérieux avant de se tourner vers le serveur pour ajouter : Quelques panachés et elle ne se contrôle plus !

Ce qui la fit évidemment éclater de rire. Elle attendit que le serveur s'éloigne, indifférent aux bouffonneries de ses clients.

— Comment réussissez-vous à me faire rire sans arrêt ? demanda-t-elle.

— Grâce à ma calvitie ? suggéra-t-il, inclinant la tête pour qu'elle puisse vérifier ses dires.

— Non, je crois plutôt que je me sens soulagée de vous voir aussi normal. Quoique... Un peu anormal, mais de la façon qui me plaît. J'ai l'impression de vous connaître depuis des années.

— Moi aussi. Je n'ai pas l'habitude de blaguer quand je ne connais pas les gens. En réalité, je suis très timide et, pour le cacher, je reste très sérieux avec les inconnus. C'est utile dans mon travail, d'ailleurs. On ne peut pas parler d'investissements financiers en racontant des blagues idiotes. Mais avec vous, je me sens tout à fait à l'aise.

— Comme moi. Donc, vous n'avez pas joué les

amuseurs quand vous avez emmené votre dernier rendez-vous dans ce restaurant chic ? demanda-t-elle avec espièglerie.

Hugh se passa la main dans les cheveux d'un air chagriné.

— Mon Dieu, non ! J'avais l'impression d'être à un entretien d'embauche. Je lui ai expliqué mon travail, je lui ai donné l'adresse de mon employeur et la liste de mes loisirs. Et nous n'avions même pas encore commandé l'apéritif ! Si j'en avais eu le temps, je lui aurais sans doute exposé mon plan de carrière et le poste que j'espère occuper dans cinq ans. Une horreur ! Après un pareil fiasco, je m'étonne d'avoir trouvé le courage de recommencer l'expérience. Cela tient du miracle.

— Comment était-elle et pourquoi avez-vous répondu à son annonce ? demanda Leonie. En fait, pourquoi avez-vous répondu à la mienne ?

— Elle disait qu'elle travaillait dans la finance et j'ai cru intelligent de rencontrer une femme qui travaillait dans le même domaine que moi. C'était une grosse erreur parce que je vais passer le reste de ma vie professionnelle à espérer qu'on ne m'affectera jamais dans une agence où je risquerais de la croiser ! C'est une dure à cuire. Il fallait du cran pour se lever en disant que nous n'avions rien en commun et qu'elle ne voulait pas gaspiller sa soirée.

— Aïe ! C'est peut-être Mme Fouettard, dit Leonie, dont le regard pétillait.

— Cela n'aurait rien de surprenant. Mais je crains, en ce cas, d'avoir été une vraie mauviette devant cette terreur. On se sent très mal, assis tout seul dans un restaurant, après le départ précipité de son invitée. Les gens ont dû croire que nous étions mariés et que je venais de lui avouer l'existence d'une maîtresse.

Il avait l'air si malheureux au souvenir de cette scène que Leonie dut se mordre les lèvres pour ne pas rire.

— Cela s'est passé en novembre, reprit-il. J'ai donc mis deux mois à me morfondre chez moi en léchant mes blessures.

On leur apporta à ce moment le vin et les premiers plats, et ils se turent. Quand Leonie eut calmé ses crampes d'estomac avec le poulet sauce satay, elle posa sa fourchette et reprit la conversation.

— Vous n'allez pas vous en tirer aussi facilement, dit-elle. Allez, racontez-moi tout : pourquoi avez-vous répondu à mon annonce ?

— Vous sembliez gentille et chaleureuse, et vous disiez que vous aimez les animaux. Moi aussi, et cela m'a suffi. Par ailleurs, je raffole des blondes sculpturales et mes amis estimaient que j'avais besoin d'une autre femme bizarre pour me remettre à ma place parce que j'attrapais la grosse tête ! Je plaisante, mais le début reste vrai.

— N'espérez pas payer votre part du dîner en me flattant, susurra Leonie.

— Non coupable, Votre Honneur, répondit Hugh.

Puis il la regarda droit dans les yeux.

— Vous avez les plus beaux yeux que j'aie jamais vus, dit-il d'une voix plus grave. Ils sont d'un bleu extraordinaire. Je dois ajouter que je passe une excellente soirée. Je suis sincère.

Leonie sentit son estomac frétiller. En tout cas, quelque chose frétillait dans cette région-là de son anatomie, quelque chose qui avait été horriblement oublié depuis des lustres. Oui, c'était bien une onde de désir. Elle prit une profonde inspiration avant de répondre.

— Je vous signale que la soirée à laquelle je devais me rendre à dix heures a été annulée.

— Parfait ! Quand mon complice m'appellera sur mon portable à dix heures moins le quart en prétendant avoir perdu la clé de son appartement dont, curieusement je possède le seul double, je lui dirai que tout va bien, que vous êtes fantastique.

Elle ne s'était jamais autant amusée dans un restaurant chinois. Ils rirent et parlèrent en mangeant beaucoup trop de canard laqué et de bœuf croustillant. Leonie se plaignit enfin que si elle avalait une seule bouchée de plus, elle devrait déboutonner sa jupe. Elle n'aurait jamais osé dire une chose pareille à un autre homme mais elle se sentait tellement détendue avec Hugh que cela lui paraissait naturel. Bien sûr, la deuxième bouteille de vin, un vin très médiocre, faisait son effet.

— En réalité, je ne bois pas beaucoup, dit Leonie pendant qu'il remplissait son verre. J'aime le vin mais il ne me faut pas grand-chose pour être ivre.

— J'espère que vous n'avez pas compris mon vilain plan, répondit-il le plus sérieusement du monde. J'ai une camionnette garée derrière le restaurant et je vous emmène chez moi pour vous avoir à ma merci.

— Je ne suis pas ivre à ce point, répliqua Leonie en agitant un doigt menaçant vers lui. Ma pire aventure en ce domaine remonte à mes années d'université.

Le souvenir la fit frissonner.

— C'était une soirée d'étudiants en médecine, reprit-elle, et ils avaient préparé un punch mortel avec de l'alcool de contrebande et Dieu sait quel autre poison. J'étais complètement ivre après quatre petits verres et j'ai commencé à parler avec un gynécologue. Bien sûr, il a fallu que je pose la question à ne pas poser, dit-elle en riant.

Hugh l'écoutait en silence, impassible. Leonie se pencha vers lui et baissa la voix.

— Comment peuvent-ils encore faire l'amour en rentrant chez eux après avoir examiné des femmes toute la journée ?

Les yeux d'Hugh se plissèrent de rire.

— Qu'a-t-il répondu ?

— Je ne sais plus. J'avais trop bu ! Mon Dieu, comme j'étais gênée, le lendemain ! Tout le monde venait me voir pour me raconter ce que j'avais fait, et chaque chose était pire que l'autre ! Je n'ai jamais été aussi honteuse. En réalité, j'avais bu parce que je voulais absolument m'intégrer et que j'ai cru que l'alcool m'aiderait.

— Pauvre petite, dit Hugh en lui tapotant la main gentiment. J'ai honte d'avouer qu'à quarante-sept ans, je ne vaux guère mieux. Le soir de mon rendez-vous raté avec la mère Fouettard, après son départ, j'ai vidé la bouteille de vin que nous avions à peine entamée. Et après, j'ai encore pris trois xérès. Vous, au moins, vous n'étiez qu'une jeune fille.

Ce fut au tour de Leonie de lui tapoter la main.

— Mais c'est parfaitement compréhensible, Hugh ! A votre place, j'aurais bu deux bouteilles pour me consoler ou bien j'aurais fait mine d'aller aux toilettes et je serais sortie par la fenêtre pour disparaître avec ma honte.

— Eh oui, ce n'est pas parce qu'on a des enfants qu'on est à l'abri des sottises d'adolescent, n'est-ce pas ?

— Vous avez des enfants ? demanda Leonie avec ravissement. Vous ne me l'aviez pas dit.

Quelle excellente nouvelle ! Un homme avec des enfants serait bien placé pour comprendre la place qu'ils occupaient dans la vie de Leonie.

— Jane a vingt-deux ans et Stephen dix-huit. Il vit avec sa mère et Jane vit seule dans un appartement proche d'ici. Ils sont formidables, dit-il avec chaleur. J'ignore ce que je serais devenu sans eux.

— Racontez-moi tout !

« Tout » impliqua de prendre encore deux cafés car ils ne voulaient plus boire.

— J'aimerais ne pas rester au lit toute la journée, demain, et ne pas avoir trop mal à la tête, dit Hugh.

Il n'avait pas dit pourquoi sa femme et lui s'étaient séparés et Leonie ne voulut pas poser une question aussi indiscrète. S'il voulait lui en parler, il le ferait. En revanche, il était intarissable sur ses enfants.

Jane, dit-il, était très belle.

— J'ignore de quel côté de la famille elle a pris cela mais c'est une beauté. Elle travaille dans une compagnie d'assurances. C'est aussi une remarquable artiste. Je n'arrête pas de lui conseiller de montrer ses tableaux dans les galeries, mais elle refuse.

Stephen, en revanche, avait l'air un peu excentrique. Il suivait des études supérieures de commerce et économisait pour prendre une année sabbatique et faire le tour du monde.

— Chaque fois qu'il parle de l'Extrême-Orient, Rosemary – c'est mon ex-femme – fait une crise de nerfs.

— Cela me paraît naturel, dit Leonie.

Elle comprenait très bien la réaction de cette Rosemary qu'elle ne connaissait pas. Si Danny lui annonçait qu'il voulait partir pour l'Extrême-Orient, elle piquerait elle aussi une crise de nerfs. La semaine précédente encore, elle avait lu un article au sujet des jeunes Occidentaux naïfs qui se faisaient piéger par des trafiquants de drogue en Thaïlande. Des gangs leur « volaient » toutes leurs affaires et les coinçaient ensuite en leur prêtant de l'argent et des bagages neufs où étaient dissimulés des quantités d'héroïne.

Elle résuma l'article à Hugh, en soulignant qu'elle en avait lu d'autres parlant de jeunes hommes d'affaires qui ne s'étaient jamais drogués et croupissaient en prison parce que des policiers locaux corrompus avaient caché de la drogue sur eux pour leur extorquer une rançon.

— Ce sont des sottises, répondit Hugh. La presse raconte n'importe quoi. Les jeunes ont besoin de prendre leur envol et de voir le monde. C'est la vie. Je regrette beaucoup de n'en avoir pas eu la possibilité moi-même. Je soutiens totalement mon fils sur ce point. Je paierai son billet d'avion et je lui donnerai mille livres quand il décidera de partir.

Leonie en fut ahurie. Si Danny avait voulu voyager pendant un an, il aurait eu intérêt à gagner lui-même l'argent nécessaire. A quoi servait de prendre une année pour mûrir et s'enrichir l'esprit si l'on comptait sur ses parents pour financer l'expérience ? Danny n'apprendrait rien, pensait-elle, si elle payait à sa place.

— Ne vaudrait-il pas mieux que Stephen gagne l'argent nécessaire ? avança-t-elle prudemment.

— Puisque j'ai l'argent, c'est le moins que je puisse faire, répondit Hugh, dont la mâchoire se crispait. Je donne tout à mes enfants. De toute façon, comme j'ai aidé Jane à acheter sa Mini pour pouvoir se déplacer, je donnerai la même chose à Stephen. Je ne veux pas faire de différence entre eux.

— Oh ! dit Leonie en souriant.

C'était une histoire de culpabilité et de faiblesse

paternelle. Elle aurait parié un mois de salaire que c'était lui qui était parti et qu'il pourrissait ses enfants pour compenser.

— Ont-ils été très malheureux quand vous êtes parti ? demanda-t-elle.

— Je ne suis pas parti, dit-il avec étonnement. C'est Rosemary qui nous a laissés. Elle m'a quitté pour un autre homme mais son histoire a tourné court. Nous avons alors décidé qu'elle resterait dans la maison familiale et j'ai déménagé. C'était plus simple car les enfants vivaient encore chez nous.

— Désolée, je ne voulais pas être indiscrète, s'excusa vivement Leonie.

Bravo pour ma fine analyse ! se dit Leonie.

— Non, je vous en prie. Nous devons parler de tout cela si nous voulons nous comprendre. Parlez-moi de votre famille.

Il était minuit passé quand ils quittèrent enfin le restaurant non sans s'être gentiment disputés pour savoir comment régler l'addition. Hugh voulait l'inviter mais Leonie refusa, préférant payer sa part. Ils marchèrent en silence vers une station de taxis. Ils avaient passé une très bonne soirée et Leonie avait envie de le revoir, mais elle ne savait pas comment le dire sans avoir l'air de se jeter sur lui. Et s'il n'avait pas envie de poursuivre ? Dans ce cas, quelle honte si elle avait parlé !

Ils prirent place au bout de la file pour les taxis mais la soirée avait dû être tranquille parce que l'attente ne dura que quelques minutes. Leonie regardait le taxi s'approcher. Hugh habitait dans la direction opposée à la sienne. Il n'était donc pas question de partager la voiture. Le taxi s'arrêta et Hugh lui ouvrit la portière.

La déception l'envahit. Il ne voulait pas la revoir.

Soudain, elle sentit ses lèvres se poser gentiment sur sa joue.

— Que faites-vous, samedi prochain ? demanda-t-il.

Elle lui sourit, rayonnante.

— Je me vernis les ongles de pied, sauf si j'ai une proposition intéressante.

— C'est fait ! dit-il en lui mettant sa carte de visite professionnelle dans la main. Nous dînons ensemble la semaine prochaine à la même heure. Je réserverai dans un restaurant exotique. Vous pouvez m'appeler sur mon portable.

Le trajet en taxi prit presque une heure. Normalement, Leonie n'aurait pas quitté des yeux le compteur, où le prix de la course défilait à la vitesse d'une machine à sous de Las Vegas. Ce soir, cela ne la dérangeait pas. Elle avait l'impression de rentrer chez elle portée par les alizés comme un beau voilier en mer Caraïbe. Les soucis quotidiens n'existaient plus, y compris les notes de taxi astronomiques.

Elle murmura pour elle-même le nom d'Hugh une ou deux fois : Hugh Goddard, Hugh Goddard... C'était un beau nom pour un homme très agréable. Elle se voyait déjà en train de discuter avec lui de la meilleure façon d'élever des enfants, quoiqu'il n'en fût pas question. Elle n'envisageait absolument pas d'en avoir d'autres et, par conséquent, même s'ils avaient des opinions opposées en la matière, cela n'avait aucune importance. Ce qui comptait, c'était ce qu'elle éprouvait en sa compagnie. Il était drôle et séduisant, et, avec lui, elle se sentait elle aussi drôle et séduisante. Autrement dit, ils étaient faits l'un pour l'autre.

— Non, nous n'avons pas encore choisi de date mais nous ne voulons pas attendre, dit Hannah.

Elle faisait admirer sa bague à Emma et Leonie.

— Felix est dans l'incertitude quant à son emploi du temps pour les prochains mois parce qu'il a auditionné pour deux feuilletons et il ne saura pas avant une éternité s'il est retenu. Ce qui signifie, soupira Hannah, que nous n'osons rien réserver pour l'instant.

Elles prenaient le café dans la cuisine d'Hannah, pour une petite réunion hâtivement organisée afin de discuter de la vie, du monde et des hommes.

— Oh ! dit Emma. J'aurais cru que Felix aurait été pressé de te tenir maintenant que tu as accepté de l'épouser. Je m'attendais à ce que tu nous annonces un mariage aux Seychelles, sur la plage au lever du soleil.

— Cela ne me déplairait pas, reconnut Hannah. Je n'aime pas beaucoup les grands mariages avec toute la famille, pour vous dire la vérité. L'idée d'une réception avec soixante-dix oncles et tantes tous plus vieux les uns que les autres et que je n'ai pas vus depuis des siècles m'inspire peu. Sans parler de ce que mon père risquerait de faire s'il se soûlait. Plus exactement, quand il se serait soûlé. On verra bien. J'aime assez l'idée de la plage...

L'imagination de Leonie galopait.

— Ce serait si romantique, soupira-t-elle en pensant à Hugh. Pieds nus dans le sable, des cocotiers partout et le bruit des vagues se brisant doucement sur le rivage...

Emma ne paraissait pas aussi enthousiaste, se dit Hannah. Non, elle se faisait des idées, se reprocha-t-elle aussitôt. Emma était une des personnes les plus gentilles qu'elle connaissait. Elle se réjouissait certainement de voir son amie heureuse.

— Es-tu sûre de ne pas te tromper ? demanda Emma à brûle-pourpoint.

Hannah et Leonie en restèrent bouche bée.

— Tu n'as pas l'impression d'aller un peu trop vite ? insista Emma. Je sais que toi, tu es amoureuse de Felix, mais ne serait-il pas raisonnable de vivre ensemble pendant un an avant de vous décider, juste pour être sûrs de vous ?

— Je suis sûre de moi, rétorqua sèchement Hannah. Nous sommes faits l'un pour l'autre. Je l'aime comme je n'ai jamais…

Emma l'interrompit en hâte.

— Ne te fâche pas, Hannah ! Je ne te dis pas cela pour te contrarier. Je sais que tu l'aimes, mais le mariage est une grande aventure. On ne peut pas prendre le risque de se tromper. Or Felix a disparu avant Noël sans te dire où il allait. Tu dois être certaine que ce n'est pas une habitude chez lui.

Hannah crispa les mâchoires.

— Je n'ai pas besoin qu'on me le rappelle, je te remercie, dit-elle d'un ton glacial. Il m'a expliqué pourquoi c'est arrivé. C'est compliqué et je ne t'ai pas invitée pour critiquer ma capacité de jugement, Emma.

Emma rougit violemment. Elle était allée trop loin et avait blessé Hannah, ce qui n'était pas dans ses intentions.

— Je t'en prie, ne te mets pas en colère, Hannah. J'ai seulement peur que tu te précipites et que tu en souffres. Je ne veux pas te faire de la peine ! Je sais que Felix est très attachant et qu'il s'est excusé. Je te prie de m'excuser, moi aussi. C'est une question de prudence, rien d'autre. C'est bien moi, tu sais, conclut-elle avec un petit rire. Toujours trop prudente !

Elle semblait sincère, mais Hannah était blessée par ce que sa remarque sous-entendait : que Felix ne l'aimait pas vraiment et qu'il s'agissait d'une relation unilatérale. Elle souffrait encore de sa disparition à Noël, et le fait qu'Emma aborde le sujet comme si elle avait pitié d'elle était tout simplement trop pour Hannah. Comment son amie osait-elle lui parler ainsi ?

— Je sais que tu crois m'aider, Emma, mais ce n'est pas le cas, dit-elle d'une petite voix tendue. Je me marie avec Felix et j'espérais que tu serais heureuse pour moi.

— Mais je le suis ! protesta Emma.

— Allons, les filles, ne vous disputez pas ! supplia Leonie. J'ai l'impression d'être à la maison avec Danny et Mel en train de se bagarrer.

Hannah réussit à s'arracher un bref sourire.

— Tu as raison, dit-elle. On oublie mon mariage, d'accord ?

Elles se resservirent du café en essayant de parler normalement, mais la tension demeurait. Bientôt, Emma se sentit incapable de la supporter plus longtemps.

— Je dois y aller, murmura-t-elle. Je vous appellerai toutes les deux pendant le week-end.

Un instant plus tard, elle était partie.

Hannah et Leonie terminèrent leur café en silence, Hannah fixant la cheminée d'un air maussade.

— Elle essaie de se conduire en amie sincère, dit Leonie, cherchant comme toujours à ramener la paix. Emma s'inquiète pour toi et elle est prudente. Nous savons que Felix t'aime.

Ce qui n'était pas l'exacte vérité car ni Leonie ni Emma n'avaient jamais rencontré le prince Charmant d'Hannah. En revanche, elles avaient entendu la version des événements selon Hannah : Felix était parfait et il l'aimait à la folie.

— Oui, je sais, soupira Hannah. J'ai mal réagi. Oublions cela, tu veux bien ?

Toutefois, malgré son désir d'oublier les paroles d'Emma, elles la hantaient. C'était comme un mauvais présage pour un jour censé être le plus beau de sa vie.

Après le départ de Leonie, Hannah traîna dans son appartement, faisant un peu de ménage et redressant les coussins. Elle ne parvenait pas à se débarrasser de l'avertissement d'Emma. En effet, jusqu'à quel point était-elle sûre de Felix ? Il l'avait laissée tomber sans se soucier d'elle. Cela pouvait-il se reproduire ?

— Hannah est folle d'épouser Felix, dit Emma à Peter ce soir-là tandis qu'ils faisaient la vaisselle en bavardant.

— Pourquoi ?

— Je ne sais pas, mais il y a quelque chose qui ne me plaît pas chez ce Felix. Son nom, pour commencer ! Il vient des environs de Birmingham. Il porte un nom beaucoup trop exotique pour ça.

— Ses parents ne sont peut-être pas nés en Grande-Bretagne, suggéra Peter.

— Et moi, je suis dentellière ! Il abandonne Hannah pendant un mois sans un mot et revient la bouche en cœur, certain d'être accueilli à bras ouverts ! C'est un salaud. J'ai vu une photo de lui dans *Hello !* avec une autre femme. Je ne l'ai pas dit à Hannah, je ne peux pas.

Emma plissa les yeux d'un air dubitatif.

— Qui sait, poursuivit-elle, ce qu'il a fait pendant son absence ? Je parie ce que tu veux que, pour ce Felix, la fidélité ne concerne que les chaînes stéréo.

Sa véhémence fit rire Peter.

— Tu es impressionnante quand tu te mets en colère, tu sais !

— J'aurais l'impression de ne pas être une amie si je n'avais rien dit, Peter.

Emma rinça la dernière casserole et commença à essuyer férocement l'évier.

— Je ne fais pas confiance à ce garçon, poursuivit-elle, et j'ai essayé d'expliquer à Hannah ce que je ressentais. Mais elle s'est tellement énervée que j'ai été lâche et j'ai fait machine arrière.

— Si cela te tient vraiment à cœur, essaie une autre fois. Appelle-la pour lui dire que tu te fais du souci pour elle, que tu ne veux pas la voir malheureuse, que c'est la seule raison pour laquelle tu lui as demandé si elle sait ce qu'elle fait.

— Oui, je devrais essayer, mais elle m'en veut déjà d'avoir osé aborder le sujet. Elle ne voudra plus jamais me voir si je recommence.

Elle soupira puis changea de ton.

— Allons ! Viens, Peter. *Father Ted* commence dans trois minutes. Je m'occupe du thé et des biscuits.

Elle rêva de nouveau d'un bébé, cette nuit-là. C'était si réel, si fort ! Elle se trouvait dans le centre commercial et essayait d'entrer dans le supermarché en poussant un chariot, mais elle était fatiguée et elle avait peur de faire mal au bébé. Un bébé ! réalisa-t-elle avec étonnement dans son rêve. Elle baissa les yeux et vit que son ventre s'était arrondi en une petite bosse bien dessinée. Un ventre de trois mois ! Elle le tenait doucement contre elle, comme si quelque chose avait pu en tomber. Comme elle le caressait, ce ventre ! Elle lui parlait, elle l'aimait, extraordinairement heureuse. Elle était enceinte et elle sentait ce petit être en elle, une petite fille qu'elle devrait protéger. Elle se demandait comment elle savait que c'était une fille. Elle se déplaçait lentement et parlait aux personnes présentes, dont Peter et sa mère, mais sans leur dire qu'elle était enceinte, au cas où cela lui porterait malheur. Elle décida donc de faire un test de grossesse mais quand – pieds nus, curieusement – elle se dirigea vers la pharmacie pour en acheter un, l'officine s'était étrangement transformée en épicerie.

Emma savait qu'elle devait faire ce test et s'affola. Elle n'arrivait pas à en trouver un, il fallait qu'elle s'assoie, de peur de faire mal au bébé en marchant trop, et il commençait à pleuvoir et... Elle s'éveilla en sursaut. Elle ne bougea pas tout de suite, conservant quelques instants la sensation d'être enceinte. Son rêve lui avait semblé très réel. Mais Peter se retourna et se mit à ronfler. Les derniers vestiges du rêve s'évanouirent ; Emma revint à la réalité. Elle jeta un coup d'œil au réveil : six heures et demie. Il serait bientôt l'heure de se lever. Et elle n'était pas enceinte. Elle n'avait pas besoin de toucher son ventre pour le vérifier.

Elle se leva, sachant qu'elle ne pourrait se rendormir. Elle n'en avait pas envie, de toute façon. Elle ne supportait pas l'idée de refaire le même rêve.

Elle se glissa sans bruit au rez-de-chaussée et se prépara une tasse de thé, sans cesser un seul instant d'éprouver un terrible sentiment de perte. Si la perte d'un bébé rêvé faisait aussi mal, elle n'osait imaginer ce que représentait la perte d'un vrai bébé. Comment pouvait-on continuer à vivre normalement ? C'était impossible. La perte d'un bébé devait transformer chaque journée en enfer.

Emma but son thé à petites gorgées, se sentant toujours aussi vide et inutile. Elle regarda pendant une demi-heure les émissions du matin à la télévision, incapable de rester seule avec sa tristesse.

Peter entra dans le salon au moment où elle éteignait l'appareil. Il avait les yeux encore pleins de sommeil et les cheveux hérissés, du moins ce qu'il en restait.

Sans raison précise, sa présence l'irritait, pensa-t-elle quand il se pencha pour l'embrasser.

— Pourquoi t'es-tu levée si tôt ? demanda-t-il.

Il se laissa tomber sur le canapé et ferma les yeux.

— Je n'arrivais pas à dormir, jeta-t-elle.

Sincèrement, il ne voyait donc rien ? Il ne comprenait pas ce qu'elle avait ? Ah, les hommes !

22

Les semaines passèrent très vite. Quand avril céda la place à l'un des mois de mai les plus chauds des dernières années, Felix s'amusa à apprendre son texte pour un film dont le tournage devait commencer en septembre. En même temps, il faisait des voix pour des films d'entreprise, ce qui lui permettait de maintenir son compte en banque à flot. Il n'avait toujours pas de nouvelles de ses auditions et ses factures de téléphone étaient astronomiques. Il appelait son agent à Londres tous les jours, passant de l'optimisme à l'angoisse de devoir attendre aussi longtemps.

Hannah travaillait dur et sauta d'enthousiasme quand David James lui annonça qu'il ouvrait une autre agence, cette fois à Wicklow, et qu'il lui proposait d'y aller comme agent immobilier, avec davantage de responsabilités.

— C'est une opportunité extraordinaire, déclara-t-elle à Felix le soir même.

Ils suivaient Dawson Street pour retrouver quelques-uns de ses amis comédiens au Café En Seine.

— Je n'arrive pas à croire que ma vie ait pu autant changer en une seule année, poursuivit-elle. Mon travail, toi, tout... C'est extraordinaire, et toi, tu es extraordinaire, Felix. David m'a dit que nous reparlerons de la nouvelle agence le mois prochain pour me donner le temps d'y réfléchir. Je dois accepter, n'est-ce pas ?

— Bien sûr, mon chou, répondit Felix machinalement.

Ils arrivaient à destination. Les amis de Felix étaient assis à la terrasse, tous avec des lunettes de soleil sur le nez alors que le soleil venait de se coucher.

— Ah ! s'exclama Felix. Ils sont là. Salut, tout le monde !

Le vendredi matin, Hannah se souvint de la phrase qu'Emma disait toujours quand elles parlaient de ses projets.

— Nous faisons des projets, et Dieu rit ! disait-elle. Cela résume toute ma vie.

Hannah avait toujours trouvé ce point de vue un peu défaitiste. Pour elle, la vie appartenait à ceux qui allaient de l'avant. Ce qui vous arrivait dépendait de vous et de personne d'autre, divinité ou pas. Si l'on croyait à ce genre de bêtise, le monde en serait toujours au Moyen Age, terrifié par un Dieu de vengeance capable de déclencher un cataclysme si l'on ouvrait la boîte de Pandore de la science.

Hannah croyait à autre chose, à la possibilité de construire son destin, et elle vivait dans ce but.

Sa foi en son credo fut affaiblie ce vendredi matin à cause des élans amoureux de Felix. Ils aimaient tous les deux faire l'amour le matin et elle savourait les dernières vagues de plaisir quand Felix se retira.

— Merde ! s'écria-t-il.

— Qu'y a-t-il ? demanda-t-elle paresseusement, souriant toujours.
— Ce foutu préservatif s'est déchiré !
— C'est vrai ? dit-elle en se redressant.
— C'est la deuxième fois que ça arrive avec ceux-là, dit-il en examinant la boîte.

Hannah la lui arracha des mains.

— Ils sont périmés, Felix ! hurla-t-elle. Où les as-tu pris ?
— Nous n'en avions plus et j'avais cette boîte dans mon sac de sport, expliqua-t-il en haussant les épaules.
— La date d'utilisation est dépassée de deux ans ! dit Hannah, soudain angoissée. Et tu dis qu'un autre s'est déjà déchiré ? Je ne m'en souviens pas !
— Ce n'est qu'un préservatif ! lâcha-t-il avec sécheresse. Vraiment, tu fais sans arrêt des histoires pour rien, Hannah !
— Ce « rien » peut entraîner de gros problèmes. Un bébé, par exemple, Felix, répondit-elle d'une voix nerveuse.

Elle se dépêtra de ses draps et se rua sous la douche, toujours sous le choc. Elle croyait qu'ils faisaient attention ! Emma disait toujours que la fertilité des femmes diminue après trente-cinq ans. Hannah se rassura en songeant qu'à trente-sept ans elle courait donc encore moins de risques. Ils avaient toujours utilisé des préservatifs... Elle grimaça sous la force du jet d'eau. Mais à quoi cela servait-il s'ils étaient périmés ? Autant sauter d'un avion avec un parachute déchiré !

Elle s'habilla et se passa de petit déjeuner. Elle avait l'appétit coupé.

Sur le chemin de son premier rendez-vous de la journée – un petit pavillon à Killiney –, Hannah essaya de se souvenir de la date de ses dernières règles. Elle ne la notait jamais et ne s'en souvenait que par rapport à certains événements, comme le nouvel an, quand elle avait eu des douleurs terribles. Mais les dernières, à quand remontaient-elles ? Furieuse à la fois contre elle et contre Felix, elle s'arrêta dans une pharmacie et acheta un test de grossesse. Mais pourquoi n'avait-elle pas pris la pilule ? Il ne fallait pas se reposer sur les hommes pour ce genre de choses : une femme était responsable de sa fertilité.

Arrivée au bungalow, Hannah découvrit avec plaisir que les propriétaires étaient déjà partis à leur travail. Elle détestait cela, mais elle devait utiliser leurs toilettes. Ce qu'ils ignoraient ne pouvait leur faire de mal, pensa-t-elle en admirant la baignoire d'angle équipée en jacuzzi. Elle avait lu des rapports où des agents immobiliers irresponsables reconnaissaient avoir eu des relations sexuelles dans la maison d'un client. Hannah trouvait cela consternant. Mais un petit pipi discret ne pourrait être considéré comme contraire à la déontologie de la profession !

Elle rangea le test dans son sac dès qu'elle eut terminé et alla ouvrir à ses clients, un sourire figé collé sur son visage. La visite leur prit presque une demi-heure mais il fallut beaucoup moins de temps pour que la deuxième ligne bleue apparaisse dans la fenêtre des résultats.

Quand elle fut enfin de nouveau seule, Hannah contempla son test en maudissant Felix, les fabricants de préservatifs et elle-même, dans cet ordre.

— Et merde ! hurla Hannah dans la maison vide. Je suis enceinte !

Quelle ironie ! La pauvre Emma aurait fait n'importe quoi pour être à sa place. Et c'était elle, Hannah, la moins maternelle d'elles trois, qui attendait un bébé ! Les animaux qui mangent leurs petits sont encore plus maternels que moi, pensa-t-elle amèrement. Les bébés, pas plus que les enfants, ne l'intéressaient. Il est vrai, s'avoua-t-elle, que les deux petites filles de sa cousine Mary étaient assez mignonnes. Mais cela ne signifiait pas qu'elle avait envie de vivre avec elles !

Dans sa voiture, sur le chemin de l'agence, Hannah se moqua d'elle à haute voix, demandant qu'on lui explique pourquoi elle, parmi toutes les femmes, devait être enceinte. On lui offrait une fantastique opportunité professionnelle, elle avait un fiancé merveilleux et une vie très agréable. Et il suffisait d'un môme braillard pour tout perdre !

Carrie, la réceptionniste, agita une feuille de son bloc à messages quand Hannah passa devant elle.

— Felix vient d'appeler, dit-elle en rougissant.

Il lui était arrivé de croiser Felix quand il venait chercher Hannah et elle avait le béguin pour lui. Felix ne faisait rien pour l'en empêcher, bien au contraire, se dit Hannah, qui ne décolérait pas. Elle le revoyait s'asseoir sur le bureau de Carrie pour bavarder avec elle.

— Il a dit que c'était important, ajouta Carrie.

Attends de savoir les nouvelles que j'ai pour toi ! pensa Hannah. On verra ce qui est important.

— Hannah ! cria Felix d'un ton ravi. Tu ne le croiras jamais !

A en juger d'après sa voix, il avait déjà ouvert le placard où Hannah rangeait ses bouteilles d'alcool. Les nouvelles devaient être très bonnes.

— J'ai décroché *A Moment in Time* ! J'ai le rôle principal. On a gagné ; ma carrière décolle, cette fois. A moi les BAFTA[1] ! Tu ne peux pas savoir tout l'argent que je vais gagner. Bill m'a dit qu'ils me voulaient vraiment et

---

1. BAFTA : récompenses théâtrales. *(N.d.T.)*

que je n'ai qu'à dire mon prix. Edwin Cohen, le réalisateur, est une énorme vedette aux Etats-Unis. Il refuse de faire de la télévision. Tu n'imagines pas ce que ça représente de travailler avec lui.

— C'est formidable, mon chéri, répondit Hannah.

Elle était très contente pour lui. Malheureusement sa joie était amoindrie par son test positif.

— Moi aussi, j'ai une nouvelle à t'apprendre, Felix. Je dois d'abord aller chercher quelque chose que j'ai oublié dans ma voiture. Je te téléphone dans quelques minutes.

Elle sortit et le rappela sur son portable.

— Felix, c'est une nouvelle absolument incroyable mais je crains que la mienne ne soit moins réjouissante.

Il était inutile de tourner autour du pot, il valait mieux aller droit au but.

— Je suis enceinte, Felix.

— Magnifique ! cria-t-il.

Hannah cilla. Il ne réagissait pas comme elle l'aurait cru. Elle s'attendait à des récriminations, des reproches parce que ce n'était pas le bon moment, ni pour l'un ni pour l'autre, et qu'un bébé l'empêcherait de dormir ou d'accepter une invitation de dernière minute. Au lieu de cela, Felix sautait de joie comme un petit garçon qui vient de gagner un match de foot.

— Ma chérie, je suis si heureux ! Il faut se marier tout de suite, aux Seychelles ce serait parfait. Quelle merveilleuse nouvelle ! Bill va nous chercher une maison à Londres. Je dois le lui annoncer pour être sûr qu'il y aura une chambre d'enfants. En plus (Hannah crut l'entendre sourire !), Edwin Cohen attache beaucoup d'importance à la famille. Sa femme attend leur cinquième enfant et ils vont tous quitter Los Angeles pour rester avec lui pendant le tournage. Tu devrais devenir amie avec elle, ce serait extraordinaire pour ma carrière ! Je dois te laisser, mon chou, j'attends un appel. Je te parlerai ce soir de nos projets. Ciao !

Hannah éteignit son portable, pétrifiée, se demandant si elle avait bien entendu. S'installer à Londres ? Se lier avec la femme du réalisateur qui était également enceinte ? Mais son travail, sa vie, ses amies ? C'était impensable, elle avait l'impression de se trouver sur un tapis roulant, propulsée dans une direction où elle ne voulait pas aller.

Elle aimait Felix mais elle ignorait si elle voulait avoir un enfant et partir pour Londres. Elle n'avait jamais envisagé sa vie avec un bébé.

Elle appela Leonie avant la pause déjeuner.

— Leonie, je suis en train de devenir folle et il faut que je parle à quelqu'un ! As-tu vingt minutes pour prendre un sandwich avec moi ?

— J'ai une heure, répondit Leonie. Tout va bien, Hannah ?

— Je te le dirai tout à l'heure.

Elles arrivèrent ensemble devant le café qu'elles aimaient bien et qui se trouvait à mi-chemin de leurs lieux de travail respectifs.

— Ce n'est pas Felix ? s'inquiéta Leonie.

— D'une certaine façon, maugréa Hannah. Je suis enceinte.

— Mais c'est merveilleux ! s'exclama Leonie avant de réaliser qu'Hannah ne souriait pas du tout. Non ? demanda-t-elle avant de comprendre le silence d'Hannah. Tu n'en veux pas, c'est cela ?

Hannah se mordit les lèvres nerveusement.

— Je ne sais pas ce que je veux, Leonie. Je n'ai

jamais vraiment pensé à avoir des enfants. Je n'ai jamais eu l'impression que les années défilaient et qu'il serait bientôt trop tard ! Je sais, dit-elle en levant les yeux vers Leonie, je sais que je suis anormale et bizarre. Mais je suis sincère. Il y a des gens qui veulent absolument des enfants, ce n'est pas mon cas.

— Ce n'était donc pas prévu ? demanda doucement Leonie.

Hannah eut un petit rire amer et très révélateur.

— Qu'en dit Felix ? reprit Leonie.

— Curieusement, il est fou de joie. J'aurais cru qu'il m'expédierait en Angleterre par le premier ferry pour me faire avorter, mais il est tout excité.

Elle n'ajouta pas que, étant ce qu'il était, il avait tout de suite compris l'utilité d'une femme enceinte pour sa carrière.

— Il veut que nous nous mariions le plus vite possible, préféra-t-elle expliquer.

— C'est merveilleux.

— Oui, mais ce n'est pas lui qui va devoir passer neuf mois avec l'allure d'une baleine, ce n'est pas lui qui va laisser tomber son travail et partir pour Londres jouer les mères parfaites pendant qu'il réussit une carrière passionnante !

— Tu n'es pas obligée d'arrêter de travailler parce que tu es enceinte, dit Leonie d'une voix exaspérée. C'est un bébé, pas une maladie !

— C'est l'autre aspect de la question. Felix a obtenu un rôle formidable à Londres et nous devons partir là-bas.

— Ah...

Elles mangèrent leur sandwich en parlant de la façon dont Hannah allait quitter l'Irlande et un début de carrière prometteur pour suivre son fiancé. Hannah finit par avouer qu'elle aurait préféré que cela se produise à un autre moment.

— J'ai pensé à avorter, Leonie, mais je ne sais pas, lui confia-t-elle en faisant tourner sa tasse de café entre ses doigts. J'ignore si j'en suis capable. Je me rappelle que, à l'adolescence, je me serais fait avorter sans hésiter. Le problème, c'est que je n'aurais pas su comment procéder. C'était un tel tabou, à l'époque ! « Prendre le bateau pour l'Angleterre » était une honte terrible qu'il ne fallait jamais avouer. Mais les temps ont changé et il me paraît égoïste de le faire simplement parce que la date ne me convient pas.

— Je ne peux rien te conseiller, Hannah. Tu es seul juge.

— Je sais…

Quand Hannah rentra chez elle, elle était lasse de penser à sa grossesse et à ce qu'elle devait faire.

— Chérie ! s'exclama Felix en la prenant dans ses bras quand elle ouvrit la porte. La mère de mon futur enfant !

Elle soupira et le repoussa.

— Felix, je ne sais pas. Est-ce le bon moment pour avoir un bébé ? Nous ne sommes pas prêts, nous n'en avons jamais parlé et je ne sais même pas si je le veux.

— Tu envisagerais d'avorter ? demanda Felix, soudain très froid. Je ne peux pas croire que tu puisses seulement y penser, Hannah. Tu ne peux pas faire cela à notre enfant. Je croyais que tu m'aimais ?

— Oui, mais j'ai le sentiment de n'avoir pas eu le choix. Hier, j'avais une promotion professionnelle en perspective avec une belle carrière devant moi ; nous voulions acheter une maison ici, et aujourd'hui… Je ne suis plus qu'une femme enceinte qui doit te suivre là où tu veux aller.

Felix se leva, ouvrit un paquet de cigarettes puis le reposa et se tourna vers elle, les yeux brillants d'enthousiasme.

— Hannah, je sais que les femmes deviennent bizarres quand elles sont enceintes, mais c'est ridicule ! Oui, tu es bouleversée et nerveuse à l'idée de quitter ton travail, mais il y a des agences immobilières à Londres aussi, tu sais. Ce n'est pas la fin de tout, c'est le début d'une nouvelle vie. Avec l'argent que je gagne, nous engagerons une nurse pour que tu puisses travailler. Tu auras ta vie à toi, ton indépendance.

Il l'obligea à s'asseoir avec lui sur le canapé.

— Tu nous auras, moi et le bébé, Hannah. N'est-ce pas extraordinaire ?

Elle accepta de voir l'avenir à travers ses yeux.

— Imagine, Hannah, une belle maison avec une nursery et un jardin – nous pourrions jardiner ensemble. Donner des dîners ! Tu seras une parfaite maîtresse de maison. Nous formerons un couple formidable. Je l'ai compris en voyant ce sale petit bâtard d'Harry avec toi. Je devais t'avoir, me marier avec toi s'il le fallait. Non, je ne voulais pas te laisser à Harry.

Hannah sentit son cœur s'arrêter.

— Que veux-tu dire ?

Felix prit l'air indigné.

— Quand tu nous as quittés, il a eu le culot de me dire qu'il allait te demander de l'épouser !

— Harry a dit cela ? demanda Hannah, qui se sentait mal.

— Oui, répondit Felix, sans se soucier des sentiments d'Hannah. Tu te rends compte ? Croire que tu pourrais le préférer à moi ! Je lui ai dit d'aller se faire voir, que nous étions déjà fiancés et que nous nous étions simplement disputés.

— Mais nous n'étions pas fiancés, riposta Hannah d'un ton égal. Tu m'avais quittée, Felix, et tu n'avais pas le droit de dire cela à Harry.

Pour toute réponse, il glissa la main sous le corsage d'Hannah.

— Nous avons tous un passé, ma chérie. Harry est ton passé et moi aussi j'ai le mien. Mais ce n'est rien de plus que cela : le passé. Oublie ce type, tu es avec moi, maintenant.

23

Emma s'assit à son bureau et ouvrit le deuxième tiroir. Comme tout dans son bureau, il était impeccablement propre et en ordre. Elle y mettait une boîte d'agrafes de réserve, une de trombones, plusieurs stylos et des Post-it rangés avec soin par-dessus deux blocs-notes à spirale. Emma prit une petite trousse de toilette posée tout au fond du tiroir. Sa trousse de secours, ainsi qu'elle l'appelait, contenait des tampons, une culotte de rechange, un collant, un vieux fond de teint compact, quelques produits de maquillage si elle devait sortir après son travail, et des analgésiques.

Elle en avait besoin tout de suite. Ses règles venaient de commencer mais elle avait déjà des crampes abominables comme cela lui arrivait tous les trois ou quatre mois. Elle venait à peine de mettre les cachets sur sa langue quand Colin Mulhall apparut dans l'ouverture de la porte, avec une expression qui disait : « Je m'ennuie et j'ai envie de bavarder. »

Emma prit une gorgée d'eau et avala ses cachets, jurant en silence. Entre tous, il fallait que ce soit Colin qui la surprenne à cet instant. Quand arriverait la pause déjeuner, tout l'étage saurait que la pauvre Emma souffrait de migraine, de mal au ventre ou d'hémorragie cérébrale, ou encore autre chose… Colin exagérait à plaisir. Quand la réceptionniste avait été absente pendant trois mois à cause d'une mononucléose infectieuse, Colin avait déclaré qu'elle était en train de mourir d'un cancer. La rumeur ne s'était arrêtée que le jour où elle avait repris son travail, en pleine santé. Qui traitait les femmes de commères n'avait jamais rencontré Colin, pensa Emma.

— Un problème ? demanda Colin d'une voix doucereuse en s'installant sur la seule chaise libre.

Ce jour-là, il portait un nœud papillon rouge à pois. Il avait l'air ridicule.

— Migraine, répondit brièvement Emma.

— La méditation me soulage quand cela m'arrive, dit Colin.

Adepte de toute la panoplie du New Age, il n'arrêtait pas d'expliquer aux gens qu'il croisait comment améliorer leur vie. Cela ne réclamait que du temps et une grande ouverture d'esprit, disait-il pieusement, comme s'il était lui-même un vaste esprit au milieu d'une bande de crétins.

— Le paracétamol me soulage, aboya Emma. Vouliez-vous quelque chose, Colin ?

— Oui. Finn n'est pas là et Edward est venu me voir pour l'organisation de la conférence.

Emma sentit qu'elle allait s'énerver. Finn était chargé des relations avec la presse. Emma et lui collaboraient toujours étroitement pour préparer leurs congrès annuels. En l'absence de Finn, la dernière personne à laquelle Edward s'adresserait serait l'insupportable Colin, incapable de taper quatre lignes de texte sans faire huit fautes. Emma s'étonna.

— Vraiment ? fut sa seule réaction.

Elle avait envie de dire à Colin ce qu'elle pensait,

qu'il était un pauvre idiot sans avenir qui n'arrangerait pas sa situation en essayant de la court-circuiter pour arriver à un poste de direction. Mais elle se retint. Elle avait déjà été un peu sèche avec Colin et ne savait pas être plus méchante.

— Il voulait savoir quelle publicité nous avions prévue et j'ai saisi l'occasion de donner mon avis sur la durée des congrès, dit Colin d'un ton suffisant.

A sa grande surprise, Emma prit très mal la chose. Décider de la durée d'un congrès et de son organisation était son métier. Celui de Colin consistait à assister Finn, ce qu'il avait déjà bien du mal à faire, pensa Emma avec colère.

— Ne dépassez-vous pas un peu vos attributions ? dit-elle.

— Eh bien, vous voyez...

Les petits yeux de fouine de Colin étaient sérieux.

— J'ai parlé avec des journalistes et ils disent que, si nous voulons vraiment faire passer le message, notre congrès doit durer une semaine, de préférence en dehors de Dublin. De cette façon, les gens peuvent partir une semaine et se concentrer sur le congrès.

Il était complètement lancé, tout à son idée.

— Ce serait une excellente idée d'aller à Limerick ou à Galway, par exemple, et de louer un petit hôtel où nous pourrions inviter des intervenants extérieurs...

— Partir pour une semaine ? répéta Emma, qui n'en croyait pas ses oreilles. Et où sommes-nous censés trouver l'argent ? Ce genre de manifestation est ruineux. Par ailleurs, j'ignore à quelle sorte de journalistes vous parlez mais il est déjà assez difficile de les retenir pour une journée entière compte tenu du nombre d'événements qu'ils ont à couvrir ! Il n'en resterait qu'un tout petit pourcentage pour la deuxième journée. Et vous voudriez les immobiliser toute une semaine ! Vous ne vous rendez vraiment pas compte, Colin, vraiment pas.

Colin renifla et se leva, rejetant la tête en arrière dans un geste de dépit.

— Edward a trouvé que c'était une excellente idée. Il m'a dit qu'il vous en parlerait mais j'ai voulu le faire en premier pour que vous ne vous étonniez pas. J'aurais mieux fait de m'en abstenir ! Je me souviens d'une époque où vous étiez une personne très agréable, Emma. J'ignore ce qui vous est arrivé mais vous avez changé, et pas en mieux ! Vous êtes devenue une peau de vache jalouse.

Sur quoi il tourna les talons et sortit.

Emma en resta bouche ouverte. Avait-elle mal parlé à Colin ? Etait-elle sortie du cadre professionnel en l'insultant parce qu'elle se sentait menacée ? Colin pouvait-il avoir raison ? Avait-elle autant changé ? Elle se rassura en se disant qu'il y avait de quoi changer quand la vie était aussi dure. Tous les gens obtenaient ce qu'ils désiraient, sauf elle. Un bébé, rien qu'un petit bébé, elle ne demandait rien d'autre. Comment pouvait-on s'attendre à la trouver sereine et gaie alors que son désir d'enfant lui empoisonnait la vie ! *Crac* ! Emma baissa les yeux et vit qu'elle avait cassé en deux un des stylos vert pâle de l'association.

Horrifiée, elle prit conscience de s'être laissée aller à son délire habituel. Sa vie ne tournait plus qu'autour de cela : un bébé. Au bureau, à la maison, quand elle faisait l'amour, son désir d'enfant envahissait tout, ne laissant place à aucun autre sentiment. A présent, son travail en était affecté au point qu'elle perdait son sang-froid avec un employé subalterne qui essayait seulement de faire valoir ses idées. Colin était un terrible amateur de ragots mais il n'était pas méchant. Le fait qu'Emma soit son supérieur hiérarchique lui posait peut-être un problème mais c'était à elle de faire le nécessaire pour que ses subalternes travaillent avec elle et pas contre elle. Que Colin n'apprécie pas d'avoir une femme pour patron ou qu'il essaie réellement de la faire passer pour une folle, Emma devait régler la question dans le cadre de leurs relations professionnelles sans s'énerver.

Edward était au téléphone quand elle frappa à sa porte mais il lui fit signe d'entrer.

Il finit par raccrocher et lui sourit un peu nerveusement avant de lui expliquer qu'il était content de la voir. Il voulait en effet lui parler.

— Colin Mulhall est venu m'exposer une très bonne idée, tout à l'heure, et je voudrais en discuter avec vous, dit-il d'une voix timide.

Emma ne l'avait jamais vu aussi hésitant. Edward était l'homme le plus direct et le plus honnête qu'elle connût. Son instinct lui souffla qu'il craignait de la voir s'énerver. Quelle horreur d'avoir autant changé sans que personne prenne la peine de le lui dire !

— Je sais que vous considérez notre congrès comme votre bébé, commença-t-il.

Le choix des mots la fit frissonner.

— Et c'est pour cela que je ne veux pas que vous vous énerviez à ce sujet. Nous devons examiner toutes les idées que l'on nous soumet, vous comprenez ?

Emma n'attendit pas pour le tirer d'embarras.

— Edward, je sais ce que vous voulez me dire, car Colin s'en est déjà chargé. J'ai honte de m'être mise en colère contre lui. J'ai refusé d'écouter ses suggestions parce que j'étais jalouse et que je me sentais menacée. Je veux lui présenter mes excuses. Je suis venue vous voir pour vous poser une question. Pensez-vous que j'ai fait mon travail correctement ces derniers temps ou que je suis devenue difficile à vivre... ?

C'était une question très difficile à poser mais ses exigences personnelles lui imposaient cela. La brève hésitation d'Edward lui fournit la réponse qu'elle demandait.

— Je suis désolée, dit-elle sans lui laisser le temps de parler. Je n'ai aucune excuse, Edward. Je vais voir Colin maintenant et, ensuite, je rentre chez moi. Demain, je serai de nouveau moi-même.

— C'est promis ?
— Oui.

Colin boudait et il décrocha son téléphone quand il vit Emma s'approcher lentement de son bureau. Mais quand celle-ci commença à s'excuser abondamment en expliquant qu'elle subissait des tensions pénibles à cause d'une situation tout à fait étrangère au travail, il se décrispa.

— Je pensais bien que vous aviez un problème, dit-il. Hier encore, je disais à Finn que vous n'étiez plus la femme douce et souriante que nous connaissions tous. Nous ne comprenions pas ce qui se passait. Il nous est arrivé à tous de traverser des moments difficiles. Si vous avez envie d'en parler devant un cappuccino, n'hésitez pas, je suis là ! Vous savez que je garde pour moi les confidences qu'on me fait.

— Je sais, Colin, répondit Emma en souriant.

Elle appréciait qu'il sache montrer un peu d'humour en cette occasion.

— Nous reparlerons de votre idée demain, ajouta-t-elle, mais aujourd'hui, je prends ma journée. On se voit demain matin.

Une fois chez elle, Emma jeta tous ses livres de développement personnel et d'aide psychologique à la poubelle. Ce fut ensuite le tour de son trésor, caché au fond de sa penderie. Le cœur brisé, elle jeta son guide de la femme enceinte, son guide de l'alimentation du bébé et les adorables vêtements de bébé qu'elle n'avait pu s'empêcher d'acheter. Le plus dur fut de se séparer des petits chaussons jaunes. Achetés dans une boutique d'artisanat, ils étaient faits à la main avec un raffinement exquis. Si délicats, si petits ! Elle s'était étonnée qu'un pied de bébé, aussi minuscule fût-il, puisse se glisser dedans. Elle ne les avait pas sortis depuis longtemps. Elle s'autorisa une rapide caresse puis les jeta avec le reste. Le lait de toilette pour bébé dont elle se servait pour se démaquiller finit dans la poubelle de la cuisine et elle ressortit, traînant son sac-poubelle. Garée en double file devant la boutique d'une association caritative, elle déposa le sac dans l'entrée et repartit à toute vitesse. Elle pleura tout le long du trajet de retour. C'était définitif, tellement définitif ! Elle se torturait en se racontant qu'il y avait de l'espoir alors que c'était faux ! De plus, elle tourmentait d'autres personnes à cause de cela. Si elle ne pouvait pas avoir de bébé, elle ne pouvait pas. Quel était l'intérêt de se gâcher la vie et de gâcher celle de Peter parce qu'elle n'arrivait pas à accepter la réalité ?

Elle s'arrêta au supermarché pour faire quelques courses, y compris un stock de produits d'entretien. Se trouver dans le supermarché en début d'après-midi lui paraissait très étrange. En général, elle s'y rendait pendant le week-end ou tard dans la soirée quand il y avait foule, des femmes harassées par leur double journée et des hommes entassant des plats à réchauffer au micro-ondes dans leur chariot. A cette heure-là, elle découvrait un autre genre d'épuisement : celui des mères qui essayaient d'arracher de jeunes monstres en uniforme d'école primaire au rayon des biscuits au chocolat tout en consolant leur petit dernier qui sanglotait, coincé dans le siège du chariot.

Emma se dirigea vers la caisse où il y avait le moins de monde. Devant elle, une Chinoise toute menue attendait, portant son bébé dans un siège à dos. Emma tenta de ne pas regarder le bébé pendant que la mère posait ses achats sur le tapis roulant de la caisse. Elle ne put s'en empêcher très longtemps. Deux yeux noirs bridés l'observaient solennellement, sertis dans un tout petit visage surmonté d'un bonnet rose vif.

Le bébé agita impérieusement ses mains vers Emma, réclamant son attention. Il avait de tout petits doigts avec de minuscules ongles translucides. Emma s'étonnait toujours que ces nouveau-nés puissent être la parfaite réduction d'un adulte, avec des doigts, des orteils et un petit nez qui, dans le cas présent, était retroussé de désarroi.

— N'est-elle pas mignonne ? lança une voix âgée derrière Emma.

Une frêle vieille dame avec quelques articles dans son chariot souriait au bébé en lui parlant avec des roucoulements.

— Ils sont tellement mignons à cet âge, dit-elle à Emma.

— Oui, répondit Emma d'une voix éteinte.

Décidément, tout le monde lui en voulait, aujourd'hui !

— En avez-vous ? demanda la vieille dame.

Emma se dit qu'elle aurait été très riche si elle avait reçu une livre chaque fois qu'on lui posait cette question. Elle se demanda également comment réagiraient ses interlocuteurs si elle se mettait à hurler qu'elle était stérile et les insultait pour leur insensibilité. Mais c'était impossible, surtout avec une vieille dame qui vivait sans doute seule et manquait de compagnie.

— Hélas, non, répondit-elle poliment.

La vieille dame lui sourit.

— Vous avez le temps, mon petit, vous êtes encore très jeune !

— Passez devant moi, lui proposa Emma. Vous n'avez presque rien et moi un chariot plein.

— C'est très aimable à vous. Je n'arrive plus à porter leurs paniers et je suis obligée de prendre un chariot même pour deux articles.

Elle passa devant Emma et commença à bavarder avec la mère du bébé. Emma prit dans le présentoir à côté de la caisse un magazine qui ne l'intéressait pas et feignit de lire. Elle se moquait de savoir comment transformer sa maison grâce aux différentes techniques de peinture, mais tout valait mieux qu'une conversation sur les bébés.

En rentrant, elle commença par ranger ses courses puis enfila de vieux vêtements et se lança dans un nettoyage frénétique. Elle briqua la salle de bains de fond en comble et elle passait l'aspirateur dans les moindres recoins de sa penderie quand le téléphone sonna.

— Bonjour, dit Hannah d'une voix un peu guindée. Tu es malade ? J'ai appelé à ton bureau et on m'a dit que tu étais rentrée chez toi.

— Non, je vais bien. Et toi ? Tu es toujours d'accord pour la semaine prochaine ?

Elles avaient prévu une sortie au théâtre pour voir *Les Liaisons dangereuses*.

— Oui, répondit lentement Hannah. Je voulais juste

te dire quelque chose avant qu'on se voie. Je ne veux pas que tu l'apprennes la semaine prochaine...

La curiosité d'Emma était éveillée.

— Felix joue Valmont, c'est la surprise ? sourit-elle, s'étonnant de pouvoir plaisanter alors qu'elle se sentait si triste. Ou bien tu as gagné au Loto ?

— Non.

Hannah paraissait très sérieuse.

— Alors, que se passe-t-il ?

— Je suis enceinte. Je tenais à te l'annoncer moi-même. Je ne voulais pas que tu l'apprennes par Leonie. Je sais que c'est très dur pour toi...

Emma laissa échapper un petit cri qu'elle réussit à transformer en un rire rauque.

— Pourquoi aurais-je de la peine, Hannah ? Je suis ravie pour toi. Tu dois être très heureuse, et Felix aussi, bien sûr. C'est pour quand ?

Les mots sortaient péniblement de sa bouche mais elle devait les dire, elle devait le faire pour Hannah qui avait été une si bonne amie pour elle.

— Pour le début du mois de décembre. En fait, je meurs de peur, Emma. Je sais que cela paraît affreux, mais je n'avais jamais vraiment pensé avoir des enfants et, maintenant que cela m'arrive, c'est à la fois merveilleux et... cela me terrifie ! Je ne suis pas certaine d'avoir la fibre maternelle. Je ne suis pas sûre de savoir m'y prendre. Tout le monde a l'air de penser que cela vient naturellement mais les gens disent sans arrêt que certaines choses se font naturellement et c'est faux.

— Pas de panique, Hannah ! lui dit Emma de sa voix la plus rassurante. Tu es une femme compétente, intelligente, capable de diriger une équipe ; tu as changé de travail et c'est un succès ; tu es capable de tout !

Essaies-tu de me faire croire que tu vas t'évanouir devant une couche ou une carotte à réduire en purée ?

Hannah ne put s'empêcher de rire.

— C'est une question de bon sens, Hannah. Ce sera ton bébé et tu l'aimeras, bien sûr ! On ne fera pas de toi une image typique de *mamma* en robe à fleurs et qui cultive ses légumes bio, mais tu y arriveras très bien ! Tu te débrouilleras à ta façon comme pour le reste, tu ne crois pas ?

— Si, tu as raison. Le problème, c'est Felix. Depuis que je suis enceinte, il a l'air de penser que j'ai une auréole comme la madone dans les peintures du Moyen Age ! Je crois même qu'il n'a plus envie de moi.

— Cela n'a rien d'inhabituel. Certains hommes ne peuvent traiter qu'un concept à la fois. C'est la vieille histoire de la maman et de la putain. Tu étais la putain – pas toi personnellement, Hannah, mais parce que tu étais sa partenaire sexuelle. Maintenant, tu es la mère de son enfant et cela te met hors jeu sur le plan sexuel.

— Tu serais parfaite en psychiatre. Je craignais que Felix ne redevienne capricieux comme avant.

— Hé ! Tu es sa fiancée, tu devrais le connaître. J'ai peut-être lu trop de livres de développement personnel, dit Emma avec une pensée amère pour ceux qu'elle avait donnés quelques heures plus tôt.

— Tu es une amie formidable, fit Hannah d'une voix chaleureuse. Je redoutais de t'en parler. Ecoute, je dois raccrocher. J'ai une maison à faire visiter à deux tordus qui ne savent pas ce qu'ils veulent. On se voit avec Leonie la semaine prochaine ?

— D'accord, répondit machinalement Emma avant de raccrocher.

Elle était heureuse d'avoir donné tout son matériel de puériculture. Elle ne voulait pas qu'il reste dans sa maison, comme pour se moquer d'elle. Mais elle s'autorisa à pleurer sur l'ironie cruelle de la situation. Hannah, qui ne voulait pas d'enfants, se retrouvait enceinte par accident. Et elle qui en voulait... Mais pourquoi revenir sur cela ? Au moins, elle avait réussi à dissimuler à Hannah ses véritables sentiments. Elle n'était pas douée pour la psychiatrie mais pour le mensonge !

En revanche, elle avait retenu l'idée du psychiatre. Pourquoi ne pas consulter ? Tout le monde avait son thérapeute. Cela pourrait l'aider à affronter ses sentiments et dénouer la douloureuse crispation qui menaçait d'envahir tout son corps. Bien sûr, cela ne lui apporterait peut-être rien, mais cela valait la peine d'essayer.

Emma prit l'annuaire téléphonique à la page des psychologues. Il y avait toute une liste de noms, certains avec des adresses proches. Elle ferma les yeux et posa son doigt au hasard.

Elinor Dupre, un nom à consonance étrangère, française précisément. Peut-être ne parlait-elle pas anglais ? Cela deviendrait très facile de s'exprimer dans le cadre d'une thérapie où l'on ne se comprenait pas ! Elle composa le numéro, pensant tomber sur un répondeur ou une secrétaire avec une liste d'attente. A sa grande surprise, une femme lui répondit d'une voix à la prononciation étudiée et précise.

— Elinor Dupre, je vous écoute.

— Euh... Je... Bonjour, je m'appelle Emma Sheridan et j'ai trouvé votre nom dans l'annuaire, bafouilla Emma. Me faut-il une ordonnance d'un médecin ou bien... ?

Elle s'interrompit, ne sachant plus que dire.

— Non, ce n'est pas nécessaire. Mais il serait peut-être utile que vous me disiez pourquoi vous m'appelez. J'ignore si je peux vous aider.

Elle avait une voix apaisante. Emma éprouvait une folle envie de tout lui raconter au téléphone, tout de suite, mais se contenta de quelques mots d'explication.

— Je ne peux pas avoir d'enfants et cela me gâche la vie, rien de plus.

— Je crois que c'est un problème grave dans la vie de tout le monde, répondit la voix calme comme si elle avait instantanément compris le problème. Je ne dirais certainement pas « rien de plus », comme si cela n'avait pas d'importance, poursuivit-elle gentiment. Quand voulez-vous venir ?

Brusquement, Emma éclata en sanglots.

— Désolée, balbutia-t-elle entre ses larmes. C'est stupide, je ne sais pas pourquoi je pleure ni pourquoi je vous appelle.

— Parce que c'est le bon moment pour le faire, répondit fermement Elinor. Vous avez pris une décision et, au moment où vous passez à l'action, il se produit une certaine détente. J'ai eu une annulation pour ce soir à six heures et demie. Cela vous conviendrait-il ?

— Oui, s'il vous plaît, répondit Emma avec empressement.

Comment supporterait-elle d'attendre jusque-là ? Parler de ce qu'elle ressentait à quelqu'un qui pouvait la comprendre était soudain devenu la chose la plus importante au monde.

Elinor Dupre habitait une grande maison au bout d'un petit cul-de-sac. Son bureau était installé à l'entresol et Emma aperçut de la lumière à l'une des fenêtres quand elle arrêta sa voiture. La porte s'ouvrit avant qu'elle ait eu le temps de frapper.

— Entrez, je vous prie, lui dit Elinor Dupre avec un

grand sourire, sa chaleur naturelle démentant le sérieux de son accueil.

Elinor, qui devait approcher la soixantaine, avait un visage à l'expression sereine. Elle portait un kimono, et ses longs cheveux noirs étaient retenus par un simple lien. Elle n'était pas maquillée et, pour tout bijou, avait une montre au bout d'une longue chaîne.

Elle fit descendre Emma jusqu'à une pièce de belles dimensions avec une cheminée, une bibliothèque et deux fauteuils. Une boîte de mouchoirs en papier était posée sur une petite table à côté de l'un d'eux.

Elinor s'assit dans l'autre fauteuil et posa un bloc-notes et un stylo sur ses genoux, laissant Emma s'installer à côté des mouchoirs.

Emma arrangea le coussin dans son dos pour se sentir bien puis regarda nerveusement autour d'elle. Soudain, elle craignait de rencontrer le regard d'Elinor. A présent qu'elle était là, elle se demandait ce qu'elle y faisait. Qu'allait-elle dire ? N'était-ce pas un absurde gaspillage de temps et d'argent ? Et pourquoi Elinor ne parlait-elle pas ? Elle avait l'habitude de cette situation, c'était son métier, elle devait savoir quoi faire. Emma, elle, n'en avait pas la moindre idée.

Comme si elle comprenait intuitivement ce qui se passait dans l'esprit d'Hannah, Elinor prit la parole.

— Il n'y a pas de règle de fonctionnement pour ces séances. Cela peut paraître étrange, au début, quand vous attendez que quelque chose commence, mais la psychologie ne marche pas de cette façon. Vous êtes venue parce que vous aviez besoin...

— De votre aide, l'interrompit Emma.

— En réalité, vous vous aiderez vous-même, Emma. Il y a différents types de psychanalyse mais je pratique la thérapie cognitive où vous trouverez vous-même la réponse à vos problèmes. Je vous servirai de guide ou d'aide, mais c'est tout. Parfois, je vous poserai des questions pour mieux comprendre mais, dans l'ensemble, c'est vous qui êtes aux commandes.

Emma éclata d'un rire rauque.

— J'aimerais en être capable ! dit-elle avec amertume.

Elinor ne fit aucun commentaire mais inclina légèrement la tête comme pour demander la raison de cette réponse.

— Je ne sais pas pourquoi j'ai dit cela, ajouta vivement Emma.

— Parce que vous pensez que c'est vrai ?
— Eh bien... Oui, parfois... Je ne sais pas.

Emma fixait le vide, ne sachant que dire.

— Il n'y a pas de bonnes ou de mauvaises réponses, poursuivit Elinor. Dites ce que vous ressentez, comment vous vous sentez, pourquoi vous vous croyez incapable d'être aux commandes.

— Parce que personne ne m'écoute jamais !

Emma s'étonna elle-même de la férocité de sa réponse.

— Personne, reprit-elle. Non, ce n'est pas vrai. Peter m'écoute, mais il est le seul. Ma mère, Kirsten, mon père ? Jamais ! Il m'écrase en me répétant que je suis idiote. Je déteste cela, je le déteste !

Elle se tut, bouleversée. Elle l'avait dit et le monde ne s'était pas écroulé. Personne ne l'avait regardée d'un air horrifié en lui disant qu'elle devait avoir honte d'elle. En fait, Elinor l'écoutait presque distraitement, comme si beaucoup de gens s'étaient assis dans son fauteuil pour débiter des horreurs sur les êtres qu'ils étaient censés aimer plus que tout au monde.

— Je n'arrive pas à croire que j'ai dit cela ! s'étonna Emma d'une voix étranglée.

— Mais vous en aviez envie ? demanda Elinor de sa voix basse et rassurante.

— Oui. Vous ne pouvez pas savoir ce que c'est que de vivre avec eux. J'aime Kirsten, sincèrement, mais elle est leur chouchoute et pas moi. Je ne suis même pas considérée comme proche d'eux. Ce n'est pas une question de jalousie, dit-elle avec désespoir, désireuse de bien s'expliquer. Kirsten est incroyable, si jolie et si drôle. Je ne suis pas jalouse d'elle. Mais je ne comprends pas ce que je dois faire pour être acceptée telle que je suis. Pour qu'il arrête de me parler n'importe comment ou de me ridiculiser. Vous comprenez ?

Elinor fit oui avec la tête.

— J'ai trente-deux ans et ils me traitent toujours comme une gamine, une gamine idiote, d'ailleurs. J'ai l'impression que je n'en sortirai jamais. Vous savez…

Emma s'enfonça dans son fauteuil avant de poursuivre, le regard fixé sur la corniche derrière le fauteuil d'Elinor.

— Vous savez, j'envie les gens qui émigrent parce qu'ils peuvent laisser les ennuis derrière eux. Personne ne les traite comme des gamins, les gens respectent leurs opinions. J'ai pensé à demander à Peter d'émigrer. Peter est mon mari, à propos. Nous pourrions aller, je ne sais pas, en Australie ou aux Etats-Unis. Mais ce ne serait pas juste. Peter aime sa famille. J'aime aussi la mienne, s'empressa-t-elle d'ajouter, mais…

— Vous n'avez pas à porter de jugement ici, lui dit Elinor avec un sourire. Cette pièce et cette heure de la semaine servent à dire ce que vous pensez vraiment.

— Je ne le fais jamais, sauf au travail, mais je suis quelqu'un d'autre, au travail. Je ne m'imagine pas en train de dire à mes parents ce que je pense réellement. Je me sens trop bête et trop triste.

Elle recommença à pleurer et, pour une fois, ne fut pas gênée de le faire devant quelqu'un qu'elle connaissait à peine. L'usage des mouchoirs posés à côté de son fauteuil était évident.

A la fin de l'heure, Emma était éreintée. Elle attendit en silence pendant qu'Elinor cherchait dans son agenda un rendez-vous pour la semaine suivante.

— Aujourd'hui, j'ai pu vous recevoir grâce à cette annulation, dit-elle. La semaine prochaine, ce ne sera pas possible à la même heure. Le lundi à cinq heures et demie vous conviendrait-il ?

Un peu plus d'une heure après son arrivée, Emma se retrouva dehors. Elle se sentait ébranlée par la séance. Elle venait de passer une heure avec une étrangère et ne connaissait toujours rien d'elle. Pendant ce temps, avec un remarquable savoir-faire, Elinor avait obtenu beaucoup d'informations sur la vie d'Emma. Mais elle ne lui avait jamais donné l'impression d'être questionnée. Il s'agissait seulement d'expliquer la situation à quelqu'un qui en avait besoin pour comprendre. Elinor avait pris quelques notes mais si discrètement qu'Emma l'avait à peine remarqué.

Curieusement, elle n'avait pas du tout parlé de son désir d'enfant. Il n'y avait rien de plus important pour elle, et elle ne l'avait même pas mentionné.

Elle rentra, plus fatiguée que jamais. Elle n'aurait même pas la force de regarder un feuilleton. Elle se sentait trop faible pour cela, et trop triste. Cela aussi l'étonnait. Elle aurait cru qu'une thérapie permettait de se libérer de ses démons et donnait de la force. Or elle se sentait seulement malheureuse et épuisée. Les choses ne pourraient que s'améliorer.

Elles empirèrent. La semaine suivante, Emma était un peu mieux préparée à affronter les déchaînements émotionnels de sa séance. Mais elle trouvait minable de pleurer comme une gosse. C'était perdre son temps alors qu'elle aurait pu être en train de travailler à devenir plus forte et plus positive.

— C'est une question d'énergie, n'est-ce pas ? dit-elle. J'ai l'énergie pour faire les choses mais je ne m'en sers pas ou bien je laisse les autres me prendre mon énergie.

Elinor inclina un peu la tête, dans un geste qui lui était habituel. Emma eut une petite grimace intérieure. Sans qu'elle dise un mot, cela signifiait : « Pouvez-vous développer ? »

— Je pourrais dire à mon père d'aller se faire cuire un œuf mais je n'ose pas parce que, dès que je le vois, il me donne l'impression que j'ai de nouveau quatre ans.

— Vous sentiriez-vous mieux si vous lui disiez d'aller « se faire cuire un œuf » ? demanda Elinor.

Emma y réfléchit quelques instants.

— Je n'en suis pas certaine. Il serait fou de rage, et cela en vaut-il la peine ? Le père de mon amie Hannah est alcoolique et elle lui a dit d'aller se faire voir en de nombreuses occasions mais je crois qu'ils n'ont pas la même relation que mon père et moi.

— Hannah est une de vos amies de vacances ? demanda Elinor, qui notait quelques informations.

— Oui, dit Emma. Elle est enceinte.

Ses larmes se mirent à couler. Elle pleurait sans bruit, sans sanglots hystériques. Elle pleurait en silence comme si le mot « enceinte » avait levé un barrage.

— Je ne sais pas pourquoi je pleure, dit-elle bêtement.

Elle le savait, bien sûr qu'elle le savait !

— Vous devez acheter des tonnes de mouchoir, marmonna-t-elle en en attrapant une poignée.

Elinor la laissa pleurer un certain temps avant de lui poser une question :

— Avez-vous déjà pleuré de cette façon devant quelqu'un d'autre ?

— Devant Hannah et Leonie quand nous nous sommes rencontrées. J'étais certaine d'attendre un bébé... Tout le monde me demande si j'ai des enfants, expliqua-t-elle d'une voix hachée. Même au supermarché, la semaine dernière, une femme m'a posé la question. Dimanche, chez ma mère, une de nos parentes est arrivée et m'a demandé quand je me déciderais à avoir des enfants ! Cela me rend malade. Je voudrais leur dire à tous d'aller au diable !

— Je pense qu'il vous faut apprendre à dire ce que vous voulez, observa lentement Elinor. Vous devez vous sentir assez sûre de vous pour dire : « C'est cela que je veux », et savoir que si vous risquez d'énerver des gens ou de les étonner, ce n'est pas votre problème. Votre problème, c'est ce que vous éprouvez. Comment y réagir les regarde. Vous n'êtes pas responsable des sentiments des autres.

Emma se redressa, stupéfaite. Elle ne disait jamais ce qu'elle ressentait. Elle se rendit compte qu'elle avait besoin de le dire à haute voix.

— Je n'exprime jamais mes sentiments ou mes besoins, ou très rarement et seulement devant quelques personnes. Je ne comprends pas pourquoi.

— Vous essayez d'avoir l'approbation des autres. Même s'il s'agit de quelque chose qui vous blesse terriblement, vous ne dites rien. Vous attendez de savoir ce que veulent les autres puis vous vous adaptez. Ainsi, quand vous parlez, vous êtes sûre de dire ce qu'ils veulent entendre. Mais pourquoi faites-vous cela ? Qu'y gagnez-vous, en dehors de la sublimation de vos besoins et de vos désirs au profit des autres ? Essayez d'y réfléchir de ce point de vue : connaissez-vous quelqu'un qui dit ce qu'il pense, sans se soucier de l'opinion des autres ? Quelqu'un qui n'envisagerait jamais de demander un verre de vin blanc sous prétexte que le blanc est déjà ouvert, alors qu'en réalité il a envie de vin rouge ?

— Kirsten. C'est Kirsten tout craché !

— Est-ce que son entourage l'accepte ?

— Oh oui ! Tout le monde l'adore. Elle est capricieuse mais elle exprime ce qu'elle veut.

— Cela signifie que vous pouvez le faire en étant aimée et acceptée. Alors, pourquoi ne le faites-vous pas ? Vous trouvez-vous moins digne d'amour que Kirsten ? Pensez-vous qu'elle peut tout se permettre mais pas vous ?

— En fait, oui. C'est ce que je pense, reconnut Emma. C'est injuste, n'est-ce pas ?

— Le juste et l'injuste n'ont rien à faire là-dedans. Mais cela ne vous fait pas de bien. Un pareil comportement a des conséquences négatives. Dites-moi une chose : que disent les médecins de votre stérilité ?

Emma se figea.

— Je n'ai vu aucun médecin, avoua-t-elle.

— Non ? demanda Elinor de sa voix agréable, presque indifférente.

— C'est que... Je n'ai jamais eu envie d'en parler...

Elinor la regardait toujours d'un air interrogateur.

— Personne ne m'a jamais déclarée stérile, finit par dire Emma. Moi je le sais, c'est facile à savoir. Certaines femmes peuvent dire à quel moment elles sont tombées enceintes ; moi je sais que je ne peux pas l'être. Je ne peux pas expliquer pourquoi.

— Est-ce la raison pour laquelle vous n'avez jamais consulté de médecin ? Parce que vous le savez sans avoir besoin de faire des examens ?

— C'est évident, répéta Emma avec entêtement.

— Pourquoi ?

— Parce que je ne peux pas, parce que cela fait des années que j'essaie et je n'y arrive pas. Voilà pourquoi ! répondit Emma avec exaspération. Cela ne vous arrive jamais de savoir quelque chose, Elinor ? De le savoir sans qu'on vous le dise ?

— Parfois, admit Elinor d'un ton neutre. Y a-t-il d'autres choses que vous savez sans avoir besoin qu'on vous les dise ?

— Pas vraiment, dit Emma avec irritation.

Ces questions l'énervaient, comme si Elinor doutait de sa parole. Elle aurait fait n'importe quoi pour avoir un bébé. Mais elle savait parfaitement qu'elle ne pouvait pas.

La pendule d'Elinor sonna la demie. Le temps d'Emma était fini. Cette fois, elle était contente de partir.

Emma repensa à sa séance dans sa voiture en rentrant chez elle. Il y avait une chose bizarre : Elinor n'avait pas l'air de considérer la question des enfants comme la principale raison de la présence d'Emma chez elle. A aucun moment elle n'avait dit : « Eurêka ! Maintenant, nous y sommes ! »

Elinor pensait visiblement que le problème était plus compliqué. Emma soupira. Il fallait être fou pour croire que confier ses terreurs les plus intimes était une partie de plaisir.

Elle parla à Peter de sa thérapie le dimanche suivant pendant le trajet pour aller déjeuner chez ses parents.

— Ne crois pas que je suis en train de craquer ou de devenir folle, dit-elle, le regard fixé droit devant elle sur la circulation.

La main de Peter quitta le levier de vitesse et vint se poser sur la main crispée d'Emma. Elle s'accrocha aussitôt à ses doigts.

— Je sais que tu n'es pas folle, Emma. Je sais que tu subis des tensions très fortes à cause de ta mère et… du reste.

Même en cet instant, ils ne prononçaient pas les mots qu'il aurait fallu dire, ceux de leur désir d'enfant. Elle ne savait pas ce qui était le pire : qu'elle en soit obsédée ou que Peter redoute tellement de lui faire du mal qu'il n'en parlait jamais.

— Je veux seulement que tu sois heureuse, ma chérie, et si cela t'aide de parler à quelqu'un, tant mieux ! Simplement j'ai de la peine à l'idée que tu n'arrives pas à me parler. Pour moi, tu es la personne qui compte le plus au monde, et je t'aime.

Il dut reprendre sa main pour rétrograder en seconde. Emma hocha la tête, trop émue pour répondre tout de suite.

— Je peux te parler, Peter, réussit-elle enfin à lui dire. Mais il y a des questions que j'ai besoin d'éclaircir avec moi-même. C'est plus facile d'en parler à quelqu'un qui ne me connaît pas et qui n'est pas concerné. Ne m'en veux pas pour cela. Cela n'a rien à voir avec nous, Peter. Je t'aime plus que tout, et tu le sais.

Il remit sa main sur celle d'Emma.

— Je sais, grande bête ! Si je pensais un seul instant que nous avons des problèmes, je serais le premier à te traîner chez un conseiller conjugal. Je n'ai pas l'intention de te perdre, Emma. Je sais que tu as du mal avec tes parents et... avec cette histoire de bébé.

— Comment le sais-tu ? demanda-t-elle d'une toute petite voix.

— Il faudrait être aveugle pour ne pas voir que tu meurs d'envie d'être enceinte, Emma. Je sais que tu aimes les enfants. Cela prend du temps, c'est tout.

Elle hocha la tête. Elle n'était pas convaincue de se sentir soulagée. Peter avait compris son désir mais il n'avait aucune idée de la souffrance qu'elle éprouvait. Il ignorait également sa certitude d'être stérile. Le pire restait à venir. Il ne lui fallait pas simplement beaucoup de temps pour être enceinte : elle était une femme stérile, une femme bonne à rien. En revanche, une chose était certaine : Emma ne voulait pas parler à Peter de cette terreur ancrée au plus profond d'elle-même. Il était encore trop tôt pour cela.

— Peter, dit-elle soudain, il faut que nous en parlions mais je crois être incapable de le faire maintenant. Tu veux bien attendre un peu ? Ce sera bientôt possible, je l'espère, mais pas maintenant.

— Si tu préfères, d'accord. Mais ne tarde pas trop, Emma. Il faut en parler.

Emma n'aurait pu prononcer un mot. Mâchoires crispées, elle n'arrivait pas à croire qu'ils avaient cette conversation. Peter pensait comprendre ce qu'elle éprouvait mais il se trompait. Seule une autre femme pouvait la comprendre. C'était tout le problème. La vérité les séparerait.

Elle se pencha vers lui et l'embrassa sur la joue.

— Merci, Peter. Je ne sais pas ce que j'ai fait pour te mériter.

Sa mère était en train de faire briller le heurtoir de cuivre de la porte d'entrée quand ils arrivèrent.

— Bonjour, mes chéris, leur dit-elle, le regard dans le vague. Je le fais briller.

Et elle retourna à sa tâche, oubliant leur présence.

Peter et Emma échangèrent un regard consterné et entrèrent.

A la grande surprise d'Emma, Kirsten était là. Elle fut moins étonnée de la trouver étalée sur le canapé à lire le supplément féminin d'un des journaux du dimanche. Sa sœur n'était pas du genre à aider à préparer le déjeuner si elle pouvait l'éviter. Le rôti pouvait brûler dans le four avant que Kirsten daigne bouger.

— Oh ! Salut tout le monde, dit-elle en levant à peine les yeux.

— As-tu vu ce que maman est en train de faire ? demanda Emma.

— En train d'astiquer quelque chose, non ? marmonna Kirsten en reprenant sa lecture.

— En train d'astiquer le heurtoir, Kirsten ! Ce qui représente une conduite plutôt bizarre pour elle un dimanche matin. Maman ne fait jamais de ménage le dimanche, elle prépare seulement la cuisine. Tu ne trouves pas que c'est bizarre ?

Kirsten poussa un gros soupir et posa son magazine, comme pour dire : il est clair qu'on ne me laissera pas lire en paix !

— Pas vraiment, Emma. Elle est ridiculement fière de sa maison, tu le sais bien. Je ne m'étonnerais pas de la voir faire du ménage.

Emma commençait à s'énerver.

— Kirsten, cela t'arrive-t-il de t'intéresser à autre chose qu'à ton petit univers personnel ?

Kirsten renifla de dépit.

— J'ignore quel est ton problème, Emma. Moi, je vis un vrai cauchemar.

— Que veux-tu dire ? demanda Emma en se perchant sur le bord du canapé.

— Je me suis disputée avec Patrick. C'est un salaud ! Tu ne peux pas savoir la chance que tu as, Emma.

Kirsten jeta un regard lourd de sens vers Peter, qui avait pris un des journaux et feignait de lire la page des sports pour ne pas être impliqué dans leur querelle.

— Que s'est-il passé ? questionna Emma d'un ton las.

Elle n'avait pas envie de subir les jérémiades de Kirsten. Patrick avait dû voir son relevé de carte de crédit, astronomique comme d'habitude, lancer une réflexion sur ses achats incessants et ajouter qu'elle devait diminuer ses dépenses. Il ne se mettait jamais en colère, chose incroyable pour quelqu'un qui vivait avec Kirsten.

— Je suppose que tu as fait des achats comme si ta vie en dépendait, pour changer ? Tu devrais avoir des actions chez Gucci, maintenant !

— Tu peux te moquer de moi mais c'est sérieux, cette fois, répliqua Kirsten. Très sérieux.

— Explique-moi ce que tu entends par « sérieux ».

— Il parle de s'installer chez son frère pendant quelques semaines.

— Merde ! s'exclama Emma, perdant son sang-froid sous le choc.

— Tu peux le dire, répondit Kirsten, qui se leva d'un air maussade et quitta la pièce.

Emma la suivit.

— Où est papa ? demanda-t-elle.

— Une urgence chez la tante Petra, apparemment. Elle a sans doute découvert les restes de l'employé du gaz qu'elle a enfermé dans le garage pendant qu'il relevait le compteur, il y a dix ans. J'espère que papa va bientôt rentrer, je meurs de faim.

Elle regarda dans le four avec l'expression déconcertée d'un voyageur venu de l'époque victorienne et confronté aux commandes d'une navette spatiale.

— Tu n'es vraiment bonne à rien dans une maison, Kirsten.

Emma vérifia la cuisson du rôti et baissa la température. Puis elle s'occupa de préparer les légumes.

— Je ferais mieux d'apprendre, alors, dit Kirsten. Patrick m'a dit qu'il n'a pas l'intention de continuer à m'entretenir et que je peux chercher du travail. Excuse-moi, il a dit exactement du « boulot » !

— Qu'as-tu fait, Kirsten ?

Kirsten battit des paupières à plusieurs reprises avant de répondre.

— J'ai couché avec un autre homme.

— Ah... Est-ce que tu l'aimes ? risqua Emma.

— Non. J'étais complètement ivre, c'était une erreur. Je te le jure. Enfin... pas tout à fait, parce qu'il a été formidable, ajouta-t-elle pensivement.

— Espèce d'idiote !

Emma était furieuse. Comment pouvait-on se conduire de façon aussi irresponsable ! Comment avait-elle pu faire cela à son pauvre Patrick, si confiant !

— Ce que les gens ne savent pas ne peut pas leur faire de mal, rétorqua Kirsten. De toute façon, toi, que sais-tu de ces choses-là ? poursuivit-elle d'un ton sarcastique. Miss Perfection ! Ce n'est pas parce que tu n'as jamais eu envie de t'envoyer en l'air vite fait bien fait que le reste du monde n'en a pas envie !

— Je ne suis pas Miss Perfection ! hurla Emma. Je suis en colère parce que j'aime bien Patrick et parce que tu te fiches de l'autre type. Si tu l'aimais, je te soutiendrais jusqu'au bout, mais tu ne l'aimes pas. Ce n'était qu'une vulgaire coucherie d'ivrognes ! Tu te fiches des autres, Kirsten, n'est-ce pas ?

Tout sortait d'un seul coup. Emma ne pouvait plus s'arrêter. Les mots lui échappaient, chargés de tout le ressentiment, toute l'amertume accumulés depuis que Kirsten avait refusé de parler de l'état de santé de leur mère. Ensemble, elles auraient pu faire face à n'importe quoi et parler de leurs craintes à leur père. Mais, sans l'aide de Kirsten, Emma n'osait pas tenter le premier pas.

— Ce n'est rien de dire que tu es égoïste ! siffla-t-elle. Tu ne penses qu'à toi !

Elles se dévisageaient, chacune à une extrémité de la cuisine. Les yeux de Kirsten jetaient des éclairs.

— Tu te prends pour la fille raisonnable qui fait son devoir, c'est cela ? cracha Kirsten. Mais être « raisonnable », dans ton cas, cela veut dire se faire marcher dessus !

— Je ne voudrais pas interrompre le match des poids lourds de l'année, mais je crois que l'une de vous devrait s'occuper de faire rentrer Anne-Marie, dit Peter.

Il avait juste passé la tête par la porte de la cuisine, comme s'il craignait de prendre une casserole sur la figure.

— Que fait-elle ? demanda aussitôt Emma, toute dispute oubliée.

— Ecoute, dit-il avec une grimace.

Elles entendirent alors leur mère qui criait ou, plutôt, qui hurlait de toutes ses forces.

— Sortez d'ici, espèces de salauds ! Fichez le camp !

— Mon Dieu ! s'écria Kirsten, soudain alarmée.

— J'ai essayé de la faire rentrer mais elle ne veut pas, poursuivit Peter.

Ils se précipitèrent tous les trois vers le portail du jardin, où Anne-Marie brandissait le poing vers des passants sidérés.

— Fichez le camp !

— Mon Dieu ! répéta Kirsten. Je ne veux pas voir ça.

Et elle se réfugia à vive allure dans la maison. Peter prit rapidement la main de sa femme et ils s'approchèrent ensemble d'Anne-Marie.

— Viens, maman, dit Emma de sa voix la plus douce. On va se faire une bonne tasse de thé, veux-tu ?

Hannah avait passé tout le mois à mettre au point ce qu'elle allait dire à David James.

« Je démissionne parce que je suis enceinte. Je vous remercie de votre formidable proposition pour l'agence de Wicklow mais je dois refuser. Merci aussi de m'avoir fait confiance depuis le début en me nommant directrice et en me donnant l'opportunité d'une vraie carrière. »

Toutefois, peu importaient les mots et la façon de les dire, c'était très moche, mesquin et ingrat.

Elle s'accoutumait à l'idée d'être enceinte et, au fond d'elle-même, commençait à se sentir très heureuse. Elle avait commencé à lire des livres sur la grossesse, s'assurait de prendre sa dose de calcium quotidienne et de se nourrir de façon équilibrée. Felix était aussi très excité à l'idée de leur enfant mais il continuait à vouloir lui faire boire du vin quand ils allaient en boîte de nuit et ne comprenait pas pourquoi elle ne voulait pas le voir fumer à côté d'elle. Le plus difficile était de dire la vérité autour d'elle. La partie d'Hannah qui voulait tout gérer détestait avouer qu'elle attendait un enfant sans l'avoir prévu. Cela ressemblait plus au comportement d'une tête de linotte qui subissait les événements au lieu de les diriger.

Sa mère s'était réjouie de la nouvelle mais il leur restait à affronter une visite où le père d'Hannah serait lâché sur Felix comme les lions sur les martyrs.

— Ton père sera très heureux, avait pourtant répété Anna Campbell au téléphone. Il aime les enfants.

Felix voulait se marier avant d'être présenté aux différents membres de la famille d'Hannah, et celle-ci, qui imaginait pourtant très bien les hurlements de son père s'il ne pouvait pas faire une grande fête pour sa fille unique, avait tendance à lui donner raison. Sa mère accepterait le fait accompli sans sourciller, avec son stoïcisme habituel. Hannah aurait aimé connaître la famille de Felix avant de dire oui mais il restait curieusement réticent à ce sujet. Hannah pouvait comprendre ce genre d'attitude et ne le bousculait donc pas.

En revanche, avant de se marier et d'organiser des réunions familiales, Hannah devait expliquer la situation à son employeur. Or, pour une raison qui lui échappait, elle redoutait ce moment.

Elle avait choisi un vendredi en fin de journée. Ainsi, elle pourrait s'esquiver très vite sans avoir à affronter la déception de David pendant le reste de la journée.

— Je peux vous parler un instant ? lui demanda-t-elle à cinq heures et demie, le jour venu.

— Bien sûr, venez me voir dans cinq minutes.

Il était encore au téléphone quand Hannah entra dans son bureau. Elle attendit debout, avec la sensation d'être redevenue une écolière attendant de se faire sermonner pour avoir séché les cours de gymnastique.

David lui sourit tout en écoutant ce qu'on lui disait et lui fit signe de s'asseoir. Et zut ! pensa-t-elle en s'asseyant, mal à l'aise. Elle avait l'impression d'émettre des ondes de culpabilité et que David devinerait tout à sa seule expression. Mais de quoi avait-elle à se sentir coupable ? Elle était enceinte et allait se marier. Qu'y avait-il de mal à cela ? Absolument rien !

David reposa le téléphone et s'enfonça dans son fauteuil avec un petit soupir.

Hannah profita de ce qu'elle se sentait soudain très énergique et débita son petit laïus d'un seul élan.

— David, je suis enceinte. Felix et moi, nous nous marions et nous allons vivre à Londres.

— Oh !

Il ne dit rien d'autre. Hannah s'attendait à un peu plus. Elle n'aurait pas su préciser quoi mais, quand même, un peu plus...

— Je ne peux donc pas accepter le poste à Wicklow que vous m'avez proposé, ajouta-t-elle très vite.

Elle aurait proféré n'importe quoi pour ne pas laisser le silence s'installer entre eux.

David joignit ses doigts en pointe et les contempla pensivement, comme s'il essayait de comprendre ce qu'ils cachaient.

— Quel dommage ! répondit-il enfin sans la regarder. Vous allez nous manquer. J'avais fait de grands projets pour votre avenir. Vous êtes très douée pour ce métier, c'est naturel chez vous.

— Je suis désolée, dit-elle sans conviction.

A présent, c'était elle qui baissait les yeux sur ses mains. Elle regrettait de ne pas avoir mis sa bague de fiançailles. Cela lui aurait donné du courage, mais elle avait choisi de ne pas la porter pour travailler tant qu'il n'y aurait rien d'officiel.

— Felix a de la chance, ajouta David d'un ton

détaché. Pensez-vous m'inviter à votre mariage pour me remercier de vous avoir présentés l'un à l'autre ?

Hannah eut le sentiment instinctif que David avait envie de tout sauf de la voir épouser Felix.

— Nous allons sans doute nous marier à l'étranger, dit-elle sans oser le regarder en face. Je ferai mon préavis, bien entendu.

— Bien entendu, répéta-t-il. Hannah...

La tendresse avec laquelle il avait prononcé son nom lui fit lever les yeux. Normalement, David se tenait très droit dans son fauteuil, avec une raideur presque militaire. Or elle le voyait accoudé avec lassitude sur son bureau. Ses rides le faisaient soudain paraître très vieux. Il a besoin de vacances, pensa impitoyablement Hannah. Il travaillait trop et ne prenait jamais le temps de se reposer. Quelques semaines au soleil pour brunir son visage viril et faire disparaître les rides incrustées autour de ses yeux sombres, voilà ce dont il avait besoin. Mais elle ne se risquerait pas à le lui suggérer comme elle l'aurait fait avant, d'un ton à la fois autoritaire et maternel.

— Ne me laissez pas sans nouvelles, vous voulez bien ? demanda-t-il en la fixant droit dans les yeux.

Il paraissait triste, profondément navré.

— D'accord.

Elle se leva et il l'imita, s'empressant pour lui ouvrir la porte.

Sans réfléchir, Hannah le prit dans ses bras. Elle n'avait jamais été aussi proche de lui, à l'exception de cet étrange déjeuner au pub, quand il lui avait saisi la main. Comme elle refermait ses bras autour de ses épaules, il mit les siens autour de la taille d'Hannah en la serrant contre lui.

Tout aussi soudainement, il se pencha sur elle et

l'embrassa doucement sur les lèvres, sa barbe de fin de journée lui piquant le menton. C'était un baiser au goût de regret. Ni insistant, ni sensuel comme elle l'aurait cru, mais pourtant très émouvant. Sans savoir pourquoi, Hannah aurait aimé qu'il se prolonge. Elle avait envie de sentir ses grandes mains puissantes autour de sa taille comme si elle avait été une petite chose fragile... Elle avait envie de sentir son corps contre le sien et de plonger les doigts dans sa chevelure poivre et sel. Elle avait envie de le ramener chez elle et de lui dire qu'il avait besoin de prendre une journée de détente, une semaine de détente, et...

Il s'écarta lentement d'Hannah.

— Je suis sincère, dit-il. Ne me laissez pas sans nouvelles. Je suis votre ami, Hannah, et si vous avez besoin de moi, vous me trouverez ici. J'aurai toujours du travail pour vous.

Sur un rapide signe de tête, Hannah se hâta de sortir, redoutant, si elle s'attardait, de prononcer des paroles qu'elle regretterait.

— Pourquoi a-t-il dit qu'il aurait toujours du travail pour toi ? demanda Gillian.

Elle s'était commodément installée près de la photocopieuse à l'extérieur du bureau de David. Pendant quelques secondes, Hannah se sentit pétrifiée d'horreur à l'idée que Gillian ait pu voir David l'embrasser, puis elle réalisa que les stores du bureau étaient baissés.

— Je m'en vais, Gillian, rétorqua Hannah avec plus de légèreté qu'elle n'en éprouvait.

Elle pouvait tout dire à tout le monde, à présent.

— Tu pars ? questionna Donna, en train de ranger son bureau.

— Oui, répondit Hannah. Nous nous marions, Felix et moi. C'était prévu, précisa-t-elle avec un regard en coin vers Gillian, mais je suis enceinte et nous avançons donc la date.

Gillian se montra magnanime dans la victoire. Puisque sa pire ennemie partait, elle pouvait se permettre d'être gentille.

— Je suis très, très heureuse pour toi, Hannah, fit-elle.

Elle inspecta du regard le ventre d'Hannah pour essayer de déterminer d'après ses rondeurs de quand datait sa grossesse.

— Pour quelle date as-tu prévu l'heureux événement ? Je parle de ton mariage ? ajouta-t-elle avec un petit rire qui se voulait cristallin.

— Le bébé est pour décembre mais nous n'avons pas encore organisé le mariage.

Grâce au ciel, le téléphone de Gillian sonna, coupant court à ses questions.

Donna embrassa Hannah en la félicitant. Elle était heureuse pour son amie mais son regard trahit ses réserves.

— Tu penses que je me trompe, n'est-ce pas ? lui dit Hannah à mi-voix.

Donna haussa les épaules.

— Tu es enceinte, tu es amoureuse et tu vas te marier. Quel pourrait être le problème ? interrogea-t-elle avec un petit sourire ironique.

— Si ce n'est pas trop indiscret, demanda timidement Hannah, peux-tu m'expliquer pourquoi tu n'es pas restée avec le père de Tania ? Tu n'es pas obligée de me répondre.

— Je suis restée avec lui pendant un certain temps, répondit Donna à mi-voix pour que Gillian ne l'entende pas. J'estimais qu'il fallait que j'essaie de vivre avec le père de mon enfant, mais il n'en valait pas la peine. J'avais commis une erreur et je l'ai réparée en le quittant. Tania et moi, nous nous portons bien mieux sans lui.

— C'est ce que tu penses de moi et de Felix ?

— Je n'ai pas à te donner mon avis, Hannah. Tu es une adulte. Je te respecte et je respecte ta capacité de jugement. Tu dois faire ce que tu estimes être le bon choix. Dis-moi plutôt si tu as l'autorisation d'un demi-verre de vin. Avec beaucoup d'eau, tu pourrais le faire durer toute la soirée.

Mais leurs projets pour aller prendre un verre tranquillement tombèrent à l'eau quand Hannah sortit de l'agence et se dirigea vers sa voiture. Donna et elle avaient prévu de se retrouver au McCormack. Hannah venait d'appeler Felix pour laisser un message sur son portable, le prévenant qu'elle serait un peu en retard. Au moment où elle ouvrait sa portière, elle entendit qu'on l'appelait.

— Hannah !

Pivotant sur ses talons, elle découvrit juste derrière elle la dernière personne qu'elle pensait voir : Harry.

— Comment oses-tu me surprendre de cette façon ! dit-elle, le cœur battant à se rompre.

— Je n'avais pas l'intention de te faire peur. Je voulais te parler mais pas à ton bureau. J'ai eu peur que ton fiancé (il prononça le mot avec une lourde ironie) vienne te chercher et me massacre.

— Toujours aussi courageux ! Tu préfères me faire peur à moi ?

Elle se demanda ce que Felix avait pu dire pour effrayer Harry à ce point. Il avait sans doute emprunté une réplique à un film de gangsters en menaçant Harry de lui faire faire des bottes en ciment avant de l'expédier chez les poissons s'il ne la laissait pas tranquille.

— Ne sois pas comme ça, Hannah. Je voudrais te parler, c'est tout ! répliqua Harry en prenant son ton de gentil petit garçon.

Il rejeta de la main une boucle de longs cheveux noirs en lui souriant d'un air engageant.

Mais cela ne marchait plus ! A une époque, Hannah aurait crié de joie en voyant Harry. A présent, il la laissait froide.

— Pourquoi ? J'ai rendez-vous et je n'ai pas envie de rester là à me disputer avec toi, Harry. Je pensais t'avoir dit que je ne voulais plus jamais te revoir.

— Tu as l'air fatigué.

Hannah le fixa d'un regard glacial.

— Toujours aussi séducteur ! As-tu pensé à donner des cours ?

— Je ne le disais pas pour cela !

Hannah souhaitait que cette conversation s'arrête. Elle ne voulait pas parler en pleine rue avec un homme qui l'avait fait tellement souffrir. Harry appartenait au passé tandis que son avenir l'attendait avec Felix et un bébé. Elle refoula au fond de son esprit David James et son baiser si troublant.

— Je suis fatiguée, en effet, dit-elle froidement. Parce que je suis enceinte.

Qu'il digère l'information s'il en était capable !

Harry ouvrit la bouche de surprise. Hannah remarqua qu'on voyait ses plombages et qu'il en avait beaucoup. Il avait toujours eu de très mauvaises dents. Elle ne put s'empêcher de sourire en elle-même. Voilà l'homme qui lui avait fait perdre la tête quand il l'avait quittée ! A présent, elle le voyait, sans éprouver la moindre émotion, enregistrant avec indifférence l'état de ses dents. Le temps et l'amour d'un bel homme guérissaient tout.

— Enceinte ? répéta-t-il.

— Exactement le genre de chose qui ne te plaît pas, Harry, dit-elle méchamment. La grossesse est le point ultime de... Comment avais-tu dit ? De la « stagnation », c'est bien cela ? Quelle chance pour toi d'avoir pu fuir avant que je sois enceinte ! Là, tu aurais été vraiment coincé avec moi !

Harry abandonna son air de gentil petit garçon.

— Tu dois vraiment me détester, Hannah, dit-il tristement.

Elle s'appuya contre sa voiture, se moquant soudain de savoir si la rouille de la carrosserie risquait de tacher son ensemble.

— Je ne te déteste pas, Harry. Il y a longtemps que je ne te hais plus. C'était trop fatigant. J'ai tourné la page et je te souhaite d'en faire de même. Quel est l'intérêt de chercher sans cesse à me voir ? Je vis avec Felix et je n'ai pas l'intention de changer. J'aimerais faire partie des gens qui restent amis après leur séparation, mais ce n'est pas le cas. Je suis trop intransigeante pour cela et, de toute façon, la façon dont tu es parti suffirait à m'y faire renoncer si j'en avais envie. J'ai ma fierté, imagine-toi !

Harry eut un sourire penaud.

— Je reconnais qu'aller dîner avec le type qui t'a laissée tomber n'entre pas vraiment dans le scénario de « tous copains » ! Mais on a été bien, ensemble, n'est-ce pas ?

— Très bien.

Elle le revoyait, paresseux, rêvassant toute la journée. Il lui avait rendu service en la quittant. Sans cela, ils vivraient toujours ensemble, lui faisant des projets grandioses pour le roman qu'il allait écrire, et elle, dans une adoration béate, s'occupant de la lessive et du repassage, vouée à son rôle de faire-valoir de Monsieur Harry...

— Je dois m'en aller. Prends bien soin de toi, Harry. C'est sincère.

Elle l'embrassa rapidement sur la joue puis monta dans sa voiture et manœuvra pour quitter sa place de stationnement. Dans son rétroviseur, elle voyait Harry s'éloigner de sa démarche élastique. Elle lui avait dit la vérité : elle ne le haïssait plus. Harry n'appartenait plus à sa vie, pas plus que David James, se dit-elle énergiquement. C'était la journée des adieux. Affaires réglées !

La réunion des trois amies devait avoir lieu dans un restaurant japonais où aucune d'entre elles n'était jamais allée et qui avait eu des critiques dithyrambiques. Mais Hannah les avait appelées la veille, expliquant qu'elle n'osait pas manger de poisson cru à cause des risques pour le bébé.

« Des risques pour le bébé », se répétait amèrement Emma sur le trajet entre l'arrêt du bus et le restaurant italien qu'elles avaient donc choisi.

Il n'avait pas fallu longtemps pour qu'Hannah la carriériste aux dents longues se transforme en future mère attentionnée ! Quelques semaines plus tôt, elle redoutait qu'un bébé entrave sa liberté, et elle parlait maintenant comme si aucune femme n'avait jamais été enceinte avant elle. Emma pressa le pas bien qu'elle fût déjà essoufflée.

Emma n'avait pas besoin de marcher aussi vite mais elle se sentait propulsée par une violente colère. Elle avait promis à son père de passer les deux prochaines soirées à s'occuper de sa mère. Anne-Marie ne supportait plus qu'on la laisse seule ou avec une voisine. Emma envisageait ces soirées sans enthousiasme. Elle se sentait coupable d'avoir plus envie de rester avec Peter que de suivre sa mère dans toute la maison pour fermer les armoires et nettoyer le gâchis qu'elle laissait derrière elle. Ce soir, épuisée par la préparation d'une réunion de KrisisKids qui avait lieu le vendredi, toute la journée, elle aurait aimé passer une soirée tranquille chez elle au lieu de se forcer à paraître gaie. Elle allait devoir s'asseoir en proférant toutes les platitudes et félicitations utiles après une journée de problèmes à résoudre et d'incessants appels téléphoniques. Après leur dernière soirée, elle avait beaucoup pleuré. Elles étaient allées voir *Les Liaisons dangereuses* au théâtre. Impossible de s'esquiver ! Leonie en aurait été malade.

Emma arriva la première au restaurant et s'installa sur une banquette. Tout concourait à créer une ambiance « vieille Europe » : *La Traviata* en musique de fond, l'odeur d'ail qui s'échappait de la cuisine, les nappes à petits carreaux rouge et blanc, et les bouteilles de vin décorées de longues traînées de cire qui servaient de chandeliers. Emma commanda un verre de la « cuvée du patron », espérant que cela la détendrait. Il fallait qu'elle se calme.

Après un demi-verre, elle se sentit beaucoup mieux. Elle respirait normalement et commençait à se relaxer. Leonie et Hannah entrèrent ensemble dans le restaurant, souriant à qui mieux-mieux tout en donnant leurs manteaux au garçon. Emma s'étonna de constater que le ventre d'Hannah était déjà arrondi. Elle devait être à un peu plus de deux mois de grossesse et Emma ne pensait pas que cela se verrait déjà. Or, sous sa tunique vert clair assortie à une jupe moulante, son ventre se laissait réellement deviner. Des élans de jalousie traversèrent Emma lorsque le serveur, réservant à Hannah son sourire le plus charmeur, la félicita de son état dans le plus pur style italien. Seul un Italien pouvait faire cela, et les guider jusqu'à leur table comme si Hannah allait accoucher en chemin. Il tira la table avec des gestes exagérés pour qu'elle puisse se glisser sur la banquette à côté d'Emma.

— Emma, bonjour, ma belle ! dit Hannah en l'embrassant.

— Coucou, Emma ! lança Leonie avec chaleur. Désolée, nous sommes en peu en retard.

— C'est ma faute, avoua Hannah. J'ai fini par comprendre qu'on ne peut plus mettre ses vêtements habituels quand on s'arrondit aussi vite que moi, expliqua-t-elle avec un sourire béat. J'avais choisi un jean avec un pull-over mais je n'ai pas réussi à fermer le bouton. J'ai dû faire attendre la pauvre Leonie le temps de trouver autre chose.

Emma cacha sa main sous la table et serra le poing à se faire mal, les ongles plantés dans sa paume. Elle aurait fait n'importe quoi pour retenir les mots blessants qui lui venaient aux lèvres.

Hannah était resplendissante. Son visage, déjà lumineux en temps normal, irradiait de joie, et sa luxuriante chevelure noire brillait. En somme, elle avait l'air d'une femme très amoureuse. Emma constata avec consternation qu'elle en voulait beaucoup à son amie. C'était elle qui aurait dû être là, embellie par ses premières semaines de grossesse, et pas Hannah !

Elle réussit enfin à maîtriser ses émotions et tenta de bavarder comme si de rien n'était.

— On dirait que ton tour de taille s'est arrondi depuis la dernière fois qu'on s'est vues, dit-elle en s'efforçant de paraître joyeuse. Je n'aurais jamais cru que cela puisse déjà se voir autant !

— Moi non plus, avoua Hannah. Felix prétend qu'il dort avec un éléphanteau !

Elles passèrent le dîner – une entrée et un plat choisis après moult débats sur les aliments permis ou autorisés à Hannah – à parler de la grossesse dans le moindre détail. Emma chipotait ses tagliatelles tout en écoutant, très étonnée, Hannah affirmer qu'elle n'avait pas de nausées et que, hormis deux semaines d'une terrible fatigue où elle n'arrivait presque plus à se lever le matin, elle se sentait en pleine forme. Ses ongles poussaient plus vite que jamais et elle était déterminée à ne pas avoir de vergetures. Elle s'enduisait frénétiquement deux fois par jour de lotion antivergetures. Quant à Felix, il l'amusait beaucoup en proposant des prénoms impossibles pour leur bébé !

— Sincèrement, dit Hannah en riant, vous imagineriez d'appeler un enfant Petal ! Ma pauvre mère me déshériterait si je lui faisais cela. Mais Felix ne jure que par ce prénom.

Emma se dit que sa tête allait exploser si elle entendait un mot de plus sur le sujet. Elle avait l'impression de connaître intimement le médecin d'Hannah et, grâce à une longue discussion sur les vêtements à taille extensible, imaginait très bien Hannah toute nue : un corps aux courbes élégantes gonflé de la façon la plus féminine qui soit, les seins lourds et pleins, le ventre précieusement arrondi en nid pour le bébé.

Hannah, que le bonheur rendait insensible aux autres, continuait de s'extasier sur la joie d'être enceinte.

— Je n'aurais jamais cru que j'éprouverais tout cela pour un bébé, dit-elle très sincèrement. Je n'ai jamais rien connu de semblable. Ou bien je me sens complètement parano et je meurs de peur à l'idée de faire une erreur nuisible au bébé, ou bien je traîne béatement.

Leonie sourit à Hannah puis remarqua le visage crispé d'Emma. Elle était livide, les yeux enfoncés dans leurs orbites. La pauvre ! Leonie réalisa avec horreur qu'Hannah avait oublié quelle souffrance cela représentait pour leur amie. Elle aussi l'avait oublié. Elles s'étaient toutes les deux tellement excitées à parler de l'heureux événement qu'elles avaient négligé Emma. Leonie se sentit profondément honteuse.

— Les filles ! s'exclama-t-elle vivement. J'ai failli oublier de vous raconter ! Hugh m'a invitée chez lui, l'autre soir, et il m'a préparé un dîner somptueux. Terrine de crabe pour commencer, entrecôte minute avec des aubergines farcies et enfin... et enfin... un gâteau au chocolat absolument diabolique acheté chez un excellent traiteur. C'était aussi bon qu'un orgasme à répétition !

Sa déclaration eut le résultat désiré : les deux autres éclatèrent de rire.

— On peut te faire confiance pour trouver le chocolat orgasmique ! gloussa Emma, soulagée du changement de sujet.

— C'est la seule chose qui soit vraiment orgasmique ! protesta Leonie. J'ai oublié à quoi ressemble le sexe. Pour moi, plaisir sexuel signifie : une demi-bouteille de bon vin et un bon roman.

— Tu veux dire que tu n'as pas encore couché avec lui ? demanda Hannah, sidérée. Vous sortez ensemble depuis une éternité !

— Une femme de mon âge ne saute pas dans le lit des gens aussi vite, dit Leonie d'un ton très digne. Il faut attendre trois mois, le temps que la crème anticellulite et le programme Weight Watchers fassent de l'effet !

— De toute façon, renchérit Emma en haussant le ton, je ne comprends pas pourquoi les gens doivent se retrouver au lit au bout de cinq minutes, Hannah ! Tout le monde n'est pas comme toi. Il n'y a pas que le sexe dans la vie.

— Je sais, répondit Hannah avec étonnement. Je plaisantais, c'est tout…

— Eh bien, tes plaisanteries ne sont pas toujours très drôles, jeta Emma avant de se lever et de courir vers les toilettes.

Hannah cligna des paupières pour refouler ses larmes. Elle devenait hypersensible.

— Qu'est-ce que j'ai dit ? demanda-t-elle d'une voix plaintive.

Leonie lui tapota la main en soupirant.

— Ce n'est pas ce que tu as dit, Hannah. Tu dois comprendre que c'est très dur pour Emma. Elle t'aime mais elle souffre de te voir si heureuse d'attendre un bébé alors qu'elle ferait n'importe quoi pour être à ta place.

— Mais je n'y suis pour rien. Elle pourrait chercher une solution mais elle ne veut pas ! Elle n'a sans doute même pas dit à Peter qu'elle a peur d'être stérile. Il y a toutes les techniques de fécondation assistée, des médicaments, je ne sais quoi encore qu'elle aurait pu essayer !

— Je sais, je sais, la rassura Leonie. Emma fait un vrai blocage sur le sujet. Elle est persuadée, et tu le sais, qu'il ne lui restera aucun espoir si elle subit les examens nécessaires pour s'entendre dire qu'elle ne peut pas avoir d'enfants.

— Cela n'explique pas pourquoi elle refuse d'en parler avec Peter.

— Je sais, mais nous pourrions adoucir sa peine et ne pas parler exclusivement de ton bébé.

— Si elle ne voulait pas venir ce soir, elle n'avait qu'à rester chez elle ! insista Hannah.

Elle était blessée à l'idée qu'Emma ne partage pas joie. Elle comprenait qu'on souffre de ne pas obtenir ce que l'on désire, mais elle n'aurait pas gardé rancune à Emma d'avoir quelque chose qu'elle n'avait pas. Quand Felix l'avait abandonnée, elle ne s'était pas sentie jalouse d'Emma sous prétexte que celle-ci retrouvait Peter tous les soirs. Comment Emma osait-elle lui reprocher quoi que ce soit ?

— Ne t'énerve pas, lui demanda Leonie en voyant ses yeux noirs s'emplir de colère. Nous avons été un peu égoïstes de parler du bébé toute la soirée. Laisse-la souffler un peu.

Hannah acquiesça, l'air sombre.

— Je ne veux ennuyer personne, dit-elle en reniflant.

— Tu n'ennuies personne. Je pourrais parler de ton bébé avec toi pendant des jours, si cela ne la faisait pas autant souffrir. Tu le sais, au fond de toi. Vite ! Parlons d'autre chose. Elle revient.

— Dis-nous-en un peu plus sur ton bel Hugh, demanda Emma d'une petite voix en se rasseyant.

Hannah ne répondit rien mais serra violemment les lèvres. Leonie fit une prière silencieuse pour qu'elles ne s'entre-tuent pas pendant le dessert et se lança.

— Hugh, dit-elle d'une voix joyeuse, est merveilleux...

Normalement, leurs réunions se terminaient beaucoup plus tard que prévu parce qu'elles aimaient parler ensemble mais, cette fois, le serveur venait de poser la cafetière de décaféiné sur la table quand Emma annonça qu'elle devait vraiment rentrer.

— J'ai une journée difficile, demain, dit-elle abruptement. Nous avons deux intervenants extérieurs et je dois m'occuper d'eux.

Elle avala son café à toute vitesse, laissa de l'argent pour payer sa part et se leva.

Hannah lui adressa un bref sourire assez froid et se pencha pour l'embrasser. Leur accolade aboutit au classique baiser en l'air.

— Au revoir, Leonie, dit Emma en l'embrassant pour de bon.

Elle se hâta de partir, arrachant son manteau aux mains du serveur. Elle ne voulait pas s'attarder, de peur d'éclater en sanglots ou de se mettre à hurler. Elle se sentait dans un état épouvantable, ignorant laquelle de ses émotions déborderait la première, colère ou chagrin.

En attendant son bus, elle se demanda comment elle expliquerait à Peter pourquoi elle rentrait si tôt. Il remarquerait certainement que cette soirée avait duré moitié moins longtemps que d'habitude. Il l'avait même taquinée à ce sujet avant qu'elle parte, jurant que, si elle rentrait de nouveau ivre à la maison, il refusait de la déshabiller et de la mettre au lit !

« Je t'offrirai une cure de désintoxication pour ton prochain anniversaire si tu n'arrêtes pas ces petites réunions, avait-il dit en riant au milieu des craquements de son portable. Je sais que vous faites secrètement la chasse aux hommes, je sais qui vous êtes, madame Sheridan, avec votre alliance cachée dans votre sac...

— Cochon ! s'était-elle exclamée en riant. Je dois te

laisser, mon amour. On m'appelle sur mon autre ligne. Il y a une pizza dans le congélateur. A ce soir, Peter. »

Emma s'appuya avec lassitude contre l'abribus. Elle aurait voulu être chez elle, se consolant dans les bras de Peter. Voir le bonheur d'Hannah lui faisait trop mal ! Malheureusement, elle ne pouvait le dire à Peter. Que penserait-il si elle lui avouait qu'un monstre se mettait à hurler en elle à l'idée du ventre arrondi d'Hannah ? Elle avait passé le dîner à détourner le regard et à se mordre les lèvres pour ne pas exploser. Elle avait tellement honte... Quelle sorte d'amie était-elle ? Dans les moments cruciaux, elle se souciait plus d'elle-même que de n'importe qui. Pleine de remords, elle se promit d'appeler Hannah dès le lendemain pour lui présenter ses excuses. C'était la moindre des choses entre amies.

Elle poussa la porte de sa maison. L'entrée était plongée dans l'obscurité. Parfait ! Peter n'était pas encore rentré. Il lui avait dit qu'il irait peut-être prendre un verre avec Mike après le travail. Au moins, elle pourrait se coucher. Et s'il avait bu un ou deux verres, il ne serait pas en état de remarquer sa tristesse.

Emma laissa l'entrée allumée et monta dans sa chambre. Elle était en train d'ôter son chemisier quand son désespoir éclata. Elle se laissa tomber au bord du lit et se mit à pleurer à gros sanglots. Surmonterait-elle jamais son chagrin de femme sans enfant ? Elle n'attendait plus rien, cela lui semblait sans espoir. Elle ne voulait qu'une seule chose : que sa douleur s'atténue un peu, sans cela elle ne pourrait jamais y faire face.

— Qu'y a-t-il ?

Emma sursauta ; Peter se tenait sur le seuil de la chambre.

Elle éprouva brièvement la tentation de mentir. Mais la voix d'Elinor Dupre retentit dans sa mémoire :

« Pourquoi est-ce mal de dire ce que vous voulez, Emma ? »

Elinor avait raison. Elle ne devait plus cacher la vérité.

— Hannah est enceinte et cela me tue ! Je ne supporte pas l'idée de ne jamais avoir de bébé. Je crois que je suis stérile, dit-elle d'un trait.

— Oh, Emma ! Je suis désolé, ma chérie.

Il la regardait, désemparé. Sa gaieté habituelle avait disparu.

Emma regretta soudain de lui avoir tout dit. Comme si cela ne suffisait pas qu'elle soit triste, maintenant il l'était aussi.

— Ce n'est pas grave, dit-elle avec un geste de dénégation. Oublie ce que j'ai dit.

— Oublier ? répéta Peter, incrédule. Pourquoi devrais-je l'oublier ? Cela me concerne aussi, Emma, je te le rappelle. Nous sommes deux, tu sais. Rien ne m'énerve plus que ta façon de vouloir tout assumer toute seule, dit-il avec une soudaine colère. Tu ne me laisses jamais remettre ton père à sa place, même quand il te maltraite ; tu gardes pour toi des secrets énormes et tu laisses Kirsten se défiler devant ses responsabilités familiales ! Tu refuses que je t'aide en quoi que ce soit. Mais bon sang ! Pourquoi me mets-tu à l'écart, Emma ? Tu es en train de détruire notre couple, au cas où tu ne l'aurais pas remarqué. Arrête de me chasser de ta vie !

Elle ne l'avait jamais vu dans une telle colère. Il la prit par les épaules et la secoua.

— Tu ne comprends pas que je t'aime, Emma ? Je t'aime ! hurla-t-il. C'est toi que j'aime et non pas celle que tu crois devoir être pour qu'on t'aime !

— Je sais, balbutia-t-elle. Je ne voulais pas te le dire...

— Tu as peur que je me mette en colère contre toi, hurla-t-il de plus belle. Comme ta brute de père ?

Elle tressaillit.

— Non, protesta-t-elle, pas pour cela. Parce que...

Il attendit, l'air toujours aussi furieux.

— Je croyais que, si j'en parlais, ce ne serait plus seulement dans ma tête, ce serait réel : je ne pourrais jamais avoir de bébé.

— Bon Dieu, Emma, c'est complètement idiot !

Elle vit sa colère s'évanouir.

— C'est de la superstition, reprit-il. Tu as vraiment cru que tu nous porterais malheur si tu prononçais certains mots ? Si c'est cela, ne perdons pas de temps à voir un médecin. Il faut courir chez un guérisseur ou une prêtresse vaudou. Oh ! Encore mieux : je vais acheter un tarot et demander aux cartes pourquoi nous n'avons pas d'enfant !

— Cela ne marche pas si tu achètes les cartes pour toi-même, dit Emma d'une petite voix. Il faut que ce soit quelqu'un d'autre qui les achète. Je l'ai lu.

Peter se mit à rire et l'attira contre lui.

— Puisque tu lis tant, n'as-tu jamais rien lu sur les progrès de la médecine dans le domaine de la stérilité ?

« Oui », fit-elle de la tête.

— Bien, reprit-il. Si l'on arrive à cloner des brebis, on peut nous aider. La lutte contre la stérilité est moins compliquée que le clonage. Nous devrions donc avoir une chance. Nous sommes jeunes et en bonne santé. Nous ferons ce qu'il faut, d'accord ?

— Je ne supportais pas l'idée de te faire subir des examens, tu sais... dit Emma, le visage enfoui dans l'épaule de Peter.

— Tu parles d'être enfermé dans une pièce avec un gobelet en carton et un magazine porno ? demanda-t-il avec un sourire chargé de sous-entendus. Tu devras peut-être venir m'aider, Emma ! Mais nous pouvons y arriver. Qui sait, nous n'avons peut-être aucun problème, ni l'un ni l'autre. Tu t'affoles peut-être pour rien. Il faut du temps pour faire un bébé, tu sais.

— Cela fait trois ans que nous n'utilisons plus de contraception, lui rappela Emma. J'avais le temps d'être enceinte !

— D'accord, il est possible que nous ayons un problème, mais il faut en être certains avant de sauter aux conclusions. Demain matin, appelle le médecin et prends rendez-vous. Il peut nous adresser à un spécialiste pour que nous fassions tous les deux un bilan.

— Tu... Cela ne t'ennuie pas ?

Peter prit le visage d'Emma entre ses mains et plongea son regard dans les yeux bleus si inquiets.

— Je t'aime, Emma, et j'aimerais avoir des enfants avec toi. S'il y a un problème d'ordre physique, nous ferons tout pour le résoudre. Mais si rien ne réussit et que nous n'avons pas d'enfants, je peux m'en passer ! Je t'ai et tu m'as. D'accord ?

Emma approuva de la tête en tremblant.

— Promets-moi une chose, Emma. N'aie plus jamais de secrets pour moi. Juré ? C'était très douloureux de savoir que tout n'allait pas bien et que tu me tenais à l'écart.

— Je te le promets. Mais c'était tellement difficile pour moi de te le dire... de t'en parler. Je voulais garder cela pour moi...

— C'est impossible, Emma ! interrompit Peter. Je viens de passer des mois à m'inquiéter de te voir te replier sur toi, à me demander ce que je faisais de mal et pourquoi tu ne m'aimais plus.

— Tu sais que je t'aime, protesta-t-elle.

— Comment puis-je le savoir quand tu gardes pour toi quelque chose d'aussi grave ? Je ne suis pas très doué pour deviner ce que pensent les gens, Emma, et j'en suis navré. Je ne suis pas extralucide. J'ai besoin qu'on m'explique les choses. Je m'apprêtais à appeler Leonie pour lui en parler. Tu lui confies plus de choses qu'à moi, conclut-il d'un ton très amer.

— Oh, Peter ! dit Emma, qui se sentait épuisée. Je t'aime et, non, je ne dis pas tout à Leonie. Je lui ai parlé de mon angoisse d'être stérile, reconnut-elle. C'est tout ! Je ne sais pas pourquoi je n'arrivais pas à t'en parler.

Elle soupira tristement avant de poursuivre.

— Tout est toujours ma faute. Je pensais que c'était le cas pour cela aussi.

— Arrête de dire n'importe quoi ! Tu ne fais que répéter les imbécillités de ton père ! Ça l'arrange de toujours tout rejeter sur toi mais ça ne signifie pas que c'est vrai. Ça ne signifie qu'une chose : c'est une sale brute qui te tyrannise en te faisant croire que tu es nulle ! Si tu veux en avoir pour ton argent avec ta thérapeute, demande-lui d'exorciser la présence malfaisante de ton père dans ton esprit.

— Je ne savais pas que tu pensais cela…

Il sourit, sa bonne humeur naturelle retrouvée.

— Nous apprenons tous les deux des choses intéressantes, ce soir ! Mais ce qui compte, c'est que nous devons faire front ensemble, Emma. Tu es d'accord ?

— Je t'aime, Peter, dit-elle, les yeux brillants de larmes retenues.

Passé un certain âge, réfléchissait Leonie, quand on tombe amoureux, ce n'est pas de rencontrer les parents de l'autre qui pose un problème. L'obstacle majeur ne vient plus des relations avec la belle-famille mais des enfants, aussi méfiants qu'exigeants. Elle s'apprêtait à faire la connaissance des deux enfants d'Hugh. Il lui avait tellement parlé d'eux qu'elle se sentait terrifiée, et le mot était faible.

Tout en se préparant pour leur rendez-vous du samedi après-midi, elle réalisa que Fliss avait dû éprouver les mêmes angoisses au sujet de Danny et des jumelles. Cela n'avait pas dû être aussi difficile, toutefois. Quand on a des enfants, on sait qu'ils peuvent se montrer très exclusifs et on s'attend à un rejet allant de la simple antipathie à la haine la plus violente quand papa ou maman ramène à la maison un nouvel « ami ». Mais dans le cas où, comme Fliss, on n'a pas d'enfants, on vit sans doute dans l'illusion que les enfants sont de chères petites choses trop occupées par leurs propres amours pour se soucier des affaires de leurs vieux parents. Faux ! S'ils ont l'impression de ne plus être au centre du monde, les enfants peuvent haïr bien plus fort que n'importe quelle épouse abandonnée.

Heureusement pour Fliss, les enfants l'aimaient beaucoup. Elle était trop sûre d'elle et bavardait trop gaiement pour donner prise aux préjugés des adolescents. Ils n'avaient pas eu d'autre choix que de l'aimer. Comment n'auraient-ils pas apprécié une belle-mère capable de les emmener à l'improviste passer un long week-end à Cannes et faire les boutiques comme dans les plus beaux rêves de Mel ?

Ray avait supplié Leonie de les laisser partir.

« Nous serons en France pendant deux semaines, avait-il dit. Ce serait dommage de ne pas avoir les enfants avec nous pendant au moins une semaine !

— Mel et Abby ont cours, avait répondu Leonie.

Elles ne peuvent pas prendre une semaine de vacances au milieu du mois de mai ! Quant à Danny, il a des examens importants à préparer et il ne peut pas s'absenter toute une semaine. »

Elle avait passé sous silence la certitude de Danny de rater la moitié des épreuves.

« Alors, au moins un week-end », avait proposé Ray.

Leonie travaillait tard le vendredi soir de leur départ et ne pouvait les conduire à l'aéroport. Elle avait prévu de réserver un taxi mais Doug avait insisté pour les emmener.

« Je veux un mug des *101 Dalmatiens* en échange ! » avait-il dit aux jumelles.

Au moins, elle était libre pour le week-end, même si cela impliquait que les filles auraient le temps de devenir encore plus gâteuses de leur belle-mère.

Leonie se demanda comment les enfants d'Hugh la verraient, elle.

« Ils vont t'aimer », lui avait dit Hugh avant d'organiser une rencontre à quatre autour d'un verre.

En dépit de ces paroles rassurantes, Leonie avait un mauvais pressentiment. Ce n'était pas à cause de Stephen, qui lui rappelait un peu Danny, le pouce toujours prêt pour la GameBoy et une tendance à passer des week-ends entiers au lit en essayant de trouver un sens personnel aux chansons d'Oasis. Jane, en revanche, la belle Jane si douée, paraissait synonyme d'ennuis. Leonie ne comprenait pas très bien pourquoi elle pensait cela. Etait-ce lié à la façon dont Hugh parlait d'une fille de vingt-deux ans déjà ? Il l'adulait, comme s'il s'agissait de Marie Curie, de Mère Teresa et de Julia Roberts réunies en une seule personne. Inutile d'être un génie pour comprendre que Jane ne pouvait avoir tort. Par conséquent, si elle ne se prenait pas d'une sympathie immédiate pour Leonie, papa pouvait dire adieu à sa petite amie.

Ils devaient se retrouver à la National Gallery, lieu d'une neutralité voulue.

Leonie se demanda comment Fliss aurait joué la partie et finit par s'habiller comme d'habitude, un pantalon de velours noir avec une chemise en soie bleu de Prusse et un châle en angora violet trouvé dans la boutique d'une organisation caritative à Dun Laoghaire. Elle essaya de prendre l'air aussi décontracté que possible. Mais pas trop ! Ce serait une erreur, aussi bien pour elle que vis-à-vis d'Hugh. Elle voulait se faire accepter par ses enfants, mais telle qu'elle était réellement.

Elle ne voulait pas se déguiser en quelqu'un qu'elle n'était pas pour plaire à un adolescent et à sa sœur de vingt-deux ans. Il ne s'agissait que d'une « rencontre rapide autour d'un verre pour faire la connaissance des enfants », comme l'avait proposé Hugh. Il n'était pas question de la faire passer en jugement devant la Cour suprême. Malheureusement, la théorie ne l'aidait pas beaucoup et elle se sentait très nerveuse. Elle cherchait désespérément à se rassurer, se répétant que si elle était capable de se débrouiller avec des enfants aussi difficiles à contrôler que Mel et Abby, Jane ne pouvait l'effrayer. Elle était plus âgée et certainement plus mûre...

Hugh l'attendait au restaurant de la National Gallery. Elle avait chaud d'avoir couru depuis le parking, se maudissant de ne jamais mettre les pieds au musée. Elle devait faire un effort pour se cultiver un peu. Hugh avait choisi une petite table du fond. Il n'était pas seul : une jeune femme en jean était assise à côté de lui.

Leonie pensa d'abord qu'il avait dû rencontrer une de ses connaissances en les attendant. Il ne pouvait s'agir de Jane.

D'après son père, Jane était « très belle, vraiment magnifique » et Leonie s'était forgé l'image d'une fille qui avait le regard confiant et rieur de son père avec l'allure d'une gazelle.

Cette jeune femme boulotte en veste de jean qui la boudinait ne pouvait pas être Jane. Pas avec ces cheveux noirs, courts et sales, ces traits empâtés et ces petits yeux aux sourcils trop épilés. C'était tout sauf une gazelle, à moins que les gazelles aient le regard soupçonneux et l'air renfrogné.

— Leonie !

Hugh se leva et l'accueillit comme s'il venait d'apercevoir une lointaine relation et avait enfin réussi à se souvenir de son nom. Il lui tapa énergiquement sur l'épaule. Normalement, il l'embrassait.

— Je te présente Jane, ma joie et ma fierté ! Jane, je te présente Leonie, une amie.

Il était rare que Leonie se laisse démonter et ne trouve rien à dire. Elle détestait les « blancs » dans une conversation, au point de se mettre à dire n'importe quoi plutôt que de laisser le silence s'installer. Mais en cet instant, elle souriait bêtement à son ami et à la fille de celui-ci. Elle se demandait, ahurie, comment un père, même le plus gâteux, pouvait qualifier Jane de « très belle ». Elle se reprocha néanmoins de juger la pauvre fille sur sa mine. Peut-être Jane brûlait-elle d'une flamme intérieure quand elle s'animait.

— J'ai tellement entendu parler de vous, je suis

heureuse de vous rencontrer, dit enfin Leonie, qui avait retrouvé sa voix et tendait amicalement la main à Jane.

— Moi, j'ai à peine entendu parler de vous, répliqua Jane en lançant un regard sec à son père.

Elle ne devrait pas pincer les lèvres, pensa Leonie, cela va lui donner de vilaines rides.

— Vraiment ? répondit-elle en riant. Votre père aurait-il gardé mon existence secrète ?

Elle intercepta le regard que Jane lançait à son père.

— Il me semble, fit Jane d'une voix tranchante.

Hugh sourit à Leonie avec découragement.

— Ce n'est pas du tout un secret, dit-il avec la fausse bonhomie d'un homme qui refuse le bandeau face au peloton d'exécution. Leonie est ma nouvelle amie et je voulais que vous fassiez sa connaissance, Stephen et toi. C'est très simple ; nous ne sommes sortis ensemble que trois fois mais tu sais que je ne voudrais pas te donner l'impression de te tenir à l'écart, Jane, ma chérie, conclut-il avec un regard implorant à l'adresse de sa fille.

Le moment était mal choisi, pensa Leonie, pour lui faire remarquer qu'ils étaient sortis ensemble dix fois, plus une séance de pelotage avancé. Leonie avait arrêté avant de se retrouver nue sur le canapé d'Hugh uniquement parce qu'elle avait ses règles et qu'elle n'était pas à l'aise dans ses sous-vêtements. Elle avait prévu de ne passer à l'acte qu'après une soirée très romantique qui requérait au préalable une épilation soignée, de jolis dessous, et une crème autobronzante pour camoufler les parties ramollies de son corps sous un joli reflet doré. Néanmoins, ce scénario semblait devenir très hypothétique en l'instant présent. Elle croyait être sa petite amie mais il ne l'avait reconnu devant personne d'autre.

Au téléphone, il lui murmurait des petits riens gentils

en lui disant qu'elle était unique. Or, en présence du Grand Inquisiteur, il n'était plus qu'un pauvre homme capable de nier une liaison avec Michelle Pfeiffer elle-même pour rester dans les bonnes grâces de sa fille. Leonie se sentait trompée, trahie. Elle avait envie de se lever et de les laisser à leur lamentable histoire. Mais elle ne le fit pas. Cela aurait été injuste. En tant que mère, elle savait à quel point il est difficile de reconnaître la limite entre donner à ses enfants l'attention nécessaire et les laisser vous tyranniser. Il fallait trouver un équilibre et le pauvre Hugh avait besoin qu'on l'y aide.

Elle l'aiderait, même si c'était la dernière chose qu'elle faisait pour lui.

— Ne dis pas n'importe quoi, papounet ! Je ne me sens pas tenue à l'écart ! Simplement, je connais tous tes amis. Si j'avais su que c'était pour rencontrer une de tes collègues, je ne me serais pas donné la peine de venir. Dans quelle branche travaillez-vous ? demanda-t-elle à Leonie.

Les deux dernières phrases de Jane achevèrent de clarifier la situation aux yeux de Leonie. Hugh n'avait pas dit à ses enfants qui elle était ni qu'ils allaient la rencontrer aujourd'hui. A moins que Jane ait décidé de refuser la présence d'une femme dans la vie de son père et, par conséquent, ait catalogué d'emblée Leonie comme la collègue peu séduisante que son père sortait de temps en temps par pitié. Et puis l'appeler « papounet » ! La plupart des enfants ne disaient même plus « papa » quand ils entraient au lycée mais « p'pa » et, surtout, sur un ton plein d'ennui.

Leonie sourit à Hugh.

Il la regardait, suppliant, d'un air qui signifiait : « J'espère que tu ne vas pas dire la vérité... »

— Je suis assistante vétérinaire. Je ne suis pas une collègue de votre père, dit-elle d'un air joyeux. Je suis une amie.

— Ah...

Jane pinça les lèvres en une moue de désapprobation.

— Votre père m'a beaucoup parlé de vous, poursuivit résolument Leonie. Il m'a dit que vous réussissez brillamment dans votre travail et que vous allez avoir une promotion. Bravo !

— Papa ! siffla Jane d'un air scandalisé. C'est personnel !

— Oh, regarde ! dit Hugh, complètement perdu. Stephen est là.

Grand et fort comme son père, Stephen avait un visage souriant. Il donnait l'impression de s'être habillé à la hâte, n'importe comment, et paraissait savoir qui était Leonie.

— Très heureux de vous rencontrer enfin, dit-il en se laissant tomber sur une chaise. Il était temps que notre vieux père retrouve quelqu'un ! Vous avez passé la commande ? Ils ont des gâteaux formidables, ici.

Jane le foudroya du regard, détournant son attention de son père.

— Tu aurais pu me le dire, attaqua-t-elle violemment. J'ai vraiment l'impression de m'être fait piéger !

Ce fut au tour de Hugh et Stephen d'échanger des regards lourds de sens. Quelle famille ! Leonie aurait préféré qu'ils parlent au lieu de se servir de leurs yeux. Chez elle, on disait ce qu'on pensait, surtout Mel, sans doute celle qui se serait sentie le plus trahie par l'existence de Hugh.

Mel aurait dit ce qu'elle éprouvait, même si elle montait à quatre-vingts décibels pour le dire ! Elle ne serait pas restée sur sa chaise à bouillir en silence et à foudroyer les gens du regard.

— Ne sois pas bornée, frangine, lança Stephen. Pourquoi fais-tu une histoire ? Je te l'avais dit. Tu es ici pour faire la connaissance de Leonie. Où est le problème ?

Stephen se tourna vers Leonie.

— Si j'allais passer la commande ? lui proposa-t-il. Je meurs de faim. Voulez-vous du café et des gâteaux ?

Leonie le trouva décidément très sympathique. Conscient de la colère de sa sœur, il faisait de son mieux pour désamorcer la situation.

— Oui, volontiers, dit-elle. Je vous accompagne, je prendrai un plateau. Café, Hugh ? demanda-t-elle en souriant.

Elle était fermement décidée à ne pas trahir sa pensée : Hugh se conduisait comme un idiot en s'inclinant devant cette terreur de Jane.

— Oui, répondit-il en la regardant dans les yeux pour la première fois depuis son arrivée.

Leonie et Stephen examinèrent le présentoir à gâteaux avec intérêt. Normalement, Leonie ne se serait rien autorisé mais elle ne se trouvait pas d'humeur à s'imposer une autre frustration.

— Je ferais volontiers un sort à ce gâteau aux carottes, dit-elle à Stephen.

Il représentait probablement l'exacte quantité de calories consommées par un coureur de marathon en une semaine entière.

— Moi aussi ! Je parie que Jane l'aimera également. Elle fait un régime sans matières grasses mais j'arrive en général à la convaincre d'y renoncer quand elle est avec moi.

Leonie eut du mal à croire qu'on puisse persuader Jane de faire quelque chose.

— Ne vous tracassez pas pour elle, reprit Stephen comme s'il avait lu les pensées de Leonie. Elle est un peu possessive avec papa. C'est sa préférée et elle ne comprend pas qu'il ait besoin d'une femme dans sa vie.

— Je vois. Mais votre mère a un nouveau compagnon, je crois ? N'est-ce pas également difficile pour Jane ?

Stephen posa trois grosses tranches de gâteau sur son plateau.

— Oui, mais Jane n'a pas les mêmes relations avec maman. En fait, elles ont le même caractère. C'est pour cette raison que Jane ne vit plus avec nous. Maman et elle n'arrêtent pas de se disputer. Mais il n'y a pas de problème avec Kevin, l'ami de maman.

Ils se mirent dans la file qui avançait lentement vers les machines à café. Stephen ajouta une barre de chocolat sur son assiette.

— Je m'inquiète pour mon père. Il est trop seul. Il est plus heureux depuis qu'il vous a rencontrée.

— Merci. C'est vraiment chic de me le dire. J'apprécie beaucoup votre père et je voulais que vous le sachiez tous les deux. C'est dur pour moi de voir Jane aussi hostile.

— C'est parce que vous avez des enfants. Elle est morte de peur à l'idée que papa puisse les aimer plus que nous ou leur laisse quelque chose dans son testament si vous vous mariez.

— Comment le savez-vous ? Jane semblait ne pas avoir entendu parler de moi avant aujourd'hui.

— Jane sait qui vous êtes. J'étais certain que notre père n'oserait pas lui parler de vous, je l'ai donc fait à sa place. Elle a prétendu ne pas être au courant uniquement pour l'agresser. Ne soyez pas trop dure avec elle, dit-il soudain. Elle est un peu...

Pourrie par son père, pensa Leonie.

— ... angoissée. Elle adore papa et il le lui rend bien. Vous apparaissez dans le tableau, et le jeu risque de changer.

— Merci de votre franchise. Ne ferais-je pas mieux de rentrer chez moi, maintenant ?

Stephen se mit à rire.

— Ne dites pas de bêtises ! Jane finira par vous accepter.

Ils revinrent à leur table avec les plateaux. Jane et Hugh, qui avaient parlé avec animation pendant leur absence, se turent aussitôt. Ils burent tous leur café dans un silence de plomb. Finalement, Leonie ne put supporter cela plus longtemps.

— J'avais pensé que nous pourrions aller au cinéma un peu plus tard, lança-t-elle avec entrain. Voudriez-vous venir avec nous, tous les deux ?

Les mots étaient à peine sortis de sa bouche qu'elle les regretta. Pourvu qu'ils disent non !

— Pourquoi pas ? Je n'ai rien de mieux à faire ce soir, répondit Jane de mauvaise grâce.

Leonie, Hugh et Stephen avaient tous les trois envie de voir le nouveau James Bond mais Jane voulait absolument voir le dernier film d'art et d'essai à la mode, une histoire sinistre en noir et blanc sur des jeunes piégés dans l'univers nauséeux des trafiquants de drogue internationaux. Leonie aurait préféré tailler sa pelouse avec des ciseaux à ongles plutôt que de voir ce genre de cinéma. Mais c'était le choix de Jane et, comme Leonie était en train de le découvrir, Jane aimait qu'on lui cède.

Au moins, la séance leur fournit un sujet de conversation pendant qu'ils dînaient d'une pizza dans Temple

Bar. Stephen parla du film avec animation tandis que Jane, qui le leur avait imposé, ne l'avait pas du tout aimé !

Les doigts de Leonie la démangeaient de l'envie de gifler Jane.

Au bout d'une heure, quand il devint clair que Jane n'avait pas l'intention de s'en aller avant Leonie, celle-ci annonça qu'elle devait rentrer.

— Je te raccompagne à ta voiture, lui dit Hugh.

Leonie lui jeta un regard reconnaissant. Enfin libérée de l'horrible Jane !

— Papa, questionna Jane d'une voix enfantine, je peux te demander un service ?

— Bien sûr, ma chérie, dit-il tendrement.

— Pourrais-tu me prêter ta carte de crédit pour payer mes vacances ? Je ne peux plus tirer sur la mienne et, si je ne réserve pas lundi, je perdrai ma réservation. Je te rembourserai, bien sûr, ajouta-t-elle avec de grands yeux implorants.

Leonie serra le poing.

Hugh ébouriffa les cheveux de Jane.

— Tu n'as pas besoin de me le demander, mon chou, tu le sais bien !

Pendant les cinq premières minutes du trajet, Leonie et Hugh marchèrent en silence puis, comme ils arrivaient dans Nassau Street, Hugh prit la main de Leonie.

— Eh bien, dit-il timidement, qu'en dis-tu ?

— Cela se serait sans doute mieux passé si tu avais parlé de moi à Jane, répondit Leonie. Ce n'était pas très facile de rencontrer quelqu'un qui me prenait pour une de tes collègues de travail. Je croyais que nous sortions ensemble, Hugh, mais tout à l'heure, à t'écouter parler, on aurait juré que nous n'étions que de vieux amis platoniques.

— Désolé. C'est difficile, tu sais. Jane est... Elle est sensible.

Aussi sensible qu'un rhinocéros, pensa sombrement Leonie.

— J'aurais dû le lui dire, Leonie. Excuse-moi, je t'en prie, insista-t-il en lui pressant les doigts. Je crains d'être un de ces pères indulgents qui ne refusent rien à leurs enfants. Jane ne me demande que de l'aimer.

— Et d'utiliser ta carte de crédit, rappela Leonie. Jane ne doit pas être très douée pour gérer l'argent si elle doit encore compter sur toi alors qu'elle a un très bon travail.

Leonie regretta aussitôt ces paroles. Critiquer les enfants de son ami était absolument interdit ! Autant que d'expliquer qu'on n'avait presque plus de verrues ! Elle se serait battue.

— Désolée, dit-elle vivement. Ce n'était pas très gentil.

— Je pensais que si quelqu'un pouvait comprendre, c'était toi, répondit Hugh d'un ton pincé. Nous devons protéger nos enfants et prendre soin d'eux.

Leonie acquiesça de la tête, d'accord avec lui. Mais Jane n'était plus une enfant. Elle était devenue une adulte manipulatrice et Hugh ne lui rendait pas service en restant aveugle à son comportement. La traiter en enfant gâtée aboutirait tôt ou tard à une catastrophe.

— Je sais que tu les aimes et je n'aurais pas dû parler de cette façon, insista Leonie. Mais je suis un peu énervée d'avoir été rejetée par Jane.

— Tu es sotte ! dit Hugh affectueusement. Elle t'aimera quand elle te connaîtra mieux. Il faut du temps, c'est tout.

Où avait-elle déjà entendu cette phrase ?

Le lendemain, elle appela Hannah.

— Comment cela s'est-il passé ?

— Je continue à prendre des notes pour un livre intitulé « Sortir avec un divorcé » ! Le plus long chapitre concernera les rencontres avec les enfants insupportables et égoïstes qui te soupçonnent de courir après leur père pour son argent et qui te font clairement comprendre qu'ils te haïssent.

— Tu veux dire que tu ne lui cours pas après pour son argent ? plaisanta Hannah dans une tentative pour mettre un peu d'humour dans ce sombre tableau.

— Hugh a moins d'argent que moi, répondit Leonie d'un ton énervé, ne voyant pas la plaisanterie. Et maintenant, je sais pourquoi. Il donne tout à Jane, même si la raison m'en échappe étant donné qu'elle a un bon salaire. Elle a eu le culot de lui demander sa carte de crédit pour payer ses vacances. Tu te rends compte ! Une fille qui a plus de vingt ans et qui gagne bien sa vie ! C'est ridicule.

— Cela s'est mal passé, alors ? risqua Hannah.

— Son fils est un amour et il s'est conduit très gentiment avec moi, mais la fille est un monstre de jalousie. Comme si Hugh ne pouvait pas l'aimer et m'aimer aussi.

— Elle craint peut-être de voir l'argent de papa se tarir si tu es là, remarqua Hannah avec bon sens.

— C'est encore pire. Je trouve la situation bizarre. Elle est folle de lui, comme un bébé.

— L'éternelle histoire des filles et de leur père, souligna Hannah. Tu ne te souviens pas de cette chanson de Marilyn Monroe sur les filles et leur cœur qui appartient à leur papa ?

— Je ne connais aucune femme adulte dont le cœur appartient à son père, répondit Leonie toujours en colère. Ce n'est pas ton cas, ni celui d'Emma. Mel et Abby aiment leur père mais elles n'ont pas perdu la tête quand il s'est remarié avec Fliss.

— Parce que ce sont des enfants bien dans leur peau.

— Hugh aussi est bien dans sa peau, argua Leonie. Comment a-t-il pu faire une fille comme Jane ?

— A quoi ressemble son ex-femme ?

— Elle me paraît tout à fait normale. Ils s'entendent bien et se sont séparés aussi amicalement qu'on peut le rêver.

— Ah ! Alors, c'est cela, dit Hannah. Les séparations ne sont jamais amicales. Il y a une contradiction radicale entre ces deux mots. Penses-tu que la gentille maman ferait la leçon à la petite Jane pour qu'elle dégoûte les femmes susceptibles de la remplacer ?

Leonie eut un petit rire sans joie.

— Je ne crois pas que Jane ait besoin de qui que ce soit pour lui pourrir l'esprit. Je tiens beaucoup à Hugh mais je ne supporte pas l'idée de devoir supporter la méchanceté de Jane pendant le reste de ma vie.

— Hugh te trouve merveilleuse, la consola Hannah. Le reste ne compte pas. Jane finira par s'y faire, tu verras.

Leonie aimait bien la maison d'Hugh. Il habitait une maison de ville construite trois ans plus tôt à la limite de Templeogue. Impeccable, elle avait gardé la propreté du neuf. A l'intérieur, les murs étaient peints en blanc cassé rehaussé par une collection de vieilles affiches de films, des bibliothèques et un grand nombre de curiosités comme un gramophone ou un énorme jeu d'échecs en marbre dont les pièces représentaient les animaux de la jungle. Cela donnait un ensemble original qui plaisait beaucoup à Leonie. En fait, il n'y avait qu'une seule chose qu'elle n'aimait pas dans la maison : les innombrables photos de Jane exposées jusque dans le moindre recoin. La tablette de la cheminée était transformée en un autel à sa gloire, avec sept photos la montrant en séduisante première communiante, en adolescente boudeuse et en jeune femme de plus en plus boudeuse en diverses occasions. Au milieu de tout cela, il n'y avait que deux photos de Stephen. Leonie espérait qu'il ne s'en formaliserait pas mais elle en doutait. Personne ne reste insensible au fait que ses parents préfèrent son frère ou sa sœur. Leonie espérait ne jamais donner à ses enfants l'impression qu'elle aimait l'un d'eux plus que les deux autres.

Le petit jardin de derrière ressemblait à un terrain de rugby, grâce aux gambades de Wilbur, Harris et Ludlum, les chiens d'Hugh. Leonie avait toujours envie d'amener Penny en visite chez Hugh mais n'en avait pas encore parlé. Cela lui semblait trop tôt, car constater que leurs chiens pouvaient s'entendre amènerait très vite la question d'une éventuelle vie commune. Leonie était folle d'Hugh mais ne pensait pas qu'ils en soient déjà à ce stade.

Ce soir-là, leur relation prenait un tournant très important. Ils allaient au lit ensemble. Dans l'esprit de Leonie, cela s'écrivait en majuscules. C'était un pas essentiel à franchir.

Ils se fréquentaient depuis quatre mois et, malgré quelques moments torrides, comme la fois où ils étaient allés voir un film noir moderne au Savoy Cinema ou leur soirée chez Leonie quand les enfants étaient sortis et qu'ils s'étaient caressés sur le canapé, il n'y avait jamais eu de véritable intimité entre eux.

Leonie avait d'envie d'Hugh, pourtant. Elle le

trouvait très séduisant, même s'il était un peu plus petit qu'elle. Hugh avait quelque chose de très viril et elle avait l'intention de profiter de la soirée pour savoir à quel point. Que la chose arrive ce soir-là avait été convenu tacitement entre eux. Leonie avait demandé à sa mère de venir garder les filles, officiellement parce qu'elle passerait toute la nuit avec Emma et Hannah.

Claire – dont Leonie pensait qu'elle avait tout compris mais était trop discrète pour crier qu'il était temps ! – s'était déclarée ravie de s'occuper de ses petites-filles.

La question de la garde des enfants réglée, Leonie avait investi de l'argent qu'elle n'avait pas dans des sous-vêtements coordonnés en dentelle soyeuse couleur café. Elle avait passé tant de temps à se gommer le corps dans la baignoire qu'elle avait dû perdre au moins une livre de peau, et avait terminé en se massant de la tête aux pieds avec un lait parfumé.

Refusant de culpabiliser parce qu'elle avait oublié de s'enduire de crème anticellulite, Leonie ne s'était pas trop longtemps arrêtée devant son miroir. Elle avait quarante-trois ans et n'était pas mannequin. Hugh l'aimait pour elle-même et, de toute façon, elle ne pouvait pas se changer.

Hugh avait visiblement fait le même effort mais du côté de la cuisine. Quand Leonie arriva, les trois chiens l'accueillirent avec un chœur d'aboiements joyeux puis retournèrent à toute vitesse monter la garde devant des casseroles d'où montait une délicieuse odeur.

— Du bœuf ? demanda Leonie.

Un appétissant mélange d'ail et d'oignon lui parvenait, avec des herbes aux parfums subtils.

Hugh, qui avait belle allure avec son pull-over de

coton blanc et son pantalon décontracté, fit oui avec la tête avant de l'embrasser.

— C'est une surprise, dit-il.

— J'adore les surprises, répondit-elle d'un air espiègle.

Il l'embrassa de nouveau, mais dans le cou.

— J'ai une autre surprise pour toi, mais plus tard, ajouta-t-il d'une voix roucoulante qui la fit rire.

Le dîner était délicieux mais Leonie trouva dommage de manger autant. Elle ne voulait pas que son ventre soit tout gonflé et très vilain avec son joli slip, simplement parce qu'elle s'était gavée de bœuf bourguignon et de pudding aux fruits d'été avec de la crème.

— Tu ne l'aimes pas ? s'inquiéta Hugh comme elle insistait pour qu'il ne lui resserve qu'une petite part de dessert.

— Si, c'est délicieux. Tu as été si gentil de faire la cuisine pour moi, mon chéri. Simplement… Je n'ai plus tellement faim après ton excellent bourguignon.

Ils échangèrent un long baiser au moment du café et dansèrent dans la cuisine aux accents sensuels de Sinatra. Les bras autour du cou d'Hugh, étroitement serrée contre lui, Leonie ferma les yeux. Tout était parfait.

— Nous montons à l'étage ? demanda Hugh d'une voix rauque.

Elle accepta dans un murmure et, se tenant par la main, ils grimpèrent l'escalier. Leonie n'était entrée qu'une seule fois dans la chambre d'Hugh, le jour où elle avait visité la maison. Cette fois-ci, le ménage n'était pas aussi bien fait. Accaparé par la préparation du dîner, Hugh n'avait sans doute pas eu beaucoup de temps pour ranger. Des vêtements étaient jetés sans soin sur une chaise, une serviette de toilette pendait à la porte et une chaussette dépassait de la penderie à moitié ouverte. En revanche, le grand lit était impeccable, avec des draps à rayures bleu marine tout propres qui sentaient bon l'assouplissant. Le sourire de Leonie s'évanouit en voyant la table de chevet.

Un cadre peint en bleu avec un nounours en bois sculpté sur le côté était posé à côté du radio-réveil high-tech et, dans ce cadre, se trouvait une photo de Jane. Il aurait été mieux adapté à une chambre d'enfant qu'à celle d'un adulte.

— Charmant, non ? dit Hugh en remarquant le regard de Leonie alors qu'il rangeait rapidement le désordre. Jane me l'a offert la semaine dernière. C'est vraiment une enfant extraordinaire, elle n'arrête pas de me faire des cadeaux.

Leonie serra les dents et regretta de ne pas avoir un quelconque vêtement sous la main pour cacher la photo. Comment pourrait-elle faire l'amour avec passion comme elle en avait envie sous le regard narquois de Jane ?

La situation offrait pourtant un certain avantage. Leonie n'eut pas le temps de s'inquiéter pendant qu'Hugh lui ôtait amoureusement son chemisier puis sa jupe. Impossible de se concentrer sur ses vilaines cuisses ! Au lieu de cela, elle pensait que Jane était là à les observer, à les regarder, à se moquer.

Quand Hugh n'eut plus que son caleçon et l'entraîna vers le lit, Leonie se décida à agir. Pendant qu'il soulevait la couette, elle retourna soigneusement la photo vers le mur avant de se rendre compte qu'Hugh l'observait.

— Désolée, j'avais la désagréable impression d'être observée, avoua-t-elle, mal à l'aise. Ce n'est pas bien de s'exhiber devant ses enfants.

— C'est tout ? dit-il en souriant.

— Les mères peuvent se montrer très pudiques...

Ce qu'ils firent ensuite n'avait rien de pudique ! Hugh enfouit le visage entre les seins de Leonie avec un gémissement de bien-être. Leonie oublia sa gêne et s'abandonna au plaisir de l'instant. Elle se sentait bien sous les caresses d'Hugh qui lui répétait qu'elle était belle et qu'il aimait beaucoup ses sous-vêtements sexy. Pouvoir de nouveau caresser un homme la remplissait de joie. Et, quand enfin il la pénétra, elle se souvint de la merveille qu'était l'amour. Elle se demanda aussi pourquoi elle avait attendu si longtemps avant de renouer avec ces plaisirs.

Elle gémit comme ils accéléraient leur rythme.

— Leonie, grogna-t-il d'une voix rauque.

Soudain, Hugh fut secoué d'un long spasme.

— Oh, mon Dieu, mon Dieu ! cria-t-il avant de s'écrouler sur elle.

Un orgasme religieux, se surprit à penser Leonie, toute excitation disparue. Il existe quatre types d'orgasmes, leur avait expliqué Hannah en riant pendant leur voyage en Egypte : religieux, positif, négatif et feint.

Tout dépendait de ce que l'on criait au moment de l'orgasme. « Oh, mon Dieu ! » correspondait à l'orgasme religieux, « Oui ! » au positif et « Non ! » au négatif. Quand on feignait, on criait le nom de son partenaire. Dans le cas présent, elle aurait dû dire « Oh, Hugh ! ».

Leonie attendit un petit moment, écrasée par le poids de Hugh. Elle attendait qu'il lui murmure quelques mots d'excuse et cherche à lui donner quand même du plaisir. Elle avait lu tous les articles publiés à ce sujet dans la presse : les hommes modernes savent ce que l'on attend d'eux au lit. L'époque du « un, deux, trois, merci beaucoup madame et au revoir » était révolue. Les hommes étaient des êtres sensibles, aux instincts subtilement accordés aux besoins de leurs maîtresses. Leonie s'attendait, ainsi qu'elle l'avait lu, à un feu d'artifice avec des orgasmes à répétition. De nos jours, les hommes savent faire ce genre de choses. Tout le monde connaît le point G par cœur !

Hugh remua. Leonie sourit de plaisir anticipé. C'était à son tour ! Hugh planta un petit baiser ensommeillé sur son épaule et se laissa glisser à côté d'elle, une jambe encore lourdement posée en travers de son corps. Il marmonna quelques mots incompréhensibles et se mit à ronfler doucement. Leonie, seule dans l'obscurité, se sentit prise d'une rage féroce. Il dormait ! Hannah l'assassinerait si elle apprenait qu'Hugh était parti au pays des rêves sans le moindre geste pour la satisfaire. Mais Hannah ne sortait qu'avec des hommes modernes. Leonie, elle, tombait sur des hommes du néolithique.

Bouillant de colère et de désir insatisfait, Leonie resta immobile, allongée aux côtés d'Hugh.

— Tout va bien, Jane, ma chérie, grogna-t-elle à mi-voix en lançant un regard meurtrier à la photo tournée vers le mur. Tu peux être fière de ton vieux papa, ce soir. Il n'y avait rien dont tu puisses être jalouse.

Cela se passa mieux le lendemain matin. Hugh la réveilla en lui caressant le dos. Elle s'étira langoureusement mais ne se retourna pas. A lui de l'exciter ! Elle n'avait pas envie de répéter la performance de la veille.

Cette fois, ce fut au tour de Leonie de prendre de l'avance sur Hugh. Avec une réserve d'énergie sexuelle suffisante pour illuminer toute la ville, elle se concentra sur son propre plaisir et l'obtint, laissant Hugh se débrouiller pour la rattraper.

— C'était merveilleux, dit-il un peu plus tard.

— Mieux qu'hier soir, répondit Leonie avec un petit sourire.

Elle n'avait pas pu s'en empêcher. S'ils voulaient construire une relation digne de ce nom, il devait savoir la vérité.

— Hugh, hier soir, tu t'es endormi tout de suite après avoir joui, sans te soucier de moi.

— Je ne savais pas que tu n'avais pas joui, protesta-t-il d'un air contrit.

Comment pouvait-il l'ignorer ? Tant pis, elle le lui apprendrait !

Leonie se blottit contre lui.

— Ne t'en fais pas, dit-elle. Nous avons tout le temps pour nous connaître mieux.

24

Leonie était en train de faire le ménage quand elle la trouva. On était vendredi matin et elle profitait d'un jour de congé dont elle avait bien besoin. La maison était dans un état affreux et elle s'était promis que, si elle arrivait à effectuer deux heures de ménage, elle déjeunerait à l'extérieur pour se récompenser. La chambre de Danny était un cauchemar. Il n'y avait pas grand-chose à faire sinon ramasser tous les vêtements sales qui traînaient par terre et passer l'aspirateur dans les coins de la moquette où ne s'entassaient pas les livres de cours, les équipements de sport et les piles de CD. Quant au lit, on aurait dit que Penny s'y était vautrée après une promenade dans la boue.

— Comment ai-je réussi à avoir un pareil cochon ? se demanda Leonie à haute voix en ôtant les draps et la couette.

Herman le hamster, qui s'arrangeait pour survivre dans ce sordide écosystème, se réfugia dans sa roue face à toute cette agitation et se mit à courir de toutes ses forces.

— Après, c'est ton tour, Herman ! l'avertit Leonie. Ta maison pue. Il est temps de la nettoyer.

Herman accéléra !

A onze heures et demie, la chambre de Danny était terminée et la salle de bains reluisait. L'enthousiasme de Leonie commençait à faiblir. L'idée d'une pause déjeuner tranquille au Delgany Inn avec un verre de vin et un magazine lui fit prendre conscience de son épuisement. Mais la chambre des filles avait besoin d'un rapide coup d'aspirateur et, comme elle avait repassé les housses de couette la veille, elle décida de changer leurs draps. Normalement, les jumelles s'en chargeaient elles-mêmes mais, puisqu'elle avait commencé, autant continuer ! Mel n'avait toujours pas défait sa valise du week-end passé à Cannes. Elle l'avait laissée ouverte, par terre, ses vêtements à moitié sortis. La méthode de Mel pour déballer les valises consistait à en retirer ses affaires au fur et à mesure de ses besoins. Elle finissait ainsi, peu à peu, par les vider.

Leonie alluma leur radio et chercha une musique entraînante avant de commencer à enlever les draps des lits. Celui de Mel fut rapidement refait avec la housse de couette rose vif qu'elle affectionnait. Cela n'allait pas avec le papier peint corail clair mais les filles n'avaient pas l'air de s'en formaliser. Leonie s'attaqua ensuite au lit d'Abby. C'est en se penchant pour rentrer le drap rose pâle du côté du mur qu'elle la trouva : une grosse boîte rouge de laxatifs.

Elle regarda la boîte pendant un moment sans comprendre, comme si le nom était écrit en swahili plutôt qu'en anglais. Des laxatifs. Mais pourquoi Abby en avait-elle besoin ?

La lumière se fit soudain dans son esprit et elle comprit : Abby n'en avait pas besoin.

Elle n'en avait pas plus besoin que les milliers de collégiennes qui en achetaient et en avalaient des quantités nocives pour leur santé. Elles le faisaient pour maigrir. S'il y avait des laxatifs dans la chambre d'une adolescente, cela signifiait qu'elle souffrait de troubles de la nutrition.

Leonie se laissa tomber sur le lit comme si on venait de lui couper les jambes. Elle ouvrit la boîte ; la moitié avait déjà été utilisée. La moitié d'une boîte de vingt-quatre. Dieu seul savait combien de boîtes Abby avait déjà prises ! Combien pouvait-il y en avoir sous son lit, vides, attendant qu'Abby les jette à un moment où sa mère ne pourrait pas s'en apercevoir ?

Elle s'agenouilla, releva le bord de la couette et regarda sous le lit. De vieux magazines, deux balles de tennis et une petite valise de poupée bleu vif. Des moutons de poussière et des mouchoirs en papier roulés en boule s'accumulaient, comme pour lui reprocher de ne pas passer assez souvent l'aspirateur. Mais, pour une fois, Leonie se moquait de la poussière. Elle se servit d'une raquette de tennis pour ramener ce qui traînait sous le lit : un lapin en peluche, quelques stylos et une chaussette bleue. Rien d'autre. Elle sortit la valisette, accessoire d'une poupée en tenue de voyage, une horreur aux cheveux noirs pour laquelle Abby avait éprouvé une passion incompréhensible quand elle avait sept ans. Leonie se souvint de Mel en train de taquiner sa jumelle sur sa cache au trésor, et elle sut avec certitude qu'elle avait trouvé ce qu'elle cherchait. C'était l'endroit idéal pour dérober des secrets aux yeux indiscrets.

Aux yeux de Leonie, ouvrir cette mallette ne valait pas mieux que de lire le journal intime de son enfant ou d'écouter ses conversations téléphoniques. Les psychologues lui auraient expliqué qu'elle agissait très mal et trompait la confiance de sa fille. Mais, en cet instant précis, Leonie se moquait totalement des psychologues et de leurs théories sur les relations parents-enfants. Que savaient-ils de la réalité ? Ils ne venaient pas de découvrir que leur fille de quinze ans souffrait de troubles de la nutrition.

Leonie ouvrit la mallette. Elle y découvrit un hideux trésor : des emballages vides de bonbons et de chocolats, un paquet de biscuits à moitié vide, plusieurs sachets de chips et au moins huit boîtes de laxatifs, toutes vides. Elle les toucha d'une main timide, passant le bout des doigts sur les emballages métalliques froissés. Sa pauvre petite Abby ! Elle l'imaginait, pliée de douleur dans la salle de bains, essayant de surmonter les crampes dues à l'abus de laxatifs.

Un douloureux sentiment de culpabilité l'envahit brutalement. Comment avait-elle pu être aussi aveugle ? Quelle mère était-elle pour ne pas avoir vu ce qui se passait ? Elle repassa en esprit les événements des derniers mois, cherchant désespérément à découvrir des preuves du problème d'Abby.

Elle se souvint d'avoir remarqué que sa fille maigrissait et devenait plus que difficile sur la nourriture. Elle se souvint des histoires qu'elle faisait pour ne manger que des plats végétariens. Elle se souvint aussi de s'être sentie très heureuse de voir Abby embellir et mincir, certaine que sa fille ne souffrirait pas comme elle d'être grande et forte. Ces réflexions joyeuses prenaient rétrospectivement un goût d'amertume. Abby avait minci parce qu'elle prenait des laxatifs et... Leonie pâlit à l'idée de ce que ce « et » pouvait représenter.

Pourvu que ses difficultés se limitent à la prise de médicaments ! Pourvu qu'elle ne soit pas en train de devenir anorexique ou boulimique !

Le téléphone sonna mais Leonie ne décrocha pas. Assise par terre dans la chambre de ses filles, elle fixait sans les voir les posters de chanteurs punaisés sur les murs. A la place de leurs torses bronzés et musclés, elle voyait sa douce petite Abby affronter toute seule son horrible problème. Leonie se maudissait de n'avoir pas compris. Elle avait été tellement obnubilée par ses propres soucis, les conséquences de l'existence de Fliss sur leurs vies et son histoire avec Hugh, qu'elle n'avait rien vu.

Leonie avait déjà eu beaucoup d'émotions variées dans sa vie, mais elle n'avait jamais eu la sensation d'être une mauvaise mère. A présent, c'était fait. Des écolières qui n'avaient pas vraiment l'air d'écolières sortaient par la grande grille de Sainte-Perpétue. Il était quatre heures et demie. Traînant leurs cartables et leurs sacs de sport, des filles trop soignées s'avançaient nonchalamment, leurs manteaux d'uniforme bleu marine déboutonnés, leurs jupes d'uniforme remontées dès qu'elles étaient à l'abri du regard des religieuses. Leonie trouva que les plus âgées semblaient trop vieilles pour être encore dans le secondaire.

Assise dans sa voiture, elle cherchait à repérer Mel et Abby. Quelques élèves allumaient des cigarettes pourtant interdites en se dirigeant vers l'arrêt du bus ; d'autres mettaient du mascara et du rouge à lèvres en attendant que quelqu'un les emmène, mais toutes bavardaient comme des pies, heureuses d'être libres pour le week-end.

Le bus à destination de Bray passa avant que Mel et Abby apparaissent au milieu d'un groupe de leur âge, riant comme des folles à cause d'un magazine qu'elles regardaient en se tordant le cou pour mieux voir.

Mel fut la première à remarquer la voiture de leur

mère et courut vers elle. Elle était très étonnée de la voir car elles avaient l'habitude de rentrer par le bus.

— Maman ! Il y a un problème ? C'est Danny ? Ou mamie ?

— Absolument pas, répondit Leonie.

— Mais tu ne viens jamais nous chercher... commença Mel.

— Je dois vous parler, à toutes les deux, dit Leonie d'un ton sévère.

— Oh...

Mel s'installa d'un air sombre sur le siège avant et mit sa ceinture de sécurité.

— Qu'est-ce qu'on a encore fait ? soupira-t-elle.

— Que se passe-t-il ? demanda gaiement Abby en ouvrant la portière arrière.

Elle jeta ses sacs sur la banquette et s'assit à côté.

— Je suis crevée, maman. C'est une bonne surprise que tu sois là ! Tu as bien profité de ton jour de congé ?

Leonie dévisagea sa fille dans le rétroviseur, cherchant un indice de maladie ou de boulimie, comme si cela avait pu être écrit sur son front.

— Euh... oui, bafouilla-t-elle.

— On a des ennuis, Abby, annonça Mel. Qu'est-ce qu'on a fait, maman ?

Tout en descendant la côte, Leonie se sentait mal à l'aise. Arrivée en bas, elle braqua un peu trop tard et dut freiner à fond pour s'arrêter au stop. Comment le dire ? Devait-elle attendre d'être à la maison ou ne parler qu'à Abby ?

— Vas-y, maman ! dit Mel avec exaspération, pressée de savoir à cause de quelle bêtise elle serait privée de sortie pendant le week-end.

— J'ai trouvé des laxatifs dans votre chambre, à côté du lit d'Abby.

C'était la seule façon de le dire : directement. Leonie chercha de nouveau Abby dans son rétroviseur. Visage fermé, elle ne disait rien.

— Je ne fouinais pas, expliqua Leonie. J'étais en train de changer vos draps et j'ai trouvé une boîte à côté de ton lit, Abby.

— Et alors ? dit Abby.

— Je sais que je n'aurais pas dû mais j'ai regardé dans ta mallette bleue et j'ai trouvé le reste.

— Tu as fait quoi ? Tu n'avais pas le droit de fouiller dans mes affaires ! s'écria Abby. Comment réagirais-tu si quelqu'un faisait la même chose pour toi ? C'est à moi et j'ai droit au respect de ma vie privée.

— Je sais, ma chérie. Mais je me fais du souci pour toi. Je ne cherchais pas ton journal intime. J'avais besoin de savoir si tu avais pris beaucoup de ces saletés. C'est très mauvais pour ta santé.

— Cela me regarde si c'est bon ou pas ! hurla Abby. J'espère que tu n'as pas lu mon journal.

— Bien sûr que non, je ne l'ai même pas vu. Mais ce qui me regarde, moi, c'est toi, Abby, souligna Leonie d'un ton où perçait l'énervement. J'ai le droit de savoir ce que tu fais parce que je suis ta mère et que je veux ton bien. Prendre des laxatifs est mauvais pour ta santé. C'est stupide. Tu es ravissante, ma chérie, tu n'as pas besoin de te transformer. Il y a d'autres moyens de maigrir, si c'est ce que tu veux.

— Ah, oui ! Et toi, tu les connais, n'est-ce pas ? cracha Abby avec une lucidité cruelle.

Même Mel, qui aimait les disputes et ne se choquait jamais de rien, en fut suffoquée.

Leonie ouvrit et referma la bouche, le souffle coupé.

— Elle ne le pensait pas, maman, dit Mel.

— Si ! hurla Abby.

Excédée, Leonie se mit à hurler, elle aussi :

— Comment peux-tu être aussi méchante ! C'est vraiment ce que tu penses de moi ?

Abby ne répondit pas.

Leonie tourna dans l'allée de la maison et, à peine la voiture arrêtée, Abby en sauta et se rua à l'intérieur. Mel courut derrière elle. Leonie les suivit avec lassitude.

— Abby, nous devons parler, cria-t-elle devant la porte fermée de la chambre des jumelles.

Des bruits étouffés et des chuchotements lui parvenaient. Leonie ne voulait pas forcer leur porte mais craignait de devoir en arriver là.

— Abby ! appela-t-elle encore une fois. Nous devons parler.

Toute rouge et les yeux luisant de méfiance, Abby sortit au bout de quelques instants, l'air un peu calmé. Elle avait dû vérifier que son journal n'avait pas été ouvert. Leonie n'en avait même pas remarqué la présence quand elle avait fait sa découverte. Elle avait été trop choquée pour voir autre chose que les boîtes de laxatifs.

— Dis-moi depuis combien de temps cela dure, Abby, exigea Leonie. Sois franche !

Abby n'osait pas la regarder. Elle se dandinait d'un pied sur l'autre, toujours vêtue de son uniforme scolaire.

— Pas longtemps, répondit-elle. J'avais lu un article, mais ça n'a pas marché. Ce sont des vieilles boîtes que tu as vues.

— Dis-moi que tu n'en prendras plus, s'il te plaît. Si tu le veux, nous pouvons chercher des gens qui sauront t'aider. Je sais qu'il existe des groupes d'entraide pour les troubles de la nutrition...

— Je n'ai aucun trouble de la nutrition ! dit

sèchement Abby. J'essayais quelque chose, c'est tout ! Je n'ai pas à tout t'expliquer, tu sais. Je ne suis plus une enfant.

— Je sais, ma chérie, admit Leonie d'une voix fatiguée.

Elle voulut toucher Abby mais celle-ci se recula d'un geste brusque.

— Ne sois pas fâchée contre moi, Abby. Je ne veux pas te traiter comme une enfant mais tu as fait quelque chose de dangereux pour toi et je suis ta mère. Je suis responsable de ta santé. Je ne peux pas te regarder te faire du mal sans réagir. J'ai besoin d'être certaine que tu ne prendras plus de ces saletés. Je veux aussi savoir si tu as fait d'autres choses.

Elle eut du mal à poursuivre et reprit d'une voix mal assurée :

— J'ai besoin de savoir si tu t'es fait vomir.

— Je n'ai rien fait d'autre, répondit Abby d'un ton renfrogné. Tu ne me crois pas ? ajouta-t-elle hargneusement.

Leonie la dévisagea longuement.

— Si tu me promets que tu me dis la vérité, oui, je te crois. Mais si tu l'as fait, on peut en parler ensemble, en famille.

Leonie avait les yeux pleins de larmes. Elle aurait aimé serrer Abby dans ses bras, comme à l'époque où les jumelles couraient encore à quatre pattes. Abby était si affectueuse, un tout petit bout de chou qui raffolait des câlins et des baisers.

— Je peux chercher le numéro du groupe d'entraide et nous nous attaquerons ensemble au problème, dit Leonie.

Les yeux d'Abby se plissèrent.

— J'ai la réponse au problème, jeta-t-elle. Ecoute,

maman, je n'ai pas envie de vivre ici, je peux aller chez Fliss et papa. Ils seront très heureux de m'avoir et je parie que je leur poserai moins de problèmes qu'à toi, lâcha-t-elle, le regard meurtrier.

Leonie la fixa, si blessée qu'elle ne pouvait plus penser. Abby parlait comme si elle était déjà en Amérique. Elle avait prononcé « maman » avec un accent américain et avait dit « Fliss » avant « papa ». Ce n'était pas son père qui l'attirait là-bas mais la belle, la mince, l'élégante Fliss. Leonie n'avait jamais souffert du mariage de Ray avec la belle Américaine. Cela faisait si longtemps qu'ils étaient séparés ! En revanche, elle ne supporterait pas que Fliss lui prenne ses enfants.

— Tu n'es pas un problème pour moi, Abby, dit-elle d'une voix brisée. Je t'aime et je ne supporterais pas que tu ailles vivre ailleurs. Je veux seulement ton bien, tu comprends cela ?

— Si tu veux mon bien, laisse-moi tranquille, répondit Abby.

Elle pivota sur ses talons et rentra dans sa chambre, claquant la porte si fort que toute la maison trembla.

Leonie prépara le dîner machinalement, se torturant pour décider quoi faire. Elle se sentait trop triste pour appeler sa mère ou Ray, tout en sachant qu'elle avait besoin d'un soutien moral. Elle voulait d'abord prendre un peu de temps pour réfléchir au comportement d'Abby.

A l'heure du repas, Abby sortit de sa chambre, livide et les yeux rouges. Leonie sut aussitôt qu'elle regrettait ce qu'elle avait dit. Délaissant les légumes qu'elle était en train de préparer, elle traversa la cuisine et prit sa fille dans ses bras.

— Oh, maman ! sanglota Abby. Je suis désolée. J'ai

honte de t'avoir parlé de cette façon. Je t'aime tellement, mais j'étais furieuse. Je t'en prie, crois-moi !

— Chut, chut ! dit Leonie à mi-voix en lui caressant les cheveux. Je t'aime aussi, ma chérie, et je veux seulement t'aider. Tu veux bien ? Ne me repousse pas, s'il te plaît.

Elle prit le visage d'Abby entre ses mains et la regarda d'un air interrogateur.

— Me promets-tu de ne plus jamais toucher aux laxatifs ?

Abby ne put que hocher la tête, les yeux débordant de larmes.

— Je regrette, maman.

Leonie la serra de nouveau contre elle.

— Tout va bien, ma chérie, on va s'en sortir. Tout va bien.

Evidemment, tout n'allait pas bien. A chaque repas, Leonie faisait de son mieux pour ne pas fixer l'assiette d'Abby mais elle y revenait malgré elle. Elle regardait anxieusement sa fille manger et tendait l'oreille chaque fois qu'elle allait dans la salle de bains, de peur de l'entendre vomir.

— Arrête de me regarder, grinça Abby le samedi soir alors qu'elle grignotait du bout des dents.

La tension monta pendant tout le week-end. Curieusement, Danny, qui travaillait d'arrache-pied sur un projet, parut ne rien remarquer. Abby évitait systématiquement sa mère, si bien que Leonie dut ruser pour se retrouver seule avec elle et lui demander comment elle se sentait.

— Bien ! explosa Abby. Je t'ai dit que j'avais arrêté, tu ne comprends pas ?

Le lundi matin, après le départ des jumelles, Leonie

appela le cabinet vétérinaire pour avertir qu'elle serait en retard. Elle devait passer un coup de téléphone.

La femme de la ligne d'aide aux troubles de la nutrition s'appelait Brenda et avait déjà entendu souvent la même histoire. Sa voix douce et amicale, comme son attitude neutre, sans jugement, mit du baume sur les plaies de Leonie. Celle-ci se jugeait sévèrement pour ne pas avoir remarqué le problème d'Abby et s'attendait, par conséquent, que tout le monde la condamne de la même façon.

Brenda rejeta toute idée de faute ou de blâme.

— C'est très bien que vous sachiez enfin ce que ressent Abby, dit-elle. Vous allez pouvoir l'aider. Avant, c'était impossible. Tout cela me paraît très positif.

— Vous avez sans doute raison, dit Leonie, hébétée.

— Il est important que vous vous montriez confiante, à présent, lui expliqua Brenda de son ton tranquille. Il est inutile de surveiller Abby et de l'obliger à manger son dîner jusqu'au bout. Cela ne servirait qu'à la rendre encore plus distante.

— Mais que dois-je faire ? questionna Leonie en pleurant. Je voudrais l'aider mais je me sens impuissante. Elle me repousse.

— C'est une réaction classique. Ne croyez pas que cela vient uniquement de vous. Elle est furieuse et blessée. Elle veut donc blesser quelqu'un à son tour. Elle essaie de vous tenir à l'écart pour continuer à faire ce qu'elle veut. Elle craint de perdre sa liberté si elle baisse la garde.

— Elle a toujours été si gentille, la plus délicieuse petite fille du monde ! gémit Leonie. Je n'aurais jamais cru que cela lui arriverait. Sa sœur jumelle est beaucoup plus intéressée par sa ligne, les vêtements et les garçons.

Mel est la plus belle, la plus féminine des deux. Abby est sérieuse et facile à vivre.

— Peut-être, avança prudemment Brenda, en a-t-elle assez d'être sérieuse. Cela doit être dur de vivre dans l'ombre de sa sœur.

— Vous avez raison.

— Il me semble que vous avez découvert la situation au premier stade, bien qu'on ne puisse jamais en être certain. Les gens qui souffrent de troubles de la nutrition sont très doués pour le cacher. Je le sais bien, ajouta Brenda en riant, j'ai été anorexique pendant cinq ans et boulimique pendant huit ans.

Leonie en resta bouche bée.

— Je sais que cela vous étonne mais réfléchissez-y : la personne la mieux placée pour aider quelqu'un qui souffre de ce genre de troubles est celle qui en a aussi souffert. Vous ne pouvez pas obliger votre fille à manger. Votre seule possibilité, à ce stade, est de l'encourager et de l'aider à affronter la situation.

Elle lui conseilla quelques livres susceptibles de lui être utiles avant d'ajouter que, si Leonie pouvait décider Abby à se rendre à une réunion, cela l'aiderait beaucoup.

— Les filles qui viennent ici pour la première fois sont souvent terrifiées. Elles ne connaissent personne d'autre qui vive les mêmes choses qu'elles et elles se sentent donc très, très seules. Elles arrivent rarement à s'exprimer la première fois. Elles se contentent d'observer, étonnées de voir une pièce pleine de gens comme elles. Essayez d'amener votre fille, Leonie.

— Je ferai de mon mieux, promit-elle.

Elle se concentra difficilement sur son travail ce jour-là.

— Hugh t'a-t-il demandé de l'épouser ou quelque chose de ce genre ? s'enquit Angie quand Leonie se trompa de lapin à castrer. C'est une femelle, ajouta Angie.

— Désolée, dit Leonie en reprenant l'animal qui se débattait. J'ai la migraine, c'est tout.

— Veux-tu rentrer chez toi ?

Leonie refusa. Elle avait envie de tout sauf de se retrouver seule avec sa tristesse et ses inquiétudes au sujet d'Abby.

Après la pause déjeuner, elle monta dans un des bureaux et rassembla tout son courage pour appeler Ray. Elle devait lui expliquer la situation.

Ray était de mauvaise humeur et, dès que Leonie l'eut rassuré en lui affirmant que tout allait bien, il passa cinq minutes à se plaindre du temps affreux qu'il faisait à Boston.

— Fichu climat, grogna-t-il.

— Oui, dit Leonie avec indifférence. Ici aussi, il fait froid. Ecoute, Ray, réussit-elle à dire, il faut qu'on parle.

— Autrement dit, tout ne va pas bien.

— J'ai horreur de téléphoner pour dire sans précautions qu'il y a un gros problème, bafouilla Leonie.

— Je t'écoute.

Elle avait pensé que Ray serait bouleversé et très inquiet. En revanche, elle ne s'était pas attendue qu'il se mette dans une terrible colère contre elle.

— Leonie ! Comment as-tu fait pour ne rien remarquer ? Ici, on ne peut pas allumer la télévision sans entendre parler d'enfants anorexiques ou boulimiques ! Les professeurs et les parents sont parfaitement au courant et toi, apparemment, tu ne sais même pas que cela existe !

— Tu es injuste ! protesta Leonie. C'est, par nature, une maladie qu'on cache. J'aime mes enfants. Je ferais n'importe quoi pour eux. J'espère que tu ne m'accuses pas de les négliger ?

— Tu regardais certainement ailleurs, cette fois ! jeta Ray.

— Ils étaient à Cannes avec toi ! Comment se fait-il que tu n'aies rien remarqué ? cria-t-elle.

— Quatre jours, ce n'est rien. Je dois y aller. J'ai un rendez-vous à dix heures. Je travaille, figure-toi. J'appellerai ce soir pour parler à Abby. Je pense que ce serait une bonne idée qu'elle vive avec Fliss et moi pendant quelque temps. Nous pourrons la surveiller. Fliss se débrouille très bien avec Abby. Elles se sont amusées comme des folles, à Cannes.

Il raccrocha, laissant Leonie horrifiée.

Comme elle avait désespérément besoin d'être rassurée, elle composa le numéro d'Emma mais tomba sur le répondeur. Elle téléphona ensuite au bureau d'Hannah, mais une femme à la voix polie lui répondit qu'elle était absente. Elle n'essaya pas d'appeler Hugh. Il s'agissait d'un problème dont elle ne pouvait pas lui parler. Cette petite horreur de Jane avait été une adolescente tellement parfaite, d'après lui, que Leonie ne supporterait pas de lui dire ce qui arrivait à Abby.

Leonie se sentit soudain trop seule. Elle enfouit son visage dans ses mains et sanglota, le cœur lourd. Comment allait-elle s'en sortir ? Comment avait-elle pu s'occuper d'elle-même au point de négliger ses enfants ?

Elle rentra chez elle assez tôt et emmena Penny se promener bien que la douce journée de mai se fût transformée en cauchemar de grêle et de tempête. Le vilain temps ne gênait pas Leonie. Au contraire, il correspondait à son état d'esprit. Elle méritait ces gros grêlons qui la frappaient au visage et ces violentes bourrasques qui menaçaient de la jeter à terre. Les mauvaises mères méritaient d'être traitées ainsi. De plus, Penny aimait le vent. Elle renversait la tête et reniflait d'un air extatique, découvrant des odeurs inaccessibles au nez humain. Elle gambadait gaiement et sautait dans les flaques de toutes ses forces. Leonie la suivait à pas lourds, la tête baissée pour résister à la tourmente.

Quand elles passèrent devant les grandes grilles noires de Doug Mansell, Penny, qui avait l'habitude de rencontrer les deux colleys lors de sa promenade du soir, décida de leur rendre visite. Sourde aux appels de Leonie, elle remonta l'allée vers la maison. Leonie la maudit mais la suivit d'un pas rapide. Parler avec Doug lui ferait du bien. Ils promenaient souvent leurs chiens ensemble, le soir, bavardant de tout et de rien. Une relation détendue et amicale s'était établie entre eux. Doug possédait un humour à froid très drôle et s'y laissait volontiers aller depuis qu'il se sentait en confiance avec Leonie et les enfants. Il venait souvent dîner chez eux et semblait apprécier l'ambiance de taquinerie qui régnait chez les Delaney. Il apprenait à Danny à conduire sa Jeep et avait promis de donner des leçons aux filles dès qu'elles en auraient l'âge.

« Je préférerais faire d'abord installer mon pacemaker », avait-il dit à Mel pour la taquiner.

Pour Mel, la mécanique ne présentait aucun intérêt, et conduire ne servait qu'à sortir pour voir plus de garçons qu'elle n'en rencontrait dans le bus.

Leonie n'avait pas parlé de ces dîners familiaux à Hugh, craignant qu'il ne les interprète mal. Il serait difficile de lui expliquer son amitié avec Doug car cela ne ressemblait à aucune autre de ses amitiés. Cela n'avait rien de sentimental, mais... Non, il ne s'agissait que de bonne compagnie et de camaraderie. C'était impossible à expliquer.

Elle fit le tour de la maison pour passer par la porte de derrière, sachant que Doug se trouverait là ou à côté, dans son atelier. Il ouvrit la porte sans qu'elle ait besoin de frapper, averti de sa présence par les aboiements déchaînés des trois chiens, impatients de jouer ensemble.

— Désolée de te déranger, dit Leonie, mais Penny voulait voir Alfie et Jasper.

Doug plissa le visage en une feinte grimace de dégoût.

— Tu veux dire que tu ne viendrais pas me voir si Penny n'avait pas envie d'un petit copain ?

Mais il s'interrompit en voyant Leonie au bord des larmes.

— Quelque chose ne va pas, Leo ?

Personne d'autre que lui ne l'appelait « Leo » et elle aimait beaucoup cela.

Elle lui avoua tout, soulagée de parler. Elle s'était sentie trop mal et trop blessée pour se confier à Angie. Quant à sa mère, cela l'inquiéterait trop. En revanche, Doug était la personne idéale pour l'écouter. Il l'installa sur le plus confortable des petits divans de la cuisine bien chaude et lui servit un thé sucré brûlant avec les biscuits italiens dont il semblait avoir une réserve inépuisable. Calme et attentif, n'oubliant pas de donner des miettes de biscuits aux chiens qui mendiaient sans vergogne, il laissa Leonie parler tout son soûl. Quand elle en vint à la réaction de Ray, il la jugea exagérée et choquante.

— C'est très facile de te dire que tu as échoué alors qu'il se trouve à trois mille kilomètres ! Ray s'en veut de ne pas être là et se soulage de sa culpabilité sur toi. Tu ne dois pas croire ce qu'il t'a dit, Leo.

— Je suis une mère ratée, gémit-elle.

Doug la regardait d'un air sérieux, une certaine sévérité dans ses yeux aux paupières tombantes.

— Tu n'as rien raté. Tu as trois enfants formidables, mais qui ne sont pas des petits saints. Heureusement, d'ailleurs ! Ils risqueraient d'être très ennuyeux, sans cela, et de ne jamais arriver à rien dans la vie. Tu as des enfants drôles, intelligents et sensibles, quoiqu'un peu trop dans le cas d'Abby. Ils cherchent tous les trois leur chemin dans la vie. Ce ne sont plus des bébés et tu dois l'accepter. Tu peux les aider quand ils se trompent mais tu ne peux pas les empêcher de se tromper. Bien ! dit-il en voyant la bouche de Leonie trembler. Fin de la conférence ! J'ai confiance en toi, Leo, et tes enfants aussi. Ils iraient en enfer pour toi ! Ils sont conscients de tous les sacrifices que tu as faits pour eux. Ne l'oublie pas.

Elle ne put qu'acquiescer.

Doug regarda les chiens, étendus de tout leur long sur le sol de la cuisine, épuisés d'avoir couru comme des fous dans tout le rez-de-chaussée.

— Penny a pris assez d'exercice pour aujourd'hui, dit-il. Je vous ramène à la maison et, si tu me montres dans quel coin de ton congélateur tu caches ces merveilleuses lasagnes, je m'occuperai du dîner. D'accord ?

— D'accord.

Fliss appela très tard. Doug était reparti chez lui et les jumelles allaient se coucher. Leonie se hérissa en entendant sa voix, de la même façon que Penny se hérissait devant un autre chat que son colocataire Clover.

— Leonie, ce sont des moments terribles pour vous et toute votre famille. Je suis vraiment navrée.

— Merci, Fliss, répondit Leonie d'une voix impassible.

Elle haïssait Fliss de connaître un secret de famille aussi intime.

— Ray m'a dit qu'il s'est mis en colère contre vous ce matin et je voulais vous présenter nos excuses. Il n'avait pas le droit, poursuivit Fliss. Nous avons longuement parlé et nous sommes arrivés à une solution qui pourrait se révéler bénéfique pour tout le monde.

— Vraiment ?

Fliss ne se départit pas de son calme malgré le ton sarcastique de Leonie.

— Nous pensons que cela ferait du bien à Abby de passer quelque temps avec nous. Et à Mel aussi. Ce serait certainement une erreur de les séparer.

— Quoi ? C'est ridicule. Elles viennent de reprendre leurs cours après deux jours d'absence pour aller en France. Elles ne peuvent pas se permettre de manquer encore. Elles doivent préparer leurs examens de fin d'année.

— Mais ce n'est qu'une année de transition. De plus, elles devaient de toute façon venir au mois d'août, la coupa Fliss. Elles viendront un ou deux mois plus tôt, c'est tout. Cela ferait tellement de bien à Abby de changer d'environnement pour oublier ce qui s'est passé.

— Même si c'est leur année de transition, argua Leonie d'un ton moins assuré, le collège n'acceptera certainement pas qu'elles ne passent pas leurs examens.

— Vous pourriez dire que c'est une question de droit de garde, suggéra Fliss. Je ne connais pas très bien le droit familial mais il est assez courant de voir des enfants aller vivre avec leur autre parent pendant un moment. Même s'il ne s'agit que de deux ou trois mois, cela permettrait à Abby de changer d'air.

— Deux ou trois mois ! hurla Leonie. J'envisageais plutôt une quinzaine de jours. Je serai perdue sans eux.

— Oui, j'étais sûre que vous réagiriez de cette façon, dit très gentiment Fliss. Leonie, je n'essaie pas de vous voler vos enfants. Ce sont vos enfants et ils vous aiment. Personne ne peut vous les prendre. Il ne s'agit pas de cela mais d'Abby. Personne n'est mieux placé que vous pour l'aider mais, dans l'immédiat, je crois qu'il faut briser le cycle infernal de son comportement. Elle a besoin d'un autre entourage. Vous savez que son père serait très heureux de l'avoir avec lui, et Mel aussi.

Leonie sentait qu'elle devait raccrocher très vite pour ne pas pleurer.

— J'ai besoin d'y réfléchir, Fliss, dit-elle.

Puis elle raccrocha et éclata en sanglots.

Doug offrit de les conduire à l'aéroport.

— Tu ne seras pas en état de prendre le volant, lui dit-il franchement.

Elle savait qu'il avait raison. Depuis que le voyage avait été décidé, trois jours plus tôt, elle ne faisait rien de bon. Elle avait pris quelques jours de congé, terrifiée à l'idée de commettre une erreur fatale à l'un des animaux. Angie s'était montrée très compréhensive quand Leonie lui avait expliqué la situation.

« Une petite séparation est certainement une bonne solution pour Abby comme pour toi, avait-elle dit. Pourquoi Hugh et toi ne profiteriez-vous pas de l'absence des filles pour partir ensemble une semaine ? Vous pourriez aller dans le Kerry ou le comté de Clare pour manger, boire et vous promener dans les forêts. Tu as bien mérité une petite pause et, si Hugh devient ennuyeux, tu feras bien une autre rencontre au coin du bois ! »

Leonie n'était pas dans un état d'esprit à plaisanter ou à prendre des vacances. Elle voulait se cacher dans sa tanière et lécher ses plaies.

En attendant, il était dix heures du matin et l'avion des filles décollait à deux heures et demie. Leonie ne voulait pas prendre le risque d'arriver en retard pour les longues formalités. Quelle ironie ! pensa-t-elle. Me dépêcher pour être sûre qu'elles ne rateront pas l'avion alors que je n'ai pas envie qu'elles partent.

— Prêtes, les filles ? demanda-t-elle avec une feinte gaieté.

Mel et Abby s'étaient levées à sept heures, prises de frénésie : elles voulaient finir leurs valises, se laver les cheveux et, enfin, passer un dernier coup de téléphone triomphal à la vieille ennemie de Mel, Dervla Malone. Mel avait eu le plaisir de lui rappeler qu'elle prenait l'avion pour Boston et non pas le bus pour un cours de français de deux heures puis une heure de volley-ball sous la pluie.

— Presque ! répondit Mel à Leonie. Je n'arrive pas à fermer la valise. Peux-tu venir m'aider, maman ?

Leonie tourna des yeux exaspérés vers Doug, qui lisait tranquillement le journal dans la cuisine, Penny à ses pieds. Elle le quitta et rejoignit ses filles.

— Surprise ! crièrent-elles en chœur.

Elles brandissaient une enveloppe et deux cadeaux d'une forme bizarre.

— C'est du vin, dit Mel inutilement car la silhouette du paquet révélait son contenu.

— Et quelque chose pour faire un câlin si tu te sens

seule, ajouta doucement Abby en lui tendant l'autre paquet.

Leonie se sentit la gorge nouée d'émotion.

— Oh ! dit-elle. Mes petites filles, vous allez tellement me manquer !

Abby se jeta dans les bras de sa mère.

— Je sais qu'on part par ma faute. Je suis contente de partir mais je suis triste de te voir malheureuse, dit-elle d'une voix saccadée.

Elles se serrèrent très fort l'une contre l'autre, Leonie essayant de ne pas pleurer.

— Tu n'ouvres pas tes cadeaux ? demanda joyeusement Mel, qui pensait à tout sauf à pleurer.

Leonie les félicita abondamment pour leur choix, un excellent bourgogne qui devait coûter très cher.

— Comment vous êtes-vous débrouillées pour acheter de l'alcool, toutes les deux ? demanda-t-elle ensuite. Vous n'avez pas l'âge légal.

— Doug nous a accompagnées et il nous a aidées à choisir.

Leonie en fut tout émue. Quel homme attentionné ! Les enfants l'aimaient beaucoup et il avait promis de donner des leçons de peinture à Abby. La veille, il avait hurlé de rire quand Mel lui avait déclaré sans fard qu'elle aimerait faire peindre son portrait, mais pas par lui parce que, dans ses tableaux, les gens étaient gros et laids.

Leonie ouvrit son deuxième cadeau. C'était une peluche, un chien très doux avec de grands yeux marron comme Penny et un pelage feu.

— Il est trop mignon ! dit-elle.

— N'est-ce pas ? dit Abby en reniflant. Je sais que tu te sentiras seule. Il te fera penser à nous.

Leonie caressa la joue d'Abby dans un geste plein de tendresse.

— Comme si je pouvais vous oublier une seule seconde ! Merci à toutes les deux. Et maintenant, il vaudrait mieux nous dépêcher. Doug va s'énerver si nous ne partons pas bientôt.

Abby lui adressa une petite grimace.

— Non. C'est ce qu'il y a de bien avec Doug, dit-elle. Quoi qu'il arrive, il ne s'énerve jamais.

Leonie réussit à ne pas céder à ses émotions pendant le trajet ou, ensuite, pendant qu'ils prenaient un café à la cafétéria.

— N'oubliez pas de travaillez vos cours, leur rappela-t-elle. Le collège n'a accepté de vous laisser partir qu'à la condition que vous travailliez sérieusement et que toi, Abby, tu suives des séances de soutien psychologique.

Ray avait engagé un répétiteur pour donner des cours aux filles pendant leurs six semaines d'absence et Abby avait accepté de voir une psychologue spécialisée dans les troubles de la nutrition. Il y avait eu une très longue discussion avec la directrice du collège au sujet d'Abby et du droit de visite de Ray. Les jumelles avaient dû promettre de respecter ces deux conditions pour que la directrice accepte de les laisser partir.

« S'il ne s'agissait pas d'une année de transition, je ne les aurais jamais autorisées à s'absenter aussi longtemps sans devoir redoubler, avait dit sœur Fidelma. Les examens approchent et, contrairement à ce que croient les gens, ils sont importants même dans les années de transition. »

Leonie lui avait vivement répondu que la santé mentale d'Abby était beaucoup plus importante que tous les examens du monde.

« Le ministère de l'Education pourrait ne pas être d'accord avec vous », avait rétorqué la religieuse avec irritation.

Elle avait néanmoins fait le nécessaire auprès de l'administration. Quand Leonie avait raconté l'entrevue à Ray, elle avait ajouté avoir eu l'impression qu'elle parlait d'envoyer ses filles en apprentissage dans un sex-shop thaïlandais et non pas en séjour chez leur père à Boston.

— Et ne laissez pas la cuisine en désordre comme vous le faites à la maison, les avertit Leonie. Ce ne serait pas correct envers Fliss. N'oubliez pas de me téléphoner, surtout...

— Bien sûr ! dit Mel, impatiente de partir.

— Elles doivent y aller maintenant, je pense, dit Doug très gentiment. Les formalités sont longues.

Leonie acquiesça sans un mot, incapable de parler. Doug et elle accompagnèrent les jumelles jusqu'au sas de sécurité menant au hall des départs, où elles devaient retrouver une hôtesse d'Aer Lingus qui les aiderait à accomplir les formalités puisqu'elles étaient mineures.

Elles embrassèrent Doug toutes les deux.

— Tu t'occuperas de maman ? demanda Abby.

— Bien sûr, répondit-il.

Abby se tourna vers Leonie.

— Au revoir, maman.

— Au revoir, répondit Leonie, qui perdit soudain tout son courage.

Elle se mit à pleurer sans pouvoir se retenir et, aveuglée par les larmes, tendit les bras vers Mel et Abby. Elles s'étreignirent toutes les trois avec force puis Mel s'écarta.

— Ne t'affole pas, maman, dit-elle. On sera vite rentrées.

Mel prit Abby par la main et l'entraîna.

— Viens ! Je déteste les adieux.

Ils se firent de grands signes de la main jusqu'au moment où les filles furent hors de vue. Doug prit Leonie par les épaules.

— Elles ne partent que pour six semaines, tu sais ! dit-il. Et maintenant, viens, on sort d'ici. Ce soir, je t'invite à dîner dans un endroit chic et il faut d'abord promener les chiens.

Une heure plus tard, quand il se gara devant son cottage, elle avait cessé de pleurer.

— J'entre avec toi, déclara-t-il. Je vais te préparer un thé bien chaud.

— Je préférerais un whiskey chaud ! marmonna-t-elle d'une voix étouffée.

— D'accord !

Doug fit bouillir de l'eau et prépara un whiskey chaud bien fort. Quand elle eut tout bu, il se leva.

— Leonie, je ne vais pas te laisser broyer du noir chez toi toute la journée. Enfile ta tenue de campagne ! Je reviens dans dix minutes avec Alfie et Jasper. On va aller marcher dans les monts Wicklow et, quand tu ne pourras plus mettre un pied devant l'autre, on ira dîner au Hungry Monk.

— Je te trouve très autoritaire, maugréa-t-elle.

Le visage sévère de Doug s'éclaira d'un sourire.

— Mais il semblerait que ce soit efficace, n'est-ce pas ?

Il faisait un temps superbe. Tandis qu'ils marchaient au milieu d'hectares d'ajoncs couverts de fleurs d'un jaune éclatant, Leonie restait d'humeur sombre. Elle répondait à Doug par monosyllabes et il finit par perdre patience.

— Je ne le dirai qu'une fois, Leo. Tu es une

excellente mère et tes enfants t'aiment. Mais ils grandissent et cela ne se fait jamais sans mal. Alors, arrête de te morfondre et reprends-toi !

— Alors, pourquoi ai-je l'impression d'être une mauvaise mère ? Je me sens dans une rage épouvantable !

— Pourquoi ?

— Pourquoi ? Comment peux-tu poser une question aussi idiote, Doug ?

— Tu n'es pas le bon Dieu, dit-il calmement. Des événements se produisent sans que tu puisses les contrôler et tu dois apprendre à les gérer. Cela m'est arrivé et j'ai dû apprendre à accepter la réalité. Crois-tu que j'ai choisi d'être brûlé dans un incendie et de voir la femme que j'aimais me quitter parce qu'elle ne supportait pas un homme défiguré, un homme qui n'était plus la coqueluche du monde artistique ?

Leonie, sidérée, ne sut que répliquer. Doug ne lui avait encore jamais parlé de son passé. Elle avait découvert qu'il était un artiste célèbre et reconnu par la critique mais ils n'avaient jamais abordé le sujet. Il lui montrait parfois ses tableaux et Leonie les aimait tous, en particulier les paysages sauvages qui la touchaient profondément.

— Je n'avais aucun contrôle sur ces événements, poursuivit Doug avec gravité. J'ai dû m'en accommoder. Tu dois y arriver, toi aussi, pour ne pas te laisser envahir par l'amertume et le ressentiment. Je ne te laisserai pas devenir aigrie, Leo. Et maintenant, avance ! Nous avons encore cinq kilomètres à parcourir.

Doug se remit en chemin d'un pas énergique, laissant Leonie derrière lui malgré ses longues jambes. Elle dut courir pour le rattraper.

Trois heures plus tard, ils étaient installés dans un

coin discret du Hungry Monk, à Greystones. Ils avaient devant eux un gin tonic qu'ils dégustaient tout en grignotant leur petit pain.

— Je meurs de faim, avoua Leonie.

Elle éprouvait une agréable fatigue dans les jambes après une petite dizaine de kilomètres dans la montagne. Surtout, pour la première fois depuis qu'elle avait trouvé ces affreux médicaments sous le lit d'Abby, elle se sentait très détendue.

— L'exercice vaut décidément mieux que l'alcool pour se relaxer.

Doug, qui étudiait la carte des vins, se mit à rire.

— Exercice et alcool, c'est encore mieux !

Ils commandèrent des moules, du poulet et des pommes de terre à la crème et au fromage. Ils burent d'abord une bouteille de vin rouge et terminèrent par un vin de dessert australien pour accompagner une tarte aux pommes qu'ils se partagèrent. Ils se sentaient bien, bercés par les conversations des autres clients. Dans un élan d'imprudence, Leonie eut envie d'un irish coffee pour conclure le festin.

— Tu le regretteras demain matin, la prévint Doug. Le mélange des alcools va te donner une horrible gueule de bois.

— Mais non, tu es bête !

Elle se sentait bien, grâce à sa bonne fatigue physique et à l'optimisme que lui insufflait l'alcool. Avec un seul verre de plus, elle s'endormirait comme un bébé au lieu de passer la nuit à s'inquiéter pour ses filles chéries.

Dans son état d'ébriété béate, Leonie trouva le courage d'interroger Doug sur l'histoire qu'il avait commencé à lui raconter plus tôt.

— Je ne t'ai jamais posé de questions sur ton passé, mais tu as abordé le sujet toi-même. Tu veux bien m'en parler ? Après tout, tu sais tout ce qui nous concerne, moi et les miens.

Doug se mit à tripoter le pied de son verre, le regard dans le vide.

— Je n'aime pas en parler, dit-il tristement.

— Je ne suis pas tout le monde.

— Bon, puisque c'est toi... Mais je te préviens : l'histoire se termine mal.

— Taratata ! répondit Leonie. Je t'écoute, Mansell ! Je te connais trop bien pour que tu joues les timides avec moi.

— Tu n'as jamais envisagé de faire carrière dans le journalisme d'investigation ?

Leonie se mit à rire.

— Tu as intérêt à savoir poser des questions directes quand tu as trois enfants ! Sinon, tu ne sauras jamais qui sont leurs amis ou ce qu'ils sont en train de faire.

Pour une fois, Doug ne sourit pas à sa boutade mais garda son expression triste.

— J'allais me marier avec une femme que je fréquentais depuis trois ans. J'ai vécu avec quelques femmes dans ma vie, expliqua-t-il, mais je n'avais jamais eu envie de me marier avant de rencontrer Caitlin. Elle est sculpteur et nous semblions faits l'un pour l'autre. J'avais mon atelier et elle le sien, juste à côté du mien.

Il s'interrompit pour boire une gorgée de vin, le regard impénétrable.

— Un soir, nous sommes sortis et il était très tard. Nous avons préféré rester en ville chez l'un de mes amis qui vivait au-dessus de sa galerie, dans un appartement au premier étage. Un radiateur électrique a pris feu au rez-de-chaussée. Je me suis réveillé et je n'ai pas vu Caitlin. L'appartement était plein de fumée. J'ai pensé qu'elle était peut-être descendue pour essayer de sortir par le rez-de-chaussée malgré l'escalier de secours. Je suis descendu et j'ai été brûlé.

— Que lui était-il arrivé ? demanda Leonie, horrifiée.

Doug eut un petit haussement d'épaules ironique.

— Elle était rentrée chez elle plus tôt dans la nuit. Elle a dit qu'elle m'avait laissé un mot parce qu'elle détestait cet appartement et qu'elle devait se lever tôt. Elle était donc rentrée chez elle vers trois heures du matin. On ne remarque pas bien les mots sur l'oreiller quand la pièce est pleine de fumée, dit-il avec une ironie douloureuse. Ensuite, elle n'a pas supporté la situation. Elle se sentait coupable à la fois parce que j'avais été brûlé à cause d'elle et parce qu'elle aimait la beauté.

L'ancienne amertume que Leonie n'avait plus vue sur son visage depuis longtemps lui tirait de nouveau les traits, donnant à sa bouche un pli très triste.

— Je n'étais plus un bel homme. Caitlin aime toucher. Elle aimait me toucher le visage en fermant les yeux comme si elle lisait du braille. En tant que sculpteur, elle voit avec ses doigts. Or elle n'aimait plus ce qu'elle voyait.

Quelle terrible cruauté, pensa Leonie. Cette Caitlin ne devait pas beaucoup aimer Doug pour le quitter après cela.

— C'est à ce moment que tu es venu habiter ici, dit-elle.

— J'avais décidé de mener une vie de reclus consacrée à la peinture et puis une indigène est tombée devant ma maison et ça a été fini ! Adieu ma vie privée, dit-il en souriant. En fait, je n'arrive pas à me débarrasser de cette femme !

Il s'interrompit, fit mine de réfléchir un instant à ce qu'il venait de dire.

— Non, ce n'est pas vrai, reprit-il. Si elle n'était pas là, elle me manquerait. Elle me rend fou mais je m'amuse beaucoup avec elle.

Leonie ne put s'empêcher de rougir.

Doug adressa un signe à une serveuse.

— Pourriez-vous nous commander un taxi, je vous prie ?

Pendant le trajet de retour, Leonie s'assoupit tout doucement. Elle se réveilla quand le taxi s'arrêta devant sa maison et elle s'aperçut qu'elle était confortablement appuyée contre l'épaule de Doug.

— Allez ! Réveille-toi, belle endormie ! dit-il en la secouant très doucement.

— Oh là là ! marmonna-t-elle. Excuse-moi.

Doug descendit et l'aida à sortir du taxi.

— Ça ira ? demanda-t-il.

— Oui. A demain.

Et elle fit une chose qu'elle n'avait jamais faite depuis leur rencontre : elle l'embrassa. La barbe de Doug lui parut bizarre sous ses lèvres, bizarre mais agréable. Doug aussi était agréable. Dans un heureux brouillard alcoolisé, elle lui tapota tendrement la joue avant de remonter son allée en zigzaguant.

Les aboiements de Penny l'arrachèrent au sommeil le lendemain matin. Leonie avait l'impression qu'on jouait de la grosse caisse à côté d'elle.

— Arrête, Penny, gémit-elle en tirant un oreiller par-dessus sa tête.

Elle avait la migraine et la bouche sèche. Le souvenir de la soirée lui revint. Le restaurant, le délicieux dîner, la gentillesse de Doug, l'incendie où il avait été brûlé et... Oh, non ! Elle s'assit d'un coup. Elle l'avait embrassé ! Quelle honte ! Cela avait dû terriblement lui déplaire. Doug avait dû croire qu'elle voulait le séduire. C'était une catastrophe... D'autant plus qu'elle avait un homme dans sa vie. Elle n'était pas dans une situation de manque absolu. Pourquoi s'était-elle conduite comme une traînée capable de se jeter sur un ami quand elle avait trop bu ?

La soif finit par la tirer du lit. Elle enfila son peignoir à la diable et se rendit dans la cuisine en traînant les pieds. Ses mules claquaient contre ses talons. Danny écoutait la radio à plein régime en se faisant des sandwichs au pain grillé. Il mettait des miettes partout, de la mayonnaise tombait par terre avec du fromage fondu.

Penny s'assit aux pieds de Danny avec des yeux pleins d'adoration, espérant avoir sa part.

— Voudrais-tu baisser la radio, s'il te plaît, demanda Leonie d'une voix faible, et me faire du thé ?

— Du thé ? s'exclama Danny en riant.

Leonie lui jeta un regard meurtrier.

— La prochaine fois que tu rentreras ivre, dit-elle, et que je te ferai boire un litre d'eau avant de te mettre au lit, je te rappellerai ta cruauté d'aujourd'hui !

— Je plaisantais, maman. Le thé arrive.

Leonie s'aperçut que Clover était assis sur le rebord de la fenêtre, les regardant avec une expression outragée. Il n'avait certainement pas été nourri.

— Occupe-toi de Penny et Clover, dit Leonie en se levant. J'ai un coup de téléphone à passer.

Elle forma le numéro de Doug. Le cœur lui manquait à l'idée de sa réaction.

— Je suis désolée, je crains de m'être très mal conduite, hier, lança-t-elle dès qu'il eut décroché.

Mais elle n'avait pas envie d'entendre sa réponse.

Doug éclata de rire.

— Très mal ! J'ai dû t'empêcher de monter sur la table du restaurant pour danser. Quant à ce que tu as essayé de faire avec la crème de ton irish coffee... A mon avis, poursuivit-il d'un ton sérieux, je crois qu'ils ne nous laisseront plus jamais entrer.

— Mon Dieu ! gémit Leonie avec désespoir.

— Je plaisante, grande sotte ! Tu as été très bien, sauf quand...

Leonie retint son souffle. Elle s'attendait à l'entendre lui reprocher d'avoir voulu le séduire. Mais elle se trompait.

— Quand je t'ai regardée zigzaguer dans ton allée. Avec le chauffeur de taxi, nous avons parié sur le temps qu'il te faudrait pour sortir tes clés de ton sac. J'aurais dû te raccompagner jusqu'à ta porte. Désolé.

— Non, je t'en prie, répondit Leonie, soulagée. Je n'aurais pas dû prendre cet irish coffee. C'était la goutte de trop !

Danny entra à ce moment-là dans le salon avec la théière.

— Je dois y aller, dit-elle à Doug. On se voit bientôt. Merci pour la soirée.

— Oh ! dit Danny. J'ai oublié une chose, maman.

Il prit un des biscuits au chocolat qu'il avait mis sur le plateau avec la théière.

— Les filles ont appelé ce matin, très tôt. Elles sont arrivées hier soir sans problème et elles voulaient te dire que tout va bien.

— Pourquoi ne m'as-tu pas réveillée ? se plaignit Leonie.

— Tu dormais ! protesta Danny d'un ton blessé.

— Je vais les appeler tout de suite.

— Mel a dit qu'elles sortaient pour toute la journée. Fliss les emmène faire les magasins. Un marché spécial ou quelque chose de ce genre, j'ai oublié. Tu connais Mel, excitée comme une puce dès qu'on parle d'aller dans les boutiques.

— As-tu parlé à Abby ? demanda Leonie d'une voix éteinte.

— Oui, elle avait l'air très excitée, elle aussi. Je sors, maman, ajouta-t-il. Je rentrerai sans doute assez tard. Salut !

— A plus tard, répondit tristement Leonie.

Hugh l'appela en fin de journée et elle fut heureuse de l'entendre. Elle s'était sentie très seule. Penny avait fait de son mieux pour la réconforter, fourrant sa truffe humide dans la main de sa maîtresse pour lui rappeler sa présence. Mais Leonie se sentait trop malheureuse pour éprouver le moindre réconfort.

Elle accueillit donc avec soulagement le coup de téléphone d'Hugh. Il allait peut-être lui annoncer un changement de programme qui leur permettrait de se voir.

— Tu vas toujours au théâtre avec Jane ? demanda-t-elle, pleine d'espoir.

— Oui. Elle est très contente. La pauvre chérie est encore toute bouleversée à cause de son ex-petit ami, ce salaud !

— Je suis désolée, mentit Leonie.

Elle aurait tellement aimé qu'Hugh annule sa soirée avec sa fille ! Elle aurait apprécié un peu de compagnie, mais les enfants passaient en premier, se dit-elle tristement. A cela près que Jane n'était plus un bébé.

— Tu crois qu'elle ne supporterait pas que tu déplaces ta soirée avec elle pour la passer plutôt avec moi ? risqua Leonie.

Hugh parut horrifié.

— C'est impensable, Leonie, dit-il d'un ton choqué. Ce sale type la faisait marcher depuis une éternité, elle en est malade. Elle a besoin de moi.

Et moi ? aurait voulu crier Leonie. J'ai besoin de toi, moi aussi. Mes filles sont parties et elles représentent infiniment plus pour moi qu'une aventure de trois semaines pour cette fichue Jane !

Mais elle ne dit rien.

25

Trois mois plus tard

La demande en mariage de Felix était devenue un matériau de rêve pour les journalistes. Encore un événement à transformer en stéréotype médiatique : une belle histoire d'après laquelle il était arrivé chez elle avec cinquante bouquets (un peu d'exagération était de rigueur dans les interviews, lui avait expliqué Felix) et un énorme diamant, tout cela pour attendre pendant des heures le retour de sa bien-aimée, à la limite de l'hypothermie, si bien qu'il n'avait pu se réchauffer qu'au bout d'une demi-heure passée devant le feu en claquant des dents.

Hannah était écœurée de voir leur vie privée alimenter les interviews de Felix. Au moins, leur mariage aux Caraïbes n'avait pas fait huit pages dans *Hello !*, se dit-elle tout en sachant que seule l'incapacité de Bill, l'agent de Felix, à obtenir un prix suffisant leur avait évité cela. En revanche, plusieurs tabloïds avaient publié des photos. Hannah ne s'aimait pas du tout dans sa robe toute simple, ses cheveux pendant sur les épaules, entremêlés de fleurs. Elle s'était sentie grosse et terriblement enceinte à côté de Bill. Celle-ci, qui fumait cigarette sur cigarette, était une mondaine typiquement londonienne et estimait avoir perdu sa journée si elle n'avait pas au moins une fois traité quelqu'un de « foutu crétin » en hurlant.

Petite, maigre, avec d'épais cheveux couleur prune, Bill avait davantage retenu l'attention que la mariée quand elle était arrivée sur la plage en ensemble pantalon blanc crème sans rien en dessous. Sa coiffure bouffante mise à part, elle ressemblait beaucoup à Bianca Jagger.

Hannah, qui avait été élevée dans l'idée qu'il serait impoli de voler la vedette à la mariée en portant du blanc ou même du crème, était furieuse. Jusqu'à l'arrivée de Bill, elle s'était pourtant sentie très bien habillée. Sa peau avait un beau reflet doré grâce à un lait hydratant qui contenait des paillettes d'or.

Debout devant l'autel couvert de toutes sortes de fleurs exotiques, Hannah aurait voulu dire à tout le monde que Bill était une sale garce. Mais il n'y avait personne auprès de qui se défouler. Ils étaient à Sainte-Lucie et les invités se réduisaient à Bill avec son assistant – un jeune homme nonchalant qui ne parlait presque jamais, même quand Bill l'insultait – et au fonctionnaire qui allait les marier.

Hannah aurait tout donné pour avoir même une seule amie à ses côtés en ce jour unique. Même Gillian aurait été la bienvenue ! Au moins, elle aurait pu lui parler normalement.

Quand Felix racontait son mariage à la presse, cela devenait une décision de dernière minute. Ils étaient sortis de chez eux et ils avaient pris l'avion à destination des Caraïbes, tels qu'ils étaient (ce qui n'expliquait pas l'exquise robe d'Hannah qu'il avait fallu commander trois semaines à l'avance et retoucher deux fois à cause de son tour de taille qui, à cinq mois de grossesse, s'arrondissait à toute vitesse).

Exactement comme le personnage romantique qu'il joue dans une nouvelle série télévisée, Felix Andretti a voulu épouser sa fiancée, Hannah, comme dans un conte de fées. Au lieu de passer des mois à organiser la cérémonie, le décor floral et la réception, Felix a choisi, il y a deux mois, d'enlever sa belle brune et de l'emmener sans prévenir à Sainte-Lucie. Ils s'y sont mariés au cours d'une cérémonie très simple au bord de la mer. Deux amis proches leur servaient de témoins.

« Nous voulions une cérémonie très simple et très pure, nous a dit Felix d'un air grave sans quitter des yeux sa ravissante épouse irlandaise. Je suis un romantique et j'ai toujours pensé que, le jour où je rencontrerais mon idéal féminin, je l'épouserais tout de suite, sans transformer cela en affaire mondaine. Pour moi, le mariage est sacré et l'idée de me marier en pleine nature devant l'océan voulait dire beaucoup de choses : vous ne faites plus qu'un avec la nature et avec la femme que vous aimez. Nous étions tous les deux pieds nus sur la plage. C'est un moment vraiment inoubliable. Notre mariage a été un merveilleux événement improvisé. »

Le jeune couple a passé sa lune de miel à se baigner et à se promener au clair de lune le long de la plage même où ils se sont mariés, à quelques pas du charmant hôtel où ils ont séjourné, le Rex St. Lucian. Felix faisait de la plongée sous-marine pendant qu'Hannah, qui attend leur premier enfant, se reposait en profitant du soleil.

Hannah avait eu du mal à lire cette séduisante version de son mariage. Felix avait fait de la plongée, c'était exact, en la laissant seule avec l'insupportable Bill pendant des jours et des jours. Comme Bill avait une façon de prendre du bon temps qui consistait à avaler autant de cocktails au rhum qu'elle le pouvait, elle ne représentait pas une compagne aux idées très claires.

Deux ou trois fois, Bill avait réussi à s'abstenir de boire assez longtemps pour disputer une partie de tennis avec le beau moniteur de l'hôtel. Ensuite, elle se précipitait au bar pour grignoter une vague feuille de laitue arrosée d'une bouteille de vin blanc bien frais. Hannah, qui avait trop chaud pour rester au soleil, avait passé la plus grande partie de son temps dans sa chambre climatisée, observant avec envie les couples heureux installés au bord de la piscine.

Elle était certaine d'être l'unique jeune mariée de l'endroit à avoir passé sa lune de miel presque toute seule.

Peu avant la fin de leur séjour, elle avait supplié Felix d'oublier un peu la plongée pour passer une journée avec elle, peut-être faire le tour de l'île en voiture et déjeuner quelque part...

« J'ai payé jusqu'à aujourd'hui, avait protesté Felix. Je ne veux pas perdre de l'argent en ratant la dernière plongée.

— La perte d'argent, c'était de me faire venir avec toi ! hurla Hannah en lui jetant un cendrier. Tu n'as pas passé cinq minutes avec moi depuis notre arrivée ! »

Felix s'était baissé et le cendrier s'était écrasé sur le mur, y laissant une grande marque.

« Regarde ce que tu as fait ! » avait-il dit, exaspéré.

Hannah avait fondu en larmes.

« Si tu t'énerves contre moi, je m'en vais », avait-il marmonné.

Elle était allée se faire faire un soin du visage dans un hôtel voisin puis s'était installée au bar de la piscine pour prendre un thé glacé. Ensuite, elle s'était accordé une courte promenade sur la plage, mais il faisait trop chaud pour qu'elle puisse rester longtemps dehors. Hannah avait donc préféré acheter quelques magazines et regagner sa chambre pour s'allonger...

Felix l'avait réveillée à sept heures.

« Réveille-toi, ma chérie, allons dîner. J'ai une faim de loup. »

Désorientée, Hannah ne s'était pas tout de suite souvenue de l'endroit où elle se trouvait. Mais Felix était là, le reste ne comptait plus. Avec son bronzage et ses cheveux décolorés par le soleil, il paraissait plus beau que jamais. Il était élégamment vêtu d'une chemise en lin blanche et d'un pantalon beige. Il s'était penché sur Hannah pour l'embrasser. Elle avait reconnu sur ses lèvres et sa peau le goût inimitable du sel et du soleil. Encore à moitié endormie, elle l'avait laissé déboutonner sa robe et caresser ses seins alourdis.

« Nous dînerons plus tard », avait dit Felix en lui ôtant sa robe.

A l'aéroport de Birmingham, une femme reconnut Felix. Hannah et lui attendaient de récupérer leurs bagages en se demandant s'ils allaient prendre un sandwich ou se rendre directement chez la mère de Felix. Il y avait plus de trois quarts d'heure de trajet en taxi et ils étaient tous les deux affamés. Ils n'avaient rien avalé depuis le repas qu'on leur avait servi sur le vol de retour de Sainte-Lucie. Même pour Felix, si attaché à sa ligne, le petit sachet de biscuits d'apéritif au fromage qu'on leur avait offert pendant le vol de correspondance entre Heathrow et Birmingham ne suffisait pas. C'est alors qu'une femme d'âge moyen avait couru vers eux avec excitation, traînant derrière elle une valise à roulettes.

— Je vous ai vu à la télévision ! Vous jouez dans *Bystanders*, j'en suis sûre ! Vous êtes le charpentier qui vit dans l'appartement du bas au-dessous de chez les deux filles.

Felix lui adressa son sourire le plus séduisant.

— Oui, dit-il, c'est moi.

La femme s'épanouit sous son regard. Elle cria à une amie de la rejoindre. La conversation s'engagea et ils se mirent à parler tous les trois avec animation, Felix signant des autographes avec l'aisance d'un homme qui n'avait fait que cela pendant toute sa vie. Il se conduisait avec les deux femmes comme s'ils étaient de grands amis, leur posait des questions et répondait aux leurs.

Hannah, un peu à l'écart, observait la scène avec amusement. Felix avait tant de charme ! pensa-t-elle fièrement. Ses deux fans lui mangeaient dans la main.

Tout en gardant un œil sur leurs bagages, elle ne perdait pas une miette de leur conversation.

— C'est votre amie ? demanda la première femme, qui s'était présentée comme Josephine.

Hannah détourna rapidement la tête avec un petit sourire.

— Non, répondit Felix d'une voix très fière. C'est ma femme.

— Elle est très belle, elle aussi, dit Josephine avec admiration.

Hannah se sentit pousser des ailes. Elle avait fait de son mieux pour être élégante, sachant qu'elle allait rencontrer pour la première fois la mère de son bien-aimé. Elle avait mis une robe rouge assez chic qui la moulait avantageusement, avec de hautes bottes en daim et un sac en cuir neuf qui avait coûté au moins quatre fois plus cher que le plus beau sac qu'elle eût jamais possédé. Comme la robe la serrait un peu à la taille à présent, malgré une coupe assez ample, elle avait drapé sur une épaule un superbe châle noir et blanc acheté à Sainte-Lucie. Elle espérait ainsi détourner l'attention de son ventre.

Le résultat était l'élégance personnifiée et cela avait beaucoup plu à Felix. En revanche, il n'avait à aucun moment précisé si cela plairait à sa mère. Il avait très peu parlé d'elle, en réalité, et Hannah commençait à se sentir un peu nerveuse à l'idée de la rencontrer.

— Josephine, Lizzie, je dois y aller maintenant, disait Felix à ses deux admiratrices. Je vois nos bagages sur le tapis roulant.

Accompagnés par une kyrielle de vœux de réussite et de bonheur, Hannah et Felix rassemblèrent leurs bagages et sortirent de l'aéroport.

— Maman va vouloir préparer à manger quand nous arriverons, dit Felix, expliquant pourquoi il avait préféré ne pas acheter de sandwich à l'aéroport. Elle sort ses casseroles même quand on ne s'est pas annoncé.

— Tu veux dire que tu ne l'as pas prévenue de notre arrivée ? s'étonna Hannah en s'installant sur la banquette arrière du taxi.

Quand Felix lui avait dit qu'il l'emmenait chez sa mère, elle était persuadée que celle-ci était au courant.

— Non, répondit-il avec prudence. Ce n'est pas le genre de ma famille, nous ne sommes pas très portés sur les réunions.

Felix faisait rarement allusion à sa famille, des immigrés espagnols de la deuxième génération, d'après ce qu'Hannah avait cru comprendre. En fait, elle l'avait appris en lisant sa biographie parue dans le supplément télévision du *Times* juste avant le début de la diffusion de *Bystanders*. Il ne lui en avait jamais parlé, se contentant d'expliquer qu'ils n'étaient pas très proches.

« C'est mon passé, et toi tu es mon avenir », avait-il dit mystérieusement.

Elle avait donc conclu que sa famille avait conservé les valeurs familiales traditionnelles de l'Espagne et tenait beaucoup aux grandes réunions familiales où se retrouvaient toutes les générations. Dans ce cas, Felix avait sûrement eu un problème car personne ne devait admettre autour de lui que le métier d'acteur fût un vrai métier. Mais cela changerait, s'était dit Hannah, car sa carrière était sur la pente ascendante. Elle voulait expliquer à sa mère qu'il avait réellement beaucoup de succès, et l'idée de rapprocher Felix de sa famille la réjouissait. Elle avait même en secret appris des expressions et des phrases en espagnol dans un petit guide espagnol-anglais. Elle pensait que, si elle réussissait à repérer quelques mots-clés, sa belle-famille ne pourrait pas la trouver impolie de ne pas parler leur langue.

— Comment dois-je appeler ta mère ? demanda-t-elle, décidant de ne pas se fâcher contre Felix de n'avoir pas annoncé leur arrivée.

— Vera, dit-il.

— Ce n'est pas très espagnol, plaisanta Hannah.

— Hannah, ma chérie, avant d'arriver, je dois t'expliquer quelque chose. Tu sais que les acteurs prennent des pseudonymes. Cary Grant s'appelait en réalité Archibald quelque chose et le prénom de John Wayne était Marion. Moi aussi, j'ai changé de nom.

— Tu veux dire que tu n'as pas de sang espagnol ? Mais c'était dans le *Times* !

— Non. J'ai pensé que c'était une bonne idée, à l'époque, parce que je suis très blond. Tu vois, l'Espagnol blond ? Je me suis dit qu'on se souviendrait de moi à cause du contraste, et ça a marché. Mais c'est l'histoire officielle, d'accord ? Mon vrai nom, acheva-t-il dans un chuchotement, est Loon, pas Andretti.

Hannah le regardait, bouche bée. Ils étaient sortis ensemble pendant plusieurs mois, ils s'étaient même mariés, et elle n'apprenait la vérité que maintenant. Elle sentit le cœur lui manquer à l'idée qu'il ne s'appelait peut-être même pas Felix.

— Quel est ton prénom ? demanda-t-elle d'une voix hésitante.

— Phil.

— Phil Loon, dit-elle lentement. Je préfère Felix, c'est certain. Je n'imagine pas pouvoir t'appeler autrement.

— Ecoute, je suis Felix Andretti ! Je te dis mon ancien nom uniquement parce que tu vas faire la connaissance de ma famille. Ma mère ne m'a jamais pardonné de changer de nom mais on a peu de chances de devenir une star internationale en s'appelant Loon. Cela ne fait pas rêver.

— Donc, je suis Mme Loon, dit pensivement Hannah.

C'était une histoire de fous ! Elle se mit à rire.

— Le changement de nom a été officiellement enregistré, dit sèchement Felix. Alors arrête de te moquer de moi, d'accord ?

— Mais ton accent ? reprit Hannah. Tu ne donnes pas l'impression d'être tout à fait anglais. Il y a une pointe d'autre chose…

Elle s'interrompit. L'accent de Felix avait un petit quelque chose d'exotique, comme s'il avait appris l'anglais dans une école privée chic mais avait passé sa jeunesse dans un pays lointain.

— Leçons de diction, expliqua-t-il d'un air pincé. Et je n'ai jamais soutenu que j'étais personnellement espagnol, seulement que ma famille avait des origines espagnoles. Je n'ai pas menti. Si la vérité se savait, je pourrais toujours répondre qu'on m'a mal compris.

La mère de Felix habitait une petite maison mitoyenne dans un lotissement moderne à l'extérieur de Birmingham. Au bout de la rue que suivait le taxi, des femmes avec des poussettes et des enfants accrochés à leur main étaient regroupées devant une petite école primaire. Juste en face de la maison s'étendait une pelouse avec un espace réservé aux enfants et des massifs d'arbustes au feuillage brillant.

— C'est joli, dit Hannah avec admiration devant les maisons qui avaient encore un peu l'éclat du neuf avec leurs élégantes baies vitrées, leurs porches au toit pointu et un briquetage décoratif.

— Tu peux te rendre compte que je n'ai pas grandi ici, dit Felix en payant le chauffeur. Ma mère a emménagé quand nous avons tous été partis.

— Et ton père ?
— Il est mort.
— Oh !

Hannah sortit du taxi, son vanity-case à la main. Elle se rendait compte qu'elle en avait plus appris au sujet de son mari et de sa famille au cours de la dernière heure qu'en un an.

Felix sonna. La porte s'ouvrit devant une grande femme blonde à l'impressionnante carrure. Vêtue d'un survêtement bleu marine, elle pesait au moins cent trente kilos. Elle avait un visage dur, d'une dureté soulignée par ses cheveux platinés. Cette femme ne pouvait pas être la mère de Felix.

— Bonjour, maman, dit Felix avec un accent soudain très différent. Je te présente Hannah, nous venons de nous marier et tu vas bientôt être grand-mère.

— Ne restez pas là, entrez ! dit Vera Loon avant de crier d'une voix assourdissante : June ! Mets l'eau à chauffer !

June, la sœur de Felix, était son sosie mais avec des cheveux noirs. Mince et aussi belle que lui, elle aurait pu poser pour les magazines les plus luxueux. Mais elle passait visiblement son temps à s'occuper de trois garçons bruyants qui se bagarraient dans la cuisine de leur grand-mère.

— Mes félicitations, dit-elle amicalement en apprenant les nouvelles. C'est un taiseux, notre Phil. Il ne dit jamais rien à personne.

Hannah eut la tentation de lui confier qu'elle avait ignoré jusqu'à peu qu'il s'appelait Phil mais préféra se taire.

— Les garçons ! appela Vera. Venez faire la connaissance de votre nouvelle tata. Vous êtes toute bronzée, mon petit. Vous étiez en vacances ?

Les trois garçons furent dûment présentés à Hannah puis le thé apparut avec un gâteau et ils s'assirent tous autour de la table de cuisine.

Vera était moins impressionnante quand elle était assise et ne vous examinait pas de bas en haut comme si elle vous passait au scanner.

— Je me demande pourquoi il ne vous a pas amenée ici plus tôt, soupira Vera. Comme son père, il garde tout pour lui.

— Je travaillais, dit Felix, maussade.

Hannah ne le trouvait pas à sa place dans cet endroit.

On ne l'imaginait pas vivant dans une petite maison de trois chambres à coucher avec une cuisine banale et des images pieuses accrochées au mur. Felix avait l'air étranger, différent. Et pourtant... C'était un homme ordinaire avec une famille ordinaire. Hannah se demanda brièvement ce qu'il lui avait caché d'autre, à elle et à tout le monde. Felix Andretti était-il plus que ce qu'il paraissait être ? Ou moins ?

Tout en buvant son thé, elle regardait avec plaisir les trois beaux petits garçons. Felix allait et venait, l'air de s'ennuyer. Il ne fit pas le moindre effort pour se joindre à la conversation empruntée des femmes ou à la bagarre de ses neveux.

— Quel dommage que vous n'ayez pas voulu de nous au mariage ! dit Vera tristement. J'aime tellement assister à une belle fête ! Dites-nous pour quand le bébé est prévu, Hannah ?

Hannah se sentit le cœur serré pour cette femme parfaitement consciente que son séduisant rejeton avait honte de ses racines. Elle prit la main de Vera en souriant.

— Pour décembre, répondit-elle. Bien sûr, nous aurions aimé vous avoir à notre mariage.

Elle oubliait qu'elle-même n'avait pas eu très envie d'une grande cérémonie avec toute la famille.

— Tout s'est passé très vite, poursuivit-elle. Avec le bébé et le reste, nous n'avons pas eu le temps de vous inviter. Felix aurait pourtant été très heureux de votre présence.

Felix lui donna un coup de pied sous la table.

— Nous nous sommes mariés à l'étranger, dit-il hâtivement. Tu sais, c'était le seul moyen d'éviter l'invasion des journalistes. En fait, nous sommes rentrés de Sainte-Lucie ce matin.

— On aurait beaucoup aimé partir en voyage, remarqua June.

Son petit dernier, un garçon de trois ans prénommé Tony, se tortillait sur ses genoux en engloutissant les biscuits au chocolat.

— Le père de Tony et moi, nous ne sommes pas allés à l'étranger depuis notre voyage de noces. Le Portugal, précisa-t-elle à l'intention d'Hannah. J'adore le Portugal mais avec trois enfants et mon salaire en moins puisque j'ai arrêté de travailler, nous ne pouvons pas nous offrir des vacances à l'étranger. Clark est arrivé un an après notre mariage, Adam dix-huit mois plus tard, et ensuite Tony.

— Que faisiez-vous ? demanda Hannah.

— J'étais coiffeuse.

— Avec votre silhouette, vous pourriez être mannequin, dit Hannah. Vous êtes très belle.

June eut un frisson de dégoût.

— Pour qu'on me regarde en permanence, qu'on me dise que je suis trop grosse ou trop vieille ? Pas question ! Phil aime ça, mais pas moi.

Le jour et la nuit ! pensa Hannah, amusée. Felix aurait fait n'importe quoi pour qu'on le regarde alors que cette idée épouvantait sa sœur. Les familles sont bizarres. On peut avoir le même sang mais des caractères totalement opposés.

Quelques heures plus tard, ils reprirent un taxi pour se rendre dans un hôtel proche.

— Quel besoin avais-tu de leur dire qu'elles seraient les bienvenues une fois que nous serions installés ? lui jeta Felix.

— C'est ta famille ! protesta-t-elle. Tu ne peux pas les rayer de ta vie.

— Mais toi, tu as le droit d'oublier la tienne.

— C'est un mensonge ! répondit Hannah d'un ton très vif. Tu vas bientôt connaître ma mère et, quant à mon père, je t'ai dit qu'il est alcoolique. Crois-moi : il vaut mieux ne pas l'inviter dans les occasions où l'on boit sans payer !

— Si je te comprends, c'est bien de laisser ton père en dehors de nos affaires, mais pas ma famille, c'est exact ?

Ils se disputèrent pendant tout le trajet, Hannah soulignant avec amertume qu'il avait même insulté sa mère en refusant de passer la nuit sous son toit.

— Elle a une chambre d'amis, dit Hannah. Elle mourait d'envie que nous restions pour la soirée. Elle ne t'avait pas vu depuis une éternité !

— Je ne voulais pas dormir là-bas alors que je peux le faire dans un agréable quatre-étoiles.

— N'essaie pas de me faire croire que tu as grandi dans des palaces !

— Mais c'est fini, ma caille, cracha-t-il. Aujourd'hui, je suis une star, je dois me conduire en star et une star ne met pas son cul n'importe où !

— Ah, oui ? Alors, je peux te jurer une chose, lui retourna Hannah sur le même ton. Si c'est ta façon de te conduire en star, tu mettras ton « cul » ailleurs que dans mon lit ! Vu ?

Ils suspendirent les hostilités le lendemain en allant déjeuner chez Vera. Ensuite, ils reprenaient l'avion. Hannah eut la satisfaction de voir Felix se conduire un peu mieux avec sa mère. Il alla jusqu'à l'inviter à venir passer un week-end à Dublin avec eux, « un jour »...

— Nous serions très heureux de vous recevoir avec June et les garçons, lui dit Hannah au moment de leur départ. Je suis sincère. Pour l'instant, nous habitons dans un appartement un peu trop petit mais nous allons bientôt emménager dans une maison plus grande. Nous serions vraiment très heureux que vous veniez.

— Hannah, je sais que vous êtes sincère, ma chérie, lui répondit Vera en souriant. Vous veillerez sur mon fils ? Je suis contente qu'il ait enfin trouvé une femme digne de ce nom. Et prenez bien soin de vous, ma chère Hannah. Il n'est pas facile, notre Phil. Il ne l'a jamais été.

Pendant le trajet jusqu'à l'aéroport, Hannah dit à Felix qu'elle avait trouvé sa mère très attachante.

— Ah, oui ? Essaie un peu de vivre avec elle ! répondit-il, tourné d'un air morose vers le paysage qui défilait sous leurs yeux.

Hannah l'abandonna à sa mauvaise humeur. Il continua de bouder jusqu'au moment où l'hôtesse de l'air lui demanda en souriant un autographe pour sa sœur.

Tu veux dire : pour toi ! pensa sombrement Hannah tandis que Felix adressait à l'hôtesse un sourire éblouissant.

Quand ils arrivèrent à Dublin, il était redevenu lui-même, charmeur, affectueux et drôle. Dans la voiture, il prit la main d'Hannah tout en conduisant.

— Je suis toujours un peu nerveux quand je vais chez ma mère, reconnut-il. Je ne voulais pas crier contre toi, c'est juste que... Tu sais, des histoires de famille. Tu me prends pour un salaud mais tu ne peux pas comprendre ce qui s'est passé.

— Comment le pourrais-je si tu ne m'expliques rien ? s'exclama Hannah. Tu ne dois pas avoir de secrets pour moi, Felix.

— Ce n'est pas un secret, mais seulement des histoires de famille sans intérêt. Oublie tout cela !

Elle dut s'en contenter.

26

Hugh jeta les brochures des agences de voyages sur la table basse.

— Tu pourrais au moins les regarder, Leonie ! fit-il rageusement.

Du fauteuil où elle s'était pelotonnée avec Harris le terrier dans les bras, Leonie leva les yeux vers Hugh, essayant d'être patiente.

— Je te l'ai déjà dit, Hugh. Je ne peux pas prendre de vacances maintenant. Les filles vont bientôt rentrer et elles auront besoin de moi.

— Elles sont parties depuis deux mois et demi ! Elles peuvent bien se passer de toi pendant encore une semaine. Ta mère peut s'occuper d'elles, lâcha Hugh avec dédain.

Harris plissa son front soyeux et Leonie lui caressa les oreilles. Etendu sur le dos, le ventre exposé, la tête renversée et ses petites oreilles pendant vers le sol, il ressemblait à une chauve-souris.

— Ce ne sont pas des bébés, elles sont capables de se prendre en charge, insista Hugh.

Leonie sentit la colère monter en elle.

— Cela fait un an que je ne suis pas parti, et toi non plus, continua Hugh. Je te propose juste une semaine en

Italie à la fin du mois, peut-être deux. C'est plein de touristes au mois d'août, mais ce serait quand même bien.

— Je reconnais que c'est très tentant, commença Leonie.

C'était dur de refuser quand tout le monde ne parlait que des vacances d'été et qu'on n'avait rien prévu. Mais elle n'avait pas eu envie de partir pendant que les jumelles étaient loin, et la proposition de Hugh arrivait à un mauvais moment. Les filles devaient rentrer dans une semaine et Leonie n'en pouvait plus d'attendre. Chaque jour qui passait la rapprochait du moment où elle pourrait enfin les serrer dans ses bras et leur répéter à quel point elle les aimait.

— Je ne peux pas les laisser seules maintenant, redit-elle.

— Elles se sont pourtant senties assez bien loin de toi pour avoir envie de prolonger leur absence. En principe, elles partaient pour six semaines et cela dure depuis plus de deux mois !

L'attaque lui fit mal. Le fait que Mel et Abby aient pu rester avec leur père pendant presque trois mois la blessait plus qu'elle n'aurait pu le dire.

« Elles pourraient venir avec nous cet été dans le ranch de Charlie au Texas, lui avait dit Ray au téléphone, au début du mois de juillet, quand les six semaines initialement prévues arrivaient à leur terme. Elles apprendraient à monter et elles s'amuseraient beaucoup. Cela ne fait que quelques semaines en plus. Abby s'épanouit, elle va très bien. Pourquoi ne pas les autoriser à rester, Leonie ? »

Mel et Abby l'avaient suppliée de leur donner sa permission. Elle avait fini par accepter et avait passé deux jours à pleurer. Elle se sentait trahie par ses filles.

La situation était différente avec Danny, plus âgé et plus indépendant. Quand il lui avait annoncé qu'il passait un mois avec des amis sur les routes d'Europe, sac au dos, Leonie n'avait pas fait d'histoires. Elle s'était inquiétée, naturellement, craignant qu'il ne lui arrive quelque chose. Mais il avait eu vingt ans au mois de mai et elle ne pouvait plus le traiter comme un bébé. Sans lui et sans les filles, le cottage était sinistre. Penny était déprimée et Herman le hamster oubliait de jouer dans sa roue.

Même les attraits de Portofino ne pourraient arracher Leonie à sa maison quand elle aurait enfin retrouvé Mel et Abby.

— Je ne peux pas partir maintenant, dit-elle à regret. Si seulement tu y avais pensé plus tôt, nous aurions pu y aller et être déjà rentrés.

— Je dois prendre ces vacances avant la fin du mois, mon employeur ne m'en donnera pas d'autres ! rétorqua-t-il brutalement. De toute façon, ce n'est pas la question. Le problème, c'est Melanie et Abigail. Ce ne sont plus des bébés. Tu dois les laisser vivre leur vie.

— Cela ne manque pas de sel, de ta part, répliqua Leonie.

— Que veux-tu dire ?

Leonie était à présent très en colère.

— Oh ! Arrête ! Tu n'as pas besoin que je te l'explique. Tu as une fille de vingt-deux ans et tu ferais son lit à sa place si tu le pouvais. Tu l'as complètement gâtée, pourrie ! Tu lui donnes sans cesse de l'argent alors qu'elle a un bon salaire, et tu cours comme un toutou si elle fait tomber ses clés ! Tu te souviens de la fois où elle a crevé en se rendant à une soirée ? Tu m'as plantée en plein restaurant pour courir lui changer sa roue ! Tu trouves ça normal ? Mes filles sont encore des adolescentes, elles n'ont même pas seize ans. Toi, en revanche, tu traites une femme adulte comme une petite fille.

Hugh la dévisageait, furieux.

— J'aime Jane, commença-t-il.

— Comme si je ne le savais pas ! hurla Leonie. Mais tu l'aimes comme un obsédé, pas comme un père normal. Et tu m'accuses de ne pas laisser mes enfants partir ! C'est l'hôpital qui se moque de la charité.

— Tu n'as pas le droit de me parler de cette façon, jeta Hugh, rouge de colère.

— Pourquoi ? Tu t'autorises à me dire n'importe quoi sur mes enfants mais personne n'a le droit de faire la moindre réflexion sur les tiens. Non, soyons juste, rectifia brusquement Leonie. Seulement sur Jane. Le pauvre Stephen n'existe pas pour toi.

La sonnette de l'entrée retentit à cet instant. Hugh regarda par la fenêtre et son expression crispée disparut.

— C'est Jane, siffla-t-il. Nous pourrions peut-être éviter de nous disputer devant elle ?

— Je suis d'accord, rétorqua Leonie d'un ton très sec.

Jane entra d'une démarche joyeuse, chargée de sacs, les chiens bondissant autour d'elle.

— Bonjour, Leonie, dit-elle presque amicalement. J'étais allée faire des courses et je me suis dit que j'allais passer chez papa avant de rentrer.

Leonie regardait les sacs, sidérée. Cinq sacs, pleins à craquer de vêtements. Tous achetés par une femme qui n'avait toujours pas remboursé à son père les vacances payées avec sa carte de crédit.

— Qu'as-tu acheté ? demanda Hugh de sa voix de papa gâteau.

Rayonnante, Jane exhiba une robe noire en Lycra qui aurait donné l'air d'une femme de mauvaise vie à une religieuse. Leonie ne pouvait imaginer Jane la portant. Elle n'avait jamais compris pourquoi Jane s'obstinait à acheter des vêtements qui ne la mettaient vraiment pas en valeur.

— Un peu léger, dit Hugh en examinant la robe de bas en haut. Je suppose que tu veux la porter à la soirée du bureau pour éblouir tout le monde ?

Ils rirent ensemble avec des mines de conspirateurs.

— Tu te souviens de la dernière soirée où tu nous as récupérés au Buck parce que nous étions tous complètement ivres ? Et quand tu m'as ramenée chez maman ? Tu as dû me porter dans l'escalier !

Jane agissait toujours de la même façon quand elles se rencontraient : elle lançait la conversation sur un sujet qui permettait d'exclure Leonie. Comme si elle avait voulu dire : *Regarde-nous ! Nous avons une histoire commune, nous parlons de choses dont tu ignores tout.*

Jane poursuivit pendant quelques minutes sur le thème de « tu te souviens quand… ». De temps en temps, elle jetait à Leonie un regard rusé et triomphant.

Leonie reprit Harris dans ses bras pour lui faire un câlin. Il l'en remercia de quelques coups de langue affectueux.

— Quelle soirée ? dit-elle, désireuse d'être polie par égard pour Hugh.

En réalité, elle se moquait de la fête du bureau de Jane et trouvait sa robe totalement déplacée dans le cadre professionnel, à moins que le métier en question n'implique une danse lascive autour d'un mât devant une salle pleine d'ivrognes bavant d'envie.

— Nous organisons une grande réunion chaque été, indiqua Jane avec la condescendance d'un professeur expliquant la physique quantique à un enfant de trois ans. D'habitude, nous faisions un barbecue mais quelques-uns d'entre nous voulaient une vraie soirée. Cette année, cela se passera dans la grande salle de réception du Shelbourne. J'attends ça avec impatience ! conclut-elle d'un air suffisant.

Leonie aurait aimé voir les photos de la soirée. Un établissement élégant comme le Shelbourne et la robe racoleuse en Lycra lui paraissaient incompatibles.

— J'allais préparer du café, dit Hugh. En veux-tu ?

— Oui, dit Jane en s'asseyant sur le canapé.

Elle prit les brochures de voyages.

— Tu pars en vacances, papa ? demanda-t-elle en criant.

Un démon s'éveilla dans l'esprit de Leonie.

— Non, dit-elle d'une voix douce. Ton père et moi essayons d'organiser des vacances ensemble. Il voudrait que nous allions en Italie mais le moment ne me convient pas.

Leonie eut la profonde satisfaction de voir les petits yeux froids de Jane s'écarquiller d'horreur.

— Peut-être en septembre, poursuivit-elle pensivement. J'ai toujours rêvé de longer la côte italienne dans une voiture de sport. Cela plairait à ton père, n'est-ce pas ?

Elle se sentait vaguement coupable de s'attaquer à une enfant mais Jane n'entrait pas vraiment dans cette catégorie. Elle appartenait plutôt à celle de la petite fille de *L'Exorciste*.

— Je ne sais pas si cela lui ferait plaisir, dit Jane d'un ton glacial. En septembre, nous avons l'habitude de louer un cottage dans le comté de Cork, papa, Stephen et moi.

— Mais vous ne l'avez pas fait depuis plusieurs années, je crois ? renvoya Leonie.

— Fait quoi ? demanda Hugh, qui revenait avec un plateau chargé de trois grandes tasses de café.

— Aller dans le comté de Cork, dit Jane en jouant la nostalgie. Oh, papa, j'aimerais tellement que nous y allions, cette année ! Mon voyage avec les copines était bien mais, pour nous reposer vraiment, nous avons besoin d'une semaine à Clonakilty, par exemple. Les déjeuners dans les pubs, la musique traditionnelle le soir, les promenades sur la plage... Dis, on y va, papa ?

On aurait vraiment dit une petite fille, pensa Leonie. L'enfant de parents divorcés qui avait passé des années à jouer avec succès l'un contre l'autre. Leonie avait eu peur que cela n'arrive à ses propres enfants quand elle avait quitté Ray : qu'ils ne se spécialisent dans la manipulation de leurs parents en se servant de leur sentiment de culpabilité. Il aurait suffi de baisser les yeux au bon moment en chuchotant que leur père leur aurait autorisé telle ou telle chose... Par chance, cela ne s'était pas produit. Jane, en revanche, possédait tous les symptômes de cette maladie. Le seul détail étrange venait de ce qu'elle était déjà presque une adulte au moment du divorce. Et elle ne cherchait pas à les manipuler tous les deux. Elle voulait seulement manipuler son père pour l'avoir tout à elle.

Hugh réfléchissait à la location d'un cottage sur la côte sud-ouest.

— Tu pourrais nous accompagner, Leonie, je suppose ? dit-il.

Sans Jane, la proposition lui aurait plu. Leonie aimait beaucoup Stephen et se serait réjouie d'être avec lui. Mais pas avec l'enfant gâtée !

— Je devrais emmener Mel et Abby, observa-t-elle pensivement.

— Je croyais que ce serait seulement toi et moi, papa, dit Jane avec une moue boudeuse.

— Leonie a besoin de faire une coupure, ma chérie, répondit-il tendrement. Les filles pourraient peut-être rester avec leur grand-mère pour une semaine, suggéra-t-il.

Leonie le fixa froidement.

— Ma famille n'est pas assez bien pour les snobs de la côte sud-ouest, c'est cela ?

Toute sa colère et son hostilité revenaient à la surface.

— Mais non, ce n'est pas la question, dit Hugh. Le cottage que nous louons n'est pas assez grand, c'est tout.

— On n'imagine même pas d'en louer un plus grand, si je comprends bien ?

Leonie avait mis dans ces quelques mots tout le sarcasme dont elle était capable.

— Nous allons toujours au même endroit, siffla Jane, les yeux luisants.

Leonie se demanda comment elle parvenait à retenir sa main de gifler Jane.

Hugh, de son côté, restait muet. Il aurait pu intervenir, expliquer qu'il n'avait qu'à louer une maison plus grande et qu'il avait été stupide de vouloir laisser Mel et Abby de côté.

— Bien !

Leonie délogea un Harris très déçu, le posa par terre et se leva. Elle se tourna vers Hugh, ignorant délibérément la présence de Jane.

— Va sur la côte, Hugh. Tu as besoin de vacances, mais je crains de ne pas pouvoir t'accompagner. Je t'appellerai. Un jour…

Elle prit son sac à main et se dirigea vers la sortie, de sa démarche la plus digne.

Hugh et les trois chiens la suivirent jusque sous le petit porche d'entrée.

— Ne le prends pas comme ça, Leonie, plaida-t-il. Nous pourrions parler de ces vacances. Les filles n'auraient peut-être pas envie de venir. Ça leur paraîtrait ennuyeux après ce long séjour à Boston.

— Tu es incroyable, Hugh, et ce n'est pas un compliment.

Ce jour-là, Leonie portait d'assez hauts talons et dépassait Hugh de plusieurs centimètres. Elle put ainsi le toiser de toute sa hauteur.

— Mes enfants passent en premier dans ma vie, et si tu ne comprends pas cela, tu n'as pas compris grand-chose de ce qui me concerne. Je n'imaginerais pas des vacances en famille sans mes enfants ! Comment as-tu seulement pu oser me le proposer ? Au revoir, Hugh.

Elle n'attendit pas sa réponse, ouvrit la porte et descendit l'allée à grands pas furieux. Elle ne décoléra pas de tout le trajet de retour. Sur la route à deux voies, les autres conducteurs purent la voir parler toute seule et gesticuler de rage.

Une fois chez elle, Leonie appela Hannah. Elle avait absolument besoin de parler à quelqu'un.

Hannah était en train de défaire des cartons de déménagement dans sa nouvelle maison de Londres. Elle fut ravie d'en être distraite.

— Je déteste cette maison, gémit-elle. La cuisine est hideuse et très sombre. On dirait que le couloir a été peint avec les restes de peinture bleue d'un asile d'aliénés des années 1940. J'ai horreur de rester seule ici.

— Où est Felix ?

— Sorti, répondit tristement Hanna, qui changea

rapidement de sujet. Parle-moi plutôt de toi ! De mon côté, c'est trop déprimant.

— Bienvenue au club, répliqua Leonie aussi tristement.

Elle avait tellement mal qu'elle raconta tout à Hannah, tous les détails blessants qu'elle n'avait jamais mentionnés. Comment Hugh croyait qu'un orgasme multiple désignait ce qui lui arrivait quand ils faisaient l'amour trois fois... Comment il avait annulé un de leurs rendez-vous parce que Jane avait eu des billets pour un match de rugby...

— La sale petite manipulatrice ! grogna Hannah. On ne trouve pas de billets à la dernière minute comme par miracle. Elle devait savoir que vous aviez rendez-vous et elle a attendu pour sortir ses billets en criant « surprise ! ».

Leonie lui raconta aussi qu'Hugh l'avait emmenée dîner dans un bon restaurant pour fêter leur quatrième mois ensemble. Jane avait appelé au milieu de la soirée en pleine crise de nerfs. Il avait payé et, laissant leurs assiettes à peine entamées, il l'avait déposée à la gare pour pouvoir se précipiter chez Jane et la consoler. Elle n'en avait jamais parlé à personne, trop honteuse de s'être laissé traiter comme un second rôle.

— Je n'ai rien fait de mal ! dit Leonie en larmes. Je ne comprends pas quelle erreur j'ai commise envers Hugh.

— Ce n'est pas à moi qu'il faut le demander, soupira Hannah. Je ne comprends rien aux hommes.

Leonie se mit à rire, prenant la remarque d'Hannah pour une plaisanterie.

— Voyons ! dit-elle. La ravissante Mme Andretti, qui fait la une des pages mondaines avec son beau mari, l'homme qu'elle a su retenir alors qu'aucune femme n'y était arrivée !

— Je te jure que je n'ai retenu Felix que pour une seule raison : il a estimé qu'il avait besoin d'une femme. Maintenant, il a une femme enceinte, ce qui est très utile pour impressionner les producteurs. Ces gens n'investissent pas des millions de livres sur un noceur incontrôlable. Ils veulent un père de famille stable et digne de confiance, avec de lourdes charges financières, qui ne fera pas exploser les budgets en étant jeté en prison pour avoir abusé de la cocaïne dans les toilettes d'une boîte de nuit.

— Je ne comprends pas...

Leonie était abasourdie de la colère que trahissait la voix d'Hannah. Elle n'aurait pas été plus étonnée en apprenant que Paul Newman et Joanne Woodward n'étaient pas le couple le plus heureux du monde. Felix et Hannah s'aimaient. Où était le problème ?

— Personne ne comprend Felix, Leonie. Le savais-tu ? C'est ce qu'il m'a dit l'autre soir, expliqua Hannah, très amère. Jusque-là, je croyais le comprendre mais il semblerait que j'avais tort. Il a passé son temps à m'exhiber dans des fêtes sans fin, en parlant de son grand amour au moindre journaliste qu'il croise ! En réalité, il est si content d'avoir retrouvé Londres qu'il n'est jamais à la maison. Nous avons vécu chez Bill pendant deux semaines et je ne les ai pas vus un seul instant, ni l'un ni l'autre. Nous avons emménagé ici lundi et il n'a pas encore déballé un seul carton. Je suis sa nouvelle campagne publicitaire, rien d'autre ! conclut-elle d'une voix tremblante.

— Tu ne peux pas dire ça, répondit Leonie pour la consoler.

— Hélas, je crois que si. Si tu as besoin de vacances,

pourquoi ne viendrais-tu pas avec les jumelles ? proposa Hannah d'un ton plus gai. Mel et Abby ne se formaliseraient pas de dormir dans des sacs de couchage ?

— Non.

Elle pensait néanmoins qu'après des vacances de luxe aux Etats-Unis, Mel et Abby ne trouveraient rien d'excitant à un sac de couchage.

— C'est très gentil, Hannah, reprit-elle. Cela me ferait vraiment plaisir. J'en parlerai aux filles quand elles rentreront. Es-tu certaine que cela ne dérangerait pas Felix ?

— Pas du tout, répondit Hannah d'une voix de nouveau très triste. Je te dis qu'il n'est jamais là.

Quand elles raccrochèrent, Leonie était encore plus triste. Elle avait appelé Hannah pour se faire remonter le moral et, à présent, en plus de son propre chagrin, elle avait peur pour son amie. Hannah, qui se montrait toujours si optimiste, paraissait abattue et très déçue. Cela ne pouvait être une simple question de déséquilibre hormonal. Les hommes trouvaient pratique de toujours mettre les humeurs des femmes sur le compte de leurs hormones, mais ce n'était pas si simple. Leonie avait senti Hannah réellement très déprimée. Elle regretta une fois de plus que son amie ait déménagé.

Elle décida d'appeler Emma pour entendre des nouvelles un peu moins décourageantes.

Ce fut Kirsten qui décrocha.

— Bonjour, Leonie, dit Kirsten quand elle se fut présentée. Emma est à l'étage. Je vais la chercher.

— Bonjour ! dit Emma d'une voix exagérément joyeuse au bout d'un petit moment. Ne quitte pas, Leonie, j'emporte le téléphone dans la pièce d'à côté.

Leonie entendit une porte que l'on fermait énergiquement.

— Je ne voulais pas te parler dans l'entrée, de peur que Kirsten ne m'entende, souffla Emma.
— Pourquoi ? Que se passe-t-il ?
— Elle a quitté Patrick.
— Quoi !
— Plus exactement, elle est partie avant qu'il la mette dehors. Elle a eu une aventure et il l'a découvert. Je crois qu'elle n'a jamais cessé de flirter à droite et à gauche et Patrick avait dû s'en rendre compte. Ils se disputaient sans arrêt et je ne comprenais pas pourquoi. Je suppose qu'elle s'est lassée de flirter et qu'elle est passée à l'acte avec une de leurs relations communes. C'est fini entre Patrick et elle. Elle est arrivée ici ce matin avec huit valises et son oreiller préféré en disant qu'elle avait rompu.
— C'est affreux, dit Leonie. Elle n'avait pas l'air trop mal au téléphone, mais c'est la première fois que je lui parle et je ne peux donc pas très bien en juger.
— Elle n'est pas mal du tout, chuchota Emma. Je suppose qu'elle a pris des calmants. Ou bien elle croit que Patrick va venir la chercher dans une demi-heure pour la ramener à la maison en expliquant qu'il ne peut pas vivre sans elle.
— Tu penses qu'il va le faire ?
— Non ! Elle a passé les bornes, cette fois. Patrick est un homme merveilleux mais il y a des limites à ce qu'il peut accepter. C'est horrible, ajouta-t-elle pensivement. Ils étaient si bien ensemble ! Kirsten n'aurait pas pu trouver un meilleur mari. Il la gâtait mais il ne se laissait pas marcher sur les pieds. Enfin ! Pendant qu'elle est ici, elle pourra m'aider à m'occuper de maman. Comme maman déteste rester seule, je passe beaucoup de temps avec elle. J'espère que Kirsten va m'aider, mais je n'en suis pas certaine. Elle s'en va dès que

maman commence à pleurer, et la pauvre pleure de plus en plus.

— Eh bien, toi, Hannah et moi, nous formons un joyeux trio, remarqua Leonie. J'ai rompu avec l'homme de mes rêves, tu essaies de résoudre tous les problèmes de ta famille et Hannah broie du noir !

— Qu'est-ce qui ne va pas ? demanda Emma avec froideur.

Elle n'imaginait pas qu'Hannah puisse avoir des problèmes. Elle était enceinte ! Une femme pouvait-elle espérer mieux ? C'était typique de cette insupportable Hannah ; elle voulait comme toujours le beurre et l'argent du beurre.

— Felix ne se conduit pas très bien, c'est tout.

Leonie regretta aussitôt ses paroles. Elle s'en voulait d'avoir même seulement mentionné Hannah. Emma, qui n'avait pas parlé à Hannah depuis un certain temps, ne supportait visiblement pas de la voir aussi heureuse d'être enceinte. De son côté, Hannah s'énervait parce que Emma ne faisait rien pour avoir un bébé. Leonie s'évertuait à maintenir la paix entre elles, ce qui devenait de plus en plus difficile.

— Pourquoi ? demanda Emma.

— Il est un peu distrait quand il s'agit de défaire les cartons, dit Leonie d'un ton aussi léger que possible.

— C'est tout ? répondit Emma avec dédain. Dans ce cas, elle ne sait pas ce que c'est que d'avoir de vrais ennuis.

Découragée par ses deux conversations, Leonie conclut qu'il n'y avait plus qu'une seule chose à faire : se rabattre sur Doug.

Elle prit la laisse de Penny et se mit en chemin avec elle d'un pas vif.

Doug émergea de son atelier les yeux fatigués, son vieux jean couvert de peinture.

— Cela te dit, une promenade ? demanda-t-elle gaiement.

— Excellente idée, répondit-il en souriant. Donne-moi deux minutes pour me préparer.

Le voyant de son répondeur clignotait quand Leonie rentra chez elle après sa promenade en compagnie de Doug et des trois chiens. Hugh avait laissé quatre messages, chacun plus angoissé que le précédent.

« Je suis désolé, Leonie, disait-il à chaque fois. Il faut qu'on parle. »

Parle à un psy ! grogna-t-elle en effaçant les messages. La marche l'avait calmée, même si elle avait tu ce qui s'était passé. Doug, très intuitif, avait dû sentir qu'elle avait un problème mais ne s'était pas permis de lui poser de question.

Hugh la rappela dans la soirée.

Leonie, qui avait retrouvé tout son sang-froid, regrettait son explosion.

— Je respecte le fait que tu aies des enfants, Hugh, dit-elle sans lui laisser le temps de recommencer ses « je suis désolé ». De la même façon, tu dois respecter le fait que j'en aie, moi aussi.

— Mais je le respecte ! protesta-t-il.

— Je n'en suis pas si sûre. Je suis consciente que, nous rencontrant à l'âge que nous avons, nous avons déjà une longue histoire personnelle, mais nous devons apprendre à en tenir compte. J'ai des difficultés à supporter Jane et j'ai l'impression que tu as du mal à supporter mes enfants.

— Mais non, répéta-t-il.

— Hugh, tu ne veux pas que mes filles viennent en vacances avec nous, dit Leonie, qui n'avait jamais rien vécu de plus blessant. Nous formons un tout, Hugh. Si tu me veux, tu dois savoir que je ne viens pas sans mes enfants. C'est aussi simple que cela.

— Il est toujours difficile de vivre avec les enfants des autres, admit Hugh. Le seul enfant avec lequel je me sois réellement bien entendu est Jane. Même pour Stephen, j'ai été un père médiocre. Je ne suis pas très doué avec les enfants.

— C'est une excuse facile, répondit Leonie d'un ton glacial. J'ai fait un effort avec Jane alors qu'elle me hait. Avec mes enfants, tu n'as même pas essayé. Combien de fois as-tu demandé à venir chez moi pour dîner avec nous tous ? Une seule fois, une seule ! Tu préférais me voir en ville ou chez toi, et maintenant je sais pourquoi.

— Jane ne te hait pas, dit Hugh, piqué.

Ses dénégations rallumèrent la colère de Leonie.

— Redescends sur terre, Hugh ! Ta fille hait les femmes qui pourraient t'éloigner d'elle. Essaies-tu vraiment de me dire que ce n'est pas vrai ?

— Elle est sensible au fait que je voie quelqu'un.

S'il ne s'était pas agi d'une conversation grave, Leonie aurait éclaté de rire. Jane, sensible ?

— Hugh, si tu as envie de croire que c'est sa sensibilité qui est en cause, cela te regarde.

Leonie se retenait de toutes ses forces de dire ce qu'elle pensait : que Jane était une névrosée obsessionnelle, manipulatrice et tyrannique qui avait besoin d'une bonne injection de réalité pour la ramener sur terre.

— Je crois, reprit-elle, que nous devrions éviter de nous voir pendant un certain temps et prendre le temps de réfléchir à nos relations.

— Pourquoi ? demanda-t-il. C'est ce que l'on dit quand on veut rompre, Leonie, tu le sais.

— Non. Cela nous donnera le temps de réfléchir. Tu dois décider si tu veux sortir avec une femme qui a trois enfants, et moi, j'ai besoin de savoir si je veux continuer à sortir avec toi.

Il y eut un silence puis Hugh reprit la parole.

— Tu es dure, Leonie.

— Je ne suis pas dure mais réaliste. Je m'inquiétais à l'idée que Penny puisse ne pas s'entendre avec tes chiens. J'aurais mieux fait de me demander si tu pourrais t'entendre avec Abby, Mel et Danny, et comment je m'entendrais avec Jane et Stephen. Et surtout, comment ils vivraient notre relation.

— Nous ne pouvons pas rompre à cause d'une chose aussi bête ! s'écria Hugh.

— Ce n'est pas bête, et nous ne sommes pas en train de rompre. Nous prenons du temps. Je t'appellerai dans une quinzaine de jours quand nous nous serons tous calmés.

— Et nos vacances ? se plaignit Hugh.

— Vas-y avec Jane.

En raccrochant, Leonie s'interrogea sur ce qu'elle ressentait. Allait-elle éclater en sanglots et se précipiter sur la bouteille de gin ? Non. Elle eut un sourire désabusé. Cela ne lui faisait pas grand-chose. Sortir avec Hugh avait été une bonne idée mais rien de plus : un homme agréable pour aller au cinéma et au lit. Mais ce n'était pas lui qui la rendrait folle d'amour et de désir. Si cela avait été le cas, elle aurait eu le cœur brisé, aurait pleuré toutes les larmes de son corps. Surtout, elle se serait battue pour desserrer l'étreinte mortelle de Jane sur son père. Et lui, il aurait compris à quel point elle aimait ses enfants. En définitive, Hugh n'était pas le prince Charmant.

Elle passa dans sa cuisine et se demanda ce qu'elle allait se préparer pour le dîner. Pauvre Hugh, pensa-t-elle en émincant des légumes avant de les faire sauter à la poêle. Il n'échapperait jamais à l'étouffante Jane. Il avait besoin d'amour mais elle ferait fuir toutes les femmes qui oseraient s'approcher de lui.

Assise sur un coussin par terre dans le salon, Hannah déballait prudemment ses bibelots. Elle avait déjà vidé les cartons de vaisselle et péniblement rangé les tasses, les assiettes, les soucoupes et les bols après avoir nettoyé les placards à fond. Elle s'était ensuite attaquée aux cartons du salon. Il y en avait tant ! Comment avait-elle pu accumuler autant de choses ?

La porte d'entrée claqua et la porcelaine posée sur le sol cliqueta sous l'onde de choc.

— Hannah ! rugit Felix. Tu es là ?

Où pourrais-je être ? ragea Hannah en elle-même. Je ne connais personne, tous mes amis sont en Irlande et je n'ai pas de voiture. Où pourrais-je aller ?

— Je suis dans le salon, cria-t-elle.

Deux mains apparurent dans l'ouverture de la porte, l'une chargée d'un gros paquet rose, l'autre d'un énorme bouquet de lis.

Felix se montra, souriant de toutes ses dents.

— Petits cadeaux pour toi, mon amour ! Parce que tu es la femme la plus extraordinaire au monde !

Hannah sourit malgré elle. Il s'approcha sans se presser, se pencha et lui offrit le bouquet. Elle s'abandonna au délicieux parfum des lis.

— Ce n'est pas tout, reprit Felix en lui tendant le paquet rose.

Elle l'ouvrit et vit d'abord une bouteille de champagne qu'elle brandit vers lui en l'agitant.

— Je n'ai pas le droit de boire, idiot ! dit-elle.

— C'est pour moi, répondit-il avec un éclat de rire en lui reprenant la bouteille. Le reste est pour toi.

Le reste était un flacon d'Allure de Chanel, un de ses parfums préférés, et une boîte de chocolats d'un grand confiseur qui iraient directement sur ses hanches déjà si bien arrondies, se dit Hannah avec une petite grimace. Enfin, il y avait un petit chiffon de soie couleur d'ambre qui brillait doucement tandis qu'elle le dépliait pour l'admirer. Une nuisette provocante qui avait dû coûter une fortune ! Une fortune qu'ils n'avaient pas... Depuis que les financiers s'étaient retirés du film que Felix était censé tourner en septembre, ils devaient faire très attention à leurs dépenses.

— Felix, dit-elle en admirant la nuisette, nous ne pouvons pas nous le permettre.

— Si, mon amour, répondit-il en s'asseyant à côté d'elle pour l'embrasser dans le cou. L'argent revient ! Ils ont accepté une deuxième saison de *Bystanders* et mon cachet crève le plafond !

— Oh, Felix ! s'écria-t-elle avec gratitude. C'est merveilleux. Je m'inquiétais tellement à cause de l'argent...

— Et à cause de moi, je suppose, dit-il d'un ton plein de remords. Je sais, je suis désolé. Je suis impossible à vivre quand je chôme. J'ai été insupportable mais je vais me rattraper. Tu me pardonnes ?

Hésitante, elle finit par accepter d'un hochement de tête.

Felix entreprit de déboutonner son cardigan.

— Voyons comment te va cette ravissante petite nuisette, murmura-t-il.

— Felix, non ! Il fait encore jour et les rideaux sont ouverts. Si quelqu'un passe dans l'allée, on nous verra.

Il éclata d'un grand rire truculent.

— Ce serait drôle, non ?

Un peu plus tard, il s'assoupit sur le divan, des mèches blondes en travers de son profil parfait. Hannah s'émerveillait toujours de son aptitude à dormir n'importe où. Il pouvait sommeiller en avion alors qu'elle paniquait à cause des turbulences. Un jour où ils avaient pris le métro, il s'était endormi pendant le court trajet entre Green Park et Covent Garden. Hannah le couvrit avec son pull-over et se leva lentement pour mettre les fleurs dans l'eau.

Elle le regarda dormir avec tendresse. Elle l'aimait, malgré ses sautes d'humeur et ses crises de mélancolie. Sans doute son tempérament d'artiste ! La prise de risque que représentait le métier d'acteur se combinait au travail intérieur déstabilisant nécessaire pour se mettre dans la peau de ses personnages. Cela devait avoir un effet durable sur la personnalité. Mais, se dit Hannah, c'était le problème de Felix. Elle, elle devait apprendre à s'en accommoder. On ne pouvait pas épouser un acteur et piquer une crise de nerfs chaque fois qu'il était déprimé ! Quelqu'un d'autre pouvait avoir l'impression de ne jamais savoir à quoi s'en tenir avec Felix, mais pas elle. Elle était sa femme, celle à laquelle il apportait des fleurs et des cadeaux. Ils se comprenaient à la perfection. Marchant sur la pointe des pieds pour ne pas le réveiller, elle se rendit dans la cuisine. Elle était certaine d'avoir déballé un vase, mais où l'avait-elle rangé ?

27

Doug insista pour emmener Leonie chercher les filles à l'aéroport.

— Je ne veux pas t'arracher à ton travail, dit-elle, sachant qu'il était en train de terminer un tableau important.

— J'ai assisté au début de cette série de la saga des Delaney et je veux voir la fin ! De toute façon, je dois me rendre en ville pour voir mon ami de la galerie. Si tu m'accompagnes, nous pourrons déjeuner ensemble et aller ensuite à l'aéroport. Nous ferons d'une pierre deux coups.

— Si tu es certain...

— Quel est le problème ? Tu préfères demander à Hugh d'y aller avec toi ?

— Non, marmonna Leonie.

Elle ne lui avait pas encore parlé de sa rupture avec Hugh. Elle se sentait ridicule. Doug serait scandalisé s'il savait qu'Hugh ne s'intéressait pas aux jumelles, alors que lui-même s'était profondément attaché à elles. Pourtant, ils ne sortaient pas ensemble. Leonie frissonna de dégoût à l'idée d'avoir eu une relation avec un homme qui se moquait de ses enfants.

— Je passe te prendre demain à onze heures et demie, dit Doug.

Le lendemain, quand il s'arrêta devant sa porte, elle eut du mal à le reconnaître. Depuis leur rencontre, elle ne l'avait jamais vu porter autre chose qu'un vieux jean et des pull-overs déformés, de la couleur et de la consistance du ciment mouillé. Cette fois, il avait totalement changé d'allure. Ses cheveux auburn, d'ordinaire en bataille, étaient peignés en arrière avec soin. Il avait mis un ensemble gris anthracite et une chemise bleu foncé qui allait remarquablement bien avec sa couleur de cheveux. Une sobre cravate gris acier complétait l'ensemble. Leonie fixait avec stupéfaction le parfait citadin debout devant elle. Il était si élégant, si raffiné ! Et on ne voyait presque plus ses cicatrices. Elles s'effaçaient de façon étonnante. Un jour, Leonie avait lu un article sur les vitamines et les minéraux qui aident le corps à guérir et, depuis, elle obligeait Doug à prendre chaque matin une poignée de comprimés en tout genre. Il se plaignait pour rire de les entendre s'entrechoquer dans son estomac quand il marchait mais, comprimés ou autre chose, ses cicatrices s'amélioraient réellement.

— Mes vieux vêtements de travail ne sont pas collés sur moi, tu sais ! dit-il d'un air malicieux tandis que Leonie l'examinait des pieds à la tête. J'ai d'autres tenues et, de temps en temps, j'aime me sentir bien habillé.

— Mais... tu as l'air tellement différent !
— Mieux ?

Elle inclina la tête sur le côté comme pour l'examiner.

— Tu es très beau, mais j'aime bien tes vieilles affaires. Je ne me serais jamais sentie aussi détendue avec toi si tu avais été habillé de cette façon à notre première rencontre. Moi, la reine des nippes d'occasion, j'aurais été trop intimidée pour te parler.

— C'était le costume préféré de Caitlin, dit-il rêveusement. Elle détestait mes vêtements de travail. Elle voulait toujours que j'enlève les taches de peinture et que je m'habille pour dîner. Elle trouvait les costumes très sexy. Hugh porte-t-il des costumes ? demanda-t-il à brûle-pourpoint.

— Ne me parle pas de Hugh, veux-tu ? maugréa Leonie.

— Une dispute ?

« Oui », fit-elle de la tête. Il valait mieux le lui laisser croire que de se lancer dans des explications compliquées.

En ville, Doug se gara devant une galerie de Ballsbridge.

— J'en ai pour quelques minutes à leur déposer les toiles. Entre donc et jette un coup d'œil.

— Je vais t'aider, proposa-t-elle.

— Non, répondit-il avec autorité. C'est lourd. Va voir ce qu'ils exposent. Je te rejoins dans quelques minutes.

Tandis que Doug et un employé de la galerie – brushing excentrique et cravate rose – portaient les toiles dans la galerie, Leonie en fit le tour, admirant des huiles aux couleurs vives et des aquarelles rêveuses puis, au centre, des sculptures hérissées de pointes agressives. Tout était très cher. Les peintures de Doug coûtaient certainement encore plus cher. Hugh lui avait dit que ses toiles représentaient un solide investissement.

« Tu pourrais lui en acheter une à bon marché, avait-il dit, les yeux brillants à l'idée de gagner un peu d'argent. Dans quelques années, tu la revendras avec un beau bénéfice. »

Leonie avait été scandalisée : faire de l'argent sur le dos d'un ami ? Certainement pas !

Elle étudiait un grand tableau moderne en essayant de comprendre ce que le peintre avait voulu exprimer quand la porte de la galerie s'ouvrit bruyamment. Leonie tourna la tête. Une petite femme blonde entrait.

Si elle avait voulu la décrire, elle l'aurait définie comme « très vive ». Et bourrée d'énergie. Cette femme pétillait. A l'abri d'une bizarre sculpture rouge, Leonie admira sa tenue extravagante : un ensemble pantalon rouge vif, des bottes à la dernière mode avec des talons vertigineux, et des cheveux blonds hérissés. Elle ne fait pas sa couleur elle-même, nota Leonie d'un œil expert. La femme se dirigea vers Doug, tendit les bras vers lui, se dressa sur la pointe des pieds pour prendre son visage entre ses mains et l'embrassa.

Leonie écarquilla les yeux. Ce ne pouvait pas être...

— Bonjour, Caitlin. Je ne pensais pas te voir ici, dit Doug d'un ton égal.

— J'ai appris que tu venais, répondit Caitlin d'une voix de fumeuse endurcie.

Leonie fit de son mieux pour se fondre dans le décor. Elle s'absorba dans la contemplation d'une horrible croûte en essayant de ne pas écouter. Mais en vain ! C'était la femme qui avait tellement fait souffrir Doug en le quittant.

— Comment vas-tu ? demanda Caitlin, une petite main toujours posée sur le bras de Doug.

Elle était beaucoup plus petite que lui et devait renverser son cou mince pour le regarder. « Très vive », cela la définissait réellement bien. Elle avait un petit visage expressif et d'immenses yeux noirs. Elle bougeait en permanence, un pied battant la mesure pendant qu'elle parlait.

— Tu m'as manqué, tu sais, dit-elle.
— Vraiment ? Tu ne m'as jamais appelé. Tu sais pourtant où je vis.

Leonie avait mal pour lui qui l'avait attendue sans qu'elle revienne jamais.

Caitlin se pencha un peu plus vers lui, lissant le revers de son veston dans un geste d'intimité.

— Tu portes mon costume préféré, dit-elle tendrement, les yeux toujours levés sur lui.
— Oui.

Un mot pouvait dire tant de choses ! Leonie comprit qu'il l'avait mis pour Caitlin.

Elle ne supportait plus les regards qu'ils échangeaient.

— Au revoir, mon chou. Je vais prendre un café à côté. A tout à l'heure ! dit-elle à l'employé de la galerie en lui envoyant un baiser du bout des doigts.

Très surpris, il ne s'en leva pas moins et lui renvoya son baiser d'un grand geste spectaculaire.

— Parfait, mon chou. A plus tard !

Faisant tournoyer sa jupe, elle sortit, passant devant Doug comme si elle ne le connaissait pas. Il aurait été déloyal de le mettre dans une situation embarrassante. S'il désirait que Caitlin revienne, il n'avait sans doute pas envie qu'elle connaisse son amitié avec sa voisine.

Et pourtant il n'y avait que de l'amitié dans leur relation, pensa tristement Leonie en commandant un décaféiné et un beignet. Elle venait de comprendre son désir d'autre chose entre Doug et elle. C'était un homme gentil, sympathique. Elle désirait plus que son amitié. Beaucoup plus ! Le pire, c'était qu'elle avait eu sa chance et qu'elle l'avait gâchée.

Ne sois pas stupide, se dit-elle avec énergie. Tu ne l'as jamais intéressé ! Que pouvait-elle offrir à un homme qui avait connu Caitlin, une bombe sexuelle d'à peine trente ans, avec une belle carrière et des petits pieds qu'elle pouvait glisser dans des chaussures fines ?

Leonie aurait parié toutes ses économies que Caitlin n'avait pas des vêtements trop larges pour les jours où elle se sentait ballonnée. Non, si Caitlin avait deux garde-robes, l'une s'appelait « Waouh ! Comme je suis sexy ! » et l'autre « Mon Dieu, que je suis belle ! ».

Tout en sirotant son café, Leonie guettait par la fenêtre, espérant voir apparaître un Doug qui aurait envoyé promener la belle Caitlin. Elle avait terminé son deuxième café et mangé presque tout son beignet quand l'employé de la galerie poussa la porte. Dès qu'il l'eut repérée, il lui adressa un grand geste théâtral et se dirigea vers elle d'une démarche ondulante, sa cravate rose prenant des reflets violets sous les néons.

— Leonie, c'est bien cela ? dit-il. Doug m'a demandé de vous donner ceci ; il vous prie de l'excuser de ne pas pouvoir vous conduire à l'aéroport.

Il posa un billet de cinquante livres sur la table.

— Il est désolé de ne pas pouvoir vous emmener mais Mlle Caitlin a une crise de nerfs et il essaie de la calmer. Dire qu'il s'agit de caprices de diva serait encore trop bon pour cette fille ! Je l'aurais volontiers giflée, précisa-t-il avec un geste de mépris, mais cela aurait déplu à Doug et, lui, je l'aime trop pour lui faire de la peine.

Leonie n'écoutait plus qu'à moitié depuis qu'il lui avait annoncé la défection de Doug. Doug était un homme de parole. Il ne laisserait jamais tomber quelqu'un, sauf pour une personne qu'il aimait vraiment, une femme dont il avait été séparé pendant des années.

Leonie sentit ses yeux la picoter. Elle repoussa le billet.

— Non, merci, dit-elle aussi fièrement qu'elle le put. Je n'en veux pas. J'ai de l'argent. Doug me rendait seulement service.

— Vraiment ? demanda le jeune homme, le regard inquisiteur sous sa discrète couche de mascara. Ne faites pas la sotte, mon chou. Cela m'est arrivé un jour, et regardez où cela m'a mené ! Je suis tout seul. Dites ce que vous avez à dire, si vous voulez mon avis.

Laissant le billet sur la table, il repartit de sa démarche ondulante.

Leonie prit le billet et son sac, et sortit à son tour, mais à toute vitesse. Elle voulait fuir les parages de la galerie et pressa le pas, haletant sous le soleil d'août tandis qu'elle longeait les files de voitures arrêtées aux feux rouges. Elle n'avait qu'une seule idée : mettre autant de distance que possible entre la galerie et elle, de peur de voir Doug embrasser Caitlin. Elle atteignit enfin le bout de la rue et tourna. Si sa mémoire était bonne, il y avait une station de taxis non loin.

Quand elle s'écroula enfin sur la banquette du taxi, elle était en sueur. Son fond de teint coulait sur ses joues, et sa chemise en soie orange, trempée, lui collait à la peau. Son déodorant ne faisait plus aucun effet, mais elle s'en moquait.

Le chauffeur tenta d'engager la conversation. Comme elle lui répondait par monosyllabes maussades, il renonça. Ils n'étaient plus très loin de l'aéroport quand Leonie prit conscience de son allure. Elle sortit bien vite sa trousse à maquillage de secours pour réparer les dommages. Comme elle avait une heure d'avance, elle s'assit dans la zone des arrivées et feuilleta un magazine sans vraiment voir ce qu'elle lisait. Doug ! Oh, Doug !

Pourquoi n'avait-elle pas compris plus tôt ? A présent, c'était trop tard.

La plupart des passagers du vol en provenance de Boston étaient déjà passés devant elle quand Mel et Abby franchirent les portes coulissantes, bronzées, en pleine forme et resplendissantes, encombrées d'une montagne de bagages et de sacs.

— Maman ! hurlèrent-elles.

Leonie les serra de toutes ses forces contre elle, pleurant de joie.

— Je suis tellement heureuse de vous voir ! dit-elle, mi-riant, mi-pleurant.

— Nous aussi ! répondirent-elles en chœur.

— Vous êtes superbes !

Mel était magnifique avec son beau bronzage, ses longs cheveux noirs retenus en une grosse tresse. Elle portait un pantalon en Nylon noir, un tee-shirt rose et un cardigan lilas noué à la diable autour de ses hanches. Mais Abby laissa Leonie sans voix. Elle avait grandi d'un seul coup et, à présent, dépassait Mel. Tout son corps s'était allongé et ses rondeurs s'étaient transformées en courbes sensuelles. Elle avait enfilé un jean étroit délavé qui mettait ses longues jambes en valeur et un tee-shirt turquoise moulant qui soulignait la couleur de ses yeux. Des bracelets indiens en argent et turquoise cliquetaient à ses bras, assortis à un collier en argent qui scintillait à son cou bronzé. L'ensemble lui conférait une allure décontractée, dans un style à la *Thelma et Louise* qui lui allait à la perfection.

— Abby, comme tu es belle ! s'exclama Leonie en se reculant pour mieux admirer son petit canard chéri transformé en cygne.

— Je me sens belle, répondit Abby avec un grand

sourire. Je me sens dans ma peau et plus dans celle d'une autre.

— Elle n'a pas arrêté de lire des livres de développement personnel, dit Mel en riant. Tu sais : « Je peux découvrir mon pouvoir intérieur dans tout ce que je fais ! »

— Toi, tu ne découvres ton pouvoir intérieur qu'en voyant un beau garçon ! la taquina Abby.

Comme par magie, à ce moment précis, une bande de jeunes gens chargés de sacs à dos dépassa leur petit groupe en jetant des regards admiratifs aux jumelles. Mel, qui avait l'habitude, leur répondit d'une jolie moue. Mais ce fut la réaction d'Abby qui stupéfia Leonie. Elle les regarda avec un sourire assuré puis rejeta la tête en arrière en éclatant de rire, d'un mouvement qui fit onduler ses cheveux brillants sur ses épaules. Elle rayonnait de confiance en soi. Sa petite fille rentrait à la maison devenue une adulte.

Elles n'arrêtèrent pas un seul instant de parler pendant le trajet de retour.

— Je croyais que Doug venait nous chercher ? s'étonna Mel.

— Il a eu un empêchement, répondit Leonie comme si de rien n'était. Et maintenant, racontez-moi tout !

Boston était formidable et le Texas encore mieux. Charlie, le père de Fliss, y possédait un ranch et avait aussi une maison près de Taos au Nouveau-Mexique.

— Un coin très beau, très mignon, où tu peux skier en hiver, expliqua Mel d'une voix émerveillée. C'était incroyable ! Plein de gens New Age qu'Abby aimait beaucoup. Elle est sortie avec l'un d'eux qui s'appelait Kurt.

Avant, Abby aurait rougi comme une tomate si sa jumelle avait révélé ce genre de détail. Elle se contenta de sourire en jouant avec un lien de cuir qui entourait son poignet bronzé.

— C'était un ami, c'est tout, maman. Mel croit toujours qu'on ne peut se voir que pour sortir ensemble. C'est tellement démodé, Mel !

A la maison, leur arrivée rendit Penny folle de joie. Elle tremblait de bonheur en léchant les jumelles et renifla leurs valises d'un air extatique.

— Tu nous as manqué, lui dit Abby, qui s'assit par terre en tailleur à côté d'elle.

Clover ignora ces démonstrations de joie et alla se percher sur un des placards de la cuisine, observant la scène comme un monarque ennuyé par ses sujets.

Leonie s'attendait plus ou moins que ses filles soient déçues de rentrer mais, au contraire, elles n'arrêtaient pas de pousser des cris de joie, répétant que tout leur avait manqué. Surtout, elles avaient trouvé exaspérant de devoir être impeccables en permanence.

— Fliss est obsédée par la propreté, dit Mel. Tu détesterais cela, maman.

Leonie retint un éclat de rire.

Les retrouvailles terminées, Mel se précipita sur le téléphone pour raconter à ses amies comme à ses ennemies qu'elle venait de passer des moments absolument fabuleux, qu'elle était toute bronzée et qu'elle avait des tas de nouveaux vêtements, impossibles à trouver en Irlande, évidemment !

Abby déballa plusieurs petites boîtes de couleurs vives contenant des tisanes en sachet. Elle proposa à sa mère d'en préparer une qui leur redonnerait de l'énergie. Elle expliqua à Leonie qu'elle avait arrêté le thé et le café. Elle ne voulait plus empoisonner son corps avec ce genre de boissons malsaines.

— Tu es ce que tu manges, dit-elle.

Elle se lança ensuite dans une grande explication sur l'intérêt de manger des aliments frais et sains plutôt que des produits tout prêts.

— Je trouve la tisane au citron très revitalisante, poursuivit-elle en faisant bouillir de l'eau, mais ma préférée est celle à la canneberge et à l'orange.

Assise sur une des chaises de cuisine, Leonie admirait sa grande fille sûre d'elle-même.

— Tu es très belle, Abby, dit-elle d'une voix étranglée. Je me sens si fière de toi !

— Goûte ! ordonna Abby en lui tendant une tasse de tisane à la canneberge.

— Délicieux !

— Je maltraitais mon corps, j'avalais des horreurs et je n'écoutais pas ses signaux d'alarme. C'est pour cela que je déprimais et que je me détestais. Maintenant, je me sens très bien.

Elle rayonnait, constata Leonie. Son regard pétillait et elle débordait de vie.

Au souvenir de l'adolescente mal dans sa peau et hargneuse qui était partie seulement trois mois plus tôt, Leonie fit une petite prière de remerciements. Elle remercia également Fliss. Quoi qu'elle ait fait pour Abby, Leonie lui en était sincèrement reconnaissante.

— Fliss a visiblement fait du beau travail, remarqua-t-elle.

— Ce n'est pas Fliss, dit Abby en insistant sur les mots. C'est toi, maman. C'est toi qui m'as tirée d'affaire. Tu as toujours été très forte et moi, je n'y arrivais pas. J'essayais de ressembler à quelqu'un d'autre que moi. Je...

Elle réfléchit un instant, à la recherche des mots justes.

— Je voulais ressembler à Mel et parler comme Fliss tout en étant moi-même. Cela ne marche pas.

La stupidité de cette idée la fit rire.

— On se doit tous à soi-même d'être soi. J'ai suivi un cours où je l'ai appris. J'ai aussi suivi pendant quelque temps des séances de soutien psychologique et c'était très bien mais, à Taos, j'ai entendu parler de ce cours. Il traitait de la guérison et de la prise en main de sa propre vie. Mel trouve ça débile mais c'était exactement ce dont j'avais besoin. Il faut se libérer de toutes les idées fausses que l'on a sur soi-même pour découvrir son vrai soi. Nous devions parler des gens qui nous donnaient du courage et (les yeux d'Abby brillaient en disant cela) j'ai parlé de toi, maman.

Les yeux de Leonie se mirent aussi à briller, mais de larmes.

— Je leur ai raconté le courage que tu as eu de te séparer de papa parce que tu savais que vous faisiez fausse route et que tu te devais à toi, mais aussi à papa et à nous, de vivre avec la bonne personne. Je leur ai dit tous les sacrifices que tu as faits pour nous. Maman, je sais que tu achètes tes vêtements dans des boutiques d'occasion pour que nous ayons des affaires neuves. Ne crois pas que je n'en avais pas conscience. Simplement, je n'appréciais pas ce que tu fais à sa juste valeur. La séparation m'a permis de m'en rendre compte.

— Oh, Abby ! dit Leonie en prenant la main de sa fille dans les siennes. J'ai cru que tu voulais me quitter pour vivre avec Fliss.

— En réalité, j'avais très envie d'être débarrassée de moi-même. J'étais devenue boulimique, maman. Je me faisais vomir. Je sais que je t'ai menti.

Incapable de parler, Leonie serra plus fort la main d'Abby.

— Je ne comprends pas comment j'ai pu être aussi bête, poursuivait Abby. La boulimie peut provoquer une crise cardiaque. Tu t'abîmes les dents et les gencives et tu te fais mal à la gorge en vomissant l'acide gastrique. En plus, ça ne marche pas ! Ça ne sert qu'à te détruire de l'intérieur.

Abby prit une grande respiration avant de conclure.

— J'ai eu beaucoup de mal à te le dire, maman, parce que je t'avais menti. Mais il faut regarder ce genre de choses en face. C'est important !

Elle paraissait tellement adulte, se dit Leonie, tellement maîtresse d'elle-même.

— Abby, promets-moi que tu ne recommenceras jamais.

Abby prit affectueusement sa mère dans ses bras.

— Je te le promets, maman. Je ne le referai pas, pour toi et pour moi, tu as ma parole. Pour guérir de la boulimie, il faut vouloir guérir pour soi. C'est de cela qu'il est question dans la thérapie. Ce n'est pas toujours facile, tu sais, mais je peux y arriver. Surtout si tu me soutiens.

Elles passèrent la soirée toutes les trois autour de la table de la cuisine, à rire et parler des vacances. Comme toujours, Mel avait des photos et, comme toujours aussi, elle avait décapité la plupart de ses sujets.

Leonie réalisa que Mel paraissait plus jeune que sa sœur. Abby avait grandi sur tous les plans alors que Mel n'en avait jamais eu besoin. Elle devrait souffrir à un moment ou un autre pour franchir les étapes et les défis qu'elle avait jusque-là évités sans effort. Leonie savait qu'Abby se tiendrait à ses côtés ce jour-là.

— Maman, j'ai faim ! dit Abby en ouvrant les placards. Il me faudrait de la roquette, du basilic et des pignons. En as-tu ?

Leonie éclata de rire.

— Non ! On ira faire des courses demain. Ton alimentation saine implique-t-elle que je doive concocter quatre menus différents tous les jours ?

Abby lui tira la langue irrévérencieusement.

— Je ne te donne pas longtemps pour manger comme moi ! dit-elle. Tu verras.

— Fais-lui confiance, confirma Mel. Elle ne me laisse plus manger de glace au chocolat.

Ce soir-là, Leonie se prépara pour la nuit avec la sensation qu'un poids énorme lui avait été ôté des épaules. Abby allait bien, mieux que bien ! Elle s'était épanouie. Il n'y avait rien de plus important au monde. Tant pis si Leonie souffrait à cause de Doug. Elle avait retrouvé ses filles chéries. Que lui fallait-il d'autre ? Elle avait fait l'erreur de se lier avec Hugh et de ne pas voir ce qui arrivait à Abby. Cela ne se reproduirait plus. Elle rayerait les hommes de son avenir, décida-t-elle solennellement. De toute façon, qui avait besoin d'un homme ?

Le lendemain, elles allèrent toutes les trois acheter des vêtements et les uniformes du collège. Les cours reprenaient huit jours plus tard. Mel avait besoin d'un pull-over et Abby d'une jupe car elle avait trop grandi pour remettre l'ancienne. Après les courses, elles entrèrent dans un cinéma pour voir le dernier film de James Ivory puis dînèrent dans un restaurant mexicain. Pendant qu'elle était avec les jumelles, Leonie pouvait oublier Doug. Toutefois, en rentrant, elles découvrirent qu'il avait laissé un bref message sur le répondeur en disant qu'il rappellerait. Leonie passa la soirée à attendre cet appel. Elle se demandait comment Doug allait s'expliquer mais elle avait quand même envie d'entendre sa voix, de l'entendre dire « Leo » avec cet accent de tendresse qu'il y mettait. Le téléphone sonna sans arrêt. Mais c'était pour les filles. Doug n'appela pas. Il était certainement éperdu d'amour et très heureux avec Caitlin.

En allant travailler, le lendemain matin, elle éprouvait un certain découragement alors qu'elle aurait dû être aux anges. Mel et Abby étaient heureuses de la revoir, et Danny rentrait dans une semaine. Mais Leonie se sentait le cœur lourd.

— Que t'arrive-t-il ? demanda Angie comme Leonie posait ses affaires et enfilait sa blouse de travail.

— Rien, répondit Leonie.

Elle prit la liste des consignes du jour. Il y avait deux chiens à castrer dans la matinée. Angie était en train de pratiquer une chirurgie exploratoire sur un chat que l'on soupçonnait d'avoir avalé une bobine de fil et une aiguille.

— Ce sont les filles ? demanda Angie avec douceur.

— Non, elles sont en pleine forme. Elles se sont beaucoup amusées mais elles étaient contentes de rentrer. Abby est très belle et très heureuse.

Leonie se tut, peu désireuse de parler. Zut ! Elle ne comprenait pas ce qui la contrariait tant.

Dans l'immédiat, elle devait surveiller les patients de la clinique. Trois chats, dont un sous perfusion ; quatre chiens opérés la veille et qui devaient sortir ce jour ; et, enfin, Henry, un pigeon avec une aile cassée, qui la fixa depuis sa cage, outré d'être retenu dans un si petit espace. Alors que ce genre de détail faisait toujours rire Leonie, elle rendit son regard fâché au pigeon.

— Henry, tu es un vilain, lui dit-elle.

Angie répondit à l'appel d'un propriétaire inquiet

pour son chien tandis que Leonie, Helen et Louise, les deux autres assistantes de service, commençaient à sortir les chiens de leur cage pour une petite promenade dans la cour de derrière.

— Je sais que tu as mal, pauvre chou, dit Leonie à une jolie petite femelle boxer qui avait été stérilisée la veille.

Celle-ci sortit de sa cage sur des pattes tremblantes en poussant de petits cris plaintifs et s'appuya contre Leonie, cherchant à se rassurer. Leonie la prit dans ses bras et la câlina jusqu'à ce qu'elle cesse de trembler.

— Tu rentres chez toi aujourd'hui, déclara-t-elle en lui caressant les oreilles.

Quand elles eurent fini de sortir les chiens et de nettoyer leurs cages, Leonie et Louise passèrent aux chats.

Après les soins aux animaux, elles devaient procéder aux opérations du matin mais, comme la réceptionniste était en retard, Leonie la remplaça. Elle détestait être à l'accueil quand il y avait beaucoup de travail et, ce jour-là, les patients étaient légion. Les gens et les animaux s'entassaient à la réception, les chiens hurlant d'inquiétude et les chats terrorisés miaulant dans leurs paniers. Le temps que la réceptionniste arrive, s'excusant de son retard dû à un pneu crevé, Leonie avait reçu dix clients, pris quatre appels téléphoniques et calmé une femme hystérique dont le chat n'arrêtait pas de vomir.

— C'est bon, dit Leonie avec un sourire crispé.

Soulagée, elle releva Helen, qui assistait Angie dans l'extraction de dents barrées chez un caniche, une opération difficile. Sans un mot, Leonie prit sa place à la tête du caniche, surveillant sa respiration et sa couleur. La langue du chien était d'un beau rose, signe qu'il supportait bien l'anesthésie.

— Dis donc, Leonie, tu n'as pas l'air dans ton assiette ! dit Angie sans lever les yeux.

— Je vais bien.

— Si tu vas bien, moi je suis la reine de Saba, rétorqua Angie. Dis-moi ce qui ne va pas, voyons !

— Oh, je ne sais pas ! Quelque chose m'a démoralisée...

— Hugh ? demanda Angie en faisant triomphalement tomber dans une coupelle la dent fautive.

— Non. Il s'est passé quelque chose quand je suis allée en ville avec Doug.

— Ah, oui ! Doug le reclus... Je l'ai vu, l'autre jour, dit Angie. Un homme auquel on pardonnerait même de manger des biscottes au lit en faisant des miettes !

— Angie ! Tu n'as pas honte ? Il a tellement souffert !

— Et tu as envie de le consoler ? dit Angie d'un air malicieux.

— Non, pas du tout. Nous sommes amis, rien de plus.

— Rappelle-moi ce que Shakespeare a dit sur les gens qui nient trop fort ? lança Angie en attaquant une autre dent.

— Je t'assure ! insista Leonie.

— Et pourquoi n'as-tu pas été déprimée quand tu as plaqué ce cher Hugh ?

Sa question resta sans réponse.

— Dis-moi ce qui s'est passé, ordonna Angie.

Leonie s'exécuta.

— Et il ne t'a toujours pas téléphoné ? demanda Angie d'un ton outré.

Leonie fit non avec la tête.

— Tu sais ce que tu dois tenter, non ? Va le voir et explique-lui ce que tu ressens.

— Ne dis pas de bêtises, commença Leonie avant de se reprendre. De toute façon, je ne ressens rien. J'ai simplement été blessée qu'il n'appelle pas pour s'excuser. En réalité, il a appelé mais je n'étais pas là et, depuis, il n'a pas réessayé.

— Delaney, ne me raconte pas d'histoires ! Je sais très bien que tu en pinces pour lui. Tu le vois tous les deux jours, tu vas te promener pendant des heures avec lui, vous prenez le café dans son atelier... Ose me dire que ce n'est pas de l'amour, même si tu viens seulement de t'en apercevoir ! Tu as passé dix fois plus de temps avec Doug qu'avec Hugh. Bien sûr que tu es amoureuse de lui !

— Je ne m'en étais pas rendu compte, avoua lentement Leonie. Je l'ai compris d'un seul coup en le voyant avec Caitlin. Je l'ai haïe de l'avoir tellement fait souffrir.

— Alors, dis-le-lui !

— Comment pourrais-je alors qu'il est avec elle ? Que dois-je faire ? Entrer de force chez lui en exigeant une audience ? Avec Caitlin à l'arrière-plan en train de se moquer de moi pour avoir seulement pu imaginer de sortir avec lui ? Si tu l'avais vue, Angie ! gémit Leonie. Elle est parfaite.

— Pas tant que cela si elle l'a abandonné aussi lâchement.

Angie fit une piqûre d'antibiotiques au caniche puis le souleva pour le ramener dans sa cage.

— Tu dois parler à Doug, sinon tu te le reprocheras toute ta vie.

— Je crois que je peux commencer, marmonna Leonie en nettoyant la table d'opération.

Danny rentra huit jours plus tard, son sac à dos débordant de linge d'une saleté repoussante. Mais il avait mille histoires à raconter. Les jumelles reprirent le chemin du collège avec entrain car elles avaient aussi de quoi faire pâlir d'envie leurs amies. Leonie effectuait des journées doubles, travaillant de nombreuses heures supplémentaires pour remplacer une assistante malade. Dans toute cette activité, elle n'aurait pas dû avoir un instant pour penser à Doug, mais elle y arrivait quand même. Elle revoyait leurs longues marches, leurs interminables conversations dans la cuisine de Doug, et ce merveilleux dîner au Hungry Monk où ils s'étaient sentis si bien ensemble. Elle se rendait compte qu'elle n'avait jamais été aussi à l'aise avec Hugh, même en faisant l'amour. Surtout en faisant l'amour. Parfois, elle se laissait aller à imaginer comment ce serait de faire l'amour avec Doug, de sentir sa barbe contre ses seins... Stop ! Furieuse de fantasmer comme une adolescente, elle entraînait Penny dans de longues marches épuisantes pour se défouler. Elle ne passait plus devant la maison de Doug. Elle partait à l'opposé, de peur de le croiser avec Caitlin, la main dans la main, les chiens gambadant gaiement autour d'eux. Penny aurait aimé reprendre ses habitudes et voir ses copains, mais Leonie la tirait dans l'autre sens.

Le vendredi soir, en rentrant de sa promenade, elle découvrit la Jeep de Doug garée dans son allée.

— Doug est là ! hurla Mel quand Leonie entra.

— Parfait ! mentit-elle.

Elle aurait préféré fuir mais c'était impossible. Arborant un grand sourire, elle passa dans le salon, où Doug regardait la télévision avec Danny.

Doug se leva immédiatement.

— Il faut que je te parle, dit-il.

— Désolée, impossible ! répondit Leonie d'une voix légère. J'ai rendez-vous avec Hugh.

— Mais non... commença Danny.

Leonie le fit taire d'un regard féroce.

— A propos de la semaine dernière, je suis désolé, Leonie. Caitlin est arrivée sans prévenir et j'ai dû lui parler...

— Parfait ! dit Leonie avec une feinte gaieté en quittant le salon. Bon ! Je dois y aller. Au revoir.

Elle se précipita dans sa chambre, claqua la porte et se jeta sur son lit, sans se soucier du fait qu'elle portait toujours ses vêtements de travail sales, et elle éclata en sanglots.

Le samedi, il téléphona.

— Dis-lui que je suis sortie, souffla Leonie.

— Elle me dit de te dire qu'elle est sortie, répondit Danny à Doug.

Leonie leva les yeux au ciel. Quel tact ! Mais il comprendrait peut-être le message : leur amitié était morte. Si Doug voulait rester collé à l'immonde Caitlin pour le reste de ses jours, Leonie n'avait pas envie d'assister au spectacle.

Le dimanche, elle promenait Penny quand elle aperçut la Jeep de Doug qui roulait dans sa direction. Voulant à tout prix l'éviter, elle sauta dans un champ tout proche, à la grande joie de Penny. Les moutons qui y paissaient eurent l'air scandalisé.

— On repart tout de suite, les rassura Leonie depuis sa cachette, juste derrière la barrière.

La vie suivit son cours. Abby s'étonna que Doug ne soit pas venu dîner une seule fois depuis leur retour d'Amérique et posa la question à Leonie.

— Je ne sais pas, répondit-elle. Je suppose qu'il est très pris par sa peinture.

Abby jeta à sa mère un regard entendu.

— Et tu espères que je vais avaler ton histoire ?

— Ah, non ! protesta Leonie. Tu ne vas pas t'y mettre, toi aussi ! Tout le monde essaie de me dicter ma conduite, en ce moment.

— Tu n'es pas heureuse, maman. Cela se voit.

— Je suis fatiguée, Abby, c'est tout. Maintenant, si tu veux bien m'excuser, j'ai du linge à mettre dans la machine à laver.

Une autre semaine passa. Leonie fonctionnait la plupart du temps en pilotage automatique. Un samedi où la clinique était bondée de clients et d'animaux qui tremblaient, Leonie surveillait un lapin qu'on venait de castrer quand on demanda Angie au téléphone.

— Garde un œil sur le lapin, tu veux bien ? demanda Leonie à Louise. Je vais chercher Angie.

Elle entra dans la seconde salle d'opération et se figea. Maintenant sur la table d'examen un Jasper tremblant et gémissant, se trouvait Doug. L'air épuisé, les cheveux emmêlés par le vent, il portait ses vêtements de promenade. Sans doute trop d'activité sexuelle, pensa Leonie. Ça fatigue !

— Qu'arrive-t-il à Jasper ? demanda-t-elle vivement.

Jasper reconnut sa vieille amie et agita faiblement la queue pour la saluer.

— Mon pauvre chéri, dit Leonie en lui caressant la tête.

— Il s'est blessé à la patte. L'ergot a été arraché.

Angie se préparait à anesthésier la patte abîmée.

Jasper hurlait de douleur et hurla encore plus fort quand Angie s'approcha de lui. Leonie savait pourquoi : Angie sentait l'odeur typique des vétérinaires, une odeur que les chiens détestent.

— On te demande au téléphone, lui dit Leonie. Mme McCarthy, pour son chat. C'est urgent.

— Bien, j'en ai pour une minute, dit Angie en quittant la salle.

— Pourquoi m'évites-tu ? demanda tranquillement Doug à Leonie.

Celle-ci ne voulait pas le regarder. Elle restait tournée vers Jasper qui ne hurlait plus mais la suppliait des yeux de la laisser partir de cet horrible endroit.

— Je ne t'ai pas évité, répondit sèchement Leonie. J'ai été occupée. Comme toi.

— Je n'ai pas été occupé. J'ai été seul et triste. Plus personne pour passer chez moi à n'importe quelle heure et vérifier que j'avais bien pris mes vitamines, ou m'emmener prendre l'air. Personne pour m'inviter à dîner et me gaver de lasagnes maison. Personne avec qui rire et parler.

Leonie, qui avait retenu son souffle, respira lentement. Elle tremblait.

— Et Caitlin ? L'amour de ta vie est revenu, tu n'as pas besoin de cette bonne vieille Leonie pour te faire un café ou parler. Tu as Miss Monde pour ça !

Avant qu'il ait pu répondre, Angie était de retour. Jasper se remit à geindre.

— Désolée, dit-elle avec un regard appuyé à Leonie, qui était livide.

— Excuse-moi, dit Leonie, qui sortit en courant.

Elle se réfugia dans les toilettes pendant quelques minutes, le temps de maîtriser son envie de pleurer. Puis elle retourna s'occuper du lapin. Il n'y avait pas assez de personnel ce jour-là et elle ne pouvait pas laisser Louise et Helen tout faire.

Elle venait de refermer la cage du lapin quand Angie s'approcha, suivie de Doug et de Jasper. Le chien haletait joyeusement, soulevant sa patte de devant, garnie d'un savant bandage.

— Tu n'as pas le droit d'entrer ici, jeta Leonie. Jasper va mieux, tu devrais retourner chez toi.

Angie prit la laisse de Jasper des mains de Doug, qui s'avança vers Leonie à la toucher. Elle reconnut l'odeur particulière de la peinture à l'huile qui imprégnait ses vêtements. Il avait une tache jaune d'ocre sur sa chemise.

— Sa patte va mieux, dit Doug, mais pas moi.

Frémissante, Leonie leva les yeux vers lui.

Les assistantes vétérinaires formaient un groupe attentif autour d'eux. Même les animaux dans leurs cages s'intéressaient à la situation. Ils trouvaient sans doute le spectacle d'humains plongés en plein drame romantique plus amusant que celui des assistantes s'approchant d'eux avec une seringue ou un thermomètre.

— Doug, mais de quoi parles-tu ? demanda Leonie, qui tentait désespérément de maîtriser ses émotions.

— De toi ! Je parle de toi. Cela fait deux semaines que tu m'évites. Tu ne viens plus marcher avec moi ni prendre le café à l'atelier.

— Il me semble que l'endroit est mal choisi pour parler de ces choses-là, dit-elle d'une voix étranglée.

— Si tu n'avais pas refusé de me parler chez toi, je n'aurais pas été forcé de venir jusqu'ici !

— Et tu as fait mal à ce pauvre Jasper pour m'obliger à te parler ?

— Non ! Jasper savait que j'étais désespéré et il a accompli le sacrifice ultime en rentrant avec une patte blessée.

Même dans des circonstances aussi tendues, il arrivait à la faire rire...

— Je ne connais personne qui saute aux conclusions aussi vite que toi, sans chercher à savoir la vérité, conclut-il.

— C'est bien vrai ! intervint Louise.

Leonie en resta sans voix. C'était vraiment trop injuste !

— Tu nous as soutenu que le berger allemand s'était cassé la patte alors que ce n'était pas vrai, insista Louise.

— Je n'appelle pas cela des conclusions hâtives mais la capacité à imaginer le pire pour pouvoir prendre la bonne décision, dit Leonie. Je préfère réagir trop plutôt que pas assez !

— Tu as réagi abusivement quand tu m'as vu avec Caitlin, dit Doug d'une voix pleine de tendresse. Je n'ai pas pu te conduire à l'aéroport parce que je devais la consoler. Elle était effondrée ; elle voulait revivre avec moi et je lui ai expliqué qu'il n'en était pas question, parce que je suis amoureux d'une autre femme.

Leonie sentit des larmes lui piquer les yeux.

Jasper, qui commençait à trouver le temps long, choisit cet instant pour se remettre à aboyer.

— Chut, Jasper ! souffla Angie. C'est mieux que *Coronation Street* !

Tout le monde se mit à rire, mais Doug prit Leonie dans ses bras et l'attira contre lui.

— Je t'aime, Leonie. Puisqu'il faut te le dire en public pour que tu me croies, voici : je t'aime de toutes mes forces. Moi, dit-il en haussant la voix, Doug Mansell, j'aime Leonie Delaney, mère de trois enfants, femme au grand cœur et spécialiste des conclusions hâtives !

Tout le monde applaudit sa déclaration, et les animaux qui n'étaient pas encore sous anesthésie se joignirent au concert avec force aboiements, miaulements, couinements et battements d'ailes.

— C'est vrai ? demanda Leonie, qui s'appuyait contre lui, les jambes molles.

Doug l'embrassa sur le dessus de la tête, ne pouvant atteindre son visage enfoui dans son épaule.

— C'est vrai. J'ai passé toute la semaine à essayer de te parler et, sans Abby, j'aurais renoncé parce que tu m'avais laissé croire que tu étais toujours avec ce crétin d'Hugh.

— Abby ?

— Nous avons comploté ensemble. Si Jasper n'avait pas précipité les choses en se blessant, je devais passer te prendre ce soir chez toi pour t'enlever. Abby est en train de te préparer une valise. J'avais prévu de t'emmener à Kilkenny, pour un week-end romantique à Mount Juliet, un hôtel cinq étoiles dans un paysage sublime !

Il y eut un soupir général.

— Je m'étais décidé à recourir à la méthode forte puisque tu refusais de me parler.

— Abby va m'entendre, la petite sournoise ! Elle aurait pu m'en parler.

— Elle n'entendra rien parce qu'elle s'occupe des chiens pour nous, rétorqua Doug. Acceptes-tu ?

Leonie gratta de l'ongle la tache de peinture sur sa chemise puis lui tapota la barbe.

— Oui, cela me fera très plaisir !

Ses collègues poussèrent un nouveau soupir de ravissement.

— On ne peut pas les décevoir, dit Doug en les désignant d'un coup d'œil malicieux. Le spectacle doit s'achever sur un baiser.

Et il l'embrassa si fort que Leonie dut s'appuyer contre l'armoire à médicaments pour ne pas tomber à la renverse.

28

Sept mois plus tard

Emma écoutait les informations de six heures à la radio de la cuisine tout en découpant le blanc de poulet brûlant en petits morceaux. Elle ajouta ensuite la purée sur l'assiette. Elle avait préparé une sauce au jus de viande pour le dîner de son père mais ç'aurait été une erreur d'en donner à sa mère. La sauce aurait suivi le même chemin que les haricots blancs à la sauce tomate et toutes les sauces foncées : jetée à la figure d'Emma ou par terre. Par un fait inexplicable, les rares fois où Anne-Marie avait piqué une crise au moment des repas avaient toujours correspondu aux jours où Emma lui préparait un plat foncé susceptible de faire des taches. Les aliments clairs ne la perturbaient pas. Elle mangeait paisiblement avec sa fourchette en plastique ou se laissait nourrir comme un bébé. La sauce bolognaise l'avait mise dans tous ses états. Elle avait jeté sa fourchette à travers sa chambre, éclaboussant de sauce meubles et murs. A la fin, la pièce ressemblait à un tableau moderne. Emma avait souvent l'impression de nourrir un enfant, un enfant dans le corps d'un adulte, capable d'une force surprenante.

— Maman, appela-t-elle en posant l'assiette sur la table de la cuisine à côté d'une tasse de thé tiède. Maman ? Le dîner est prêt.

Comme sa mère ne se manifestait pas, elle partit à sa recherche. Anne-Marie était dans la salle à manger, tirant vigoureusement sur la poignée des portes-fenêtres pour les ouvrir. Hormis faire les cent pas dans la maison toute la journée, tenter d'ouvrir les portes était devenu son occupation favorite. Pour éviter qu'elle ne se sauve, les portes restaient fermées en permanence et les clés cachées avec soin. Trois mois plus tôt, une nuit, elle avait disparu. Heureusement, les voisins l'avaient trouvée en train de pleurer devant l'entrée de leur jardin. Emma avait alors insisté pour que toutes les portes et les fenêtres soient verrouillées en permanence.

Jimmy, très choqué par la disparition de sa femme à trois heures du matin, avait accepté sans discuter. La maison avait été transformée en prison. Anne-Marie s'était en effet montrée très habile pour s'échapper par les fenêtres. La seule solution avait été d'équiper toutes les ouvertures de systèmes compliqués qui empêchaient les fenêtres de s'ouvrir sur plus de quelques centimètres. Ensuite, il avait fallu des fermetures à l'épreuve des enfants pour les armoires et les tiroirs, ainsi qu'un cache en plastique pour le magnétoscope. Anne-Marie avait cassé le précédent en y introduisant de force une cassette du mauvais côté. Emma appréhendait l'été, quand ils auraient tous envie d'ouvrir les fenêtres en grand. Mais tout pouvait arriver, d'ici là. Sa mère vivrait-elle encore dans sa maison ? Son état se détériorait très vite. Emma était certaine que son père serait bientôt incapable d'assumer la situation. Il ne l'assumait déjà pas...

Ce jour-là, une froide soirée de mars, Anne-Marie

était assez calme. Elle tapota gentiment le bras d'Emma, qui l'emmenait dans la cuisine. Emma sucra le thé puis s'assit à côté de sa mère au cas où elle aurait besoin d'aide mais tout se passa bien. Anne-Marie attaqua son repas avec appétit, le regard perdu dans le vide. La plupart du temps, son visage, qui avait été si beau, restait sans expression, sauf pendant ses accès de terreur. Ses grands yeux s'ouvraient alors sur une épouvante muette. La peur était une des rares émotions qu'elle éprouvait encore. Mais elle mangeait paisiblement, le visage et le regard dépourvus d'expression, et les muscles atones. Elle mâchait lentement, bouche ouverte. Avant la maladie de sa mère, Emma n'avait jamais compris à quel point le visage d'une personne dépend de ses émotions. Pour elle, on avait un visage bien à soi, parfois animé par la réflexion ou le bonheur, mais toujours expressif même quand on était perdu dans ses pensées.

Assister à la lente dégringolade d'une femme atteinte par la maladie d'Alzheimer lui avait permis de comprendre un point essentiel : le cerveau était tout. Quand la maladie le détruisait, le visage devenait une partie du corps comme les autres. Tout humour ou intelligence semblait en avoir été effacé. Anne-Marie ne parlait plus beaucoup, sauf pour marmonner des mots sans suite ou, quand elle se mettait en colère et jetait des objets à travers toute la maison, pour appeler Jimmy avec des cris à briser le cœur.

Elle reconnaissait encore ses proches. En revanche, elle se trompait souvent de prénom. Elle appelait surtout Emma : Kirsten, ce dont Emma ne se formalisait plus. Elle s'inquiétait plutôt du moment où sa mère ne la reconnaîtrait plus du tout et ne lui donnerait plus aucun prénom.

« Elle saura que vous êtes importante pour elle mais

elle ne saura plus qui vous êtes », leur avait expliqué le courtois spécialiste d'Alzheimer le jour sinistre où il avait posé son diagnostic, trois mois auparavant.

Jimmy avait été le plus choqué. Emma avait depuis longtemps lu tous les livres qu'elle avait pu trouver sur la démence précoce. Elle en connaissait les aspects les plus douloureux, depuis la lente dégradation des facultés mentales jusqu'aux indignités finales, l'incontinence, la nécessité de nourrir le malade sous forme liquide parce qu'il ne pouvait plus avaler. Avec sa ténacité habituelle, elle s'était forcée à lire jusqu'à la dernière ligne.

Kirsten refusait d'ouvrir un seul de ces livres et Jimmy répétait avec obstination qu'il n'y avait pas de maladie qu'on ne puisse guérir. « Il faut l'opérer ! maugréait-il. Et tout ira mieux. »

Parmi sa clientèle figurait un médecin pour lequel il avait un jour construit une ravissante véranda. Cet homme savait tout sur la chirurgie du cerveau. Il suffisait d'aller le voir !

Ils se rendirent plutôt chez ce neurologue qui, avec un regard franc à l'adresse d'Emma, avait aimablement tenté d'expliquer à Jimmy qu'une intervention chirurgicale ne servirait vraisemblablement à rien. Il aurait sans doute pu préciser de quoi souffrait Anne-Marie ; il avait préféré les recommander au spécialiste qui leur avait appris l'affreuse vérité avec une grande compassion.

Seule l'autopsie confirmerait son diagnostic, leur expliqua-t-il, en raison de la nature de la démence. Il était néanmoins convaincu qu'Anne-Marie O'Brien souffrait de la maladie d'Alzheimer. Tôt ou tard, elle aurait besoin d'une surveillance permanente.

Pour la première fois de sa vie, Jimmy avait paru sur le point de pleurer. Ses épaules de catcheur courbées comme par une défaite, il avait perdu tout son allant. Il n'était plus qu'un homme brisé. Kirsten regardait par la fenêtre du cabinet de consultation, le visage impénétrable. Seule Emma avait discuté avec le spécialiste, demandant ce qu'il fallait faire pour le présent, quel traitement serait profitable à sa mère, s'il y en avait un, et s'il recommandait telle ou telle clinique. Jimmy et Kirsten étaient sortis. Jimmy alla s'asseoir avec sa femme, qui s'était montrée scandalisée qu'on la laisse avec l'infirmière du cabinet pendant que tout le monde bavardait dans la pièce d'à côté. Kirsten voulait fumer.

Emma avait trouvé plus facile de parler hors de leur présence.

« Mon père a du mal à affronter la situation, dit-elle.

— C'est dur pour tout le monde. Qui trouverait cela facile ? Le problème, c'est que vous devrez tout assumer seule tant que les autres ne se décideront pas à faire front. Votre sœur aussi a du mal… ? »

Emma acquiesça. Le temps était venu d'obliger Kirsten à ôter ses œillères. Comme un enfant qui a fait une bêtise et croit que, s'il se met les mains sur les yeux, on ne le voit pas plus qu'il ne voit, Kirsten croyait que rien ne l'atteindrait si elle fermait les yeux.

« Sur le plan pratique, commença Emma en sortant un carnet de son sac pour prendre des notes, qu'est-ce qui nous attend, maintenant ? A votre avis, comment l'état de ma mère va-t-il évoluer ? »

A l'époque de la consultation, Anne-Marie était souvent très agitée et, bien que parlant beaucoup, ne se souvenait pas des conversations, ni des événements ou même des repas. Quelques minutes après avoir mangé, elle se plaignait avec colère de mourir de faim et réclamait qu'on la nourrisse.

Le médecin avait expliqué à Emma qu'il était

impossible de prévoir la suite. La maladie évoluait différemment selon les personnes. Certaines restaient au même stade pendant des années et d'autres, comme Anne-Marie, se dégradaient très rapidement.

La maladie se développait par étapes et on ne revenait jamais en arrière. Il n'y avait jamais d'amélioration. La détérioration était irréversible.

Au début, on pouvait aider les patients avec certains médicaments mais sans enrayer la progression du mal. Compte tenu de la relative jeunesse d'Anne-Marie, elle pouvait vivre longtemps avec la maladie. Comme elle était pleine d'énergie, avec une tendance à beaucoup bouger, s'occuper d'elle finirait par devenir plus compliqué qu'avec une personne plus âgée et moins mobile. Elle aurait besoin d'un établissement spécialisé, inévitablement très coûteux. Si son agitation s'aggravait, il leur conseillerait de la faire admettre en hôpital psychiatrique. On essaierait de la soulager avec une thérapie chimique qui, au moins, l'aiderait à dormir.

« Certaines personnes s'épuisent en marchant constamment. D'autres veulent tout le temps manger parce qu'elles oublient qu'elles ont déjà été nourries ; elles prennent donc beaucoup de poids. Chaque patient est différent, chaque cas est unique. Mais le patient n'est pas la seule personne dont il faut s'occuper. Vous comprenez ce que je veux dire ? Toute la famille est atteinte par la maladie d'Alzheimer. La famille a besoin de soutien et c'est souvent là le plus gros problème. La personne qui s'occupe le plus du patient a une très lourde charge. Ce sera vous ?

— Je ne sais pas, répondit franchement Emma. Je travaille et, jusqu'à présent, mon père a essayé de travailler à la maison par téléphone. Je m'y arrête tous les soirs pour voir comment les choses se passent. Mais depuis un mois, il a dû prendre des congés parce que ma mère ne voulait pas qu'il parte, le matin.

— Bien sûr, elle a peur. Pensez-y : elle regarde autour d'elle, c'est sa maison et elle ne la reconnaît pas. Elle sait qu'elle est seule mais elle n'a aucune notion de temps. Elle ne sait pas quand elle reverra quelqu'un. C'est terrifiant. Je crains qu'il faille quelqu'un avec elle en permanence. »

Depuis ce jour-là, la route avait été longue et très rude. Des membres de la famille et des amis s'étaient relayés pour tenir compagnie à Anne-Marie. Emma passait presque tous ses samedis avec sa mère et allait chez ses parents trois soirs par semaine pour faire la cuisine et le ménage. Son père ne travaillait plus qu'à mi-temps, laissant la plus grosse part du travail à son bras droit. Deux voisines tenaient compagnie à Anne-Marie deux matinées par semaine pour que Jimmy puisse s'occuper de ses affaires.

Kirsten venait aider le dimanche mais jamais dans la semaine. Son travail de réceptionniste chez un dentiste l'épuisait, avait-elle déclaré. Même la terrible tante Petra venait tous les vendredis matin. Emma craignait pourtant que ce ne soit pas une très bonne idée. Petra souffrait d'une hanche et avait de l'ostéoporose. Elle risquait donc de se casser quelque chose à monter et descendre l'escalier sans arrêt.

En réalité, ils avaient besoin d'une aide qualifiée, estimait Emma. Sa mère dormait mal à présent et atteignait le stade où elle avait davantage besoin de soins spécifiques que d'un entourage plein de bonne volonté mais dépassé par la situation.

Malheureusement, Jimmy ne voulait pas en entendre parler. Il réagissait comme s'il était convaincu que rien de grave n'arriverait tant que sa femme éviterait les soins spécialisés. Puisque la famille et les amis étaient là, tout allait bien. Le jour où une infirmière ou une aide-soignante s'introduirait dans la maison, il devrait abandonner et reconnaître qu'il n'y avait pas d'espoir.

Son entêtement à ce sujet, aussi violent que pour le reste, avait engendré plusieurs disputes avec Emma.

« Non, nous ne prendrons pas d'infirmière ! hurlait-il. C'est inutile. Je peux m'occuper de ta mère moi-même. »

Emma aurait aimé lui rétorquer qu'il ne s'occupait pas d'elle. Il avait déjà de l'aide et il en fallait plus. Mais elle n'osait pas le lui dire. Fâchée contre elle-même, elle s'en allait. Huit mois de thérapie lui avaient enseigné que, quand elle n'osait pas s'exprimer, il était plus sage de partir. Ainsi, son père savait qu'elle était en colère et le désapprouvait, même si elle n'avait pas le courage de le lui dire en face.

Cela ne représentait pas une résistance très énergique mais c'était mieux que rien.

Emma remplit à nouveau la tasse de thé de sa mère, s'assurant qu'elle restait hors de sa portée tant qu'elle n'y avait pas ajouté la quantité de lait nécessaire pour le tiédir suffisamment.

Anne-Marie prit la tasse et la vida d'un seul trait. Ce faisant, elle renversa quelques gouttes sur le chemisier rose à petits plis qu'elle adorait. Elle l'avait acheté des années auparavant en solde chez Ashley Reeves.

« Trente livres au lieu de cinquante ! s'était-elle écriée avec délices ce jour-là en lui montrant le joli chemiser à boutons de nacre. Ce sera ravissant avec ma jupe grise. »

Emma essuya ses yeux qui se mouillaient de larmes à ce souvenir. Elle soupira. Qui l'emporterait, du chagrin ou de la fatigue ? L'épuisement fut le plus fort. C'était la deuxième fois que sa mère salissait ses vêtements en mangeant depuis le matin. De la lessive supplémentaire...

Emma avait pris l'habitude de rapporter les vêtements de ses parents chez elle pour les laver car son père se débrouillait très mal avec la machine. Mais il y en avait chaque fois un peu plus et Emma se débattait désespérément pour ne pas se laisser déborder. Anne-Marie avait toujours été très attentive à son apparence, toujours impeccable, parfaitement habillée et maquillée. Emma était décidée à ce que cela continue, quelles que soient les difficultés.

Elle se demanda brièvement si une infirmière ou une aide-soignante maquillerait sa mère tous les jours comme elle essayait de le faire. Sans doute pas... La maquiller serait le dernier de leurs soucis et, pourtant, cela lui semblait très important.

Ils avaient absolument besoin d'une aide spécialisée. Emma savait que cela coûtait cher mais son père avait les moyens. Il pouvait payer. S'il résistait avec entêtement à cette idée, ce n'était pas pour une question financière.

— Il y a quelqu'un ? cria Kirsten depuis l'entrée. C'est moi !

— Nous sommes dans la cuisine.

Kirsten rejoignit la cuisine sans se presser, jeta sa veste sur une chaise et s'avachit sur une autre à côté d'Emma sans saluer ni embrasser sa mère.

Elle était séparée de Patrick depuis plusieurs mois et cela se voyait : elle avait perdu cette aura de raffinement que procure un mari assez riche pour offrir à sa femme des séances fréquentes chez le coiffeur et l'esthéticienne, et lui éviter de travailler.

Son salaire de secrétaire ne lui permettait plus de

refaire régulièrement sa couleur et sa coupe de cheveux ni de confier ses mains à une manucure deux fois par semaine. Ses cheveux avaient poussé et, sous les mèches blondes, les racines plus foncées réapparaissaient. Son maquillage avait souffert de sa journée de travail et de l'impossibilité de courir toutes les cinq minutes aux toilettes pour une retouche. Seuls son spectaculaire sac à main en léopard et sa grosse bague de fiançailles témoignaient de son ancienne vie.

Patrick se battait bec et ongles pour empêcher sa fortune de tomber entre les griffes de Kirsten mais il ne lui avait pas demandé de lui rendre sa bague de fiançailles.

— Comment vas-tu, frangine ? demanda-t-elle. Je suppose qu'il n'y a plus de thé ? J'en prendrais bien une tasse.

— Dans la théière, répondit Emma. Tu pourrais dire bonjour à maman.

— Bonjour, maman, jeta Kirsten avec indifférence.

Elle se leva avec l'air épuisé d'un coureur de marathon et toucha la théière.

— C'est froid. Je vais en refaire.

— Pourquoi es-tu venue ? questionna Emma, énervée par l'insensibilité de sa sœur à l'égard de leur mère.

— Je ne sais pas quoi faire. Je me suis dit que j'allais passer et voir ce que vous avez prévu ce soir. Vous aurez peut-être envie de voir un film.

Emma refréna son envie de répondre que, si elle avait du temps à perdre, elle pouvait l'utiliser à s'occuper un peu plus de leur mère. Mais ç'aurait été injuste. La vie ne s'arrêtait pas avec la maladie d'Anne-Marie, et Kirsten se sentait seule depuis la rupture avec Patrick.

Elle n'avait plus assez d'argent pour soutenir le train

de vie de son ancien groupe d'amis. Il n'était plus question de faire un saut à New York pour acheter quelques bricoles ou à Méribel pour skier. Les additions monstrueuses dans des restaurants de luxe appartenaient au passé. Trop gênée pour renouer avec ses amis d'avant son mariage mondain, Kirsten menait une vie solitaire et avait pris l'habitude de débarquer chez Peter et Emma à tout moment avec une cassette vidéo et des paquets géants de Pringles.

— Nous n'avons rien prévu, dit Emma. Peter travaille tard et nous voulions aller chercher un repas prêt à emporter. Tu veux te joindre à nous ?

— Oui, peut-être.

Quand sa mère eut fini de manger, Emma l'escorta dans sa chambre à l'étage pour la difficile épreuve qui consistait à changer son chemisier. Anne-Marie acceptait assez bien de se laisser nourrir ou brosser les dents, même si elle avalait plus de dentifrice qu'elle n'en recrachait. En revanche, essayer de la faire changer de vêtements revenait à agiter un chiffon rouge devant un taureau. A peine le premier bouton défait, elle entra dans une rage terrible contre Emma, lui repoussant le bras et hurlant comme si on lui avait fait mal.

— Jimmy, criait-elle d'une voix plaintive, dis-lui d'arrêter !

— Maman, dit Emma le plus calmement possible en cherchant à éviter les coups, maman, je veux juste te mettre un chemisier propre. Tu sais que tu n'aimes pas avoir des taches...

— Jimmy ! criait sa mère de plus en plus fort.

Kirsten n'était jamais là quand on avait besoin d'elle, fulmina Emma.

— Jimmy, Jimmy, Jimmy...

La porte d'entrée claqua et des pas lourds retentirent dans l'escalier.

— Que lui fais-tu ? rugit Jimmy O'Brien depuis le seuil de la chambre.

Il avait l'air hors de lui.

Anne-Marie, en l'entendant crier lui aussi, hurla de plus belle.

— Jimmy, Jimmy ! Au secours !
— Je suis là ! répondit-il sur le même ton.

Il voulut prendre sa femme dans ses bras mais Anne-Marie, complètement perdue à présent, s'arracha violemment à son étreinte.

— Que lui as-tu fait ? demanda-t-il à Emma d'un ton accusateur.

Fatiguée de sa longue matinée de travail et de son après-midi passé à veiller sur sa mère, Emma se laissa tomber sur le lit.

— Rien, dit-elle d'une voix morne. J'ai essayé de lui mettre un chemisier propre parce qu'elle s'est salie en mangeant.

— Ce fichu chemisier n'a aucune importance, hurla-t-il.

Quelque chose céda dans l'esprit Emma. Elle avait pris une demi-journée de congé pour que son père puisse, lui, avoir une journée de travail complète. La veille, elle avait travaillé jusqu'à neuf heures du soir. Et, alors qu'elle était déjà à bout de forces, dans l'après-midi sa mère avait réussi à vider un flacon entier de produit pour les toilettes sur tout le palier. Emma avait passé des heures à nettoyer. Ces flacons n'étaient pas « à l'épreuve des enfants » comme l'affirmait l'étiquette.

Emma fixa son père, blanche de colère.

— Son chemisier est très important, dit-elle d'une voix contrôlée pour ne pas perturber davantage sa mère.

Maman aime être belle. Elle a toujours attaché beaucoup d'importance à son apparence. Le problème, c'est que je n'ai pas suivi la formation nécessaire pour changer de vêtements quelqu'un dans son état ! Seule une aide-soignante qualifiée pourrait le faire sans qu'elle s'agite.

Jimmy voulut l'interrompre.

— Ecoute-moi… commença-t-il.

Mais Emma ne pouvait plus l'écouter. Elle se leva et sortit, ignorant le ton indigné de son père, lui intimant de « revenir tout de suite, ma petite ! ».

Emma trouva Kirsten qui tendait l'oreille au bas de l'escalier.

— Bravo, frangine ! Dois-je comprendre que nous partons ?

Emma acquiesça de la tête d'un air furieux, incapable de parler.

Arrivée devant chez elle, elle descendit de la voiture et attendit Kirsten. Une migraine lancinante lui faisait mal aux yeux. Elle avait envie de hurler et de se traiter de lâche pour ne pas avoir dit à son père ce qu'il pouvait faire de sa méchanceté, de ses mauvaises manières et de son ingratitude. Elle en avait eu l'occasion et était suffisamment en colère pour cela, mais elle avait quand même reculé. Elle était faible, velléitaire, idiote et vraiment minable. Elinor ne la féliciterait pas.

— Tu as l'air malheureux, dit Kirsten en sortant de sa voiture d'un élégant mouvement, tenant à la main l'inévitable paquet de Pringles et un Toblerone géant. J'espère que ce n'est pas parce que tu as l'intention d'appeler papa pour t'excuser de l'avoir contrarié. Il déteste que le public s'en aille alors qu'il se prépare pour sa grande tirade. Tu es une vilaine fille !

Emma eut un pauvre sourire. Kirsten s'arrangeait

toujours pour désamorcer les pires situations par une remarque allègre et insouciante.

— Ma seule intention ce soir est de regarder le film nul que tu as loué en m'empiffrant de pizza.

Quand il rentra, Peter n'eut à jeter qu'un seul coup d'œil au pauvre petit visage éreinté d'Emma. Il décréta sur l'instant qu'ils allaient dîner dehors.

— Au diable les économies ! dit-il en serrant Emma contre lui. Tu as besoin de te remonter le moral et tu n'as pas à m'expliquer pourquoi !

Ils allèrent dans un petit restaurant italien et se régalèrent de pâtes fraîches arrosées d'un vin rouge capiteux. Ils terminèrent avec un verre de grappa car Kirsten avait souri au patron de façon irrésistible. Ce fut plus fort que lui : il prit une chaise pour s'asseoir et bavarder avec eux, sans cesser de dévorer Kirsten des yeux.

Emma revenait des toilettes en zigzaguant un peu quand elle surprit une conversation animée entre Peter et Kirsten qui attendaient l'addition.

— J'aimerais lui flanquer mon poing dans la figure, disait Peter d'une voix haineuse qui ne lui ressemblait pas. Quand je pense au nombre d'heures qu'elle passe avec Anne-Marie ! Elle s'occupe d'elle et de la maison, elle fait tout... Je me tais par égard pour Emma. Elle n'a pas besoin d'un autre dictateur pour lui gâcher la vie mais, un jour, je dirai à ton père exactement ce que je pense de lui.

— Ne te retiens pas pour moi ! répondit Kirsten avec entrain. Il ne figure pas vraiment sur ma liste de candidats au Nobel de la paix et, en plus, il est à genoux devant moi. Le problème d'Emma, c'est qu'elle doit l'affronter elle-même. Elle aurait dû le faire depuis longtemps.

Malgré le bon vin et la grappa, toute la tristesse

d'Emma lui revint. Cela avait été une mauvaise idée de croire que l'alcool lui redonnerait le moral et lui éviterait de voir la vérité en face. Elle se racontait des histoires. La seule solution serait d'affronter son père. Mais il était déjà durement frappé ; l'attaquer maintenant serait cruel. Ce n'était pas la faute de son père si elle n'avait pas osé le remettre à sa place des années plus tôt. Elle ne pouvait s'en prendre à lui à présent qu'il était à terre.

— Dois-je retourner aux toilettes pour que vous puissiez parler de moi un peu plus longtemps ? demanda-t-elle en posant un baiser sur le crâne dégarni de Peter.

— Désolé, ma chérie, nous parlions de ton père, répondit Peter. Tu ne veux pas que je m'en mêle, je le sais, mais je préférerais lui dire deux mots à ma façon. Je ne supporte plus sa façon de se conduire avec toi, comme si tu étais son esclave. Il est temps que quelqu'un lui dise son fait.

— Oh, Peter ! soupira Emma. Notre pauvre papa a tellement de problèmes avec la maladie de maman. On ne peut rien dire. Laisse-moi régler cela à ma façon, tu veux bien ?

Kirsten et Peter haussèrent les épaules en chœur.

Le lendemain matin, Emma retourna chez ses parents à contrecœur. Le soleil brillait dans un ciel bleu sans nuages, exactement le genre de temps qui leur donnait envie, à Peter et elle, de paresser dans le jardin pour profiter du soleil. Ils se plongeaient dans les journaux du dimanche et s'en lisaient l'un à l'autre des extraits ; ils déjeunaient d'un plat simple qui ne demandait aucun effort, comme des œufs brouillés. Ou bien ils se rendaient à la jardinerie pour voir quelles nouvelles plantes acheter, même s'ils n'étaient doués pour le jardinage ni l'un ni l'autre. Leur coin de pelouse, de la taille d'un mouchoir de poche, avait piètre allure. Les pétunias, dont le vendeur leur avait promis qu'ils fleuriraient n'importe où, restaient piteusement rabougris. Seule une petite fleur violette prospérait mais Emma la soupçonnait fort d'être une mauvaise herbe envahissante. Elle avait déjà colonisé la rocaille, cerné les bruyères mauves et préparait une attaque contre les bulbes qui essayaient de sortir de terre.

Au lieu de profiter de tout cela, elle devait passer trois ou quatre heures à s'occuper de sa mère parce que son père déjeunait avec un vieux copain. De plus, elle se culpabilisait de n'y aller qu'à reculons.

Comment faisaient les infirmières et le personnel spécialisé ? se demanda-t-elle tristement, arrêtée à un feu rouge. Elle avait baissé les vitres pour respirer avant de s'enfermer pendant des heures.

La situation se présentait sans doute différemment quand on n'avait pas de lien de parenté avec la personne malade. On supportait certainement mieux de se faire insulter par une personne atteinte de la maladie d'Alzheimer quand cette personne n'était qu'un patient et non pas votre mère.

Son père l'attendait dans le hall d'entrée. Il avait déjà mis sa veste et tenait ses clés de voiture à la main. Il avait l'air très énervé.

— Tu es en retard, lui dit-il seulement en passant devant elle. Je ne lui ai pas fait à manger. Elle est dans un mauvais jour.

Le terme était faible. Emma trouva sa mère enfermée dans sa chambre, au milieu d'une montagne de vêtements. Elle avait vidé sa penderie, celle de Jimmy et les tiroirs de la commode de tout leur contenu. Chaussettes, chemises, chemisiers, pantalons et mouchoirs s'entassaient autour d'elle. Anne-Marie, vêtue d'un slip et d'un collant, empilait des vêtements sur son lit, les plaçant avec soin les uns sur les autres jusqu'à ce que le tas s'écroule. Et elle recommençait.

Ses longs cheveux, autrefois si soignés, étaient sales et emmêlés. Elle n'était pas maquillée et ne portait aucun des bijoux qu'elle aimait tant, pas même ses boucles d'oreilles ou sa bague de fiançailles qu'elle n'enlevait jamais. Elle ne serait jamais sortie de sa chambre, le matin, sans porter au moins ses perles d'oreilles et un collier. Emma n'avait vu sa mère aussi mal coiffée qu'une seule fois, des années plus tôt, quand elle avait souffert d'une grippe très violente.

Elle sentit ses yeux se remplir de larmes.

Deux heures et plusieurs crises de colère plus tard, Anne-Marie était habillée, avait les cheveux propres et le visage maquillé. Elle s'admira dans le miroir de l'entrée pendant qu'Emma préparait des pâtes.

La crise était oubliée. Anne-Marie chantait d'une voix aiguë et entrait de temps en temps dans la cuisine en dansant pour sourire tendrement à sa fille. Elles déjeunèrent ensemble puis passèrent dans le salon où Emma alluma la télévision. Un vieux film en noir et blanc commençait.

— Maman, viens t'asseoir pour regarder le film, dit Emma en tapotant les coussins à côté d'elle.

Anne-Marie s'assit sagement. Elle ne regardait plus souvent la télévision mais elle aimait les vieux films, en particulier les comédies musicales. Elle se pelotonna contre Emma pour regarder le début d'*Une femme cherche son destin*.

Pour un observateur extérieur, elles formaient le tableau touchant d'une mère et de sa fille regardant un film ensemble, pensa Emma. La réalité était bien différente. Elle se demanda si, un jour, elle ferait la même chose avec sa propre fille. Sans doute pas.

Mais pourquoi pas ? Emma se redressa contre les coussins du canapé. Qu'est-ce qui l'en empêchait ? Elle ignorait si elle était stérile ou pas. Tant qu'elle n'avait aucune certitude à ce sujet, pourquoi se lamenter ? La vie était trop précieuse pour qu'on la gaspille à se torturer pour rien. Anne-Marie se mit à chantonner, perdue dans son monde, et Emma lui caressa le bras. Si jamais elle avait eu besoin d'une preuve de la fragilité de la vie, il lui suffisait de penser à sa mère. Normalement, elle avait encore de longues années devant elle pour en profiter. Or elle était emmurée dans une terrible maladie. C'était pire que la mort.

Emma décida de ne plus perdre un instant. Animée d'un soudain enthousiasme qui la remplissait d'énergie, elle ne put attendre et appela Peter.

Emma patienta pendant de nombreuses sonneries avant qu'il réponde.

— Je me suis endormi en lisant les journaux, dit-il. J'étais très fatigué.

Emma sourit sans rien dire.

— Qu'y a-t-il, ma chérie ? demanda-t-il en bâillant. Ta mère va bien ?

— Tu te souviens de notre conversation sur les examens à faire pour comprendre pourquoi je n'ai pas encore d'enfant ?

— Oui, dit Peter d'un ton prudent.

— Es-tu toujours d'accord pour les faire ?

Emma sentait son cœur battre à se rompre.

— Oui, tout à fait d'accord ! répondit-il d'un ton qui ne laissait aucune place au doute.

— Lundi matin, je vais chez le médecin, annonça Emma. Je veux un bébé, Peter. J'ai été stupide d'attendre aussi longtemps. Je trouvais que le moment était mal venu à cause de maman, mais c'est l'inverse !

— Emma, je t'aime, grande nigaude ! Qu'est-ce qui t'a décidée ?

— D'être assise ici avec maman. Sa vie lui échappe un peu plus chaque jour et moi je gaspille la mienne en refusant de voir la vérité en face. Si nous ne pouvons pas avoir d'enfants, nous en adopterons un. Tout vaut mieux que l'inaction où je me suis complu depuis des années. Comment ai-je pu être aussi bête !

— Ne sois pas trop dure avec toi-même, Emma.

— Non, mais j'ai perdu du temps. Il y a des années d'attente pour pouvoir adopter un enfant à l'étranger. J'ai déjà perdu trop de temps.

— Voyons d'abord si nous pouvons avoir ce bébé nous-mêmes ! J'ai lu un article sur la procréation assistée. Mais le taux de réussite ne dépasse pas les vingt pour cent, tu sais. Si cela ne marche pas la première fois, nous essaierons aussi longtemps qu'il faudra.

— Ça coûte cher, dit Emma.

— Si je dois vendre mes charmes, je le ferai ! s'écria Peter en riant. Sérieusement, ma chérie, nous nous débrouillerons. Il n'y a rien de plus important au monde. Nous ferons un emprunt, si nécessaire.

— Tu sais que tu es extraordinaire ?

— Toi aussi ! Dépêche-toi de rentrer, nous nous entraînerons à fournir des échantillons pour les examens !

Mais Jimmy ne revint que bien après sept heures. Emma était épuisée et rêvait de rejoindre Peter pour faire des projets avec lui. Elle avait aussi hâte d'être au lundi matin pour commencer les examens. Quel que soit le problème, ils le surmonteraient. Peter et elle auraient des enfants.

Jimmy était de mauvaise humeur.

— Tu ne m'as pas préparé à dîner ? demanda-t-il en découvrant qu'aucun petit plat appétissant ne chauffait dans le four.

Emma lui jeta un regard noir. Il était impossible !

— Non, dit-elle froidement. Je n'ai pas préparé ton dîner parce que tu devais rentrer beaucoup plus tôt.

— C'est la meilleure ! Je t'ai élevée et tu ne peux même pas me faire à manger ! Ecoute-moi, ma fille…

— Non, coupa Emma. C'est toi qui m'écoutes ! J'ai passé tout mon après-midi de repos ici à m'occuper de maman, et la première chose que tu fais en rentrant est de crier contre moi ! Tu n'es jamais content.

— Ne prends pas ce ton avec moi, ma petite ! hurla Jimmy.

Pour la première fois de sa vie, Emma ne céda pas. C'était vraiment le jour des grandes premières. Elle avait décidé en un instant de faire le nécessaire pour être enceinte et, à présent, elle allait régler une autre affaire.

— Ne me parle pas de cette façon, dit-elle d'un ton glacial. Parce que si tu continues, je sors de cette maison et tu ne me reverras plus. Et là, tu comprendras tout ce que je fais pour toi !

— N'importe quoi ! hurla-t-il.

— Quand tu devras t'occuper de maman à plein temps sans mon aide, quand tu devras faire le ménage tout seul, laver et repasser tes vêtements, peut-être que tu le regretteras, papa.

— Kirsten le ferait en un clin d'œil ! aboya-t-il.

— Kirsten n'en prendrait certainement pas la peine ! rétorqua-t-elle avec un profond mépris. Elle a sa propre vie et elle a appris depuis longtemps à te dire non. Moi, je viens tout juste d'apprendre.

Emma prit son sac à main.

— Je ne reviendrai pas tant que tu ne m'auras pas présenté tes excuses, dit-elle.

Jimmy perdit un peu de sa superbe.

— Et ta mère ?

— Nous devons engager une aide spécialisée, que tu le veuilles ou non.

— Je n'en veux pas, gronda son père, et c'est moi qui décide.

— Je crains que tu ne sois pas le seul concerné. Kirsten et moi, nous avons aussi notre mot à dire. Nous en sommes au point où nous ne pouvons plus nous occuper de maman tout seuls. Soit tu supporteras des aides-soignantes à la maison, soit il faudra l'hospitaliser dans un établissement adapté où elle recevra les soins dont elle a besoin. Ne te fatigue plus à me tyranniser, papa, cela ne marche plus !

Elle ignora les mots furieux que son père lui jetait.

— Et ne me parle plus jamais de cette façon ! Je m'occupe de maman parce que je l'aime. Je ne le fais pas pour toi.

Emma conduisit aussi vite que possible pour rentrer chez elle, essayant de se libérer de son exaltation dans la vitesse.

Elle attendait que surgisse son habituel sentiment de culpabilité, cette sensation destructrice d'avoir trahi quelqu'un qui l'aimait en se montrant ingrate et méchante. Les gentilles filles ne répondent pas à leur papa ! Mais rien ne se produisit. Elle ne se sentait pas coupable, mais profondément soulagée.

Toute sa vie, elle avait gardé pour elle sa colère et sa rancœur. La colère était un sentiment répréhensible, étranger à la nature féminine, et qui n'aboutissait qu'à vous faire haïr. Du moins l'avait-elle cru.

Elle venait de découvrir la fausseté de cette idée.

Peter, qu'elle aimait, serait aux anges d'apprendre qu'elle avait tenu tête à son père. Quelle importance si son père était en colère contre elle ? Il l'était depuis le jour de sa naissance, pour une raison inconnue. A présent, elle lui en avait donné une bonne, et c'était tout. Par ailleurs, il avait plus besoin d'elle qu'elle de lui. En réalité, elle n'avait pas du tout besoin de lui. C'était un sentiment grisant !

Peter était en train de préparer le dîner. Emma courut vers lui et se jeta dans ses bras.

— Tu n'as pas changé d'avis ? demanda-t-il avec inquiétude.

— Certainement pas ! s'exclama Emma. Quelle journée !

Le lendemain matin, ils paressèrent au lit jusqu'à une heure avancée.

— Je suis content de t'avoir tout à moi, dit Peter en l'enlaçant.

— J'ai passé beaucoup de temps avec maman, soupira Emma. J'espère qu'elle va bien. C'est pour elle que j'ai des remords.

— Ton père est l'unique responsable de la situation. Il t'a exploitée, et la seule façon de lui faire comprendre la leçon est de se montrer sévère. Qui aime bien châtie bien !

— Il ne peut pas assumer la situation et il refuse de l'admettre.

— C'est son problème. Tu ne peux pas prendre la misère du monde sur tes épaules, Emma. Il t'a fait marcher à la baguette depuis le jour de ta naissance. Ce n'est pas parce que tu veux échapper à sa tyrannie que tu es une méchante fille.

Elle se blottit contre lui, savourant sa chaleur.

— C'est triste, reprit-elle. J'aurais de la compassion pour n'importe qui dans sa situation mais envers lui je ne peux pas. Nous avons de si mauvaises relations, je n'y arriverai jamais.

— Contente-toi de veiller sur ta mère, souligna Peter. La seule chose qui compte est de s'assurer qu'on s'occupe bien d'elle. Ne laisse pas ton père se servir de cela pour te manipuler.

— Non, fais-moi confiance !

Kirsten fut obligée de s'impliquer.

— Je n'arrive pas à croire que tu es là ! lui dit Emma, qui conduisait.

Huit jours s'étaient écoulés et elles avaient rendez-vous avec leur père dans un hôtel pour rencontrer des aides-soignantes à domicile.

— Il n'arrête pas de me téléphoner, se plaignit Kirsten. Pour commencer, il ne savait pas se servir de la machine à laver. Hier, il a cassé l'aspirateur, et le micro-ondes ne marche plus. Je lui ai dit que je n'étais pas son esclave et qu'il n'avait qu'à se débrouiller. Et puis, poursuivit-elle avec un sourire satisfait, je lui ai dit ce que je pensais de sa conduite à ton égard. Je lui ai expliqué que tu avais été beaucoup plus gentille avec lui que je ne l'ai jamais été et qu'il méritait de ne jamais te revoir.

— Non ! s'exclama Emma, éperdue d'admiration. C'est vraiment gentil.

— Oh ! Ne me remercie pas trop vite. S'il peut s'appuyer sur toi, il cessera de me harceler. Je reconnais que j'avais un intérêt personnel à prendre ta défense.

Emma éclata de rire. Kirsten ne changerait jamais.

— J'ai eu une semaine épouvantable, reprit Kirsten

avec indignation. Je devais trouver un moyen de me débarrasser de lui et cela a fini par marcher. Il s'est enfin rendu compte qu'il ne peut pas s'occuper de maman tout seul et que c'est en grande partie parce que tu faisais beaucoup de choses.

Jimmy semblait s'être tassé quand Emma l'aperçut dans le hall de l'hôtel. Il lui parut plus petit et amaigri. Emma se sentit à nouveau coupable de l'avoir abandonné.

Kirsten lui donna un coup de coude dans les côtes.

— Pas question de pleurnicher et de t'excuser ! C'est à lui de te faire des excuses, pas l'inverse ! La maladie de maman ne l'autorise pas à se conduire encore plus mal que d'habitude.

Faire des excuses n'était pas le fort de Jimmy.

— Bonjour, les filles, maugréa-t-il. Je leur ai donné rendez-vous au bar. Nous ferions mieux d'y aller.

— N'as-tu rien à dire, papa ? s'enquit Kirsten.

Il regarda Emma dans les yeux pour la première fois depuis leur arrivée.

— Je suis désolé, marmonna-t-il rageusement. J'ai été injuste avec toi, l'autre jour.

— J'accepte tes excuses, répondit Emma d'un ton très digne.

Il n'irait pas plus loin, ne reconnaîtrait jamais qu'il avait beaucoup plus à se faire pardonner que sa conduite lors de leur dernière rencontre. Mais c'était sa faute à elle si elle s'était laissé maltraiter. Elle avait trop accepté de son père. Toutefois, si ces vagues regrets leur permettaient de veiller ensemble sur Anne-Marie, cela lui suffisait.

— Nous allons au bar ? dit-elle en souriant.

Elle voulait en terminer le plus vite possible. A présent qu'elle avait inauguré une autre relation avec son père, elle avait hâte de faire part des nouvelles à Kirsten, de lui dire que Peter et elle avaient décidé de tout faire pour avoir un enfant. Tout !

Les résultats des examens l'étonnèrent. Ils n'avaient aucun problème, ni Peter ni elle.

— Vous n'avez aucune raison médicale de ne pas avoir d'enfants, leur dit le spécialiste. Nous sommes devant un cas de stérilité inexpliquée.

Emma trouva sa réponse peu convaincante. Elle ne pouvait croire que, à l'heure où la science savait transplanter tout et n'importe quoi ou faire pousser des oreilles humaines sur le dos des souris, sa stérilité restait inexpliquée. En revanche, cela lui laissait le bien le plus précieux au monde : l'espoir.

— Les gens dans votre cas choisissent parfois de patienter et d'espérer mais, comme vous attendez depuis quelques années, vous pourriez essayer la fécondation in vitro, ajouta le médecin.

En sortant de la clinique, Peter lui prit la main et la serra à lui faire mal. Elle le vit se mordre les lèvres et comprit qu'il redoutait de la regarder, de crainte de la voir s'effondrer. Or, de façon incompréhensible pour elle, elle ne se sentait pas découragée mais soulagée, comme si on lui avait ôté un énorme poids des épaules. Son incapacité à être enceinte n'avait pas d'explication. Il n'y avait aucune faute de sa part, aucune traîtrise de son corps, aucun problème impossible à soigner. Les meilleurs spécialistes l'affirmaient. Elle n'était pas responsable.

Après avoir passé des années à redouter la vérité, elle la connaissait enfin et la vérité agissait sur son âme blessée comme un baume. Une stérilité inexpliquée était synonyme d'espoir.

— Peter...

Elle pivota sur elle-même pour lui faire face et caressa sa joue crispée. Sa peau était douce. Il s'était rasé à peine quelques heures plus tôt.

— Je ne suis pas triste, mon chéri, je vais bien.

Il ne la croyait pas, elle le voyait bien. Son visage toujours ouvert et souriant était ravagé par le chagrin. Il avait mal pour eux deux. Mais il n'avait pas lu tout ce qu'Emma avait lu sur la stérilité. Il prenait le résultat des examens pour une catastrophe. Il avait tort.

— Tu ne comprends pas, Peter, nous pouvons réessayer. Nous avons tourné en rond pendant si longtemps, à nous demander ce qui n'allait pas, effrayés à l'idée d'en parler et d'envisager l'avenir. Maintenant, poursuivit-elle avec un sourire ravi, nous savons qu'il n'y a pas de problème. Autrement dit, cela nous laisse une bonne chance. Essayons la fécondation in vitro. Tu m'as dit que le taux de réussite est de vingt pour cent, je veux bien prendre le pari si tu le veux toi aussi.

Peter resta muet, les yeux plantés dans ceux d'Emma, puis, d'un seul coup, tout son visage s'illumina. Il la souleva, la fit tournoyer et l'embrassa avec passion.

— Je t'aime ! hurla-t-il de toutes ses forces.

Emma s'accrocha à lui, renversa la tête en arrière et cria de joie elle aussi. Elle se moquait des passants qui les regardaient comme s'ils jouaient une scène de film.

— Où allons-nous ? demanda Peter. Il faut nous y mettre tout de suite, immédiatement !

Claudia jeta sa tétine à la tête d'Hannah. Sans lâcher le téléphone qu'elle avait coincé entre son oreille et son épaule, Hannah la ramassa, la mit dans le stérilisateur et en donna une autre à Claudia. En petite fille très intelligente pour ses quatre mois, Claudia comprit l'expression mécontente de sa mère et décida de ne pas jeter sa nouvelle sucette. Elle battit des cils de la façon la plus attendrissante et plissa son petit visage de chérubin dans un sourire qui effaça la mauvaise humeur d'Hannah. Avant sa naissance, Hannah vouait les sucettes aux gémonies. Jamais son enfant n'en aurait ! Après deux mois de hurlements permanents, une aimable voisine qu'elle avait rencontrée dans le parc lui conseilla d'oublier ses grands principes et de courir en acheter une boîte de six.

« La paix et les grands principes sont deux choses très différentes, lui avait dit sa voisine. J'avais juré de ne jamais m'en servir et regardez ma nichée : ils passeront le bac avec leurs tétines dans la bouche ! »

Hannah avait suivi son conseil et y avait gagné la paix.

Claudia suçait joyeusement sa tétine, surveillant sa mère de ses grands yeux bruns attentifs.

— Il nous faut une serveuse de plus ! répéta Hannah au traiteur. Une seule ne suffira pas. Nous attendons cinquante personnes, comme vous le savez puisque vous fournissez le buffet.

Le traiteur lui débita les excuses habituelles et Hannah leva les yeux au ciel. Elle ne comprenait pas pourquoi Felix avait insisté pour recourir à ses services. Que sa nouvelle meilleure amie le lui ait recommandé n'était pas une raison suffisante pour lui confier la réussite de leur première grande soirée. Mais il avait insisté.

« Hannah, j'ai assisté récemment à trois soirées où on l'avait engagé, alors fais-moi confiance », avait-il dit d'un ton sans réplique.

Comme elle n'avait pas assisté à ces réceptions parce que les coliques de Claudia dépassaient les compétences de la jeune fille au pair, Hannah n'avait pu lui opposer aucun argument. La jeune fille au pair ne servait pas à grand-chose mais, apparemment, le traiteur non plus. Felix lui avait promis monts et merveilles au sujet d'un somptueux buffet de la mer avec de splendides tartes aux framboises pour le dessert, comme pour la dernière soirée à laquelle il avait été invité. Or le traiteur avait déclaré que l'employée qui s'occupait des buffets de la mer était en congé et qu'on leur proposait donc plutôt du jambon, du fromage, quelques quiches et une meringue aux fruits exotiques.

Et maintenant, il y avait un problème avec le personnel. Un des employés avait trop rempli les emplois du temps et il ne restait qu'une seule serveuse disponible. Hannah, qui estimait tout cela beaucoup trop cher de toute façon et aurait volontiers annulé cette fichue soirée, n'avait pas l'intention de s'occuper du service. Mais c'était ce qui arriverait si elle ne parvenait pas à faire céder le traiteur.

— Ecoutez, finit-elle par dire, je veux deux serveuses ou bien vous êtes renvoyé.

Sur quoi elle raccrocha.

— Mercedes ! cria-t-elle.

Mercedes, la jeune fille au pair, était une Française indolente et charmeuse qui aurait pu faire la couverture de *Vogue* et considérait manifestement son travail actuel comme une simple transition avant qu'on lui propose cette couverture.

Dix-neuf ans, grande, avec une silhouette de sylphide aux jambes interminables, elle avait des cheveux blond platine sur lesquels elle pouvait s'asseoir et de grands yeux bleus impudiques. Elle devait être née ainsi, pensait Hannah. Mercedes faisait semblant de s'activer dans la cuisine, ses chaussures roses à hauts talons claquant sur le sol en terre cuite. Elle portait un jean noir et un chemisier en vichy rose noué avec négligence autour de sa taille de guêpe.

— Oui, murmura-t-elle.

— Pouvez-vous emmener Claudia se promener ? J'ai différents appels à passer et elle ne tient pas en place.

— Je voulais me faire les ongles, gémit Mercedes.

Les ongles d'Hannah n'étaient pas vernis et resteraient ainsi étant donné qu'elle avait beaucoup à faire pour la soirée que Felix voulait donner, une soirée bien au-dessus de leurs moyens.

— Mercedes, s'il vous plaît, la pria Hannah. En échange, vous aurez toute votre journée de demain libre.

Pendant un bref instant, Hannah se revit dirigeant une équipe, engageant et licenciant les gens comme elle le voulait. A présent, elle en était réduite à supplier la jeune fille au pair de l'aider un peu. Mercedes était censée travailler six heures par jour, cinq jours par semaine, les jours étant choisis d'un commun accord avec l'employeur. Mais, après le premier mois passé à consoler Mercedes d'être loin de sa maison et de Marseille, Hannah représentait une figure maternelle et non plus un employeur. Mercedes se conduisait à présent comme Hannah la soupçonnait de le faire chez elle : pendue au téléphone pendant des heures, passant de la mélancolie à l'exaltation, selon celui de ses petits copains qui l'avait appelée, et surtout totalement indifférente à la nécessité de vider le lave-vaisselle. Mercedes adorait Claudia, qui était un bébé merveilleux, mais détestait changer ses couches et la nourrir. La décider à promener Claudia était plus difficile que d'amener les pays de l'OTAN à un accord unanime.

La promesse d'avoir son samedi la décida. Mercedes adorait passer la journée avec d'autres jeunes filles au pair qu'elle connaissait. Elles traînaient pendant des heures dans Covent Garden à boire un café, se faire admirer par les beaux garçons et dépenser dans l'achat de tenues aguicheuses l'argent que leurs parents leur envoyaient.

— D'accord, dit Mercedes de mauvaise grâce mais, comme c'était une gentille fille en réalité, elle ajouta : Allez-vous chez le coiffeur, 'annah ? Je garderai Claudia cet après-midi.

Elle avait un fort accent français. Elle n'arrivait pas, en particulier, à prononcer le *h* de « Hannah ».

Hannah l'aurait embrassée. Une fois qu'elle avait décidé de faire quelque chose, Mercedes devenait très généreuse.

Claudia fut la seule à ne pas apprécier l'arrangement. Le visage tout plissé, elle se mit à pleurer, jetant cette fois son biberon à la figure de Mercedes. Elle criait si fort que le chat prit peur.

Hannah la prit dans ses bras et la berça jusqu'à ce qu'elle se taise. Sa fille encore hoquetante serrée contre elle, elle s'émerveilla une fois de plus de l'intensité de ses sentiments. Dès sa naissance, Hannah avait aimé Claudia d'un amour sans limites. Elle révérait la moindre de ses petites boucles noires, surveillait avec passion chacune de ses respirations. Pendant les premières semaines, elle restait assise à côté de son berceau, écoutant son souffle léger comme si le seul fait de regarder le torse minuscule se soulever puis s'abaisser suffisait à la protéger de tout. Compte tenu de ces circonstances, c'était un miracle si Claudia était restée un bébé très facile, doté d'une heureuse nature. Malgré son adoration pour sa fille, Hannah redoutait de trop la gâter. Elle avait dû lui apprendre que sa maman chérie avait parfois du travail et fréquentait des endroits où l'on n'avait pas besoin d'elle.

Mais, ce jour-là, Claudia n'était pas d'humeur à se séparer de sa mère. Avec de petits reniflements déchirants, elle s'agrippait à Hannah de toutes ses forces.

— J'espère qu'elle n'a rien attrapé, dit Hannah, soudain inquiète.

Elle envisageait déjà d'annuler son rendez-vous chez le coiffeur.

— Elle va bien, répondit Mercedes en prenant l'enfant des bras d'Hannah malgré ses protestations. Nous irons jouer dans le parc. N'est-ce pas, ma chérie ?

Elle avait utilisé la voix dont on se sert pour parler aux bébés et Claudia témoigna aussitôt de son intérêt pour cette délicate attention.

Elle était ravissante avec son cardigan de laine rouge et sa salopette bleue.

— Allez-y avec Ruth, la voisine, d'accord ? dit Hannah.

On ne sait jamais quel genre de cinglé risque de s'approcher d'une jeune fille avec une poussette. Hannah était devenue un peu paranoïaque. Elle se sentait beaucoup mieux quand Claudia se faisait accompagner par la bonne d'enfants des voisins et par son « client », une terreur d'un an prénommée Henry. Il apprenait à Claudia à piquer de terribles colères et à afficher un sourire angélique la minute suivante.

« Nous devrions peut-être avoir un chien, un vrai chien de garde », avait-elle dit à Felix quand ils avaient emménagé dans leur maison de Clapham.

Claudia n'était pas encore née à l'époque mais Hannah avait lu un article sur une femme qui avait dû courir pour échapper à un fou dans un parc tout proche où elle promenait ses jumeaux dans leur poussette.

« Tu t'inquiètes pour tout, avait répondu Felix en caressant son ventre rond. Nous ne sommes pas Tom Cruise et Nicole Kidman, tu sais ! Personne ne va kidnapper notre bébé. »

Malgré cela, Hannah s'assurait qu'il y avait toujours quelqu'un avec Mercedes et Claudia. En revanche, quand elle-même sortait avec Claudia, elle n'avait pas peur d'une mauvaise rencontre : elle savait qu'elle massacrerait quiconque, humain ou animal, toucherait un seul cheveu de son bébé. L'amour maternel peut être très violent.

Claudia geignit un peu quand Hannah lui mit son bonnet de laine rouge et le petit manteau assorti. C'était un beau vendredi d'avril mais Hannah avait peur des coups de froid et il y avait toujours un peu de vent dans le parc. Certaine que Claudia était bien à l'abri du vent et des fous, elle les laissa partir, rappelant à Mercedes qu'elle pouvait lui téléphoner chez son coiffeur en cas de problème.

C'était merveilleux d'avoir quelques heures libres, se dit-elle en quittant la maison dix minutes plus tard. Le soleil brillait sur les petites maisons mitoyennes de sa rue. Les jonquilles du jardin voisin embaumaient. Leur maison ne ressemblait pas à la grande demeure édouardienne dans Chelsea, vaste et claire, que Felix lui avait promise pour la convaincre de vivre à Londres. Haute et étroite, elle se composait d'une cuisine au sous-sol, de deux belles pièces de réception au rez-de-chaussée, et de trois minuscules chambres à l'étage. Si le grenier n'avait pas été aménagé, Felix n'aurait pas eu de place pour sa garde-robe.

Malgré ses défauts, c'était une jolie petite maison qu'ils auraient pu améliorer s'ils avaient eu de l'argent pour la retaper. Ils avaient fait retapisser le salon avec un papier vert pomme et blanc cassé qui avait plu à Felix mais s'était révélé beaucoup plus cher que prévu. Ils avaient dû renoncer à refaire l'horrible cuisine rouge foncé.

On revenait toujours aux problèmes d'argent. Felix n'avait pas travaillé depuis deux mois et, comme il dépensait sans compter quand il avait du travail, il ne leur restait pas grand-chose. Le manque d'argent faisait partie des raisons pour lesquelles Hannah n'était pas enchantée par cette idée de réception.

« Tu ne comprends pas, hein ? lui avait dit Felix avec colère. Ce genre de soirée est vital pour ma carrière. Bill viendra avec une très importante directrice de casting. Cela pourrait être crucial pour moi. »

Hannah savait reconnaître une défaite. La carrière de Felix passait avant tout, en particulier depuis que la sienne était aux oubliettes. Mais ils devraient néanmoins réduire leurs dépenses. Ils pouvaient se passer de Mercedes. Dès l'origine, Hannah ne voulait pas de jeune fille au pair. Elle avait dit qu'elle préférait s'occuper de Claudia elle-même. Felix avait insisté sur le fait que les gens « comme eux » avaient toujours des aides. Hannah pourrait sortir plus souvent et peut-être même reprendre un travail, avait-il suggéré.

Mais Hannah avait tant de mal à se séparer de Claudia que son travail se limitait à deux matinées dans la boutique d'une organisation caritative locale. Sa mère avait insisté pour qu'elle y aille, parce qu'elle devait sortir de chez elle.

« Tu ne veux pas ressembler à ces femmes dont toute la vie se réduit à leur cuisine ! avait dit Anna Campbell. Sans mon travail, je serais devenue gâteuse depuis des années. »

Hannah apprécia d'être tranquillement chez le coiffeur. Elle lut des magazines qu'elle n'achetait pas en savourant un café très sucré. Elle ressortait toujours de ce petit salon de quartier parfaitement coiffée, après un shampoing relaxant. Felix faisait faire ses mèches chez Nicky Clark mais ils n'avaient pas les moyens d'y aller tous les deux.

« Moi qui te croyais naturellement blond ! avait ri Hannah le jour où elle avait découvert qu'il devait sa belle couleur à son coiffeur.

— J'ai été très blond dans mon enfance », avait protesté Felix, blessé qu'Hannah puisse penser qu'il n'était pas réellement le beau blond qu'elle avait épousé.

Elle l'avait embrassé tendrement.

« Je ne le dirai à personne, je te le promets ! »

Felix était lui-même allé chez le coiffeur la veille et, à l'heure où elle sortait du salon, il avait rendez-vous avec Bill au Groucho Club. Il paraderait comme s'il était en pleine ascension professionnelle et non pas à découvert et très inquiet. Bill buvait beaucoup et Hannah fit une petite prière pour qu'elle n'arrive pas déjà complètement ivre, de peur de la voir pincer le derrière de tous les hommes présents. Bill changeait d'homme en moins de temps qu'il n'en fallait à Claudia pour salir ses couches. Avec un peu de chance, si elle venait avec sa fameuse directrice de casting, elle ferait un effort pour se tenir correctement.

Hannah s'arrêta dans une pharmacie sous le coup d'une impulsion et s'offrit un rouge à lèvres d'un ton vif et le vernis à ongles assorti. Elle se laissait aller depuis quelque temps. Elle ne portait plus que son vieux jean usé, ne se maquillait presque pas et ne se vernissait pas les ongles. Certains jours, c'était un miracle si elle trouvait le temps de se brosser les cheveux. Felix était un amour : il ne lui reprochait jamais de dormir dans un tee-shirt géant froissé avec des chaussettes au lieu d'une petite chose en soie délicatement repassée dont la seule utilité consistait à s'enlever très vite.

Felix savait à quel point elle avait été fatiguée après la naissance de Claudia. S'occuper d'un bébé qui refusait de dormir plus de deux heures d'affilée par nuit jusqu'à la semaine précédente l'avait épuisée. Avoir une vie sexuelle et se maquiller paraissaient totalement hors de propos quand on n'arrivait plus à garder les yeux ouverts.

Ce soir, elle serait de nouveau la femme séduisante et sensuelle que Felix avait épousée, se dit-elle en souriant. Après le départ des invités, elle l'entraînerait à l'étage, croiserait les doigts en souhaitant que Claudia soit endormie, et elle déploierait tout son talent pour l'exciter. Lentement, comme il l'aimait.

— Pourquoi sont-ils là ? demanda Felix.

Il avait suivi Hannah dans la cuisine dès qu'elle avait eu fini d'installer dans le salon ses voisins, Freddie et Michelle. Hannah était allée leur chercher un verre de vin.

— Ce sont nos voisins, chuchota-t-elle avec colère. Et, sauf si tu as envie d'être en guerre avec toute la rue, il faut les inviter quand nous recevons. Si Bill se met à courir dans la rue toute nue avec un verre de whisky à la main et une rose dans le derrière, il vaut mieux être en bons termes avec nos voisins, tu ne crois pas ?

Felix lui jeta un regard noir, sachant qu'il était de toute façon en tort. Il était arrivé avec Bill directement du Groucho Club, beaucoup plus tard qu'il ne l'avait promis et sans la célèbre directrice de casting. Felix avait un peu trop bu mais Bill était fin soûle et n'arrivait pas à le cacher. Hannah savait évaluer avec précision le degré d'ivresse des gens. Elle avait glissé une tasse de café fort dans la main de Bill et l'avait expédiée au jardin se rafraîchir les idées. Ensuite, elle avait envoyé Felix la rejoindre avec la consigne de lui faire manger une des assiettes de jambon d'Espagne que le traiteur était en train de sortir de conteneurs réfrigérés. Il y avait déjà une heure de cela. A présent, les invités arrivaient, à commencer par les voisins, qui avaient des enfants en bas âge et préféraient venir tôt.

— Occupe-toi de nos invités ! dit Hannah entre ses dents à son beau mari qui était en train de s'admirer dans un plat en argent.

— Mes invités ne sont pas encore là, répondit-il en vérifiant le col de sa chemise chocolat qui allait si bien avec ses yeux et sa peau dorée.

— Veux-tu dire que nos voisins sont mes invités et que les fascinants acteurs qui ne viendront pas avant des heures sont les tiens ? demanda Hannah, de plus en plus fâchée.

— Inutile de t'énerver ! J'y vais ! Mais tu viendras à mon secours si je reste coincé.

Hannah le suivit avec le vin et l'observa. Il saluait Freddie et Michelle comme s'il avait été très impatient de les voir. Michelle rosit quand il l'embrassa comme si elle était la petite sœur de Claudia Schiffer au lieu d'une banquière intelligente mais un peu ronde qui se plaignait à Hannah d'en avoir assez des spaghettis Weight Watchers.

— Freddie ! s'exclama ensuite Felix avec chaleur. Tu as oublié notre partie de squash ? Tu m'as promis de trouver le temps !

C'était un vrai charmeur. Les gens l'adoraient. Sa présence changeait l'ambiance d'une soirée, sans parler de son effet sur les femmes. Il suffisait de l'observer quelques instants pour comprendre son succès à l'écran.

Comme il était écrit dans la meilleure de ses critiques, quoique à double tranchant : « Felix Andretti possède une présence à l'écran qui retient l'attention. Son magnétisme vous attire malgré vous. Cela lui donne l'étoffe d'une star, mais a-t-il l'étoffe d'un acteur ? Le temps le dira mais, en attendant, gardez l'œil sur lui. »

Hanna en avait été horrifiée et effrayée. Elle avait toujours craint que la beauté de Felix ne lui permette de se hisser jusqu'à un certain niveau mais pas plus loin, simplement parce qu'il ne jouait pas assez bien. Avec son ambition d'obtenir un succès à la fois critique et commercial, cela le tuerait. Cette critique semblait confirmer ses angoisses, mais Felix et Bill avaient sauté de joie.

« L'étoffe d'un acteur ? On s'en moque, des acteurs », avait commenté Bill.

Ils fêtaient l'événement en déjeunant dans un bistrot prétentieux de King's Road.

« Tu as l'étoffe d'une star, chéri ! avait-elle précisé. C'est tout ce qui compte dans ce business. »

La condensation coulait sur la paroi des verres de vin blanc qu'apportait Hannah. A l'entrée du salon, elle regardait Felix faire briller son étoffe de star.

Freddie et Michelle gloussaient à ses plaisanteries comme des gamins, imités par tous les autres invités qui s'agglutinaient d'instinct autour de Felix.

— Ces verres sont pour des personnes précises ? demanda la serveuse.

Le traiteur était finalement venu avec deux serveuses, l'une compétente et souriante, l'autre âgée de seize ans tout au plus, affichant une mine revêche.

C'était Miss Boudeuse qui avait parlé.

— Pas de problème, répondit Hannah en souriant dans l'espoir que la fille se décrisperait. Je m'en occupe.

— Comme vous voulez, dit la serveuse, qui s'éloigna en traînant les pieds.

— Chérie ! l'appela Felix avec un regard qui lui demandait de venir à son secours. Donne-nous à boire avant que nous mourions tous de soif !

Elle se fraya un chemin jusqu'à eux et Felix distribua les verres avant de lui passer le bras autour de la taille dans un geste de fierté autant que de possession.

— N'est-elle pas merveilleuse ? dit-il avec chaleur. J'ignore ce que je ferais sans elle.

— Oui, merveilleuse ! reprirent en chœur les admirateurs de Felix.

Ce fut au tour d'Hannah de rougir. Elle détestait ce genre de remarques, qui lui donnait l'impression d'être un objet en exposition. Elle se souvenait d'une fête chez un autre acteur alors qu'elle était dans les derniers mois de sa grossesse. Felix se déplaçait en la poussant devant lui comme un talisman, comme pour dire : « Ne suis-je pas un extraordinaire père de famille ? »

Bien sûr, il ne pouvait pas être aussi cynique. A l'époque, son humeur dépendait tellement de son état qu'elle mit cette impression sur le compte de la déprime de la femme enceinte.

Mais elle ressentait soudain le même malaise. Elle faisait partie du curriculum vitæ de Felix, au même titre que ses engagements dans des théâtres aux finances défaillantes, son année aux Etats-Unis et la reprise de *Hamlet* dans un décor moderne à Chicago. Elle tenait le rôle de la charmante épouse irlandaise qui s'occupait de leur délicieuse petite fille et de leur douillette maison à Clapham. Hannah représentait la partie « bonheur domestique » indispensable dans la biographie d'un acteur, sans laquelle il « serait perdu », ainsi qu'ils le répétaient tous dans chaque interview.

— On sonne, dit-elle hâtivement. Je dois y aller.

— On a sonné ? s'étonna Michelle. Je croyais que ta sonnette faisait le même bruit que la nôtre et je n'ai rien entendu.

Par chance, la sonnette retentit avec force à ce même moment.

— Ça recommence, mentit Hannah.

Elle s'esquiva pour ouvrir aux nouveaux venus puis fila dans la salle de bains à l'étage pour rafraîchir son front brûlant. Elle devait avoir attrapé un virus. Elle en profita pour vérifier que tout allait bien du côté de Claudia et de Mercedes. Son bébé dormait, l'air d'un chérubin avec ses yeux malicieux sagement fermés.

— Voulez-vous manger quelque chose ? demanda-t-elle à Mercedes, qui eut l'air choqué à cette idée.

Après neuf heures du soir, elle ne mangeait plus rien,

sauf peut-être une biscotte scandinave. Cela expliquait sa minceur, se dit Hannah en effleurant son ventre. Elle n'avait pas encore retrouvé sa ligne.

Le buffet diminuait à toute vitesse, en même temps que d'innombrables bouteilles d'un vin espagnol remarquable et très cher. La grande fraternité des acteurs avait débarqué en masse et s'était abattue sur la nourriture comme un vol de sauterelles, en particulier sur le champagne que Felix avait commandé sans le dire à Hannah. Les bouteilles disparaissaient à la vitesse de l'éclair.

— Bien boire est la marque des fêtes réussies ! bafouilla d'une voix pâteuse un des amis de Felix.

Il s'appliquait à remplir de champagne un grand verre à vin rouge avec le sérieux d'un poivrot ouvrant un nouveau litre.

Un gaspillage très réussi, surtout, pensa Hannah, livide devant sa cuisine transformée en scène de carnage. Elle était malade à l'idée de la facture finale. Chaque bouchon qui sautait la faisait tressaillir et lui rappelait leur découvert. Elle aurait pu tolérer ce gâchis si l'importante amie de Bill était venue pour admirer Felix et lui donner un rôle. Mais il était plus de onze heures et il y avait peu de chances pour qu'elle arrive aussi tard.

Les invités appartenaient presque tous à la catégorie des génies fauchés plutôt qu'à celle des puissances susceptibles de tirer des ficelles. La personne la plus importante de la soirée se révélait être une actrice étonnamment bien conservée qui semblait avoir joué dans tous les films tournés en Grande-Bretagne depuis dix ans. Mais, visiblement, sa présence devait tout au désir que lui inspirait Felix.

Au grand soulagement d'Hannah, Felix ne témoigna aucun intérêt à cette femme. Il confia même assez méchamment à son épouse que le beau et jeune mari de l'actrice, en réalité, était homosexuel.

— A son âge, elle ne peut rien espérer de mieux, conclut-il d'un ton définitif.

Hannah se sentit tellement détendue après ces confidences qu'elle s'abstint de toute remarque sur des commentaires aussi sexistes.

En revanche, elle enregistra avec dépit qu'il passait beaucoup de temps à bavarder tranquillement dans un coin avec Sigrid, une actrice danoise brune qui avait eu un petit rôle dans sa dernière série télévisée. Maigre et nerveuse, elle avait des cheveux courts hérissés et une personnalité assortie à sa coiffure. Elle portait un étonnant pantalon de daim collant sous lequel tout son corps semblait se tendre vers Félix. Ils se parlaient en regardant délibérément par-dessus l'épaule l'un de l'autre.

Hannah s'occupait des autres invités, riait à de veilles blagues idiotes et versait du vin, tout cela sans quitter son mari du coin de l'œil. Sigrid et lui ne se regardaient pas mais on sentait quelque chose entre eux. On ne pouvait s'y tromper, ils étaient plus que de simples collègues de travail. Pourtant, ils ne se touchaient pas, ne faisaient rien qui puisse les trahir. Hannah se demanda si son imagination ne lui jouait pas des tours.

Même quand quelqu'un renversa un verre de vin rouge sur le coussin en tapisserie qu'elle avait voulu mettre à l'abri parce qu'il n'était pas traité contre les taches, elle ne s'émut pas. Elle était trop occupée à surveiller Felix, l'estomac noué d'appréhension.

Quand elle revint de la cuisine, où elle avait versé un demi-kilo de sel sur son coussin, Felix bavardait au milieu d'un autre groupe. Il tenait négligemment par les épaules une femme dont Hannah savait qu'il ne l'aimait pas. Peut-être était-ce l'indice susceptible de confirmer ses soupçons, pensa-t-elle dans un éclair de lucidité.

Felix s'obligeait en public à toucher les gens qu'il n'aimait pas et évitait ostensiblement de le faire avec ceux qu'il aimait.

Elle se sentit plus légère quand Sigrid s'en alla peu après avec l'homme qui l'avait accompagnée. Mais le doute s'était installé en elle.

— Tout va bien, chérie ? lui demanda Felix en lui tapotant le bras avec décontraction après le départ de Sigrid.

— Oui.

Felix avait presque un sourire de fou à cet instant. Si Hannah en avait assez, il planait en revanche sur un petit nuage, ravi que tous ces gens soient venus le voir, survolté à la fois par l'alcool et l'agitation.

Il embrassa Hannah sur la joue et s'envola, flirtant, charmant, enchantant tout le monde, parfait dans son rôle de beau garçon qui attire tous les regards.

A minuit dix, Hannah se sentait exténuée, aussi bien de jouer les maîtresses de maison attentives que de s'inquiéter pour Claudia. Elle redoutait que le bruit ne la réveille et ne cessait d'aller voir si tout allait bien. La plupart des invités étaient partis, sauf le noyau dur de la grande famille des acteurs. Habitués à se coucher tard, ils s'étaient installés autour de la table de la cuisine, le nez dans la bouteille de whisky que Bill avait découverte dans un placard, derrière les serviettes.

Hannah raccompagna quelques personnes puis redescendit à la cuisine. Les derniers fêtards étaient en train de médire joyeusement d'un feuilleton historique dans lequel aucun d'eux n'avait obtenu le moindre rôle.

— Des imbécillités d'une banalité consternante, disait l'un avec dédain.

— Je déteste ces histoires avec des corsets et du « monsieur le comte » plein la bouche, renchérissait Bill. Enfin, ils ne couchaient jamais du temps de Jane Austen ? On peut se poser la question quand on regarde ces trucs-là !

Hannah se demanda si un seul d'entre eux remarquerait son absence au cas où elle disparaîtrait sous sa couette.

Claudia dormait comme un ange. Elle se réveillerait donc comme d'habitude à cinq heures du matin. Hannah savait que Felix n'aurait pas le courage de se lever, et Mercedes, qui avait été parfaite pendant toute la soirée et avait emporté le berceau dans sa chambre pour mieux veiller sur Claudia, méritait sa journée de congé.

Hannah prit sa décision. Elle allait se faufiler dans la chambre de Mercedes et dire à la pauvre fille qu'elle viendrait chercher Claudia le lendemain matin pour qu'elle puisse faire la grasse matinée. Felix devait être aux toilettes ou occupé ailleurs. Il comprendrait qu'elle était partie se coucher et s'occuperait de ses invités sans elle.

Hannah monta l'escalier sur la pointe des pieds, heureuse que la fête soit finie. Elle avait eu beaucoup de travail pour tout organiser, en grande partie à cause de l'inefficacité du traiteur. Elle avait aussi passé la semaine à faire le ménage de fond en comble. Mercedes n'était bonne à rien quand il s'agissait d'enfiler des gants en caoutchouc et de sortir les produits de nettoyage. Elle avait frissonné de façon très expressive quand Hannah avait tenté de le lui suggérer.

Pauvre Mercedes ! Son charme français allait lui manquer ; leurs finances ne leur permettaient plus de la garder.

Hannah calculait combien ils économiseraient en

n'ayant plus à la payer quand elle arriva devant la porte de la jeune fille. Des bruits étouffés lui parvinrent à travers le battant. Elle en conclut aussitôt que Claudia s'était réveillée et réclamait qu'on s'occupe d'elle. Elle frappa pour la forme et, contrairement à son habitude, entra sans attendre que Mercedes lui réponde. Hannah avait parfaitement conscience du droit de Mercedes à sa vie privée mais c'était la première fois qu'elle laissait Claudia avec elle. Elle ne pensait qu'à délivrer la jeune fille de sa charge.

Mais ce n'était pas Claudia qui s'agitait sur le lit. C'était Felix, vêtu de son seul boxer. Son boxer Next, enregistra Hannah machinalement, étonnée de se sentir lucide à un moment aussi traumatisant.

Felix ne parut pas gêné. Au contraire, il avait l'air à peine surpris, comme s'il venait de se réveiller dans son lit, à côté d'Hannah elle-même en petite tenue, et non à côté du corps de Mercedes, superbe dans ses sous-vêtements ivoire assortis.

Par bonheur, Claudia dormait paisiblement dans son berceau, la main serrée sur le mouton en peluche noir dont elle refusait de se séparer. Hannah n'aurait jamais pardonné à Felix de coucher avec la jeune fille au pair sous les yeux de Claudia. Non qu'elle puisse lui pardonner, mais c'était un peu moins grave parce que Claudia dormait.

— 'annah, je suis désolée, dit Mercedes en pleurant. Je ne voulais pas, je vous aime trop pour cela, il faut me croire ! Ce n'était pas prévu... C'est arrivé, c'est tout.

Combien de fois cela s'est-il déjà produit ? se demanda Hannah.

— Dans ce cas, dit-elle froidement, comment est-ce arrivé ?

Elle fixait Felix plutôt que Mercedes, qui n'était,

après tout, qu'une jeune fille influençable de dix-neuf ans. Elle pouvait difficilement la rendre coupable de l'adultère commis par son employeur.

Quand Felix avait tort, son visage devenait lisse. Il en faisait une sorte de toile nue sur laquelle il pouvait poser l'expression adaptée à la situation. Il attendait de savoir comment sa femme allait l'attaquer pour réagir en conséquence.

— Felix, j'attends une explication.

Comme s'il réalisait qu'Hannah ne suivait pas le schéma traditionnel qui consistait à maudire l'autre femme, son visage prit l'expression adéquate.

— Je suis désolé, Hannah. J'avais trop bu. Je suis entré pour voir si Claudia allait bien et Mercedes m'a aguiché…

— Ce n'est pas vrai ! cria Mercedes avec indignation. Vous êtes après moi depuis mon arrivée dans cette maison ! J'ai cédé uniquement parce que vous me pourrissez la vie.

— Sale menteuse ! siffla Felix. Ne crois pas un mot de ce qu'elle dit, Hannah, implora-t-il en se tournant vers elle. Elle s'est conduite comme une chatte en chaleur dès le premier jour.

A ce moment, Claudia se réveilla et, découvrant ses adultes préférés en train de se disputer, se mit à pleurer. Mercedes jeta un rapide regard à Hannah, comme pour lui demander si elle devait la prendre. Mais Hannah refusa d'un imperceptible signe de la tête et prit sa fille dans ses bras.

— Comment va ma princesse ? chuchota-t-elle en enfouissant la petite tête bouclée contre sa poitrine.

Elle s'étonnait de pouvoir parler normalement à sa fille dans de telles circonstances. Claudia pleurait toujours.

— Felix, tu pourrais peut-être mettre le berceau dans notre chambre ?

Il eut un petit sourire satisfait à l'adresse de Mercedes, comme pour dire qu'il avait gagné, qu'Hannah le croyait. Mercedes se décomposa et sa bouche se mit à trembler.

Hannah les ignora et emporta Claudia dans ce que l'agent immobilier avait appelé la « suite parentale ». Un peu moins étriquée que les deux autres, elle ne leur avait pourtant permis de mettre qu'un lit, une coiffeuse en pin, deux petites tables de nuit et une chaise. C'était ridicule d'utiliser une appellation aussi pompeuse pour une si petite pièce ! Avec le berceau de Claudia, elle n'aurait plus la place de bouger.

Quand Felix eut transporté les affaires de Claudia dans leur chambre, il s'assit sur le lit.

— N'y pense même pas ! l'avertit Hannah.

Elle parlait d'une voix retenue car elle essayait toujours de calmer Claudia.

— Tu peux aller dormir ailleurs, cette nuit. Je suis certaine que tu trouveras quelqu'un, peut-être Sigrid, au cas où Mercedes serait trop vexée pour t'accueillir.

Il redressa vivement la tête et jeta un coup d'œil méfiant à Hannah, cherchant à évaluer ce qu'elle savait ou devinait.

— Tu me prends vraiment pour une idiote ? demanda-t-elle hargneusement. Non, ne réponds pas, parce qu'il est évident que je ne suis pas très futée. Je n'ai même pas vu ce que tu faisais sous mon propre toit ; je n'avais pas plus remarqué que tu couchais sans doute avec la moitié des actrices de Londres.

— Non, je... commença-t-il.

— Ne te fatigue pas à exprimer des regrets ou t'excuser.

Hannah marchait doucement en berçant Claudia.

— Maintenant, sors d'ici et va t'occuper de tes invités.

Reconnaissant sa défaite, Felix sortit de la chambre. Quelques instants plus tard, quelques coups frappés doucement à la porte et une petite voix signalèrent l'arrivée de Mercedes.

— 'annah, est-ce que je peux entrer et m'expliquer ?

— Non, Mercedes. Vous vous expliquerez demain matin, dit Hannah, très lasse.

Une demi-heure plus tard, elle descendit chercher du lait pour Claudia. La cuisine était déserte. Les derniers traînards jouaient aux charades dans le salon. D'après les bruits qui parvenaient à Hannah, ils avaient choisi des titres de films pornos. Des rires gras saluèrent « Les Petites Cochonnes du Texas à New Delhi ».

Hannah fit chauffer du lait pour Claudia et pour elle. L'idée du lait chaud la réconfortait, sans doute parce que c'était un des remèdes favoris de sa mère. Pour les maux d'estomac, elle préparait un lait chaud au gingembre. Pour la grippe, du lait chaud curieusement additionné de poivre noir. Hannah ignorait si la recette était efficace mais elle associait toujours le lait chaud au bien-être.

Quand Claudia se rendormit enfin, Hannah se déshabilla et s'adossa à ses oreillers, vêtue de ses seuls sous-vêtements, pour déguster les dernières gouttes de son lait. Elle se souvint d'avoir mis ses sous-vêtements noirs en Lycra pour plaire à Felix. Quelle ironie ! Au moment même où elle réfléchissait au meilleur moyen de redonner à son mari chéri le goût de leur vie sexuelle passionnée, lui-même s'arrangeait pour coucher avec la jeune fille au pair. Hannah essaya de chasser l'image de leurs deux corps enlacés avec la gracieuse insouciance des modèles d'une publicité pour les parfums Calvin Klein.

Elle ne voulait plus penser à ce qui était arrivé, elle n'avait pas envie d'en tirer l'amère leçon. Au contraire, elle avait envie d'en parler à Leonie, à sa mère ou à Emma et de pleurer. Il lui fallait plus qu'un verre de lait chaud pour se consoler.

Soudain, sans raison précise, elle se souvint de David James, de son visage rassurant et de sa force. On pouvait pleurer sur une épaule comme la sienne, s'appuyer contre elle tandis que des bras forts et doux vous tenaient bien serrée. David aurait su la réconforter. Pas comme Felix. Horrifié à l'idée d'avoir des muscles gonflés comme Schwarzenegger, Felix se contentait d'haltères moyens au gymnase. Il voulait garder une silhouette mince et fine plutôt que puissante et virile. Elle n'imaginait pas pleurer sur ses épaules. Felix était le genre d'homme qui fait pleurer les femmes, pas celui qui les console.

David avait essayé de l'avertir mais elle avait refusé de l'écouter. Vers qui pouvait-elle se tourner, à présent ?

Le matin vint trop lentement et, pour une fois, Hannah s'éveilla avant que Claudia commence à gazouiller et roucouler à l'adresse de son mouton. Hannah avait dormi pendant trois heures d'un sommeil agité dont elle s'éveillait en sursaut, moite de transpiration, assommée par le souvenir des événements de la veille. Felix hantait des cauchemars où elle le voyait, nu, s'enrouler autour d'une succession d'autres corps nus, ceux de femmes – Sigrid, Mercedes et de nombreuses autres beautés anonymes – qui raillaient Hannah en exhibant leur jolie peau sans vergetures.

Elle leva Claudia et ne cessa d'embrasser son bébé tout rose qui se tortillait dans tous les sens pendant qu'elle l'habillait. Quant à elle, elle se contenta de remettre son vieux jean avec un tee-shirt gris foncé. Ensuite, elle se donna un coup de brosse et se lava les dents. Cela suffisait. A quoi bon se faire belle pour un mari qui s'en moquait ?

Elle jeta un coup d'œil dans le salon, où Felix dormait sur le canapé. Le salaud !

Elle se rendit ensuite dans la cuisine pour préparer le biberon de Claudia. C'était tellement plus facile quand elle la nourrissait elle-même ! Malheureusement, elle n'avait eu de lait que pendant le premier mois.

« Je vais pouvoir mieux t'aider maintenant que tu ne l'allaites plus », avait déclaré Felix. Quelle blague, pensa tristement Hannah. L'aide de Felix impliquait de changer la couche de Claudia dès qu'un journaliste était à proximité. Autrement, il se limitait aux câlins à l'heure du bain et en d'autres occasions, quand le bébé était bien propre. Mais il n'avait pas la patience de lui donner un biberon car Claudia était très lente. Cela l'ennuyait trop...

Entre biberons et ménage, Hannah réussit à avaler une tasse de café et un toast. Elle avait déjà rempli et vidé deux fois le lave-vaisselle quand Mercedes se risqua dans la cuisine.

Elle n'avait visiblement pas beaucoup dormi non plus. Son teint si frais était gris de fatigue sous le fond de teint. Ses grands yeux bruns étaient rougis. Toute son attitude exprimait un profond remords. Elle paraissait cependant aussi impeccable que d'habitude, avec une écharpe rouge à pois nouée négligemment autour de son cou pour ajouter une note vive à sa tenue, chemisier blanc et pantalon noir.

— 'annah, je suis vraiment désolée, je vous en prie, croyez-moi ! dit-elle en se tordant les mains.

Elle était réellement navrée. Hannah trouvait très étrange que Mercedes ait plus de regrets de l'avoir blessée que son propre mari.

Si Felix s'était le moins du monde soucié d'elle, il aurait été debout depuis longtemps, la suppliant de ne pas le quitter. Comme si elle en était capable, pensa-t-elle avec découragement.

— Mercedes, je crois qu'il vaudrait mieux que vous rentriez chez vous. Je vais appeler vos parents...

— Non ! s'écria Mercedes. Vous ne pouvez pas le leur dire !

— Je n'ai pas l'intention de leur parler de ce qui s'est passé. Je vais seulement leur expliquer que nous ne pouvons pas vous garder et leur donner l'heure d'arrivée de votre avion. Dites-moi si Felix a utilisé un préservatif, demanda-t-elle ensuite à brûle-pourpoint.

Elle ne voulait pas renvoyer Mercedes chez elle enceinte. Elle était sûre que ce serait contraire au code des bonnes relations entre employeur et jeune fille au pair...

Mercedes rougit.

— Oui, dit-elle.

— J'espère que vous ne serez pas enceinte, soupira Hannah. Vous devriez voir un médecin une fois chez vous.

Quelle situation bizarre ! On aurait cru que Mercedes et elle parlaient d'une aventure sexuelle banale et pas d'une histoire qui impliquait son propre mari.

— Nous n'avons pas pris de risque, insista Mercedes, toujours rouge comme une pivoine.

— Bien. La situation est suffisamment compliquée sans qu'on l'aggrave.

Hannah s'empara de l'annuaire téléphonique et l'ouvrit à la page des compagnies aériennes. Elle le poussa avec le téléphone dans la direction de Mercedes.

— Je suis sûre que M. Andretti paiera votre vol de retour. C'est le moins qu'il puisse faire. J'emmène Claudia prendre l'air.

Elle quitta la pièce, Claudia dans les bras.

Quand elle revint, Mercedes et ses bagages avaient disparu. Elle avait juste laissé un petit mot très triste où elle lui répétait à quel point elle était désolée.

Hannah plia pensivement le papier et le mit dans sa poche. Dommage ! Elle aimait bien Mercedes.

Felix était dans le salon. Il regardait un match de foot en buvant un verre de vin rouge. Hannah s'étonna qu'il reste encore une goutte d'alcool dans la maison après la soirée. Elle croyait pourtant que Bill avait trouvé toutes les bouteilles, même les mieux cachées. Elle possédait un flair mystérieux pour l'alcool.

— Bonjour, chérie, dit Felix avec indifférence.

Hannah installa Claudia sur un matelas à même le tapis pour qu'elle puisse gigoter librement et posa son portique au-dessus d'elle. Claudia aimait beaucoup la gymnastique : gazouillant avec délices, elle se mit à taper des pieds et des mains sur les clochettes et les balles en peluche.

Felix n'avait pas bronché, toujours absorbé par le football. Hannah sentit une rage terrible monter en elle. Depuis la nuit passée, elle avait fonctionné machinalement, décidée à traiter l'horrible trahison de Felix aussi calmement que possible. Mais son indifférence lui perçait le cœur. Comment pouvait-il rester assis devant un match aussi tranquillement, comme s'il ne s'était rien passé, comme s'il n'avait pas couché avec la jeune fille au pair devant son bébé, comme s'il n'avait pas pratiquement reconnu avoir couché avec la moitié des actrices de Londres ?

— Tu n'as rien à me dire ? demanda-t-elle avec amertume.

Felix haussa les épaules et rejeta une de ses mèches d'un geste désinvolte comme pour dire : « A quel sujet ? »

— Comment as-tu pu faire une chose pareille ? cria-t-elle, perdant son sang-froid. Comment as-tu pu coucher avec une autre femme ? Je t'aimais, Felix. Cela ne te suffisait pas ?

— Ne sois pas si ridiculement bourgeoise, lui jeta Felix. Tout le monde le fait.

— Bourgeoise ! hurla Hannah. C'est ainsi que tu appelles le fait de croire en la fidélité ? Parce que si c'est cela, je suis en effet la plus ridicule bourgeoise que je connaisse !

— Arrête avec ces idioties ! dit-il. Et ne me dis pas que tu ne m'as pas trompé. Tu t'es bien offert David James avant que cela devienne sérieux entre nous, non ? Ne me mens pas, je le sais. Tu sortais avec lui en même temps qu'avec moi. Il est allé jusqu'à me demander de te laisser tranquille.

— Il a fait quoi ?

Felix se moqua d'elle.

— Tu es moins fière, maintenant, ma chérie ! David m'a dit que si je te faisais du mal, il m'arracherait les tripes. Je n'ai peut-être pas un quotient intellectuel supérieur mais je peux imaginer ce que cela voulait dire.

Hannah en resta bouche bée.

— Mais... Mais... bafouilla-t-elle au bout d'un moment. Il n'a pas, nous n'avons pas...

— Mais si !

— Non, insista-t-elle. Je ne savais même pas que je lui plaisais.

— Dans ce cas, pourquoi t'a-t-il fait passer de directrice administrative à agent immobilier ? Parce que tu étais un petit génie ou parce qu'il avait envie de mettre la main dans ta culotte ?

La crudité de l'expression la fit reculer. C'était typique de Felix : la frapper quand elle était à terre.

— D'après toi, dit-elle froidement, le haïssant pour ses paroles, mes capacités n'avaient rien à voir avec ma promotion ? David m'utilisait cyniquement et il m'aurait renvoyée à mon ancien poste quand il m'aurait eue ? Tu me flattes, Felix ! C'est bon de savoir que tu apprécies mes qualités. Quand je pense que j'ai renoncé à un excellent poste pour un homme qui me considère comme une poupée bonne à rien !

Elle lui jeta le regard de tueuse qui lui avait été si utile pendant tant d'années.

— La seule personne qui utilise cyniquement les autres, c'est toi, Felix. Tu m'as épousée parce que tu croyais utile à ta carrière de te montrer avec une femme enceinte, comme une corde supplémentaire à ton arc.

Elle attendit une dénégation de sa part, mais en vain. Felix se contenta de la regarder avec une froide indifférence.

Leur dispute finit par inquiéter Claudia, qui se mit à pleurer. Hannah se baissa pour la prendre dans ses bras et la bercer en lui murmurant des mots d'amour.

— Puisque tu n'as même pas attendu le premier anniversaire de notre rencontre pour me tromper, il y a une question que je dois te poser, Felix, reprit-elle à mi-voix. Pourquoi m'as-tu épousée ? Mercedes n'était pas la première, n'est-ce pas ? Pourquoi as-tu besoin d'autres femmes ? Je croyais que je te suffisais.

Il leva les yeux au ciel.

— Arrête avec ces âneries de psy, Hannah ! Nous nous sommes mariés, nous sommes mariés, point à la ligne. Les gens trompent leur conjoint, ce n'est pas la fin du monde. La vie n'est pas comme dans *Autant en emporte le vent*, tu sais. Ce n'est pas un conte de fées où tout se termine bien.

— Cela se termine mal, dans *Autant en emporte le vent*, rectifia Hannah d'une voix haut perchée.

— Peu importe ! Tu m'as épousé et tu dois rester avec moi. Je suis comme ça, je ne peux pas changer.

— Je croyais que tu m'aimais, insista-t-elle sans comprendre.

— Je t'aime, mais j'avais envie de quelqu'un d'autre, lui expliqua Felix. Tu n'en as jamais eu envie ?

— Non, souffla-t-elle. Non, tu me suffis.

— Zut ! Les femmes et leur obsession de ce qui suffit ou pas ! C'est comme le vin rouge, dit-il en levant son verre. Ce n'est pas parce que je l'aime que je n'ai pas envie de boire autre chose de temps en temps. Parfois, j'ai envie de champagne ou de whisky.

— Que suis-je, alors ? La lie au fond de la bouteille ? Un mauvais vin vendu au litre ? dit-elle, des larmes dans les yeux.

Felix vida son verre d'une seule gorgée et se dirigea vers la porte.

— Si tu continues comme cela, je m'en vais. Je vais habiter quelques jours chez Bill, cela te laissera le temps de redescendre sur terre.

Elle aurait voulu le supplier de ne pas partir mais, aussi malheureuse fût-elle, elle ne supportait pas l'idée de s'humilier encore plus. Elle l'entendit monter et remplir un sac de voyage. Moins de dix minutes plus tard, il avait quitté la maison. Hannah se permit de pleurer tout son soûl. Claudia se joignit à elle.

Quand elles se calmèrent enfin toutes les deux, Hannah se sentait aussi fatiguée que si elle avait nagé cinquante longueurs de bassin. Elle se prépara une tasse de thé et réfléchit aux diverses possibilités qui s'offraient à elle.

Elle avait très envie de téléphoner à Leonie pour lui demander son avis. Leonie aurait répondu à sa manière affectueuse, rassurante et réaliste. Elle aurait su quoi faire, comme toujours. Mais Hannah n'avait pas le courage de l'appeler ; elle souffrait trop pour cela. Reconnaître son erreur aurait été trop douloureux. Elle préféra faire le ménage et nettoyer le plus gros des excès de la veille. Elle frotta et briqua jusqu'à ce que ses bras lui fassent trop mal pour continuer. Claudia la regardait s'éreinter en somnolant. Hannah s'arrêta enfin et s'installa sur le canapé pour regarder un épisode de *Rendez-vous avec un inconnu*. Les premières mesures de la musique du générique résonnaient quand le téléphone sonna. Hannah sauta sur ses pieds. Pourvu que ce soit Felix, qui lui dirait qu'il l'aimait et regrettait sa conduite ! Mais c'était très improbable. Hannah décrocha et entendit la voix de sa mère. Anna Campbell appelait toujours le samedi soir, avant d'aller jouer au Loto avec ses amies. Elles avaient adopté ce petit rituel affectueux où elles se racontaient leur semaine et refaisaient le monde.

— Bonjour, Hannah ! dit sa mère.

Anna Campbell n'était pas du genre à dire « bonjour, ma chérie » !

Hannah éclata en sanglots.

— C'est Felix, n'est-ce pas ? reprit sa mère sur le ton de l'évidence.

Les sanglots d'Hannah redoublèrent. Il lui fallut quelques minutes pour recouvrer son sang-froid avant de se confier à sa mère. Elle ne lui cacha rien. Sa réaction instinctive de taire les détails les plus humiliants avait disparu, comme Felix.

— Rentre à la maison, Hannah. Tu te heurtes à un mur. Quitte-le ! Fais ce que je n'ai pas eu le courage de faire, il y a bien des années. Tu es jeune, tu dois penser à ton enfant. Quitte-le !

Hannah appuya sa tête brûlante contre le mur qui lui parut très frais.

— Je ne peux pas le quitter, gémit-elle.

— Pourquoi ? Parce qu'il représente tout ce que tu as pu désirer ? demanda Anna d'une voix acerbe. Que feras-tu la prochaine fois ? Parce qu'il y aura une prochaine fois, tu sais.

— Que pourrais-je faire ?

— Ton patron ne te redonnerait pas ton emploi ? Tu m'as toujours dit que c'était le seul homme auquel tu ferais confiance dans n'importe quelle situation.

— David James ?

Hannah se tut. Comment aurait-elle pu s'adresser à David ? Elle avait repoussé ses avances sur tous les plans. Il l'aimait et elle s'était moquée de lui. Il lui avait offert une carrière quand elle n'avait rien d'autre et, là aussi, elle lui avait tourné le dos. Enfin, David avait essayé de la protéger en menaçant Felix du pire s'il la faisait souffrir. Cher David ! C'était la dernière personne qu'elle pouvait appeler, même si elle en avait envie. Car elle en avait très envie.

— Pourquoi ne lui téléphones-tu pas, Hannah ? Tu peux rester une ou deux semaines à la maison, le temps de te retourner, et ensuite tu reprends ton travail. Leonie t'hébergera, ou cette gentille Donna dont tu m'as parlé.

Tu ne mettras pas longtemps à retrouver un appartement pour Claudia et toi, et une place dans une crèche. Je ne vois pas ce qui t'en empêche.

— Je ne sais pas comment te l'expliquer, s'énerva Hannah.

Elle se sentait trop épuisée pour réfléchir correctement et encore plus pour prendre une décision aussi radicale.

— Je ne peux pas, répéta-t-elle avec lassitude.

Le générique de fin du feuilleton lui parvint. Elles se parlaient depuis une heure.

— Maman, ta note de téléphone ! dit-elle. Et tu vas rater ton Loto. Je te rappellerai demain.

— Je me moque du Loto !

— Je t'appellerai demain, répéta Hannah.

Elle ne voulait plus qu'on lui dise ce qu'elle devait faire. Elle voulait panser ses plaies dans le silence. Elle voulait prendre un bain et se laver de toute cette saleté.

D'après l'étiquette, la pastille était parfumée à la vanille et à l'ylang-ylang, avec du beurre de karité pour adoucir la peau.

Hannah déballa soigneusement la pastille de sels de bain, la sortit de sa coque en plastique et la laissa tomber dans la baignoire. L'eau se mit aussitôt à pétiller, dégageant un délicieux parfum de vanille. Cela lui donnait l'impression de sentir une odeur de gâteaux fraîchement sortis du four, mêlée à celle d'une peau de bébé. Hannah respira le mélange à plein nez puis soupira. Tout son corps aspirait à un bain chaud. Elle n'en avait plus jamais le temps. Claudia l'accaparait tellement qu'elle arrivait à peine à prendre une douche éclair entre deux siestes. Hannah n'avait pas eu le temps d'appliquer son après-shampoing depuis plusieurs semaines car il fallait du temps pour le rincer. Quant aux masques de beauté, ils appartenaient au passé ! Un bain avec des sels parfumés représentait le summum du luxe, à présent. La veille, le coiffeur avait eu l'air navré devant l'état de ses cheveux. La veille, avant la réception... Elle avait l'impression qu'un siècle s'était écoulé.

Elle se faufila sur la pointe des pieds dans sa chambre et jeta un coup d'œil au berceau. Claudia dormait sur le dos, les couvertures repoussées en tas à ses pieds et un poing serré contre la bouche. On aurait dit un petit ange d'une peinture médiévale avec ses boucles brunes en auréole, ses joues roses et son expression angélique. Quand elle ne dormait pas, le tableau changeait un peu. Elle tenait beaucoup à ce qu'on lui obéisse et savait sourire de la façon la plus charmeuse quand elle était satisfaite. L'amour qu'Hannah éprouvait pour son enfant était comme une vague énorme et irrésistible qui la transportait. Elle n'aurait jamais cru qu'on puisse aimer aussi fort. Elle ne supportait pas d'être éloignée de Claudia et passait des heures à jouer avec elle. Elle lui montrait patiemment des jouets et différents objets, et Claudia grognait de joie quand elle pouvait mordre quelque chose. Elle mordait tout, depuis le linge de toilette jusqu'aux doigts de son entourage. De plus, elle avait une poigne remarquable chez un si petit enfant. Hannah s'inquiétait toujours à l'idée que Claudia puisse saisir la queue du chaton. Ni l'un ni l'autre n'apprécieraient beaucoup l'expérience ! Hannah aimait beaucoup le chaton mais aurait préféré que Felix réfléchisse avant de l'acheter. Les chatons et les bébés ne cohabitent pas toujours le mieux du monde. Mais Felix ne se souciait pas des conséquences de ses actes : il faisait ce dont il avait envie. Aux autres de ramasser les morceaux !

Heureuse de voir Claudia endormie, Hannah se déshabilla rapidement et se plongea avec gratitude dans l'eau chaude. Tandis que la chaleur lui décrispait tout le corps, elle se vida l'esprit et affronta son chagrin. Felix l'avait trahie et il recommencerait. En choisissant Mercedes, il avait montré son mépris à l'égard de sa femme.

Soudain, ce fut un trait de lumière. Elle vit la vérité. Si elle restait, elle agirait comme sa mère. *Elle resterait à cause des enfants.* Hannah ne l'avait-elle pas assez reproché à sa mère ? N'avait-elle pas raillé le raisonnement qui consistait à maintenir le statu quo sans considérer le prix à payer ? Depuis qu'elle avait été assez grande pour entendre son père se cogner aux meubles quand il rentrait soûl, Hannah s'était demandé pourquoi sa mère ne l'avait pas quitté ou mis à la porte. Elle connaissait la réponse : la génération de sa mère n'acceptait pas ce genre de réaction. On était marié pour la vie. Pour Hannah, cela sonnait comme une condamnation. Elle avait toujours voulu éviter de se trouver dans la même impasse et, au contraire, garder sa liberté. Avoir un métier et son indépendance était le seul moyen d'échapper à l'esclavage conjugal. Or elle avait suivi les traces de sa mère avec une touchante fidélité. Deux fois, elle avait choisi un homme menteur et égoïste, qui détruisait sa confiance en elle-même et la laissait comme un citron pressé qu'on pouvait jeter. D'abord Harry, puis Felix. Si Harry ne l'avait pas quittée, elle aurait toujours été avec lui, espérant qu'ils se marieraient alors que, en réalité, Harry était incapable de se stabiliser.

A présent, c'était au tour de Felix de se servir d'elle et de l'humilier. Si elle restait, il continuerait, certain de pouvoir faire n'importe quoi car Hannah l'attendrait en femme fidèle, une gentille petite femme qui ne se révolterait jamais. Non, pensa-t-elle avec une horreur croissante. Non, jamais ! Le seul moyen de rompre le cercle infernal était de reprendre le contrôle de la situation en le quittant. Elle souffrirait, il lui manquerait atrocement, mais tant pis. Elle avait Felix dans la peau, elle avait besoin de lui physiquement, elle avait besoin de son sourire, avait soif de sa présence. Mais c'était un besoin à sens unique. Elle savait que, dans une relation, il y a toujours un des deux partenaires qui aime plus qu'il n'est aimé. Celui qui aime le moins est le plus fort. C'était le cas de Felix et il en profiterait au maximum. A moins qu'elle ne le quitte... Sinon, elles souffriraient toutes les deux, Claudia et elle. Elle ne pouvait élever sa fille dans une famille où l'on feignait seulement le respect de l'autre. Elle imagina Claudia à vingt ans, racontant ses souvenirs d'enfance : son père couchait avec d'autres femmes en l'absence de sa mère, croyant que sa fille était trop petite pour le voir.

Hannah sortit de la baignoire et s'enveloppa de son vieux peignoir de bain bleu. Dans la chambre, Claudia gloussa en se réveillant, exigeant l'amour et l'attention de sa mère. Hannah la prit dans ses bras et s'émerveilla : dans ce petit visage d'ange, c'étaient les beaux yeux de Felix qui la regardaient. A cause de Claudia, serait toujours présent dans sa vie. Et c'était normal. Il ne fallait pas priver un enfant d'un de ses parents. En revanche, il ne ferait plus partie de sa vie, sinon il la détruirait.

— Ça te plairait d'aller dans le Connemara ? dit Hannah à Claudia, qui lui sourit de toutes ses gencives.

Leonie était en train de se laver les cheveux quand le téléphone sonna. Elle sentit les bulles de shampoing lui couler dans le cou alors qu'elle essorait rapidement ses cheveux et les entortillait dans une serviette. Elle courut vers l'appareil en fixant son turban improvisé et décrocha, haletante. C'était peut-être Doug. Il avait passé la journée à Dublin et elle avait hâte de l'entendre. Elle s'étonnait encore qu'il lui manque autant à la moindre séparation. Ils avaient prévu de passer tranquillement ce samedi soir avec les jumelles, avec un film et un plat à emporter. Vivement qu'il rentre !

— Allô ? dit-elle.

Elle sentait l'eau lui couler dans le dos, sous son pull.

— Bonjour, Leonie ! Je ne te dérange pas ? dit Emma de sa belle voix grave.

— Pas du tout ! Comment vas-tu ? dit Leonie en s'essuyant le cou du coin de sa serviette.

Elle s'assit sur le petit tabouret à côté du téléphone. Ses cheveux pouvaient attendre. Elle n'avait pas parlé à Emma depuis une semaine au moins.

— Je vais bien, répondit Emma. En fait, je vais même mieux que bien, je suis folle de joie. Tu ne devineras jamais ce qui se passe.

— Non...

— Tu es bien assise ?

— Oui, dit Leonie, perplexe. Ce sont de bonnes nouvelles ?

— Excellentes !

Malgré la distance, Leonie sentait la joie d'Emma.

— Je suis enceinte !

— C'est vrai ? s'exclama Leonie. Emma ! C'est incroyable. Je suis très heureuse pour toi.

Leonie en avait les larmes aux yeux. Sa petite Emma en rêvait depuis si longtemps ! Elle avait vécu un enfer en se croyant stérile alors qu'elle serait une mère formidable.

— Je ne sais plus quoi dire, reprit Leonie. C'est merveilleux !

— Oui, dit Emma dont les yeux brillaient aussi d'émotion. Je n'aurais jamais cru que cela arriverait, Leonie. Même quand nous avons décidé de tenter une fécondation in vitro, j'ignorais si cela marcherait.

Tout en parlant, Emma passait machinalement la main sur son ventre encore plat.

— Tu en es à combien ? demanda Leonie.

— Six semaines. Rends-toi compte ! Je suis enceinte depuis six semaines, et je ne le sais que depuis quelques jours. Je vais tout te raconter, dit-elle en riant de bonheur.

Peter et elle avaient rendez-vous dans le service de fécondation in vitro le mois suivant. En attendant, Emma s'était plongée dans les brochures d'information qu'on lui avait adressées. Elle voulait tout savoir sur le sujet avant de rencontrer le spécialiste. Elle avait donc lu et relu les explications sur les contraintes imposées au couple, sur les injections d'hormones qui stimuleraient ses ovaires et sur la méthode de prélèvement de ses ovules. Cela paraissait assez décourageant.

On recommandait de commencer le traitement à un moment où elle n'aurait pas trop de travail. Or Emma avait plus de travail que jamais. KrisisKids se préparait à déménager pour s'installer dans des locaux plus vastes. De plus, en raison d'un horrible cas de violences sur un jeune enfant qui secouait tout le pays depuis plusieurs semaines, les conseillers psychologiques et Edward, le président, étaient sans cesse sollicités pour parler de leur action.

Les téléphones sonnaient sans répit et le service des

relations avec la presse était totalement désorganisé par l'absence de Finn, qui souffrait d'une intoxication alimentaire. Emma avait dû prendre son service en charge en plus du sien. Le jeudi matin, quelques jours plus tôt, elle était si fatiguée qu'elle n'avait pas trouvé la force de se lever quand le réveil avait sonné, à six heures et demie.

« Je n'en peux plus, je n'arrive pas à me lever », avait-elle murmuré à Peter en se blottissant contre lui.

Elle aimait sentir la chaleur de son corps d'homme à côté d'elle. Il faisait froid et elle frissonnait d'avance à l'idée d'aller prendre sa douche.

« Encore cinq minutes », dit Peter d'une voix ensommeillée en la serrant contre lui.

Ils s'enlacèrent encore plus étroitement. Peter glissa la main sous le tee-shirt d'Emma pour la caresser, sans intention érotique. C'était plutôt un geste affectueux, pour lui dire qu'il l'aimait. Emma s'abandonna à la chaleur de ses mains qui l'emplissait de bien-être.

Peter s'arrêta sur un de ses seins et le caressa doucement. Emma s'étonna de le trouver plus sensible que d'habitude.

« Tu as recommencé ta gymnastique spéciale pour le buste ? lui demanda Peter en la taquinant. Je trouve que tu prends de la poitrine en vieillissant.

— Quoi ? »

Emma eut l'impression que la dernière pièce d'un puzzle venait de trouver sa place. Elle s'assit, remarquant à peine la fraîcheur de la pièce.

« Je plaisantais, dit hâtivement Peter. Je les ai trouvés plus gros, c'est tout.

— Mais... ils sont plus gros ! » bafouilla Emma en ôtant son tee-shirt.

Elle vérifia sa poitrine, toucha ses seins. Aucun

doute : ils avaient pris du volume et la sensation avait changé. Ils étaient plus sensibles, presque douloureusement sensibles.

« Ils sont vraiment plus gros ? » demanda-t-elle.

Peter s'assit à son tour et la regarda.

« Ils n'ont pas vraiment changé mais, au toucher, ils m'ont donné l'impression d'être plus gros. Pourquoi ? »

Emma s'efforça de rester calme.

« Parce qu'une prise de volume et une hypersensibilité au toucher sont des signes de grossesse… »

Peter agrippa son bras avec enthousiasme.

« Emma ! cria-t-il d'une voix ravie.

— Non, ne t'emballe pas, Peter. Je ne veux pas refaire la même erreur que d'habitude. Vérifions avant de nous réjouir ! »

Le cœur battant à se rompre, elle se leva et se rendit dans la salle de bains. Dans le bas du placard, elle gardait un test de grossesse, caché dans une vieille trousse de toilette.

« Tu en as un ? demanda Peter, appuyé contre la porte de la salle de bains.

— Cela date d'une autre vie, très obsessionnelle ! »

Ils lurent ensemble le mode d'emploi. Un point rose correspondait à une réponse négative, deux points roses à une réponse positive.

Emma embrassa Peter.

« J'y vais ! »

Ils laissèrent le test posé par terre dans la salle de bains puis retournèrent s'asseoir au bord du lit, serrés l'un contre l'autre. Ils se sentaient trop tendus pour penser à se doucher ou s'habiller. Emma n'osait pas regarder sa montre. Les secondes s'écoulaient trop lentement. Il fallait attendre trois minutes pour que la réaction se produise, d'après le mode d'emploi. Ce furent les trois minutes les plus longues de sa vie.

« Voilà, trois minutes ! » dit enfin Peter après avoir consulté sa montre.

Mais ils restèrent assis, incapables de bouger.

« J'ai peur d'aller voir, dit Emma. Je ne peux pas. J'en rêve depuis si longtemps. Je ne supporterais pas un nouvel échec. »

Peter la serrait si fort dans ses bras qu'il lui faisait mal. Elle sentait battre son cœur sous le fin coton de son tee-shirt. Il était aussi tendu qu'elle, tétanisé par l'attente et la crainte.

« Je vais voir », dit-il virilement.

Elle hocha la tête. Elle avait peur de pleurer si elle parlait.

Peter entra lentement dans la salle de bains et ramassa le test.

Emma attendait, le souffle coupé. Cela lui parut durer une éternité. Elle voyait Peter de dos, le test à la main.

« Peter ? réussit-elle à dire.

— Deux points roses ! » rugit-il.

Il se retourna vers elle. Il pleurait.

« Deux points ! Emma, mon amour, nous allons avoir un bébé ! »

Leonie s'essuya les yeux du coin de sa manche.

— Je suis si heureuse pour toi, Emma, si heureuse pour vous deux...

— Merci, Leonie. Il fallait que je te le dise. Nous garderons la nouvelle pour nous pendant quelque temps. D'après le médecin, cela date de six semaines. Je pense que nous allons attendre six semaines de plus avant de l'annoncer. Je suis si heureuse que je n'arrête pas de sourire. On va finir par me prendre pour une folle ou une droguée !

— Souris tant que tu en as envie, lui conseilla Leonie. Tu l'as bien mérité. Quand venez-vous tous les deux ici pour fêter cela ?

— Pas avant le mois prochain, dit Emma en riant, parce que Peter a décidé de remettre la maison à neuf, en particulier la chambre d'enfants. Il a déjà acheté la peinture et le papier peint.

Leonie se mit à rire aussi.

— Mais pourquoi ne viens-tu pas dîner avec Doug le week-end prochain ? la pressa Emma.

— Avec plaisir ! Quel dommage qu'Hannah ne soit pas là ! Nous aurions pu tenir une réunion digne de ce nom !

— J'ai tellement honte de ma conduite envers elle, dit Emma. Je ne supportais pas de la voir enceinte de Claudia et je n'ai vraiment pas été gentille. Le soir où tu m'as appelée pour m'apprendre la naissance de Claudia, je me suis soûlée, avoua-t-elle. Peter a dû me porter jusqu'au lit.

— Hannah avait compris ce que tu ressentais, lui dit affectueusement Leonie. De toute façon, ajouta-t-elle avec entrain, tout cela appartient au passé ! Maintenant, la seule question est de savoir quand nous allons toutes les deux dans les magasins pour future maman ?

Emma soupira de bonheur.

— Que dirais-tu de samedi prochain ?

30

Les déménageurs vinrent le mardi. Il leur fallut quatre heures pour tout emballer. Ne s'accordant qu'une courte pause pour avaler une tasse de thé et quelques biscuits, ils se montrèrent d'une efficacité remarquable, mais quand Hannah avait téléphoné la veille à l'ouverture des bureaux, elle avait insisté sur la rapidité de leur intervention. Même si on avait trouvé bizarre qu'elle les engage pour le lendemain, personne ne lui avait fait la moindre remarque. Peut-être avaient-ils l'habitude des mariages brisés, pensa Hannah avec une moue désabusée.

Elle se souvenait avec mélancolie de la joie avec laquelle elle avait déballé ses cartons sept mois plus tôt. A l'époque, l'avenir avec Felix lui apparaissait en rose. Aujourd'hui, ils n'avaient plus que Claudia en commun. Pauvre petite Claudia ! Hannah n'avait jamais désiré qu'elle ait des parents séparés. Elle savait la difficulté qu'avait eue Donna pour élever Tania toute seule, et combien Leonie avait souffert de son côté. Les parents isolés n'avaient pas la vie facile. Mais il valait mieux se débrouiller seule et garder sa fierté que rester mariée et s'aigrir au fil des ans. C'était préférable pour Claudia. Au moins, elle ne verrait jamais ses parents se haïr, se venger en nouant des relations extraconjugales, et raconter des horreurs l'un sur l'autre.

Le camion de déménagement venait à peine de partir quand Hannah fit un dernier tour de la maison. Elle laissait à Felix le lit, toutes ses affaires personnelles et la salle à manger qu'il avait achetée lui-même. Le canapé, la table de cuisine et presque tous les bibelots, tableaux, bibliothèques et lampes lui appartenaient à elle. Michelle, la voisine, avait adopté le chaton. Hannah ne se voyait pas transporter une cage en plus de Claudia mais, si elle laissait la pauvre petite bête dans la maison, Felix oublierait certainement de la nourrir.

Elle appela un taxi et, vingt minutes plus tard, elle était en route pour Heathrow, chargée de deux grandes valises, d'un sac à dos et de toutes les affaires nécessaires à Claudia, y compris sa poussette. Le chauffeur de taxi l'aida à tout mettre dans le coffre mais à Heathrow, une fois qu'il eut obligeamment chargé son chariot à bagages, Hannah se retrouva seule.

Le souvenir lui revint d'un voyage à Paris, un mois après la naissance de Claudia. Il s'agissait d'un voyage de promotion, tous frais payés, pour le film que Felix avait tourné en Irlande au moment de leur rencontre. Ils avaient des billets de première classe et tout le monde l'avait aidée en permanence : la charmante hôtesse du vol comme l'équipe de publicité. Tous avaient roucoulé en cajolant Claudia. Ils l'avaient caressée, avaient voulu la tenir dans leurs bras et avaient poussé des cris extasiés quand ils avaient été autorisés à lui faire faire son rot. Protégée du monde par l'amour et les aides en tout genre, Hannah n'avait pas vu passer le temps.

Cette fois, c'était très différent et chaque minute compta. Claudia ne cessa de hurler à pleins poumons pendant qu'Hannah enregistrait leurs bagages, et hurla encore plus fort devant l'uniforme des agents de sécurité. Hannah avait projeté de lui donner son biberon et de la bercer pour qu'elle dorme pendant le vol. Ses espoirs disparurent avec les cris dont Claudia faisait résonner l'aéroport. Toujours chargée de la poussette, de son sac à dos et du sac contenant les affaires de Claudia, Hannah se débattit pour atteindre la salle d'attente.

— C'est ton père qui t'a appris à projeter ta voix le plus loin possible ? demanda Hannah quand Claudia réussit à se faire entendre de la porte 82 à la porte 90.

Le fait de monter dans l'avion ne la calma pas un instant. Elle cria de la même façon pendant les quarante-cinq minutes du vol... Hannah réussit à absorber une gorgée de son verre d'eau avant que Claudia le renverse.

— Ne pleure plus, ma chérie, s'il te plaît, la supplia Hannah, qui se sentait elle-même au bord des larmes.

Quel cauchemar ! Comment avait-elle pu imaginer qu'elle se débrouillerait toute seule ? Elle aurait dû appeler Leonie.

Mais ta fierté passait avant tout, n'est-ce pas, Campbell ? se reprocha Hannah. Elle n'avait annoncé son retour à personne. Elle se sentait trop humiliée pour cela. Humiliée parce qu'ils avaient tous eu raison et elle, tort. Emma avait percé Felix à jour dès le début, comme David James. Seule cette incurable romantique de Leonie avait sincèrement cru qu'un amour profond pouvait naître de la passion sexuelle. Leonie, et Hannah bien sûr. Elle s'était trompée sur toute la ligne et, maintenant, elle ne pouvait le reprocher qu'à elle-même.

Au lieu de passer la soirée avec ses amies, elle avait donc préféré réserver dans un hôtel anonyme. Elle mourrait de honte si elle devait les revoir dans une pareille situation.

A peine l'avion avait-il atterri que Claudia se calma.

— Elle est contente d'être arrivée chez elle, dit en souriant le vieil homme assis à côté d'elles.

— Elle est née à Londres, répondit Hannah, soulagée de ne plus l'entendre crier. C'est la première fois qu'elle vient en Irlande.

— Notre mère patrie ! dit le vieillard en souriant de bonheur.

Hannah hocha simplement la tête. Elle se garda de lui révéler le fond de sa pensée : Claudia s'était tue surtout parce qu'elle n'avait plus de voix et avait épuisé toutes ses forces.

Après vingt minutes d'attente qui ajoutèrent encore à sa fatigue mais pendant lesquelles, au moins, Claudia dormit tranquillement, Hannah récupéra enfin ses bagages. Elle les empila sur son chariot et partit en chancelant vers la sortie, poussant la poussette de Claudia d'une main et tirant le chariot de l'autre. Elle était si occupée à ne heurter personne qu'elle faillit ne pas voir l'homme qui la cherchait des yeux avec impatience.

— Hannah ! Et la petite Claudia !

Sous l'effet de la surprise, Hannah fit un pas en arrière et entra en collision avec un autre chariot.

— Excusez-moi, balbutia-t-elle.

David se tenait devant elle et lui souriait. Avec sa veste moutarde et son jean, il lui parut d'une familiarité réconfortante et, en même temps, étranger à son monde. Hannah avait l'habitude du corps mince et souple de Felix. David était fort et massif, avec une chevelure poivre et sel coiffée en arrière. Son regard reflétait son incertitude. Il ignorait si Hannah serait heureuse de le voir. Comme on peut se tromper !

— Votre mère m'a appelé. Elle pensait que vous auriez sans doute besoin d'un peu d'aide, dit-il.

Hannah sourit, avec l'impression de voir le premier rayon de soleil de la journée.

— Votre mère est une femme énergique, ajouta-t-il.
— Oui, reconnut Hannah. Très énergique !
— Laissez-moi vous aider.

David s'empara du chariot et le poussa jusqu'au parc de stationnement sans qu'ils échangent un mot de plus. Hannah se sentait trop fatiguée pour parler. David entassa rapidement les valises dans le coffre de sa voiture tandis qu'Hannah s'installait sur la banquette arrière, Claudia sur ses genoux car il n'y avait pas de siège pour bébé. Claudia choisit ce moment pour se réveiller et bâilla longuement. Elle aperçut David et lui adressa un grand sourire.

— Quelle jolie petite fille ! dit-il en la chatouillant sous le menton, ce qui lui valut un autre sourire ravi. Elle est adorable. Bon, tout le monde est bien installé ?
— Oui, répondit Hannah. J'ai réservé à l'hôtel Jury.

Mais elle eut un deuxième choc.

— En fait, votre chambre est réservée chez votre amie Leonie, révéla David d'un air penaud.
— Ma mère ? put-elle seulement demander.
— Oui ! Si jamais elle cherche du travail, je l'embauche tout de suite. Elle a un don pour l'organisation.
— Je suppose, dit Hannah en riant, qu'elle a même annulé ma réservation au Jury ?
— Cela ne m'étonnerait pas, avoua David.

Claudia se sentait de très bonne humeur. Elle gazouilla au son de la radio pendant que la voiture roulait vers le comté de Wicklow. David ne posa aucune question au sujet de Felix ou du soudain retour d'Hannah. Sa mère avait dû lui parler de l'échec de son mariage mais David n'était pas homme à poser des questions indiscrètes, il était trop délicat pour cela. Hannah lui jeta un regard rapide. David n'avait pas un profil de marbre italien comme Felix, tout en lignes longues et pures. Il avait des traits puissants et durs, taillés dans le granit. Son aspect était profondément viril par comparaison avec la beauté presque féminine de Felix. Hannah trouvait très attirante l'impression de force qui se dégageait de toute sa personne. Elle regretta de ne pas s'être mieux habillée pour voyager. Le jean qu'elle portait depuis trois jours et son vieux manteau en lainage rouge ne correspondaient pas exactement à la définition de l'élégance !

— Vous avez parlé à Leonie ? demanda Hannah.

— Oui. Elle espère que vous n'avez pas mangé parce qu'elle nous prépare un dîner de gala !

— Je suis désolée que vous ayez été entraîné dans cette histoire. Vous avez déjà perdu une demi-journée.

— Je ne considère pas que ce soit une perte de temps, répondit David.

Il se retourna brièvement pour lui adresser un sourire chaleureux qui fit ressortir les rides de ses yeux. Hannah commençait à se détendre. Elle se souvenait de tous ces moments merveilleux où ils plaisantaient et riaient dans son bureau, devant un café et des biscuits au chocolat. Elle se sentait en sécurité avec David. Felix lui avait toujours donné l'impression de se tenir au bord d'un glacier, les skis aux pieds, prête à se lancer sur des pentes vertigineuses. Avec David, elle se sentait protégée, abritée, comme lorsqu'on se trouve dans un chalet, bien installé au coin du feu pendant qu'il neige.

Il mit la radio en choisissant une chaîne consacrée à la musique classique. Hannah et Claudia s'endormirent bientôt, bercées par un morceau très doux.

Elles furent réveillées par les aboiements frénétiques

de Penny. Tout le clan Delaney était sorti sur le seuil pour les accueillir. Mel portait son uniforme dans lequel elle arrivait à avoir encore un petit air fripon et Abby une salopette pleine de peinture qui l'amincissait. Danny, Doug, Leonie et deux autres chiens, qui devaient être les fameux Alfie et Jasper de Doug, s'attroupèrent autour de la voiture.

— Hannah ! cria Leonie. Je suis tellement contente de te voir !

Un instant plus tard, Hannah disparut dans les bras de Leonie. Elle retrouva le parfum préféré de son amie, Opium, et se sentit aussitôt chez elle.

— Empêche les chiens d'aboyer, Danny, ordonna Leonie. Ils vont faire peur à Claudia.

Mais Claudia, qui faisait un câlin dans les bras d'Abby, ne manifestait pas la moindre crainte. Au contraire, elle regardait les chiens, les yeux écarquillés, et les désignait avec excitation de ses doigts potelés qu'elle mettait ensuite dans sa bouche avec entrain. Quand Penny vint renifler ses pieds, elle piqua une crise de fou rire.

— Elle aime les chiens, pas vrai, mon bébé ? chantonna Abby.

Tout le monde embrassa Hannah, et Claudia dut se laisser admirer et répéter qu'elle était le plus beau bébé du monde avant d'entrer dans la maison. Il y régnait une délicieuse odeur venue de la cuisine.

— C'est Doug qui a préparé le dîner, annonça fièrement Leonie. Il a une extraordinaire recette d'agneau au romarin.

— Un artiste dans la cuisine aussi bien que dans son atelier, dit Doug, pince-sans-rire.

Il attrapa Leonie par la taille, ce qui la fit éclater de

rire. Elle se pencha en arrière pour se serrer contre lui. Doug lui caressa la joue et elle ferma les yeux, béate.

Hannah se sentit le cœur plus léger de les voir si heureux ensemble. Le visage de Leonie s'illuminait littéralement chaque fois qu'elle touchait Doug, et lui réagissait de la même façon. Ils n'arrêtaient pas de se toucher par de petits gestes pleins d'intimité qui racontaient leur amour au monde entier. Leonie paraissait avoir dix ans de moins.

Elle avait emprunté un berceau pour Claudia. Pendant qu'elle sortait les affaires du bébé avec Hannah, les autres patientèrent dans la cuisine, mais en faisant savoir bruyamment qu'ils avaient faim.

— Est-ce vraiment fini avec Felix, ou bien as-tu besoin d'un moment pour réfléchir ? demanda Leonie, assise sur le lit pendant qu'Hannah changeait la couche de Claudia.

— C'est fini. Et cela n'aurait sans doute jamais dû commencer. Nous sommes trop différents... Je ne comprends pas comment j'ai pu tomber amoureuse de lui.

Elle se remit à pleurer. Le fait d'être chez Leonie soulignait qu'il s'agissait d'une séparation définitive. C'était vraiment fini. Elle prenait enfin conscience de la réalité et se sentait en état de choc, comme le survivant d'une catastrophe quand les cris se sont tus.

Leonie la prit dans ses bras et lui chuchota des mots apaisants jusqu'à ce qu'elle se calme.

— Madame est servie ! cria Doug.

— Il est temps ! répondit Danny en criant aussi fort.

— Je n'aurais pas dû organiser un dîner avec tout le monde, s'excusa Leonie. Tu n'es pas en état.

— Si, dit Hannah. C'est exactement ce dont j'ai besoin. J'ai perdu l'habitude de voir des gens. Felix passait son temps dans des fêtes et des soirées. En général, il y allait avec Bill. Moi, je n'étais pas à ma place. Ses amis n'étaient pas mes amis et ce n'était pas mon style de vie. J'ai besoin de parler avec les gens que j'aime et cela me manquait beaucoup.

— Je suis désolée. Je t'ai laissée tomber. J'aurais dû venir te voir, j'aurais dû savoir ce qui t'arrivait...

Claudia poussa un cri soudain, fâchée d'être ignorée pendant si longtemps. Hannah la prit dans ses bras.

— Tu n'aurais rien pu faire, Leonie. Je n'étais pas heureuse mais je serais restée avec Felix. Il a fallu que je le trouve au lit avec la jeune fille au pair pour me réveiller. Et quel réveil !

Leonie était scandalisée et son expression fit sourire Hannah.

— Si tu le lisais dans le journal, tu ne le croirais pas ! reprit-elle. Viens maintenant, ou le dîner de Doug sera froid. Je me sens affamée tout à coup. Je te raconterai tout en détail, mais plus tard !

L'agneau se révéla succulent. Assise à côté de David, Hannah mangea avec appétit. On se passait Claudia de bras en bras, comme une poupée, pour la cajoler et l'embrasser. Toute cette attention la ravissait, elle en gloussait de plaisir puis agitait les mains impérieusement. Doug veillait à ce que le verre de chacun reste plein, de vin ou d'eau, tandis que Danny servait d'énormes portions de purée.

— Je ne peux plus rien avaler. Je suis repue, protesta Hannah quand il voulut la servir pour la troisième fois.

— Je l'ai écrasée moi-même, lui dit Danny pour essayer de la convaincre. C'est une recette spéciale.

— Si tu voyais la quantité de beurre qu'il y a mise !

s'exclama Abby. C'est moitié beurre, moitié pommes de terre.

— J'ai intérêt à être raisonnable avec le beurre, dit Hannah en montrant son ventre.

— Ne dites pas de sottises ! intervint David. Vous avez besoin de vous remplumer. Attendez d'être revenue au bureau. Je vais vous faire avaler de force des paquets entiers de biscuits au chocolat.

Hannah le fixa, stupéfaite.

— Que voulez-vous dire ?

— Vous revenez travailler avec moi, d'accord ?

— Je ne savais pas... Je ne croyais pas... bafouilla-t-elle.

— Croyez-vous vraiment que je vais laisser un de ces requins que j'ai pour concurrents me priver de vos services ? dit-il tout haut avant d'ajouter à mi-voix : Je vous en prie, Hannah. Nous avons besoin de vous... J'ai besoin de vous.

Elle chercha sa main sous la table et la prit. Il répondit en serrant fortement la sienne.

— Merci, murmura-t-elle.

— Ne me remerciez pas, répondit-il très doucement. Je le fais pour des raisons strictement égoïstes.

Incapable d'articuler le moindre mot, Hannah se contenta de lui tenir la main et ne la lâcha que pour laisser David prendre Claudia à son tour.

— Bonjour, petite coquine, dit-il en l'asseyant sur son genou.

Claudia fit un rot bruyant puis lui sourit.

— Je sais ce que nous allons faire, lui dit David. Tu vas travailler avec moi et ta maman sera bien obligée de venir aussi, pour s'occuper de toi. Tu seras le chef, bien sûr, et tu aideras ta maman à passer ses examens.

Claudia réussit à son intention quelques belles bulles de salive, ce qui fit rire Hannah.

— En général, quand elle fait cela, c'est qu'elle s'apprête à vomir sur vous !

David berça tendrement le bébé.

— On s'en moque, ma chérie, pas vrai ?

Emma arriva alors qu'ils prenaient le café.

— Désolée de ne pas avoir pu venir pour le dîner, dit-elle à Leonie avant d'embrasser Hannah.

Elle prit Claudia des bras de David.

— Comme elle est jolie ! Bonjour, Claudia, je suis tante Emma, une amie de ta maman.

Claudia la regarda d'un air surpris puis recracha un peu de lait. Emma éclata de rire, et Claudia, soulagée par son rot, l'imita.

— Qu'elle est belle ! Elle a de la chance, elle a hérité de tes cheveux, Hannah, ajouta Emma.

Il se passait quelque chose qui échappait à Hannah. Elle savait qu'Emma aimait les enfants mais souffrait d'en voir à cause de sa stérilité. Or elle riait avec Claudia sans la moindre trace de tension ou de tristesse.

— Les filles, allez bavarder au salon, intervint Doug. Nous nous occupons de la vaisselle.

Il ne put s'empêcher d'embrasser Leonie au passage.

— Je n'ai jamais vu des tourtereaux comme vous deux ! les taquina Emma.

Leonie sourit aux anges.

— Tu as l'air plutôt heureuse, toi aussi, dit Hannah à Emma.

Ce fut le tour d'Emma de laisser éclater sa joie.

— J'ai des nouvelles extraordinaires, Hannah. Peter et moi avions pris rendez-vous pour une fécondation in vitro. Nous devions commencer le mois prochain. J'avais suivi le traitement préparatoire et les conseils des médecins pour mettre toutes les chances de notre côté et… Tu ne le croiras jamais !

Hannah attendit la suite, incrédule. Leonie souriait, comme si elle avait déjà été au courant.

— Je suis enceinte ! De six semaines seulement.

Elle expliqua comment elle avait découvert la vérité.

— C'est incroyable, je suis si heureuse pour toi, dit Hannah, qui avait de nouveau envie de pleurer, mais de joie pour son amie.

— Merci ! Je sais ce qui s'est passé : j'ai arrêté de paniquer et la fécondation in vitro nous donnait de l'espoir. J'ai lu des articles sur les nombreux cas de femmes qui conçoivent naturellement après un échec de fécondation in vitro. D'après Elinor, ma thérapeute, j'avais des problèmes qui me bloquaient pour beaucoup de choses. Quand je les ai résolus, je suis tombée enceinte, et voilà !

Elle prit Claudia dans ses bras et la serra joyeusement contre elle.

— Je suis si heureuse, poursuivit-elle. Je ne regrette qu'une chose : maman ne se rendra pas compte qu'elle est grand-mère pour la première fois.

Elles se turent quelques instants puis Hannah reprit la parole.

— Comment va ta mère ?

Elle avait honte d'avoir négligé de demander des nouvelles plus tôt. Elle savait qu'Anne-Marie allait de plus en plus mal et que des aides venaient s'occuper d'elle presque en permanence, mais rien de plus.

— Il y a des bons et des mauvais jours, répondit Emma. Elle suit un nouveau traitement qui lui fait du bien. Elle nous reconnaît de nouveau et elle est plus calme. Mais elle ne guérira pas. Il faut l'accepter, même si c'est affreusement triste. Pour moi, cela donne encore plus de sens à mon bébé. J'ai l'impression de voir arriver une nouvelle personne pendant que ma mère nous quitte lentement. Mort, renaissance... Le cycle continue.

— Cela ressemble beaucoup à ce qu'Abby n'arrête pas de dire, remarqua Leonie.

— Il faut se faire sa philosophie quand on est confronté à la maladie, expliqua Emma. Sinon, on devient fou à se demander : pourquoi elle, pourquoi nous ? Il faut l'accepter et l'assumer.

Je suis désolée de ne pas être restée en contact avec toi, lui dit Hannah en posant la main sur la sienne. Tu as dû affronter des moments difficiles et je ne t'ai même pas proposé mon aide.

— Nous sommes des amies, pas des sœurs siamoises ! répondit Emma. De plus, j'ai ma part de responsabilité. Je ne supportais pas de te voir enceinte de ce bout de chou. C'est dur à avouer mais, maintenant, je sais qu'il faut dire ce que l'on pense. La thérapie est très utile pour y arriver. La nuit où Claudia est née, quand Leonie m'a appelée pour me l'apprendre, j'ai bu toute une bouteille de vin rouge tellement j'étais malheureuse. C'est pour cette raison que je t'avais écartée, Hannah. Je ne suis pas très fière de moi mais j'ai la ferme intention de me faire pardonner !

— Tu n'as rien à te faire pardonner, répondit Hannah. En revanche, je peux te faire faire quelques économies ! J'ai quelques jolies tenues de femme enceinte à te prêter.

— J'ai hâte de pouvoir les porter, soupira Emma. Je n'arrête pas de me regarder de profil dans le miroir pour voir si j'ai grossi. Je meurs d'impatience d'avoir un énorme ventre et des vergetures ! Après avoir attendu si longtemps, je veux que cela se voie.

— Et Peter ? Il est content ? demanda Hannah.

— Il a déjà refait la chambre d'enfants, répondit Emma en souriant. Non, je plaisante ! Mais il a quand même acheté la peinture, le papier peint et une frise avec des personnages de Disney.

Elles éclatèrent de rire.

— Si tu as besoin de quelqu'un pour te faire un motif égyptien au pochoir, n'hésite pas à me demander ! s'esclaffa Leonie.

— Je n'y manquerai pas. Personne d'autre n'est au courant, en dehors de Kirsten. Nous ne voulons pas le dire avant la fin du troisième mois.

— Claudia va avoir besoin d'amis maintenant qu'elle va vivre en Irlande, dit Hannah en reprenant son bébé des mains d'Emma. Je compte sur ta petite puce !

— Si c'est une fille, elles seront certainement amies, répondit Emma avec ferveur. Elle aura besoin d'amies. Où en serais-je, sans les miennes ?

— Au fin fond d'une prison égyptienne pour avoir tué ton père ! la taquina Leonie.

— Ne me parle pas de lui ! grogna Emma. Mais je dois reconnaître qu'il est très gentil avec moi depuis quelque temps. D'après Kirsten, c'est pour que je continue à faire sa lessive, mais c'est un début.

— Nous devrions peut-être repartir en vacances tous ensemble, dit rêveusement Leonie. Doug a très envie d'un voyage.

— L'Italie ! suggéra Emma. Nous pourrions louer une maison en été. A nous tous, cela ne reviendrait pas très cher. Je crains que nous ne devions faire des économies, Peter et moi.

— Moi aussi, dit Hannah. Je ne crois pas pouvoir compter sur Felix pour la pension de Claudia.

— David a ce qu'il faut, je crois ? lâcha Emma de but en blanc.

Hannah tressaillit.

— Je viens à peine de quitter mon mari. Ne commence pas à vouloir me remarier. C'est un peu tôt !

— Je crois que je vais demander à ce charmant David s'il a envie de prendre des vacances cette année, dit Emma. Ces villas italiennes coûtent beaucoup moins cher si on y va à plusieurs. Je suis certaine qu'il y aura quelqu'un pour le laisser dormir dans sa chambre !

Hannah lui jeta un coussin à la tête.

— Je jure de ne jamais repartir en vacances avec vous deux ! s'exclama-t-elle.

Le lendemain matin, le soleil brillait mais il avait gelé. Quand ils partirent, le gravier crissa sous les pneus de David.

— Je ne devrais pas accepter, répéta Hannah. La route est très longue jusqu'au Connemara et vous perdez encore une journée de travail.

— Quatre heures au maximum, répondit David, les yeux fixés devant lui. Il n'est que huit heures et demie, nous arriverons pour le déjeuner.

— Mais après, vous devrez rentrer. Je me sens très gênée. J'aurais pu prendre le train.

— J'ai envie de vous y conduire.

— Vous n'êtes pas obligé.

— Hannah, vous ne comprenez donc pas pourquoi je le fais ? Pourquoi je suis venu à l'aéroport ? Parce que je vous aime, voilà pourquoi !

— Arrêtez-vous !

Etonné, David se rangea sur l'accotement.

Claudia, qui dormait dans le siège pour enfant que Leonie avait retrouvé dans son grenier, se réveilla et commença à pleurer.

— On finit par s'y habituer, dit Hannah comme les cris s'intensifiaient.

Puis elle se pencha et embrassa fortement David sur la bouche. Il réagit aussitôt, la prit dans ses bras et lui rendit son baiser avec passion. Hannah s'étonna d'aimer autant sa façon d'embrasser. C'était différent de ce qu'elle avait connu avec Felix. David embrassait de façon virile et rassurante, comme elle l'avait imaginé. Sa bouche était douce mais pas délicate. Il embrassait avec force et emportement. Hannah se sentit fondre.

Elle s'arracha à regret à son étreinte et le regarda dans les yeux.

— Ça va prendre du temps, dit-elle. J'ai quitté Felix mais il ne m'a pas encore quittée, si tu comprends ce que je veux dire. Je ne peux pas l'oublier en un instant.

— Nous irons lentement, répondit David avec un regard plein d'amour.

— Très lentement, répéta-t-elle.

— Comme ceci.

Il la reprit dans ses bras et se pencha sur elle. Les hurlements de Claudia redoublèrent d'intensité.

— Tu as raison, dit-il en s'arrêtant un instant de l'embrasser. On s'y habitue !

Remerciements

Que tous ceux que j'oublierai veuillent bien me le pardonner car je suis certaine d'oublier quelqu'un. On me demande parfois ce qui est le plus difficile à écrire dans un livre. Je réponds toujours que ce sont les remerciements car, lorsque l'on a mis tout son cœur et toute son âme dans un roman, on voudrait à tout prix remercier chacune des personnes qui vous ont aidée si généreusement. J'ai tendance à penser à ces personnes quand je suis arrêtée à un feu rouge et que je n'ai rien pour noter leur nom. J'oublie ensuite, de la même façon qu'en allant acheter du lait au supermarché, je reviens avec quatre sacs pleins, mais sans lait... Donc, allons-y :

Merci à mon John chéri pour son amour et son soutien sans faille, merci à ma famille pour ses encouragements, à ma mère pour tout ce qu'elle fait ; à ma chère Lucy pour son efficacité sans faille ; à Francis, qui répond toujours au téléphone quand je perds espoir ; à Anne, à la petite Laura, à Naomi et Emer, à Dave et à sainte Lucia, et à ma Tamsin chérie qui ensoleille mes journées et figure dans ce roman (à peine déguisée !).

Merci à Ali Gunn, le meilleur agent littéraire au monde et la femme qui comprend que le téléphone ne doit pas servir seulement à Noël ! Toute ma gratitude à

Deborah Schneider, à Diana, Carol et les autres chez Curtis Brown ; à Sarah Hamilton pour son soutien et ses délicieux commérages pleins de compréhension ; à Rachel Hore qui a fait des choses superbes pour ce livre, presque jusque dans la maternité avec le petit Leo. Merci à ma merveilleuse nouvelle famille de Harper-Collins, en particulier ma chère Anne O'Brien, Nick Sayers, Adrian Bourne, Eddie Bell, Fiona McIntosh, David North, Martin Palmer, Jane Harris, Phyllis Acolatse, Terence Caven, Jennifer Parr, Lee Motley, Venetia, Moira, Tony... Merci à tous pour votre gentillesse à mon égard et pour les risques que vous avez pris en accrochant mes grands posters dans l'atrium ! Cela m'a beaucoup touchée. Merci à ma famille irlandaise, Poolbeg, en particulier à Paul Campbell, Lucy, Suzanne, Philip, Kieran, Conor, pour votre soutien, votre remarquable travail et les cocktails mortels de Poolbeg.

Pour leurs conseils et leur aide en bien des occasions, merci à Susan Zaidan, Lola Simpson, Barbara Stack, Lisa Lynch, Patricia Scanlan, Marian Keyes, Kate Thompson, à ma chère Clare Foss, à Mairead, Margaret, Esther, à tous mes amis, en particulier ceux du *Sunday World*.

Merci aux employés de la clinique Animal Welfare qui m'ont autorisée à passer du temps avec eux et avec leurs patients, en particulier John Hardy, Paul, Grainne, Vanessa, Pamela, Tracy, Juliana et tous ceux que j'oublie. Merci à Aisling O Buachalla, de l'agence Sherry FitzGerald, pour m'avoir initiée aux secrets professionnels des agents immobiliers. Toute erreur commise au sujet du travail des assistantes vétérinaires ou des agents immobiliers m'est imputable, sans doute en raison de mon incapacité à relire mes notes...

Merci à l'extraordinaire équipe du Kylemore Nursing

Home qui s'est occupée de mon père en phase terminale de la maladie d'Alzheimer et qui a réussi, par son professionnalisme, sa compassion et son humour, à transformer sa dernière année de vie en une année pleine de bons souvenirs.

    Merci aux libraires qui travaillent si dur pour vendre mes livres sans se laisser submerger par les quantités phénoménales de romans publiés chaque mois. Ce sont les seules personnes à ma connaissance qui sachent s'amuser dans les réceptions, boire du vin et tenir quand même une conversation intelligente sur les nouveautés qu'ils ont hâte de pouvoir lire. Enfin, merci à vous tous qui achetez mes livres et me faites tant de plaisir quand vous m'écrivez pour me dire que vous les aimez. Sans vous, rien de tout cela n'aurait pu arriver. Mille mercis.

Imprimé en France par

à Saint-Amand-Montrond (Cher)
en novembre 2012

POCKET – 12, avenue d'Italie – 75627 Paris Cedex 13

N° d'impression : 123739
Dépôt légal : septembre 2005
Suite du premier tirage : novembre 2012
S14185/10